向春华◎著

社会保险
请求权与规则体系

SHEHUI BAOXIAN
QINGQIUQUAN YU GUIZETIXI

中国检察出版社

图书在版编目（CIP）数据

社会保险请求权与规则体系/向春华著 . —北京：中国检察出版社，
2016. 3

ISBN 978 - 7 - 5102 - 1572 - 8

Ⅰ . ①社⋯ Ⅱ . ①向⋯ Ⅲ . ①社会保险 - 保险法 - 研究 - 中国

Ⅳ . ①D922. 182. 34

中国版本图书馆 CIP 数据核字（2016）第 009444 号

社会保险请求权与规则体系

向春华 著

出版发行：中国检察出版社

社　　址：北京市石景山区香山南路 111 号（100144）

网　　址：中国检察出版社（www. zgjccbs. com）

编辑电话：（010）88685314

发行电话：（010）68650015　68650016　68650029

经　　销：新华书店

印　　刷：三河市西华印务有限公司

开　　本：720 mm × 960 mm　16 开

印　　张：39 印张

字　　数：717 千字

版　　次：2016 年 3 月第一版　2016 年 3 月第一次印刷

书　　号：ISBN 978 - 7 - 5102 - 1572 - 8

定　　价：90. 00 元

体系与进路：《社会保险法》实施5周年概览与前瞻

（代自序）

《社会保险法》颁布已有5年。这五年中，《社会保险法》在推进我国社会保险法体系的形成中发挥了重要作用，但其缺陷和不足也同时存在。展望我国未来社会保险事业的发展、社会保险法体系的完善，需要深入考虑社会保险的立法体例、立法权限、立法渊源、立法原则以及法典化等诸多问题。

综合立法还是分别立法

综合立法与分别立法阐述的是立法体例问题，展现了法律条文的横向关系。

从《社会保险法》的立法意图与条文格局来看，其期望采用的是综合立法方式。即将各社会保险险种都放在一部法律里予以规范。但是由于社会保险的现实状况而导致立法能力不足，规定了很多授权性规范，还有很多应当纳入规范体系的内容未能纳入。

从五年来社会保险法律规则的发展来看，明显采用的是分别立法体例。

在社会保险的综合性、一般性规则方面，有《实施〈中华人民共和国社会保险法〉若干规定》、《社会保险个人权益记录管理办法》、《社会保险基金先行支付暂行办法》、《在中国就业的外国人参加社会保险暂行办法》、《社会保险费申报缴纳管理规定》等规章。在基本养老保险方面，国务院颁布了《关于建立统一的城乡居民基本养老保险制度的意见》，人社部对城乡养老保险制度的衔接、免收基本养老金商业银行本行异地取现手续费、出国（境）定居人员参加新型农村和城镇居民社会养老保险有关问题等作了规范。在基本医疗保险方面，国务院对大病保险制度作了规范，人社部等部门对基本医疗保险医疗服务监管、基本医疗保险异地就医医疗费用结算、医疗保险付费方式、普遍开展城镇居民基本医疗保险门诊统筹、在内地（大陆）就读的港澳台大学生纳入城镇居民基本医疗保险范围等问题作了明确规定。在工伤保险方面，人社部颁布了《部分行业企业工伤保险费缴纳办法》，卫生部颁布了《职业病诊断与鉴定管理办法》，最高人民法院颁布了《关于审理工伤保险行政案件若干问题的规定》，人社部颁布了《关于执行〈工伤保险条例〉若干问题的意见》等。在失业保险方面，人社部等部门对失业保险支持企业稳定岗位、台湾香港澳门居民办理失业登记等问题作了规范。目前，人社部正在起草《失业保险条例》修订草案。在生育保险方面，国务院颁布《女职工劳动保护特别规定》对生育保险规则作了完善。在企业年金管理方面，人社部也颁布了多项文件。

这些具体规则，均构成社会保险法律规则体系的重要内容。从实践来看，这不仅是过去 5 年取得的成就，也预示着这是未来立法完善的基本和必然路径。从立法体例上来说，由于整体立法储备、理论研究方面都严重不足，无法满足综合式立法需求，未来仍然只能采取上述分而化之的立法进路。但是，目前这种立法进路过于分散，例如，对于在大陆的港澳台人员，对其基本医疗保险、失业保险等问题分别通过不同的规范性文件予以规范，系统性、权威性不足，立法层次过低。应当在现有基础上尽可能提升立法的体系性，做到分而不乱、分而不散，为最终的法典化打下坚实的基础。

中央立法与地方立法

中央立法与地方立法阐述的是立法权限问题，体现了法律条文的纵向关系。这里的立法权限指的是广义的立法权，即制定具有法律约束力的规则，包括法律、行政法规、地方性法规、规章和规范性法律文件等各种规则的权力。

《社会保险法》未明确界定中央和地方立法权限。从综合立法体例来看，更多强调的是中央的立法权限；而从法律条文来看，既有授权中央政府及其部门制定权的，也有授权地方政府等制定权的。

作为立法权划分的基本法《立法法》，第 8 条规定的法律保留事项中并没有社会保障制度。在 2015 年《立法法》修订中，有人大代表提出将社会保障制度作为法律保留事项，但最终的修订文本并未采纳这一观点。由此表明，包括社会保险在内的社会保障制度并不一定需要通过法律予以规范。

《立法法》第 72 条第 2 款规定，设区的市的人民代表大会及其常务委员会根据本市的具体情况和实际需要，在不同宪法、法律、行政法规和本省、自治区的地方性法规相抵触的前提下，可以对城乡建设与管理、环境保护、历史文化保护等方面的事项制定地方性法规。根据该条款，设区市对社会保险不享受狭义的地方立法权。

在目前的社会生活中，大量的社会保险规则并非由中央部门制定，亦非由地方人大及其常委会制定，而是由地方政府及其部门（主要是人社局）制定，甚至是由县级人社部门制定的规范性文件。这一状况的形成不是因为地方政府对中央立法权限的"僭越"，而是因为种种原因在中央或高层级立法权限未实现，从而导致公民的社会保险诉求无法满足的情形下不得已而产生的。过度低层级而且分散的立法权限，不仅导致规则的极不统一、适用上的混乱和不便，也会导致权利义务上的不平等、不公平，不符合新修订的《立法法》的要求。在依法治国和依法行政的大背景下，应当严格遵守《立法法》的规定。基于我国的社会现实，减少甚至取消地方政府对于社会保险的立法权限是不现实的，但是随着社会保险统筹层次的提高，一方面应当通过设区市以上的人大及其常委会制定地方性法规，另一方面可以由设区市、自治州以上的地方政府制定具有普遍适用意义的规章、规范性文件。

域外经验与本土资源

现代国家已经普遍建立了社会保障制度。在许多国家，社会保障已有数百年的历史，已经形成成熟的经验和制度。我国社会保障制度的历史可以追溯至解放前，但是作为现代意义上的社会保险制度则是在 20 世纪 80 年代中期才逐步建立的，有的险种在 20 世纪 90 年代末期才开始建立，历史比较短。因此，向国外学习，借鉴和移植国外先进的社会保障制度和立法经验是我国社会保险法律制度完善的必经之路。这方面，无论是立法机构、政府部门还是理论界，都已经做了很多开拓性研究，取得了很多成果。可以说，我国目前的社会保险基本架构都是在借鉴国外经验的基础上确立的。在完善社会保险法体系、迈向法典化的征程中，无疑需要更多地借鉴国外经验和成果。

但是，域外经验的研究、借鉴和移植方面仍存在不足。任何事物，只有民族的才是有生命的，法律也是如此。鞋看起来很美，但究竟舒不舒服，只有自己穿了才知道。对于域外经验的研究一个重要的缺失在于，过分注重于其制度、法律规则本身，而较少甚至完全没有考虑其实施的社会、经济、文化和法治状况，只重其表，未虑其里。例如，对于工伤保险先行支付制度，立法看重的是德国社会保险法当下的法律规定，这毫无疑问是有积极价值的。但是，1884 年刚刚实施工伤保险制度的德国有没有实行这个制度？究竟是从何时开始实行这个制度的？为什么要实行这个制度？德国的参保状况（直接关系到先行支付与基金正常支付的比例关系），德国的法治状况特别是强制执行的状况如何？德国整个社会保障制度的状况如何？凡此种种与我国当下的状况是否相匹配？如果比较的结果基本相同或具有相当程度的类似性，那么借鉴和移植这个制度就是恰当的。反之，如果比较的结果差异性较大甚至完全不同，那么借鉴和移植这一制度是否仍然恰当和合理，则需要进一步评估。从法律移植史来看，知其然而不知其所以然，不顾政治、经济、社会、文化、法治状况而仅仅是简单移植，多半注定了失败的历史命运。

从法律规则的形成来看，域外经验是重要渊源，但并非唯一渊源。在我国法律体系的建构中，"移植论"和"本土资源论"曾经有过激烈的交锋，争论的基本共识是，移植是必要的，但本土资源亦不可缺失。

我国社会保险制度的发展具有鲜明的国情特色：中央提出原则、方针和框架性方案，但具体的实施规则由地方决定。因此在社会保险法制度体系中，地方颁行的规范性法律文件可谓汗牛充栋，成为推进我国社会保险制度发展的中坚力量。由于我国各地社会经济发展状况极不平衡，地方规范性文件在本地适应性方面具有较强的优势，亦能反映出各地在社会保险方面特定的需求、保障特点等状况。而且，由于地方性规则适用多年，已经形成法律适用惯性，对于公民行为的指引功能较强。在总结本土资源的基础上提炼出一般性的社会保险规则，更能适应已经形成的法律思维与行为习惯，更容易得到遵守和适用，更不易产生碰撞、冲突和撕裂。在我国社会保险法体系的形成过程中，需要给予本土资源更多的地位和考量。

原则性还是规则化

毋庸置疑，《社会保险法》过于原则性而缺少规则性，法律适用性较弱。这不仅与立法时的立法储备、理论研究状况密切相关，也与我国一贯的立法观念倾向有关。我国立法观念一般认为，宜粗不宜细，立法先提出原则性规定，具体如何实施可发挥地方的积极性。殊不知，这恰恰是违背法治观念的。

法律是告诉人们能做什么、可以做什么、不可以做什么的，一部法律如果不具有这些内容，即便其被称为法律，也不能成为真正的法律，徒具其表而无实，只能被束之高阁。这样的结果会损害法律的尊严和权威。社会保险法体系在完善之路中，必须坚持规则化的立法方向，少些原则性规定。当然，即立法对规则化的追求会受到政治、经济、社会状况的影响，而非单纯的技术规范。至少需要考虑两个因素，即立法实施的背景和争议处理。

我国还有一种比较流行的法律观念是，有总比没有好。法律即便制定出来，也会存在种种问题而难以得到有效实施，即便如此，也应当先制定出来，以后可以再完善。这种思想也是与法治格格不入的。法律制定出来，如果不能普遍实施，甚至基本不能实施，成为休眠条款，哪里还有法律的尊严和权威？中国法治的根本问题不是有没有法律的问题，而是法律能不能得到执行的问题。社会实践中普遍存在的法律可以不执行，或者可以在一定时间和范围内不执行的观念是确立法律权威、实现法治的障碍之一。

在中国的社会现实中，即便尚未制定法律，通过行政权干预并辅之强大的社会动员，仍然可以把事情做好，最典型的实例就是作为治霾手段的机动车限行措施。当然，这不是说不需要制定法律，而是说应当改变传统只注重法律文本的制定而不注重法律的可操作性、可实施性的问题，应当更加注重对法律规则的明确，而不是动不动就用含糊、宣示性的语词来表述。确立法律尊严，树立法律权威，是通向法治的必经之路。而要确立法律尊严，树立法律权威，必须使法律得到真正的遵守、适用和执行。而要达此结果，采取成熟一部、制定一部的立法进路更为恰当。因为不成熟而尚未制定法律时，可以通过规章、规范性文件实现规范目的。但也切忌，过于依赖规章、规范性文件的治理功能，在体系化、规范化立法上不作为、少作为，这是立法上的"懒政"。

立法属于利益博弈和利益妥协的结果。对于争议较大的问题，如果全社会尚未达成共识，强行通过立法作出单一的制度规定，也会影响法律的遵守和适用，对此种问题予以回避，也是立法层面客观存在的现象。但问题的关键是，是否在全社会尚未形成共识。如果事实本身比较清楚，立法方向也比较明确，仅仅是因为部门利益等原因而产生的争议，在立法过程中就不应该"绕着争议走"。

法律的原则性是无法完全避免的客观现象，但是，我们不应当把法律的原则性作为立法的原则，应当将规则化作为立法矢志追求的目标。惟其如此，我们才能通过一部部真正的法律规范，积少成多、聚沙成塔，构建社会保险法体系的大厦，最终迈向法典化的未来。

法典化的理想与现实

在作为大陆法系国家的中国，对成文法的追求是永不停歇的征程。《社会保险法》的制定大致有三大意义：固定改革成果、统一法律规范、增强强制力。其具体的意义则包括：为法律适用机构提供权威性指引或依据、提高法律的确定性和可预见性、增进法律的完整性、促进社会保险法律体系的形成和优化、填补法律漏洞等。当然，这更多是理论上的目标，《社会保险法》在实践中的适用如何,则依赖于其规则内容的可适用性,而从这一角度评价,《社会保险法》显然算不上成功的法律文本。

而在成文法的所有形式中,法典则是最为理想的形式,这也使得法典化成为每一位立法者的梦想和情结。法典编纂是对所有成文法规则进行系统化的整理和完善,是对一个部门法的体系化建构,是凝聚智慧、共识的过程,是过往立法经验、司法实践和研究成果的集大成者。从《社会保险法》的内容来看,其与法典的要求还相距甚远。

那么,在《社会保险法》及其领衔下的社会保险法律规则体系是否需要考虑法典化问题?从体系化角度而言,未来《社会保险法》完善的整体框架应如何确定?

一个没有理想的社会注定是没落的社会,一部没有理想的法律注定不可能成为优秀的立法。如果我们认为《社会保险法》所确定的社会保险模式、社会保险框架是基本适合我国国情的,已成为我国社会保障制度发展的重要共识,那么就应当坚定不移地沿着这条道路走下去,以此作为成文法化的基本方向。针对这样的模式、框架和方向,应当将法典化作为社会保障成文法化的终极目标。这样的目标不仅不能一蹴而就,而且要成为立法者、司法者、法律使用者、学者的共同理想和追求,并为此付出不懈的努力。

就法律是法律适用的基础和依据这一法律生态而言,《社会保险法》的价值是有限的。但是,我们也应当看到,不仅因为与《社会保险法》匹配的要求,全国人大常委会颁布了立法解释,国务院修订了相关行政法规,人社部等颁布了多部规章,国务院及人社部等多部门颁布了众多规范性法律文件,在中国当下的社会背景中,这些法律、行政法规、规章、规范性法律文件、立法解释、司法解释均具有实在的法律约束力,亦作为法律渊源为社会保险法律规则体系的形成贡献着力量。同时,在依法治国和依法行政的大背景下,《社会保险法》将持续对社会保险规则体系的完善产生法律张力,承担着行政法规、地方性法规、规章、规范性法律文件制定职能的机构必须依法履行自己的职责,尽快出台更多的社会保险法律规则。

未来《社会保险法》的完善,不应当着眼于这部法律自身,而应当顾盼于社会保险法体系与社会现实、社会保障制度发展之间，以法典化为终结目标并注重于法典化的体系思维。惟其如此，才能促进社会保险法体系的自洽和完善，促进《社会保险法》从指引到指令的适用状态的转变，社会保险和社会保障的法典化终将水到渠成。

目　　录

绪论 研究之缘起

截至 2014 年底，全国参加城镇基本养老保险人数为 34124 万人，城乡居民基本养老保险参保人数 50107 万人；参加城镇职工基本医疗保险参保人数为 28296 万人，城乡居民基本医疗保险参保人数为 31451 万人；工伤保险参保人数为 20639 万人；失业保险参保人数为 17043 万人；生育保险参保人数为 17039 万人。① 社会保险参保人数蔚为壮观。

在制度体系方面，覆盖城乡居民社会保障体系的主要制度都已建立起来，在社会保险方面，以《社会保险法》、《劳动法》、《职业病防治法》等为核心，以《工伤保险条例》、《失业保险条例》及大量规范性法律文件为支撑的制度体系也初具规模。

在社会保险法研究成果方面也颇具规模。冠之"社会保障法"、"劳动与社会保障法"等名的教材、专著，虽不致汗牛充栋，却也蔚为大观。众多高校设立了劳动与社会保障（法）专业，2012 年中国社会法学研究会成立。

然而光鲜外表的背后，对于真正法律和法学意义上的社会保险研究，则严重不足。举一例即可明之。我国市面上绝大多数所谓"社会保障法"的著作，几乎均为社会保障制度之翻版，与社会保障类著作几无分别，冠之"法学著作"，名不副实。另外一个重要现实是，除工伤保险外，关于社会保险争议的司法实践同样不足。由此又导致，对于社会保险具体规则与争议之研究匮乏，这些争议并非没有，而是海量地潜藏于现实之中，只不过绝大部分争议并未进入司法程序，亦未纳入研究视野。整体观之，我国关于社会保险的法律规则是非常缺失的，基本上委诸行政部门或社保经办机构的政策性裁量，缺乏有效、合理之规制，司法不敢轻易涉入，学者不明个中究竟无从入手，权利人不知权益之何在，这不仅无益于社会保险法律制度之建构，亦将损及公民社会保险之基本权。

笔者认为，社会保险权是社会保险法的核心范畴，社会保险法存在的基本

---

① 人社部社保中心：《中国社会保险发展年度报告（2014）》，中国劳动社会保障出版社 2015 年版，第 2~73 页。

意义是保障和实现公民的社会保险权。社会保险请求权是社会保险权的重要权能，是实现社会保险权的基本手段与方法。社会保险请求权在社会保险诸权利中居于枢纽地位。围绕社会保险请求权之构建与实现，平衡社会主体之利益诉求，分配社会保险主体之具体权利义务，发现并生成社会保险法律规则体系，才能最终实现由社会保险政策体系向社会保险法律体系的转变。

第一章　社会保险请求权基础理论

第一节　社会保险请求权之概念与特征

一、请求权之概念与适用法域

（一）请求权是民法中极重要的概念

《德国民法典》第 194 条对请求权作了规定："向他人请求作为或不作为的权利（请求权），受消灭时效的限制。"① 拉伦兹认为："德国民法典所采用的请求权概念是由温德沙伊德提出的。"② 而温德沙伊德是从罗马法上诉的概念出发而提出请求权这一概念的，温德沙伊德认为，请求权是指"法律上有权提出的请求，也即请求的权利，某人向他人要求一些东西的权利"。③该概念后为大陆法系国家普遍采纳，成为民法的核心概念。英美法系亦有所涉用。现代民事法律权利的实现，以请求权为核心。"请求权乃要求特定人为特定行为（作为、不作为）的权利，在权利体系中居于枢纽地位，因为任何权利，为发挥其功能，或回复到不受侵害的圆满状态，均须借助于请求权的行使。"④

（二）行政法与公法上之请求权

请求权概念在行政法或公法上同样有大量适用。主观公权利也可以分为支配权、请求权和形成权，请求权（债权）是指权利人要求他人作为、不作为或者容忍的资格，例如给付请求权和财产转让权。例如请愿权原本是请愿人排

---

① 陈卫佐：《德国民法典》，法律出版社 2006 年版，第 63～64 页。
② ［德］卡尔·拉伦兹：《德国民法通论（上）》，王晓晔等译，法律出版社 2003 年版，第 323 页。
③ 金可可：《论温德沙伊德的请求权概念》，载《比较法研究》2003 年第 3 期。
④ 王泽鉴：《民法概要》，中国政法大学出版社 2003 年版，第 41 页。

除不利的自由权，但现在受决定请求权的保障。① "所有纯粹以国家的统治权力为基础的国家的请求权都是公法性的。"②

学者认为，"请求权的概念，最初来源于私法，后来应用到公法领域"，③ "请求权理论的意义并不局限于私法，在公法中也具有重要的理论和实践意义"④，"行政法上的请求权是公民为了贯彻其公权利，而向行政机关提出的作为或者不作为的要求"⑤。学者们对行政法上的请求权体系（理论构造）进行了初步研究，提出了有益的建议。

抛开抽象理论，在实务上，行政法立法目的之实现无法离开请求权，无论某种行为或形态是否被称作请求权。行政相对人有行政参与权，即行政相对人可以依照法律规定，通过各种途径参与国家行政管理活动的权利；行政获益权，指行政相对人可以依据法律规定从行政主体或通过行政主体的管理活动获得利益；行政保护权，指当行政相对人的合法权利受到侵犯时有权获得行政法上的保护。⑥ 行政相对人的实体权利包括，积极地请求给付的权利，即随着服务行政理念的兴起，相对人的权利不再限于消极的防御权，而扩展至要求国家给予"生存照顾"的积极权利，相对人可以积极地请求行政主体做出给付行为。⑦ 没有对行政行为的请求与对待履行，公民在公法或行政法上的权利不可能充分实现。

而在司法实践层面，法院早已肯认公法或行政法上之请求权概念。如我国台湾地区"最高法院"（72 台上 704 判例）谓："'国家赔偿法'第 2 条第 2 项后段所谓公务员怠于执行职务，系指公务员对于被害人有应执行之职务而怠于执行者而言。换言之，被害人对于公务员为特定职务行为，有公法上请求权存在，经请求其执行而怠于执行，致自由或权利遭受损害者，始得依上开规

---

① ［德］汉斯·J. 沃尔夫、奥托·巴霍夫、罗尔夫·施托贝尔：《行政法（第一卷）》，商务印书馆 2002 年版，第 503～504 页；李惠宗：《主观公权利、法律上利益与反射利益之区别》，载台湾行政法学会：《行政法争议问题研究（上）》，台北：五南图书出版公司 2000 年版，第 161 页。

② ［德］格奥格·耶利内克：《主观公法权利体系》，曾韬、赵天书译，中国政法大学出版社 2012 年版，第 56 页。

③ 杨小君：《试论行政作为请求权》，载《北方法学》2009 年第 1 期。

④ 徐以祥：《行政法上请求权的理论构造》，载《法学研究》2010 年第 6 期。

⑤ 王锴：《行政法上请求权的体系及功能研究》，载《现代法学》2012 年第 5 期。

⑥ 应松年：《当代中国行政法（上卷）》，中国方正出版社 2005 年版，第 148～149 页。

⑦ 朱新力、金伟峰、唐明良：《行政法学》，清华大学出版社 2005 年版，第 130 页。

定，请求国家负损害赔偿责任。若公务员对于职务之执行，虽可使一般人民享有发射利益，人民对于公务员仍不得请求为该职工之行为者，纵公务员怠于执行该职务，人民尚无公法上请求权可资行使，以资保护其利益，自不得依上开规定请求国家赔偿损害。"①

（三）请求权系一般法律权利类型

我国学者在对法律关系的分析中，对请求权是否属于一般的权利类型，有一定的分歧，但主流观点主要借鉴民法理论认为存在请求权。

一种观点认为，请求权的概念仅适用于私法权利。如《中国大百科全书·法学》仅在民事权利的分类中解释了请求权。② 请求权是指"权利人可以要求他人为特定行为（作为、不作为）的民事权利"，"请求权存在于平等的当事人之间，属于私权，而诉权系私人请求国家予以保护的诉讼权利，存在于个人与国家之间，属于公权"，③ "请求权是民事权利，是私权利，而不是公民在宪法上享有的公权利，更不是政府享有的公权力"④。

而多数著作则认可，请求权的概念适用于一般权利。有的明确采用"请求权"的表述，如"在相对法律关系中，权利与义务人以权利人请求义务人完成某种行为的权利（有的学者称之为'请求权'、'相对权'、'对人权'）……"⑤有的虽然没有明确采用"请求权"这一名词，但相关分析内容属于请求权的内容，如，特殊权利亦称"相对权利"、"对人权利"、"特定权利"，其特点是权利主体有特定的义务人与之相对，权利主体可以要求义务人做出一定行为或抑制一定行为，⑥ 权利可以分为基本权利与特殊权利，或对世权和对人权，又称为绝对权与相对权。⑦

从请求权的鼻祖温德沙伊德的定义看，其使用的请求权并不特别局限于民法。而从历史来看，请求权显然在公法中早有适用。《牛津法律大辞典》表示，请求是指为获得某种利益、授权或对一定冤屈的补偿而向个人、官员、立法部门或法院提出的书面要求，在英格兰，向国王请求的权利早在《大宪章》

---

① 黄俊杰：《行政法》，台北：三民书局股份有限公司2010年版，第81页。

② 中国大百科全书编辑部编辑：《中国大百科全书·法学》，中国大百科全书出版社2006年版，第352页。

③ 中国社会科学院法学研究所法律辞典编委会：《法律辞典》，法律出版社2003年版，第1115页。

④ 杨立新：《请求权与民事裁判应用》，法律出版社2011年版，第45页。

⑤ 孙国华、朱景文：《法理学》，中国人民大学出版社2010年版，第322页。

⑥ 张文显：《法理学》，法律出版社2007年版，第165页。

⑦ 姚建宗：《法理学》，中国政法大学出版社2006年版，第65页。

时代就得到承认。①

正如前述，请求权之概念既不姓"公"，也不姓"私"，在公法与私法中均有其适用之重要价值。只要我们承认公法权利或曰公权利之存在，即应肯认公法请求权之存在。

第一，请求权的基本特征是权利人请求义务人为或不为一定行为的权利，这一权利形态、特征或权能，在公私法中均存在。请求权是"源自主观权利的针对特定人的具体的、现时的要求"。② 在社会保险法中自无例外。"依公权利请求权系请求义务人为特定作为、不作为或容忍一定之行为，例如自愿退休请求权及优惠退休金请求权、退税请求权、征收补偿金发给请求权。"③

第二，请求权的基本意义在于保护权利人之权利，一种观点即将请求权等同于诉权，这虽然比较片面，但却从司法——权利的最后防线这一意义上确认了请求权之意义。"只要是涉及人民值得保护的利益，行政机关就有客观的义务以达到合格及有利于个人的状态，人民即有请求权要求行政机关不得将其值得保护的利益恣意地置之不顾。"④ 可以说，在绝大多数情形下，没有请求权，便没有真正的权利。社会保险权作为一种基本权利，如果没有请求权之保障，其绝大多数同样无法实现。

无论从概念之基本特征、社会保险权实现之必要、司法实践之现实，请求权为社会保险法（社会保障法）所必备，自无疑义。

二、公法上请求权之主体

该议题的核心问题是：行政主体得否为公法上请求权之主体？亦即行政主体得否为公权利之主体？

对于这个问题是有不同观点的。但主流观点认为，行政机关不应成为公权利之主体，其法律地位与行政相对人有着显著差别。行政机关，是否得代表其所属国家或地方自治团体行使公权利？惟无可否认者，于一般常见之行政法律关系中，国家或地方自治团体恒居于较为优越之地位，例如无论系作成对人民

---

① ［英］戴维·M. 沃克：《牛津法律大辞典》，北京社会与科技发展研究所组织翻译，光明日报出版社 1988 年版，第 691 页。

② ［德］格奥格·耶利内克：《主观公法权利体系》，曾韬、赵天书译，中国政法大学出版社 2012 年版，第 50 页。

③ 李惠宗：《主观公权利、法律上利益与反射利益之区别》，载台湾行政法学会：《行政法争议问题研究（上）》，台北：五南图书出版公司 2000 年版，第 161 页。

④ 李惠宗：《主观公权利、法律上利益与反射利益之区别》，载台湾行政法学会：《行政法争议问题研究（上）》，台北：五南图书出版公司 2000 年版，第 147 页。

不利之行政处分，包括行政处罚，或进行行政强制执行等行政行为，依法均得自行为之，无须借助第三人之力量，故实非以强调对等为主轴之权利义务关系所能适当解释。且依"宪法"所定，亦仅人民具有各种权利。故以公权力，而非公权利称之，或许较为贴切。① 所谓"公权利"，系指人民在公法上依法得享有或主张之权利，而非国家或地方自治团体等基于优越之高权地位所拥有之"公权力"。② 国家为公权力主体，人民为公权利主体。③ 在行政关系中，行政权力的主体是行政主体，权利的设定和行使可以直接或者间接地限制甚至剥夺权利，权利的设定和行使则又直接或间接地制约着权力。④ "公权力是以国家名义表达的、具有法律上优势效力的意志"，"部分'独特的公法上的权利'是被按照请求权的方式设定的，如对于补偿的确定和给付的请求权利是请求人为自身利益而对公权力所具有的控制力"。⑤

对于行政主体享有之"司法救济请求权"，是将诉权与请求权混同的结果。"司法救济请求权并非仅为权利遭受侵害的主体所享有，为了制止、预防证券违法行为，补救证券违法后果和保护投资者利益，赋予证券执法主体以司法救济请求权是必要的。"⑥ 虽然从基本特征来看，司法救济权为请求权之必然内涵，但两者并不完全等同。以损害赔偿请求权（公法与私法均存在）来说，只有权利人确实享有损害赔偿请求权，才可能在诉讼中胜诉，但即使不享有损害赔偿请求权，并不意味着主体没有诉权（司法机关可不予受理或驳回起诉）。就公权力而言，相当部分权力之行使需受司法权之规制，司法之介入，与其说是救济，毋宁说是司法权之保障与规制。以我国的强制拆迁权来说，将该权力由行政主体转归司法机关，称为由司法机关"救济"行政权是断断不妥的。面对手无寸铁的民众，行政拆迁动辄出动大群警察，相较之下，法院之强制力亦相形见绌，哪里还需要法院的救济。

但在我国法律架构下，社保机构是否一概不得为请求权之主体，殊值探讨。例如，社保机构发放社会保险待遇时（包括通过银行和用人单位），因银行或用人单位之错误，多发待遇，相对人应予返还。在此种情形下，社保机构

---

① 翁岳生：《行政法（上册）》，中国法制出版社 2000 年版，第 284 页。
② 黄俊杰：《行政法》，台北：三民书局股份有限公司 2010 年版，第 81 页。
③ 李震山：《行政法导论》，台北：三民书局股份有限公司 2011 年版，第 18 页。
④ 孙笑侠：《法律对行政的控制——现代行政法的法理解释》，山东人民出版社 1999 年版，第 58 页。
⑤ ［德］奥托·迈耶：《德国行政法》，刘飞译，商务印书馆 2002 年版，第 112、117 页。
⑥ 张德峰：《论我国证监会的司法救济请求权》，载《法律科学》2011 年第 5 期。

对相对人所享为何种权利（权力）？笔者认为，此时社保机构得享有不当得利返还请求权。即在特定情形下，社保机构得为公权利及公法上请求权之主体。在本质上，这和经办体制、社会保险法之性质有关。社会保险法是以公法为主体、兼有私法规范之法律范畴①，并不完全属于公法或行政法之范畴；在世界范围，社会保险之经办，既有公法主体为之，亦有私法主体为之，后者自得作为权利与请求权之主体，则在公法主体下，其该特性不应泯灭。是故，社保机构之法律地位与行政机关不应完全相同。惟因社保机构所行主体仍为公权力，故其享有请求权之范畴需严格限制。

此外，尚需严格区分行政主体之公权利与私权利，行政机关虽不应成为公权利之主体，但却可成为私权利之主体，如为商品买卖合同，社保机构亦同。

三、社会保险请求权

公法上之请求权，系行为主体为实现其公权利，而要求行政主体作为或者不作为之权利。在公法之行政法律关系中，原则上仅存在行政主体与相对人，即便存在第三人，其与行政相对人之法律地位仍有相当差异。而在社会保险法律关系中，存在行政机关、经办机构、被保险人、受益人、雇主、定点医疗机构及其他法定主体（如劳动能力鉴定委员会、鉴定专家、定点药店、协议康复机构、辅助器具配置机构、培训机构等）。在同一社会保险关系中，可以存在多个主体，可以有多重权利义务关系，皆系法律关系之当事人。基于公法为主体、同时有大量私法规范之性质，社会保险请求权则在主体上为公法请求权，而在部分情形中又属于私法请求权。是故，社会保险请求权不宜简单采行公法上请求权或私法上请求权之定义。否则，要么不当，要么无法显示社会保险请求权之特定内涵。社会保险请求权之特定内涵在三个方面，即其法律基础是社会保险法（特指社会保险法律规范，而非仅《社会保险法》或社会保险专门法。如在人身损害赔偿中，涉及社会保险之内容亦为社会保险法之规范，亦可谓社会保险请求权之法律基础）；其权利基础是社会保险权；其所处法律关系为社会保险关系（无须采经院法学者们所臆设之社会保险法律关系）。

社会保险请求权之定义可采三种方式，一为"关系定义式"，即在社会保险关系中，权利人要求义务人为作为或不作为之权利；二为"权利定义式"，即行为人为实现社会保险权，要求义务人为一定行为或不为一定行为之权利。前者涵摄面更广，但无法揭示社会保险请求权与基础权利之目的基础；后者虽能揭示社会保险请求权之实质，但无法涵盖部分请求权，如雇主对被保险人之

---

① 向春华：《社会保险法原理》，中国检察出版社 2011 年版，第 42～44 页。

请求权，社保机构对被保险人之请求权。惟采扩大解释，即行为人而非仅为权利人，要求义务人为特定行为或不行为，其客观上有权助成社会保险权之实现，后者尚可周延。三为"义务定义式"，即行为人要求义务人为或不为社会保险法上之特定行为。此定义着眼于义务人之特定义务，该义务来源为广义之社会保险法规范（包括法理与惯例），可揭示社会保险请求权之形式特征，但同样不能显示实质特征。笔者认为，法律规则更重其形式性，而实质特征可留待学理分析，故主张采"义务定义式"。

社会保险请求权之特征主要包括：

第一，其目的是社会保险权之实现。《社会保险法》第1条明确指出，其目的之一是"维护公民参加社会保险和享受社会保险待遇的合法权益"。社会保险权作为社会保障权之内涵，属于基本权，其实现离不开社会保险请求权。就实践角度，没有社会保险请求权，仅仅依靠行政主体及其他主体主动履行，社会保险权很难实现。仅以人人都可能涉及的养老保险为例，国内仅有个别地方能够做到社保机构主动提示被保险人申领养老金，在绝大部分地方，如果被保险人（及其雇主）不提出退休申请，多不能及时领取养老金；在养老金请求权不能获得有效保护时，被保险人所遭受的养老金损失，并不能获得填补。质言之，没有社会保险请求权，便没有社会保险权。

第二，请求权之对象主体不仅包括行政主体，亦包括劳动法上主体及民事法上主体（如第三人伤害之追偿）。在我国法律框架和社会现实中，在一定条件下，用人单位仍是社会保险之责任主体，仍需对劳动者承担赔偿等法律责任，此种责任之基础，虽仍在于社会保险法规范，但却非公权力之行使，因此劳动者所享有之请求权，不属于公法上之请求权。这种责任主要包括三种：一是缴费责任，即用人单位为劳动者缴纳社会保险费之法定义务，劳动者可要求用人单位履行此法定义务，在一定程度上，此仍可适用民事法律程序处置；二是待遇损失之赔偿责任，因用人单位未履行缴费等法定义务，致劳动者无法享受相应之社会保险待遇，劳动者得向用人单位主张待遇损失之赔偿责任；三是与社会保险相关之附随责任，如为劳动者申办退休手续、工伤认定申请，办理社会保险关系转移接续手续，协助办理医疗费申报、失业保险金申领等责任，用人单位违反相关法律规定，致劳动者损害，劳动者亦可要求用人单位承担相应之赔偿责任。

第三，请求权不仅存续于公法关系，亦可存续于私法关系。在第三人致被保险人损害时，在特定情形下，社保机构支付社保待遇后，可向第三人追偿。此种追偿权，系以被保险人对第三人的民事赔偿请求权为基础的，故追偿之法律关系，宜界定为私法关系，此等追偿请求权，宜定性为私法上之请求权。上述劳动者与雇主之间直接发生的社会保险关系，在无涉社会保险行政主体时，多数仍具有私法关系属性。这在本质上系其法律基础不仅包括公法规范，亦包括私法规范所致。

第四，社保机构特定情形下得为请求权之主体，而行政机关则绝对不能作为请求权之主体。

第五，请求权的司法救济不局限于行政法庭或社会保障法庭，普通民事法庭亦可适用。主要看救济司法体制之创设。

第二节　社会保险请求权之基础

一、社会保险权

请求权系由基础权利而发生。[①] 请求权通常起源于一定的法律制度。[②] 一方面，基础性公法权利是公法请求权的基础，另一方面，公法请求权服务于基础性公法权利。[③] 社会保险请求权系以社会保险权为基础，是社会保险权的权能之一。

社会保险权是指公民通过社会保险制度保障其基本生活之权利。社会保险权是子权利，也是种权利。它是社会保障权的一种，又是社会养老、医疗、工伤、生育、失业等各项社会保险权利的统称。社会保险权作为社会保障权之核心，属于基本权利，国家负有积极义务保障公民社会保险权之实现。社会保险权具体包括社会保险参加权、选择权、获得社会保险待遇权、知情权及附随权利等。

（一）社会保险参加权

社会保险参加权，是指社会成员有权利平等地参加社会保险。社会保险有既得权的性质，也有期得权的性质，对于大多数人来说，它的直接目的在于防范可能发生的社会风险。既然具有风险之特质，就有发生的可能与不能。因此对于社会成员来说，社会保险权并不仅仅意味着社会保险待遇的享受。参加社会保险本身就意味着社会主体社会平等权利的实现，就意味着人格尊严得到尊

---

① 王泽鉴：《民法总则》，北京大学出版社 2009 年版，第 75 页。

② ［德］迪特尔·梅迪库斯：《请求权基础》，陈卫佐、田士永、王洪亮、张双根译，法律出版社 2012 年版，第 16 页。

③ 徐以祥：《行政法上请求权的理论构造》，载《法学研究》2010 年第 6 期。

重，其本身即为一种权利。

参加权首先意味着对于应得的社会保险项目之参加。应当根据基本权、生存权、社会风险存在之可能性，确定某种社会保险项目，及其所针对之人群。

参加权不仅意味着消极参加，而且意味着可以积极要求参加。如果一个地方应当实施某种社会保险制度却没有实施，以致社会成员不能参加并获得社会保险的保障，社会成员应有相应之请求权。

每一个社会成员应当有平等地参加社会保险项目的权利，不得歧视。

应当平等地保护每一个社会成员参加社会保险项目的权利，不得厚此薄彼。法律对于社会保险参加权的保护应当是平等的，不能因为法外因素，如出于对 GDP 的追求而实行选择性执法，发达地区劳动者的社会保险权利可以得到较好的保障，而欠发达地区则对劳动者的社会保险权利不闻、不问、不管，甚至提出质疑。

从广义上说，还包括参与社会保险政策决策的权利，这也是公民的社会保险参加权的重要体现。行政参与作为现代社会中不可或缺的行政方式，是公民参与行政事务的渠道，是民主制度下公民所应当享有的一种权利，这种权利集表达、建议、监督于一身，并且最终能够对行政决策的执行产生影响。[1] 公民有权利对社会保险政策的制定、立法等发表意见、提出建议。

（二）社会保险选择权

人类生活中最珍贵的是为了选择而选择，不仅是选择善的东西，而且是选择本身。[2] 作为万物之灵的人，他们追求的不仅仅是结果，更重要的是过程。非选择性的强制安排，也许结果很好，但往往会造成很多问题，也很难得到被安排着自身的认同，因为它和人类的本性背道而驰。

社会保险选择权是指，每个社会成员都有权依照平等、公平等基本原则及社会保险之特质要求，选择某一项社会保险项目的权利。这是依据我国社会保险碎片化的现实所应当允许的权利，但不是指个人的自由选择权。例如，不能自由选择只参加工伤保险、养老保险、医疗保险，不参加生育保险、失业保险，这是违背社会保险法的基本原则的。

选择权的存在是基于我国目前社会保险的现实状况。由于各地区、各行业、各阶层经济差异较大，在非强制性参保项目上，不可能实行"一刀切"，

---

① 刘福元：《行政参与的度量衡：开放式行政的规则治理》，法律出版社 2012 年版，第 18 页。

② ［英］以赛亚·伯林：《自由及其背叛》，赵国新译，凤凰出版传媒集团、译林出版社 2005 年版，第 26 页。

以养老保险的表现最为突出。遵循平等与公平原则，不同项目之间应具有融贯性，应允许特定参保人员选择，而非单纯地予以强制性的保障。

可以行使选择权的前提是：保障对象系同一社会风险，或者说保障项目相同；不违反强制性规定。

不同险种之间虽然也存在相互联系，但在本质上是不融通的，不能相互替代，因而也不存在选择性参加的问题。

根据强制性与灵活性相统一的原则，必须且应当强制性参加的险种及其项目，不能选择。例如，农民工必须参加企业职工基本养老保险和医疗保险，而不能参加新农保和新农合，并据此拒绝参加企业职工基本养老保险和医疗保险。

社会保险选择权，包括对社会保险项目的选择，如对新农保与以灵活就业人员身份参加企业职工基本养老保险，以及将来可能出台的城镇居民基本养老保险，则可以自由选择。对新农合和居民医保原则上也应当允许选择。

退休养老的选择权。20世纪七八十年代的文件规定，劳动者达到退休年龄的，符合退休条件的必须退休。由此提出的问题是，60岁必须退休吗？笔者的回答是"不必"。延迟退休以前是作为一项行政审批制度而存在的，延迟退休需要主管部门的批准。养老保险发展的趋势是实行弹性退休制度。参保人员应当有选择退休还是不退休而是继续参保的权利。这对特殊工种者亦适用。每个公民既有生的自由，也有死的自由，尤其有劳动的自由，强制解除劳动义务，不啻于剥夺个人劳动权，于是宣称劳动自由的人权不复存在。[1]

参保地与退休地之选择。转移接续新政规定，参保人跨省流动就业的，原则上可以在户籍地和就业地参保，但男年满50周岁和女年满40周岁的，应在原参保地保留基本养老保险关系；在非户籍地缴费未满10年的，不能在非户籍地享受基本养老保险待遇。该政策依然限制了参保人的选择权。在我国未实行全国统筹，各地社会保险差距较大的背景下，选择权可以也应当存在一定的限制，但这种限制应当遵循平等与公平之原则，而不能歧视对待。例如，在参保地退休并享受待遇，可以要求在该地有一定的缴费年限，但应允许通过延缴的方式达到该年限要求，而不能简单地以户籍为由予以拒绝。

医疗、康复、药店之选择权，就业培训机构之选择权。随着社会保障卡的实施等，参保人的此类选择权开始得到越来越多的尊重。

（三）获得社会保险待遇的权利

社会保险待遇享受权是社会保险权中最实在的、最为根本的也是最为主要的权利。对于绝大多数人来说，社会保险权的实现即是社会保险享受权的实

---

① 侯文若、孔泾源：《社会保险》，中国人民大学出版社2008年版，第20～23页。

现，社会保险享受权无法实现，社会保险权及社会保险法存在的意义将荡然无存。各种社会保险权利的最终目的均在于实现或有助于实现社会保险待遇享受权。

社会保险享受权不仅指参保人有现实的获得社会保险待遇的权利，而且指依法获得社会保险待遇的权利，还包括虽非参保人，但作为社会成员可依法享受社会保险待遇的权利，例如失业人员可获得社会保险补贴，"老工伤"人员可纳入工伤保险统筹并享受相应工伤保险待遇的权利。

社会保险享受权，不仅指对社会保险待遇的获得本身，还包括为享受待遇而应当获得的服务和劳务给付。如社会保险关系的转移权，要求提供银行转账或汇兑服务的权利，要求提供生存认证等便捷服务的权利。

（四）社会保险知情权

知情权是指"公民获取、知悉信息，特别是获取与知悉官方信息的权利"，其一端与表达自由和监督权贯通，是公民的一项基本权利，"中国宪法和法律中虽没有明确的知情权概念，但公民的表达自由、监督政府等权利可以推导出知情权的存在"。[①] "在 1969 年日本最高法院的两个判例中，认为知情权应当受到《宪法》第 21 条中表达自由规定的保障"，韩国宪法法院 1989 年和 1991 年分别在两个宪法判例中，认为"知情权"来源于韩国《宪法》第 21 条规定的表达自由。[②] 社会保险知情权是知情权的一种，是知情权在社会保险法领域中的具体体现，系公民对有关社会保险资讯知悉的权利，是社会保险参加权、选择权和待遇享受权的必然反映与要求，也是权利人行使各项社会保险权利的基础和保证，亦是公民参与政治表达、监督行政权力的有效途径之一。

（五）社会保险附随权利

非社会保险主体权利，即非社会保险设立之根本目的，而系为了实现基本社会保险权利而设立的权利，例如转移社会保险关系的权利，要求用人单位提供健康检查服务的权利，提供劳动关系终止证明以便享受失业保险金的权利等，又可称为社会保险辅助权利。

二、公权利

鉴于给付行政观念之兴盛，而在给付行政法中，系以公权利作为请求权之基础，即使在社会保障行政中，亦通常以公权利为核心概念，故有必要对公权

---

① 中国大百科全书编辑部编辑：《中国大百科全书·法学》，中国大百科全书出版社 2006 年版，第 668 页。

② 应松年：《当代中国行政法（上卷）》，中国方正出版社 2005 年版，第 1455 页。

利之概念及其与社会保险请求权之关系作简要叙述。

"公权利当然即为属于公法之权利。"① 公法权利简称为公权利，是人民由公法获得的权利，"人民的公法权利正可以针对公权力主体，主张其权利。故在行政法之领域，人民由行政法获得公权利，便可要求公行政主体为某种作为、忍受或不作为。"② 人民依据宪法或法律，有要求行政主体为一定作为、不作为义务之所谓主观公权，主观公权可以称为人民的公权利或公法上权利，该权利之来源主要是依据或本于法令之规定，特别是宪法基本权利之保障。③

严格意义上来说，上述具体公权利概念实际指的是公法上之请求权。而作为公权利，远不指对国家请求权之权利。仅从权能上分析，亦包括支配权与形成权。如对于非全日制用工，用人单位可自行决定支配是否给雇员缴纳社会保险费；对于非强制参保人员，其一旦表达出参保或停止缴费之意思表示，与社保机构之间即形成或中断社会保险关系，而无须得到社保机构之同意。

陈新民先生认为，公法权利的要件为：（1）必须是法规范所赋予，且法规所赋予的公权利具有强制性。也就是行政主体因法规的强制性取得了义务性；（2）权利人必须可以确认其权利所在；（3）授予公权利之法规必须同时要保障人民该种权利的"可实践性"，即必须使该项公权利可以经由法律救济的程序，获得保障，所以公权利必须以"可诉讼"之前提为存在要素。公法权利包括自由权、参与权、财产权、生存权等。④ 公权利之构成要件，即确定公权利具体之存在或存续与否，与此适应，有权利、法律上利益与反射利益之说。

社会保险权并不完全等同于公权利。这涉及社会保险行为是否属于行政行为（行政给付或给付行政），社会保险是否完全属于行政范畴之问题，这一具体分析见下节。笔者认为，社会保险法中存在私法规范，社会保险待遇之支付主体存在私法主体，社会保险权利之救济程序可以适用普通法程序并不完全依赖于公法救济程序，因此社会保险权并不完全属于公权利。但这并不妨碍社会保险权为基本权利。如同自由权、财产权，虽可为公权利并为公法所保障，但其实在更多情形下它们属于私法权利，受到私法保障，在特定情形下属于公权利并不能否定其私法权利之属性。而其私法权利之属性亦不能否认其基本权利之性质。要言之，公私权利与否，公法私法保护与否，与其是否属于基本权利

---

① 翁岳生：《行政法（上册）》，中国法制出版社 2000 年版，第 285 页。
② 陈新民：《行政法学总论》，台北：三民书局股份有限公司 2005 年版，第 123 页。
③ 李震山：《行政法导论》，台北：三民书局股份有限公司 2011 年版，第 19 页。
④ 陈新民：《行政法学总论》，台北：三民书局股份有限公司 2005 年版，第 123～128 页。

并无直接关联，作为基本权利，公法私法皆有适用及保护之必要。

三、社会保险请求权之基础

第一，其权利基础为社会保险权。社会保险请求权系行为人要求义务人为或不为社会保险法上特定行为之权利。虽然在一定情形下，请求权人对于请求之事项，并非基于使自己享有基本及体面生活之目的，而在于保障社会保险制度之良性运转，以最终保护公民之社会保险权利。故在本质上，社会保险请求权皆源于社会保险权，其存在之全部旨趣皆在于社会保险权。社会保险权之不同种类，确定了不同之社会保险请求权。如社会保险待遇受领权确定了社会保险待遇给付请求权，社会保险知情权确定了社会保险信息公开请求权，社会保险参加权、待遇受领权确定了社会保险实施请求权等。

第二，其法律基础为社会保险法规范。请求权之提起及实现，皆有赖于一定的法律规定，是所谓请求权基础。即法律有关于请求权之规定，权利人才可主张此请求权。请求权基础，就规范之"基本性"而言，包括基本规范（宪法规范）与法律规范（广义）；就法律之形式而言，包括法律原则、法律概念与法律规则；就广义之法律规范而言，既包括一般法律规范，也包括行政法规，还包括大量的规章与政策性文件。在社会保险法领域，某种意义上，规章与政策性文件构成主要的社会保险请求权基础，只是需要判定该基础本身的合法性。在具体的实践中，不宜单纯地适用规章与政策性文件，应在合法性的基础上结合高阶规范及学理分析应用。

第三节　行政给付、社会保障行政与社会给付

关于社会保险之"法律"研究，国内主要在三个界别展开：劳动保障法、社会法、行政法。而从请求权之角度展开者，至今基本阙如。社会保险待遇享受权是社会保险权中最实在的、最为根本的也是最为主要的权利。其最基本之形式为给付与受领。因此，社会保险待遇给付请求权又处于社会保险请求权之核心地位。就给付而言，上述三个类别研究较多者为行政法，行政法采用之概念为行政给付。而对于行政给付与社会保险待遇系何种关系，申言之，社会保险法与行政法间系属何种关系，我国法学界并未完全厘清。本节试对行政给付之内涵尤其是与社会保险给付之关系作深入辨析，间或论及社会保险法与行政

法之勾连①。

这涉及社会保险行为是否属于行政行为（行政给付或给付行政），社会保险是否完全属于行政范畴的问题。在此问题上，存在模糊不清的认识。

对于行政给付，大陆基本上有两种认识：狭义论认为仅仅指行政救助、行政帮助，"'狭义说'将行政给付等同于行政救助或行政物质帮助"②；广义论则认为等同于给付行政，不仅包括行政救助、行政帮助，而且包括社会保障行政及给付行政其他内容。广义的行政给付，亦称给付行政，供给行政、社会保障行政和资助行政。狭义的行政给付，亦称行政物质帮助，是指行政主体在公民年老、疾病或者丧失劳动能力等情况下，以及在公民下岗、失业、低经济收入或者遭受天灾、人祸等特殊情况下，根据申请人的申请，依照有关法律、法规、规章或者政策的规定，赋予其一定的物质权益或者与物质有关的权益的具体行政行为。③

狭义论认为，"我国行政法学则将国家对缺乏经济和物质保障的社会成员给予帮助的行为称为行政给付"，④ "行政给付，又称行政救助或行政物质帮助，是指行政主体基于法定职责或服务的要求，在特定相对人处于失业、年老、疾病或丧失劳动能力及其他法定的情况下，依法法律、法规、规章和其他有关行政规范的规定，对上述相对人无偿提供物质帮助或其他优待的具体行政行为。"⑤ 行政给付系指行政主体根据相对人的申请，依据国家法规，考虑相对人的具体条件，而决定无偿给予一定财物的行政行为。⑥ 行政给付意指行政主体基于职权，在特定情况下，依法向符合条件的申请人提供物质利益或赋予其与物质利益有关的权益，以达到特定行政目的之活动及其过程，也被称为行政救助或者行政物质帮助。⑦

---

① 较详细分析参向春华：《社会保险法原理》，中国检察出版社 2011 年版。
② 喻少如：《行政给付制度研究》，人民出版社 2011 年版，第 22 页。
③ 姜明安：《行政法与行政诉讼法》，北京大学出版社 2011 年版，第 240 页。
④ 喻少如：《行政给付制度研究》，人民出版社 2011 年版，第 13 页。
⑤ 应松年：《行政法与行政诉讼法学》，法律出版社 2005 年版，第 200 页。
⑥ 胡建淼：《行政法学》，法律出版社 2010 年版，第 214 页。
⑦ 江国华：《中国行政法（总论）》，武汉大学出版社 2012 年版，第 324 页。持同样观点的，参见应松年：《行政法与行政诉讼法》，中国政法大学出版社 2011 年版，第 148 页；叶必丰：《行政法与行政诉讼法》，中国人民大学出版社 2011 年版，第 149 页；关保英：《行政法与行政诉讼法：理论·实务·案例》，中国政法大学出版社 2011 年版，第 207 页；崔卓兰：《行政法与行政诉讼法》，人民出版社 2010 年版，第 217 页；杨临宏：《行政法：原理与制度》，云南大学出版社 2010 年版，第 585 页；闫国智：《行政法与行政诉讼法》，山东大学出版社 2002 年版，第 81～82 页。

　　广义论则认为行政给付包括社会保险在内的绝大部分社会保障制度。"社会保障行政的内容大致可以归纳为五大方面：公扶助；社会保险；无限制年金及社会津贴；社会福祉；公共卫生和环境卫生。"① 给付行政的作用旨在以授益性行政活动促进国民福利，主要包括供给行政、社会保障行政和资助行政。社会保障行政，是指行政主体为保障国民能够过上最低限度的、健康的、文明的现代生活而进行的给付活动。在我国，社会保障行政包括社会救助、社会保险、社会福利和社会优抚。② 行政主体为保障个人和组织的生存权和收益权，维持和促进国家与社会的稳定与发展，依照法律规定和相关政策向个人和组织，尤其是出现生存困难并符合法定保障条件的个人和组织，提供物质、安全、环境、精神等方面保障的行政活动及相关制度。从广义上讲，现代国家的行政给付还包括政府资助发展的社会保障事业，如失业救济金、保险金、养老保险金，社会一般成员的医疗保险、安全保险、财产保险等。③

　　中国行政法学界对行政给付的研究一般都是从狭义上展开的，往往仅限于行政物质帮助。④ "中国行政法学通说上的'行政给付'行为只是'给付行政'的一种方式，其类似于德国行政法伤的'福利行政'或者'救济行政'。"⑤

　　然而，深入分析可见，我国大陆学术界对于社会保险究竟是否属于行政给付范畴，认识仍然比较模糊和含混，矛盾随处可见。如一方面认为"行政给付的实质层面是广义的社会保障制度"，即广义说；另一方面又指出，我国行政给付制度略具雏形，以社会救助或行政救助为主导的行政保障制度框架大致确立。⑥ 一方面认为《社会保险法》的颁行，"意味着丰富多彩的给付行政拉开了依法律推进的序幕"，⑦ 并将《失业保险条例》纳入行政给付范畴，另一方面，在论述给付形式时，则完全将社会保险排除在外，仅包括特定人员的离退休金（由民政部门管理的），而不包括适用范围庞大的基本养老金。既认为

---

　　① 杨建顺：《论给付行政的法原理及实现手段》，载杨建顺主编：《比较行政法——给付行政的法原理及实证性研究》，中国人民大学出版社 2008 年版，第 31 页。

　　② 杨建顺：《行政法总论》，中国人民大学出版社 2012 年版，第 151 页。

　　③ 莫于川：《行政法与行政诉讼法》，中国人民大学出版社 2012 年版，第 224~226 页。

　　④ 姜明安：《行政法与行政诉讼法》，北京大学出版社 2011 年版，第 239 页。

　　⑤ 朱新力、金伟峰、唐明良：《行政法学》，清华大学出版社 2005 年版，第 230 页。

　　⑥ 喻少如：《行政给付制度研究》，人民出版社 2011 年版，第 13、73 页。

　　⑦ 杨建顺：《〈社会保险法〉促建社会安全网络》，载《观察与思考》2010 年第 12 期。

狭义之行政给付仅仅是行政物质帮助，又认为狭义之行政给付基本上与广义的行政给付中的一部分即社会保障行政相对应。[①] 胡建淼先生在持狭义概念（行政救助）的同时，也认为作为其重点内容的行政保障制度包括失业保险制度。[②] 在明确指出"行政给付又称行政救助或者行政物质帮助"的同时，又明确指出行政给付的形式包括"社会保险金"。[③] 认为行政给付是行政主体单方的授益行为，行政主体对困难公民的救助制度属于行政给付，与社会救助不同，但同时却又认为社会保障属于行政保障制度，属于行政保障。[④]

即便是广义论，对此也很含糊。例如，广义论者认为，社会保障行政的特点在于：社会保障行政中的给付主体与受领人之间的给付关系多是通过行政行为单方面形成的，社会保险中的社保费征收属于行政作用，"原则上，只要没有特别规定，社会保险的给付关系应当作为私法上的关系来把握"。[⑤] 又仅仅将部分社会保险关系或行为纳入行政给付。

我国大陆学者见解的矛盾根源主要在于，没有对社会保险关系及社会保险给付行为进行深入而准确的分析，没有将行政给付的概念与特征严格地贯彻始终，在本质上混淆了行政给付与社会给付的关系。

比较而言，我国台湾地区学者关于行政给付与社会保障给付关系之见解，是比较统一的，几乎均持广义论。给付行政，得称为福利行政或服务行政，系以保障人民利益为目的，实现福利国家或给付国家之行政行为。例如，提供职业训练、社会保险、社会救助、灾害救助等。[⑥] 服务行政强调政府及其他公行政主体必须提供各种不同的服务措施，例如公用事业社会救济、文教事业、社会保险的行为，使人民在衣、食、住、行之生活、工作、教育等方面，得到国家最多的服务与最大值照顾。[⑦] 社会行政指社会安全制度保障之行政，包括社会保险（或称社会预护）、社会照料（含福利促进）、社会补偿及社会救助等。[⑧] 从社会法作为"公权力行政"依据的角度来看，同样是被称作给付行

① 姜明安：《行政法与行政诉讼法》，北京大学出版社 2011 年版，第 240~242 页。
② 胡建淼：《行政法学》，法律出版社 2010 年版，第 214~215 页。
③ 崔卓兰：《行政法与行政诉讼法》，人民出版社 2010 年版，第 217 页。
④ 杨临宏：《行政法：原理与制度》，云南大学出版社 2010 年版，第 585~600 页。
⑤ 杨建顺：《行政法总论》，中国人民大学出版社 2012 年版，第 152 页。
⑥ 黄俊杰：《行政法》，台北：三民书局股份有限公司 2010 年版，第 14 页。
⑦ 陈新民：《行政法学总论》，台北：三民书局股份有限公司 2005 年版，第 54 页。
⑧ 李震山：《行政法导论》，台北：三民书局股份有限公司 2011 年版，第 6 页。

政，但社会法乃特别行政法的一支。①

广义之行政给付论，理论上渊源于日本之给付行政学说。给付行政包括供给行政、社会保障行政、资助行政，其中社会保障行政"是为了保障国民能够过上《日本国宪法》第 25 条所规定的、最低限度的健康与文化的生活，而进行的国家或公共团体的给付活动。社会保障行政包括对生活贫困者进行生活保障的公的扶助，将成为生活贫困原因的生活上的危险分散于社会，以谋求对其救济的社会保险、公共卫生和社会福祉。"②

笔者认为，行政给付并不完全等同于社会保障给付，两者既存在交叉亦存在重大区别。虽然行政给付是给付行政的产物与体现，但行政给付毕竟不是给付行政。因为给付行政是国家行政的一种形态，属于福利行政的范畴，相对于干预行政、计划行政而言；而行政给付③是行政决定的一种形态，是一种与行政命令、行政许可、行政确认、行政处罚等相并列的独立行政行为。属于给付行政范围的诸如国家提供公共服务设施等内容不应当属于行政给付的具体内容。④ 此界分理念有其合理性，但界分之视角未必恰当。

第一，非行政主体之纯粹私人（包括自然人、法人及其他非法人组织）所为之给付（完全由私人自由意志所决定、实施、管理之给付），不属于行政给付。包括纯粹私人所为之社会救助、社会捐助、社会福利等。纯粹私人所为之"补充社会保险"，如雇主为员工及其家人所购买之补充商业保险、为工伤职工支付之补充伤残津贴等，亦非行政给付。

第二，行政给付系行政主体所为之给付，但行政主体所为之给付并非都是行给付。行政给付系行政主体以自己所有或归其占有、管理、支配国家之特定资财所为之给付，由第三人财产所为之给付，不属于行政给付。亦即行政主体非以自己之资金，亦非以国家之资金，而系以第三人资金所为之给付，不宜称为行政给付。社会保险待遇给付所用之资金，绝大部分为个人、用人单位缴费形成之社会保险基金，其所有权主体尚有争议，但完全确定的是，其所有权既不属于国家，亦不属于负责管理该基金之社保机构（包括全国社会保障基金理事会）。其中，个人账户资金（包括基本养老保险、基本医疗保险之个人账户）属于被保险人个人所有，殆无疑义，使用个人账户资金所支付之社保待

---

① 钟秉正：《社会保险法论》，台北：三民书局股份有限公司 2005 年版，第 13、47 页。

② ［日］南博方：《行政法》，杨建顺译，中国人民大学出版社 2009 年版，第 33 页。

③ 原文此处为"给付行政"，显系错误，应为"行政给付"。——笔者注

④ 胡建淼：《行政法学》，法律出版社 2010 年版，第 214 页。

遇（包括个人账户养老金、医疗保险之门诊待遇等）显然不属于行政给付。

我国目前的社会保险统筹基金系由全体缴费主体缴费而成，不属于国家所有，非出自国库，除了用于法定的社会保险待遇及相关支出，不能挪作他用。虽然有人认为社会保险基金支出属于财政性支出，包括存放于财政专户，都只是对其监管之需要，而非由财政及其他政府决定其支出。事实上，对于必须发放之社会保险待遇，任何政府机构均无裁量权，否则即构成违法。统筹基金亦不像其他财政资金（至少在其特定化之前），可以由政府裁量决定支出规模与方向（当然受制于预算之总体限制），两者在此亦有本质差别。以中央转移支付资金来说，其与统筹基金有着显著差异。前者来源于中央财政，中央主管部门对于确定其支付省份及具体金额，有相当大的裁量权，即在相当意义上，行政主体有支配权、处分权。

社会保险统筹基金亦不属于社保机构所有。其与社保机构所有之财产如由其所有之不动产、其自身之经费，只要不违背财务管理制度，原则上亦得由社保机构自行支配、管理、处分，社保机构自身的意志具有相当大的自由。而在统筹基金的支出上，社保机构基本上没有裁量权，在个别项目上也仅有少量裁量权，与社保机构自身财产显著不同，没有或仅有特定之支配、管理权（如投资运营）。

统筹基金不属于缴费主体共同所有。统筹基金虽然系由缴费主体缴费形成，但在缴费之后，缴费主体对统筹基金已无管理、支配及处分权，对统筹基金无所有权。统筹基金形成后与缴费主体已无实质或法律上关联。

笔者认为，我国目前的社会保险统筹基金应属于全体被保险人共同所有，首先，统筹基金系为保障被保险人之社会保险待遇即为被保险人利益而建立。其次，统筹基金只能直接或间接用于支付被保险人待遇，任何人及任何主体均无权将统筹基金挪作他用。工伤保险基金用于工伤预防，系为间接保护被保险人的生命、健康与财产安全。补充之再保险，也是为保护被保险人的生命、健康与财产安全。最后，被保险人对统筹基金之管理、使用与支配，应仍有参与权，包括知情权、参与决策权、监督权，但不能为直接管理与支配，如在调整待遇时，应当听取被保险人意见，对于基金之支付方向特别是非待遇之项目及其金额，应当接受被保险人之监督。目前，我国被保险人在此方面的权利几无实现，与理想仍有相当距离。但这并不意味着被保险人对基金没有相应权利。此外，关于社保机构与基金之关系，笔者认为应为托管关系，即基于法律的强制性规定，由社保机构对基金实施管理与运营，就理论而言，除在运营方面有相当之裁量权外，社保机构之管理权限应受到法律严厉约束。关于托管之关系，尤从个人账户基金之属性可为明示。个人账户之属性公认为个人所有，故只能认为社保机构对个人账户基金为托管关系。由此推及，社保机构与统筹基金之关系亦如此。

在确定统筹属被保险人共同所有而非属于国家所有或社保机构所有时，使用统筹基金支付社会保险待遇，从其实质来看，与行政给付之意蕴亦不相符。行政给付系代表国家所为之给付，自应使用国家资财为给付，使用第三方基金所为给付，即使委托由其管理，也与典型之行政给付不同。

第三，行政给付应当是行政主体以自己之名义所为之给付，依行政主体所作之命令、处分，由第三人所为之给付不一定属于行政给付。行政给付是行政主体作出的依法必须支付相对人一定财物的行政行为；鉴于行政给付是给付行政的体现，应当只将作为国家福利政策的给付行为纳入行政给付范围之内。[①]这个说法并不准确，支付财物之命令虽系由行政主体作出，但由第三人支付，且该支付不属于行政委托支付的，则不属于行政给付。例如行政主体实施行政执法权、行政裁决权而责令私法主体履行法律义务所为之给付，具体如用人单位（包括非法用工单位）未参加工伤保险而对遭受工伤伤害的劳动者所负有的赔偿责任，劳动保障监察要求用人单位支付工伤待遇的，用人单位向工伤人员支付的待遇。在该行为过程中，行政主体行使之行政权，并非支付权，而仍属于秩序管理与形成权，本质上仍属于干涉行政范畴，不属于给付行政的范畴。

第四，行政给付系属具体行政行为，非行政行为不属于行政给付。行政给付系行政主体依据公法之规定，为保障公民之公法权利所为之给付，属于具体行政行为。如果某项给付非属于具体行政行为，如雇主对雇员所为之社会保险法上的给付或非社会保险法上的"补充给付"，纯粹第三人所为之社会给付，均不属于具体行政行为，实难言为行政给付。

第五，行政给付是国家针对一些生活困难者或其他需要救助的情况，依据法规给予救助的行为，它是国家福利政策的表现，因而是无偿的。任何对价性的、有偿性的支付均不属行政给付。[②] 对价性、有偿性之给付具有"交易"特点，在某种意义上，作为对待给付之"给付"系相对人"购买所得"，与给付行政之意蕴相去甚远，作为一般行政给付甚为不妥。例如，公民购买商业保险，保险公司所支付之保险给付，自然不属于行政给付。如果仅仅将商业保险公司设定为行政主体或行政主体之委托主体，其所为之给付，仍由行政主体承担相应之法律后果，则其给付之实质与纯粹商业保险公司所为之给付，并无根本差异。仅是经办主体之不同，将此作为行政给付，并不妥当。如果国家并未

---

① 胡建淼：《行政法学》，法律出版社2010年版，第214页。

② 胡建淼：《行政法学》，法律出版社2010年版，第215页。

真正承担财务责任，而仅负责管理与经办，仍只为秩序之形成，有服务行政之内涵，而与给付行政之意蕴仍不相符，亦不宜称作行政给付。

第六，行政主导之给付不等于行政给付。在社会保障给付尤其是社会保险给付中，国家仍需提供相当之服务，包括法律制度之立法生成、法律规范之执法实施、权利损害之司法救济。其中，在立法状况尚难臻于理想状态时，行政之推进与实施尤为重要。可以说，在我国当下之社会背景下，社会保险给付之实现依赖于行政之作为与主导。社会给付是由"公共行政来主导"。① 但是，行政主导而非由行政之资财所为之给付，并不适宜称为行政给付。正如在司法救济中，给付之实现端赖司法机关之主导，但断不能称之为司法给付。"在与西方给付行政相对应的各个方面，行政给付虽然发挥着主导作用，但对相对人的'生存性照顾'并不是由行政主体独揽的。"②

第七，由私法管辖之给付不属于行政给付。给付行政的措施基本上都是对人民为一定的服务或给付授予人民利益的，因此在授予人民利益的情形下，可以同时使用公法和私法的方式为之。③ 给付行政得采取公法或私法之方式。④笔者认为，给付行为委诸私法而非公法管辖时，该给付行为不应称为行政给付。按学者所论，行政给付所满足者为公权利，而公权利系公法上之权利，故认为由私法管辖之给付行为及其所对应之权利难以称为公权利，将私法管辖之给付行为归属行政给付，显然自相矛盾。

社会保险法上之给付，虽然其给付之资财有部分来自国家，但其主体为缴费主体之缴费形成，与行政给付有显著差异，实为社会给付而非行政给付。⑤

第四节　社会保险请求权在社会保险法中的意义

一、权利保护之需要

社会保险权是社会保险法的核心范畴，社会保险法存在的基本意义是保障和实现公民的社会保险权。社会保险请求权是社会保险权的重要权能，是实现

---

① 钟秉正：《社会保险法论私》，台北：三民书局股份有限公司 2005 年版，第 11 页。

② 应松年：《行政法与行政诉讼法学》，法律出版社 2005 年版，第 201 页。

③ 陈慈阳：《行政法总论：基本原理、行政程序及行政行为》，台北：台湾神州图书出版社 2005 年版，第 49 页。

④ 黄俊杰：《行政法》，台北：三民书局股份有限公司 2010 年版，第 14 页。

⑤ 参向春华：《社会保险法原理》，中国检察出版社 2011 年版，第 357 页。

社会保险权的基本手段与方法。社会保险请求权在社会保险诸权利中居于枢纽地位。社会保险法上诸权利，并不能完全依赖于行政及其他主体之"自觉"实现，"如果行政权力不履行一定的行为以实现社会保险权利，权利人应享有请求权，这也是权利人获得社会保险待遇的必由之路"①；作为权利之主体，权利人系自身权利实现之第一责任人，其亦负有要求义务主体积极行为之"义务"，如在达到退休年龄时，及时要求社保机构核发养老金，此等要求亦需借助于请求权始能行使。权利救济之成立，核心在于公民针对国家的请求权的存在。② 在社会保险法中同样如此，当社会给付之义务主体及其他社会保险法上义务之主体，拒绝履行义务时，权利人得享有司法救济请求权（诉求）；司法救济请求权在实质上也是以权利人对标的享有请求权为前提的，即只有权利人享有相应请求权才能寻求司法救济，在这个意义上，无请求权即无社会保险权。

二、限制权力之需要

权力有自我膨胀之倾向。在社会给付中，给付之建立、给付之实施、给付之保障对立法、行政、司法均有相当依赖性，没有立法、行政机关的积极作为，公民就无法获得社会保险待遇；没有司法权的保障，公民的社会保险权利就无法获得有效保障。社会保险请求权之确定，使社会保险义务人得满足权利人之主张，如果社会保险义务人未履行相应义务，将遭受法律的否定性评价，并要承担实际履行等法律责任。在权利人享有请求权之情形下，行政主体的裁量权行使受到相当大的限制，在某些情形下甚至限缩为零；立法者也不再是完全自主决定立法内容、立法时间，也受到权利人相当之限制；在法律规范明确、请求权确定的情形下，司法机关的裁量权亦受到限制，从理论上来说，相应诉求是否应予保护、如何予以保护，司法机关的裁量空间也大为收缩。

三、完善社会保险法体系之需要

《社会保险法》仅仅是搭建起了社会保险制度的基本框架，从法律的基本内容——权利义务的设置与规范来说，《社会保险法》尚远远不够。其最突出的后果便是，权利人在很多时无法提出权利主张，权利受到很大程度的损害甚至完全不能实现而救济无门。例如，在迟发养老金时，很多时养老金不予补发，即便补发，也不予支付迟延发放期间的利息。围绕社会保险请求权之构建

---

① 向春华：《社会保险法原理》，中国检察出版社 2011 年版，第 357 页。

② 刘飞：《德国公法权利救济制度》，北京大学出版社 2009 年版，第 11 页。

与实现，平衡社会主体之利益诉求，通过在社会保险主体之间分配具体权利义务，发现与生成社会保险规则体系，才能最终实现由社会保险政策体系向社会保险法律体系的转变。"作为请求权基础的法规范本身可以通过请求权的确定得以体系化。"① 从立法请求权肇始，及至待遇请求权，再至赔偿请求权、救济请求权之全面确立，则意味着社会保险法规范的全面确立，社会保险法制化始能取得全面进展。

四、理论研究之需要

社会保险请求权及其体系，以及围绕这一体系而形成之社会保险法律规则体系，涉及全部之社会保险权利与义务，涉及现有及未来之社会保险项目，涉及各种社会保险制度之设立与完善，涉及社会保险关系之各主体、各环节、各流程，涉及社会保险与相关制度、体系之衔接与完善，申言之，其影响不止于社会保险，在整个社会保障制度、劳动法、程序法、救济之组织法及更广之立法、行政中皆有其重要作用，因而对相关之研究，应有其积极之作用。

第五节　社会保险基本权利之具体化

社会保险基本权利具体化之含义，即作为基本权利（基本人权或宪法权利）之社会保险权能否直接作为请求权之基础，据此得要求相应主体为具体行为，亦得请求司法救济。在我国现有法律架构下，否定之回答殆无疑义。然从社会保障发展历史及愿景来看，此问题并非没有探讨之空间。

就现实来看，社会保险基本权利具体化对个人利益影响甚巨。如果持肯定意见，对立法、行政、司法权力都将形成很大影响，将从根本上改变权利与权力之间的生态；如果持否定意见，则人民之权益只能悉听权力尊便，完全委由公权力决断，即便权益遭受不当损害，亦无救济之途，在此状况下，社会保险权即无法有效实现。以新农保的实施进程来说，毫无疑问，这从根本改变了数千年来中国农民之权利状况。然而，新农保是逐步推进的，这意味着，哪些县区首先纳入新农保，哪些最后纳入，亦即哪些农民可以先行享受新农保基础养老金，哪些只能最后享受，完全由行政权力裁量决定，即使境况更差因而更需要尽早享受新农保基础养老金者，亦不能较早获得，且对此无法寻求司法救济，这是相当不公平的。

---

① 王锴：《行政法上请求权的体系及功能研究》，载《现代法学》2012年第5期。

根据劳动保障部《关于印发完善企业职工基本养老保险制度宣传提纲的通知》（劳社部发〔2005〕32 号）规定，以职工缴费年限 35 年退休为例，改革前基本养老金的目标替代率是 58.5%，其中 20% 为基础养老金，38.5% 为个人账户养老金；改革后目标替代率将达到 59.2%，其中基础养老金替代率增长为 35%，个人账户养老金替代率调整为 24.2%。据国家统计局公布的数据，2010 年城镇非私营单位在岗职工年平均工资为 37147 元，月均 3096 元。而 2010 年全国企业养老金月平均水平仅为 1300 元。据此计算出的 2010 年全国企业养老金平均替代率仅为 42%。企业职工从基本养老保险获得的养老金实际替代率在 35% 左右，远低于预定的 60% 目标。[①] 虽然实际替代率仍存在争议，大家能达成共识的是，在缴费并不低的情形下，我国基本养老金的实际替代率过低，不仅低于预定目标，亦低于相关国际标准，能否有效保障退休人员的基本生活，不无争议。但应该可以明确的是，如果这一趋势持续，很多退休人员将无法依靠养老金维持基本的、较为体面的晚年生活。如果被保险人不能对此提出异议，没有法律救济途径，那么，《社会保险法》所宣称之"社会保险制度坚持广覆盖、保基本、多层次、可持续的方针，社会保险水平应当与经济社会发展水平相适应"将大打折扣，而且不能成为人民之社会保险权利。

长期以来，基本权利并不具有可诉性。作为基本权利之社会保障权（社会权）亦不能作为请求权之基础。其基本理论在于，社会给付之具体项目应由立法权行使，由立法者基于社会经济状况斟酌考虑实施。充足的财源乃是实现社会基本权的必须条件，其中涉及国家预算、税收乃至各项社会保险的保费政策。倘若赋予个人对于相关给付的主观公法权利，则难免会侵及民主原则与三权分立的原则。[②] 社会保障是一类以增加财政预算为前提的具有敏感政治性的公共事务，应当由义务决定是否进行社保给付，以司法判决代替议会立法将使社会保障丧失政治上的合法性；现代社会保障事务的专业化程度和政策性较强，过度行使司法权将使这项事业丧失决策的科学性和专业性。[③] 有人认为实体法上请求权之思考，无视给付国家之经济或财政界限，将沦为空谈。[④] 是故，德国联邦宪法法院也不承认人民可以直接从社会国原则导出社会给付的请

①　李社环：《我国基本养老金替代率高估问题及其解决途径》，载《经济体制改革》2010 年第 2 期。

②　钟秉正：《社会保险法论》，台北：三民书局股份有限公司 2005 年版，第 26 页。

③　胡敏洁：《论社会权的可裁判性》，载《法律科学》2006 年第 5 期。

④　沈政雄：《社会保障给付之行政法学分析——给付行政法论之再开发》，台北：元照出版有限公司 2011 年版，第 52 页。

求权。① 但这只是早先的历史。早期由于德国缺乏违宪审查制度，所以，基本权利并不被视为主观公权利，而仅是一种规定国家权力界限的客观法。②

但从德国《基本法》的规定来看，基本权利作为请求权之基础，并不存在法律障碍。根据德国《基本法》第 19 条规定，"基本权利之实质内容在任何情况下都不容侵犯"，"如果任何人的权利受到了公权力的侵害，则法律途径向其敞开。如果别无其他管辖机关时，其可以向普通法院起诉"。③ 是以，个人的基本权利遭受侵害，可以提起宪法诉愿，亦可向行政法院乃至普通法院寻求司法救济。近来，亦有社会权本身固有或独自的性质，尝试社会权之主观化，学者 R. Alexy "说明人民有请求国家给付或积极行为之主观权利，此非仅止于国家之客观义务"。如参加分配请求权理论，藉由德国联邦宪法法院于 1972 年大学人数比例分配规定之判决，基本上承认基本权有此性质。理论上区别"原生之分配请求权"与"派生之分配请求权"，前者为请求国家创设或扩充新之给付制度，后者为对于既存国家给付制度下请求参加分配之权利。④

自 21 世纪以来，承认人民应该拥有最起码的，合乎"社会正义"及"人类尊严"之生活权利，并且，以宪法层次来肯定这种权利，是人类"精神文明"极高度之表现。若法条流于"宣言式"之效果，无法产生规范之拘束力，不论主张有无"公法权利"效力——将降低这些条款及整部宪法"价值"的肯定。⑤

《日本国宪法》第 25 条规定："所有国民均享有维持健康且文化性的最低限度生活的权利。国家必须在一切生活方面，努力提高与增进社会福利、社会保障以及公共卫生。""生存权是一种法的具体性权利，而并非是需要借助另行具体法律才能得以具体化的抽象性权利，更并非是仅仅规定国家立法指针的、作为纲领性规定的单纯的政治性权利。"⑥ 大须贺明先生主张，生存权具有具体的法的权利性。⑦ 社会保障行政之领域，通常以社会弱势者为对象，得

① 钟秉正：《社会保险法论》，台北：三民书局股份有限公司 2005 年版，第 26 页。
② 王锴：《行政法上请求权的体系及功能研究》，载《现代法学》2012 年第 5 期。
③ 刘飞：《德国公法权利救济制度》，北京大学出版社 2009 年版，第 3 页。
④ 沈政雄：《社会保障给付之行政法学分析——给付行政法论之再开发》，台北：元照出版有限公司 2011 年版，第 52～53 页。
⑤ 陈新民：《宪法基本权利之基本理论》，台北：元照出版有限公司 1999 年版，第 124、126 页。
⑥ 林浩：《生存权：法的具体性权利——关于大须贺明先生的生存权"具体性权利论"》，载［日］大须贺明：《生存权论》，林浩译，法律出版社 2001 年版，第 285 页。
⑦ ［日］大须贺明：《生存权论》，林浩译，法律出版社 2001 年版，第 277 页。

以具体决定国家应作为义务之内容，而承认其具体权利性质可能性较高。学理认为，对日本宪法第 25 条关于生存权保障之规定，此种请求社会保证给付之权利，其基本权保障有二类型：（1）直接求诸宪法之生存权规定，解释其要件、效果而独立构成请求权基础，对于无法律根据而由行政所设定之最低生活水准，如较宪法规定为低者，得请求回复或实现满足至宪法所规定之水准。（2）法律虽明文受给权之要件、效果，但因法律修正而致给付停止或减少者，主张其给付应回复至原先立法所规定之水准。[①]

基本权利之具体化，其实质意义在于，作为人民根本利益所体现之宪法基本权利，其实现并不完全依赖立法机构，在立法机构不当作为及怠于作为并因此侵害人民之基本权利时，人民可直接依据宪法规定寻求权利保障。学者 R. Alexy 将社会权请求权体系分为广义与狭义，广义之给付请求权，包括请求保护之权利（如刑法、程序法、行政行为等保护）、请求权创设组织与程序规定之权利，以及狭义之请求给付之权利（分为明文规定之给付请求权与经由解释之给付请求钱），认为"以基本权系一种地位且为最重要者，其受保障或不予保障，不得单纯任由议会主义之多数决"。[②]

笔者认为，在一定情形下，社会保险之基本权可以作为法律上具体权利，在人民未达致该权利之要求时，得请求相关主体积极行为。

第一，就现代立法权而论，是否立法并非立法者之完全裁量事项，在特定情形下，应科诸立法者强制立法之义务。在立法者未为具体立法时，当社会保障给付严重侵害人民之最低生存权利时，社会给付之主体应有为最低给付之义务。基本权利之具体权利论，与立法请求权是一致的。

第二，这亦是权利实现之必要。权力之存在，一切为了人民。其核心意蕴乃是，权力之存在首先是为了实现人民之基本权利。作为基本权利之社会保障权利，如其因为权力之怠惰、不作为而无法实现，实有背我国国体。在特定情形下，社会保障权利之具体化，实为助成社会保障权利实现之必要。

第三，关于社会保障给付受制于预算及财政力之理由，实系因果关系之颠倒。实际上预算的法的性质，并不是放任于国家的自由裁量的政策性事项，而是受宪法拘束的。把国家财政当作确定"最低限度生活"水准之际需要考虑进去的要素，可以说在宪法上是缺乏合理性的。即"最低限度生活"水准，

① 沈政雄：《社会保障给付之行政法学分析——给付行政法论之再开发》，台北：元照出版有限公司 2011 年版，第 55 页。

② 沈政雄：《社会保障给付之行政法学分析——给付行政法论之再开发》，台北：元照出版有限公司 2011 年版，第 53 页。

不应受当时国家财政预算的有无所左右，相反应该以它来主导和支配国家的财政预算。① 亦即应由基本社会保障之支出决定财政预算之格局，而非相反，例如，可削减公务员之支出以保障社会保障之给付。当然，主张社会保障给付完全不受财政之限制亦不现实。

第四，关于司法裁量之专业水准问题，如何解释最低生活水准具体是何种水准，这是非常困难之事，但至少应解释为不单是满足衣食住等需要，而是在精神生活、营养状态、体格等方面也能达到一定的水准，在文化、社会、生活方面也能够享受作为人的最低生活限度水准。这是伴随着一般国民的生活水准、文化水准的提高而变化的相对水准。② 确定"最低限度生活"水准时应该考虑而且必须考虑的要素，在根本上就是处于一定历史时期的社会生产力水平，再者就是与此相关的国民收入水准、生活水准，以及该时期的社会与文化发展程度，从今日社会科学与自然科学发展的水平来看，在相当程度上是可以客观地进行计算测定的。③

同时笔者认为，基本权利具体化应当受到严格的限制，这是尊重立法权等权力的必要体现，亦是维系社会良性运转之必要。如果动辄以基本权利作为诉因寻求法律救济，司法机构将不堪重负，亦可能完全背离人民之意志，后果亦难以想象。

具体化可重点确定为两个方面：一是社会保险（社会保障）水平与其立法目的完全不相符合。如养老金未达致基本水平，完全与经济社会发展水平不相适应时，支付主体应有具体之支付义务。如未设置最低基本养老金标准（非基础养老金），当一个地区的最低工资达 1000 元时，最低基本养老金仅 200 余元，应判定为明显违反法律规定。二是依据社会保障权、平等权等基本权利确定立法主体、行政主体之积极作为义务。如国家已经明确规定实施基本医疗保险制度，但某地方迟迟不予实施，导致某地人民（或部分人员）无法参加并获得基本医疗保障。

---

① ［日］大须贺明：《生存权论》，林浩译，法律出版社 2001 年版，第 97、240 页。

② ［日］桑原洋子：《日本社会福利法制概率》，韩君玲、邹文星译，商务印书馆 2010 年版，第 75 页。

③ ［日］大须贺明：《生存权论》，林浩译，法律出版社 2001 年版，第 98 页。

第二章 社会保险请求权类型与体系

第一节 社会保险请求权之分类与适用

根据不同的标准，可以将社会保险请求权划分为不同的类型。

一、根据基础权利进行划分

根据基础权利不同，社会保险请求权可以划分为社会保险参加请求权，这和行政程序参加请求权是不同的，不仅仅是一种程序权，也是一种实体权利，即权利人不仅有要求参与社会保险决策的权利，更有要求依照法定条件参加社会保险之权利。

社会保险选择请求权，社会保险项目条件之设置应符合公平、平等原则，不得不正当限制人民选择社会保险项目之权利。在我国目前社会保险体系中，社会保险项目碎片化比较严重，在一定条件下，一个人符合几个不同的同类社保项目，应当允许个人选择；在其他情形下，只要不违背强制性法律规定，尤其是不违背宪法原则及公平正义之要求，均应允许当事人自由选择确定，如达到法定退休年龄时，是退休还是继续缴费以延迟退休，除国有企业外，应委由个人及用人单位决定。

给付请求权源于社会保险待遇获得权，在义务人不履行给付义务时，权利人得请求义务人履行给付义务，并可寻求法律救济、赔偿及补偿。

信息公开请求权来源于公民的请求权，它不同于权利人为获得社会保险待遇而享有的要求社会保险机构提供相关社会保险信息的权利，后者属于待遇获得权的一部分，而前者作为知情权的体现，并不一定与待遇有关；信息公开请求权和听证请求权、阅览卷宗请求权等也并不相同，后者主要属于程序性权利，且多与其他具体权利有关。

基于社会保险附随权利之请求权，如社会保险关系转移请求权，出具证明材料请求权。

二、依据是否需要借助于第三方力量进行

无须借助第三方力量即能行使的，可称为原权型请求权；需要借助于第三方力量才能行使的，可称为保护请求权。

保护请求权主要是针对原权型请求权之义务人不履行其义务时而产生的。保护请求权包括两种类型：一种是针对第三人的违法行为，请求行政主体实施具体行政行为以保护其利益之请求权。行政主体不单单负有给付之义务，尚有行政执法权力，此类保护请求权系属要求行政主体履行执法职责。另一种是请求司法保护的保护请求权，是一般请求权在正常状态下无法实现时，请求国家司法机关予以保护之权利。这个意义上的法律保护请求权是诉权。最为重要的、同时又是处于积极地位的核心请求权是法律保护请求权，是公法请求权。[1] 毫无疑问，保护请求权对于权利人社会保障权利之实现是不可或缺的。有人将保护请求权称之为救济型请求权，往往通过行政诉讼中诉至利益的方式予以体现。[2] 其内涵仅仅包括第二种保护请求权之部分（不包括立法请求权之司法救济，及宪法诉讼），过于狭隘。在社会保险法中，社会给付之主体，并不限于行政主体，私法主体亦得为给付主体。行政保护权之行使，对于社会保险法来说，在某种意义上属于司法救济权之前提，如果没有行政权力之行使，如责令用人单位补缴社会保险费，司法权无法或不应介入。法律保护请求权与其他法律请求权以及法律上的地位和事实之间存在着紧密的目的关系，却不以任何方式与它们融为一体。私法上的可为、各种私法和公法上的地位和事实绝对无法创设法律保护请求权。法律保护请求权是针对国家的公法请求权的底线，只有通过保障该种请求权，个人的人格才得以确立。法律保护请求权的目的绝不局限于保护私法请求权。[3] 这在社会保险中仍有其适用之余地。

原权型请求权无须借助第三方力量即能直接向义务人提出主张，并有权接受义务人义务之履行。

三、依据请求之对象进行划分

对行政主体之请求权。在我国目前社会保险法框架下，多数社会保险请求

---

[1] ［德］格奥格·耶利内克：《主观公法权利体系》，曾韬、赵天书译，中国政法大学出版社 2012 年版，第 112 页。

[2] 王锴：《行政法上请求权的体系及功能研究》，载《现代法学》，2012 年第 5 期。

[3] ［德］格奥格·耶利内克：《主观公法权利体系》，曾韬、赵天书译，中国政法大学出版社 2012 年版，第 113～114 页。

权得向行政主体包括行政机关及其委托组织和个人、法定授权机构提出，行政主体依此所为之行为为具体行政行为，相对人可对此寻求行政救济。

对民事主体之请求权。在我国目前社会保险法框架下，部分社会保险请求权得向民事主体提出，主要包括两种情形：一是法定的由民事主体直接承担的义务，如待遇支付义务具体如用人单位所承担之一次性伤残就业补助金等，非待遇支付之义务如出具离职证明，为被保险人申办退休、报销医疗费等义务。二是民事主体在未履行法定义务时的替代义务，如用人单位未参加工伤保险、医疗保险、失业保险而应承担的在参保时由社保基金支付的待遇，这实质是义务人未履行法定义务时的法律责任。

行政主体对相对人之请求权。主要有两种情形：一是被保险人或受益人违法获取待遇时，社保机构享有的返还请求权；二是社保机构依法承担本应由义务人承担的待遇支付责任后，对义务人或第三人享有的追偿权。

四、依据给付之项目种类进行划分

养老保险待遇请求权。其中又可分为基本养老保险待遇请求权、特殊情形之基本养老保险待遇请求权（特殊工种提前退休）、居民养老保险待遇之请求权、新型农村社会养老保险待遇请求权、遗属与病残津贴请求权等。

医疗保险待遇请求权。如基本医疗保险待遇请求权、居民医疗待遇请求权等。

工伤保险待遇请求权。如工伤认定请求权、劳动能力鉴定请求权、停工留薪期待遇请求权、医疗待遇请求权、一次性工伤补助金请求权、供养亲属抚恤金请求权、丧葬费补助金请求权、伤残津贴请求权等。

还有如生育保险待遇请求权、失业保险待遇请求权等。

五、依据给付之性质进行分类

社会给付可以依其内容划分为"福利服务"（包含一切形式的人为照顾与帮助，如医疗行为、各种社会工作、居住照护等）、"金钱给付"（主要是直接提供现金给权利人）、"物质给付"（例如药剂的给予、住处的提供以及医院病床的分配等）；一次给付与长期给付；要因给付：为了弥补由特别原因所造成的损失，社会补偿与非要因给付等。[①] 由此亦可划分为不同类型之请求权。

---

① 钟秉正：《社会保险法论》，台北：三民书局股份有限公司 2005 年版，第 51～52 页。

六、请求权体系

本书以社会保险给付之种类与内容作为全书之体系构建，同时认为基于基础权利之请求权分类亦相当重要，故在本章具体论述之。

第二节　立法请求权

一、立法请求权之概念与必要

立法请求权系指请求立法机构制定规范性法律文件之请求权。"立法"、"立法机构"均为广义，不仅包括狭义之"立法机构"（全国人大及其常委会）制定之基本法律，亦包括行政主体制定之行政规章等，因此实指规范制定请求权。我国台湾地区"行政程序法"第 152 条第 1 项规定：法规命令之订定，除由行政机关自行草拟者外，并得由人民或团体提议为之。

立法请求权是否存在及其必要性，仅以对全国人大（议会）之立法请求权论之即可，即在可以要求全国人民之代表机关立法时，对行政主体规范制定请求权自无疑义。

立法请求权在德国法上并无障碍。德国《基本法》第 19 条第 4 款规定："如果任何人的权利受到了公权力的侵害，则法律途径向其敞开。如果别无其他管辖机关时，其可以向普通法院起诉。"行政机关制定抽象规范的行为也包含在内。对规范作出具体化规定的行政规定、行政管理中确定标准的规定、补贴准则和特定区域规划，都是具有外部效力的规范，此都应在第 19 条第 4 款的保护范围内。[①] 但在实践上则经历了从无到有的阶段。究竟人民可否有因立法不作为而以权利受侵害为理由，提请宪法诉愿，进而经宪法诉愿程序，要求立法者为一定立法行为之权利，早期德国联邦宪法法院采反对意见。但后来作了修正。在 1957 年 2 月 20 日的裁决中，法院认为：若基本法对立法者已有一个明确的委托，而该委托对立法义务的内容及范围已有相当程度的界定，则人民可据此提起诉愿，请求立法者履行其立法义务。[②] 我国台湾地区"行政程序法"第 152 条亦规定："法规命令之订定，除由行政机关自行草拟者外，并得由人民或团体提议为之。"

---

① 刘飞：《德国公法权利救济制度》，北京大学出版社 2009 年版，第 11 页。
② 陈新民：《德国公法学基础理论》，山东人民出版社 2001 年版，第 164～165 页。

　　立法请求权之确定，系宪法规范性之体现。宪法仍然是法律，具有极其重要的规范功能，同时，宪法的很多原则性规范需要通过具体立法才能实现，如果立法不作为，将导致宪法的规范性大打折扣。立法有制定法律、贯彻宪法之义务，然而，倘若立法者并不积极地制定法律，尤其是颁定执行性法律，或是不完全的颁定法律，则此种立法不作为，除了有关基本权利的条文可直接适用外，将使宪法成为具文。① 赋予人民立法请求权，在一定条件强制立法机构及时、适当立法，使宪法的授权性规范得以实现，增强其具体的规范性，是宪法规范性的具体表现。

　　立法请求权之确定，系实现基本权，保障社会保障权实现之必要，是宪法基本权具体化之要求。宪法的主要内容之一是，确定人民的基本权利。虽然可以直接依据基本权主张具体权利，但这种权利实现途径并非常态，尤其在我国宪法状况下，相当长时期内尚很难依据宪法主张具体权利，特别是社会保险方面的权利。经由立法机构的立法，从社会保险项目设置、机构组织、实施程序、享受条件予以明确规定，才能较为充分的保障和实现人民的社会保障权。以基本养老保险来说，如果没有相关立法（尽管仅仅体现为中央政府的规范性文件，《社会保险法》在本质上来说并非我国基本养老保险的渊源），行政部门就不可能实施这一制度，如果仍仅企业承担养老责任，很多人的养老权利就无法实现。社会保险权要求，人民不仅应当获得养老保险之待遇，而且应当获得适当之养老保险待遇，如果基本养老金水平过低，应认为不符合社会保险权之要求。经由自己给付所建立的年金保险制度，其主要作用则是在提供较高水准的"薪资替代"，用以保障被保险人的老年收入，甚至要保障该退休者还能够拥有与退休之前相当的"生活水准"。② 经由立法机构之立法，订立养老金最低标准，并适应社会经济发展状况进行调整，是必要的，立法请求权之确定应有助于达成此点。惟有通过在立宪时对条文内容尽可能地明确及周延考虑，以及立法者对相关法律迅速及广泛的拟定，使得社会"基本权"转化为"社会权"的时间及幅度达到最紧凑之程度，这是履践每一个社会基本权利之"具体化"最妥当的程序。故，立法者积极的作为，制定法律，是不可或缺之实践方式。③

　　立法请求权之确定，系防范"立法怠惰"之必要。立法机构之立法权，与其他国家权力一样同为人民授予之权力，应对人民负责，受人民监督。基于

① 陈新民：《德国公法学基础理论》，山东人民出版社2001年版，第164~165页。
② 钟秉正：《社会保险法论》，台北：三民书局股份有限公司2005年版，第83页。
③ 陈新民：《宪法基本权利之基本理论》，台北：元照出版有限公司1999年版，第126页。

人民之授权，立法机构享有广泛的立法权。在社会保障领域，立法机关就各种社会给付之优先顺序、规范目的、受益人范围、给付方式及额度等之有关规定，自享有充分之形成自由，斟酌对人民保护照顾之需求及国家财政等社会政策考量，制定法律，将福利资源为限定性之分配。① 但若完全委诸立法机关制定法律以保障宪法之实现，在实践中则未必能够如愿。立法不作为或立法怠惰即为其中一种情形，我国台湾地区大法官会议于释字第 632 号解释中，宣告"立法懈怠"系属违宪。所谓"立法不作为"或"立法怠惰"，或指"宪法课予立法者立法或修宪的义务，立法者无正当理由而不履行该作为义务而言"，或指"因实证法之欠缺，以致吾人对于特定事件，甚至特定生活领域全体无从为适当之规范"。② 赋予人民立法请求权，在立法机关发生立法不作为或立法怠惰时，启动司法审查，强制立法机关履行其立法职责，有利于实现人民权力为人民之目的。

二、立法请求权之构成与渊源

立法请求权实质上构成对立法机关立法权之干预，鉴于立法机关民意代表之地位，这种干预权只能来源于人民的授权，且干预本身应当是非常谨慎的，只有在立法机关明显违背其立法义务，且因此损害人民权利时，始有立法请求权行使之可能。

为了确认立法权不作为的违宪性，其前提条件是必须要确认立法权的积极性作为的义务，即在宪法中要存在有立法权被赋予必须实施一定立法的法律制定义务。基本人权条款是可以直接地拘束立法、司法和行政三权的。③ 德国宪法法院审查立法不作为的要求有二：明确的宪法委托存在；立法不作为已侵害了人民的权利。④ 有学说指出，判断"立法怠惰"之要件，须视宪法究竟有无课予立法者立法或修法的义务而定，可区分：一是"不履行宪法本身有拘束力之委托"的情形；二是"因基本权之各种客观规范所产生之立法义务"的情形，如"违反平等权之立法不作为"为违宪审查对象。日本法院曾提出以下立法不作为违宪的三点实证判断基准：（1）行政或立法机关，应做出一定内容之作为，已经在法律上别无其他选择，而能具体特定。（2）不藉由事前之司法审查，会产生难以回复之损害，事前救济有显著之必要性。（3）没有

① 黄俊杰：《行政法》，台北：三民书局股份有限公司 2010 年版，第 15 页。
② 李仁淼：《立法不作为与违宪审查》，载《月旦法学教室别册·公法学篇》，台北：元照出版有限公司 2011 年版，第 5～6 页。
③ ［日］大须贺明：《生存权论》，林浩译，法律出版社 2001 年版，第 93 页。
④ 陈新民：《德国公法学基础理论》，山东人民出版社 2001 年版，第 164～165 页。

其他更恰当之救济方法。①

立法请求权的渊源，从效力层次上包括：（1）宪法规范。我国《宪法》第14条第4款规定："国家建立健全同经济发展水平相适应的社会保障制度。"这包括了两层含义：一是必须建立健全社会保障制度，二是社会保障制度应当与经济发展水平相适应。如果我国社会保障制度存在严重缺陷，严重与经济发展水平不相适应，可以依此主张立法请求权。（2）基本法律。如《社会保险法》第2条规定："国家建立基本养老保险、基本医疗保险、工伤保险、失业保险、生育保险等社会保险制度，保障公民在年老、疾病、工伤、失业、生育等情况下依法从国家和社会获得物质帮助的权利。"因此如果主管部门长期不建立这些社会保险制度，即构成行政不作为。再如该法第17条规定："参加基本养老保险的个人，因病或者非因工死亡的，其遗属可以领取丧葬补助金和抚恤金；在未达到法定退休年龄时因病或者非因工致残完全丧失劳动能力的，可以领取病残津贴。所需资金从基本养老保险基金中支付。"《社会保险法》实施已经两年，关于病残津贴和遗属津贴待遇的具体规范仍未出台，相关部门构成"立法怠惰"，公民可以主张立法请求权。（3）行政法规。如果国务院颁布的条例及其他规范性文件中明确提出了相关立法要求，对人民社会保险权产生影响的，可以成为立法请求权之渊源。（4）其他规范性法律文件。

立法请求权的渊源，从形式上来看，可以分为命令性规范、基本权、宪法基本原则、衍生分享请求权（利益均沾之要求、平等对待请求权）。

社会保险立法请求权对应的是立法机关的权力与职责，可以与其他请求权存在交叉，例如平等对待请求权是依据基本原则确立的，其中就包括为了平等地享受待遇，而要求立法机关制定相关法律之权利。以养老保险"双轨制"为例，公民可以基于平等原则之要求，要求立法机关对基本养老保险实施和机关事业单位养老保险制度一样的替代率，并要求以财政资金弥补社保基金之不足。

第三节　实施请求权

一、实施请求权之概念与必要

实施请求权系针对行政主体、行政权力而言，系指依据国家法律之要求，

---

① 李仁淼：《立法不作为与违宪审查》，载《月旦法学教室别册·公法学篇》，台北：元照出版有限公司2011年版，第5～6页。

行政主体负有实施特定的社会保险制度而不予实施或怠于实施时，公民得要求行政主体实施该制度或具体行政行为并获得司法保障的权利。

从狭义上来说，实施请求权仅针对行政主体的具体实施行为，不针对其制定规范性法律文件的一般行政行为。即在已有规范性法律文件的前提下，针对行政主体的不作为、作为及裁量瑕疵享有的请求权。不是针对规范性法律文件的制定问题，而是针对规范性法律文件的执行问题。如基本养老保险中，湖南省规定，特殊工种退休人员，其养老金由用人单位发放，且用人单位必须继续为其缴纳养老保险费至一般退休年龄。这一作为明显违背我国现行退休制度的法律规定。如在基本医疗保险已经明确规定，退休人员达到规定缴费年限，无须继续缴费即应享受医保待遇，而不少地方对退休人员较多的单位，要求原用人单位继续为其缴纳医疗保险费，否则不予支付医保费用；有的更明确原单位将退休人员的养老金纳入其医疗保险费缴费基数缴纳医保费，此称"双基数"；再如工伤保险中，早在 2004 年，原劳动保障部即颁布《关于实施〈工伤保险条例〉若干问题的意见》（劳社部函〔2004〕256 号），明确规定："职工在两个或两个以上用人单位同时就业的，各用人单位应当分别为职工缴纳工伤保险费。职工发生工伤，由职工受到伤害时其工作的单位依法承担工伤保险责任。"然而时至今日，这一要求仍未得到普遍贯彻，导致劳动者及用人单位工伤保险权利受损。具体行政行为是更为常见和普遍的行为，也是社会保险争议中的主要行为类型，属于我国现行行政救济法的管辖范围，因此其现实的救济路径是存在的。在这种意义上，实施请求权与给付请求权存在交叉。但是，实施请求权仍有存在之必要。给付请求权主要是针对个案，而实施请求权更多针对非个案性而具有普遍性的情形。上述特殊工种退休缴费系针对全省此类人员，"双基数"及工伤保险的双重参保问题，均非针对个人。这类请求权的实现存在相当难度，也反映出一定范围内行政主体普遍的违法观念，对法律权威危害甚大，需要引起更大关注。

从广义上来说，实施请求权包括行政立法请求权，即法律（狭义）已经明确授权并要求行政主体通过制定一般的规范性法律文件来实施法律（狭义）的要求，而行政主体迟迟不予制定该规范性法律文件，导致公民权利受损害时，公民得要求行政主体制定该规范性法律文件之权利。典型者莫过于《劳动法》规定之年休假制度，在立法要求 12 年以后，才出台了《职工带薪年休假条例》，行政立法之"怠惰"甚为明显。《社会保险法》存在诸多授权，多数均依赖于行政主体的"立法"始能实施。行政主体之立法职能，实质上属于法律之实施，故在此部分，与立法请求权存在一定交叉。但如果完全将行政立法请求权纳入实施请求权，未必妥当。在我国现实中，中央政府事实上享有相当大的行政立法权，很多并不属于法律的实施问题，这在《社会保险法》之前尤为明显，即使在《社会保险法》之后，受制于理论研究及立法水平，这一现象依然很难避免。而在行政立法中，进一步划分哪些性质偏重于立法职能，哪些偏重于执行职能，并不是一件容易的事情。如果法律规定必须界定又难以界定，必然会影响权利实现。因此笔者认为，在司法管辖权上对此无须划分，即应采用广义说，以给社会保险权利充分保障。

社会保险给付之实现，端赖于社会保险制度之建立、组织之实施，行政主体实为中流砥柱。行政主体之不作为、乱作为，将最终影响民众社会保险权利之实现。例如，在居民医疗保险、新农保实施以后，城镇居民养老保障如何解决？他们应有参加某种特定养老保险的权利吗？目前的政策是，他们按照城镇灵活就业人员身份，参加城镇企业职工基本养老保险，单位和个人缴费部分完全由个人承担。在一些地方，除了缴费主体、缴费来源不同以外，其他与企业职工基本养老保险完全相同，1 年养老保险费要缴纳 5000 多元。这其中有很多 "40"、"50" 失业人员，他们个人 1 年的纯收入可能还达不到这么多钱。显然，让他们承担劳动者个人及其用人单位共同的责任是不公平的，是坚持权利（享受养老金）与义务（缴费）对等原则的体现。以江苏省盐城市的新农保政策作为对比，一名农民一次性缴纳 1.2 万元，每月可以获得 120 元左右的养老金。依此，如要拿到 850 元/月的养老金，只要缴纳 6 万元即可。而按上述规定，每年缴费 6000 元，15 年缴费本息之和超过 10 万元，而月养老金则未必达到 850 元。城镇居民有必要实行具有一定特殊性、公平性、可与企业职工基本养老保险衔接的养老保险制度。

依据法律保留和法律优位原则，必须限制行政主体在社会保险制度实施过程中的自由裁量权，以使之更妥当地服务于法律及民众。给付行政之范围及程度，虽然受到国家财政能力之限制，惟拒绝给付亦不得恣意为之，例如，对于无力缴纳保费者，国家应给予适当之救助，不得径行拒绝给付，以符合宪法推行全民健康保险，保障老弱残废、无力生活人民之旨趣。[①]

二、实施请求权之构成与渊源

实施请求权之构成，与立法请求权大致相同，其要件有二：一是基于法律或规范性法律文件规定，行政主体负有实施行政行为之义务；二是行政主体未履行该义务之行为损及民众权利，或使民众权利有不能实现之危险。

实施请求权之法律渊源，包括宪法、法律、行政法规、地方性法规、规章

---

① 黄俊杰：《行政法》，台北：三民书局股份有限公司 2010 年版，第 15 页。

及其他规范性法律文件。在以行政法规、地方性法规、规章及其他规范性法律文件作为法律渊源时，均需考量该渊源自身之合法性，仅在其具合法性时，始得作为法律渊源即真正法律渊源；其自身不具有合法性时，不能作为法律渊源及不真正法律渊源。其中，特别需要考虑基本法律原则如平等原则之适用及其在判定法律规则合法性上的基准价值。行政机关订定之行政命令，若其属给付性之行政措施具有授予人民利益之效果，亦应受相关宪法原则，尤其是平等原则之拘束。[①]

三、个案研究：企业申请参保登记是否需要审核劳动关系

山西省某市劳动保障局规定，企业职工由于某种原因（包括在企业寄存档案的）没有参保，现需申请参保登记，必须由企业提出申请，劳动行政部门劳动工资科审核并加注意见，社保经办机构方可办理参保登记。那么，该市劳动保障局之文件能否作为实施请求权之渊源？企业申报缴纳社会保险费是否需要先经劳动行政部门审核确认劳动关系成立后才能缴纳社会保险费？

企业申请社保参保登记要先经行政部门审核（不管审核劳动关系还是其他什么），没有这样的法律、行政法规、地方性法规或规章之规定。作为一种规范性法律文件，其设置了用人单位的法律义务，而且该义务之设置，明显不利于参保，因此对公民之社会保险权利构成实质性损害，缺乏上位法依据。这种做法，在实质上实行了劳动关系审核前置，不仅对用人单位课以法律义务，加重了用人单位的负担，而且会在一定程度上阻碍征缴机构对社会保险费的征缴，同时，也会影响劳动者与用人单位的权益，不符合我国行政许可的发展方向。由于缺乏上位法依据，这种做法有违依法行政原则，不具有合法性与合理性基础。例如，用人单位招用职工后本应及时申报登记（有的地区已经做到实时申报登记），否则极有可能承担不利后果；未提前或当日申报登记，用工当日发生工伤事故，通常需要由用人单位承担工伤保险待遇支付责任。而只要用人单位申报登记后，即使尚未缴费（各地通常规定每月固定缴费时间），也视该职工已经参保，一旦发生工伤事故，工伤保险基金就应承担支付责任。如果设置由其他部门实行的前置性审核程序，就不可能做到实时申报登记，用人单位就有很大风险，劳动者个人也有可能无法获得充分保障。

那么，社保经办机构是否需要审核劳动关系？《社会保险费申报缴纳管理暂行办法》（劳动保障部令第2号）第5条规定，缴费单位向社会保险经办机构办理缴费申报，需要报送社会保险费申报表、代扣代缴明细表以及社会保险

---

① 黄俊杰：《行政法》，台北：三民书局股份有限公司2010年版，第15页。

经办机构规定的其他资料。在实践中，如果用人单位增加或减少缴费人员，社保经办机构通常要求提供增减人员名录，并不要求提供劳动关系存在或解除的证明材料，如劳动合同、解除劳动关系证明（解除劳动关系的裁决书、判决书）等。首先，劳动者放弃以灵活就业人员身份参保——缴费较低，选择以职工身份参保——缴费较高，用人单位愿意接受并缴费，并不违背社会保险的基本原理及强制性法律规定。其次，由行政部门或者社保机构对每位参保人员先行审核劳动关系，由于社保覆盖面巨大，在现实中很难做到。再次，这和经办服务的发展方向背道而驰。为了给参保人提供更为便捷的服务，一些地方已经开通了网上经办"大厅"，人员增减、缴费申报均可通过网络完成，从而大幅减轻用人单位的工作成本，提高经办效率。社会保险基金安全是社会保险能够可持续发展的基础，而"应缴尽缴"是基金安全的重要保障，也是每年社会保险的重点工作。提供便捷和高效的服务，有助于进一步提高征缴率。增设审批环节，既影响实现"应缴尽缴"，也给社保经办业务设置障碍。最后，在用人单位与劳动者坚持双方存在劳动关系的情况下，第三方很难否认双方的劳动关系。

当然，这是就一般情形下申报缴费而言，对于补缴等特殊情形，则可以根据特定的情形设定特殊的条件。

第四节　信息公开请求权

政府信息公开分两种情形：公开与提供。广义资讯公开包含政府公开资讯及当事人阅览权。[①] 前者是指对于应向社会公开之政府信息，基于主动或被动申请，政府及其管理人得向全社会公开之情形。其公开之目的与个人并无直接利害关联，系为满足公民"知的权利"（又称知情权、了解权，即个人或团体有权知悉并取得行政机关的档案资料和其他信息[②]）。后者属于"被动公开"，系公民为实现个人权利而需要公开政府信息，指行政机关依人民之请求（申请），公开非属"主动公开"范畴之公共资讯，有称"卷宗阅览请求权"，其权利主体（限于"当事人"或"利害关系人"）与规范目的（为实现"听证权"必须调阅卷宗，故卷宗阅览请求权以"主张或维护其法律上利益所必要

---

① 陈慈阳：《行政法总论：基本原理、行政程序及行政行为》，台北：台湾神州图书出版社2005年版，第364页。

② 王名扬：《美国行政法》，中国法制出版社2005年版，第945页。

者"为界限），与"主动公开"（任何人基于国民"知的权利"请求机关公开公共资讯）迥不相同，不能混为一谈。① 是以，笔者将前者即公众要求行政主体公开关于社会保险信息的请求权独立作为一种请求权，而将后者即公众为了实现自己的社会保险权利而要求行政主体公开相关社会保险信息的请求权放在给付请求权中。

一、信息公开请求权是一项独立权利

在现代社会，知情权是公民所享有的一项不可或缺的基本人权，也是公民实现其他权利的必要基础和前提。② 信息公开请求权根源于知情权，是知情权的权能之一，其目的在于实现知情权，故有其独立存在之价值。"政府信息公开是现代政府的一项基本义务，同时也是现代社会公民的一项基本权利，是公民知情权的基本内容和重要体现。"③ 信息公开请求权已经得到普遍承认。信息公开首先表现为行政相对人请求信息公开的权利和行政主体的义务。④ 我国已经加入的《公民权利与政治权利国际公约》第 19 条第 2 项规定："人人应有表达自由的权利；此项权利包括寻求、接受和传递各种信息和思想的自由。"⑤ "一个民治政府，如果人们没有关于民治的信息或缺乏获取这些信息的方式，不过是场闹剧或悲剧的序幕，或两者兼而有之。"⑥

资讯公开之作用，首先是实现民主国家国民作为主权者应享有之"知"的权利，为宪法上表现自由之一种，应受严格保障。其次，为促进政治参与及沟通，由人民先行了解状况，提出切合时需之建议，有助于政府推动或颁行政策。再次，发挥间接政治监督之效果，亦即民主法治国家对行政机关除法定监督外，受民众与媒体之监督亦视为最为重要之民主机制，此监督之前提即是行政程序进行中所需咨询之公开化。最后，资讯公开亦是作为制裁人民违法手段

---

① 汤德宗：《行政程序法论》，台北：元照出版有限公司 2005 年版，第 31 页。

② 杨海坤、章志远：《中国行政法基本理论研究》，北京大学出版社 2004 年版，第476 页。

③ 应松年：《当代中国行政法（上卷）》，中国方正出版社 2005 年版，第 1455 页。

④ 马怀德：《行政法与行政诉讼法》，中国政法大学出版社 2012 年版，第 267 页。

⑤ ［奥］曼弗雷德·诺瓦克：《民权公约评注》，毕小青等译，生活·读书·新知三联书店 2003 年版，第 332 页。

⑥ ［美］大卫·B. 麦金蒂：《〈信息自由法〉国家安全公开豁免条款的立法和行政规范的发展：过去与未来》，载罗豪才、毕洪海：《行政法的新视野》，商务印书馆 2011 年版，第 437 页。

采取与否之重要前提。① 在资讯社会中人民有知的权利，政府应适时提供足够资讯以便人民作决定或参与公共意见形成时，更正确、更容易、更可能。② "在资讯社会里，政府依法有主动或被动公开其所持有或保管之资讯，为资讯给付行政之一环，属资讯公开之法域。"③ 政府资讯公开法之立法意旨，系为保障人民知的权利，以便利人民共享及公平利用政府资讯、增进人民对公共事务之了解、信赖及监督，并促进民主参与，其公开之对象为一般人民，系属"一般性之资讯公开"。人民向政府机关请求公开其持有资讯之权利，称为"资讯公开请求权"。④

社会保险与每一位公民利益攸关，对国家和社会发展影响深远，应当坚定贯彻信息公开之原则。在现实中，相当多的社会保险数据仍没有主动公开，未能充分保障公民知情权之实现。在此背景下，赋予公民社会保险信息公开请求权实为必要，不仅有利于助成公民"知的权利"之实现，对遏制"行政怠惰"，监督行政权力的合法、正当行使，促进社会保险体系理性化发展，增进公众社会保险方面的反射利益，都是不可或缺的。以工伤保险来说，独特情形可否认定为工伤，对个人权益影响甚巨，然而个人很难知晓类似情形是否认定为工伤。在机关事业单位普遍参加工伤保险以后，这一情形尤为突出。根据北京市相关统计，机关事业单位参保人员工伤发生率接近1%，而全部参保人员的工伤发生率仅1‰左右，这是非常不正常的，因为机关事业单位的事故风险远低于企业，其事故发生率应低于而不是高于企业的事故发生率。这意味着大量企业参保人员不能认定为工伤的情形在机关事业单位参保人员那里却被认定为工伤，法律执行严重不平等。借鉴裁判文书公开的做法，应当对工伤认定文书实行公开制度，才能较好地监督人社部门的工伤认定裁量权限，平等维护劳动者的工伤权利，实现法律的尊严与统一。

信息公开请求权之权利主体，为我国任何自然人或法人，即任何公众均得主张社会保险信息公开请求权。对此可借鉴欧盟法规定。《欧洲经济共同体条约》第255条第1款规定：任何欧盟的公民，任何在欧盟成员国居住的自然人或注册地在欧盟成员国的法人，都有权查阅欧洲议会、欧盟委员会和欧盟理事

---

① 陈慈阳：《行政法总论：基本原理、行政程序及行政行为》，台北：台湾神州图书出版社2005年版，第363～364页。

② 李震山：《行政法导论》，台北：三民书局股份有限公司2011年版，第6～7页。

③ 李震山：《行政提供资讯——以基因改造食品之资讯为例》，载《月旦法学教室·公法学篇》，台北：元照出版有限公司年版，第2002页。

④ 黄俊杰：《行政法》，台北：三民书局股份有限公司2010年版，第498页。

会的文件。①

信息公开请求权行使目的无须公布，即公众在主张信息公开请求权时，无须表明其主张权利之目的。对信息公开，谁都可以请求，在请求时，也没有必要自己明确表示请求该信息的宗旨。②

信息公开请求权应包括更正请求权，即当公众发现社会保险信息存在错误、逻辑矛盾时，有权要求行政主体予以解释，并对错误信息予以更正。

二、信息公开之对象与原则

《中华人民共和国政府信息公开条例》第 2 条规定："本条例所称政府信息，是指行政机关在履行职责过程中制作或者获取的，以一定形式记录、保存的信息。"唯请求权之对象主体不限于行政机关，负有行政管理职责的事业单位"属于广义上法律法规授权的行政主体，负有公开相关政府信息的义务和职责，并能够独立承担相应行政责任，因此构成政府信息公开行政诉讼的适格被告"。③ 作为社会保险信息公开请求权的对象，应当是行政主体依法制作或者获取的，以一定形式记录、保存的社会保险信息。

《中华人民共和国政府信息公开条例》对于信息公开主要采用列举式规定，以法律规定公开为原则。其第 9 条第 4 项规定，对"其他依照法律、法规和国家有关规定应当主动公开的"政府信息应当主动公开。换言之，对于有关信息，如果没有法律、法规或有关规定应当主动公开的，则不应主动公开。而显然，对于某一项信息，可能并不存在规定其公开的法律规定；或者关于公开的规定比较笼统，难以确定，如该条例规定"需要社会公众广泛知晓或者参与的"信息应当主动公开，然而究竟对于何谓"需要社会公众广泛知晓或者参与"并不确定，例如，工伤保险中工伤康复医院的选择过程信息，是否属于"需要社会公众广泛知晓或者参与"，行政主体很可能作出否定的回答，其结果必然导致公开请求权实现的艰难。"以行政机关持有及保管之资讯，以公开为原则，限制为例外"。④ 美国 1966 年制定的《情报自由法》即规定政府文件公开是原则不公开是例外，全部政府文件在申请人要求时，都必须公开，

① 王敬波等：《欧盟行政法研究》，法律出版社 2013 年版，第 85 页。
② ［日］盐野宏：《行政法总论》，杨建顺译，北京大学出版社 2008 年版，第 217 页。
③ 《张某诉某区房屋土地经营管理中心政府信息公开行为案》，载最高人民法院中国应用法学研究所：《人民法院案例选 2012 年第 1 辑》，人民法院出版社 2012 年版，第 25 页。
④ 汤德宗：《行政程序法论》，台北：元照出版有限公司 2005 年版，第 30 页。

不公开的文件限于该法规定的九项免除公开的情况，政府拒绝提供文件负举证责任。①

对于社会保险信息的公开，应贯彻"以公开为原则，限制为例外"之原则，除非属于法定的不予公开的信息，否则都应当予以公开。

根据《中华人民共和国政府信息公开条例》第 5 条、第 6 条规定，政府信息公开，"应当遵循公正、公平、便民的原则，应当及时、准确"。这对于社会保险信息公开亦应遵循。行政机关应该主动、准确、完整地公开行政给付信息，主动公开就说明不是消极等待受保障者提出申请后才提供；准确、完整地公开要求无论受保障者是普遍性的（如居民最低生活保障标准）或个别性的（如受保障者为个人）均需精确完备的信息，而不能是错误的信息、过时的信息，以便于相对人清楚有关行政给付的内容、实体上的给付请求权、给付申请程序等信息。②

三、信息公开之方式

政府信息公开的方式有：（1）强制公开，如法律、预算、重大施政计划与方案。（2）政府资讯数量庞大，基于行政效率之考量，应将所持有或保管之资讯作成目录，并公开供公众取用，以利人民申请。目录应记载资讯之种类、件名、内容要旨、作成或取得时间及保管期间、场所。于作成或取得之日起两个月内登载于目录上。并供公众以公用数据网络或其他方式查询。（3）依人民申请公开。③ 这在社会保险信息公开中同样适用。应强制全部公开及仅公开目录者，应由立法（包括行政命令）规定，未作规定者则由人民申请公开。

社会保险信息公开的途径可以适用《中华人民共和国政府信息公开条例》的规定。鉴于网络的普及性和便利性，应当更多通过政府官网实行信息公开。

四、信息公开之例外

由于政府信息公开以公开为原则、以限制为例外，因此例外之法律规定就非常重要。一般例外情形主要包括国家秘密、商业秘密和个人隐私。《中华人民共和国政府信息公开条例》第 8 条规定："行政机关公开政府信息，不得危

---

① 王名扬：《美国行政法》，中国法制出版社 2005 年版，第 953 ~ 954 页。

② 喻少如：《行政给付制度研究》，人民出版社 2011 年版，第 176 页。

③ 陈慈阳：《行政法总论：基本原理、行政程序及行政行为》，台北：台湾神州图书出版社 2005 年版，第 366 页。

及国家安全、公共安全、经济安全和社会稳定。"其中,"国家安全"、"公共安全"、"经济安全"相对容易界定,而"社会稳定"并不是一个明确的法律概念,更容易成为行政机关不予公开的理由。①

如关于老工伤即实行工伤保险统筹之前发生的工伤的政策规定即是典型事例。实行工伤保险统筹以前的老工伤,由原单位负责工伤待遇,大型国企在参加工伤保险统筹并需缴纳工伤保险费(为未来发生的工伤承担缴费责任)的同时,仍需自行承担老工伤人员的待遇,遭到国企的普遍反对;一些企业关、停、并、转,导致老工伤人员待遇无法保障,关于老工伤的上访案件是人社系统最多的上访类型,老工伤问题成为社会不稳定的重要因素。基于这些因素,2011年,人力资源社会保障部、财政部、国资委和监察部颁布《关于做好国有企业老工伤人员等纳入工伤保险统筹管理有关工作的通知》(人社部发〔2011〕10号),要求将国有企业老工伤人员等纳入工伤保险统筹管理,由工伤保险基金直接承担工伤待遇支付责任。这无疑是造福人民的大好事。但由于该文件将老工伤人员主要限制为国有企业老工伤人员(在一定程度上包括集体企业老工伤人员),而将非公有制企业人员排除在外,违背了平等之基本原则,因此该文件要求不予公开。按照主管部门的观点,该文件一旦公开,将会影响社会稳定——非公有企业的老工伤人员也会要求纳入工伤统筹。该不予公开理由是不成立的,首先,依据该文件将原非公有制企业的老工伤人员排除在工伤统筹之外,不具有合法性,试图以不公开阻止老工伤人员维护自己的正当权益,不具有合法性基础。其次,原非公有制企业的老工伤人员要求与其他老工伤人员一道纳入统筹管理,只要其手段是合法的,是国家法律允许的,又何来"社会不稳定"呢?

美国1946年行政程序法曾对信息公开规定了非常广泛的限制,行政机关为了公共利益或认为有"正当理由"时,可以拒绝公开,而1966年的情报自由法则采取了完全相反的态度,取消了公共利益、正当理由等模糊而广泛的拒绝公开理由,列举了九项免除公开的情况,即国防和外交政策、纯粹关于机关内部人员的规则和习惯、其他法律规定保密的文件、贸易秘密和商业或金融信息、机关内部和机关之间的备忘录、人事的、医疗的和类似的档案、执行法律的记录和信息、关于金融机构的信息、关于油井的地质和地球物理的信息。当

---

① 《周如倩诉上海市人力资源和社会保障局政府信息公开案》,载最高人民法院中国应用法学研究所:《人民法院案例选2012年第1辑》,人民法院出版社2012年版,第14页。

然这些文件并非全部或完全不能公开。① 日本《信息公开法》规定不公开的信息包括：（1）关于个人的信息，以个人被识别为理由。但根据法令的规定或者作为惯例而公开了的信息，为了保护人的生命等而公布的被认为是必要的信息，公务员的职务以及与职务推行的内容有关的信息，必须公开。（2）关于法人的信息。也存在为了保护人的生命等例外条款。（3）关于国家安全等的信息，包括防卫关系信息、外交关系信息。（4）关于有关公共安全等的信息，包括有关犯罪的预防、镇压、搜查等的信息。（5）在行政机关内部及行政机关相互之间，以各种各样的形式而进行审议、探讨、协议，关于这些审议、探讨的信息，当公开具有危害公益的"危险"时，便成为不公开事项。（6）关于事务、事业信息，在行政机关推行事务或者业务之际，在事项的性质上，有时公开可能给该事业等的公正推行带来障碍。②

社会保险信息只有涉及个人信息的内容，如个人（包括单位）的身份信息、医疗信息以及其他属于个人隐私内容的信息，纯粹关于机关内部人员的规则和习惯的文件，机关内部和机关之间的备忘录、函件存在不予公开的理由，其他有关社会保险的信息都应当予以公开或可以公开。

关于个人信息，在攸关公众利益或他人利益时仍然应当予以公开。例如，工伤认定决定书、劳动能力鉴定文书、特殊工种退休审批文书、医疗保险待遇支付明细，因为涉及是否平等对待的问题，应当予以公开，只是应当消除可以识别个人身份的信息。这方面可以借鉴裁判文书的公开形式。

另外两种可不予公开的信息，如果涉及公共利益，则仍然应当予以公开。例如，对社会保险违纪人员的处罚和处理，虽然属于行政主体对其员工（公务员或非公务员）的处理，但间接影响公众对社会保险制度及处理程序的公正性的认知，因而是一种正当的利益，应当对公众的诉求予以保护。

当行政文书中混杂着不公开信息和公开信息的情形很多，予以区分，不公开信息，实行部分公开；除去个人识别信息的公开决定，如个人姓名、住所等；即使是不公开信息，也可以考虑因为公益上的理由而具有特别予以公开必要的情形；对于公开请求，仅回答该信息存在或者不存在，有时也会对作为不公开信息所保护的利益造成侵害，行政首长可以通过不明确存在与否的形式拒绝公开请求。③

---

① 王名扬：《美国行政法》，中国法制出版社 2005 年版，第 947～994 页。
② ［日］盐野宏：《行政法总论》，杨建顺译，北京大学出版社 2008 年版，第 224 页。
③ ［日］盐野宏：《行政法总论》，杨建顺译，北京大学出版社 2008 年版，第 226 页。

五、信息公开之审查

信息公开应当接受上级行政机关特别是司法审查。目前我国关于政府信息公开的案件发生较多，公民申请政府公开信息的诉求也时有发生，关于信息公开的司法审查总体上不存在障碍。

社会保险信息不存在危害国家安全、国家秘密的问题，通常也不会危害公共安全。某些时候涉及商业秘密，但此与公共利益有关，如外包某些业务的定价，亦应服从公共利益而予以公开。关于个人隐私之公开在一定形式下并不成为问题。关于社会秩序（社会稳定）之妨碍，确实存在，如骗取社会保险金的细节信息，可能会诱发潜在的诈骗行为，是不应公开的（诈骗案本身则是可以公开的）。而在其他情形下，只要是人民或被保险人合法之诉求，即不应认为存在妨碍社会秩序（社会稳定）之虞，均是可以公开的。在不予公开时，应由社保机构承担举证责任。欧盟法院坚持欧盟机构应具体和个案审查申请的要求，强化欧盟机构的举证责任。当理事会决定是否公开文件时，它必须在公民查阅文件的利益与保持审议秘密的需要之间作出衡量，不能只是简单地拒绝对这一类文件的所有查阅要求。①

六、个案研究：新农保经办外包与权益记录之保密性

由于在农村缺乏专业的社会保险服务机构，在新农保全覆盖的要求下，有地方将农村的新农保经办完全交给商业保险公司去做，是否造成个人权益记录的泄露？是否与个人隐私之保护相悖？②

在外包情形下，社会保险个人权益记录逐渐"商业化"。在"德阳模式"中，保险公司负责新农保个人信息的采集、核实、登记及数据库建设与维护等，"信息共享，系统共建"。信息系统由保险公司开发，信息系统建成以后完全由社保局的信息中心管理和维护，保险公司不能再进行任何操作，包括查询、变更、信息维护。然而，即便后期个人权益信息得到严密管控，但由于个人信息的采集、初审、录入都是由保险公司来做，因此保险公司已经事实上掌

---

① 王敬波等：《欧盟行政法研究》，法律出版社2013年版，第87页。

② 由商业保险公司专门聘用189名村级专职协理员（每村1~2人），在法律关系上他们是保险公司的员工，对村民的身份则是"劳动保障专职协理员"，在工作中他们需要具备两个证件：劳动保障协理员证和保险代理人资格证。由他们带着手提电脑进村入户地进行"新农保"个人信息的采集、核实和登记等工作。在基本信息采集完成后，他们的主要工作仍然是向村民推销商业保险。详细内容参见向春华：《德阳经办外包五问》，载《中国社会保障》2012年第7期。

握了全区新农保参保人员的个人信息，包括缴费状况，如哪些人、哪些家庭是按较高标准缴费，这些数据表明这些人员或家庭对社会风险比较重视，亦表明这些人员或家庭的经济基础相对更为优越，因而这些人员及家庭亦是类似商业保险项目的最可能潜在购买者，这些数据是任何一家商业保险公司的核心数据，是商业保险公司的核心竞争力所在。在正常情况下（非法手段如向电信服务商等购买类似数据除外），商业保险公司是通过社会调查获取这些数据，随机请公众填写表格，然后对表格进行数字化筛选，再通过电话营销对重点对象进行游说，了解对象的风险偏好并推荐相应产品。保险公司最终确定优质潜在客户需要耗费巨大的人力、物力和财力。因此任何一家保险公司均会视该类数据为核心商业秘密，会采取一切措施保护该秘密。而在新农保经办外包中，保险公司几乎没有任何代价就掌握了这些核心数据（当然这些数据相对城镇优质客户数据来说，并非是最理想的）。在"德阳模式"中，商业保险公司承认，公司确实掌握了这些参保人信息，但他们同时表示，公司不会利用这些个人信息从事商业保险销售活动。这只是"此地无银三百两"！当保险公司掌握了这些优质数据后，怎么会不用于推销商业保险以获取公司和保险业务人员双重利益的最大化呢？目前对此缺乏有效约束。事实上，劳动保障专职协理员（他们同时是保险代理人）明确表示，新农保参保人员信息对商保的销售有一定作用，如缴费档次高，说明其保障意识较强，可能更便于商保的推销。但更重要的信息是整个家庭的状况，如人员构成、收入状况等，这对于商保销售的信息更为重大；除了最开始个人信息的统计是新农保业务所必须外，在绝大多数时间里，劳动保障专职协理员（保险代理人）的主要工作便是推销商保，而且他们通常是以劳动保障专职协理员的身份（衣服上佩戴此铭牌），打着了解村民对新农保工作的意见等公共服务的意见登门与村民进行交流，在推销商业保险的过程中最大限度地利用了公共权力的影响力和公信力，更容易取得村民的信赖和接受。

我国社会保险方面的法律法规对社会保险参保人信息的"商用化"作了严格禁止。

早在 2006 年，原劳动保障部即颁布《关于进一步加强劳动保障数据安全管理的通知》（劳社厅发〔2006〕31 号），明确规定"国家有关部门如需使用劳动保障相关数据，需商我部同意，共同安排部署，各地不得自行提供"。需要指出的是，这里的"有关部门"主要是国家机关，不包括商业机构。即行政机关、司法机关等如果要获取包括社会保险在内的劳动保障相关数据，需经劳动保障部同意。商业机构根本不存在可以获取社会保险信息的问题。

《社会保险法》对社保机构管理社会保险个人权益记录等信息作了明确规

定。《社会保险个人权益记录管理办法》（人力资源和社会保障部令第14号）第4条规定："社会保险个人权益记录遵循及时、完整、准确、安全、保密原则，任何单位和个人不得用于商业交易或者营利活动，也不得违法向他人泄露。"该办法对社会保险个人权益的查询和使用作了严格规定，即便是人力资源社会保障行政部门、信息机构基于宏观管理、决策以及信息系统开发等目的，需要使用的，社保机构也只能依法提供；非因依法履行工作职责需要的，所提供的内容不得包含可以直接识别个人身份的信息。其他行政部门、司法机关因履行工作职责，依法需要查询社会保险个人权益记录的，社会保险经办机构依法按照规定的查询对象和记录项目提供查询。其他申请查询社会保险个人权益记录的单位，应书面申请，并提供：申请单位的有效证明文件、单位名称、联系方式；查询目的和法律依据；查询的内容。

上述办法还规定：社会保险服务机构、信息技术服务商以及按照本办法第十九条规定获取个人权益记录的单位及其工作人员，将社会保险个人权益记录用于与社会保险经办机构约定以外用途，或者造成社会保险个人权益信息泄露的，依法对直接负责的主管人员和其他直接责任人员给予处分；给社会保险基金、用人单位或者个人造成损失的，依法承担赔偿责任；构成违反治安管理行为的，由公安机关依法予以处罚；构成犯罪的，依法追究刑事责任。

很显然，商业保险公司本无权查询并掌握社会保险个人权益记录。其掌握该信息如果用于商业目的，严重的将构成犯罪。

第五节　给付请求权

一、给付请求权之概念与构成

社会保险给付请求权系指被保险人或受益人要求社会保险给付义务人积极为一定行为之请求权。社会保险给付请求权是最基本的社会保险请求权。虽然其他请求权均有独立存在的价值，但最平常、最普遍、对多数人来说最重要者即为社会保险给付请求权。社会保险给付请求权最核心者即为要求给付社会保险待遇，亦包括以享受待遇为最终目的的相关请求权。

社会保险给付请求权的权利主体被保险人或受益人，不限于自然人，亦包括企业等法人组织。社会保险给付请求权的义务主体包括行政主体，亦包括民事主体。

社会保险给付请求权的构成要件有三：（1）给付义务人负有给付义务。

此给付义务主要来源于法定义务，包括具体法律规则、法律原则、法律概念及符合基本权规则之惯例、法学理论；亦来源于具有合法性的行政契约，如协议医疗协议等。（2）给付义务人未履行给付义务。至于因何种原因未履行给付义务再所不问。（3）被保险人或受益人受有损失，即未获得社会保险待遇。如果被保险人或受益人并未遭受损失，如社会保险待遇由用人单位或第三人代为给付时，即便给付义务人未履行给付义务，亦不能要求给付。

关于作为给付义务来源之管理或法学理论，有必要稍作阐述。这与社会保险之法定原则及其在现阶段之适用密切关联。由于我国社会保险法律规则总体上极其缺乏，很多该规范则尚未规范，因而不得不寻求法学理论予以支持。例如，工伤人员退休后，如果养老金低于伤残津贴的，由工伤保险基金补充差额；但差额初次确定以后，如何调整无任何法律规定，因此有的地方逐步取消该差额（养老金逐年调整而达致退休当时之伤残津贴水平），工伤退休人员主张伤残津贴差额请求权者，只能寻求伤残津贴、工伤保险与养老保险之理论依据。

社会保险给付请求权可依据具体主张之待遇类型而予以细分，如养老保险待遇请求权（可进一步细分为基本养老金请求权、基础养老金请求权、病残津贴请求权、遗属津贴请求权、丧葬费请求权）、医疗保险待遇请求权等。本书主要依据具体待遇类型分章阐述。

二、待遇给付相关请求权

待遇给付相关请求权系指虽非直接以给付待遇为请求，而请求义务人履行与待遇给付密切相关之履行行为。义务人之履行行为虽非给付待遇本身，而系一独立行为，但其履行与待遇之享受密不可分。

1. 信息提供请求权，又称阅览请求权，系指权利人为实现自己之权利，而要求行政主体提供相关信息或调阅相关卷宗之请求权。例如退休人员要求行政主体提供历年养老金调整依据、养老金计发依据及计发明细；"工伤"者要求提供类似工伤情形认定决定书。赋予当事人阅览权与听证权有密切关联性，同时也是法治国确保公平公开行政程序不可或缺的环节。它的功能在于使当事人尽可能知悉了解程序进行之标的与过程，为适时主张权益，达成行政程序法进行中当事人武器持有平等及程序公开透明之要求。[1]

这涉及参保人要求行政主体提供自己之社会保险信息时是否需要基于特定

---

① 陈慈阳：《行政法总论：基本原理、行政程序及行政行为》，台北：台湾神州图书出版社 2005 年版，第 371 页。

原因，如需要社会保险个人权益记录单作为证据。亦即参保人可否随时打印社会保险个人权益记录单？

一种观点认为，参保人不可以随时打印记录单，社保机构拒绝行为合法。

其理由是，社会保险参保人及其用人单位有权获知参保信息，社会保险经办机构应该为参保人及其用人单位提供社会保险个人权益记录信息，包括打印记录单。但是，参保人及其用人单位的这项权利并不是无限的和随心所欲的，社保机构为其提供缴费情况的义务也不是毫无节制的，会受到实现时间、实现途径、实现程度等影响。《社会保险征缴暂行条例》第16条规定：社会保险经办机构应当至少每年向缴费个人发送一次基本养老保险、基本医疗保险个人账户通知单。《职工基本养老保险个人账户管理暂行办法》（劳办发〔1997〕116号）规定，社会保险经办机构在缴费年度结束后，应根据《职工养老保险个人账户》的记录，为每个参保职工打印《职工基本养老保险个人账户对账单》。劳动保障部办公厅《关于规范企业职工基本养老保险个人账户管理有关问题的通知》（劳社厅发〔2001〕5号）规定，社会保险经办机构要妥善保存养老保险缴费和个人账户记录，每年至少公示、打印一次个人账户对账单，并采取多种形式，建立个人账户查询制度。《社会保险个人权益记录管理办法》（人力资源和社会保障部令第14号）第15条规定：社会保险经办机构网点应当设立专门窗口向参保人员及其用人单位提供免费查询服务。参保人员向社会保险经办机构查询本人社会保险个人权益记录的，需持本人有效身份证件。需要书面查询结果或者出具本人参保缴费、待遇享受等书面证明的，社会保险经办机构应当按照规定提供。对于参保人及其用人单位的打印要求，社会保险经办应当按照规定提供而不是随便提供。前述文件皆是规定，在没有新的规定之前，社保机构在提供劳社厅发〔2001〕5号文规定的基本服务后，可以拒绝参保者随时打印对账户的要求。张某如果确实需要，可以按照诉讼法程序由法院调查取证。而且如果参保人随时打印社会保险个人权益记录单，那么社保机构天天都在忙于打印记录单；这样的话，参保人员对记录单的保管也就放松了，用人单位也可不将记录单给个人，对用人单位的行为将失去监督。

表面上看，这种观点有一定道理。社保机构每年打印一次记录单合乎上述多数文件规定。即文件只规定"至少一次"，此外并未强制要求社保机构打印多少次。然而，行政法的基本原则除了"合法性"，还有"合理性"，即如果具体行政行为合乎法律规定但不合理，也应当遭受法律的否定评价。如何判断合理与否？通常认为，"一般理智的人都不认为行政机关在正当地行使权力"即为不合理；行政行为能实现行政目的或至少有助于目的的达成，则为合理，否则为不合理。打印记录单的目的在于：保障参保人的知情权；便于参保人监督社保机构、用人单位履行法定义务，维护参保人的合法权益；便利参保人处理相关社会事务。社保机构拒绝打印记录单，上述立法目的均无法实现，绝大多数人也认为拒绝行为不适当，因此拒绝行为违背了合理性之基本原则，该行为违法。

如果参保人可以随时打印记录单的话，社保机构会每天忙于这件事吗？我们认为这种假设不符合现实，从税务资料开放的实践看，并没有令税务机构疲于应付；有几个人会没有正当理由找社保机构随便打印记录单？如果要求打印理由正当，又何来拒绝的正当基础呢？

另一种观点则认为：参保人可以随时要求社保机构打印本人的社会保险个人权益记录单。

其理由是，作为社保机构，提供社保缴费情况不仅是他们的权力，更是他们的职责，被保险人及其用人单位（就其缴费时间）对自己的缴费情况当然享有知悉的权利，社保机构负有义务实现这一权利。社保信息库的建立就是服务于群众，参保人有权了解自己的参保信息。让职工及时了解用人单位为其缴纳社会保险费情况，保证职工享有社保知情权，是维护职工合法权益的需要。虽然每年度都发放了记录单，但现因劳动争议证据的需要，当事人可以通过法院调查取证，也可以凭本人身份证到社保部门要求打印。拒绝提供对账单的行为是违法的。同时为了限制不合理的打印要求，合理控制打印成本，在提供网络打印的情况下，可由参保单位或参保个人自行通过网络打印，社保机构加盖查询专用章；直接通过社保机构打印的，在一定条件下（如打印特定次数后）社保机构可以按程序收取打印成本费（需经物价部门核定）。

基于公民知悉的权利及社会保险权利义务关系（社保机构提供书面查询服务是收取缴费的对价性义务），只要被保险人提出这一要求，社保机构对此没有裁量权（或曰裁量权限缩为零），必须即时提供。任何人都可以向行政机关的首长请求以自己为本人的保存、持有个人信息的公开，本人是未成年人或者成年的限制行为能力人的场合，法定代理人有请求的必要性，但公开可能给本人带来不利的情况属于不公开事由。① 类似地，任何人均可要求银行书面提供其账户交易明细并加盖银行印章。不能因为客户多次提出这一要求，银行便不予提供或收取费用。

2. 信息订正请求权，当缴费人、被保险人或受益人发现行政主体所保存、持有的个人信息错误时，可以请求订正该信息。《社会保险个人权益记录管理办法》第16条规定："参保人员或者用人单位对社会保险个人权益记录存在

---

① ［日］盐野宏：《行政法总论》，杨建顺译，北京大学出版社2008年版，第236页。

异议时，可以向社会保险经办机构提出书面核查申请，并提供相关证明材料。社会保险经办机构应当进行复核，确实存在错误的，应当改正。"

3. 信息利用停止请求权。当社会保险机构违法利用自己的信息，不当利用自己的信息并导致权利人遭受侵害时，权利人得主张社保机构停止对该信息的利用。如社保机构合法将社会保险个人权益记录等信息透露给保险公司，保险公司利用该信息向权利人推销商业保险（侵害了权利人宁静的生活），权利人得主张停止允许保险公司利用该信息，并要求社保机构及保险公司承担侵权责任（必须设定经济上的赔偿责任）。

4. 咨询与建议请求权，即社会保险机构有义务向被保险人或受益人提供政策咨询与建议，发生重要错误并导致损失时，应承担赔偿责任，被保险人或受益人享有相应请求权。咨询与建议请求权与信息公开请求权和信息提供请求权完全不同。后两者只是公开或提供行政主体所掌握的信息，是静态的和固定的信息；而咨询与建议请求权则要求社保机构依据其掌握的信息及国家法律法规政策规定，针对被保险人及受益人的个别情况给出个性化的方案和建议，是能动性的、专家性的。社会保险给付的根本目的在于向人民提供能够保障其较为体面生活的供给，该供给不仅可能需要与缴费方案关联，还可能与项目选择、时间、财务处置等多种因素关联。人民之个体很难清楚了解社会保险之各种细节并作出对自己更为有利之选择，需要依赖专业性的建议。而社保机构毫无疑问就是最专业的机构。由社保机构承担咨询与建议职责，能够通过社保机构专业性的发挥，使被保险人或受益人的利益最大化，达到社会给付之最佳状态，因而是社会给付的本质要求。德国《社会法典》最大的特点是确立了任何人的建议请求权。德国《联邦行政程序法》第25条第1款规定："（市民）因为误解或者不了解情况而放弃发表意见或者提出申请，或者不正确地发表意见或者提出申请的，行政机关应当促使其发表意见、提出申请或者对其意见、申请予以补正。"第2款规定："对于在行政程序中赋予当事人的权利或要求其履行的义务，行政机关应当在必要的限度内向当事人提供相关信息。"在社会行政领域，咨询、提供信息、帮助等义务被规定得更为严格。德国《社会法典》第一编第14条规定："任何人对于本法典所规定的权利以及义务有权请求获得建议。负责提供建议的是作为（私人）行使权利或者履行义务对方当事人的给付行政机关。"行政机关提供信息不仅要准确，而且必须以相对人可理解的方式告知。从相对人的可接受性的角度提供信息，能够让接受信息的人产生信赖并使其能够相应地作出自己的判断。[①]

---

① 喻少如：《行政给付制度研究》，人民出版社2011年版，第189~191页。

5. 履行附属义务之请求权。如根据《劳动合同法》第 50 条 "用人单位应当在解除或者终止劳动合同时出具解除或者终止劳动合同的证明，并在十五日内为劳动者办理档案和社会保险关系转移手续" 之规定，要求用人单位出具解除或终止劳动合同证明的权利并办理社会保险关系转移的权利；根据社保机构的相关规定，要求用人单位为自己办理退休手续的权利。在用人单位停止缴费时，要求社保机构告知的权利；在达到法定退休年龄，要求社保机构告知的权利等。

第六节　平等对待请求权

一、社会保险法上平等对待请求权之意蕴

平等权亦是我国宪法规定的基本权利，在公私法方面均应得到适用，社会保险法亦概莫能外。

基于平等之基本权利，公众得享有平等对待请求权。平等对待请求权对平等权之实现实为重要。从最后之防线来说，没有平等对待请求权就没有平等权。即如果不允许公众（包括法人组织）享有平等对待请求权，则宪法之平等权在很多时候将难以实现。德国联邦行政法院认为：德国《基本法》第 3 条第 1 项的平等权，指人民有获得法律之前平等对待，而禁止不同对待的请求权。只有当人民得请求给予一个 "符合法律地位" 而为平等给付权利存在时，才能够成功地主张平等权有被侵害之虞。[①]

宪法平等权的规定，可以分成 "执法的平等" 与 "立法的平等" 两大部分。平等权的原始意涵，原本只是前者，也就是 "法律适用的平等"，也就是 "执法的平等"，其拘束对象为行政权及司法权。然而，若平等权只限在法律执行的平等，立法权可以不受到平等权的拘束，即不能够符合法治国家创建一个平等社会的理念，因此要求立法者亦受到平等权拘束的思潮，在第一次世界大战后开始兴起。法治国家对平等权的重心已大幅度移置到 "立法的平等" 之上。[②]

以平等权来拘束立法者的法律制定形成权，也意味着立法者必须斟酌社会现实事务的本质，权衡宪法全盘之价值体系，才能赋予其立法行为规范不同的

---

① 陈新民：《德国公法学基础理论（下卷）》，法律出版社 2010 年版，第 416 页。
② 陈新民：《德国公法学基础理论（下卷）》，法律出版社 2010 年版，第 401 页。

法律后果，有合宪性的正当性理由。① 德国《基本法》第 3 条第 1 项规定"平等原则"，不只是拘束适用法律的行政与司法两权，同时也及于立法权的行使。德国联邦宪法法院提出，"倘若某法规范对象团体受到不同于其他团体之待遇，而两者之间在种类与分量的差异上又不足以将此差别待遇合法化时，即有违平等原则"。②

我国社会保险发展时间尚短，其法制化进程仍相当缓慢，有违平等原则之政策规定并不罕见，因此赋予公众平等对待请求权相当重要。有人提出行政相对人平等对待请求权之概念。行政相对人的平等对待请求权，是指行政相对人期待并获求行政机关在作出行政行为时与其他行政相对人同等情况得到同等对待的权利，其核心是同等情况的行政相对人应该得到行政机关的同等对待，避免受到歧视和不公正。③ 这一概念固有其自身价值，但至少表明了行政权之平等对待请求权，不能完全涵盖社会保险法上平等对待请求权。

如前所述，平等对待请求权不仅指行政执行上之平等对待请求权，更指立法上之平等对待请求权，这在社会保险法中同样重要。即在社会保险立法中，公众享有平等对待请求权，如社会保险法规范违背平等原则，公众可诉求修改或废止；违背平等原则，应立法者而不立法，公众得有立法请求权。

在执行中，社会保险法上平等对待请求权并不限于行政相对人对行政主体的请求权，还包括被保险人或受益人对非行政主体的平等对待请求权。这种权利渊源于当事人的约定（包括拟制约定）。例如，用人单位的规章制度规定，工伤职工除获得法定的伤残津贴等待遇外，用人单位还将支付同等数额的"伤残津贴"等（这种情况多发生于国有企业）。这种情形下，工伤职工依然享有平等对待请求权。但就实现之难易程度而言，前者更为重要。因为，后者在现有司法体系，仍有救济之可能，且其损害者仅为个案；而前者，在现有司法体系下，几无救济之可能，但其损害则为普遍之公众，贻害甚广，更有改正之必要。

平等指"类似情况，类似处置"，并不意味着完全一致才能同样处置，而是指关键一致即应类似处置。在社会保险中，哪些情形属于关键一致，哪些不属于关键一致，需要根据各个险种的具体情况进行分析。例如，基于社会保障

---

① 陈新民：《宪法基本权利之基本理论》，台北：元照出版有限公司 1999 年版，第 517 页。

② 钟秉正：《社会保险法论》，台北：三民书局股份有限公司 2005 年版，第 77 页。

③ 李元起、郭庆珠：《行政相对人平等对待请求权初探》，载《法学家》2004 年第 6 期。

权之基本权性质，社会保险在一定条件下应覆盖全国居民，户籍不应成为限制社会保险权利之理由，即不管是城镇户籍还是农村户籍，不管是北京市户籍还是贵州省户籍，最基本的社会保障权都应当获得保障。在此意义上，不允许在北京工作者在北京退休，不仅违背社会保障基本权，更违背平等权，是对外地户籍人员的歧视，是对本地户籍人员的特殊保护。举例来说，同样在北京工作20年，或者同期在贵州工作15年，又在北京工作5年，其缴费标准、退休年龄、退休时间相同，其养老金就应该相同，不能因为一个是北京市户籍，另一个是贵州户籍而有不同。

社会保险不是商业保险，不能讲求营利性，不能因为某一风险的概率较高，待遇支出肯定要高于保费收入，就将其置于门外，例如拒绝接受高风险行业参加工伤保险，拒绝接受退休人员众多的企业参加基本医疗保险。不应当基于不应有的身份、户籍等限制，而拒绝某类人群参加社会保险项目，例如拒绝非本地户籍人员延缴养老保险费，拒绝非本地户籍人员参加居民医保。质言之，别人可以参加的，我也应当可以参加，非性质本身所要求的区别不能成为阻止的理由。而性质本身所要求的区别则应当成为阻止的理由。如职工医保是以劳动（人事）关系为前提的，居民医保的覆盖对象为非劳动（人事）关系人员，因此企业职工不能要求参加居民医保，并因此免除企业的缴费义务。

不能一概要求缴纳同样费用，才能为同样给付。在很多社会保险项目中，要强调对基本生活的保障，具有收入再分配的性质，更强调待遇保障的平等性，因此和缴纳费用的多寡没有直接关联。亦即有些社会保险项目，缴费与待遇享受并不具有完全一致性，这并不违背平等原则。

二、社会保险法上平等对待请求权之主要类型

平等对待请求权系实现平等权之重要方式。但在社会保险法中，社会保险项目设置及其实现的主要目的并不在于实现平等权，而是为了实现社会保险权，在这一过程中，平等权系适用的一项基础原则。因此，社会保险法上平等对待请求权不是一项独立的请求权，系以最终实现社会保险待遇为根本目的之思考模式与适用方法。

基于目前社会保险中存在有违平等原则之主要类型问题，根据平等对待请求权而发生相应类型之请求权。

（一）养老金"双轨制"与平等对待请求权

养老金"双轨制"指机关事业单位编制人员与企业人员实行两种不同的、待遇相差悬殊的退休制度。通说认为，"双轨制"严重违背了法律面前人人平等的基本原则，是公务员为主体的权力阶层的特权体现，与社会及社会保险的

发展方向背离。基于平等权之根本要求，如果机关事业单位退休制度是合法的，那么企业退休人员可依据平等对待请求权要求实行与机关事业单位同样的退休制度，这显然是不可能的，违背历史发展趋势；在确定统账结合的基本模式为今后养老金发展方向的背景下，则应当认为机关事业单位退休制度因与这一模式相背，应确认其违背了平等原则，是不合法的。2015 年 1 月 14 日，国务院颁布《关于机关事业单位工作人员养老保险制度改革的决定》。目前，机关事业单位工作人员养老保险并轨工作已经实施，"双轨制"已成历史。

（二）特定人群养老统筹之平等待遇请求

一般情形下，养老保险待遇是与缴费直接关联的，缴费的多少直接决定养老保险待遇的多寡。但在特定情形下，两者未必呈正相关关系，这种情况带有福利性或承担了一定的历史责任。在特定人群与非特定人群之间形式上的不平等在一定意义上是合理的，符合平等的差别原则。人社部、财政部《关于解决未参保集体企业退休人员基本养老保障等遗留问题的意见》（人社部发〔2010〕107 号）规定：各地区要从实际出发，坚持以人为本，认真做好调查统计工作，科学界定未参保集体企业退休人员的范围，准确掌握应纳入基本养老保险的人员数量。凡具有城镇户籍，曾经与城镇集体企业建立劳动关系或形成事实劳动关系、2010 年 12 月 31 日前已达到或超过法定退休年龄的人员，因所在集体企业未参加过基本养老保险，且已经没有生产经营能力、无力缴纳社会保险费，个人可一次性补缴 15 年的基本养老保险费，纳入基本养老保险；2010 年 12 月 31 日尚未达到法定退休年龄的人员，要按规定参保缴费，达到法定退休年龄时累计缴费不足 15 年的，可以缴费至满 15 年。各地要根据未参保人员的负担能力和参保时的年龄情况，合理确定缴费标准。该文件所确定的人群比较狭窄，实践中多有突破。在原全民所有制（国有）企业工作的人员，进而在原私营企业工作的人员能否补缴？这种所有制性质的差异导致社保权利的差别，不符合平等原则。

（三）医保单基数缴费请求权

一些地方对退休人员较多的用人单位，以职工工资和养老金（退休工资）总额作为缴费基数缴纳基本医疗保险费（涉及事业单位）。国务院《关于建立城镇职工基本医疗保险制度的决定》（国发〔1998〕44 号）规定：基本医疗保险费由用人单位和职工共同缴纳；用人单位缴费按在职工工资总额缴纳。将退休人员的养老金或退休工资纳入缴费基数，不仅直接违背 44 号文件规定，而且与其他用人单位实行不平等的缴费规定，背离了平等权原则。用人单位享有实行单基数缴费的请求权。

（四）行政性机关欠缴医保费及相关请求权

目前，除个别地方外，行政机关已经普遍纳入基本医疗保险制度。然而在一些经济欠发达地区，由于财政经费不够宽裕，应当缴纳的医保费不及时划拨缴纳，使得相应行政机关（包括某些财政拨款的事业单位）在未履行相应缴费义务的前提下，其职员（包括大量公务员）却能享受医保权利，未能与非财政供款单位实行平等对待。这一现象在某种意义上导致，行政机关通过广大缴费主体的缴费获得医疗保障利益，却不履行自己的缴费义务。有人认为，只要不出现"打白条"、"损害其他参保人的医保待遇"等后果，就没关系，反正缴费后钱也是放着不动，财政或缴费单位先将这笔费用用于其他比较急用的地方，等医保基金可能出现赤字时再划拨过来，不会影响基金的使用，并无大碍。这一看法是不对的，不仅违反了以《社会保险法》为基础的医保制度，侵犯了其他缴费主体的平等权利，而且作为执法与监管部门带头拖欠社会保险费用，损害行政机关的公信力。由于行政机关未及时缴费，有可能导致基金虽然没有出现赤字，但基金平衡能力下降，进而限制支付标准的提高、延长同医疗机构的结算时间，不仅可能影响医疗机构的权利，也可能间接损及被保险人的权利。

问题在于，在此种情形下，由谁享有平等对待请求权？这不仅是一个权利问题，还涉及对社会保险费征缴行为的监督问题。笔者以为，可以由其他依法缴纳了医保费的单位和个人行使，他们既是权利的受害者，也有监督社会保险费征缴机构依法征缴社会保险费的权利，此行为与他们存在密切的利益关系，应赋予他们诉权。

（五）老工伤之平等对待请求权

人社部、财政部、国务院国资委、监察部《关于做好国有企业老工伤人员等纳入工伤保险统筹管理有关工作的通知》（人社部发〔2011〕10号）要求将国有企业（包括中央企业、中央下放企业及已实施关闭破产的中央和中央下放企业）有伤残等级老工伤人员和工亡职工供养亲属全部纳入工伤保险统筹管理，同时统筹解决好国有企业其他老工伤人员和集体企业、原国有集体改制企业老工伤人员纳入统筹管理问题。老工伤从其字面含义来看，仅与是否参加统筹有关，而与用人单位所有制形态无关。从伤害之保障必要性来看，非公有制企业的老工伤人员比之公有制企业有过之而无不及——公有制企业可能仍然存在一定的企业保障，即便没有企业保障，政府及其相关部门仍可能给予一定的保障，而非公有制企业的老工伤人员，很多则几乎没有保障；从对国家和社会的贡献来看，非公有制企业老工伤人员未必比公有制企业老工伤人员的贡献少。不存在因所有制形态的差别而对老工伤人员的待遇予以差别化之必要。因此，拒绝将其他类型企业的老工伤人员纳入工伤保险统筹管理，违背了平等权。其他类型企业的老工伤人员基于平等对待请求权有要求纳入工伤保险统筹管理的权利。

第七节　赔偿请求权

损害赔偿是极为重要之法律责任类型。其主要功能为复原之功能，在于使被害人重新处于如同损害事故未曾发生时之处境。[①] 社会保险权利包括社会保险参加权、社会保险选择权、获得社会保险待遇权，前两项权利在本质上仍与社会保险待遇有关。其核心内容均与经济因素有关，主要表现为社会保险权利人最终可以获得一定的经济利益，以维持基本生活。社会保险义务人拒绝履行、迟延履行、不适当履行其义务，就会导致社会保险权利人权利受损。当权利损失主要体现为经济利益时，便有损害赔偿之必要。因此在社会保险法中，损害赔偿同样应为极重要之法律责任类型。为实现损害赔偿之权利，故有赔偿请求权存在之必要。

一、赔偿请求权与给付请求权之异同

赔偿请求权与给付请求权在形式上具有一定的相似之处，如两者之标的均主要为一定数额之金钱，两者均是在给付义务人未为恰当给付时权利人对义务人行使之请求权。但两者还是有显著区别的。给付请求权之给付仅仅指义务人所应为之给付，即系针对其所负有之义务本身。而赔偿请求权所要求之"给付"，并不仅限于义务人原来所负担之义务，一方面，在范围上其要超过义务人原来所负担之义务，如应包括权利人所失之利益、可确定之预期收益；另一方面，给付形态之变化，例如由提供政策建议转变为损失之金钱赔偿，在给付性质上发生了根本改变。我国《国家赔偿法》第32条规定，"国家赔偿以支付赔偿金为主要方式"。由国家权力行为的履行转变为支付赔偿金，即是履行行为之本质转变。是否存在主观过错是区分给付请求权与赔偿请求权的重要内容，前者应针对义务人不存在过错的情形，而后者则仅限于义务人存在过错。

在给付义务人拒绝给付、迟延给付和瑕疵给付时，权利人得行使给付请求权还是赔偿请求权？笔者认为，如果权利人应得请求者，仅为义务人依职责所负担之义务，则为给付请求权；如果权利人应得请求者，除义务人依职责所负

---

① 曾世雄：《损害赔偿法原理》，中国政法大学出版社2001年版，第7~8页。

担之义务外，尚得要求其他之"给付"，如利息等预期收益，则为赔偿请求权。这是区分以金钱给付为标的的赔偿请求权与给付请求权之重点所在。

二、赔偿请求权之行使原则

损害赔偿为损害之填补，使其回复未受损害前之原状。[①] 社会保险法上的赔偿请求权亦应以填补损害为原则，使权利人回复至社会保险义务人依法履行义务之后果状态。损害赔偿之范围，除社会保险给付之标的外，最典型者为利息损失。此外，是否存在其他预期收益及损失，尚得进一步研究。考虑到在存在赔偿请求权的情形下，义务人主观上具有过错，这在赔偿额度上应当有所体现，因此对于利息损失，宜参照同期商业银行贷款利率而非存款利息确定；权利人为维护权利存在合理损失，如交通费、误工费、律师费等在一定范围内应当予以赔偿。而诸如投资等交易机会丧失及由此产生的收益损失，则不宜支持。主要理由在于，社会保险待遇系为保障人民基本生活需要而设置，其设立目的非用于投资等交易收益，支持此类预期收益不符合社会保险设立目的；总的来说，社会保险待遇的额度是有限的，并不足以支撑重大的商业投资，从现实来说亦是如此。

赔偿请求权之标的仅限于金钱赔偿。虽然义务人所侵害权利人之权利并不完全是经济上利益之权利，但对其的损害赔偿只能是金钱。非金钱之责任，如回复原状、赔礼道歉等不属于赔偿请求权之标的。

赔偿请求权行使之对象原则上应为义务人所属之团体组织，虽然在特定情形下，个人亦可能负有赔偿责任，但这种赔偿系对组织之内部赔偿，不影响组织对受害人之赔偿责任。

三、社会保险法上之国家赔偿

我国《国家赔偿法》第2条规定："国家机关和国家机关工作人员行使职权，有本法规定的侵犯公民、法人和其他组织合法权益的情形，造成损害的，受害人有依照本法取得国家赔偿的权利。"根据该法规定，国家赔偿主要有行政赔偿与刑事赔偿。涉及社会保险问题的刑事案件总体上仍较少，涉及国家赔偿的似乎尚未显现。而即使作为涉及社会保险的刑事赔偿，其与一般刑事赔偿并无不同，故此不述。在我国现行法律体系下，社会保险上的赔偿包括行政赔偿和民事赔偿。

《国家赔偿法》第4条规定，行政机关及其工作人员在行使行政职权时有

---

① 　孙森焱：《民法债篇总论（下）》，法律出版社2006年版，第362页。

"违法实施罚款、吊销许可证和执照、责令停产停业、没收财物等行政处罚的"，"违法对财产采取查封、扣押、冻结等行政强制措施的"，"违法征收、征用财产的"，"造成财产损害的其他违法行为"侵犯财产权情形之一的，受害人有取得赔偿的权利。鉴于我国社会保险的经办主体属于行政主体，因此虽然不能以行政给付概括社会保险给付的全部内容，但在由社会保险经办机构实行社会保险给付时，如果其拒绝给付、迟延给付或不适当给付，应当承担行政赔偿责任。社会保险法上赔偿请求权主要针对"造成财产损害的其他违法行为"，如社会保险经办机构在接受社会保险登记申报、按时足额征收社会保险费、依法划拨社会保险费、管理个人权益记录、核定社会保险金等时存在违法行为，主观上具有过错，并损害权利人权利的，应当承担行政赔偿责任。需要注意的是，社会保险行政赔偿权的主体主要是社会保险经办机构，亦包括行政机关，如行政机关未依法审批退休、未依法认定工伤或实施其他违法行政行为也应当作为行政赔偿的主体；受行政主体委托行使行政职能的亦可以成为行政赔偿主体。

社会保险行政赔偿请求权的一般构成：（1）公务人员履行行政权力。该"行政权力"应采形式定义，即行为人表面上或外观上系行使行政权力，或基于社会人之判断，行为人系为行使行政权力为已足，而不问行为人是否是真正地行使行政权力或违法行使行政权力。公务人员包括公务员、具有行政职能的其他单位的工作人员及授权人员。（2）行为违反职务义务。职务义务首先来源于法律（广义）所规定之义务；其次为法律原则所要求之合理行为之义务；遵守法院裁判之义务。（3）损害，即权利人遭受损失。（4）过错，即公务人员对于损害的形成和发生具有故意或过失。（5）违反义务之行为与损害后果之间具有因果关系。

在应由其他责任主体支付社会保险待遇，该等主体不予支付时，社会保险基金承担先行支付责任。社保机构未履行先行支付责任，亦发生社会保险行政赔偿请求权。包括两种情形，一是用人单位未履行缴费义务应由用人单位承担待遇支付责任而其不予支付时；二是损失系由第三人原因发生，而第三人不予支付社会保险待遇时。在这两种情形下，社会保险行政赔偿请求权构成还需具备特殊要件：（1）存在实行先行支付的法律规则；（2）义务人未支付社会保险待遇或未支付特定费用。

我国台湾地区"释字第四六九号解释"规定：法律之内容非仅属授予'国家机关'推行公共事务之权限，而其目的系保护人民生命、身体及财产等法益，且法律对主管机关应执行职务行使公权力之事项规定明确，该主管机关公务员依此规定对可得特定之人所负作为义务已无不作为之裁量余地，犹因故意或过失怠于执行职务,致特定人之自由或权利遭受损害,被害人得依'国家赔偿法'第二条第二项后段,向'国家'请求损害赔偿。法如有明定授予特定人民得请求行政机关应为一定之行为者(故无疑义),"如法律虽系为公共利益或一般'国民'福祉而设之规定,但就法律之整体结构、适用对象、所欲产生之规范效果及社会发展因素等综合判断,可得知亦有保障特定人之意旨时,则个人主张其权益因公务员怠于执行职务而受损害者,即应许其依法请求救济"。[①] 这对大陆行政赔偿请求权的行使同样具有参照意义。

例如,政府有建立健全社会保障之义务,但政府未建立某项社会保险如城镇居民养老保险,则公民难以要求因政府未履行此项义务而为赔偿责任。在此种意义上,公民享受实施请求权,相关行政主体也负有履行等法律责任,但不宜将赔偿确定为赔偿类型。

四、社会保险法上之民事赔偿

社会保险法上行政主体之外的义务人未履行法定或约定义务,致权利人损失的,应当承担赔偿责任。

根据是否属于基金支付项目,可以分为自付赔偿责任与替代赔偿责任,前者是指即便参加了社会保险应由义务人支付的待遇赔偿,后者则指义务人未参保时承担的应由社会保险基金支付的待遇赔偿。两者的赔偿条件是不完全相同的。自付赔偿请求权在义务人未履行其给付义务时即发生。替代赔偿请求权的一般构成条件包括义务人未履行缴费义务和权利人受有损失。这里需要注意两点:(1)不仅包括在参保状态下本应由基金支付的待遇,而且应当包括预期收益及合理支出。(2)社会保险待遇的支付有的有目录等范围限制,即并非发生的所有待遇均应由基金支付,主要在医疗保险、工伤保险、生育保险。那么在用人单位承担替代责任时,是否需要确定待遇支付范围?该范围之确定,其权力在社保机构。就目前社保机构的职权而言,其并无替用人单位核定该待遇范围之职责。即便考虑赋予社保机构此项职能,但如何对社保机构的核定后果进行救济,也是一大难题。因为社保机构的行为一般属于行政行为,其替用人单位核定待遇的行为性质殊难定性。笔者认为,对此可采取三种方案,一是由用人单位全额承担支出费用,不再进行范围核定,这实际上加重了用人单位的负担,但由于用人单位未依法缴费,在一定程度上加重其负担具有合理性。二是由劳动仲裁机构、法院委托社保机构进行待遇核定,核定之结果作为仲裁、司法机构调查确认之事实,当事人如果不服,可通过对判决结果进行上诉

---

① 翁岳生:《行政法(上册)》,中国法制出版社2000年版,第287~288页。

从而间接对事实重新进行认定，社保机构不直接对用人单位或劳动者负责。这一方案没有加重用人单位的负担，但将待遇之举证责任转移给中立性的仲裁或司法机构，且加重了社保机构的职责，客观上有转嫁违法者责任之问题，合理性并不太充分。三是与补缴社保费责任相结合，补缴社保费并承担滞纳金等责任后纳入社保基金支付，用人单位不承担替代责任；用人单位不予补缴、不能补缴、补缴不足者，由用人单位承担替代责任，全额支付支出费用，不由社保机构核定待遇范围。笔者倾向于采纳第三种方案。

根据未履行义务之性质可分为给付赔偿与未履行其他义务之赔偿责任。前者给付具有金钱性质，自然发生损害赔偿问题。后者虽非直接以金钱给付为标的，但当与经济利益具有密切关联，义务人未履行特定义务导致权利人受有经济上损失时，权利人亦得请求义务人为损害赔偿。如《劳动合同法》第50条规定："用人单位应当在解除或者终止劳动合同时出具解除或者终止劳动合同的证明，并在十五日内为劳动者办理档案和社会保险关系转移手续。"用人单位未履行此项义务，劳动者因此遭受社会保险待遇损失的，对用人单位享受损害赔偿请求权。

五、非财产性损害赔偿之有无

社会保险权利的核心是社会保险待遇给付与享受，性质上属于财产权。但作为财产权的社会保险权与民商法上的财产权有所区别，具有财产权性质的社会保险权同时具有生存权属性，以保障被保险人的基本生活为目的。对社会保险权的侵犯，不仅会使被保险人的财产权利遭受侵害，同时还将危及被保险人的基本生活，甚至危及被保险人的生命健康。如未及时支付医疗费，可能导致被保险人不能获得及时救济而损害生命和健康。如果仅仅赔偿社会保险待遇，则意味着被保险人的人身损害无法得以慰藉。社会保险待遇支付主体因主观过错尤其是重大过失或故意不予支付待遇时，其行为社会危害性并不轻于一般侵权行为，如不给付精神损害赔偿，则赔偿与损害显然不相当，对社会保险权的保护也相当不利。权利依赖救济，有效的救济最为重要。[1] 从提供更为有效的权利救济角度而言，对非财产性损害也应当赋予损害赔偿请求权。有认为对于行政给付障碍，可准予"非财产上"之损害赔偿（慰抚金）。[2]

就非财产性损害事实而言，因社会保险权包括非财产性权利，如知情权、

---

[1] ［英］威廉·韦德：《行政法》，中国大百科全书出版社1997年版，第233页。
[2] 沈政雄：《社会保障给付之行政法学分析——给付行政法论之再开发》，台北：元照出版有限公司2011年版，第338页。

参与权、选择权，这些权利被侵害，直接表现为非财产性权利损害。那么，此类非财产性权利损害，是否发生非财产性损害赔偿？笔者对此持否定态度。民事权利的范围很广，除了人身权利，还包括人格的精神利益，如怀旧、纪念、思念、美好的向往都可能成为民事权利的对象，都可以在一定程度上得到民法的保护。因此，个人具有纪念意义的事物遭受损害，得发生非财产性损害赔偿。而社会保险权利保护的范围相对而言则比较狭窄，就立法目的而言，人格的精神利益通常并不在社会保险法的保护范围，故就一般非财产性损害而言，不宜赋予被侵害人损害赔偿请求权。

简言之，在社会保险法上，虽在一定情形下可准予非财产性损害赔偿，但应当严格限制适用范围，宜以发生人身上损害为适用界限。

第八节　补偿请求权

一、行政补偿及其范围、种类

在行政法上，存在补偿请求权。行政补偿，又称行政损失补偿，是指因行政主体（通过行政人）的合法行政行为导致行政相对人合法权益的损失，依法由前者对相对人所受的损失予以弥补的责任。[1] 行政补偿，是指行政主体及其工作人员合法行使职权侵犯公民、法人和其他组织的合法权益并造成损失的情况下，由国家依法承担损失补救责任的制度。[2]

行政补偿与行政赔偿的区别：（1）前提不同。行政补偿因行政主体及其行政人的合法行政行为而发生，行为人的主观过错与补偿责任没有必然联系；行政赔偿则以行政违法为前提，多数行政赔偿责任缺乏行为人的主观过错就无法构成。（2）适用原则不同。行政补偿不适用等价原则，补偿数额大小一般都有明文的法律依据；行政赔偿适用等价原则，赔偿额往往等于实际损失额，当事人双方在不违背国家利益、集体利益和他人合法利益的前提下，可以自由协商。（3）处理方式有别。行政补偿可在损失发生前进行先行补偿，然后做出某种行政行为；行政赔偿则必须以损害事实的发生为前提，没有损害事实不可能赔偿。（4）处理程序有别。行政赔偿因涉及违法，多数国家都允许司法审查；行政补偿纠纷一般都由行政机关解决。（5）法律属性不同。严格地说，

---

[1]　胡建淼：《行政法学》，法律出版社 2010 年版，第 480 页。

[2]　莫于川：《行政法与行政诉讼法》，中国人民大学出版社 2012 年版，第 354 页。

行政补偿不属于行政责任；行政赔偿属于行政责任的一种形式。[①]

行政补偿的类型主要有：（1）国家对非国有企业和财产实行国有化和征收的补偿。（2）国家征收、征用土地和其他财产的补偿。（3）行政主体合法的公务行为破坏他人权益的补偿，如戒严、军事演习等。（4）他人的财产与人身因国有危险物发生意外损害的补偿，如核事故的补偿、因实行重点保护野生动物的政策所造成的农作物或其他损失的补偿。（5）对某些政策或行政措施的变动所造成的特定、异常损失的补偿，如变更行政合同。（6）对实行某些使国家和社会受益但却使私人利益受损的补偿。（7）行政许可引发的行政补偿。

有学者对此提出公法上的补偿请求权与牺牲请求权概念。征收的客体是财产性权益，牺牲的客体是非财产性权利。对财产性权利在公法上的补偿请求权，也称为对财产损害的补偿；对于非财产性权利的请求权，也称为牺牲请求权。牺牲请求权是指，出于公共利益的需要，公民由于非财产性权利受到公权力侵害而承受了特别牺牲，从而形成的国家责任请求权。[②]

二、社会保险法上补偿请求权之存在及类型

从行政赔偿与行政补偿最主要的区别——行政行为合法与否而言，社会保险法上同样存在补偿请求权。鉴于社会保险法上补偿主体并不完全限于行政主体，因此不能完全套用"合法行为"这一构成要件。

由于法律或政策变动而导致社会主体特定利益的损失，如从"双轨制"退休模式转变为单一的企业退休模式，导致机关事业单位预期退休利益损失，尤其是临近退休人员，其预期利益损失越大，因而实行"老人老办法、新人新办法、中人过渡办法"具有合理性。虽然在一定意义上，新制度的实施总会导致一部分人利益的损失，而这有利于实现公共利益，但需要考虑既有利益的平衡，适当予以补偿。

因为征收、征用而导致社会主体财产损失，进而影响其社会保障权益的，也应当给予适当补偿。目前在社会保障领域出现较多的是征地补偿。虽然就现代社会保障制度体系而言，土地并非社会保障组成部分，但就我国国情而言，土地仍在事实上发挥了生活保障功能，尤其是对老年生活而言，这是无可否认的。在土地征用以后，不可避免地对部分人员的生活产生了影响，由此多地出台了失地农民社会保障制度，这实际即是一种补偿制度。对于土地之外的其他

---

① 胡建淼：《行政法学》，法律出版社 2010 年版，第 481 页。
② 刘飞：《德国公法权利救济制度》，北京大学出版社 2009 年版，第 155～159 页。

财产的征收、征用或合法行使权力导致的损失，是否存在补偿请求权？笔者认为，这种情况下对社会保险权利的损害是比较确定的，基于基本权的根本属性和对公权力的信赖，应当对遭受损害的社会保险权利全额进行填补，不宜仅仅进行补偿。例如，用人单位拖欠劳动者社会保险费，在其被征用后，行政主体应当全额补缴社会保险费并承担其他法律责任。在企业兼并时，也应当依照这一原则处理。在企业破产时，拖欠之社会保险费应当列入劳动债权参与分配，属于《企业破产法》规范的范畴，不属于补偿请求权之范畴。

社会保险法上亦存在牺牲请求权，主要发生在工伤保险领域。《工伤保险条例里》第 15 条规定，职工"在抢险救灾等维护国家利益、公共利益活动中受到伤害的"，视同工伤。实践中，工伤保险待遇被称为"补偿"，因此在某种意义上，要求支付工伤保险待遇都可以称为补偿请求权；其中，维护国家利益、公共利益的工伤则可以列入牺牲请求权。

三、社会保险"赔偿"案型之补偿请求权及相关问题

（一）类型与构成要件

最高人民法院《关于审理劳动争议案件适用法律若干问题的解释（三）》（法释〔2010〕12 号）第 1 条规定："劳动者以用人单位未为其办理社会保险手续，且社会保险经办机构不能补办导致其无法享受社会保险待遇为由，要求用人单位赔偿损失而发生争议的，人民法院应予受理。"这一争议类型实践中一般列为劳动争议中的"社会保险赔偿争议"，实践中已经多次发生。具体类型主要包括：（1）劳动者系农村户籍，在其工作期间用人单位未参保，不予补缴社保费而发生的社会保险费赔偿争议；（2）劳动者自己缴纳社会保险费，在其工作期间用人单位未为其缴纳社会保险费而发生的社会保险费赔偿争议；（3）其他社会保险费赔偿争议。

按照上述司法解释并结合社会保险法规定，劳动者主张社会保险赔偿应当具备如下条件：（1）用人单位未给劳动者缴纳社会保险费。（2）用人单位未缴纳社会保险费无合法理由。如果用人单位未缴纳社会保险费具有合法理由，如原用人单位继续为劳动者缴纳社会保险费，则该劳动者的现用人单位不应为其再缴纳社会保险费。（3）无法补缴社会保险费且无法享受社会保险待遇。如果劳动者已经享受一定的社会保险待遇，如要求用人单位支付医疗费、工伤保险待遇、失业保险待遇、生育保险待遇，用人单位支付这些待遇后，能否继续要求用人单位赔偿社会保险费？笔者认为，如果用人单位已经支付了工伤保险待遇、失业保险待遇、生育保险待遇，则劳动者并不存在此方面的损失，自然就不能要求用人单位再予"赔偿"。对于医疗保险，由于缴费年限还将影响

劳动者退休后医保待遇的享受，因此即便用人单位支付了当期的医疗费用，也不能认为劳动者的损失已不存在，故用人单位仍需赔偿损失。

（二）补偿请求权之属性

上述社会保险赔偿争议，就其实质内容而言，应属于社会保险补偿争议。在这些争议中，劳动者所主张之标的、法院所支持之诉求，为用人单位所缴纳之社会保险费，既可能为用人单位所应缴纳之社会保险费，也可能为劳动者所实际缴纳之社会保险费（严格意义上应为前者），该费用实际仅仅是用人单位所承担之缴费义务（或仅为部分缴费义务），并非劳动者所遭受之全部损失。仅以基本养老保险为例，绝大多数劳动者退休后所领取的养老金财产净值要超过用人单位与其共同缴纳的养老保险费（特定情形下还包括政府等的补贴），因此从劳动者收益角度而言，用人单位缴纳的社会保险费仅为劳动者收益损失之一部分。由此，主张用人单位按照其应缴纳的社会保险费支付劳动者损失，仅为劳动者损失的部分补偿而非全部赔偿。故此，目前实践中的社会保险赔偿争议性质应为补偿请求权之行使。

（三）关于农民工社会保险"赔偿"之问题

北京市目前的普遍做法是，用人单位未给农民工缴纳社会保险费，违法行为终止超过1年的，社保机构即不予补缴，由农民工通过劳动争议进行社会保险索赔。法院确定的赔偿标准是，以最低缴费基数作为基数，乘以7%的缴费比例计算得出赔偿额。依据《社会保险法》规定，根据户籍区分不同人员的缴费标准是违法的，未按照该法规定，缴费基数不首先采用实际工资并按照统一缴费比例缴费，也是违法的。

法院认为，用人单位所缴纳的统筹部分社保费，是对国家的责任，与劳动者个人无关，因此个人不能获得这部分缴费。这一观点是错误的。虽然用人单位缴纳统筹费用是法定义务，是对国家的责任，但它首先是对劳动者个人的责任。第一，用人单位缴纳统筹费用，其根本目的是实现劳动者个人的社会保险权。用人单位是否缴费、缴费时间长短、缴费基数即缴费数额的多少，直接决定着劳动者养老金的多少。用人单位所承担的统筹费用缴纳责任，首先是为了实现劳动者的权利，其次才是对国家或社会的责任，而绝非相反，或仅仅是对国家的责任。第二，如果用人单位统筹部分缴费仅仅是基于强制性，而没有道德上的动机，那么用人单位就缺乏缴费动力，必然会加剧不缴费之现状。以所得税和社会保险缴费的对比来看，因为所得税与个人没有直接关联，因此避税现象大量存在，个人具有极其强烈的避税动机。而社保缴费，因为与个人权益直接关联，虽然"避费"现象也大量存在，但多数只是降低缴费基数，如按最低缴费基数缴费，并不会完全不缴费（在用人单位愿意缴费时）。法律的权威不仅仅在于暴力强制手段的严厉，更在于法律规范的内容自身得到人们的信奉与遵循。哈特早就指出过，仅仅依靠暴力手段的法律，与强盗无异。如果用人单位缴纳统筹部分社保费仅仅迫于法律的强制，而不是基于对职工的保护与照顾，用人单位缴费的积极性必然大打折扣，劳动者自身也就没有诉求与监督的动机，缴费之全面覆盖必然是一句空话，最终养老保险制度也将无以为继。第三，从养老责任的主体演变来看，我国在建立现代社会保险制度之前，是由用人单位直接承担职工的养老责任的。在建立现代社会保险制度之后，用人单位的养老责任通过缴费由社会承担，在这种保障形式下，用人单位并非不再承担对职工的养老保障责任，而只是保障形式的改变。从我国养老保险制度的发展来看，用人单位统筹部分缴费也仍然是为了保障劳动者个人的社会保险权利。由此，在确定用人单位未缴费对职工所负有的补偿责任时，不予计算统筹部分缴费侵害了劳动者的社会保险权利。

违背了任何人不得因违法行为而获利的法治理念。在用人单位未依法缴纳社会保险费时，如果其仅需赔偿个人账户部分金额，那么对用人单位来说，其即因其违法行为而获利（减少了本应当发生的支出），这不仅有违任何人不得因违法行为而获利的基本理念，而且将产生鼓励用人单位不缴费的法律后果，亦与法治原则背道而驰。

其实，即使将用人单位本应承担的统筹部分缴费"赔偿"给劳动者，也仅仅是补偿而已。从社会保险的基本原理考虑，用人单位和个人缴纳的社会保险费，通常并不足以支付个人退休后支领的养老金。因此，即便将用人单位本应承担的统筹部分缴费支付给劳动者，也依然仅仅是补偿劳动者而已。

（四）个人缴纳社会保险费后单位应否进行"补偿"

按照现行规定，个人已经缴纳了社会保险费的，用人单位不能再缴纳或补缴，因此如果本应该由用人单位缴纳的，法院会判决用人单位赔偿个人缴纳的所有社会保险费。笔者认为，一概如此判决，并不具有充足的法律依据。

除工伤保险外，社会保险具有唯一性原则。[①] 在个人已经参加社会保险时，用人单位无法再替个人办理社会保险参保手续并缴纳社会保险费。尤其是个人到用人单位工作之前即已参加了社会保险，且到用人单位工作后并未停止缴纳社会保险费的，用人单位无法替个人办理参保及缴费手续，在这种情况下，用人单位并不应该替个人缴费，换句话说，用人单位不缴费是合法的。类似情形是，原用人单位已经替劳动者缴纳了社会保险费，那么后来的用人单位就不应再替该劳动者缴费，这一情形目前已经得到了普遍认同。无论是有其他

---

① 向春华：《社会保险法原理》，中国检察出版社 2011 年版，第 225 页。

单位为该劳动者缴费，还是该劳动者自行缴费，就实际用人单位无法缴费这一事实和原因来说，其现状和性质应当是相同的。在其他单位为该劳动者缴费时，实际用人单位无须承担未缴费责任（不存在责任）；在劳动者自行缴费时，通常情况下其法律属性与其他单位为其缴费，应当是相同的，要求实际用人单位承担未缴费之责任（无缴费之义务何来责任），对同样法律属性事实，采完全相反之对待，实为不当。

在个人自行缴费之情形，如果本应由用人单位缴费而其不予缴费，一方面，劳动者在职期间可以直接向社会保险行政部门、社会保险费征缴机构、社会保险经办机构投诉举报；另一方面，劳动者在离职后也可以及时投诉举报，用人单位应承担的缴费责任同样可以解决。因此在通常情形下，个人自行缴费与用人单位未为其缴费不存在法律上的因果关系。即便个人缴费而导致个人损失，与用人单位未缴费没有因果联系，也不应要求用人单位承担赔偿或补偿责任。

个人自行缴费后，得发生损害不赔偿者，应为用人单位拒绝缴费或拒绝补缴，个人请求后，用人单位仍拒绝，且因此影响个人社会保险权益，个人迫不得已自行缴费或补缴费者。例如，因为用人单位拖欠社会保险费，社保机构在用人单位未予补缴时拒绝给个人办理退休手续（不论这种拒绝是否合法，其在实质上给个人的权利造成了侵害，且难以寻求有效的法律救济），在此情形下，个人不得不自行缴纳社会保险费，以办理退休手续。在此情形下，用人单位应当赔偿个人缴纳的本应由用人单位承担的社会保险费的全部损失，包括利息损失。

（五）用人单位未缴费是否存在补偿（赔偿）问题

笔者认为，上述几种现存的社会保险补偿类型都是不合法的。更进一步说，最高人民法院《关于审理劳动争议案件适用法律若干问题的解释（三）》（法释〔2010〕12号）第1条所确定的社会保险赔偿规则是违法的，亦违背了社会保险基本理论。首先社会保险法中应当设置时效制度，作为一种违法行为，用人单位未依法缴纳社会保险费的行为只有在时效内始可追究，时效经过后，用人单位的违法行为便不应追究，自然也不存在赔偿的问题；社会保险的时效要长于普通民事时效，在社会保险违法追究时效已过的前提下，赔偿时效也应当已过，依此也应当适用时效之抗辩。关于社会保险违法追究时效问题，本书在法律救济一章专论。

第九节 追偿权

一、社会保险法中的行政追偿

追偿，在行政法与民商法中的含义大相径庭。

行政追偿，是指国家在行政赔偿义务机关对行政赔偿请求人支付赔偿费用之后，依法责令有故意或重大过失的工作人员、受委托的组织或个人承担全部或部分赔偿费用的法律制度。[①] 通说为，行政追偿即"行政赔偿义务机关代表国家向行政赔偿请求权人支付赔偿费用以后，依法责令有故意或重大过失的公务员、受委托的组织和个人承担部分或全部赔偿费用的法律制度"。[②] 如果某人在执行委托其执行的公共职务时，违反了其相对于第三方所负有的职务义务的话，那么原则上由国家或其所服务的团体负责。如系故意或重大过失，则保留对其进行追偿。损害赔偿的请求权和追偿不可被排除在普通法院的法律途径之外。[③]

在社会保险法中，只要存在行政赔偿，就可能存在行政追偿。《国家赔偿法》第16条规定："赔偿义务机关赔偿损失后，应当责令有故意或者重大过失的工作人员或者受委托的组织或者个人承担部分或者全部赔偿费用。"这对于社会保险关系中的行政主体同样应予适用。

二、求偿权、代位求偿权与先行支付

在民商法中，存在求偿权与代位求偿权的概念。对于求偿权，百度百科定义为"指在当权利、资源等因个人或集体而遭受侵害、损失的时候，所具有的要求赔偿的权利"。[④] 求偿权可以泛指为要求获得赔偿的权利，但应当是指以本人的名义提出，以本人权利被侵害为基本事实。在实际诉讼中，求偿权的行使需要具备请求权基础。

更为普遍的概念是代位求偿权。有广义和狭义之分。广义的代位求偿权指债权的代位，即一方当事人或第三人为债务人清偿债务后，取得原债权人的地

---

① 杨临宏：《行政法：原理与制度》，云南大学出版社2010年版，第761页。
② 莫于川：《行政法与行政诉讼法》，中国人民大学出版社2012年版，第351页。
③ 刘飞：《德国公法权利救济制度》，北京大学出版社2009年版，第140页。
④ http：//baike. baidu. com/view/1352960. htm.

位，有权向债务人主张原债权人的所有权利。狭义的代位求偿权又称"代位追偿权"、"代位追索权"，指在保险合同中，发生保险事故，保险人向被保险人赔付保险金后，从后者处受让取得向造成保险标的损失的第三人请求赔偿的权利。①

广义之代位求偿权与代位清偿密切关联，即在代位清偿的情况下，清偿人才享有代位求偿权。代位清偿之要件：（1）须第三人已为清偿。（2）须就债之履行有利害关系之第三人为清偿。（3）须清偿人对债务人有求偿权。② 所谓与债之履行有利害关系者，系指第三人因清偿而发生法律上之利害关系而言。③ 就债之履行有利害关系第三人，指就债之清偿当然受有法律上利益之人，如保证人、物上保证人、担保财产之第三取得人，以及与债务人立于共同利害关系之第三人如共有人、合伙人等。④ 学者详列就债之履行有利害关系之第三人，（1）连带债务人；（2）不可分债务人；（3）保证人；（4）物上保证人；（5）担保物之第三取得人；（6）后次序之担保权人；（7）无担保权之债权人；（8）共有人。有亲属关系之人如父子或夫妻，可否认为就债之履行有利害关系，不妨为肯定之解释。⑤

代位权和求偿权既有联系又有区别。有利害关系之第三人为清偿后发生求偿权者，即发生代位权，申言之，有代位权一定有求偿权；第三人为清偿，既可能发生求偿权，也可能不发生求偿权，更不一定发生代位权。（1）就权利之发生言，求偿权为因第三人之清偿，依法律之规定而成立之新权利；代位权之标的则系第三人承受之债权人原有权利，乃依法律规定发生权利移转之效果，以确保求偿权为目的，亦即第三人系继受债权人之权利。（2）就权利之担保言，求偿权于通常情形并无担保可言，代位权则因继受原有债权，原有债权之附有担保者，亦一并受让。（3）就债务人之抗辩言，第三人对债务人行使求偿权时，债务人不得以对抗债权人之事由对抗第三人，亦不得以对债权人之债权对第三人主张抵销。第三人行使代位权时，债务人即得以对抗债权人之事由对抗第三人，亦得以对债权人之债权，对于第三人主张抵销。（4）就时效言，求偿权之时效自成立时开始进行，而代位权之时效依原债权之性质而

① 中国社会科学院法学研究所法律辞典编委会：《法律辞典》，法律出版社2003年版，第195页。

② 郑玉波：《民法债编总论》，中国政法大学出版社2004年版，第477~479页。

③ 邱聪智：《新订民法债编通则（下）》，中国人民大学出版社2004年版，第446页。

④ 黄立：《民法债编总论》，中国政法大学出版社2002年版，第654页。

⑤ 郑玉波：《民法债编总论》，中国政法大学出版社2004年版，第478页。

定。（5）就利息言，求偿权之行使，得请求给付利息。代位权之行使其利息之请求依原有债之关系定之。①

《社会保险法》确定了基本医疗保险和工伤保险的先行支付制度。第30条第2款规定：医疗费用依法应当由第三人负担，第三人不支付或者无法确定第三人的，由基本医疗保险基金先行支付。基本医疗保险基金先行支付后，有权向第三人追偿。第41条规定：职工所在用人单位未依法缴纳工伤保险费，发生工伤事故的，由用人单位支付工伤保险待遇。用人单位不支付的，从工伤保险基金中先行支付。从工伤保险基金中先行支付的工伤保险待遇应当由用人单位偿还。用人单位不偿还的，社会保险经办机构可以依照本法第六十三条的规定追偿。第42条规定：由于第三人的原因造成工伤，第三人不支付工伤医疗费用或者无法确定第三人的，由工伤保险基金先行支付。工伤保险基金先行支付后，有权向第三人追偿。关于追偿，依照该法第63条规定，对用人单位未按时足额缴纳社会保险费的，征缴程序为：（1）由社会保险费征收机构责令其限期缴纳或者补足。（2）用人单位逾期仍未缴纳或者补足社会保险费的，社会保险费征收机构可以向银行和其他金融机构查询其存款账户；并可以申请县级以上有关行政部门作出划拨社会保险费的决定，书面通知其开户银行或者其他金融机构划拨社会保险费。（3）用人单位未足额缴纳社会保险费且未提供担保的，社会保险费征收机构可以申请人民法院扣押、查封、拍卖其价值相当于应当缴纳社会保险费的财产，以拍卖所得抵缴社会保险费。

先行支付制度中的追偿权，属于求偿权还是代位追偿权？笔者认为，应当属于代位追偿权。依据上述一般求偿权与代位追偿权划分理论，社保机构与第三人或用人单位存在法律上的利害关系。用人单位或第三人支付待遇后，社保机构即无须支付该待遇；而用人单位或第三人不支付相应待遇，社保机构就需要先行支付（垫付）此待遇，此等利害关系系由法律强制规定而发生。用人单位或第三人是否支付待遇直接决定了社保机构是否需要承担相应支付责任，因此双方存在法律上的利害关系。社保机构所为之先行支付，属于代位清偿。基于这一性质，社保机构先行支付即代位清偿后，发生权利移转之效果，即社保机构取得原债权人之地位，在其支付之额度范围内，得向债务人主张债权；社保机构行使代位求偿权时，债务人即得以对抗债权人之事由对抗社保机构，亦得以对债权人之债权，对社保机构主张抵销。

在先行支付下，用人单位尤其是第三人对社保机构追偿之抗辩权是比较好理解的。例如，被保险人对于事故的发生如有过失，自然应当减轻债务人的赔

---

① 孙森焱：《民法债篇总论（下）》，法律出版社2006年版，第843～844页。

偿责任，债务人可依此对抗社保机构的追偿。抵销之问题实践中尚未发生，但却必定会发生，目前先行支付制度尚未顾及于此。抵销，"是指二人互负债务时，各以其债权充当债务之清偿，而使其债务与相对人的债务在对等额内相互消灭"。① 例如，被保险人向用人单位或第三人借款，已届清偿期，则社保机构向被保险人为先行支付后，向用人单位或第三人主张代位求偿时，用人单位或第三人得主张抵销该借款。在抵销后，社保机构得向被保险人主张不当得利请求权，并同样得主张抵销，如在后期支付的待遇中，扣减该款项。社保机构在先行支付时，应当要求被保险人书面陈述是否对用人单位或第三人负有债务，如负有债务，社保机构在作先行支付时可扣减该项债务；如被保险人隐瞒相应事实，应承担法律责任。社保机构在扣减被保险人所负担之债务时，应当保证被保险人最低限度的生活保障，对医疗费等则不宜扣减。有人可能反对这一做法，认为社保机构在先行支付时不应扣减被保险人所负担之债务，认为在一切权利中，生存权是最为重要的，债权应当让位于生存权。这种观点不具有合理性，实质是以泛生存权否定一切债权，按照这一观点的思维逻辑，所有退休人员都可以借钱不还了！所有不太富裕的人都可以借钱不还了！因为只要让退休人员还钱，只要让不太富裕的人还钱，必然要影响其"生存权"！这显然与社会乃至人类存在的基本伦理观念背道而驰，亦与已成为共识的社会实践相背离。

社保机构为先行支付，是否必须强制被保险人接受？在代位清偿中，无正当理由，债权人不能拒绝第三人代位清偿，即债权人不能拒绝代位清偿而仍坚持由债务人清偿。但在社会保险法中，先行支付并不完全等同于代位清偿，前者是为更好地保障待遇受领人之社会保险权利，并非要消灭债务人之债务；而后者不仅仅是保护债权人之债权，同时也对债务人之合理利益予以保护，其核心目的在于实现债权消灭债务。因此在先行支付中，如果待遇受领人不同意先行支付而坚持要求债务人履行待遇支付行为，如仍强制实行先行支付，与该制度之目的不相符合。是故，先行支付之实行，不得违背待遇受领人之意志。

先行支付制度中的追偿权和保险合同中的代位追偿权即狭义之代位追偿权不完全相同，与传统广义之代位追偿权亦有差异。根据原支付主体的不同，先行支付分两种：第三人支付与用人单位支付。原支付主体为第三人时，与狭义之代位追偿权基本相同（此种情形仍有可能并未参保，此点与保险合同之代位清偿仍有不同）。原支付主体为用人单位时，与狭义或广义之代位追偿均有不同，可谓之特殊代位清偿：（1）待遇受领人未参加基本医疗保险或工伤保

---

① 崔建远：《合同法》，法律出版社 2010 年版，第 270 页。

险；（2）此种代位清偿系由立法特别规定；（3）不发生强制清偿之效果。

三、第三人清偿与求偿权

从债之清偿概念出发，在社会保险法中，可发生先行支付外之代位清偿，亦可发生由非利害关系人之一般第三人清偿之情形。前者如，劳务派遣公司、实际用工单位一方支付另一方所应承担的派遣劳动者工伤保险待遇。这种情形下，发生代位清偿，清偿人取得代位追偿权。后者如，本应由用人单位支付之工伤保险待遇，实际由个别股东、高管等第三人支付。该类第三人与债之履行无法律上利害关系，亦即债务人是否履行债务，在法律上对该类第三人无直接影响甚至根本没有影响。在这种情形下，第三人对债务人享有求偿权而不享有代位权。这种求偿权可以基于不当得利返还请求权，也可能基于无因管理赔偿请求权。

需厘清第三人清偿与第三人赠与。第三人可基于赠与意图而代债务人履行债务，第三人所为给付属于赠与，虽得发生清偿之一般效果，但既不发生求偿权，更不发生代位追偿权。

第十节　不当得利返还请求权

一、追索个人应承担缴费：劳动争议

2008年3月，张某入职某科技公司工作，担任市场部销售人员，双方签订了书面劳动合同，约定月工资为7000元。某科技公司未为其缴纳2008年3月社会保险费。自2008年4月起，公司按2500元的基数为张某缴纳社会保险费。2011年9月，张某与某科技公司协商解除了劳动合同。因买房等需要连续的社会保险费缴纳凭证，张某要求公司为其补缴2008年3月的社会保险费，双方发生争议。

张某随后向社保机构投诉。社保机构确认了该公司的违法行为，因张某不愿先行缴纳个人应承担的部分社保费，社保机构遂责令该公司全额补缴了社会保险费，包括2008年3月未缴纳的和2008年4月以后少缴纳的，包括单位应缴纳的以及个人应缴纳的。其后，该公司申请劳动仲裁，要求张某返还其个人应当承担的社会保险费。张某主张该案不属于劳动争议，不应该由劳动争议仲裁机构管辖。仲裁机构裁决认为属于劳动争议，并支持了公司的仲裁请求。张某不服，向法院提起诉讼。

在诉讼中，法院一审认为，根据《社会保险法》第 60 条规定，用人单位应当自行申报、按时足额缴纳社会保险费，非因不可抗力等法定事由不得缓缴、减免。职工应当缴纳的社会保险费由用人单位代扣代缴，用人单位应当按月将缴纳社会保险费的明细情况告知本人。社保机构要求公司补缴 2008 年 3 月社会保险费及 2008 年 4 月至 2011 年 9 月期间的社会保险基数差额，显然个人应当缴纳的社会保险费应由公司代为缴纳。现公司已向社保机构代张某缴纳了个人应负担的社会保险费用，则公司有权向张某主张要求返还代缴的社会保险费用。法院据此认定本案属于劳动争议，并支持了公司的诉讼请求。二审法院仅以"张某主张本案不属于劳动争议没有法律依据，本院不予支持"一笔带过。①

二、返还"工资"与"公积金"：不当得利纠纷

在两个类似的主张方面，法院则作出了完全不同的判决。

梁某是某公司的员工，2009 年 8 月 28 日，梁某写下收据一张，表明收到某公司法定代表人李某垫付的 2008 年 1 月至 7 月的工资（月基本工资 3000 元，月费用 1000 元）共计 28000 元。某公司于 2010 年 9 月 10 日向李某返还了垫付的工资款 28000 元。之后公司又以用人单位名义向梁某支付了 7 月的工资，导致梁某重复收取 7 月的工资。发现这一问题后，公司要求梁某退还多领取的 3000 元工资，遭拒后便采取法律手段。开始公司以劳动争议为案由要求梁某返还多支付的工资 3000 元，未得法院支持，又以不当得利为案由向梁某主张返还。法院最终以不当得利支持了公司的请求，要求梁某返还用人单位多支付的工资款。②

甲公司的前任法定代表人陈某系姜某的女婿。姜某与甲公司并不存在劳动关系。甲公司连续为姜某缴纳了 2 年的住房公积金。后甲公司要求姜某返还为其缴纳的住房公积金，经协商无果，便发生法律争议。2012 年 5 月 24 日，甲公司申请劳动争议仲裁，要求姜某返还公司为其错缴的住房公积金。仲裁委员会认定该请求不属受理范围，决定对甲公司的申请不予受理。甲公司在规定期限内，向法院提起劳动争议诉讼，后撤回起诉，又提起不当得利诉讼。

一审法院认为，用人单位为职工缴纳住房公积金，是职工享受的一种待遇。姜某与甲公司不存在劳动关系，不属于甲公司的职工，甲公司本无须为姜某缴纳住房公积金。由于曾为甲公司法定代表人的陈某系姜某的女婿，基于这

① 北京市第一中级人民法院〔2013〕一中民终字第 8561 号民事判决书。
② 北京市第一中级人民法院〔2011〕一中民终字第 15366 号民事判决书。

层关系，甲公司作为私营企业自愿为姜某缴纳住房公积金，系其自主处分权益，该民事法律行为已履行完毕并产生相应法律后果。在甲公司缴纳住房公积金当时主观上不存在错误辨识，其自主行为应视作赠与，本案不构成不当得利。遂判决，驳回甲公司的诉讼请求。原审判决后，甲公司不服，上诉称，姜某与该公司属于挂靠关系，双方约定社保费和公积金由姜某自行缴纳，但因姜某拒付相关费用，甲公司无奈才代为缴纳，而双方不存在真实的劳动关系，故无论是私营企业还是国企，甲公司均无须为姜某缴纳住房公积金。而且陈某与姜某某（姜某女儿）婚后未共同生活，关系十分恶劣，固甲公司不可能自愿向姜某赠与住房公积金。二审法院认为，甲公司的投资人及历任和现任法定代表人系血亲关系，姜某的女婿陈某曾为甲公司的法定代表人，可见姜某与甲公司的投资人及各任法定代表人有姻亲关系，基于此层特殊关系，原审法院认定甲公司为姜某缴纳住房公积金的行为系赠与并无不妥。反观甲公司提出的有关陈某与姜某某夫妻关系恶劣，故甲公司不存在自愿为姜某缴纳住房公积金之观点，因甲公司未提供足够证据予以证明，且在陈某与姜某某夫妻关系恶劣的情况下，甲公司为姜某缴纳住房公积金长达近 2 年之久也不符合常理，故不予采信。二审法院维持了一审判决。①

三、劳动争议还是不当得利

三个案件的事实部分是没有争议的。在"工资"返还中，"工资多发了"这一事实双方无争议；在"住房公积金"返还中，"公司给个人缴纳了住房公积金"且公司原本无须为该个人缴纳住房公积金这一事实也是确定的；在返还"社会保险费"中，个人应承担部分社会保险费并无疑问，公司实际缴纳了个人应承担的社会保险费的事实也是清楚的。但两者的案由则不同。案由的不同，意味着法律关系的不同，也就意味着相关请求的构成要件不同。选择错误的案由，如以劳动争议为由要求返还"工资"和"住房公积金"，结果只能败诉；如果返还"社会保险费"属于劳动争议，那么以不当得利起诉也会败诉。反之亦然，因而对实践有着较大的影响。同时，案由与法律关系的确立，对于法律制度与救济制度的完善也有着重要的理论意义，需要从理论论证是否构成相应案由。

《劳动争议调解仲裁法》第 2 条规定，用人单位与劳动者因社会保险发生的争议、因劳动报酬发生的争议，适用该法。从逻辑角度而言，既然返还"工资"作为劳动争议之诉不能成立，那么返还"社会保险费"作为劳动争议

---

① 上海市第一中级人民法院〔2012〕一中民终字第 2647 号民事判决书。

之诉也不能够成立。而从理论上而言，返还"社会保险费"、"工资"、"住房公积金"均不能成立。根据物权理论，金钱是特殊的物，对金钱的占有就意味着对金钱的所有权。在职工拿到手之前，用人单位负有支付工资、缴纳住房公积金、社会保险费的责任，这可以列为债的范畴（理论上有劳动债权的说法），其实质并非指用人单位的金钱中哪一部分属于"社会保险费"、"工资"、"住房公积金"，而是指用人单位负有给付（履行一定行为）之义务。这种给付，在本质上与用人单位承担的其他劳动法上的义务如劳动保护等待遇并无不同，都是对劳动者经济、精神生活的保障。只是基于劳动法的强制性规定，"社会保险费"、"工资"、"住房公积金"的标的只能是金钱而不能是实物。不过在一定情形下也有所突破，例如拖欠缴纳社会保险费，可以用房地产等抵押，并在无法补缴时可就担保财产清偿社保费。而"返还"的对象则是特定的物，个人拿到"工资"即金钱之后，尤其是与其他金钱混同后，根本无法区分哪部分是"工资"哪部分不是"工资"，"工资"都无法确定，何来返还？"社会保险费"、"住房公积金"是缴纳给特定机构的，并非缴给个人，让个人"返还"的也一定不可能是"社会保险费"、"住房公积金"；因为在实质上，要求个人"返还的"就是金钱，而个人所占有的这一金钱，是不能叫作社会保险费或住房公积金的（依据现行法律规定，这两个名称皆是对缴费人与特定机构之间特定行为对象的称呼，而不能用于缴费主体之间的行为对象），如要返还，也是让特定机构返还。本不应支付工资而支付了"工资"，劳动者获得的并非工资，而只是一种利益；"社会保险费"、"住房公积金"本不应缴纳而缴纳之后，如果相关机构有不予返还的法律理由，个人获得的也并非"社会保险费"、"住房公积金"，而是一定的利益，而这个利益显然不适宜叫作"社会保险费"、"住房公积金"。个人所获得的这种利益，实际因第三人行为所致。"社会保险费"、"住房公积金"之名称，均系行为人与特定机构之间法律行为所指向的对象，而非用人单位与个人之间的行为对象，以该名称作为用人单位与个人之间的行为对象，既违背现行法律规定，亦缺乏理论支撑。从适用结果看，如果将此类争议作为劳动争议，则利益支出方的诉求无法律依据。目前，所有的劳动、社会保险法律、法规、规章及其他规范性法律文件，均未规定多发、错发的"工资"应当返还，垫付、错缴、多缴的"社会保险费"应当返还。所谓"公司有权向张某主张返还代缴的社会保险费用"没有明确的法律规则予以规范，即"权"来源于哪条法律规则或法律原则，是不明确的。法律适用的基本原则是，"有法律依法律，无法律依惯例，无惯例依法理"。可以确定的事实是，关于此问题，既无法律规定，亦无相应惯例。那么唯一的可能依据就是法理。然而，无论在劳动法还是在社会保险法中，学术界对此均缺乏研究，亦即尚无法理存在。

更重要者，在目前的法律体系下，民法仍然具有相当之普适性，其法律规则与法学理论仍可作为适用之重要依据及参考。以民法而论，在已经存在不当得利返还请求权之背景下，对于此类案型，法院断然不可能再以其他案由受理并以不当得利之构成支持当事人的诉求。北京市第一中级人民法院〔2011〕一中民终字第 15366 号民事判决书与上海市第一中级人民法院〔2012〕沪一中民一（民）终字第 2647 号民事判决书不约而同地直接采用不当得利之诉处理劳动保障争议（住房公积金属于重要的社会保障范畴，虽然现行劳动争议处理程序不予受理此类争议）是更为妥当的。

四、社会保险法上不当得利请求权之构成

民法中的不当得利是指，没有合法根据，使他人受到损失而自己获得利益。不当得利的成立要件有四：一方获得财产利益；他方受有损失；获得利益与受损失之间有因果关系；没有合法根据。不当得利作为债的发生根据之一，在受益人与受损人之间发生不当得利返还的债权债务关系。不当得利之债的基本内容是受损人取得不当得利返还请求权。该项请求权以使得利人返还其所受利益为目的。

以返还"社会保险费"一案来说，个人自己应当缴纳的社会保险费由单位代缴了，个人应当付出的利益没有付出，属于获得财产利益（利益的消极增加）；本不应由单位承担的缴费由单位承担了，单位增加了不当支出，受到损失；个人的受益正是单位受损的原因；由单位承担个人应当承担的缴费，并没有合法根据。因此该案完全符合不当得利的构成要件，单位可以提起不当得利之诉，要求个人返还此项利益。这类返还争议应构成不当得利之诉，而非工资争议或社会保险争议。

在目前的法律体系下，民法仍然具有相当大的普遍适用特征，民商法的法律规则与法学理论仍然应当作为适用的重要依据及参考。以民法而论，在已经存在不当得利返还请求权之背景下，对于此类案型，法院必然不可能再以其他案由受理并支持当事人的诉求。北京市第一中级人民法院〔2011〕一中民终字第 15366 号民事判决书与上海市第一中级人民法院〔2012〕沪一中民一（民）终字第 2647 号民事判决书不约而同地直接采用不当得利之诉处理劳动保障争议是更为妥当的。

社会保险法中的不当得利请求权，其构成要件原则上应当采纳民法上的不当得利返还请求权构成要件。其区别主要在于，第一，利益属性不同。当事人所取得之财产利益当为社会保险给付或其他社会保险法领域内之利益。具体包

括，劳动者无合法根据取得用人单位所支付之财产利益，如用人单位错发社会保险福利或补贴；用人单位或劳动者无合法根据取得第三人所支付的财产利益，例如，本应由用人单位或劳动者承担的费用，第三人误认为应由自己承担并实际承担者；用人单位无合法根据取得劳动者所支付之财产利益，如本应由用人单位承担的社会保险费，由个人予以缴纳；劳动者无合法根据取得社保机构所支付之财产利益，如社保机构支付社会保险待遇时（包括通过银行和用人单位），因银行或用人单位之错误，多发待遇。第二，发生之情形不尽相同。民法上的不当得利完全是因行为人之行为而造成，完全无法律上根据；而社会保险法上的不当得利，可以基于法律的强制性规定而发生，但法律并未赋予受益人可以受领该利益，即受益人占有该收益是无法律根据的，因此严格来说，应为受领无合法根据。第三，返还之利益范围不尽相同。社会保险法上不当得利，有基于违法行为而发生，有非基于违法行为而发生，返还之利益范围是否仅限于纯粹的收益，不宜一概而论。用人单位因违法未缴费补缴而发生不当得利，则不能要求劳动者返还利息；劳动者因用人单位违法未缴费补缴而发生不当得利，则可以要求用人单位返还利息。

五、社会保险法上不当得利请求权之类型

根据不同的标准，可以将社会保险法上的不当得利请求权划分为不同种类。

1. 依据请求权行使主体的不同，可以划分为用人单位的不当得利返还请求权、劳动者的不当得利返还请求权、社会保险经办机构的不当得利返还请求权、第三人的返还请求权。

用人单位的不当得利返还请求权如系因违反法律义务或约定义务而发生，除可以要求受益人返还所受利益外，尚可能承担法律责任，且不得要求受益人返还其他孳生利益。劳动者的不当得利返还请求权，因为劳动者本身不承担给付义务，因此其实施一定的给付行为通常是因为其他主体的要求所致，通常非因其自身过错所致，故在要求受益人返还所受利益时，尚得要求返还（支付）利息及其他损失。

应明确区分社会保险经办机构之不当得利返还请求权与社会保险经办机构支付之撤销。后者受信赖利益之保护，可能不发生不当得利返还问题。

第三人的返还请求权，需要考虑其给付行为是否确定无法律根据，即在判断其返还请求权是否成立方面，需要考虑是否存在赠与等法律行为。

2. 依据发生原因的不同，可以划分依法律规定发生的不当得利、依特定主体的要求发生的不当得利、因行为人的主观过错发生的不当得利。

本节所述某科技公司诉张某返还社会保险费一案，即属于依法律规定发生的不当得利。其主要原因在于，当用人单位未履行代扣代缴之法定义务时，在纠正其违法行为时，应连同个人应承担部分缴费一同缴纳，这是有明确法律依据的，由此对个人产生不当得利，即个人受领该利益无法律依据。

在通常情况下，个人缴费部分由个人缴纳，用人单位实行代扣代缴。但在补缴过程中却可能无法做到这一点，因为用人单位无法实现代扣。在补缴过程中，如果个人愿意将个人应承担部分社保费先行缴纳或先交给用人单位再由用人单位连同统筹部分缴费一起缴纳，自然是最为简便的处理方法。在实践中，多数情形可以如此解决。但在特定情形下，如劳动者与用人单位之间存在相关费用争议，则劳动者可能不同意先行支付其个人应承担的社会保险费用，在这种情况下，社保机构或征缴机构应如何处理，便产生了问题。由社保机构责令补缴时，应由用人单位全额补缴单位应承担部分和个人应承担部分。《社会保险法》第 61 条规定："社会保险费征收机构应当依法按时足额征收社会保险费，并将缴费情况定期告知用人单位和个人。"第 86 条规定："用人单位未按时足额缴纳社会保险费的，由社会保险费征收机构责令限期缴纳或者补足，并自欠缴之日起，按日加收万分之五的滞纳金；逾期仍不缴纳的，由有关行政部门处欠缴数额一倍以上三倍以下的罚款。"这里的"征收"和"责令限期缴纳"、"补足"，包括个人应当承担的社保费在内。《实施〈中华人民共和国社会保险法〉若干规定》（人力资源和社会保障部令第 13 号）第 20 条规定："职工应当缴纳的社会保险费由用人单位代扣代缴。用人单位未依法代扣代缴的，由社会保险费征收机构责令用人单位限期代缴，并自欠缴之日起向用人单位按日加收万分之五的滞纳金。"这一条款表述的更为清晰，不存在疑义。

用人单位代劳动者补缴其个人应承担部分养老金后，用人单位可以要求个人返还这一利益。从法律来说，用人单位承担的仅仅是代缴责任，而非最终的承担责任，不存在对用人单位不公平的问题。用人单位未履行代扣义务，属于违法行为，由其承担"代缴"责任未尝不可；如果个人不自愿缴纳，无论是社保机构还是其他法律机构，强令个人缴纳都是非常麻烦的事情，这种"麻烦"是用人单位的原因造成的，应由其承担法律后果。因而从过错理论出发，由用人单位代缴，并由其通过不当得利请求权向个人主张返还，是比较恰当的。

依特定主体的要求发生的不当得利，主要是针对个人，且这种要求通常并不合法，个人迫于无奈而不得不实施要求的行为，从而产生不当得利。在现实中，一些企业因为经营状况较差，长期未缴纳社会保险费。一些社保机构要求，如果企业欠缴的社会保险费不能补缴，将不予办理退休手续；在企业不能补缴的情况下，劳动者迫不得已自己全部补缴了社会保险费（包含应由用人单位补缴的部分）后，以办理退休手续并领取养老金。

对此应首先明确，用人单位未依法缴纳社会保险费，并不一定影响劳动者办理退休（在达到 15 年后）。《社会保险法》第 16 条规定："参加基本养老保险的个人，达到法定退休年龄时累计缴费满十五年的，按月领取基本养老金。"劳动者享受基本养老金的实体条件有两个：（1）达到法定退休年龄；（2）缴费年限累计满 15 年。用人单位未依法缴纳社会保险费，导致劳动者缴费年限不满 15 年的，在未依法补缴或延缴前，劳动者不能享受基本养老金。在这种情形下，劳动者不能享受基本养老金，其本质并非因为用人单位不缴费，而是因为其缴费年限不够。如果劳动者的缴费年限已满 15 年，即便用人单位没有依法缴纳社会保险费，劳动者依然可以享受基本养老金，只不过养老金待遇会受到损失。

用人单位未依法缴纳社会保险费，能否强制劳动者缴纳？回答显然是否定的。缴纳社保费是用人单位的强制性义务，不能将用人单位的责任强加给作为利益受损者的劳动者。在现实中，用人单位没有依法缴纳社保费的现象还较多，对此反而要求劳动者缴纳（实质为强制劳动者替用人单位"垫付"），既无法律依据，也极不合理。对于强制劳动者"垫付"用人单位应缴纳的社保费的，劳动者可以拒绝。已经"垫付"的，可以要求征缴机构返还，但这时需要重新计发养老金，已经"多发"的养老金需要返还，比较复杂，实践中较难处理。较好的选择是，在用人单位有偿付能力时，要求用人单位赔偿代其缴纳的社保费。这样既不影响已经计发的养老金及其标准，"垫付"的费用也能追回，损失基本上可以填补，处理程序也较为方便。

在现实中存在这样一种情况：用人单位未缴纳社保费且短期内无力缴纳，劳动者如果直接办理退休，养老金将受到很大损失，或者根本不能退休。有的劳动者自愿补缴包括用人单位欠缴部分的社保费，劳动者补缴用人单位应缴费部分的行为实质属于自愿"垫付"，并不违背法律的强制性规定。但自愿"垫付"导致劳动者损失，并使用人单位获得利益，且用人单位无获取该利益的法律依据，劳动者可依据不当得利返还请求权向用人单位追偿"垫付"利益。

3. 依标的不同，可以划分为社会保险费利益返还请求权、社会保险待遇利益返还请求权、社会保险福利利益返还请求权。

社会保险费利益返还请求权是指一方当事人代他人缴纳他人本应承担的社会保险费，而要求他人返还其因无须缴纳相应的社会保险费而获得利益的请求权。社会保险待遇返还请求权是指社会保险经办机构、用人单位或其他当事人向另一方当事人不当支付社会保险待遇，另一方当事人无受领之正当理由，支付人有要求返还待遇之请求权。社会保险利益返还请求权是指行为人无合法根据向他人支付法定社会保险待遇以外的具有社会保险类似性质的待遇，致自己受损的情形，通常发生在用人单位。例如，用人单位错误支付统筹项目外养老金及其他社会保险补贴或补充待遇。

第十一节　回复请求权

一、回复请求权之概念与内涵

社会法上的回复请求权，系指引行政机关提供错误资讯以致逾越申请期限，或被告知每月缴交较少之金额以致无法取得让人满足之相当年金时，人民得请求逾期之申请视为遵期提出之申请，或通过事后支付不足之金额而视为已适时缴交费用之权利。[①] 通过社会法上的"回复请求权"制度，解决诸如行政机关错误提供信息而导致当事人因错过申请期限可能遭遇不利法律后果等问题。[②] 笔者以为，回复请求权可指，因社会保险行政机关、经办机构、委托机构提供错误信息或实施错误行为致行为人无法获得特定社会保险待遇时，行为人得要求按照正确信息或行为为相应行为，履行相应义务，获取相应待遇。

回复请求权是与社会保险机构所负有的信息给付义务密切相关的，在某种意义上，可以说是信息给付请求权（咨询与建议请求权）的法律救济手段之一。如果将赔偿理解为一切损害，那么回复请求权可以纳入信息给付请求权（咨询与建议请求权）或赔偿请求权范畴。但严格来说，回复请求权与这两种请求权均有不同。回复请求权虽然也是义务人未依法履行信息提供义务所发生的后果，但其标的已非要求义务人准确提供信息，也非要求义务人提供合理之信息方案，因而与一般之信息给付请求权不同。回复请求权之理想后果是回复至社保机构提供合理妥当信息之后果状态，而不是简单地要求获取一笔赔偿或补偿；赔偿请求权或补偿请求权所要求赔偿或补偿之金额是确定的，且通常是一次性的，而回复请求权所最终实现的利益是不确定的，而且通常非一次性给付而是长期支付的。

由于我国社会保险制度尚处于建立健全期，在为时尚短的时间里，社会保

---

① 萧永昌：《社会福利行政之正当程序》，载 http://www.doc88.com/p－1498025 19769. html。

② 喻少如：《行政给付制度研究》，人民出版社 2011 年版，第 191 页。

险行政机关、经办机构的一些做法有其现实必要性，但与法律要求却背道而驰，由此实际损害了参保人的权益。回复请求权实现的结果系社会保险权本来的面目，系社会保险法立法之根本目的，亦非其他请求权所能完全涵盖，因而是社会保险法上一种极其重要的请求权类型，有必要予以单独设立。

二、回复请求权之主要类型

社会保险法上回复请求权是一种长期存在的请求权类型，并且将随着社会保险制度的完善，随着社会保险经办机构服务能力的提高，随着参保人法律意识的提高，随着我国法治水平的提高而将发展。就现阶段而言，除具体个案外，回复请求权类型主要有下述几类。

（一）退保之回复请求权

此前，由于社会保险关系转移不顺，很多异地工作人员特别是农民工选择了退保。退保实际上仅退个人缴费部分，而统筹部分则不能退还，个人利益受损较大。更重要的是，退保后，相应工作年限不能再计算为缴费年限，直接影响参保人能否退休、退休后养老金多寡以及退休后能否享受医保待遇等诸多权益。

从我国建立社会保险制度肇始，便不存在允许退保的法律规则。在《劳动法》实施以后，所有的社保缴费都属于强制性法定义务，退保实际上是违法的。社保机构允许退保实际上都是违法的。而且从专业知识来说，社保机构明知退保会严重损害参保人权益，依然允许退保，其行为是导致参保人权益损害的核心因素与主要原因。虽然这一现象的发生，首先是参保人个人诉求引起，在实施退保时，社保机构通常还要求参保人作出书面承诺，表示其明知退保行为的损害后果并自愿承担一切责任。但是，鉴于退保主要是农民工，其对于退保后果的理解很难保证是充分而准确的，事实上，退保很大程度上是迫于转移不顺所致，是被迫的，而不完全是参保人的真实意思；所有这些退保措施，都无法否定退保行为的违法性。从法治的建立来说，行政主体的有意识违法即便有其客观因素，也不能因此而合法化。因此宜允许退保人享有回复请求权。

（二）社会保险关系错误转移问题

根据国务院办公厅《关于转发人力资源社会保障部、财政部城镇企业职工基本养老保险关系转移接续暂行办法的通知》（国办发〔2009〕66号），基本养老保险关系不在户籍所在地，而在其基本养老保险关系所在地累计缴费年限满10年的，在该地办理待遇领取手续，享受当地基本养老保险待遇；基本养老保险关系不在户籍所在地，且在其基本养老保险关系所在地累计缴费年限不满 10 年的，将其基本养老保险关系转回上一个缴费年限满 10 年的原参保地办理待遇领取手续，享受基本养老保险待遇；基本养老保险关系不在户籍所在地，且在每个参保地的累计缴费年限均不满 10 年的，将其基本养老保险关系及相应资金归集到户籍所在地，由户籍所在地按规定办理待遇领取手续，享受基本养老保险待遇。这一处理模式实际对个人权益可能存在不利影响。这种强制性转移，如果损害了参保人的养老权益，宜允许参保人享有回复请求权。当然，参保人首先需要证明其权益受到了损害。为根本计，应当根据《社会保险法》的规定，重新设计更为公平的转移接续制度。

在医疗保险关系等转移接续中，也应当尽力避免损害参保人权益的现象，并应允许个人享有回复请求权。

（三）农民工社会保险赔偿问题

一些地方规定，过了较短时间（如 1 年）后，不允许补缴农民工的社会保险费，而由用人单位对农民工进行赔偿。但赔偿标准极低，一方面赔偿基数是按最低缴费工资计算，另一方面仅赔偿部分险种缴费，如仅为养老保险费。在这种赔偿方案下，个人仍存在较大损失，而用人单位获得了相当利益（少缴纳了一定的社会保险费），这和基本法治伦理——任何人不得因违法而获利，是背道而驰的。对于此种情形，应有回复请求权适用之空间。

第十二节 不作为请求权及其他请求权

一、违法作为之案例

某地人社部门规定，企业职工由于某种原因（包括在企业寄存档案的，职介寄存档案的）没有参保，现需申请参保登记，必须由企业提出申请，劳动行政部门劳动工资科审核并加注意见，社保经办机构方可办理参保登记。对于用人单位为职工办理参保登记，是否可以设置这样的前置性规范？

企业申请社保参保登记要先经行政部门审核（不管审核劳动关系还是审核其他什么），就国家层面来说，没有这样的规定。这种做法，在实质上实行了劳动关系审核前置，不仅对用人单位课以法律义务，加重了用人单位的负担，而且会一定程度上阻碍征缴机构对社会保险费的征缴，不符合我国社会保险的发展现状与趋势，同时，也会影响劳动者与用人单位的权益，不符合我国行政许可的发展方向。由于缺乏上位法依据，这种做法有违依法行政原则，不具有合法性与合理性基础。例如，用人单位招用职工后本应及时申报登记

（有的地区已经做到实时申报登记），否则极有可能承担不利后果；未提前或当日申报登记，用工当日发生工伤事故，通常需要由用人单位承担工伤保险待遇支付责任。而只要用人单位申报登记后，即使尚未缴费（各地通常规定每月固定缴费时间），也视同该职工已经参保，一旦发生工伤事故，工伤保险基金就应承担支付责任。如果设置由其他部门实行的前置性审核程序，就不可能做到实时申报登记，用人单位就有很大风险，劳动者个人也有可能无法获得充分保障。

那么，社保经办机构是否需要审核劳动关系？《社会保险费申报缴纳管理暂行办法》（劳动保障部令第2号）第5条规定，缴费单位向社会保险经办机构办理缴费申报，需要报送社会保险费申报表、代扣代缴明细表以及社会保险经办机构规定的其他资料。在实践中，如果用人单位增加或减少缴费人员，社保经办机构通常要求提供增减人员名录，并不要求提供劳动关系存在或解除的证明材料，如劳动合同、解除劳动关系证明（解除劳动关系的裁决书、判决书）等。首先，劳动者放弃以灵活就业人员身份参保——缴费较低，选择以职工身份参保——缴费较高，用人单位愿意接受并缴费，并不违背社会保险的基本原理及强制性法律规定，相反，这一做法符合我国社会保险费征缴要求。其次，由行政部门或者社保机构对每位参保人员先行审核劳动关系，由于社保覆盖面巨大，在现实中很难做到。最后，这和经办服务的发展方向背道而驰。为了给参保人提供更为便捷的服务，一些地方已经开通了网上经办"大厅"，人员增减、缴费申报均可通过网络完成，从而大幅减轻用人单位的工作成本，提高经办效率。社会保险基金安全是社会保险能够可持续发展的基础，而"应缴尽缴"是基金安全的重要保障，也是每年社会保险的重点工作。提供便捷和高效的服务，有助于进一步提高征缴率。增设审批环节，既影响实现"应缴尽缴"，也给社保经办业务设置障碍。此外，在用人单位与劳动者坚持双方存在劳动关系的情况下，第三方很难否认双方的劳动关系。社会保险费征缴机构及相关部门，千方百计地想扩大征缴率，对自愿缴费者正求之不得，何来拒绝与阻断其缴费之理？在根本上，即使个人与用人单位完全没有劳动关系，而用人单位却愿意为其缴纳全额社会保险费，亦符合我国社会保险制度之根本要求。全民保障意味着每个公民都有权利参加基本养老保险、医疗保险，而其中，以职工身份参加基本养老保险、基本医疗保险，实质是履行义务最多者，而权利则并不多。因此非职工以职工身份参保，不仅符合权利与义务相适应之社会保险基本原则，也符合全民保障之基本要求——愿意履行更多义务以获得保障有何不可？

二、不作为请求权

针对上述类似违法作为、乱作为之情形，应当赋予相对人不作为请求权。个人不应被国家强加任何违法的义务，个人因而享有以承认其自由为基础的要求停止和撤销违反法律规定的国家命令的请求权。① 这是不作为请求权之理论基础。

不作为请求权的构成要件有三个：

1. 行为主体享有行为权利。社会保险法上行为主体的权利主要来源于两个方面：一是由社会保险方面的宪法条款、法律、法规与政策性文件所赋予的行为权利；二是来源于社会主体之一般行为自由。自由权是一项基本权利，作为社会保险法行为主体行为权利的渊源，可以是一般自由权，也可以是社会保险方面专门规定。没有特别充足的理论与规范依据且未经正当程序，不能限制主体的行为权利。以规范作为依据时，需要考虑规范本身的合法性问题。

2. 行为主体之行为权利受到不当限制。可分为实体上的不当限制与程序上的不当限制。任何权利的行使均有其边界。社会保险法主体行为自由的限制主要来自三个方面：（1）明确的法律限制。法直接规定权利行使的边界，权利行使不得违背法的明确规定。例如，《社会保险个人权益记录管理办法》（人力资源社会保障部令第 14 号）第 5 条规定："与社会保险经办机构签订服务协议的医疗机构、药品经营单位、工伤康复机构、辅助器具安装配置机构、相关金融机构等（以下简称社会保险服务机构）和参保人员及其用人单位应当及时、准确提供社会保险个人权益信息，社会保险经办机构应当按照规定程序进行核查。"这些主体因此不能以行使权利为名拒不提供这些信息。（2）权利不得滥用原则的限制。1900 年的德国《民法典》第 226 条规定，权利之行使不得专以损害他人为目的。此后，为各民法典所效仿。禁止权利滥用之原则，于是确立。② 例如逆向劳务派遣问题，即将本单位职工改为劳务派遣工使用。（3）其他法律原则、原理的合理限制。例如，对于劳动者因工作原因受伤构成工伤的年龄限制，即在何种年龄段的人员才能成为工伤之主体，既无法的明确规定，也谈不上权利滥用，需要根据法律理论予以约束。这些限制，随着社会环境的变化而处于变化之中。有的原来应作为权利行使之限制而现在不能再作为权利之限制，有的原来不应作为权利行使之限制而现在应当成为权利

---

① ［德］格奥格·耶利内克：《主观公法权利体系》，曾韬、赵天书译，中国政法大学出版社 2012 年版，第 94 页。

② 王伯琦：《民法总则》，台北：正中书局 1979 年版，第 238～239 页。

行使之限制。例如对于退休时间也就是持续缴费的年龄限制问题。当对权利行使的限制不符合这三方面的要求时，该限制即为实体上的不当。程序上不当限制是指，行政主体未依法定程序或超越法定职权限制权利行使。

3. 行为主体受到不当限制后产生不利益。这种不利益不限于经济利益，精神感受也应包括在内，例如限制权利人选择权，即便结果从经济角度而言对权利人没有损失，也应当认为这种限制对权利人产生了损害。但不利的判断不能完全依个人主观判断，而应当依社会一般人的认识进行判断。

三、撤销请求权

撤销请求权是指行为主体违法作出法律行为，损害权利人权利，权利人得请求撤销该行为之权利。法律行为包括行政行为也包括民事行为。撤销请求权与不作为请求权、回复请求权、赔偿请求权存在一定的交叉，但也有区别。撤销请求权主要针对已经发生的法律行为，而不作为请求权主要针对未来，已经发生的限制权利的行为如果未损害权利利益或危害后果轻微，或纠正已经发生的不当限制行为会产生更大的不利益，则没有必要撤销；回复请求权的目的是回复至原来状态，而撤销请求权之目的主要在于撤销违法行为，至于是否回复至原来状态则在所不问；撤销请求权行使后如果存在损害，可以要求赔偿，但不一定存在赔偿及赔偿请求权，赔偿请求权也不一定存在撤销请求权。

四、禁制令

理论上还有禁制令制度。禁制令是禁止做某些违法行为，法院也可能颁发强制性禁制令，即要求做某种行为的积极性命令，而不是不为某种行为的否定性命令。针对公共当局的禁制令是非常激烈的措施，可以使政府机器暂停运转，但"即便导致混乱无序，法律必须遵从。"[1] 一方面，禁制令制度过于激烈，不太适合中国；另一方面，从内容看，禁制令既包括积极行为之要求，也包括消极行为之禁止，可以为不作为请求权及其他请求权包含，故也没有必要重复设立这一制度。

五、后果清除之请求权

还有学者提出后果清除请求权的概念，即指清除违法干涉所形成的实际后果并恢复原有的状态，主张其构成要件包括：（1）公权力活动对于公民权利

---

[1] ［英］威廉·韦德：《行政法》，中国大百科全书出版社1997年版，第235～237页。

构成了干涉；（2）形成了违法的状态；（3）恢复原状的可能性与合理性。①笔者认为，从该名词来看，似乎与撤销请求权之词义接近；而从其概念内容来看，则更接近于回复请求权。清除违法后果其实仅仅是手段而非最终目的，最终目的是要实现权利人之权益，因此恢复到原有状态更为重要。回复请求权更能表达这一法律制度之目标，更符合其所表述之权利内容，可以覆盖后果清除请求权之词义，因此笔者主张应采回复请求权之语词。

---

① 刘飞：《德国公法权利救济制度》，北京大学出版社 2009 年版，第 165～166 页。

第三章 参保与缴费请求权

在一般情形下，参保与缴费是享受社会保险待遇的前提条件。在一般观念中，参保与缴费是行政相对人之义务而非权利，行政相对人只有履行此等义务才能享受相应的社会保险权利。"义务说"是就行为人必须履行此等行为而言的。然而在某些时候，行政主体不予履行其职责而拒绝行为人履行此种义务，行为人想履行此义务却"不得其门而入"，这将在根本上影响行为人之社会保险权利，亦难以在法律层面上有效约束行政主体的不当行为（如无法通过诉讼程序解决）。从行为人可以参加社会保险并缴纳社会保险费以及行政主体有职责（义务）接受行为人参保、缴费而言，应将参保和缴费确定为行为人之社会保险权利。从举报与投诉权来说，只有确定参保与缴费为权利，对方当事人或相对人才能够要求对方或行政主体履行法定义务（职责），对方当事人或相对人不履行法定义务（职责），行为人才可以通过法律救济程序（行政复议、诉讼以及劳动争议、民事诉讼等）维护自己的权利。在我国当下现实中，由于法律规则不健全、救济程序不畅，社会主体参保与缴费权利尤其是平等参保与缴费权利仍有完善的必要。

第一节 社会保险的参保主体与选择权

一、"参加基本养老保险"成为诈骗手段

在 2007 年至 2009 年 3 月期间，王某某、陈某某等人谎称能够为他人办理"一次性买断工龄"等形式的社会保险手续从而享受基本医疗保险、养老金待遇，通过向被害人出示或发放伪造的退休证、医疗保险手册和银行存折等方法，先后骗取北京市平谷、顺义等地区 390 余人的钱款。王某某收取陈某某等人上交的诈骗钱款及直接收取部分被害人的钱款共计 2780.4 万元；陈某某收取被害人的钱款予以部分截留后交给王某某或其他犯罪人，参与诈骗共计 1162.7 万元；其他 6 人参与诈骗数百万元至千余万元不等。

在 2010 年，四川省南充市营山县也破获一起以办"社保"为名的诈骗

案，涉及群众 440 余人，案值 180 余万元。在该案中，犯罪分子声称可以帮助他人挂靠公司，以职工身份办理参加基本养老保险手续，以此为由向被害人收取"中介费"、"活动费"，金额 2000 元至 1 万多元不等，所有的参保手续都办好后，需要缴纳的社保费由被害人另行缴纳。

2011 年 12 月，重庆市江津区一犯罪分子以通过特殊渠道"打擦边球"为他人办理基本养老保险为名，通过伪造养老保险"退休证"等手段诈骗他人钱财逾 330 万元，被法院判处有期徒刑 15 年，并处罚金 50 万元。[①]

参加社会保险是公民的一项权利，在不少时候还是一项义务，缘何成为犯罪分子诈骗的手段呢？除了涉及补缴的一些特殊政策限制外，多数因为城乡二元结构体制在参保中的障碍，社会保险在制度上分为基本养老保险、基本医疗保险（两者以城镇职工为主体）与新农保、新农合（两者仅限于农村户籍人员），一些地方不允许农村户籍不具有职工身份的人员参加基本养老保险和基本医疗保险，由于两个体系的待遇差异很大，尤其是基本养老保险与新农保的养老金差距很大，即便是同样的缴费额，参加基本养老保险所获得的收益也远远高于新农保。"从城乡制度衔接的角度来看，新农保与城镇职工养老保险的差距又太大，在城市化迅速发展的背景下，无法真正满足农村居民的养老保险需求。"[②] 在制度阻隔的情形下，一些人设法通过不正当手段试图参加基本养老保险与基本医疗保险，由此导致诈骗的产生。根本原因在于制度不公正，成为一部分人的特权，而将另一部分排斥在外，外面的人想挤进去，于是才有了被诈骗的可能。[③]

二、社会保险权：户籍与身份限制

作为上述诈骗案件发生基础的社会背景尚未彻底改变，其根源在于根深蒂固的城乡二元结构观念与社会保障的工具观，社会保险即城镇职工社会保险，而非全体公民之社会保险，因此农民岂能享受？其背后的逻辑仍然是把社会保险作为一种社会福利（狭义），认为是对部分公民的恩赐，不符合其预设条件者不能参加并享受待遇。

我国社会保险制度脱胎于劳动保险制度。原政务院 1951 年颁布、1953 年修正的《中华人民共和国劳动保险条例》第 1 条规定："为了保护工人职员的

---

① 向春华：《社保梦何以被诈骗惊醒》，载《中国社会保障》2012 年第 2 期。

② 林义等：《统筹城乡社会保障制度建设研究》，社会科学文献出版 2013 年版，第 494 页。

③ 朱俊生：《以规则正义促进制度公平》，载《中国社会保障》2012 年第 2 期。

健康，减轻其生活中的困难，特依据目前经济条件，制定本条例。"无论从法规名称还是立法宗旨，该法规均明确保障对象为职业劳动者，没有用人单位的人不在保障范围内，农民更不在保障范围内。因而相对于农民及城镇未就业人员而言，劳动保险可谓工人的"特权"，这与当时的历史背景以及社会保障制度的发展有关。

我国社会保险制度起步于国有企业改制，是作为国有企业改制的配套措施而大规模推行的。在这一政策背景下，社会保险保障的对象就不能仅仅限于企业职工，因为下岗、失业后的职工更需要获得保障，社会保险的保障对象自然就要扩展企业外的这些人员。但在其初始阶段仍然不包含农民。国务院《关于企业职工养老保险制度改革的决定》（国发〔1991〕33 号）规定："本决定适用于全民所有制企业。城镇集体所有制企业可以参照执行；对外商投资企业中方职工、城镇私营企业职工和个体劳动者，也要逐步建立养老保险制度。具体办法由各省、自治区、直辖市人民政府制定。"同时规定："国家机关、事业单位和农村（含乡镇企业）的养老保险制度改革，分别由人事部、民政部负责，具体办法另行制定。"当时连乡镇企业职工也未涵盖在内。国务院《关于深化企业职工养老保险制度改革的通知》（国发〔1995〕6 号）规定："企业职工养老保险制度改革的目标是：到本世纪末，基本建立起适应社会主义市场经济体制要求，适用城镇各类企业职工和个体劳动者，资金来源多渠道、保障方式多层次、社会统筹与个人账户相结合、权利与义务相对应、管理服务社会化的养老保险体系。"其覆盖范围的扩展程度依然有限。国务院《关于完善企业职工基本养老保险制度的决定》（国发〔2005〕38 号）规定："城镇各类企业职工、个体工商户和灵活就业人员都要参加企业职工基本养老保险。当前及今后一个时期，要以非公有制企业、城镇个体工商户和灵活就业人员参保工作为重点，扩大基本养老保险覆盖范围。"这里明确要求将灵活就业人员纳入，而个体工商户、灵活就业人员已经不限于城镇户籍，覆盖范围得到较大扩展。

显然，就国家层面的政策而言，并未明确将社会保险确定为全体公民可共享的社会安全政策。

在地方政策中也采用了类似规定，如《北京市企业城镇劳动者养老保险规定》（北京市人民政府令 1996 年第 1 号，1996 年 3 月 12 日颁布施行）第 2条规定，本市行政区域内的企业和与之形成劳动关系的城镇劳动者（以下称"被保险人"），适用本规定。《江苏省企业职工基本养老保险规定》（江苏省人民政府令第 36 号，2007 年 9 月 1 日起施行）第 2 条规定，本规定适用于本省行政区域内的下列单位和参保人员：（1）各类企业、民办非企业单位及其与之形成劳动关系的所有人员；（2）个体工商户及其雇工；（3）灵活就业人员；（4）法律、法规规定应当参加基本养老保险的其他人员。

《社会保险法》对此的规定并不明晰。一方面，其第一条规定的立法目的为"规范社会保险关系，维护公民参加社会保险和享受社会保险待遇的合法权益，使公民共享发展成果，促进社会和谐稳定"，既未限定为职工，也未限定为城镇居民，与上述政策性规定有着本质区别。但在关于具体险种的规定中，其第10条规定，职工应当参加基本养老保险，由用人单位和职工共同缴纳基本养老保险费；无雇工的个体工商户、未在用人单位参加基本养老保险的非全日制从业人员以及其他灵活就业人员可以参加基本养老保险，由个人缴纳基本养老保险费。第23条关于职工基本医疗保险，规定相同。这两个具体条款的内容与上述政策性规定并无本质不同，并未明确规定农民可以参加。

而在学术界，这样的观点还有很大的市场。"农民拥有土地的使用权，自己为自己种地，在体力依然允许的情况下可以继续进行农业生产并获得经济收入，在体力不济的情况下可以选择将土地出让给自己的孩子或者乡亲，依赖这部分地租来支持基本生活开支，而且传统的家庭养老也为农村老年人提供了部分的经济供养和生活照料。可以说，农民的经济来源总是依赖于农业生产，不存在退休一说。那么，农民既没有劳动关系，又没有退休事实，怎么能够为其建立养老保险制度呢？"[1]

在具体的实践中，沿海发达地区事实上已经放开，允许甚至鼓励农民以灵活就业人员身份参加基本养老保险；个别省份已经取消了户籍区分，农村居民以灵活就业人员身份参加基本养老保险更无疑义。

三、社会保险基本权利确立与实现

社会保障权是基本权利（人权）。确认社会保障权为人权的基本内容，已成为社会保障制度中的重要原则。[2] 它既是一系列国际人权法文件确认和保障的一项重要的社会基本权利，也是大多数国家宪法规定的公民基本权利。社会保障权的本质是保障公民的生存权，并促进其发展。[3] 社会保障权具有社会权和积极人权的性质，正是因为具有这种性质，国家和社会对于社会保障权的保障义务就显得更为突出。社会保障权是人人应当享有的一种基本权利，其权利主体具有普遍性的特征，每个人都应普遍地、无例外地得到基本生活保障，而

① 赵曼等：《农村社会保障制度研究》，经济科学出版社2012年版，第109页。
② 香伶：《养老社会保险与收入再分配》，社会科学文献出版社2008年版，第151页。
③ 王晓男：《论社会保障权》，长春理工大学2008年硕士学位论文。

其义务主体则是由国家、用人单位和社会组织三部分组成。① "公民社会权利的正式取得以资本主义福利国家的普遍建立为显著标志。它否定了那种仅仅把社会保障看作人性的要求和道德权利的主张，否定了带有严重的阶级偏见的以财产权为中心的等级化权利思想，也否定了那种把社会保障视为人道主义救济和慈善之举的统治阶级的偏见和对弱势群体或边缘人群的排斥，从法律、政治和社会平等的立场肯定了福利作为公民基本权利的合法性与合理性。"②

社会保险权的基本内容之一便是社会保险的参加权，是指社会成员有权利平等地参加社会保险。每一个社会成员应当有平等地参加社会保险项目的权利，不得歧视。不应当基于不应有的身份、户籍等限制，而拒绝某类人群参加社会保险项目。③ 而选择权则是平等参加权的必然要求，即只有充分赋予公民自由选择权利时，平等参加社会保险项目的权利才能够实现。

在我国现阶段，农民自由参加基本养老保险是有充足的法律及法理依据的。

首先，我国《宪法》第14条第4款规定："国家建立健全同经济发展水平相适应的社会保障制度。"第33条规定："中华人民共和国公民在法律面前一律平等。"既然城镇居民可以参加基本养老保险，那么农村居民也可以参加，户籍不能成为公民参加社会保险制度的条件。每个公民，只要履行相应的缴费义务（不管该缴费是谁提供的），就应当享受相应的权利，不能以户籍限制和剥夺公民参保缴费的权利。

其次，《社会保险法》第1条规定立法目的为"规范社会保险关系，维护公民参加社会保险和享受社会保险待遇的合法权益，使公民共享发展成果，促进社会和谐稳定"。该条款作为立法目的与立法宗旨应当统领《社会保险法》全部条文，该法的其他具体条款仅仅是宗旨条款的细化，并不一定能涵盖宗旨条款的全部内涵。而且，基于《社会保险法》的基本法性质，该立法目的与立法宗旨条款还应当统摄全部社会保险法规范，这些规范超过《社会保险法》的文本范畴，是整个社会保险法规范体系的全部规范。目的与规范条款不仅可以约束现有条款的具体内容，也是发展与完善社会保险法规范的基本依据。一方面，依据该目的条款，农民当然是可以参加基本养老保险的；另一方面，依据该目的条款，可以发展出农民参加基本养老保险的具体法律条文或规则。从

---

① 于海洋：《论社会保障权及其实现》，华东政法大学2007年硕士学位论文。
② 胡威：《社会保障制度及其政治价值原则研究——以社会正义为视角》，吉林大学2005年博士学位论文，第49页。
③ 向春华：《社会保险法原理》，中国检察出版社2011年版，第349~350页。

《社会保险法》第二章所用标题及具体条文来看，既然是"基本养老保险"，且未禁止农民参加，基于基本权利的保障需要，农民也应当可以参加。

再次，《中共中央关于构建社会主义和谐社会若干重大问题的决定》提出，到 2020 年，构建社会主义和谐社会的目标和主要任务之一，就是要基本建成覆盖城乡的社会保障体系。其应有含义之一是，该覆盖城乡的社会保障体系应当是和谐一致（统一）的。社会保障的基本功能是实现社会财富的二次分配，调节收入差距。在我国城乡差距过大，广大农民未能充分分享到社会发展成果的背景下，实施差别化的政策措施进一步扩大城乡差距，不仅与社会保障的功能目标背道而驰，而且完全与构建社会主义和谐社会的目标任务相对立。在现有的制度框架下，允许农民自由选择新农保还是基本养老保险，是符合上述政策目标的。而在我国国情下，这种政策目标也是法律的重要渊源，甚至是基本法律的渊源，具有现实的法律约束力。

最后，从社会保障的性质看，也应当允许农民自由选择社会保险项目，允许其参加基本养老保险。社会保障是社会化大生产的产物，动用的是国家的公共资源，这个公共资源并不是城市人享有的特权，给农民全面的国民待遇，使其享有与城市居民同样的社会保障权利，充分体现了社会保障制度公平的本质和以人为本的科学发展观，是保障城乡居民基本公民权的需要。[1]

四、参保平等与自主选择权

平等与统一是社会保障发展的核心价值理念所在，那些城乡分治、户籍与身份区别对待的做法终将退出历史舞台。[2]

在参保主体的平等性方面，除了职工必须强制参加基本养老保险之外，其他城乡居民在参保上均具有自主性。一方面，都可以自愿参加城乡居民养老保险，不因其系城镇居民或农村居民而不同。另一方面，鼓励有条件的农民（自然也包括城镇居民）参加基本养老保险。事实上，成都市已经取消了农业户籍与非农户籍的区分，他们都属于成都市的居民，参加基本养老保险是大势所趋。新农保政策是要保障只具有更低缴费能力的人的养老需求，不是要限制更高的缴费和养老需求。[3] 纯粹的农民也应可以参加基本养老保险，而不是强行将其

[1]　林义等：《统筹城乡社会保障制度建设研究》，社会科学文献出版社 2013 年版，第 64～65 页。

[2]　胡务：《平等与统一：社保梦的核心》，载《中国社会保障》2012 年第 2 期。

[3]　向春华：《居民养老与基本养老接续之成都模式》，载《中国社会保障》2012 年第 3 期。

限制于新农保或居民养老保险，除了前述理由外，尚有如下理由：（1）平等权的要求。平等并不意味着完全相同，它允许某些方面存在差别，这些非实质性差别不影响平等权的适用；只有实质性差别才是不予平等适用法律规则的因素。在社会保障制度，基于社会保障基本权的属性，户籍不应成为区别适用的实质性条件；而劳动关系由于其缴费主体的不同，而可以成为区别适用的实质性条件。由此，被雇用劳动者不能完全自主选择社会保险项目，而应当实行强制性的参保与缴费义务。①（2）公共服务均等化的必要要求。从公共服务均等化的理念出发，只要履行同等的义务，就没有理由将农民或农转非人员排除在基本养老保险制度之外，以户籍制度作为基本养老保险待遇的享受前提是不恰当的。包括农民在内的所有公民，均有权要求享受均等化的公共服务，社会保障制度作为一种公共服务，包括农民在内的所有公民，自然都有权利要求平等参加并享受相应服务。但是要区分正常缴费和补缴费，通过补缴费确定缴费年限时，补缴的额度不宜等同于正常缴费的额度，因为两者的价值是不一样的。（3）在一定意义上，基本养老保险参保人所获福利更高，禁止农民参加，违背了正义原则，即实行差别化待遇时，应当对境况较差者给予更好的保护，而不是相反；也不符合反哺农民的当下施政理念。如果基本养老保险参保人所获福利较低，农民选择参加实际是放弃部分权利，也没有任何禁止的理由。（4）基本养老保险的覆盖人群从稳定劳动关系到全体国民，是各国通行的做法，以户籍限制社会保险关系的选择，不符合国际一贯做法。（5）允许农民参加基本养老保险，在沿海、成都等观念比较进步地区已经放开，这是历史发展的必然趋势。（6）从法律规制角度而言，限制是没有任何意义的，因为任何农民都可以轻而易举地突破它。可以轻易地注册个体工商户便可以灵活就业人员身份参加基本养老保险；即使要挂靠一个单位以职工身份参保缴费也不是难事，只要行为人没有实施诈骗行为，都难以或根本不可能追究行为人的责任。当一个法律规则可以被公民普遍不予遵守时，这个规则可以被认为是不存在，即便认为存在，也是一个死的、没有法律意义的规则。完全违背人民意志的法律规则，与法的内在机理相背离，也是应当取消的。

有学者建议，将中央政府对新农保和城镇居民养老保险的基础养老金补贴部分与各地自费试行的高龄老人老年津贴制度、残障人士补贴制度整合，无条件惠及跨入"老龄"门槛的所有城乡居民，同时，单独建立缴费补贴账户，实行社会统筹，旨在衔接城镇职工养老保险的单位缴费功能，个人根据自己的

① 我国目前严格限制为劳动或人事关系下的劳动者，从长远来看，不属于劳动或人事关系而属于广义的雇佣关系下的劳动者也应当设定其强制性参保与缴费。

实际支付能力和经济水平选择不同的缴费档次。① 这实际上是重新设计我国养老保险制度，虽有积极意义，但需慎重考虑。顶层制度的设计首先是一个政治决策的问题，更是一个面向未来需要长久考虑的问题。而在现有的法律框架下，以及在一定时间内的法律制度体系下，两项制度仍将存在，在这一状况下，平等参保与自愿选择的问题必须强调并予以贯彻。②

第二节　参保与缴费争议类型

参保缴费与补缴社保费是不同的行为及权利类型，其构成要件也不相同。

一、参保与缴费争议（统筹争议）类型

统筹争议是指应不应该实施特定的社会保险制度，特定公民能否被纳入特定社会保险制度而发生的争议，该争议的解决是公民享受社会保险权利的前提和基础。统筹争议是以公民享有社会保险请求权为基础的。"社会保险请求权，即权利人要求建立相关社会保险制度及实施相关社会保险制度的权利。"③

统筹争议在历史上曾大量存在，例如，某地迟迟不能建立基本医疗保险制度，其全体职工均不能获得基本医疗保险的保障；基于公民身份如"临时工"不允许其参加统筹。在现阶段及未来，该类争议仍有可能发生，如北京市禁止外地户籍人员（及其子女）参加城镇居民基本医疗保险；新农保试点进程中的选择性问题；未来新的社会保险项目实施时的进程和选择性问题。

《社会保险法》第 2 条规定："国家建立基本养老保险、基本医疗保险、工伤保险、失业保险、生育保险等社会保险制度，保障公民在年老、疾病、工伤、失业、生育等情况下依法从国家和社会获得物质帮助的权利。"第 7 条规定："国务院社会保险行政部门负责全国的社会保险管理工作，国务院其他有关部门在各自的职责范围内负责有关的社会保险工作。县级以上地方人民政府社会保险行政部门负责本行政区域的社会保险管理工作，县级以上地方人民政

① 林义等：《统筹城乡社会保障制度建设研究》，社会科学文献出版社 2013 年版，第 505 页。

② 现有法律制度将延续相当时间，并有可能进行整合、完善而非完全推翻从头再来，因而在相当时期内，平等参保与自愿选择将是相当重要而紧迫的原则要求；即便将来重新设立新的社会保险制度，自愿选择参保也更有利于社会保险制度自身的调适，因而也有助于向新制度的转轨与变革。

③ 向春华：《社会保险法原理》，中国检察出版社 2011 年版，第 357 页。

府其他有关部门在各自的职责范围内负责有关的社会保险工作。"未建立或实施某社会保险项目致使公民无法参加特定社会保险的情形主要有：（1）国家整体尚未实施某项社会保险项目，如机关事业单位的养老保险制度。（2）国家采取试点推进的方式，如新农保、居民养老保险渐次覆盖的问题。（3）国家已经要求实施，地方由于工作能力、效率等主客观原因，尚未建立和实施，致使部分公民尚不能纳入该社会保险项目。（4）已经建立和实施的社会保险项目在理论上已经覆盖相关群体，由于地方的禁止性规定（有时候体现为"内部的要求"）而使部分公民无法参加该项社会保险。"选择性参保"，社会保险经办机构"嫌贫爱富"，不允许负担重的单位如退休人员众多的企业参加基本医疗保险；如北京市禁止外地户籍人员（及其子女）参加城镇居民基本医疗保险。

第一种争议不应当实施司法救济。虽然社会保险权是公民的基本权利，但其是具有历史性的。对于特定的历史阶段来说，未必一定要实行某项特定社会保险项目；随着社会的发展，社会保险项目会越来越多，保障水平会越来越高，但在开始和初级阶段，这些未来的项目和水平在很多时并不能实施。亦即当一个国家尚未实施或准备实施某一社会保险项目时，尚不能认为公民有要求实施并参加该社会保险项目的法律权利，因而也不存在法律救济的问题。社会保险作为一种行政授益性给付，政府尤其是中央政府具有较强的裁量权，立法和司法均应充分尊重行政的这一裁量权力。此外，这一现象的存在通常是与社会经济发展状况相适应的，且并不存在歧视或忽视某一群体利益的情况，因而不能认为特定的群体具有具体的法律请求权。以机关事业单位的养老制度而言，虽然其游离于基本养老保险制度以外，实行特殊的具有更高替代率的制度是特权制度的体现，不符合我国基本执政理念，不符合现代民主理念，从长远看有统一的必要与趋势。但它主要是一个政治问题而非法律问题，对于参加基本养老保险制度的人来说，现行机关事业单位养老制度并未侵害其利益，换句话说，取消现行机关事业单位养老制度并不能直接使参加基本养老保险的人获益，后者没有法律权利要求取消这一制度；而对于机关事业单位编制人员来说，他们获取了高额的养老收益，更不存在取消这一制度的法律权利。至于机关事业单位中的开除、判刑人员，根据现行政策，他们将无法获得养老保障，这与实行该制度并无本质联系，可以通过修正这一制度来弥补这一缺陷。

其他三种都应当实施司法救济。实施某项社会保险项目的具体义务在地方政府及其相应主管部门即行政主体，当行政主体未能实施这些制度时，应当承担不作为的法律责任。相对人即不能获得相应社会保险项目保障的单位及个人，可以通过行政争议处理程序纠正行政主体的不作为，并可以主张行政赔偿。

二、未实施特定社会保险项目的争议

基于上位法或国家政策（应当成为地方行政行为依据的指引）要求实施某一社会保险项目，而地方不予实施，致使公民无法享受该特定社会保险待遇的，应当允许该类无法获得保障的人员的司法救济权。

《深圳市社会医疗保险办法》（深圳市人民政府令第180号，2008年3月1日起施行）规定，深圳市基本医疗保险分综合医疗保险、住院医疗保险、农民工医疗保险、少年儿童住院及大病门诊医疗保险四项。综合医疗保险适用于"具有本市户籍的在职人员"、"达到法定退休年龄后具有本市户籍，未在国内其他地方享受医疗保障的人员"。这里的综合医疗保险即一般的城镇职工基本医疗保险。根据该办法，已退休没有医保的人员只能参加综合医疗保险，而综合医保的最低缴费年限为18年，已退休没有医保的人员要想获得综合医疗保障，必须一次性缴费9万元。如果该人员是一位70岁或80岁的老人，且不存在确定的大额医疗费支出（例如已确诊为癌症等重症），他们显然是不能通过一次性缴费方式参加该制度的。而按照中央的规定，这类人员在无法纳入职工医保时，可以纳入居民医保。但深圳市没有实施通常意义上的居民医保。国务院《关于开展城镇居民基本医疗保险试点的指导意见》（国发〔2007〕20号）规定，城镇居民基本医疗保险"2010年在全国全面推开，逐步覆盖全体城镇非从业居民"。有一点必须说明，根据该文件及通常对于居民医保的认识和做法，居民医保的筹资标准及待遇水平都低于职工医保。因此如果将职工医保解释为居民医保是不恰当的，也是不合法的。《社会保险法》第25条规定："国家建立和完善城镇居民基本医疗保险制度。"综合考虑，现在地方不建立和实施居民医保制度，违背了法定义务，导致公民无法享受居民医保待遇的，应当属于可诉的具体行政行为，公民可以通过行政复议和行政诉讼的途径维护自己的权利，行政复议和行政诉讼应当提供有效的司法救济保障。

一些地方实施的"综合保险"制度都存在同样的问题。作为普通民众，可否要求地方实施从而可以使自己参加国家设定的法定社会保险，而不参加当地的试点制度？一种观点认为，国家的社会保险仍处于改革和完善中，地方有权利进行有关探索。笔者认为，无论如何，地方政府不能代表国家，除非国家允许地方进行相关试点，有时还需考虑社会保险的发展趋势，才能认为地方的试点做法具有合法性。如果国家明确规定了社会保险的种类，尤其是《社会保险法》实施以后，与该法明确规定相违背的做法都是违法的。可喜的是，在《社会保险法》实施以后，综合保险制度已经取消并轨至基本养老保险制度体系内，但仍存在其他一些不符合《社会保险法》的类似地方性制度。

有权利享受该类社会保险请求权的权利主体，应限于其参保权利遭受损害的单位及人员。未遭受权利损害的人员不得提起相应诉讼，即排除"公益诉讼"。

对未实施特定社会保险项目进行司法救济的前提是，未实施特定社会保险项目并对权利人权利造成实质损害。如未造成实质（根本）损害，如直至1990年1月才实施养老保险统筹，但对此前的连续工龄计算视同缴费年限，则不能认为参保人员的权利遭受了实质损害；即便视同缴费年限的待遇偏低，也应当通过纠正该待遇标准的方式来解决相应争议。因为这种情形下，如何判定待遇偏低，难以设定统一的司法标准，应当委由行政权力裁量；公众的意见可以通过听证等程序表达及吸纳。

三、不允许特定人群纳入社会保险项目的争议

《北京市城镇居民基本医疗保险办法》规定，"本办法适用于具有本市非农业户籍的下列人员"。户籍限制是目前社会保险领域很普遍的一种现象。根据这一限制，某一公民即便在本地工作生活数十年，依法缴纳了各种税费，也无法纳入本地的社会保险体系。同时这些人员也很少会参加户籍地的社会保险，从而导致他们及其子女获得应得的社会保险待遇。而这种限制，既违背了《宪法》规定的法律面前人人平等的基本原则，也不符合社会保险的公平性等基本理念。

综合保险制度实际上也违背了这一基本原则。以成都市的综合保险为例，首先，其参保对象仅限于特定人群主要是农民工，而不允许此类人员参加基本养老保险；其次，其"养老金"主要是一次性发放，实质上无法发挥社会养老制度的基本功能。这种制度显然和《社会保险法》规定的基本养老保险制度是相背离的。是故，成都市自2011年3月31日起将综合保险完全并入城镇职工基本养老保险，而上海市也自2011年7月起分3个月将综合保险纳入基本养老保险。

这种限制是通过一定的规范性文件实施的，在《社会保险法》实施以后，应当对行政法规、地方性法规、规章及其他规范性文件的合法性进行审查，同时也应当赋予权利被侵害者的司法救济权。

一些地方基于对基金安全等方便的考虑，有的由于传统思维的习惯，不允许特定主体纳入相应的社会保险项目。例如，不允许退休人员过多的企业参加职工医保，不允许已经参加了社会保险的人员再单独参加工伤保险。这些

"规定"通常只限于"内部"掌握，但在实质上限制或否定了特定主体的社会保险权利，其不合法性是显而易见的。司法应当为此类权利的救济提供方便而快捷的保护。

第三节　农民工的平等缴费与特殊保护

有必要单独讨论一下农民工的缴费问题。

先看《北京市农民工养老保险暂行办法》（京劳社养发〔2001〕125 号）的规定。第 3 条："用人单位招用外埠农民工应当经市、区（县）劳动保障行政部门批准，并办理《北京市外来人员就业证》（以下简称《就业证》）；招用本市农民工应当到劳动力输出地区（县）劳动保障行政部门办理招聘备案手续，并填写《北京市用人单位招用本市农村劳动力花名册》。"第 4 条："用人单位在为农民工办理参加养老保险时，应向社会保险经办机构提交下列证明和材料：（一）用人单位的《社会保险登记证》；（二）企业法人营业执照（副本），个体工商户营业执照（副本），事业单位法人证明书（副本）或机关行政介绍信；（三）上报统计部门的《劳动情况表》（年报 104 表）；（四）市、区（县）劳动行政部门批准使用农民工的证明；（五）用人单位使用外埠农民工，要提供《就业证》；（六）《北京市用人单位招用本市农村劳动力花名册》。"第 5 条："养老保险费由用人单位和农民工共同缴纳。用人单位以上一年本市职工月最低工资标准的 19%，按招用的农民工人数按月缴纳养老保险费。农民工本人以上一年本市职工月最低工资标准为基数，2001 年按 7% 的比例缴纳养老保险费，其个人缴费由用人单位在发放工资时代为扣缴。个人缴费的比例，今后随着企业职工缴费比例进行统一调整，最终达到 8%。"第 12 条："农民工必须达到国家规定的养老年龄（男年满 60 周岁，女年满 50 周岁），方能领取基本养老金。基本养老金暂按享受一次性养老待遇处理，其待遇由两部分组成：第一部分：个人账户存储额及利息一次性全额支付给本人。第二部分：按其累计缴费年限，累计缴费满 12 个月（第 1 个缴费年度），发给 1 个月相应缴费年度的本市职工最低工资的平均数，以后累计缴费年限每满一年（按满 12 个月计），以此为基数，增发 0.1 个月相应缴费年度的本市职工最低工资的平均数，并计算到月，保留一位小数。"

上述规定的问题主要在于：第一，为农民工尤其是外地户籍农民工劳动关系的建立设置特别条件，必须经审批并办理就业证。而关于办理此类就业证的国家规定，早在 2005 年就由劳动保障部《关于废止〈农村劳动力跨省流动就业管理暂行规定〉及有关配套文件的通知》（劳社部函〔2005〕18 号），该地方性规定未及时修改和取消，因而与《劳动法》、《劳动合同法》、《劳动保障监察条例》等法律法规相违背，其合法性已经丧失。第二，特别的养老保险关系，实施了较低的缴费基数，免除了用人单位的部分法定义务，损害了劳动者的养老金收益，因而违背《劳动法》、《社会保险费征缴暂行条例》规定（如《社会保险费征缴暂行条例》第 2 条规定，本条例所称缴费单位、缴费个人，是指依照有关法律、行政法规和国务院的规定，应当缴纳社会保险费的单位和个人。因而地方政府规章和政策性文件是没有权利限缩劳动者的权利的）。在《社会保险法》实施以后，其违法性更加显而易见。

对农民工实施较低的缴费基数和费率，未实施社会化的基本养老金，主要是基于两点理由：一是农民工的工资较低，家庭负担重，当期生活压力大，如果实施一般性的缴费基数和费率，将严重影响其当前生活，也为他们普遍反对；农民还有土地保障，即便在年老以后没有养老金收入，还可以保障基本生存。二是因为新农保的实施，已经自然难以成立。对于第一个理由，这只是一个假设，并无数据支撑农民工的工资要普遍低于城镇职工，农民工比较集中的建筑和矿山行业，农民工的工资并不算低，只是他们从事的行业比较辛苦，比较危险。相对于下岗失业的"40"、"50"人员来说，农民工的生活压力未必更大。而且，即便这一理由普遍成立，显然也不适用于其中部分高收入者。一些技术型的农民工，其收入并不比"白领"甚至"金领"低，他们并不期望甚至反对实行低缴费政策，强制实施低缴费政策，纯粹是对他们权利的侵害而无任何正当理由。因此，无论如何，实行强制性的低缴费政策，不仅不具有合法性，亦不具有任何正当性，是对农民工社会保险权简单而粗暴的侵害，应当予以废止。

不过，众所周知的是，部分农民工，也包括部分城镇居民、失地农民，其工资性收入较低。相对于当期生活的维持，养老金的获取属于期待权利，应当以前者为重。缴纳正常的社保费后，如果劳动者只能获得相当于最低工资标准的工资，维持当期生存确实存在困难。以北京为例，如果每月工资只有 1160元，扣除房租（只能住很差的群租房、民房或地下室）、交通费用、吃饭费用等，还能有剩余吗？又怎么能再保障家庭生活如子女的教育呢？因此针对这部分人群降低缴费基数和费率实有必要。《社会保险法》只是规定，"用人单位应当按照国家规定的本单位职工工资总额的比例缴纳基本养老保险费"、"职工应当按照国家规定的本人工资的比例缴纳基本养老保险费"，并未规定必须实行统一的缴费基数和费率，因此可以考虑实行不同等次的基数和费率，由劳动者进行选择，相应地养老金的计算也应当实行不同的等次，贯彻权利与义务相适应原则，同时附以相应的条件，遏制用人单位逃避法定义务的现象。

第四节　中断缴费与单独缴费

一、职工可以中断缴费，但影响受益

没有劳动关系不一定不能缴纳社会保险费，但是，有劳动关系一定缴纳社会保险费吗？换句话说，劳动关系存在是否就必须继续缴费？如果中断缴费将如何处理，是否能办理退休？例如，用人单位因经营困难而无力缴费，职工能否享受养老、医疗等保障？有的地方要求，如果职工中断缴费（实际是用人单位未缴费，未代扣代缴社保费或者代扣社保费后未代缴），不予办理退休，劳动者虽然符合享受养老金的实体条件却不能享受养老金。一些到了退休年龄的公民不得不自己全部缴纳（补缴）社保费（包括应由用人单位缴纳的社保费）后，才能办理退休手续。

根据《劳动法》、《社会保险法》、《社会保险费征缴暂行条例》等法律法规规定，用人单位应当为与其建立了劳动关系的劳动者缴纳社会保险费。《社会保险法》第 10 条规定，职工应当参加基本养老保险，由用人单位和职工共同缴纳基本养老保险费。第 23 条规定，职工应当参加职工基本医疗保险，由用人单位和职工按照国家规定共同缴纳基本医疗保险费。第 33 条、第 44 条、第 53 条分别对工伤保险、失业保险和生育保险作了类似规定。《社会保险法》未对职工的含义进行限定，根据我国学说理论和司法实践认识，职工是指与用人单位建立了劳动关系或人事关系的人员。因此一般来说，如果劳动者与用人单位之间存在劳动关系，用人单位就应当为其缴纳社会保险费，未经业务部门同意（如签订缓缴协议），"停保"是不合法的（如果公民是以个人身份缴费，这并非强制性的，停保是合法的）。

但是，如果用人单位没有依法足额缴纳社会保险费，而且其也没有能力缴费，那么"停保"或"断保"就是客观的社会现实，即便它是违法的，如果用人单位确实无力补缴，在事实上很难纠正。在此情形下，如果职工依然符合退休条件，如用人单位欠费前的缴费年限（包括视同缴费年限）符合《社会保险法》的规定，应当办理退休手续，并支付养老金。如果由个人全部承担缴费责任，实际上是替用人单位履行了缴费义务，使得自己未来的养老利益不受损害，是有积极意义的，但在目前生活都难以为继时，再由个人缴纳全部费用，也不现实。针对这种情况，基于目前以职工身份缴费与以灵活就业人员身份缴费在缴费额存在较大差异，笔者认为，（1）可由用人单位与社保机构签订缓缴协议，同时积极对用人单位进行重整或破产清算，及时补缴应缴纳的社保费，并对之后的劳动关系与社保关系作出"了断"。（2）在未进行前述清算时，鉴于如不补缴社保费，将会影响劳动者的养老金，可由劳动者选择自行补缴全部养老保险费办理退休后在将来向用人单位主张赔偿应由用人单位承担的社保费；不补缴社保费办理退休后（养老金将受到损失），再要求用人单位赔偿相应损失（以用人单位应承担的养老保险费为基础）。（3）国家相关部门研究此类社保关系的接续政策。例如，用人单位因停产而无力缴费，将来是否可以补缴费，具有不确定性。劳动者代用人单位全额缴费（在法律上，用人单位负有偿还义务）有困难，可以先缴纳部分费用，用人单位有能力缴费时再按职工缴费标准补缴（同时对劳动者代缴的部分进行赔偿）？保护劳动者权益是必须考虑的，同时也要保证基金安全，最好是能重新核发老金。

需要注意的是，劳动者没有实际缴费年限，仅仅是视同缴费年限满 15 年的能否享受养老金？《社会保险法》第 16 条规定："参加基本养老保险的个人，达到法定退休年龄时累计缴费满十五年的，按月领取基本养老金。"在理论和实践中，缴费（均包括视同缴费）。因此根据《社会保险法》的这一规定，仅仅有视同缴费年限满 15 年应该是可以享受基本养老金的。但是，由于基本养老金包括基础养老金和个人账户养老金等，在欠缺个人缴费的情况下，没有个人账户养老金，基础养老金中个人指数化缴费工资也很难计算，在确定基本养老金时存在一定的问题。由于此种情形实际是历史遗留问题（至少在 1996 年后建立个人账户时就没有缴费，此前作为"正式"职工超过 15 年），如倒闭破产的集体所有制企业职工。由于这部分人员未有实际缴费，直接纳入统筹并由养老保险基金支付养老金实际是由广大参保人承担了历史责任，既不具备理论基础，也不符合《社会保险法》第 13 条"国有企业、事业单位职工参加基本养老保险前，视同缴费年限期间应当缴纳的基本养老保险费由政府承担"的规定。对此，可以视同缴费年限，参照最低养老金标准，计算出其养老金数额，在测算出可能需要支付的总额后，由政府承担全部或相应费用后将其纳入统筹基金支付。

二、职工能否单独缴费并累计计算缴费年限

用人单位因各种原因未按时足额缴费的情形是客观存在的，其中有两种情形是需要分析其法律后果的。一是单位未缴纳，个人能否缴纳个人应缴费部分，缴费后的年限能否计算为通常的缴费年限；二是用人单位代扣个人应缴费之后，连同单位应缴费部分均未缴纳，之后部分缴费时应先算作个人缴费还是

单位缴费。

《职工基本养老保险个人账户管理暂行办法》（劳办发〔1997〕116号）第13条规定："对于因某种原因单位或个人不按时足额缴纳基本养老保险费的，视为欠缴。欠缴月份无论全额欠缴还是部分欠缴均暂不记入个人账户，等单位或个人按规定补齐欠缴金额后方可补记入个人账户。职工所在企业欠缴养老保险费用期间，职工个人可以继续缴纳养老保险费用，所足额缴纳的费用记入个人账户，并计算为职工实际缴费年限。出现欠缴情况后，以后缴费采用滚动分配法记账：即缴费先补缴以前欠缴费用及利息后，剩余部分作为当月缴费。"按照该条第2款规定，用人单位未按规定缴纳养老保险费，职工个人可以自行缴纳养老保险费（因为缴费全部计入个人账户，所以仅指个人应当承担的部分），缴费年限连续计算，即对职工个人权益没有影响。

笔者认为，职工个人可以缴纳自己应当缴纳的部分，但没有单位缴费时，不应计算缴费年限。（1）计算缴费年限的基础可能在于，职工个人已经履行了义务，单位没有履行义务与职工个人无关，主要是社保部门的责任，因此不应影响职工的养老权益。这一看法不应成立。单位没有缴费，尤其是单位没有能力缴费时，责任并不在社保部门。用人单位没有履行缴费义务的原因与职工没有关联，但其结果不能不与职工关联。表面上看，用人单位缴费是履行法定义务，但其深层原因则是为了保障职工的养老权益。用人单位缴纳养老保险费的终极目的是使职工老有所养。如果不能使职工老有所养，用人单位的缴费就缺乏实质的正当理由，即便强制用人单位缴费，那也仅仅是基于法律的强制性而已。反过来，如果没有用人单位的缴费（包括个人或其他主体代替用人单位履行其缴费义务），却承担劳动者的养老权益，实际上就是用其他参保人的缴费代替用人单位的义务，这是缺乏正当基础的。（2）如果仅有个人缴费就可以承认其缴费年限，则目前实行的灵活就业人员缴费制度将荡然无存，逆向选择将盛行，基金财务风险将膨胀。目前，完全由个人缴费（灵活就业人员缴费）的基数相似时，缴费比例一般在20%左右，而职工的个人缴费仅为8%。毫无疑问，如果待遇计算相同，还有谁选择20%而不选择8%？在操作上仅需选择或设置一个没有盈利和缴费能力的空壳公司即可实现。（3）从现实来看，似乎没有社会经办机构允许这么做。

对于个人缴费，可以允许个人退回，或者折算为灵活就业人员缴费年限，或者折算为居民养老保险缴费年限。

用人单位欠费之后缴费，已经代扣了个人应缴费部分的，应先将此部分析出，因为这实际上属于职工的个人财产，其余才能作为单位缴费。欠费之后的缴费采用滚动分配法记账法是可行的。

例外的是，如果是因为社保部门的不作为等行为致使用人单位未按时足额缴纳社保费，职工个人缴纳个人应承担部分社保费，缴费年限应当连续计算。可以由社保等部门承担（赔偿）用人单位应承担的缴费义务。《劳动合同法》第95条规定："劳动行政部门和其他有关主管部门及其工作人员玩忽职守、不履行法定职责，或者违法行使职权，给劳动者或者用人单位造成损害的，应当承担赔偿责任；对直接负责的主管人员和其他直接责任人员，依法给予行政处分；构成犯罪的，依法追究刑事责任。"如职工举报用人单位未缴、少缴社会保险费，社保费征缴机构未在法定及合理时间内查处，致使用人单位未能补缴（否则可以补缴或划拨资金或查封、扣押、拍卖其财产），社保费征缴机构应当承担赔偿责任，保障职工的社保权利不受损害。

第五节　社保费的提存（托管）

社保费的"托管"是与国企改革相伴随的一种特殊现象。如国企改制为民营企业，要对职工进行安置，可能对部分年龄、工龄达到一定条件的职工（通常是"40"、"50"人员）实施"托管"，即一次性提取社会保险费（通常仅是养老保险费和医疗保险费，比较合理是按提取当年社保缴费基数确定，并按一定增长比例计算）交给社保费征缴机构按时划扣社会保险费，直到退休。

相对于托管一词，提存一词可能更为适当。除了国际托管具有国际法上的意义，一般意义上的托管是指"委托管理或保管"[1]。提存是债权消灭的一种原因。提存即"谓债务人或其他清偿人，将清偿之标的物为债权人提存于提存所也"。[2] 托管的目的重在管理，不能改变事物的性质，受托管人最终应将托管事务返还委托人。而提存的目的主要是消灭债务人所承担的义务，提存标的物最终要归债权人所有而并不会返还给提存人。上述社保费的一次性提取与支付，主要目的就是消灭用人单位所承担的社会保险费缴纳义务，该费用最后要并入统筹基金或参保人的个人账户而不会返还给用人单位，其性质更接近提存。因此笔者认为，使用社保费提存这一表述更为准确。

---

[1]　中国社会科学院语言研究所词典编辑室：《现代汉语词典》，商务印书馆2005年版，第1389页。

[2]　史尚宽：《债法总论》，中国政法大学出版社2000年版，第835页。

一、社保费提存的意义与必要性

社会保险权是劳动者的一项基本权利,其权利的实现依赖于缴费义务的履行。可以说,缴费义务的履行对于社会保险权最终的实现具有决定性意义。缴费义务的责任主体主要是用人单位。由于市场竞争及其他原因,用人单位撤销、停止营业乃至关闭、破产,在市场经济社会是比较常见的,其直接后果之一就是缴费义务的终止。用人单位由于主客观原因停止经营活动后,需要进行清算等以解决债权问题。一些特殊职工未来的社会保险费是用人单位应当承担的,应当列入破产财产等予以清偿。例如,伤残等级为5—6级的工伤职工,用人单位原则上应当承担其至退休前的伤残津贴(在事实上无法安排适当工作),并缴纳社保费。对于1—4级的工伤职工,也需要缴纳相应的社保费。虽然可以采取一次性结算的方式直接与劳动者解除劳动关系和社保关系,但这样不利于对劳动者未来的养老和医疗保障,并非最佳选择。实行社保费提存,按一定标准结算后提取社保费保存于社保机构,由社保机构按时记账,可以更为充分地保障劳动者未来的养老和医疗利益。

即便用人单位不具有法定义务,也不能禁止用人单位提存相应社保费用于保障劳动者未来的养老和医疗利益。

目前已经适用这一模式的国企改制,作为对"40"、"50"人员安置的一种重要方式,仍有其存在的价值。且随着将来集体协商制度的完善,可普遍用于对各类用人单位"40"、"50"人员的安置。

总的来说,社保费提存有利于用人单位履行义务,有利于更充分地保障劳动者的养老和医疗利益需求,有利于完善社会保险费征缴制度。

二、社保费提存的标准

目前,提存社保费的标准,基本上是按照当年度缴费数额,计提至达到退休年龄时止,有的还考虑一定的缴费增长率。笔者认为这种模式是可行的,增长率是必须要考虑的,可以历年最低缴费基数的平均增长比例作为一般增长率。

由于此类人员已经不可能再从已提存的用人单位失业、生育,也不可能因从事已提存的用人单位的工作而发生工伤,因此提存社保费应限于基本养老保险和基本医疗保险。

三、提存的协议与处理

笔者认为,进行社保费的提存应当由用人单位与劳动者、社保机构签订提存协议，对各自的权利义务和责任范围作出约定。

1. 储存方式与利息的约定。有的提存时间较长，如对于工伤职工，可能长达数十年，即便是对于"40"、"50"人员，也可能长达10年，利息是一笔不小的收入。利息收入当然应当归入提存的社保费内，但要对储存方式作出明确约定。考虑安全性，储存方式应以存款为主，应对存期作出明确约定。在存款之外，能否投资其他金融产品，笔者认为，在社保基金的投资运营走上规范化发展道路之后，是可以的。

2. 未足额与足额提存的处理。提存基数一般不会太高，因此提存后的缴费基数通常不会高于缴费基数上限。如果真的高于，高于部分应返还给参保人。如果未来的缴费基数提高幅度较大，可能产生提存金额不足，即低于缴费基数下限。应当明确当确定提存不足时，由参保人补足社保费；或按下限划拨（记账）后，在不足一个月缴费时由参保人自行缴纳，或者终止缴费，余额退还参保人。

3. 参保人死亡后提存金额的处理。在提存社保费划拨或记账完毕前参保人死亡的，提存社保费余额退还参保人指定受益人或法定继承人。提存社保费划拨或记账完毕后参保人死亡的，按一般统筹参保人处理。

四、提存后再次就业的缴费问题

提存社保费的参保人已经参加了一份社会保险，如果他们再次就业，能否"重复"参加养老保险和医疗保险？除工伤保险以外的各项社会保险具有唯一性，尤其是基本养老和基本医疗保险。因此在法律上，不宜允许新的用人单位再为其缴纳一份养老保险和医疗保险费。

这些人员的情形有一定的特殊性。一方面，当初国有企业改制时为他们一次性"买足"（到退休时的）养老保险费，是对他们的照顾。确实也有一部分人在解除劳动关系以后没有实现新的稳定就业，生活相对困难，企业改制时"趸缴"养老保险费在很大程度上减轻了他们生活的压力，对他们的养老保障是非常必要且意义重大的。另一方面，他们实现了再就业，有的甚至待遇还很高，"趸缴"养老保险费缴费基数较低，会影响他们以后的养老金收益。

针对后一现实，可分两种情况：一是再就业人员的工资低于"趸缴"养老保险费缴费基数时，缴费基数不再变动；二是再就业人员的工资高于"趸缴"养老保险费缴费基数时，可由用人单位给予一定的"社会保险补贴"，以该"补贴"作为补充缴费，以原单位参保人员名义提高缴费基数。工伤保险按照双重劳动关系人员参保，为其在新的用人单位建立工伤保险关系；失业保险责任直接由新的用人单位承担；新的用人单位不承担生育保险缴费，发生生育事实的，由新的用人单位直接承担相应责任。这样既可避免社会保险关系的变动及其不利影响，又保护了劳动者的社会保险利益。

第六节　超过退休年龄能否缴费

一、超过退休年龄后的养老保险缴费

《社会保险法》第16条规定："参加基本养老保险的个人，达到法定退休年龄时累计缴费不足十五年的，可以缴费至满十五年，按月领取基本养老金。"《实施〈社会保险法〉若干规定》（人力资源和社会保障部令第13号）第2条规定："参加职工基本养老保险的个人达到法定退休年龄时，累计缴费不足十五年的，可以延长缴费至满十五年。社会保险法实施前参保、延长缴费五年后仍不足十五年的，可以一次性缴费至满十五年。"在《社会保险法》框架下，超过退休年龄能否缴费在一定意义上已经不成为问题。要明确的是，《社会保险法》规定可以继续缴费，仅针对累计缴费年限不足 15 年的情形。对于累计缴费达到和超过 15 年的人员，能否继续缴费，《社会保险法》并未作出明确规定。笔者在"延迟退休"一章进行较为详细的分析。

根据《社会保险法》的规定，对于无劳动关系人员来说比较简单，累计缴费不足 15 年的，在达到退休年龄后自然可以继续缴费。劳动者仍然在用人单位工作的，能否由用人单位继续缴费，需要辨明。《社会保险法》规定的是"可以缴费至满十五年"，用的是"可以"而不是"应当"或"必须"。由此表明：公民在达到退休年龄后，继续缴费是自愿行为而不是法定义务。这对于用人单位来说当然也是适用的，即在劳动者达到退休年龄之后，用人单位可以不给其继续缴纳社会保险费。

这里有人可能会说，达到退休年龄后，用人单位与劳动者之间没有了劳动关系（劳动合同终止），自然就不需要继续缴纳社会保险费了。这个说法并不准确。《劳动合同法》和《劳动合同法实施条例》对此规定不同。《劳动合同法》第 44 条规定，"劳动者开始依法享受基本养老保险待遇的"，劳动合同终止。《劳动合同法实施条例》第 21 条规定："劳动者达到法定退休年龄的，劳动合同终止。"主流意见认为，由于《劳动合同法实施条例》是下位法，不能与《劳动合同法》相冲突，相冲突的规定是无效的。因此，劳动者虽然达到法定退休年龄，但不能开始享受基本养老保险待遇的，用人单位不能与劳动者终止劳动合同，双方劳动关系继续存在。因此在达到退休年龄后，不宜直接根据劳动关系之有无来判定用人单位是否有缴费的义务。

笔者认为，在法律适用上，《社会保险法》第 16 条强调的是个人，是一种授权性规范，而非针对用人单位的强制性规范，因此用人单位没有继续缴费的法定义务。在理论上，用人单位通常认为，劳动者在达到退休年龄后就可以退休，没有为其缴费的认识基础；国家设定退休年龄，实际就设定了用人单位缴纳社会保险费义务及社会责任的时间范畴，用人单位只要为劳动者缴费至其退休年龄即可认为已经完成了社会责任；劳动者至退休年龄累计缴费年限不足 15 年，是由很多主客观原因造成的，但与此时聘用他的用人单位没有内在的联系，由该用人单位继续承担缴费责任也缺乏归责基础。

至于用人单位自愿为劳动者继续缴纳社会保险费，符合《社会保险法》的立法目的，于法于个人利益都是有利的，通常无禁止之必要。

二、超过退休年龄后的医疗保险缴费

《社会保险法》第 27 条规定："参加职工基本医疗保险的个人，达到法定退休年龄时累计缴费达到国家规定年限的，退休后不再缴纳基本医疗保险费，按照国家规定享受基本医疗保险待遇；未达到国家规定年限的，可以缴费至国家规定年限。"根据该法规定，达到以及超过退休年龄后依然可以缴纳基本医疗保险费，且不应区分个人身份；基于该条款的立法目的以及实践，参加城镇居民基本医疗保险以及新型农村合作医疗者，很多尚不存在退休问题，自然可以缴费终身，而且按照目前的制度，他们只有在继续参保的前提下才能享受医保、新农合待遇。

上海市人社局《关于本市企业各类人才柔性延迟办理申领基本养老金手续的试行意见》（沪人社养发〔2010〕47 号）规定符合一定的条件，超过退休年龄可以延迟退休并继续缴纳养老保险费，并规定，在延迟期间不再缴纳医疗保险费，医疗保险待遇按照达到法定退休年龄领取基本养老金人员的医疗保险待遇规定执行。这一规定是合理的，当劳动者已经符合现行退休并享受基本医疗保险待遇条件时，用人单位和个人继续缴纳医疗保险费不仅无法律依据，且继续缴费对个人无任何意义，不符合社会保险缴费之根本目的，首先是使被参保人获得保障，对用人单位和个人也不公平，故不应继续缴费。需要强调的是，上海市的这一规定显然只适用于劳动者在达到退休年龄能够享受基本养老金时已经符合享受退休后医保待遇条件的情形，如果此时劳动者尚不符合享受退休后医保待遇条件，按照《社会保险法》第 27 条规定，仍然可以继续缴费至符合享受条件。

三、超过退休年龄后的工伤保险缴费

(一) 是否缴费与工伤认定有司法上关联

首先要强调的是，超过退休年龄是否可以或应当缴纳工伤保险费，与是否能够或应当认定工伤，是两个问题。是否缴纳工伤保险费，与是否由工伤保险基金支付待遇关联，与工伤认定的条件没有实质联系。但最高人民法院行政审判庭《关于离退休人员与现工作单位之间是否构成劳动关系以及工作时间内受伤是否适用〈工伤保险条例〉问题的答复》(〔2007〕行他字第6号)将这两个问题作了连接，其规定："根据《工伤保险条例》(国务院第375号令)第二条、第六十一条等有关规定，离退休人员受聘于现工作单位，现工作单位已经为其缴纳了工伤保险费，其在受聘期间因工作受到事故伤害的，应当适用《工伤保险条例》的有关规定处理。"即最高人民法院认为，如果离退休人员已经参加了工伤保险，则如果符合工伤构成条件，应当认定为工伤。但其并未指出，对于离退休人员，用人单位是否应当为其缴纳工伤保险费。

(二) 用人单位同意延迟退休应当缴纳工伤保险费

上海市人社局《关于本市企业各类人才柔性延迟办理申领基本养老金手续的试行意见》(沪人社养发〔2010〕47号)规定，在延迟退休期间，企业及个人按规定缴纳基本养老保险费和工伤保险费，延迟期间发生工伤事故的，按照本市工伤保险有关规定享受相应工伤保险待遇。根据这一文件，超过退休年龄，但未实际领取基本养老金，用人单位同意个人延迟离退休的，应当继续缴纳工伤保险费。

上海市的做法有一个关键前提，就是延迟退休是用人单位同意的(必须用人单位提出申请)。那么，如果用人单位没有同意而延迟退休，或者根本不符合退休条件的，是否应当或可以参加工伤保险？在实践中，社保机构的答复基本上是否定的。

(三) 劳动关系在确定工伤保险缴费中的核心地位

《社会保险法》第33条规定："职工应当参加工伤保险，由用人单位缴纳工伤保险费，职工不缴纳工伤保险费。"该法并未对"职工"予以定义，但根据我国劳动法的实践，"职工"一词意味着其与用人单位存在劳动(人事)关系。《工伤保险条例》第2条规定："中华人民共和国境内的企业、事业单位、社会团体、民办非企业单位、基金会、律师事务所、会计师事务所等组织和有雇工的个体工商户(以下称用人单位)应当依照本条例规定参加工伤保险，为本单位全部职工或者雇工(以下称职工)缴纳工伤保险费。"这一规定更为具体明确。第18条规定，提出工伤认定申请应当提交与用人单位存在劳动关

系（包括事实劳动关系）的证明材料。因此作为强制缴纳工伤保险费的对象，必须是与用人单位（包括个体工商户）存在劳动（人事）关系，殆无疑义。

（四）退休年龄、领取基本养老金在确定缴费义务中的作用

退休年龄、领取基本养老金是通过对劳动关系的作用而确定其在用人单位缴费义务中的作用的。在劳动关系不存在时，用人单位不应为个人缴纳工伤保险费。法律法规对于退休年龄、领取基本养老金对劳动关系的作用规定得不尽相同。

《劳动合同法》第44条规定，"劳动者开始依法享受基本养老保险待遇的"，劳动合同终止。亦即劳动者开始依法享受基本养老保险待遇是劳动合同终止的法定事由。有人认为，该条款仅仅意味着劳动者在开始依法享受基本养老保险待遇时劳动合同终止，即终止仅仅在"开始"的瞬间发生。而在之后，如果用人单位雇用了该人员符合劳动关系的内容，或者与其签订了劳动合同，则双方依然构成劳动关系（劳动合同关系），用人单位依然负有缴纳相应社会保险费的义务，该人员所受伤害仍应当认定为工伤。"劳动者开始依法享受基本养老保险待遇的"不具有阻止之后用人单位与个人建立劳动关系的作用。笔者认为，这一观点是匪夷所思的。第一，"劳动者开始依法享受基本养老保险待遇"时劳动合同终止，而在劳动者持续享受基本养老保险待遇时，劳动合同却不终止，不符合一般人的理解。一方面两种情形基本是一致的，基于同样情形为同样处置的法治原则，前一种情形劳动合同终止，那么后一种情形劳动合同也应当终止；另一方面，随着养老金的持续上调，退休时间越长的人员获得的养老保障越高，基于"举轻以明重"的原则，持续"退休"期间更应该终止劳动合同。第二，从词义分析，"劳动者开始依法享受基本养老保险待遇"并不仅仅指开始享受待遇的那一瞬间，而是一个持续的过程，包括从应该依法享受基本养老保险待遇到实际享受基本养老保险待遇。进一步说，"依法享受基本养老保险待遇"应包括"开始依法享受基本养老保险待遇"，也就是说，"依法享受基本养老保险待遇"不能说不是"开始依法享受基本养老保险待遇"。由此，"依法享受基本养老保险待遇"也就是持续享受基本养老保险待遇期间，劳动合同均应终止。第三，劳动合同是劳动关系的载体，劳动合同的终止仅仅是表面形式，其实质是劳动关系的终止。基于这一关系，"劳动者开始依法享受基本养老保险待遇"实质上终止的是劳动关系，即用人单位和个人之间的一种特殊的法律状态。这一特殊的法律状态因为特殊的法律事实而终止以后，在这一法律事实依然存在的前提下，不可能予以恢复，不管当事人之间是否存在所谓的"劳动合同"。第四，从法律目的的解释上看，持续享受基本养老保险待遇时劳动合同同样应予终止。从立法目的看，为什么"劳

动者开始依法享受基本养老保险待遇"时劳动合同应终止？因为这时劳动者已经获得很好的保障，无须再受到劳动法的特别保护。毫无疑问，基于持续享受基本养老保险待遇的事实状态与开始依法享受基本养老保险待遇相比均有过之而无不及，这一立法终止的理由，同样存在于持续享受基本养老保险待遇期间。第五，从劳动法的宗旨看，已经享受基本养老保险待遇者，不应当获得劳动法的保护，不在劳动法的适用范围内。劳动合同关系的建立对劳动者存在年龄上的限制，即针对劳动者而言须具备相应的年龄条件，即一般须达到法定就业年龄始得就业，达到法定年龄则须退出工作岗位——退休。当然，退休后被返聘的劳动者自然不存在与用人单位订立劳动合同的情形，法律更不以劳动法的视角保障他们的权益，如解雇保护制度，各国皆不可能对这类人员予以保护。① 我国台湾地区"劳动法"规定的更为明确："劳动契约依社会法之原因终了——退休。"②

虽然我国劳动法并未限制劳动者就业年限的上限，无论是达到法定退休年龄还是领取基本养老保险待遇，也不意味着其实际上没有劳动能力，现实中参与劳动者仍众。但作为劳动关系之当事人，个人一方必须具有适格主体，其资格条件之一便是没有享受基本养老保险待遇。《劳动合同法》第44条规定的劳动合同终止情形包括劳动者开始依法享受基本养老保险待遇，由此可以推定退休人员不属于劳动法上之劳动者。③ 劳动者退休而致劳动契约终止被认定为法定事由之一，目前并无争论。④ 这也为司法解释所采纳。最高人民法院《关于审理劳动争议案件适用法律若干问题的解释（三）》（法释〔2010〕12号）第7条规定："用人单位与其招用的已经依法享受养老保险待遇或领取退休金的人员发生用工争议，向人民法院提起诉讼的，人民法院应当按劳务关系处理。"如果将退休人员再纳入"职业劳动者"的范围，并与其他劳动者一样予以保护，必然产生逻辑悖论。如果劳动者与用人单位之间的劳动关系终止后，再次与另一单位建立劳动关系，就会造成一个劳动关系终止的同时，成为另一个劳动关系建立的开始。这在法律上是有障碍的。劳动者享受基本养老保险待遇离休或退休，虽然法律上不禁止其再就业，但其已不是劳动法意义上的劳动者，从主体身份而言也不是劳动法意义上所说的劳动者，其不可能也不应该享

---

① 郑尚元：《劳动合同法的制度与理念》，中国政法大学出版社2008年版，第332～333页。

② 黄越钦：《劳动法新论》，中国政法大学出版社2003年版，第147页。

③ 郑尚元：《劳动合同法的制度与理念》，中国政法大学出版社2008年版，第68页。

④ 郑尚元：《劳动合同法的制度与理念》，中国政法大学出版社2008年版，第317页。

受《劳动法》中所规定的全部权利。① 为什么享受基本养老保险待遇的人员不应当受到劳动法的保护？这是由劳动法的目的所决定的。劳动法的保护目标有多个，如就业、劳动报酬、职业卫生与健康、团结权等。在所有这些目标中，工资报酬是第一位的。为什么说就业是民生之本，因为有就业就有收入来源。劳动合同如何建立，其最为重要的就是劳动报酬的确定，这也是生存权最基本的内涵。劳动法产生后，它的首要目标就是保护劳动关系中的劳动者，首先必须对作为他们收入来源的工作岗位安全予以考虑。② 而享受基本养老保险待遇的人员，其已经获得较为充足的收入来源，因而无须对劳动报酬予以特别保护；也正由于退休人员已经有比较充足的生活保障，其对于工作岗位的获取远没有未退休人员那么急迫，大部分退休人员并未"再就业"就足以证明此点，因而各国均未将退休人员之"就业"纳入政府主要工作任务，无须立法对其予以特别保护；同样由于退休人员的生活已经获得保障，其对"再就业"具有比较充足的自主性与选择权，与用人单位的谈判处于比较优势的地位，通常能够达成实质平等的协议，因而也无须劳动法对其缔约与解约的保护施以特别保护。

对于达到退休年龄、领取基本养老金是否应当缴纳社会保险费的问题，我国台湾地区"劳工保险条例"第6条规定得更为明确而简单：年满15岁以上，60岁以下之劳工，应以其雇主或所属团体或所属机构未投保单位，全部参加劳工保险。③

对于确定个人与用人单位能否建立劳动关系的问题，达到退休年龄与领取基本养老金两者的确定性是不同的。《劳动合同法》认为领取基本养老金者不能建立劳动关系，而《劳动合同法实施条例》则认为两者均不能建立劳动关系。《劳动合同法实施条例》第21条规定："劳动者达到法定退休年龄的，劳动合同终止。"在司法实践中对此处理不一。如上海市高级人民法院《关于适用〈劳动合同法〉若干问题的意见》（沪高法〔2009〕73号）对于如何看待"退休年龄"和"依法享受基本养老保险待遇"作为终止劳动合同的依据的关系的问题，其规定"《劳动合同法》第44条规定，劳动者开始依法享受基本养老保险待遇的劳动合同终止，而《劳动合同法实施条例》第21条规定，劳动者达到退休年龄的劳动合同终止。用人单位依据前述规定，均可以终止劳动

① 奚晓明：《最高人民法院劳动争议司法解释（三）的理解与适用》，人民法院出版社2010年版，第96页。
② ［德］W. 杜茨：《劳动法》，张国文译，法律出版社2005年版，第1~2页。
③ 黄越钦：《劳动法新论》，中国政法大学出版社2003年版，第98页。

合同。"对此，最高人民法院《关于审理劳动争议案件适用法律若干问题的解释（三）》（法释〔2010〕12号）第7条规定"已经依法享受养老保险待遇或领取退休金的人员"与其招用单位之间属于劳务关系。一部分劳动者已经达到了退休年龄，但不符合享受基本养老保险待遇的条件，因而不能享受基本养老保险待遇的，以及已达退休年龄，且符合享受基本养老保险待遇，但其没有办理退休手续，未享受基本养老保险待遇的，这两种情形下，劳动者与用人单位的用人关系均不能认定为劳务关系，而应认定为劳动关系，属于《劳动法》的调整范围。[①] 笔者认为，这一看法并不完全正确，需要考虑两个方面的问题：一是对于能够退休并享受基本养老保险待遇而不予办理退休并申领基本养老金的，应当与"已经依法享受养老保险待遇或领取退休金的人员"同等对待，其与用人单位之间应成立劳务关系。劳动者可以享受基本养老保险待遇并由此应当免除用人单位继续承担劳动法的义务，而劳动者拒绝行使此项权利的，不能要求用人单位继续承担劳动法义务。"开始依法享受基本养老保险待遇"应当理解为"应当依法享受基本养老保险待遇"。二是不符合享受基本养老保险待遇而在达到法定退休年龄时未能享受养老保险待遇的，即使劳动关系继续存在，用人单位是否应当承担缴费义务，也值得商榷。就目前社会保险缴费来看，个人到达法定退休年龄后不符合享受基本养老保险待遇的，《社会保险法》规定可以继续缴费至符合享受基本养老保险待遇时止，而不是规定必须缴费，亦即并未规定用人单位有强制缴费的义务，因而用人单位亦无强制缴费义务。就未来发展看，用人单位对劳动者所承担的社会保险缴费义务应截至最低退休年龄时止，即只要劳动者达到最低退休年龄，不管劳动关系是否存在，都可以不再缴纳社会保险费。但鉴于此类人员一旦遭受工伤伤害，对其本人及家庭伤害极其巨大，为更好地保障生命和健康，可以对工伤作出特别规定；而且由于工伤保险费数额较小，对用人单位的影响并不大，因此进一步倾斜保护劳动者利益不致对用人单位发生很大不利影响，因此劳动者不能享受基本养老保险待遇，而用人单位愿意继续雇用该类劳动者的，宜赋予其强制缴纳工伤保险费之义务。

（五）何谓基本养老保险待遇

目前我国社会养老保险制度主要分为三种：基本养老保险、新农保、城镇居民养老保险。由于后两种社会保险的待遇较低，通常于基本养老保险待遇差异较大，通常也不足以保障基本生活需要，因此"应当依法享受基本养老保

[①] 奚晓明：《最高人民法院劳动争议司法解释（三）的理解与适用》，人民法院出版社2010年版，第97～99页。

险待遇"应指享受基本养老保险之养老金，亦包括公务员、事业单位所享受之退休金。

四、超过退休年龄后的失业、生育保险缴费

上海市人社局《关于本市企业各类人才柔性延迟办理申领基本养老金手续的试行意见》（沪人社养发〔2010〕47号）规定，在延迟退休期间不再缴纳失业及生育保险费。除了这种特定情形外，达到退休年龄、领取基本养老金者，如果继续在用人单位工作，用人单位是否应当为其缴纳失业、生育保险费用？笔者认为均无须缴纳。

已经领取基本养老金者，基于社会保险的唯一性原则，自然不能继续缴费。

对于已达退休年龄，能享受基本养老保险待遇而不予享受者，应视同其已经享受基本养老保险待遇，也不应继续缴费。

对于已达退休年龄，尚不能享受基本养老保险待遇者，鉴于用人单位对劳动者所承担的社会保险缴费义务应截至最低退休年龄时止，且此类人员也不宜纳入就业保障体系，亦不宜认为其有强制工作之义务，亦通常无生育保障需求，因此也不应继续缴纳失业与生育保险费用。对于特定个人存在生活困难及需要生育保障者，宜通过社会救助制度予以保障，即应通过合理界分社会保险与社会救助的范围，以更为合理之社会保障制度予以保障。

第四章　重复参保中的请求权及其规则

一、重复参加社会保险之客观性

重复参加社会保险是指，被保险人在已经建立养老、医疗、工伤、失业、生育社会保险关系并持续缴费期间，又建立养老、医疗、工伤、失业、生育社会保险关系并缴费的现象。除工伤保险外，基于社会保险的唯一性原则，应禁止被保险人重复参加社会保险。

实践对医疗保险的重复参加有较多反映。江苏省泰州市 2010 年 7 月统计该市重复参保人数达 20 万人。[①] 2011 年湖南省郴州市本级有 21497 人既参加了城镇职工基本医疗保险，又参加了城乡居民基本医疗保险。[②] 据统计，浙江省 2009 年全部参保的 1121.6 万人中，重复参保人员达 31.4 万人；河南省许昌市所属禹州市城镇居民医疗保险和新型农村合作医疗保险重复参保 2.7 万人；安徽省庐江县有 1 万多人家在农村而在城里上学的中小学生同时参加了新农合和城镇居民医保；2009 年度温州市同时参加新农合和城镇居民医保的人员有 3.67 万人，占城镇居民医保总参保人数的 16.9%。[③] 人社部网站显示，因医疗保险尚未完全实现城乡统筹造成重复参保，据调查，全国重复参保率在 10% 至 15%，个别地方甚至达到 30%。[④] 养老保险也存在重复参保的问题。在实际工作中，我们经常会遇到一个人享受两份养老保险待遇等问题。[⑤] 但对养老保险的重复参保，缺乏比较明确的统计数据。

[①]　http://xh.xhby.net/mp2/html/2010 - 09/05/content_ 273048.htm，2013 年 12 月 14 日访问。

[②]　王小衡：《清理重复参保》，载《中国社会保障》2012 年第 10 期。

[③]　熊先军、孟伟、陈玮、高星星：《现状剖析：医保城乡统筹势在必行》，载《中国社会保障》2011 年第 8 期。

[④]　http://epaper.jinghua.cn/html/2012 - 05/29/content_ 794445.htm，2013 年 12 月 14 日访问。

[⑤]　尹建华：《基本养老保险重复参保问题论析》，载《阜阳师范学院学报》2008 年第 5 期。

在我国五种社会保险中，均存在重复参保问题。其共同的特征是存在同一项目的重复参保；不同的特征是，养老、医疗因为存在不同的制度即基本养老保险、城乡居民养老保险与职工基本医疗保险、城镇居民基本医疗保险、新型农村合作医疗，因此还存在同时参加两个或三个不同制度的问题。

在重复参保的规模上，医疗保险有比较明确的统计数据。养老保险重复参保虽然尚没有明确的统计数据，但随着养老保险制度的普遍覆盖，以及历史遗留问题的化解——未纳入养老统筹的关破企业的退休人员纳入统筹管理可能会进一步扩大重复参保的规模。失业和生育保险由于险种单一，待遇的吸引力有限，享受的次数是有限的，享受的待遇金额更为有限，因而主动重复参保的动机不足，其规模不会很大。工伤保险则是需要重复参保的，与其他四个险种正好相反，因此本章予以单独分析。

非法重复参保的危害很多。首先是导致财政补贴的浪费。如江苏省泰州市2010年7月统计该市重复参保人数达20万人，公共财政重复补助2000万元。[1] 今年财政无效补贴在240亿元至360亿元。[2] 其次，超额享受待遇，甚至非法获利，损害制度的公平性。一些恶意重复参保的患者，在一项保险一年内报销费用达到支付上限以后，他就转而到另外一项保险去报销剩下的医疗费。[3] 重复参保居民必将多次享受医保补偿。[4] 患者在基本医疗保险中重复参保，凭单重复报销，可使报销的比例达到90%或者更高，这一利益的刺激引发了参保人员的行为异变。[5] 有的人报销金额竟然超过了看病本身的费用总额。一名意外伤害患者在新农合和城镇居民医保共报销5000多元，超出其实际治疗费1000多元。[6] 重复参保由此带来"三个不利于"：不利于体现制度的

---

[1] http：//xh. xhby. net/mp2/html/2010－09/05/content_ 273048. htm，2013年12月14日访问。

[2] http：//epaper. jinghua. cn/html/2012－05/29/content_ 794445. htm，2013年12月14日访问。

[3] 田冠益：《杜绝城镇居民医保和新农合重复参保问题》，载《天津社会保险》2012年第3期。

[4] 蔡滨、柏雪、殷群、王俊华：《基本医疗保险重复参保现象研究》，载《中国卫生经济》2012年第4期。

[5] 王玲燕：《医疗保险重复参保问题探究》，载《经济视角》2011年第6期。

[6] http：//xh. xhby. net/mp2/html/2010－09/05/content_ 273048. htm，2013年12月14日访问。

公平性；不利于人力资源的流动；不利于医疗保险制度可持续发展。[①]

重复参保的原因，一般认为主要包括：管理体制的问题，即经办机构不统一导致信息无法共通互享；参保方式存在重叠，如新农合与新农保以户为单位参保，家庭中的学生又以学校为单位统一参保；统筹层次过低，不利于信息的整合；待遇差异，尤其是城乡分割的结构体系；对参保人数的考核等。笔者认为，重复参保出现的根本原因是参保信息不统一。申言之，只要全体参保人都拥有唯一的社会保障号码（可直接使用身份证号码）并能够通过一个信息系统实现互联互通、自动识别和警示，重复参保的问题即可迎刃而解，也才能从根本上解决。否则，即便所有的险种由一个机构统一管理、实行一种参保方式、实行全国统筹（但信息系统不能全国统一），均无法从根本上化解这一问题。而采用唯一的社会保障号码，是国际通行措施，是社会保险信息的基本要求，除非一定要放纵重复参保，否则这是必然选择，人社部正在推进的社会保险全民参保登记，[②] 正是这一选择的必然要求。而参保信息的数据联网，在技术上也没有任何问题。因此应当在实行全民参保登记的基础上，实行参保数据的全国联网，再辅之以必要的刑事政策，伪造、编造虚假的社会保障号码办理参保手续的，可按伪造、买卖国家机关证件罪等追究刑事责任。

在我国现阶段，重复参保是客观存在的现象，且这一状态会持续相当一段时间。即使在未来，制度、机构、信息系统健全之后，这一现象仍难绝对避免。因此，无论是立足当下，还是面向未来，对于重复参保均有规制之必要。这是本节研究的重点。

二、唯一性原则与强制保险之冲突

（一）唯一性的优先性

就实践而言，目前我国基本上没有禁止重复参保的具体规则，仅地方有零星规定，如《广州市社会医疗保险条例》第14条规定，"参保人员不得同时参加本统筹地区的职工社会医疗保险和城乡居民社会医疗保险，也不得同时参加本统筹地区和其他统筹地区的社会医疗保险"。禁止重复参保的理论基础是社会保险的唯一性原则。社会保险的唯一性是指，对于相同性质的社会保险项目，每个公民只能享受一种项目。[③]

[①]　http://epaper.jinghua.cn/html/2012 - 05/29/content_ 794445.htm，2013 年 12 月 14 日访问。

[②]　http://www.clssn.com/html/Home/report/85835 - 1.htm，2013 年 12 月 15 日访问。

[③]　向春华：《社会保险法原理》，中国检察出版社 2011 年版，第 225 页。

分析重复参保问题需要考虑强制保险问题。虽然笔者主张，对整体社会保险而言，不存在强制保险原则，但对于存在劳动关系的劳动者和用人单位而言，则确实存在强制保险问题。如《社会保险法》第10条规定："职工应当参加基本养老保险，由用人单位和职工共同缴纳基本养老保险费。"第23条规定："职工应当参加职工基本医疗保险，由用人单位和职工按照国家规定共同缴纳基本医疗保险费。"根据这些规定，如果劳动者是用人单位的职工，即与用人单位存在劳动关系，那么该劳动者应当参加社会保险。那么仅仅按照这一规定，存在多重劳动关系的劳动者，其在多重劳动关系中都应当参加社会保险，这显然与社会保险的唯一性相冲突。在此种情形下，由于唯一性是基本原则，因此强制保险原则应让位于唯一性原则，劳动者只能以一种劳动关系参加社会保险，其他劳动关系不得参加社会保险。

由此产生的问题是，在多重劳动关系下，应以何种劳动关系参加社会保险？是由立法强制性规范，还是由劳动者个人选择？相关法律责任如何确定？

（二）累计基数制

能否建立一个社会保险关系，但由各用人单位共同为劳动者缴纳社会保险费？例如，劳动者在甲公司月薪8000元，在乙公司月薪7000元，则由甲、乙公司共同缴纳社会保险费，缴费基数按1.5万元计算。就甲、乙公司均有为职工缴纳社会保险费的一般义务而言，这样处理似乎比较公平合理，能够最大限度地保护劳动者的利益。笔者认为这一立法模式在现有缴费模式下是不可取的。（1）社会保险费缴费基数是有上限的，多家用人单位累计缴费基数超过上限时如何处理，比较棘手。不管是等额降低基数，还是按薪酬金额的比例降低基数，都存在难题。一方面，用人单位的薪酬结构迥异，不同用人单位之间薪酬的计发模式、薪酬的变动周期不同，而且可能频繁变动。因而较难固化不同单位的薪酬基数。另一方面，不同单位的性质、营利状况都存在较大差异，无论是等额降低基数，还是按薪酬金额的比例降低基数，可能都难以做到公平合理。如果采用此种立法模式，执行成本过高，立法难以得到有效实施。难以有效实施的规则，不适宜制定为法律。（2）不采用累计基数是否损害劳动者利益？采用累计基数制，有利于增进劳动者的养老利益。但这仅仅是期待利益，并不必然能够实现。最根本的是是否损害利益，最根本的判断者为利益当事人，即被保险人。与当期利益如工资相比，养老期待利益的分量相对较弱。虽然缺乏民意调查，但累计基数制未必会得到广大民众的支持。亦即如果大多数人并不主张采用累计基数，那么这么做并不能认为损害了劳动者利益。（3）采用单一用人单位缴费制符合社会保险之设立宗旨。采用单一用人单位缴费模式，劳动者在建立了第一个劳动关系并依法参保后，其明知之后的劳动关系将不能参加社会保险，会对第一个劳动关系的建立更为慎重。通常来看，第二份工作相当于"兼职"，其对于基本生活的保障意义要低于第一份工作。这也是劳动者要更为慎重地对待第一份工作的根本原因。因此第一份工作及社会保险关系的确立，已经满足了劳动者的基本需求。对其另外的工资不累计为缴费基数，可以认为是符合社会保险的设立宗旨的。

（三）单一基数制

笔者主张实行单一基数制。即在多重劳动关系下，仅由一个用人单位承担法定缴费义务。

多重劳动关系下，缴费义务主体如何确定？能否强制规定其中一种劳动关系承担法定缴费义务？笔者认为，宜以在先原则与选择原则相结合。在先原则是指，成立在先的劳动关系应当优先参加社会保险，成立在后的劳动关系不参加社会保险。基于社会保险的强制性原则，成立在先的劳动关系应当参加社会保险；在此基础上基于社会保险的唯一性原则，后成立的劳动关系不应当参加社会保险。选择原则是指，在多重劳动关系中，可由劳动者与用人单位协商确定以哪一个劳动关系参加社会保险。在多重劳动关系下，用工地、用人单位注册地可能存在不同，依不同的用人单位参加社会保险对劳动者的权益会产生较大的影响。例如，劳动者经常居住地为北京，两个用人单位分别为北京企业和天津企业，则在北京参保通常要优越于在天津参保。遵循选择原则可以更好地保护职工的权益。同时，社会保险法虽然以公法性质为主，但也具有一定的私法属性，在不违背公法强制规范的前提下，可以适用私法自治原则。社会保险法的强制内容主要体现在，不允许用人单位逃避法定缴费义务，包括不缴、少缴社会保险费。只要没有少缴社会保险费，遵循选择原则自无不可。因此，适用选择原则有两个限制：（1）实际缴费时间不得晚于第一个劳动关系的建立时间；（2）缴费基数不得低于第一个劳动关系中的应缴费基数。在实际适用中，应当优先适用选择原则。

三、重复参保之处断原则

鉴于重复参保之现实性，如何处断更为重要。重复参保之处断应遵循两个原则：一是禁止重复享受相同社会保险待遇[①]；二是不得不当损害参保人之利益。

禁止重复享受相同社会保险待遇，即同一被保险人，不得同时获得性质相同或类似的社会保险待遇。当事人所具备的请求权要件，自数个社会给付领域

---

① 未特别指出者，皆不包括工伤保险。

中皆能取得相同类型的给付之下，制度上面临抉择，尤其在福利服务和物质给付时，因应之道通常是在法规范中设定若干"禁止重复给付"的除外条款。[1]禁止重复享受相同社会保险待遇，是社会保险唯一性原则的必然要求，也是公平与平等观念的要求。如果允许部分被保险人获得多份性质相同或类似的社会保险待遇，将使这部分人员保障水平超过制度预设水平，从而导致保障的不平等。

关于给付方式及额度之规定，亦应力求与受益人之基本生活需求相当，不得超过达成立法目的所需必要限度而给予明显过度之照顾。[2]

不得不当损害参保人之利益包含两层含义：一是对参保人利益的限制应当与其义务的履行、相应权利的享受相适应，既非义务，亦无权利，不得剥夺或限制参保人的相关利益。二是考虑过错因素，平衡不同主体之间的权利与义务。对于因为或部分因为其他主体的过错所产生的重复参保，不应将责任完全归咎于参保人。

四、重复参保处断政策与规则完善

就国家层面来说，目前仅就基本养老保险重复参保有明确的政策，其他方面均未作规范。在基本养老保险与新农保、城乡居民养老保险重复参保方面，地方有实际管控方法。

（一）基本养老保险重复参保的处断

人社部《关于贯彻落实国务院办公厅转发城镇企业职工基本养老保险关系转移接续暂行办法的通知》（人社部发〔2009〕187号）规定，参保人员流动就业，同时在两地以上存续基本养老保险关系的，在办理转移接续基本养老保险关系时，由社会保险经办机构与本人协商确定保留其中一个基本养老保险关系和个人账户，同期其他关系予以清理，个人账户储存额退还本人，相应的个人缴费年限不重复计算。《暂行办法》实施之前已经重复领取基本养老金的参保人员，由社会保险经办机构与本人协商确定保留其中一个基本养老保险关系并继续领取待遇，其他的养老保险关系应予清理，个人账户剩余部分一次性退还本人，已领取的基本养老金不再清退。人社部《关于印发城镇企业职工基本养老保险关系转移接续若干具体问题意见的通知》（人社部发〔2010〕70号）规定，参保人员在两地以上同时存续基本养老保险关系或重复缴纳基本养老保险费的，应按照"先转后清"的原则，由转入地社会保险经办机构负

---

[1] 钟秉正：《社会保险法论》，台北：三民书局股份有限公司2005年版，第53页。

[2] 黄俊杰：《行政法》，台北：三民书局股份有限公司2010年版，第15页。

责按规定清理。

湖北省劳动保障厅《关于完善企业职工基本养老保险若干政策问题的暂行处理意见》（鄂劳社发〔2007〕59 号）规定，不允许重复参保。对已重复参保的，（1）对在职参保人员重复建立的养老保险关系，应转移接续到其中一个养老保险关系上，对不同时间内建立的多个个人账户予以转移合并，缴费年限合并计算，缴费指数不变；对同一时间内建立的多个个人账户，由参保人员选择其中一个予以保留，其他个人账户储存额中的个人缴费部分全部退还本人，缴费年限只能计算一次，不能重复计算。（2）不允许多重享受基本养老保险待遇。对多重享受的，养老保险经办机构应按照就高不就低的原则发给一份养老金，对重复领取的养老金予以追回。

187 号文件与湖北省的规定不同之处有二：一是重复参保期间的"个人账户储存额退还本人"，应当包括企业划转部分；二是重复领取的养老金不予追回。比较而言，187 号文件的规定更为合理，但仍然不够。

1. 统筹部分缴费不予退还，同时又不予计发待遇，意味着将统筹部分缴费作为"罚没款"处理，这显然是不合适的。在重复缴费中，用人单位是最没有重复缴费动机的，其遭受的损失亦最大——其通常本无须缴费，由其承担全部责任是不适当的。可以采用两种处理方法：（1）不予计发养老金待遇，则不仅应退还个人账户部分，亦应退还统筹缴费部分。（2）不予退还全部缴费，计发相应的养老金待遇，统筹部分缴费，在缴费上限范围内，累计缴费基数，重新确定缴费指数。笔者主张采用第二种方案，理由如下：（1）退还缴费存在难度。从理论上来说，基于"任何人不得因为违法行为而获利"的法治理念，在确定缴费错误并退还缴费时，应同时退还缴费所生孳息与收益。随着基金的投资运营的扩展，个人账户资金产生的孳息与收益尚能细分，但统筹基金的运营并不存在细分的问题，因此难以确定拟退还统筹缴费所产生的具体孳息及收益。（2）有利于保护被保险人的利益。基于养老保险的基本原理，个人账户储存额的增多与缴费指数的提高，均会增加被保险人最终领取的养老金金额，增加被保险人的利益。（3）具有合法基础。因保留缴费所增加的养老金期待利益与重复享受待遇性质完全不同，而与一般多缴费具有同质性，因此在本质上与唯一性并不冲突。重复缴费具有违法性而不应允许，但违法重复缴费以后，基于信赖保护原则，被保险人可以继续保有因此产生的期待利益。

2. 已经领取的养老金不予追缴。其基础亦为信赖保护原则。

3. 缴费年限不予重复计算。

4. 不允许继续重复领取养老金。在我国台湾地区，存在要求继续发放养老金的判例。笔者认为，在大陆不宜如此。（1）大陆社会保险法应当明确社会保险的唯一性原则，并明确禁止重复享受社会保险待遇。在此基础上，信赖保护应止于社保机构的"错误行为"，即在社保机构发现重复支付待遇，并依法定程序纠正之后，被保险人不再具有信赖基础，因而不应继续重复享受待遇。（2）在一定时期内，重复领取待遇的现象仍较为突出，对因不法行为产生的信赖利益保护力度过大，在现实社会背景下，将会产生鼓励违法行为的不良后果，不利于促进善良风俗的生成，不利于社会保险事业的可持续发展。（3）大陆社会保险的基本理念是"保基本"，过高的社会保险待遇与此是相违背的。持续发放双重社会保险待遇，即便具有信赖基础，也有这一基本理念存在冲突。应当衡量多重价值标准以确定具体规则。在不予追缴已经发放的多重社会保险待遇的前提下，社保机构发现违法行为并依法定程序纠正之后，如仍继续发放，将在一定程度上意味着该基本理念荡然无存。

（二）基本养老保险与其他社会保险重复参保的处断

基本养老保险、城乡居民养老保险重复参保后，保留何种养老保险关系应由被保险人选择。（1）出于对待遇的考虑，被保险人通常会选择保留基本养老保险。由于城乡居民养老保险完全采用个人账户制，不存在统筹基金收益难以计算的情形，因此基于被保险人的选择，可以退还城乡居民养老保险的个人账户储存额；被保险人选择不退还城乡居民养老保险个人账户的，则将此个人账户与基本养老保险个人账户合并即可。（2）被保险人选择保留城乡居民养老保险的，基本养老保险缴费则不应退还，应归并至城乡居民养老保险，归并方法应与基本养老保险向城乡居民养老保险转移接续的方法相同。缴费年限不予重复计算。被保险人已经重复领取的待遇不予退还，但不得在社保机构纠正之后继续领取。

城乡居民养老保险之间重复参保缺乏利益驱动，现实性较低，但仍可能因为户籍变动、失地等原因而步入"重复参保"之列，归并账户即可。其他处置同上。

（三）基本医疗保险重复参保的处断

据调查估计，全国重复参保率大约在 10% ～ 15%，个别地区甚至达到 30%。① 医疗保险重复参保的焦点在于，是否可以依各险种重复享受（报销）医疗费用？例如，某职工在户籍所在地农村参加了新型农村合作医疗，同时他在外地城镇工作并随用人单位一同参加了包括城镇职工基本医疗保险在内的各项社会保险。其后，该职工因病住院并发生了大额医疗费用。他是否可以同时

① 王东进：《城乡统筹是健全全民医保体系的第一要务》，载《中国医疗保险》2012年第 6 期。

享受新农合和职工医保待遇？

第一种观点认为，不能同时享受新农合和职工医保待遇。理由是，一个人不能在多个单位同时参加同一社会保险险种，一个人也不能同时参加两种或两种以上目的性质相同的社会保险险种，即一个人不能同时参加城镇职工社会养老保险又参加城镇居民社会养老保险或是新型农村社会养老保险，到退休时不能领取两份或三份养老金；同样一个人也不能同时参加职工医疗保险又参加新型农村合作医疗或是城镇居民医疗保险，发生医疗费用后不能享受双重医保保障。人社部、卫生部、财政部《关于印发流动就业人员基本医疗保障关系转移接续暂行办法的通知》（人社部发〔2009〕191号）第4条规定："对在户籍所在地参加新农合后又参加就业地城镇基本医疗保险的农村流动就业人员，户籍所在地的新农合经办机构可凭就业地社会（医疗）保险经办机构发来或其本人携带的参保凭证，按照当地规定为其办理运行年度中退出新农合手续，不再享受新农合待遇。对由于劳动关系终止或其他原因中止城镇基本医疗保险关系的农村流动就业人员，户籍所在地新农合经办机构可凭就业地社会（医疗）保险机构发来或其本人携带的参保凭证，按照当地规定为其办理运行年度中参加新农合手续。"该文件精神也是禁止重复参保（合），禁止重复享受待遇的。国家应当出台更明确的政策，对此类重复参保缴费情况做出明确具体的规定。比如，因经办机构原因造成的重复参保缴费，应做退费处理，其他原因造成的重复参保缴费，不做退费处理，责任由相关责任方承担；对于居民医保和新农合，可按最大优惠原则享受医疗保障待遇，哪个待遇高，就享受哪个待遇，等等。这样既保护了职工的合法权益不受损害，又维护了基本医疗保险制度和新农合的形象。

第二种观点认为，可以同时享受新农合和职工医保待遇。理由是，根据权利与义务对等原则，该职工既参加新农合又参加了职工医保，缴纳了相应费用，就有权利同时享受新农合和职工医保待遇。按照法律规定，所有职工都要参加基本医疗保险，没有户口性质的限制。而对于新农合，一些地区规定以家庭为单位参保，即凡属农村户籍的人员，必须全家统一参保，凡一个家庭中有一人不参加新农合，其他成员也不能参加。参保政策相互交叉，让参保对象不可选择地双重参加。这种现象不是参保人员造成的，他们不应该为此承担不利的后果。对于参保者来说，既然允许其参保，就说明参保者符合参保条件，对于符合参保条件的参保人员产生的医疗费用，没有理由不给予报销。相关法律法规政策并没有明确禁止重复参保人员双重享受医疗保障，因此不允许双重享受也是没有法律依据的。我们不应该在报销问题上产生疑问，而应该从参保源头上建立健全更合理化、更全面有效的参保政策和体制，使惠民政策真正意义上惠及于民。

第三种观点认为，可以先按职工医保报销后，余下费用再按新农合规定报销。理由是，在已经重复参加了医疗保险的情形下完全禁止重复参保（合）人员享受双重保障，不太合理。有的地方规定，对同时参加医疗保险（新农合）的农民工和在校学生，可享受二次补偿；但第二次补偿在新农合部门办理时，仅对第一次补偿后的余额进行审核和结算。这具有一定的合理性，既考虑了不能双重享受的原则问题，又对参保（合）人员的利益给予一定的考虑。可以先让该职工享受报销比例较高的一种医疗保险（新农合），或将选择权交给该职工自己，然后不能报销的部分，即自费部分再由另一种医保（新农合）酌情报销一部分，这样既可以让该职工最大程度上享受到应该享受的合法权益，又不致让国家利益受损。从长远来看，各类医疗保险合并将是大势所趋，此类问题应该会越来越少。

第一种观点仅仅坚持社会保险的唯一性原则，未考虑经办机构的过错与信赖保护原则，理论基础不足。第二种观点可能导致被保险人获利，即在完全重复享受待遇的情形下，职工医保加上新农合或居民医保，报销比例超过100%，可导致待遇超过实际医疗费支出，这违背了"任何人不得因违法而获利"的法治伦理，因而也是不适当的。对于第三种方案，笔者认为是可行的。首先，采用"余额重复支付"第一次在全部可支付范围内支付待遇，余额在之后的医保项目中按比例支付，多项医保待遇的累计报销比例不足总医疗费用的100%，不违背基本法治伦理。其次，在此支付方式下，实际报销比例超过单一医保项目，使得被保险人实际参加的医保项目均承担支付责任，符合信赖保护原则。最后，个人仍承担部分费用，但支付比例大幅降低，有利于平衡多方责任。

关于重复参保后能否持续重复参保并享受医保待遇的问题，应秉持养老保险重复参保的处断规则，在经办机构发现违法参保并提出纠正意见后，不得继续参保并享受待遇。

与养老保险仅属于期待利益不同，医疗保险属于期待利益，还属于既得利益，在已经享受既得利益（即使实际未发生医疗费用也因为保障期间的经过而应认为已享受利益）的情形下，不发生退还保费的问题。

（四）失业保险重复参保的处断

失业保险与基本养老保险、基本医疗保险存在很大差别，除缴费年限之外，缴费数额对失业保险待遇不发生影响。因此对重复参加失业保险人员来说，并无增额收益，被保险人缺乏重复参加失业保险的利益基础，系随基本养老保险、基本医疗保险而参加。鉴于失业保险不能也不宜独自参保或不参保，应与基本养老保险、基本医疗保险"同进退",在基本养老保险、基本医疗保险不予退还的情形下,失业保险费也不应退还。

(五)生育保险重复参保的处断

生育保险重复"参保"有两种情形:一种是以职工身份重复参加。由于生育保险的缴费额与待遇无关联,不能单独参加或不参加,因此这种情形下的生育保险费不能退还。另一种是既以职工身份参加了生育保险,又因为参加新农合或城镇居民医疗保险而享受一定的生育保障待遇。此种情形下,应采与医保重复参保相同的处断规则,不允许退费,可按"余额重复支付"享受生育保险待遇。

(六)双重劳动(社会保险)关系下非因工死亡待遇的处断

在实践中仍存在非因工死亡待遇。《劳动保险条例(修正)》第14条第1项规定:"工人与职员因病或非因工负伤死亡时,由劳动保险基金项下付给丧葬补助费,其数额为该企业全部工人与职员平均工资二个月;另由劳动保险基金项下,按其供养直系亲属人数,付给供养直亲属救济费其数额为死者本人工资六个月到十二个月。"在待遇项目上,不少地方增加了定期给付项目;在支付途径上,一些地方将非因工死亡待遇纳入了养老统筹基金支付范围。因此关于非因工死亡待遇的重复处断涉及三种情形:(1)完全由用人单位承担时,在双重劳动关系下的处断。在劳动关系中,不适用行政法之信赖保护原则。作为社会保险中的特别待遇,非因工死亡应适用唯一性原则,得排除重复享受非因工死亡待遇之情形。基于此,劳动者之亲属只能享受一份非因工死亡待遇。就公平角度视之,可由多个用人单位平等分担,但此做法缺乏请求权基础。就现实而言,劳动者的亲属可择一行使。(2)完全由统筹基金支付时,在双重社会保险关系下的处断。养老保险重复参保的处断规则,将两份养老保险归并为一份,并按此支付非因工死亡待遇。(3)既有用人单位承担责任,又有统筹基金承担责任时,非因工死亡待遇的处断。首先应确定统筹基金的支付责任,在此基础上,则不得再向其他用人单位主张非因工死亡待遇请求权。

根据《社会保险法》规定,将取消非因工死亡待遇,变更为遗属津贴。对此将另章专述。

五、工伤保险的重复参保

工伤保险与其他各项社会保险的重要区别在于,其他各项社会保险待遇均完全与参保关联;而工伤保险待遇并不完全与参保关联,甚至是完全分离的,如在甲单位参保,在乙单位工作时发生工伤。因此对于工伤保险来说,只要存在多重劳动关系,仅有一份工伤保险无法予以周全保障,必须与劳动关系相适应，有一份劳动关系即应当参加一份工伤保险。劳动保障部《关于实施〈工伤保险条例〉若干问题的意见》（劳社部函〔2004〕256 号）："职工在两个或两个以上用人单位同时就业的，各用人单位应当分别为职工缴纳工伤保险费。职工发生工伤，由职工受到伤害时其工作的单位依法承担工伤保险责任。"人社部《实施〈中华人民共和国社会保险法〉若干规定》（人力资源和社会保障部令第 13 号）第 9 条："职工（包括非全日制从业人员）在两个或者两个以上用人单位同时就业的，各用人单位应当分别为职工缴纳工伤保险费。职工发生工伤，由职工受到伤害时工作的单位依法承担工伤保险责任。"

（一）共同工伤与待遇分担

工伤保险待遇的享受，是以工伤的成立为前提的。在多重劳动关系中，由于存在一定的交叉，导致工伤认定发生困难，进而导致工伤保险待遇的确定难题，主要有两种情形：一种是从甲单位下班去乙单位上班，途中遭遇非本人主要责任的交通事故伤害，既可以认定为甲的工伤，也可认定为乙的工伤，那么究竟应认定为谁的工伤并据此享受工伤保险待遇？另一种是存在两个及两个以上的具有相同职业危害接触史的用人单位，在诊断鉴定为职业病后，应认定为谁的工伤并据此享受工伤保险待遇？

从理论上来说，这种伤害同时是这两个或多个单位的工伤。但根据目前我国的工伤保险制度体系，一个事故伤害，尚不能同时认定为两个单位的工伤；而如果认定为一个单位的工伤，所有的工伤待遇就都要由这个单位及相应的工伤保险经办机构承担，也不是很公平。应当改革工伤认定制度与待遇支付制度，确定"共同工伤"制度，将同一伤害确立为这些单位的共同工伤，由这些用人单位及相应的工伤保险经办机构共同承担工伤责任。在待遇分担上，宜采取"按份责任"的分配方式，即由共同工伤责任人分别按工伤人员在各单位的待遇基数计算承担责任。

（二）社保机构拒绝多重工伤参保如何处置

在实践中，仍有社保机构拒绝多重劳动关系参加工伤保险，对此情形，应分两种情形处置：一是补缴全部工伤保险费后，全部基金应付待遇纳入基金支付。（1）不应缴纳滞纳金或利息，因为未缴费不可归责于用人单位。（2）基于同样理由，补缴之前发生的工伤保险待遇均应纳入基金支付范围，而非仅仅是补缴工伤保险费后新发生的费用。二是社保机构仍拒绝补缴的，全部基金应支付待遇由社保机构承担，工伤人员应通过行政复议、行政诉讼向社保机构主张请求权，用人单位不承担相应支付责任。

六、公务员不能重复参加社会保险

在双重劳动关系逐渐被认可的新形势下，人们的就业形式更加灵活多样，新情况也层出不穷，出现个别公务员及参公事业单位工作人员因与单位领导关系好，拿着工资不上班，搞第二职业的非正常现象。个别公职人员在企业兼职，且与企业签订劳动合同保持劳动关系。这些人员在企业参保了怎么办？

《公务员法》第53条第14项规定，公务员必须遵守纪律，不得"从事或者参与营利性活动，在企业或者其他营利性组织中兼任职务"。该规定为禁止性、强制性规定。《劳动合同法》第26条规定，"违反法律、行政法规强制性规定的"劳动合同无效或者部分无效。由此，在职公务员在企业"兼职"，违背了《公务员法》的强制性规定，其与企业签订的劳动合同无效，其不能与企业建立劳动关系，因而也不应以该企业的职工身份参加社会保险（其以公务员身份随同其所在机关参加机关事业单位社会保险则是应当的）。笔者认为，在我国法治背景下，公务员违法从事经营性活动并参加社会保险，对此违法性，其主观上是明知的，且系采用虚假陈述、编造虚假资料的方式才得以重复参加社会保险，不符合信赖保护原则。已经参保的，清除参保记录，个人缴费部分应依《公务员法》及相关纪律规定处理，如没收。用人单位如明知劳动者为公务人员而为其办理参保缴费手续的，单位缴费部分亦不予退还；如果用人单位系受骗参保缴费的，退还单位缴费部分，孳息或收益按最低利率或收益率计算且一并退还。

怎么防范这些人员在企业参加社会保险是个问题。如果其本人和企业没有表明他是公务员身份，且没有参加机关事业单位社会保险，社保机构很难发现其公务员身份并拒绝其参保，主要应对企业相关业务人员做好宣传教育工作，明确在职公务员不能在企业参加社会保险，即便参加了将来也不能获得社会保险待遇；如果参加并获得了待遇，则有"骗保"嫌疑，不但要退还社保待遇，还可能要承担其他法律责任如《公务员法》上责任甚至刑事责任。随着机关事业单位养老保险制度的实施，应当统一实施社会保障卡制度，可以从根本上防范这一问题。

第五章　社会保险待遇与相关待遇关系规则

作为主要的社会保障，社会保险与其他社会保障制度在保障对象、保障范围上存在界分，与其他补偿、赔偿制度、商业保险制度也存在一定的关联与交叉，分析社会保险待遇与其他相关待遇的重合及处断，确定不同制度的规制范围，对于准确界定社会保险的保障范围，进一步完善社会保险制度，判断行为人有无相应请求权并提供相应的救济渠道是非常必要的。

第一节　社会保险待遇与工资福利

工伤保险、失业保险和生育保险存在工资替代性待遇项目，可能与工资发生重合。在享受工资替代性待遇时，能否同时获得工资，不一而足。

一、养老金与工资

退休人员仍具有事实上的劳动能力，在实践中继续在用人单位从事受雇劳动事务者也很常见，关于养老金与工资可否兼得的问题，在理论和实务中几无争议。

原劳动部《关于实行劳动合同制度若干问题的通知》（劳部发〔1996〕354号）第13条规定，已享受养老保险待遇的离退休人员被再次聘用时，用人单位应与其签订书面协议，明确聘用期内的工作内容、报酬、医疗、劳保待遇等权利和义务。原劳动部办公厅《对〈关于实行劳动合同制度若干问题的请示〉的复函》（劳办发〔1997〕88号）针对"关于离退休人员的再次聘用问题"规定，离退休人员与用人单位应当按照聘用协议的约定履行义务，聘用协议约定提前解除书面协议的，应当按照双方约定办理，未约定，应当协商解决。离退休人员聘用协议的解除不能依据《劳动法》第28条执行。离退休人员与用人单位发生争议，如果属于劳动争议仲裁委员会受案范围的，劳动争议仲裁委员会应予受理。这两个文件的总体规定没有问题，但是88号文最后的"尾巴"——如果属于劳动争议仲裁委员会受案范围的，劳动争议仲裁委员会应予受理，实为画蛇添足。因为根本就没有"如果"。最高人民法院《关于审理劳动争议案件适用法律若干问题的解释（三）》（法释〔2010〕12号）第7条就规定："用人单位与其招用的已经依法享受养老保险待遇或领取退休金的人员发生用工争议，向人民法院提起诉讼的，人民法院应当按劳务关系处理。"

《劳动合同法》第44条规定，"劳动者开始依法享受基本养老保险待遇的"，劳动合同终止。据此，退休人员与用人单位之间不能建立劳动关系，不能适用《劳动法》及其他劳动法律法规作为解决用工争议的法律依据。退休人员与用人单位之间不构成劳动关系，不适用劳动法，当然并不妨碍退休人员向雇主提供劳动（劳务），并因此取得劳动报酬，只是此时适用的准据法为民事法规范。

二、工伤保险待遇与工资

1. 享受伤残津贴能否再获得工资。一级至四级伤残的工伤职工有伤残津贴请求权，一方面，根据《工伤保险条例》规定，其应当"退出工作岗位"；另一方面，伤残等级为一级至四级的，属于完全丧失劳动能力。完全丧失劳动能力者在法律上已不具备劳动能力，应认为不能建立劳动关系。[①] 但是，此劳动能力的丧失仅仅是法律上认定的劳动能力的丧失，并不意味着自然人完全没有了事实上的劳动能力，其虽然不能建立劳动关系，但仍可与其他主体建立民法上的雇佣或承揽关系，其仍可以基于后者获得工资（劳动报酬）。因雇佣主体之不同，存在两种情形：（1）本单位继续雇佣。此类单位多为国有企业，在职职工的工资（多体现为现金津贴）较高，伤残津贴系按缴费工资计算，其实际数额可能远低于在职工资，为更好地"补偿"、照顾工伤职工，往往允许一级至四级工伤职工继续在单位从事一定工作以增加其收入。（2）其他单位雇佣。这两种用工情形均系用人单位与个人通过契约（多为口头合同）建立，其劳动报酬请求权基础为《民法通则》与《合同法》，而非劳动法。劳动报酬应依双方约定，没有约定或约定不明时，可以参照用人单位同岗位同工种的劳动报酬确定。

2. 享受在职伤残津贴能否再获得工资。根据《工伤保险条例》规定，对于五级和六级伤残的工伤职工，用人单位无法安排适当工作的，应支付在职伤残津贴，其性质亦为工资之替代。在职伤残津贴的支付前提是，用人单位无法安排适当工作。因此，如果用人单位继续提供工作，则表明该工伤职工不符合

---

① 向春华：《工伤理论与案例研究》，中国劳动社会保障出版社2008年版，第51页。

享受在职伤残津贴的条件，其受领该待遇缺乏合法基础。不过，由于劳动报酬与在职伤残津贴均由用人单位支付，此本为用人单位之自主权，法律通常不加干涉。惟国企之财务不能纯由企业决定，而应受政府及相关立法规制，以避免利益输送。如果工伤职工在本单位获得在职伤残津贴后，同时在其他用人单位工作，因其仍具有部分劳动能力，故可与其他用人单位建立劳动关系，因而在理论上其可以在其他单位获得工资。

3. 享受供养亲属抚恤金能否获得工资。工亡职工之特定亲属享受供养亲属抚恤金的条件时，其主要生活来源由工伤职工生前提供。在相当程度上，该等特定亲属并非均无工资或其他收入，该等收入能否与供养亲属抚恤金共存，不无疑义。目前尚缺少此方面的法律规则。笔者认为，第一，从实体上来看，宜以最低生活保障线作为衡量得否享受供养亲属抚恤金的标准。最低生活保障标准是保障公民最基本生活的标准，低于此标准即应属于贫困人口，无法满足基本生活，不能认为获得了基本生活来源。高于该标准者，意味着其基本生活来源已经依靠自身能力得以满足，不宜再认定由工亡职工生前提供主要生活来源。第二，在程序上，可采推定方式确定特定亲属是否符合享受条件。即如果特定亲属主张供养亲属抚恤金，则推定其工资收入符合享受条件，但如果社保机构有证据证明其不符合该条件，则不能享受。

三、失业保险金与工资

《社会保险法》第 45 条规定，失业人员符合下列条件的，从失业保险基金中领取失业保险金：（1）失业前用人单位和本人已经缴纳失业保险费满一年的；（2）非因本人意愿中断就业的；（3）已经进行失业登记，并有求职要求的。该法未对就业概念予以明确。

《就业促进法》亦未对就业概念予以明确，但规定"国家倡导劳动者树立正确的择业观念，提高就业能力和创业能力；鼓励劳动者自主创业、自谋职业"，"各级人民政府采取措施，逐步完善和实施与非全日制用工等灵活就业相适应的劳动和社会保险政策，为灵活就业人员提供帮助和服务"。根据这些规定，非全日制用工等灵活就业方式仍属于就业。劳动保障部办公厅《关于落实再就业政策考核指标几个具体问题的函》（劳社厅函〔2003〕227 号）规定，就业人员指在法定劳动年龄内（男 16—60 岁，女 16—55 岁）从事一定的社会经济活动，并取得合法劳动报酬或经济收入的人员。这一文件所揭示的就业内涵基本相同，即只要有合法的劳动报酬或经济收入，不论是正规就业还是灵活就业，均可认为是就业。从实践来看，灵活就业被纳入《社会保险法》规定的就业范畴，劳动者只要存在灵活就业，就不予支付失业保险金。

所得维持（incomemaintenance）为达成经济安全的关键要素。[1] 失业保险制度就是劳工将平时所得的一部分作为预防之用，而且结合面临相同风险的其他多数人，以保险给付来替代因失业所生的收入损失，用以维持本人与家庭在被保险人觅职期间的生计费用。[2] 就业作为阻却失业保险金的给付事由，本质上是以收入作为阻却事由。如果不区分收入数额，一概作为阻却失业保险金给付事由，并不符合失业保险之保障需求，亦无法达致替代失业人员收入损失、维持其基本家计之目的。是故，笔者认为，作为申领失业保险金条件中的就业，宜采较狭义的概念，仅限较为稳定之就业。基于规则明晰性要求，可以最低生活保障线作为其限定标准，即如果劳动者灵活就业，所获得收入低于最低生活保障线者，仍得享受失业保险金。因此在一定程度上，失业保险金与工资（劳动报酬）可重复享受。

四、生育津贴与产假工资

《社会保险法》第54条规定：“用人单位已经缴纳生育保险费的，其职工享受生育保险待遇，所需资金从生育保险基金中支付；生育保险待遇包括生育医疗费用和生育津贴。”第56条规定：“生育津贴按照职工所在用人单位上年度职工月平均工资计发。”对于生育津贴与产假工资之竞合，该法及人社部颁布的《生育保险办法（征求意见稿）》未作出明确规定，实践中不免滋生疑问。

该竞合之处置有两种方法，一是替代，即完全以生育津贴取代产假工资；二是补差，即以生育津贴作为基本保障，产假工资高于生育津贴者，由用人单位补足差额。《生育保险办法（征求意见稿）》第14条规定：“生育津贴是女职工按照国家规定享受产假或者计划生育手术休假期间获得的工资性补偿。”既然是“工资性补偿”，那么似乎工资就不用再发了。再对比之前内部“征求意见稿”，其曾规定“生育津贴按照职工所在用人单位上年度职工月平均工资计发给用人单位。职工工资低于生育津贴的，用人单位应按生育津贴的标准计发给个人，高于单位月平均工资的部分，由用人单位补足”。显然，内部“征求意见稿”采用的是补差模式。从正式“征求意见稿”取消这一规定来看，似乎更坐实取消补差模式而改采替代模式了。但由于没有明确规定，是否必然得出《社会保险法》及《生育保险办法（征求意见稿）》系采替代模式，尚存疑问。

---

[1]　柯木兴：《社会保险》，台北中国社会保险学会2001年版，第337页。

[2]　钟秉正：《社会保险法论》，台北：三民书局股份有限公司2005年版，第178页。

第一，补差模式仍存在极强的规范，即劳动者主张高于生育津贴的工资仍具有请求权基础，在《社会保险法》未作限制的情形下，劳动者补差请求权应当得到支持。劳动者此请求权基础有二：一是《妇女权益保障法》第27条"任何单位不得因结婚、怀孕、产假、哺乳等情形，降低女职工的工资"之规定；二是《女职工劳动保护特别规定》第5条关于"用人单位不得因女职工怀孕、生育、哺乳降低其工资、予以辞退、与其解除劳动或者聘用合同"之规定。这两个条款均为强制性规范。以与《社会保险法》处于同一位阶的《妇女权益保障法》来说，系对妇女的特别保护，而保护内容不仅涉及产假工资，而且涉及其他多方面内容，而生育保险在理论上不仅涉及妇女，且涉及男性，因而在男女性别上，《妇女权益保障法》有特别法的性质；而在社会保险方面，《社会保险法》又属于特别法。因而两者规范的内容存在交叉，不能直接以一法取代另一法，在法律规范未作特别限定时，《妇女权益保障法》之规范应予适用。从立法目的来看，《妇女权益保障法》系对女性的特别保护，其关于"任何单位不得因结婚、怀孕、产假、哺乳等情形，降低女职工的工资"之规定是明确的，如因生育津贴之支付而降低职工孕产期工资，明显违背《妇女权益保障法》之规定，具有违法性。

第二，《女职工劳动保护特别规定》一方面在第5条规定"用人单位不得因女职工怀孕、生育、哺乳降低其工资、予以辞退、与其解除劳动或者聘用合同"，另一方面又在第8条规定"女职工产假期间的生育津贴，对已经参加生育保险的，按照用人单位上年度职工月平均工资的标准由生育保险基金支付；对未参加生育保险的，按照女职工产假前工资的标准由用人单位支付"。既然在同一行政法规中规定，应认为此两款是不相矛盾的。因此只能理解为其系采用补差而非替代模式，否则自相矛盾，有违立法常识。而第5条规定同于《妇女权益保障法》，第8条则同于《社会保险法》、《生育保险办法（征求意见稿）》，由此得出的结论只能是，《妇女权益保障法》、《社会保险法》、《生育保险办法（征求意见稿）》均认同补差模式，因而是不矛盾的。

第三，在《社会保险法》出台之前，补差模式已经为实践所认同，很多地方规章均采纳此种模式，如《广东省职工生育保险规定》规定，女职工产假期间享受生育津贴，生育津贴以所属统筹地区上年度在岗职工月平均工资为基数，按规定的产假期计发，生育津贴低于本人工资标准的，由用人单位补足。此模式已形成社会共识，新的立法除非有重大相反理由，否则应体现社会共识，这是立法具备合法性伦理之基础。

第四，在实施法定生育津贴（产假工资）的同时，由雇主承担部分责任，具有合理性。如在英国，雇主支付的法定产假工资可以从政府那里得到大部分的补偿，但实际上，许多怀孕妇女从雇主那里得到的工资远高于法定产假工资。[①] 本人工资高于生育津贴时，即本人工资越高，通常亦表明该雇员对雇主的贡献更大，此时由雇主承担补差责任，符合收益与责任相适应原理，具有公平性。

由此我们认为，生育津贴具有保底属性，如果本人工资低于生育津贴，则应当享受生育津贴，用人单位不能克扣；如果本人工资高于生育津贴，职工在享受生育津贴后，用人单位还应补足工资与生育津贴之间的差额。

五、社会保险待遇与工资外之福利待遇

福利是指"生活上的利益，特指对职工生活（食、宿、医疗等）的照顾"。[②] 1972 年版的《日本经济白皮书》提出"为生活提供便利就是福利"。[③] 1990 年国家统计局《关于工资总额组成的规定》规定，不列入工资总额范围的包括"有关劳动保险和职工福利方面的各项费用"。社会保险待遇与工资之外的福利无替代关系，两者可并行不悖。

第二节　社会保险待遇与其他社会保障待遇

一般认为，我国社会保障包括社会救助、社会保险、社会福利与社会优抚。[④] 社会保险具有双重性格，一为社会性，二为保险性，它集合了多数可能遭遇相同危险事故的经济单位或个人，成立利益与共的团体，以公平合理的方法聚集基金，对特定危险所招致的损害或损失，予以分散于全体负担，而达到确保其收入安全为目的的一种经济制度。[⑤] 社会保险与其他社会保障制度的区别主要包括：（1）实施的对象不同。社会保险实施的对象主要是有稳定收入来源的劳动者，而其他制度的对象则是全体社会成员。（2）资金来源不同。社会保险需要用人单位和劳动者共同缴费，而其他待遇的享受者则没有缴费的义务。（3）实施的条件不同。劳动尽了缴费的义务后，才能享受各种社会保

---

① 郑春荣：《英国社会保障制度》，上海人民出版社 2012 年版，第 255 页。

② 中国社会科学院语言研究所词典编辑室：《现代汉语词典》，商务印书馆 2005 年版，第 5、422 页。

③ 郑功成：《社会保障学》，商务印书馆 2000 年版，第 21 页。

④ 《中共中央关于建立社会主义市场经济体制若干问题的决定》中指出，社会保障的范围包括：社会保险、社会救济、社会福利、优抚安置、社会互助和个人积累保障。

⑤ 柯木兴：《社会保险》，台北中国社会保险学会 2001 年版，第 42 页。

险待遇；而社会成员享受其他待遇则无须缴费。（4）实施的方式不同。① 从我国社会保障体系来看，社会保险与其他社会保障项目的核心区别主要有两个方面：一是社会保险更强调权利与义务的对应性，但在特殊情形下存在先行支付，不完全强调缴费的先定性。二是社会保险的保障水平更高。

社会保险待遇与其他社会保障项目待遇均存在一定程度的交集，在具体险种方面差别较大。

一、社会保险与社会救助

社会救助是需求决定型社会保障制度，完全与缴费无关，而养老保险、失业保险与生育保险是与缴费关联的，因此在制度的主体涵盖上不发生冲突，但是在间接保障对象上则存在交叉问题。基本医疗保险与工伤保险由于实行先行支付，与社会救助存在交集。《社会保险法》第 30 条规定："医疗费用依法应当由第三人负担，第三人不支付或者无法确定第三人的，由基本医疗保险基金先行支付。"《社会保险法》第 41 条、第 42 条分别规定了工伤保险在用人单位未参保时的先行支付与第三人不支付工伤医疗费时的先行支付。此类情形，原本属于社会救助制度的保障范围，在尚未纳入社会救助范围时，强行被纳入了社会保险保障范围，由本属国家责任（强制财政拨款）与社会责任（自愿捐款）共同保障的范畴强制转变为缴费人责任，这并不公平。《社会保险法》实施 4 年多来，先行支付举步维艰，与其缺乏理论根基、社会认同、财务保障紧密关联。在制定《社会救助法》、构筑社会保障体系的过程中，我们需要进一步厘清社会救助与社会保险的保障范围，使社会救助与社会保险发挥各自不同的社会保障功能，而非以社会保险取代社会保障。

（一）基本养老保险与最低生活保障

基本养老金从其构成来看，基本上不可能低于地方最低生活保障标准，但为了防止由于特殊情况而导致的养老金偏低，不少地方规定，基本养老金不得低于当地最低生活保障标准。这样的"保底"是必要的，低于当地最低生活保障标准，意味着该养老金数额无法实现其制度目的，基于底线保障的原则要求，设定最低下限的养老金数额，对保证被保险人的基本生活是必要的。当然，由于最低下限养老金的存在，在一定程度上动摇了权利与义务对应原则，违背了激励原则，导致被保险人选择性参保、断保盛行，危及了基本养老保险制度的可持续发展，这个问题也需要重视并解决。

---

① 林嘉：《社会保障法的理念、实践与创新》，中国人民大学出版社 2002 年版，第 12 页。

城乡居民养老保险待遇由基础养老金和个人账户养老金构成，特别是在仅支付基础养老金时，其标准往往低于低保标准。如果同样按照低保标准确定城乡居民养老保险待遇的下限，将会导致该制度的迅速崩溃，因而肯定是不可取的。《社会救助暂行办法》（国务院令第 649 号）第 14 条规定，国家对无劳动能力、无生活来源且无法定赡养、抚养、扶养义务人，或者其法定赡养、抚养、扶养义务人无赡养、抚养、扶养能力的老年人、残疾人以及未满 16 周岁的未成年人，给予特困人员供养。第 15 条规定，特困人员供养的内容包括：（1）提供基本生活条件；（2）对生活不能自理的给予照料；（3）提供疾病治疗；（4）办理丧葬事宜。特困人员供养应当与城乡居民基本养老保险、基本医疗保障、最低生活保障、孤儿基本生活保障等制度相衔接。笔者认为，城乡居民养老保险待遇应按照当地经济社会条件和城乡居民养老保险的收支状况确定其基础养老金，提供相应的财政缴费补贴并计算个人账户养老金即可，不宜参照其他社会保障标准设置待遇下限。如果城乡居民养老保险待遇低于特困人员供养等社会保障制度的，被保险人只要符合其他社会保障制度的保障条件，可以享受其他社会保障待遇，但应否扣除城乡居民养老保险待遇，即能否重复享受需慎重考虑。

病残津贴和遗属津贴，由于其计发比例较低，因此实际领取金额可能较低。如果低于最低生活保障标准应如何处置？笔者倾向于主张，在被保险人参加基本养老保险制度并履行一定的缴费义务后，基本养老保险制度应当提供最低限度——最低生活保障标准的保障水平，才能实现其"保基本"的基本目标，因此病残津贴和遗属津贴均应以最低生活保障标准作为下限。但是这样的制度设计确实也存在弊端，主要有两个方面：一是强调实质保障而违背权利与义务对应原则，也会妨碍激励机制的实现，危及制度的可持续性；二是极大地限缩了最低生活保障制度的适用空间。因为依笔者主张，病残津贴和遗属津贴的享受门槛都较低，在同时设置待遇下限的情形下，几乎所有人都可以通过选择性参保达到享受这两项待遇的最低门槛，从而排斥了最低生活保障制度的适用，因而会动摇我国社会保障制度的整体架构。如何在保障目标实现、避免制度弊端的"两难"中寻求平衡，需要更深入地研究以寻求更合理的制度架构。

（二）基本医疗保险与医疗救助

在我国职工基本医疗保险、城乡居民基本医疗保险（含新农合）的制度架构下，被保险人或公民无法获得充分而有效的医疗保障主要表现在两个方面：一是没有参加任何医疗保障制度。根据我国法律规定，只有在劳动（人事）关系存在的前提下，用人单位和雇员才有强制参保的义务。作为独立的个人，公民是否参保是其个人的自由选择，在个人不愿、拒绝参保的情形下，国家机关无法强制其参保。即便属于强制参保对象，仍有用人单位违背法律规定而未参保，在雇员产生医疗费用支出时，一旦用人单位无力承担医疗费用，也会导致个人的医疗风险和医疗费用无法得到有效保障。二是虽然参加了医疗保障制度，但是非医疗保障制度保障的医疗费用仍然超出了被保险人的承受能力。两种情形均可导致实践中的"因病致贫"，甚至无力看病的问题，因而需要医疗救助的介入。

《社会救助暂行办法》第 28 条规定，"最低生活保障家庭成员"、"特困供养人员"、"县级以上人民政府规定的其他特殊困难人员"，可以申请相关医疗救助。第 29 条规定，医疗救助方式包括：（1）对救助对象参加城镇居民基本医疗保险或者新型农村合作医疗的个人缴费部分，给予补贴；（2）对救助对象经基本医疗保险、大病保险和其他补充医疗保险支付后，个人及其家庭难以承担的符合规定的基本医疗自负费用，给予补助。医疗救助标准，由县级以上人民政府按照经济社会发展水平和医疗救助资金情况确定、公布。

目前，医疗救助的主要问题是，受制于地方经济发展水平的制约，中西部地区提供医疗救助的能力较弱，政府未能充分承担应尽的财务保障责任；因最低生活保障家庭、特困供养人员的确定存在不透明、不公正之处，而医疗救助与此"捆绑"导致部分不应获得救助的人员获得超额保障，而部分亟待救助的人员或家庭却没有任何保障；在给予基本医保、补充医保或大病医保支付后的补助——"二次报销"时，容易采用"普惠制"，即完全以医疗费用的金额作为支付依据，而不是依据个人的实际支付能力，与医疗救助的目的不相符。

（三）工伤保险与社会救助

在工伤保险中，由于先行支付制度的实施，从立法上来说，已没有社会救助适用的现实和必要，因为从立法上来说，只要成立工伤，最主要的待遇均可以或应当纳入工伤保险基金支付，在工伤保险范围内不存在支付不能的问题，均可以得到较好的保障，自然不存在社会救助的适用空间。从我国社会保障的整体框架来说，在坚持社会救助、社会保险等构成要素的同时，又否定社会救助对工伤的底线保障功能，显然是自相矛盾的。而从理论上来说，社会保险承担较高水平的保障功能、社会救助承担底线保障功能仍属于我国的基本共识，尚缺乏推翻这一整体制度架构的理论和现实基础。

《社会保险法》对工伤保险先行支付的引进，突出地显示出我国立法和理论界对国外制度及其理论研究的重大缺陷：只注重于其制度、法律规则本身的研究、借鉴和移植，而较少考虑其实施的社会、经济、文化和法治状况，更缺乏对我国现实的针对性研究，由此导致看上去很美的制度在我国水土不服、举步维艰甚至面临破产的境地。对于工伤保险先行支付制度，立法看重的是德国社会保险法当下的法律规定，这毫无疑问是有积极价值的。但是，德国开始实施工伤保险制度的1884年有没有实行先行支付制度？先行支付制度何时开始实行？为什么实行？德国整个社会保障制度的状况、参保状况（直接关系到先行支付与基金正常支付的比例关系）如何？德国的法治特别是强制执行状况如何？凡此种种如果与我国当下的状况基本相同或具有相当程度的类似性，那么借鉴和移植这个制度就是恰当的。反之，借鉴这一制度的恰当性和合理性，则需要进一步评估。知其然而不知其所以然，不顾政治、经济、社会、文化、法治状况的简单照搬，多半注定了要走的路不平坦。任何事物，只有民族的才是有生命力的，法律也是如此。

笔者认为，必须从根本上改造我国的工伤保险先行支付制度，首先通过生活救助、医疗救助承担底线保障功能，再设立专门的保障基金，主要通过财政预算、工伤保险费的罚没款、社会捐助等筹集资金，专项用于对未参保或不能获得工伤保险待遇给付的工伤人员的待遇保障。只有在工伤保险普遍参保、司法体制相对健全、追偿执行状况根本改善的背景下再推行先行支付制度。

（四）失业保险与社会救助

我国目前的失业保险金标准是按照高于最低生活保障标准、低于最低工资标准的幅度确定的，因此一般不会低于最低生活保障标准。而按照笔者的主张，应该较大幅度地提高失业保险金标准，同时推行梯次支付模式，即随着失业保险金领取时间的推移，领取金额降低。在实行梯次支付模式时，失业保险金标准亦不得低于最低生活保障标准。

在失业人员的医疗救助方面，《社会保险法》第48条规定，失业人员在领取失业保险金期间，参加职工基本医疗保险，享受基本医疗保险待遇。失业人员应当缴纳的基本医疗保险费从失业保险基金中支付，个人不缴纳基本医疗保险费。这一规定使失业人员可以获得基本医疗保险保障，可以保障大部分医疗需求。但对于基本医疗保险的自付部分，失业人员仍然可能无力承担，仍存在医疗救助的需要，因此应当将失业人员纳入医疗救助范围。

《社会救助暂行办法》第42条规定，国家对最低生活保障家庭中有劳动能力并处于失业状态的成员，通过贷款贴息、社会保险补贴、岗位补贴、培训补贴、费用减免、公益性岗位安置等办法，给予就业救助。第43条规定，最低生活保障家庭有劳动能力的成员均处于失业状态的，县级以上地方人民政府应当采取有针对性的措施，确保该家庭至少有一人就业。第44条规定，公共就业服务机构对就业救助核实后予以登记，并免费提供就业岗位信息、职业介绍、职业指导等就业服务。由于在扩大失业保险基金支付范围的实践中，失业保险基金也可用于支付小额担保贷款贴息、社会保险补贴、岗位补贴、培训补贴等，与《社会救助暂行办法》的规定存在交叉，应当明确失业保险基金所承担的包括积极的失业政策职能在内的失业保险功能与纯粹意义上的社会救助功能的界分、衔接与配合，在不浪费社会保障资源、不重复提供相同种类保障项目的基础上共同做好保障失业人员的基本生活、促进其职业发展、社会再融入工作。

（五）生育保险与社会救助

社会救助对生育保险的弥补主要针对两种情形：一是未参保者或者断保者在生育时可能遭遇的生活、医疗费用等方面的困难；二是已参保者可能仍然需要补充保障。主要问题是断保者是应当纳入生育保险保障还是由社会救助提供底线保障。

主张断保者亦得享受生育保险待遇者，其实质在于混淆了生育保险与社会救助（生育救助）之分界。事实上，此类论者并不鲜见。在我国学界，不少学者对社会保险和社会保障制度缺乏了解，常将社会保险之功能放大为社会保障之功能，赋予社会保险不能承受之重，需予厘清。

社会保险贯彻权利与义务对应原则，在绝大多数情况下，需要履行一定的缴费义务才能享受相应的权利。[1] 社会保险与社会救助有许多差异：（1）在财务方面，社会保险多数由被保险人与雇主双方或单方所缴纳的社保费或特定税来维持，社会救助则完全依赖一般税收即财政。（2）在成本控制方面，社会保险需要考虑收支平衡，社会救助既然不存在"收费"，完全根据个人需要拨付，不存在收支平衡问题。（3）社会保险给付金额，多与被保险人缴费年限和缴费额关联，而社会救助只考虑受救助者的个别需要。（4）社会保险待遇给付多数无须进行资产调查，而社会救助则相反。社会保险本质上是一种危险分摊（分散）（riskdistribution）制度，而社会救助是一种所得转移（income-transfer）制度。[2]

在中国的社会保障体系中，社会救助是以居民最低生活保障为基本内容的，其保障水平要低于社会保险，可享受社会保险待遇者通常不能获得一般社会救助（专项救助除外）。就保障对象而言，一般社会救助通常是以不能获得社会保险保障的人员作为其保障对象的，或者对社会保险待遇获得者在其境况仍然糟糕时提供底线保障。

2000年生育保护公约（第183号）第6条第6项规定，在国家法律、条例或者与国内惯例一致的其他方式项下，不符合享受津贴的妇女，按照社会救

---

[1] 向春华：《社会保险法原理》，中国检察出版社2011年版，第226~228页。
[2] 柯木兴：《社会保险》，台北社会保险学会2001年版，第133页。

助要求经过收入审查后，有权获得社会保障基金提供的足量津贴。可见，不符合享受生育津贴、生育医疗费用保障者，并非要纳入生育保险保障。

反对者可能质问，为何病残津贴和遗属津贴在被保险人中断缴费时仍然可以享受，而生育保险则不能。这主要是因为两者所针对的风险和保障机理存在差别。病残津贴针对者完全丧失劳动能力，遗属津贴则要求被保险人死亡，这些风险绝大多数不是被保险人能够预料和选择的，而且这两项待遇仅是基本养老保险的"附属"待遇，被保险人参加基本养老保险的主要目的并非为了这两项待遇，因此被保险人即使断保，其核心原因与这两项待遇的领取关联并不密切；而在生育保险中，是否生育、何时生育，绝大多数是有被保险人自愿选择和确定的，如果规定断保者亦可享受生育保险待遇，几乎会必然导致断保现象的发生，生育保险制度根本无法持续，因此该规定是不当的。

二、社会保险与社会福利

我国的社会福利专指国家和社会通过社会化的福利设施和有关福利津贴，以满足社会成员的生活服务需要并促使其生活质量不断得到改善的一种社会政策。[1] 随着养老、医疗、工伤保险保障范围的进一步扩大，其与社会福利交集的范围亦将进一步扩大。例如，养老保险方面要考虑养老服务设施的建设、养老服务的提供。实践中，一些地方已经开始由养老保险基金支付退休人员体检费用。医疗保险方面，建立护理保险制度或项目是必然之事，为病患提供护理保障"侵入"了传统社会福利的领地。工伤保险方面，随着工伤康复的进一步发展，围绕工伤康复展开的康复设施建设与康复服务，特别是职业康复与社会康复的发展，与传统社会福利中的残疾人福利、老年健保福利将发生越来越多的交集。在欧洲，医疗保健模式之一是完全由政府财政税收投入的健康服务体系（NHS），这一类国家实际把医疗保健作为一种"社会福利"和公民权利。[2] 需要进一步明晰社会福利与社会保险的保障范围，明确各自的职责，建立起社会保险与社会福利分工合作又相互衔接的保障体系，在实现人人享有社会保障的目标下，统筹配置社会保险与社会福利的规范与保障功能。

三、社会保险与社会优抚

社会优抚是指国家和社会对军人及其家属所提供的抚恤、优待等待遇和服

---

① 郑功成：《社会保障学》，商务印书馆 2000 年版，第 20 页。
② 胡乃军：《欧洲医疗保健和长期护理的公共支出与个人负担》，载《中国社会保障》2014 年第 2 期。

务的保障制度。在我国目前的立法体系下，社会保险与社会优抚的交集较多。

1. 养老保险缴费年限的视同。《军人保险法》第 16 条第 2 款规定："军人服现役年限与入伍前和退出现役后参加职工基本养老保险的缴费年限合并计算。"《军人保险法》实际将之前复转军人的现役年限直接视同缴费年限，实际将要求全体缴费人为复转军人的养老提供养老保障的做法，改变为由国家提供保障即由国家给予退役养老保险补助，这是正确的转变。

2. 《军人保险法》第 23 条第 2 款规定："军人服现役年限视同职工基本医疗保险缴费年限，与入伍前和退出现役后参加职工基本医疗保险的缴费年限合并计算。"这需要在医保的转移接续方面予以相同对待。需要讨论的是，该法规定过于简单，《军人抚恤优待条例》第 34 条所规定的"国家对一级至六级残疾军人的医疗费用按照规定予以保障"，"七级至十级残疾军人旧伤复发的医疗费用，已经参加工伤保险的，由工伤保险基金支付，未参加工伤保险，有工作的由工作单位解决，没有工作的由当地县级以上地方人民政府负责解决；七级至十级残疾军人旧伤复发以外的医疗费用，未参加医疗保险且本人支付有困难的，由当地县级以上地方人民政府酌情给予补助"以及《一至六级残疾军人医疗保障办法》所确立的特殊办法是否还需执行，如何进行相应的改革衔接，尚未明确。例如，"残疾军人医疗补助是在城镇基本医疗保险制度基础上，对残疾军人的补充医疗保障"，那么"残疾军人医疗补助"与大病医保等补充医保制度、与用人单位及个人的补充商业保险如何衔接缺乏规定，实践中不免引发争议。

3. 《军人保险法》第 27 条第 2 款规定："军人配偶在随军未就业期间的养老保险、医疗保险缴费年限与其在地方参加职工基本养老保险、职工基本医疗保险的缴费年限合并计算。"这在实践中也要求进一步明确衔接的具体规则，如缴费的处理等。

4. 工伤保险的交集包括两个方面，（1）工伤认定与工伤保险待遇。《工伤保险条例》第 15 条第 1 款第 3 项规定，"职工原在军队服役，因战、因公负伤致残，已取得革命伤残军人证，到用人单位后旧伤复发的"，"应当认定为工伤"。根据《工伤保险条例》的规定，只有认定为工伤之后，才能享受工伤医疗费等工伤保险待遇。然而，《军人抚恤优待条例》第 34 条规定，"七级至十级残疾军人旧伤复发的医疗费用，已经参加工伤保险的，由工伤保险基金支付"。并未要求其被认定为工伤才能享受。第 35 条规定，"在国家机关、社会团体、企事业单位工作的残疾军人，享受与所在单位工伤人员同等的生活福利和医疗待遇"。亦未要求其被认定为工伤才能享受。视同工伤条款属于工伤规则体系中的特殊条款，在《工伤保险条例》与《军人抚恤优待条例》发生冲突时，应优先适用《军人抚恤优待条例》。（2）工伤保险待遇与其他补偿待遇的关系。如《烈士褒扬条例》规定，烈士遗属除享受烈士褒扬金外，属于《军人抚恤优待条例》以及相关规定适用范围的，还享受因公牺牲一次性抚恤金；属于《工伤保险条例》以及相关规定适用范围的，还享受一次性工亡补助金以及相当于烈士本人 40 个月工资的烈士遗属特别补助金。以天津港"8·12"爆炸消防员补偿来说，总额 230 万元，包括：烈士褒扬金（上一年度全国城镇居民人均可支配收入的 30 倍）94 万元；一次性工亡补助金（上一年度全国城镇居民人均可支配收入的 20 倍）63 万元；天津港集团赔偿 40 万元；烈士遗属特别补助金 9 万元左右；因公牺牲一次性抚恤金 10 万元；天津港职工以及社会各界款项 10 万元左右；丧葬费 4 万元。① 对消防英烈的遗属，补偿多少钱都是不为过的；但是从法律上来分析，并非不值得讨论。《军人抚恤优待条例》第 13 条规定，现役军人死亡，根据其死亡性质和死亡时的月工资标准，由县级人民政府民政部门发给其遗属一次性抚恤金，标准是：烈士和因公牺牲的，为上一年度全国城镇居民人均可支配收入的 20 倍加本人 40 个月的工资。根据《烈士褒扬条例》，烈士遗属特别补助金相当于烈士本人 40 个月工资，因此在天津爆炸案中，实际支付的因公牺牲一次性抚恤金 10 万元也仅相当于本人 40 个月工资，并非完全是《军人抚恤优待条例》所规定的"上一年度全国城镇居民人均可支配收入的 20 倍加本人 40 个月的工资"，作为因公牺牲一次性抚恤金的"上一年度全国城镇居民人均可支配收入的 20 倍"并未发放。笔者认为这样的处置方式是合理的，因为这一部分待遇实际与一次性工亡补助金相同，在已经支付一次性工亡补助金的前提下不宜再发放这一待遇。但是这样的处置恰恰反映了《烈士褒扬条例》、《军人抚恤优待条例》、《工伤保险条例》三部行政法规之间存在衔接问题。

第三节　社会保险待遇与商业保险待遇

养老、医疗、工伤、生育四项社会保险可以与商业保险发生交集。商业保险分为人身保险与财产保险。按照保障范围，人身保险可以划分为人寿保险、人身意外伤害保险和健康保险，健康保险又可分为疾病保险、医疗保险、失能收入损失保险、护理保险等。与养老保险发生交集的是人寿保险，与医疗、工

---

① http://news.sina.com.cn/o/2015－09－10/doc－ifxhtvkk5680341.shtml，2015 年 10 月 2 日访问。

伤、生育保险发生交集的是人身意外伤害保险和健康保险。

关于社会保险与商业保险的关系，一般认为，两者存在本质属性的差别，互不交涉，因此两者可以同时享受。如果遭受工伤损害的职工购买了商业人身保险，而该职工伤残或死亡的情形又符合商业人身保险合同约定的给付保险金条件，则受益人享有商业人身保险给付请求权，不受其是否获得了工伤保险给付的影响，因为商业人身保险金给付请求权是一种基于合同的请求权，投保人事先履行了缴纳保险费的对价义务，只要符合合同约定的支付保险金的条件，受益人即应享有商业人身保险给付请求权。[①]

但这一观点并不准确。基于损失补偿原则，社会保险与商业保险仍会发生竞合，因而存在选择性适用的问题。损失补偿原则，又称损失填补原则，是指以金钱贴补的方式，将保险标的因保险事故所遭受的损失回复到事故发生前状况的原则，按照损失补偿原则，任何人都不能通过保险达到营利的目的。[②] 损失补偿原则也适用于人身保险合同。[③] 如医疗费用保险，其目的亦在于填补被保险人因治疗疾病或医治伤害所致之费用，也可适用损失补偿原则。[④] 具体分析如下：

1. 对人寿命的保障是没有限制的，人寿保险与养老保险不适用损失补偿原则，两者可以同时享受。

2. 医疗保险与商业疾病保险，均系对医疗费损失的补偿，得适用损失补偿原则，不允许被保险人获得超过其医疗费用的"收益"。如实际医疗费用仅花了 10 万元，从医疗保险和商业疾病保险获得 16 万元给付（分别获得 8 万元），这是不应允许的。商业疾病保险应遵循契约优先原则，保险人可以与投保人约定，商业疾病保险仅承担医疗保险之补充责任，对医疗保险所承担之支付费用，商业疾病保险不再承担给付责任。

在商业保险未与投保人进行上述特别约定的情形下，应认为保险人应承担全部保险责任，在此情形下，基于损失补偿原则，得发生谁优先适用之问题。一种观点认为，应以商业保险为主保险、社会保险为辅保险，仅在前者不为给付时，于社会保险承保范围内为给付，不宜允许参与人就同一医疗事故而同时

---

① 张新宝：《侵权责任法立法研究》，中国人民大学出版社 2009 年版，第 320 页。

② 傅廷中：《保险法论》，清华大学出版社 2011 年版，第 75 页。

③ 贾林青：《保险法》，中国人民大学出版社 2006 年版，第 100 页。

④ 樊启荣：《保险法》，北京大学出版社 2011 年版，第 119 页。

向社会保险与商业保险请求给付，免其"三重"获利，增加社会负担。① 另一种观点则认为，社会保险的参与人得以社会保险为主保险，以另行投保的健康保险为辅保险，凡社会保险不为给付的项目，由健康保险补足。② 无论是个人健康保险还是团体健康保险都有存在其他保险的可能性，例如，一个人有两个工作，就可能有两份其雇主所提供的医疗保险，按照美国全国保险监督官协会所制订的标准"协调利益条款"的规定，健康保险计划中的被保险人为雇员的保单，其保险责任先于健康保险计划中的被保险人作为家属的保单。③ 对此种情形，笔者认为，鉴于社会保险更多属于强制性保险，其适用更具有优先性，即不管商业保险是否适用，社会保险均应予以适用，因此在"重复保险"的情形下，应当优先适用社会保险；在此基础上，商业保险承担补充支付责任，即在社会保险支付之后，对个人所承担的医疗费用，由商业保险承担二次支付责任；由于此种情形下商业保险的保费是以承担全部保险责任为对价确定的，基于公平原则，在商业保险仅承担补充保险责任时，保险人应退还部分保费。

3. 工伤保险、生育保险亦承担相应医疗费用之支付责任，同样得与人身意外伤害保险和健康保险发生交集，处理原则同上。

4. 对作为补充之商业保险免责条款的限制。社会保险参与人所投保的健康保险若于保险单上载有与社会保险几乎一致的除外责任或不保项目，而保险人承保时明知被保险人投保之目的在于弥补社会保险之不足，则保险人的行为显然有违最大诚信，其一方片面列举之除外责任或不保项目应视为有违被保险人之合理期待，应属无效。④

5. 代位权之适用。健康保险或意外伤害保险中之医疗费用保险，其目的仅在补偿被保险人因治疗疾病所产生之费用，被保险人不得因疾病或受伤治疗而获不当得利，故复保险或保险人代位权之规定于此亦得适用之。人身保险中医疗费用、丧葬费用，保险契约之目的仅在于填补"具体损害"，即其目的亦仅填补财产上之损害，则本属财产保险之保险人代位权规定于此亦有适用之余地。在附带"死亡丧葬费用"保险案中，西德联邦法院认为，儿童意外保险虽属人身保险之一种，然按其契约目的系在补偿危险事故发生时所产生之财产

---

① 施文森：《试析江苏省高级人民法院关于新保险法之问卷》，载谢宪：《保险法评论（第三卷）》，法律出版社 2010 年版，第 21 页。

② 樊启荣：《保险法》，北京大学出版社 2011 年版，第 230 页。

③ 陈欣：《保险法》，北京大学出版社 2010 年版，第 242 页。

④ 樊启荣：《保险法》，北京大学出版社 2011 年版，第 230 页。

上损害，故财产保险上有关代位权之规定应亦适用之。①

6. 关于报销票据的适用。在"重复保险"时，社会保险与商业保险均可能需要原始医疗票据，某些地方仍以此作为"疑难问题"对待。实际处理方法可以很简单：社会保险经办机构与商业保险公司均可取得原始票据，以被保险人先行选择求偿对象确定；在一保险人取得原始票据后，其他保险人需要报销或支付凭证的，由取得原始票据的保险人出具复印件，标注"与原件一致"并加盖公章即可。社会保险在采用直接支付时，社会保险基金所应承担的费用通常已经在个人结算费用时直接扣除，社保机构不再需要原始票据，衔接更为简洁。

---

① 江朝国：《保险法基础理论》，中国政法大学出版社 2002 年版，第 82~84 页。

第六章　社会保险费补缴及待遇请求权

第一节　《社会保险法》之规定与适用

《社会保险法》没有一般性的补缴条款。第16条第2款规定，参加基本养老保险的个人，达到法定退休年龄时累计缴费不足15年的，可以缴费至满15年。《实施〈中华人民共和国社会保险法〉若干规定》第2条规定，参加职工基本养老保险的个人达到法定退休年龄时，累计缴费不足15年的，可以延长缴费至满15年；社会保险法实施前参保、延长缴费5年后仍不足15年的，可以一次性缴费至满15年。这可以看作一种有限制的补缴，仅限于延长缴费5年后仍不足15年的情形，其他情形能否补缴则缺乏规定。基于职权法定的行政法原则，如果法律没有规定可以补缴，那么行政主体允许补缴应认为是缺乏法律依据的。但是，在现实社会生态和法律生态中，基本养老保险费的补缴非常普遍，基本医疗保险费的补缴也存在。而且这一现象会在较长时间内存在，无论是立法、司法和行政执法及行政上的适用，均无法回避这一现实问题。事实上，社会保险费的补缴，不仅涉及基本养老保险和基本医疗保险，而且工伤、失业、生育保险均涉及。

《社会保险法》第63条规定，用人单位未按时足额缴纳社会保险费的，由社会保险费征收机构责令其限期缴纳或者补足。第86条规定：用人单位未按时足额缴纳社会保险费的，由社会保险费征收机构责令限期缴纳或者补足。这是从法律责任角度对社会保险费补缴的规定，只是补缴的一种情形，不足以涵盖补缴的一般情形。一般意义上的补缴并不一定是承担法律责任的体现，本质上不是国家的责任，而是保护和实现公民社会保险权的体现，不仅涉及补缴费义务，更重要的是对社会保险权影响甚巨，需要比较精细的规则予以规范。

第二节　养老保险费之补缴及其待遇

对于社会保险费的补缴，以养老保险最为复杂。因为养老保险权益记录历史长，不同时期的政策不一致，跨度大、衔接状况复杂，缴费与否、缴费长短、缴费多少、记账利息多少，都与劳动者未来养老金密切相关，甚至是不可或缺的，因而需要予以特别论述。而其他险种，很多方面与缴费的具体状况并无直接关联，如工伤保险只要在发生工伤事故或确诊患职业病前已经参保，至于缴费长短、多少均与劳动者是否享受工伤保险待遇、工伤保险待遇的多寡无关，因而其规则的设计相对较为简单。

一、权利性补费与义务性补费（违法行为的救济）

笔者认为，需要区分两类不同性质的补费：权利性补费和义务性补费。后者是指用人单位违反法定的强制性缴纳社会保险费的义务，自行纠正其违法行为或在职能部门的要求下纠正其违法行为，依据法律法规规定补缴社会保险费的情形。前者是指从实践来说并不强制用人单位或个人缴纳，而是为了使公民能够享受基本养老保险待遇或使公民享受正当的养老和医疗保险待遇而由个人或其用人单位自愿补缴养老（医疗）保险费的行为。

这一区分是由我国社会保险发展的历史状况决定的。我国社会保险的发展路径并非是立法—实践型的，而是实践—立法型的，是在试点—实践的基础上逐步发展建立起来的。这种模式的特征之一就是在相当长时间内强制性不足：最初几乎不具有强制性，即便后来从法律上来说具有强制性但其实际的强制性很匮乏。在相当长时间内不能认为用人单位具有强制缴费的法定义务，用人单位不缴费并不需要承担法律责任。但另一方面，劳动者享有法律授予的社会保险权利，在最低限度上有参加社会保险尤其是养老保险的正当利益。我国社会保险发展的另一历史状况是社会保险尤其是养老保险的发展经历了不同的历史阶段，且制度衔接不畅，导致公民的养老（医疗）保险利益受损的情形不乏存在。由此导致目前及相当长时间内公民对历史阶段的养老（医疗）保险利益存在较大的诉求意愿——通过补费及视同缴费年限制度恢复其养老和医疗保险利益。这种补费是由于上述历史因素造成的。从时效理论来看，也不宜追究用人单位此类纠缠不清的历史"责任"，尊重历史是对待历史应有的态度。因此这种补费与用人单位违反真正意义上的强制性法律义务产生的补费的法律性质是不同的。这种历史性补费不宜作为公民及其用人单位的义务，更多地应当作为一种权利，一种选择性权利。

权利性补费和义务性补费有着重大区别：（1）目的不同。前者是为实现公民基本或正当的养老和医疗保险权益；后者则是纠正违法行为、实现法律、为劳动者社会保险权利的损害提供法律救济。（2）法律依据不同。前者主要依据政策性文件规则，如人社部、财政部《关于解决未参保集体企业退休人员基本养老保险等遗留问题的意见》（人社部发〔2010〕107 号）规定："凡具有城镇户籍，曾经与城镇集体企业建立劳动关系或形成事实劳动关系，2010年 12 月 31 日前已达到或超过法定退休年龄的人员，因所在集体企业未参加过基本养老保险，且已经没有生产经营能力、无力缴纳社会保险费，个人可一次性补缴 15 年的基本养老保险费，纳入基本养老保险。"后者则主要是依据法律规则，如《劳动法》、《社会保险费征缴暂行条例》、《劳动保障监察条例》，及实施社会保险统筹的具有较强规范性的地方法规、政府规章等。（3）强制性不同。前者所依据的政策性文件通常不是强制性、义务性的，而是授权性、保护性的，补费遵循自愿原则。如上述 107 号文使用的就是"可一次性补缴"的规定。后者则是强制性的，通常不是自愿的，当事人不能自愿选择。（4）补费主体不尽相同。前者主要是个人，包括应由单位承担的缴费部分，当然单位如果还存在也可以承担缴费，其他单位如主管部门也可以代为缴费；后者必须由用人单位补缴，其中个人应承担的部分因由个人承担。（5）补费的险种有区别。前者主要是补缴基本养老保险费，在一定义务上也包括基本医疗保险费，不应当包括工伤、失业、生育保险费；后者根据地方的统筹状况很可能还要补缴工伤、失业和生育保险费。（6）补费责任内容不同。前者通常不是惩罚性的，不需要缴纳滞纳金；后者很可能要承担滞纳金责任。

二、基本养老保险费补缴的意义与必要性

在《社会保险法》实施以前，养老保险费的补缴在实践中是比较常见的现象，也是矛盾重重、令人纠结的一项社会保险经办业务。《社会保险法》对该问题未作规定，是否继续允许补缴、如何补缴，规则阙如。

《社会保险法》第 16 条第 1 款规定："参加基本养老保险的个人，达到法定退休年龄时累计缴费满 15 年的，按月领取基本养老金。"第 2 款规定："参加基本养老保险的个人，达到法定退休年龄时累计缴费不足 15 年的，可以缴费至满 15 年，按月领取基本养老金；也可以转入新型农村社会养老保险或者城镇居民社会养老保险，按照国务院规定享受相应的养老保险待遇。"由于养老保险费补缴的目的之一就是使累计缴费年限不足 15 年的参保人能够通过补缴费达到这一条件从而能够享受基本养老金，《社会保险法》规定通过延长缴

费年限实现这一目的，而没有规定可采用补缴的方式实现这一目的。由此可以推断出《社会保险法》实际上否认通过补缴的方式来达到这一目的。那么这是否等于《社会保险法》禁止补缴呢？

《实施〈中华人民共和国社会保险法〉若干规定》（人力资源和社会保障部令第13号）第2条规定："参加职工基本养老保险的个人达到法定退休年龄时，累计缴费不足15年的，可以延长缴费至满15年。社会保险法实施前参保、延长缴费5年后仍不足15年的，可以一次性缴费至满15年。"该规章允许部分人员通过补费达到最低缴费年限15年的要求。依据反向解释理论，这实即意味着，不允许其他情形的补缴费。

笔者认为，《社会保险法》及《实施〈中华人民共和国社会保险法〉若干规定》上述规定是不恰当的，与现实不相符合，理论基础也不足。

第一，补缴养老保险费是与我国养老保险法治发展状况相适应的。我国建立基本养老保险制度的时间还比较短，其适用是一个渐进的过程。虽然1986年11月1日起实施的《国营企业实行劳动合同制暂行规定》（国发〔1986〕77号）第26条规定，"国家对劳动合同制工人退休养老实行社会保险制度"，并对用人单位和职工的缴费比例、逾期不缴加收滞纳金等作了规定，但实际上几乎没有强制力。20世纪90年代国务院颁布了《关于企业职工养老保险制度改革的决定》（国发〔1991〕33号）等一系列文件奠定了我国基本养老保险的基本制度，但主要针对国有企业，强制力也不足。

《劳动法》于1995年1月1日起实施，其明确规定劳动者享有"享受社会保险和福利的权利"。如果说之前的规范主要是政策性文件，社会主体尚可以不予遵守，那么从法律上来说，《劳动法》一方面确立了劳动者的社会保险权，同时也确立了相关主体的社会保险义务。用人单位应当缴费的义务，社会保险费征缴机构应当收费的义务，社会保险行政部门、经办机构应当纠正未履行缴费义务行为的义务，均应当得到切实的履行。但由于受GDP导向的观念影响，应缴费而未缴费的情况非常普遍，这种现象本身就是不正常的，如果现在一概禁止补缴费，实际是让这种不正当的行为合法化，本应由用人单位、执法机构承担的不利后果完全由劳动者承担，这是很不公正的。尊重这一历史现实，允许在一定程度上对其进行补救，这才是实事求是的态度，才能更好地促进养老保险制度的健康运行。

第二，补缴养老保险费符合《社会保险法》的立法目的。《社会保险法》第1条规定了立法目的："为了规范社会保险关系，维护公民参加社会保险和享受社会保险待遇的合法权益，使公民共享发展成果，促进社会和谐稳定。"在《社会保险法》颁布之前，实际上已经确立了这一理念，《社会保险法》仅赋予其法律形式而已。应缴费未缴费现象是与这一观念背道而驰的，既损害了公民的社会保险权利，也使公民无法享受发展成果，还是社会不稳定的重要因素。在一定条件下允许补缴养老保险费，是真正实现《社会保险法》立法目的与立法理念的要求。

第三，允许补缴养老保险费是保护公民社会保险权的需要。应缴费而未缴费，不仅仅导致公民可能无法满足 15 年的最低缴费年限要求，还损害了公民养老保险方面的很多权益。应该补缴而不让补缴，却让公民延长缴费（通常是自己缴费），一方面免除本应承担的责任，同时又增加本不应承担的责任，有违公平原则。应当补缴费而没有补缴，直接导致公民缴费年限（包括视同缴费年限）缩短、个人账户积累额缩小，损害公民的基本养老金、个人账户养老金、过渡性养老金、调节性养老金，并导致以后养老金调节的不利影响。允许补缴养老保险费，可以最大限度地避免对公民养老保险权益的损害。

第四，允许补缴养老保险费是坚持依法行政，贯彻有法必依、执法必严的根本要求，也是践行法治理念的基本要求。如前所述，应缴未缴养老保险费是有法不依、执法不严、违法不究的直接后果。简单免除义务主体的法律责任，不仅直接侵害了公民的社会保险权利，也损害了法律的权威，是对整个法律体系的侵害，不利于社会保险制度的健康、良性发展。依法允许补缴、强制补缴，是重塑法律权威的必然要求。

第五，与现行法律制度也不相符。依据《社会保险法》、《劳动保障监察条例》的规定，很多应缴未缴社保费行为依然应当受到追究。一概不允许补缴也与这些规则相冲突。一方面对于应当追究的违法行为，我们依法应当责令强制补缴；另一方面，对于类似情形，我们也应当允许当事人主动履行法律义务。

三、补缴对象（哪些人可以补缴）

（一）部分地方规定

对于补缴对象，各地主要限制在与企业有或曾经有劳动关系的人员。

1. 强调必须是企业职工。河南省劳动保障厅《关于城镇企业职工基本养老保险若干政策问题的处理意见》（豫劳社养老〔2009〕5 号）规定，按照《社会保险费征缴暂行条例》规定，未参保城镇企业及其职工（含退休人员）和已参保城镇企业中目前仍与其保持劳动关系的漏保人员，补缴基本养老保险费本金和利息后，纳入城镇企业职工基本养老保险。《湖北省城镇用人单位职工基本养老保险费补缴暂行办法》（鄂劳社文〔2003〕190 号）规定补缴对象为：（1）属于基本养老保险费征缴范围内的国有企业、城镇集体企业、外商及港澳台投资企业、城镇私营企业、其他城镇企业、企业化管理的事业单位及其职工，首次参加企业职工基本养老保险（以下简称参保）时，适用本办法。（2）已参保单位的未参保职工，首次参保时，适用本办法。

人社部、财政部《关于解决未参保集体企业退休人员基本养老保险等遗留问题的意见》（人社部发〔2010〕107号）规定："凡具有城镇户籍，曾经与城镇集体企业建立劳动关系或形成事实劳动关系，2010年12月31日前已达到或超过法定退休年龄的人员，因所在集体企业未参加过基本养老保险，且已经没有生产经营能力、无力缴纳社会保险费，个人可一次性补缴15年的基本养老保险费，纳入基本养老保险。"这个文件仅仅解决曾经是集体企业职工的补缴问题，各地细化的文件也基本按此执行，没有考虑到其他企业等情况实为不足。浙江省人社厅、财政厅《关于解决未参保集体企业退休人员及其他相关人员基本养老保障等遗留问题的实施意见》（浙人社发〔2011〕221号）则扩展了实施范围，规定具有该省城镇户籍、曾与该省各类企业建立劳动关系或形成事实劳动关系的人员以及在该省国家机关、事业单位、社会团体等单位工作过的人员均可一次性补缴基本养老保险费。一些地方在实际操作中允许个人参照此文件执行。

2. 允许个人补缴。重庆市人社局、重庆市财政局《关于城镇企业职工基本养老保险参保缴费有关问题处理意见的通知》（渝人社发〔2009〕21号）规定，用人单位职工或个人参保人员（以下统称参保人员）补缴基本养老保险费，由用人单位或个人参保人员提出申请，经参保地社会保险经办机构审核符合补缴条件的，可办理补缴费手续。

3. 必须是存档人员。北京市人社局《关于城镇职工补缴基本养老保险费有关问题的通知》（京人社养发〔2010〕239号）规定，在市、区（县）人力资源保障部门所属的职业介绍服务中心、人才服务中心以个人名义委托存档的本市户籍人员，因各种原因未缴纳基本养老保险费或有缴费中断情况的（国家及本市规定的不缴费情况除外）。其在国家规定的劳动年龄内可以向现存档机构提出书面补缴申请，并附本人签字确认的补缴工资基数，以及本人的身份证明等材料。经存档机构初审并将相关材料报请社会保险经办机构同意后，由本人到存档机构按照我市有关政策及历年缴费规定补缴1992年10月之后的基本养老保险费。北京市社会保险基金管理中心颁布的《城镇职工基本养老保险费补缴实施细则》（京社保发〔2010〕47号）第2条规定，在存档机构以个人名义委托存档的本市城镇户籍人员，因各种原因未缴纳基本养老保险费或有缴费中断情况的。

4. 补缴与否的决定权在用人单位。北京市人社局《关于城镇职工补缴基本养老保险费有关问题的通知》（京人社养发〔2010〕239 号）规定，由于用人单位原因应缴未缴基本养老保险费的，仍按照关于印发《关于贯彻实施〈北京市基本养老保险规定〉有关问题的具体办法》的通知（京劳社养发〔2007〕21 号）及我市有关政策规定办理补缴手续。北京市劳动保障局《关于贯彻实施〈北京市基本养老保险规定〉有关问题的具体办法》（京劳社养发〔2007〕21 号）规定，在国家规定劳动年龄内的被保险人，由于用人单位原因应缴未缴基本养老保险费的，用人单位可以向劳动保障行政部门提出书面补缴申请，并提交申请补缴期间与被保险人存在劳动关系的证明，以及工资收入凭证，经确认后，可以补缴基本养老保险费。

（二）谁可以提出补缴

将补缴请求权仅仅赋予用人单位或存档人员都是不妥的。允许补缴社保费是为了保护公民的社保权，享有实体权利的人却不享有程序性的请求权，反而将请求权赋予义务主体，不太妥当，也违背法理。请求权是启动权利保护程序的基础，权利保护的实质就是要求义务人履行义务，基于理性人的基本假设，将保护权利的权力赋予义务人，即意味着取消义务。

将补缴请求权限定于存档人员，基本考虑当是使用档案的便利。补缴时间、基数等与档案密切相关，存档人员很容易确定这些问题。但此规定并不恰当。并非所有的职工都有档案。因依档案之有无而区分有无补缴资格没有任何理论根据。档案之有无与应否享有社会保险权没有联系，与享受社会保险权的多寡也没有直接关联。

（三）是否可以设定户籍限制

很多地方对于个人补缴要求必须具有本地户籍。由于养老保险费补缴后与养老金直接关联，而地方财政要对养老金支付承担"兜底"责任，因此优先保护自己的户籍居民（常住居民）是有道理的，因为这些人为本地经济社会发展、财政税收都作出了贡献。但是，由于我国户籍制度本身是不公平的，即便在本地居住数十年、比很多本地居民的纳税贡献更大，也很可能不能获得本地户籍，因而对他们的基本权利不予保护是违背法律伦理的。另外，目前法律已经允许在非户籍地退休并领取养老金，已表明对这一群体的社会保险基本权利的认可，如果在补缴方面仍不能一视同仁，依然是违背基本法律原则和社会保险法精神的。当然，不得设置户籍限制并不意味着谁都可以异地补缴，在养老金地区差异较大的背景下不应允许随意补缴。应当通过实体条件如在本地实际存在劳动关系作为补缴条件进行合理限制。

（四）补缴的决定权在谁

补缴的申请主体是公民个人——社会保险权利主体，也可以是用人单位

——社会保险义务主体。前者是行使社会保险请求权，后者则是履行社会保险义务实现社会保险请求权。补缴的缴费主体包括公民个人及其相关亲属、用人单位等。但该请求权是否存在，是否允许补缴，他们并不具有决定权。

补缴社会保险费在广义上属于缴费，允许与接受缴费是一种具体行政行为，其决定权应在行使这一行政职能的社保机构，即应由社保机构决定是否可以补缴以及如何补缴。当然这一具体行政行为应当接受司法审查。

（五）是否必须是职工

多数补缴规定要求补缴对象限于职工或只限于对曾经的职工身份予以补缴，因而要求有诸如劳动合同、工资支付凭证等，个别地方有所放宽。这首先与补缴的理念是有密切关联的，即补缴是要使公民恢复到其原本参保状态，还是仅仅使公民能够享受养老保障。如果是要使公民恢复到其原本参保状态，使公民（用人单位）承担其本应承担的责任，那么将补缴对象限制于职工，而且是法定的职工，就是正当的。否则就不符合其补缴目的，因为这种情形的补缴与职工身份并无实质关联。

其次，在考虑补缴对象是否限于职工时，还必须考虑一点：职工与灵活就业人员的补缴政策是否统一。如果两者是统一的，那么补缴对象就不宜限制为职工（因为灵活就业人员通常不具有职工身份）。

最后，补缴数额也是需要考虑的一个因素。使公民（用人单位）承担其本应承担的责任，还是在保障基金平衡的前提下通过保险实现保障功能，导致两种完全不同的缴费数额，前者数额较少，后者数额则很高。在缴费数额很高，没有体现对职工的"照顾"时，就没有将补缴对象限制于职工的理论基础。

四、补费起始时间

补费起始时间，即可以补缴公民哪一个时间段的社保费，是补缴规则的重要内容。如果不能确定补费起始时间，养老保险费的补缴规则将无从建立。

（一）地方规定不同

1. 从当地实行养老保险费统筹的时间起。如《湖北省城镇用人单位职工基本养老保险费补缴暂行办法》（鄂劳社文〔2003〕190号）规定，原固定职工"从当地实行退休费用社会统筹开始……"

2. 从当地实施统筹时间起，可早至1985年。如江苏省苏州市劳动保障局《关于企业职工补缴基本养老保险费的处理意见》（苏劳社险〔2008〕5号）规定，企业和职工一律以办理补缴年度（每年7月1日至次年6月30日）适用的上年全省在岗职工平均工资为养老保险费的补缴基数，可补缴1985年至

1992 年（离退休费用统筹）期间的养老保险费。

3. 1992 年 10 月。北京市社会保险基金管理中心颁布的《城镇职工基本养老保险费补缴实施细则》（京社保发〔2010〕47 号）所附《补缴年度缴费工资基数档次及计入个人账户比例表》最早只规定了 1992 年 10 月至 12 月的缴费基数，因而实际上最早只能补缴至 1992 年 10 月。

4. 1993 年 1 月。根据陕西省人社厅、财政厅《关于未参保城镇集体企业退休人员等参加企业职工基本养老保险有关问题的通知》（陕人社发〔2011〕145 号）规定，1993 年 1 月 1 日以后与原单位解除劳动关系的人员，可补缴至 1993 年 1 月。

5. 最早可自 1993 年 3 月起补缴。如重庆市人社局、重庆市财政局《关于城镇企业职工基本养老保险参保缴费有关问题处理意见的通知》（渝人社发〔2009〕21 号）规定，补缴时间最早不得早于 1993 年 3 月。

6. 1995 年 10 月。云南省人社厅、财政厅关于印发《关于解决未参保集体企业退休人员基本养老保障等遗留问题的实施办法》（云人社发〔2011〕61 号）规定，"未参保集体企业职工"和 1995 年 9 月 30 日以前与国有、集体企业解除（或终止）劳动关系或从机关、事业单位离职的"其他未参保人员"，按规定办理参保手续后，可从 1995 年 10 月起补缴基本养老保险费。

还有很多不同规定，实践中相当混乱。

笔者认为，从全国来说，可以补缴的最早时点未必需要统一，可以允许地方有所区别，但不能完全采取放任态度。各类人员应当衔接并尽可能统一，这样既有利于养老保险关系的转移接续，又可以避免违背法律平等与公平原则。

（二）缴费重要时点

在养老保险费的缴费时间中，存在若干个重要的时间点，这些时间点对缴费和养老保险权益具有重要意义，剖析其意义对于最终确定补缴费时间的起始点具有决定意义。

1. 当地实施养老保险费（退休费）统筹的时间，可能早于 1986 年，也可能晚于 1986 年。一些地方搞养老（退休费）统筹试点时间比较早，有的甚至在 1982 年即已开始试点。有的搞统筹的时间比较晚，晚至 20 世纪 90 年代才开始实行。只有地方实施养老保险费统筹以后，用人单位和劳动者才能实际缴纳养老保险费，在此之前，用人单位和劳动者不缴纳养老保险费的原因在于政府部门而不在于他们自身。如果对地方实施统筹以前的人员征收比较高额的补费，实际上就是让他们承担较重的责任，这是不正当的。但当地开始实施养老保险费统筹，意味着具备当时特定条件如全民所有制企业是可以从那时起参加统筹的，从那时开始补缴养老保险费，等同于补缴对象从那时起即参加养老保险，是有一定道理的。

2. 1986 年 11 月 1 日。该日起《国营企业实行劳动合同制暂行规定》（国发〔1986〕77 号）实施，规定实行养老社会保险制度，在一定意义上确立了劳动合同制工人（包括临时工、轮换工等）缴费的法律义务。因此，从这个时间起，可以认为政府部门有实施养老保险的义务，用人单位和劳动合同制工人有缴费的义务，劳动合同制工人也享有要求实行养老社会保险、用人单位为其缴纳养老保险费的义务。由于这时起缴费已经是一种法律义务，因此可以从此时起补缴。但要注意的是，该规定针对的是劳动合同制工人，而不是原固定工（正式工）。

3. 1991 年 6 月 26 日国务院《关于企业职工养老保险制度改革的决定》（国发〔1991〕33 号）实施时。该决定开始正式确定我国现代养老保险制度，且规定"本决定适用于全民所有制企业。城镇集体所有制企业可以参照执行；对外商投资企业中方职工、城镇私营企业职工和个体劳动者，也要逐步建立养老保险制度"。虽然地方的具体实施可能要晚些时间，但该决定在 1991 年 6 月 26 日即生效，从此时补缴是可行的一种方案。

4. 地方开始实行养老保险个人缴费开始，如北京市 1992 年 10 月。补缴不仅仅限制个人缴费，个人开始缴费是个人开始承担养老保险责任的体现，而非养老保险权利的起始时间，将此作为补费起点并不合适。

5.《劳动法》于 1995 年 1 月 1 日起实施，该法第 3 条明确规定劳动者享有"享受社会保险和福利的权利"，补费至该日可使该法律规范真正得以实现。

6. 实行统账结合的时间。国务院《关于深化企业职工养老保险制度改革的通知》（国发〔1995〕6 号）规定，我国养老保险实行社会统筹与个人账户相结合的制度。补费至该日在权利义务的记录上更为明确，在养老金中也更好地体现了个人责任（个人账户养老金）。

（三）确定最早补费时间要考虑的因素

上述关于最早补费时间的概述并不完全，但代表了总体的类型。在确定最早补费时间时，应当根据某些因素具体判定，不宜设定统一的补缴时间。

补费的目的。这是确定补费对象、最早补费时间、补费标准等的关键性因素。除了使参保人员达到累计缴费满 15 年从而可以按月领取基本养老金之外，笔者认为，补费还应当具备如下目的：（1）填补劳动者的权益。如果不允许补费，劳动者的权益因此受到损害，那么就应当允许补费，且补费的结果应当是使劳动者的权益回复到正常缴费前的状态，不应使劳动者承担惩罚性责任。（2）使基本养老保险能健康良性发展。包含两层含义：一是扩大基本养老保险覆盖面，充分发挥基本养老保险在实现人人享有社会保障目标中的支柱性作用；二是保持基金的相对平衡，避免基本养老保险基金出现较大赤字。（3）充分尊重法律和政策性法律文件的约束力，在法治和依法行政的框架下确定具体的补缴规则。

补缴对象历史因素的差别。这是确定最早补费时间异同的主要因素。在《劳动法》实施以前，用工性质存在本质差异，当时所实行的养老保险制度因之也有很大差异。虽然当时的很多规定和做法在今天看来是不正当甚至违法的，但尊重历史依然是一个基本观念，而且完全推翻历史，将导致社会关系等的剧烈变化，也是不太适合的。

职工身份与非职工身份的补费时限应当有所不同。职工身份之有无及其性质差别是历史时期法律、养老保险制度的差异，其自身的权利诉求、国家与社会所应承担的责任、对养老保险制度的可持续发展的影响都是不同的。例如，很多国有（国营）企业从 1992 年初开始为固定工缴纳养老保险费统筹，固定工本人则是从 1996 年统账结合制度实施以后开始缴费，一方面这一状况是地方政策（包括当时的行业政策）造成的，不是个人不缴费，因此不应让个人补费；另一方面，不管固定工个人从什么时候开始缴费，其连续工龄都是连续计算的，都作为视同缴费年限，本人权益并未受到不利影响。但对于所谓的"临时工"（又区分计划内临时工和计划外临时工，前者是指经劳动部门批准招用的，后者则未经劳动部门批准），如果既不允许补费，又不允许计算视同缴费年限，则损害其养老权益。因此，固定工与"临时工"的补费时间应当有所区别。对于不具有职工身份的人员（灵活就业人员），应满足其累计缴费15 年或地方开始实行灵活就业人员缴费政策后，在其他情形下，国家和社会并无义务允许其补费，换句话说，他们的补费要求并无正当基础。

（四）补费起始时间的确定

1. 原固定工。此类人员"欠费"主要有两种情况：一是企业关停并转，二是行业统筹缴费实施时间较短。前者现在几乎没有，后者也应在行业统筹纳入地方统筹之时予以解决。在行业统筹纳入地方统筹之时，即便行业统筹实施时间较晚，也不应要求其（用人单位）补费，因为基于当时的政策规定，并不存在缴费义务规定。首先，不管何种情形，此类人员如果需要补费，原则上可补费至按当时政策规定其需要缴费时，之前的连续工龄按规定计算视同缴费年限；其次，如果之前的连续工龄不能计算视同缴费年限，且不具有不应缴费的情形（如服刑），则允许补费至其他人员最早补费时间；最后，应缴费的时间没有缴费的，相应时段不计算缴费年限，但不影响之前视同缴费年限的计算。

2. 集体所有制单位的正式职工。历史上集体所有制单位的正式职工，并不当然享有全民所有制单位原固定工的全部待遇，例如，其连续工龄或其中部分连续工龄通常不能作为视同缴费年限。由于历史原因（主要是单位效益问题），此类人员不少未参加养老保险统筹，其中不少人员已经超过退休年龄，有的是当时在集体单位退休但拿不到一分钱养老金。这属于历史遗留问题。有的地方将其纳入低保，以解决部分生活保障问题。纳入低保虽然有积极意义，但毕竟不属于养老保险，不能较好地保障他们的养老权益。近些年，一些地方直接将其中超过退休年龄的人员纳入养老统筹，无须个人承担任何费用，直接享有最低数额的基本养老金，并按国家调待规定进行调整。对于未达退休年龄的人员，允许补费，如补费至 1992 年初，之前作为视同缴费年限。笔者以为，集体所有制单位的正式职工的最早补费时间可具体规定为当地全民企业为其职工缴费时起。集体所有制单位的正式职工，与全民固定工在很多方面相似，有时仅仅是主办单位的不同。历史上很多文件也规定其参照全民固定工执行。之前并无适用于他们的缴费规定，再要求其向前补费，缺乏依据，也将实际损害他们的利益。同时，集体所有制单位的正式职工也不应当享受超出全民固定工的养老保险权益。因而基于统一性原则宜执行统一的补缴规则。之前的连续工龄按规定计算视同缴费年限；如果之前的连续工龄不能计算视同缴费年限，且不具有不应缴费的情形（如服刑），则允许补费至其他人员最早补费时间；应缴费的时间没有缴费的，相应时段不计算缴费年限，但不影响之前视同缴费年限的计算。

3. 其他类型职工，包括但不限于合同制职工、临时工、农民轮换工。《国营企业实行劳动合同制暂行规定》（国发〔1986〕77 号）第 2 条规定，企业在国家劳动工资计划指标内招用常年性工作岗位上的工人，除国家另有特别规定者外，统一实行劳动合同制；企业招用一年以内的临时工、季节工，也应当签订劳动合同。由此，在国家劳动工资计划指标内的临时工实际上也应当签订劳动合同，也属于劳动合同制职工，应当享有与劳动合同制职工同等的待遇。原劳动保障部《关于劳动合同制职工工龄计算问题的复函》（劳社厅函〔2002〕323 号）规定："对按照有关规定招用的临时工，转为企业劳动合同制工人的，其最后一次在本企业从事临时工的工作时间与被招收为劳动合同制工人后的工作时间可合并计算为连续工龄。在当地实行养老保险社会统筹前的临时工期间的连续工龄，可视同缴费年限；在当地实行养老保险社会统筹后的临时工期间的连续工龄，要按规定缴纳养老保险费，计算缴费年限，没有缴纳养老保险费的，不能计算视同缴费年限或缴费年限。"对于劳动合同制职工来说，缴费前的连续工龄计算为视同缴费年限是具有核心意义的。换言之，要么允许其补费，要么对不允许其缴费的年限作为视同缴费年限。这个时间通常是当地实行养老保险统筹的最早时间。此时此类人员已经负有缴费义务，不让其补费又不予计算其缴费年限则使其权益受损；如果都作为视同缴费年限，实际是对非法行为予以保护，违背法律伦理精神。以当地实行养老保险统筹的最早时间作为全民固定工和集体所有制单位的正式职工以外的其他人员的最早补费时间是比较恰当的。之前的连续工龄按规定计算视同缴费年限；应缴费的时间没有缴费的，相应时段不计算缴费年限，但不影响之前视同缴费年限的计算。

有的地方具体规定了一个比统筹时间更早的时间，如统筹是 1989 年 1 月开始实施，而要求从 1987 年 1 月开始补费，之前的连续工龄作为视同缴费年限。这种情况主要发生在统筹实施时间较晚的地方。笔者认为这是可以的。因为实际统筹的时间较晚，严格意义上来说是地方部门的工作问题，并不符合国家规定，不应当使参保人获利（全部作为视同缴费年限）。

有两点要分析：

（1）是否适用于其他性质的临时工（尤其是计划外临时工）。一种观点认为，那个时代企业没有用工自主权，计划外临时工（企业自主招用的）不能与企业建立合法的劳动关系，企业没有缴费义务，因而也不应补费，之前的连续工龄不应作为视同缴费年限。笔者认为，简单用劳动关系的概念来确定补费时间是不太恰当的。权利性补费是对公民在历史上工作时间所产生的养老利益诉求的填补，其实质上是与其历史上职业劳动的贡献相关联的。而且，在那个年代，劳动者并不一定清楚用人单位是否具有用工指标，是否经过了劳动行政部门的审批。而且，如果是非法用工的话，作为监管部门的劳动行政部门也难逃其咎。对未经劳动部门批准的临时工（计划外临时工）不适用计划内临时工规则，实际上是将所有的责任后果皆归由这些计划外临时工本人承担，这也是不恰当的。虽然解决的是历史遗留问题，但解决规则是在当下制定的，在尊重历史的同时，也要考虑当下的法律理念：法律的平等与公平。对计划外临时工等实行与计划内临时工相同的规则，在体现当下法律理念的同时，并没有完全背离历史，且有利于制度的统一和可执行性。

（2）当地实行养老保险社会统筹后的连续工龄，没有按规定缴纳养老保险费，此段时间自不能计算缴费年限，但之前的连续工龄能否作为视同缴费年限。从上述文件看，分号前后并没有因果关系，即"当地实行养老保险社会统筹前的临时工期间的连续工龄，可视同缴费年限"并不以之后的缴费为前提，因而之后没有缴费不应影响之前视同缴费年限的计算。因此笔者认为，没有从最早补费时间开始补费，只导致相应时段的连续工龄不计算为缴费年限，而不应影响之前的视同缴费年限的确定。

4. 灵活就业等完全以个人名义缴费的人员。对于从未以职工身份工作过的居民，历史上的缴费制度从未适用于他们，因此即便在法律意义上，他们也不具有利益诉求的正当基础。当然在社会公民的意义上，他们应当有享受社会发展成果、获得养老及医疗保障的正当权利。基于此，笔者认为，应当设计一种补费制度，给其纳入养老统筹享受基本养老保险待遇的机会，这种制度可以与前述补费制度有所区别，区别主要在于补费时间和补费金额。

在补费时间方面，由于其目的在于使其获得基本养老保险保障，而不在于填补历史上存在的利益诉求，因此补费时间不宜过长，应以满足达到退休时满15 年为限，且在补费时不应超过退休年龄，已经超过退休年龄的不能再补缴。如 2012 年 12 月满 60 周岁，则最多可从 1998 年 1 月起补费。

5. 劳动关系中断人员。此类人员既有作为雇佣劳动者的工作时间，也有和灵活就业人员一样没有雇佣劳动的时间。前述关于解决集体企业相关人员养老问题的政策，所针对的集体企业相关人员，多数都存在劳动关系中断现象。既有只允许其补费 15 年的限制，如人社部、财政部《关于解决未参保集体企业退休人员基本养老保险等遗留问题的意见》（人社部发〔2010〕107 号）规定："2010 年 12 月 31 日尚未达到法定退休年龄的人员，要按规定参保缴费，达到法定退休年龄时累计缴费不足 15 年的，可以缴费至满 15 年。"按照该规定，最早可从 1996 年 1 月 1 日起补费。浙江省人社厅、财政厅《关于解决未参保集体企业退休人员及其他相关人员基本养老保障等遗留问题的实施意见》（浙人社发〔2011〕221 号）规定："可按城镇个体劳动者办法参保缴费，其中正常缴费至法定退休年龄累计缴费年限仍不足 15 年的，可一次性补缴不足年限的基本养老保险费。"而多数地方的补费并无 15 年限制。

笔者认为，是否应设置 15 年的限制，本质上在于职工与非职工的区别。如果职工和非职工在补费上是有区别的，那么劳动关系中断人员在中断期间属于非职工身份，更应当适用非职工的补费规则。基于相同情形相同处置的原则，中断期间应适用灵活就业人员的补费规则，不应超过 15 年，而有劳动关系存在年限的，则按前述职工的补费规则进行补费，不应限制于 15 年。

五、补费基数、比例

除了补费时间以外，补费基数是极其重要的，在一定意义上，补费基数实际决定了补费时间的长短。如果补费不仅在于保障公民的养老权益，还在于平衡基金收支，即补费数额是依据养老保险基金可能的支出来确定的，那么补费并没有体现出对补费人员的保护与照顾，由此补费数额会很高，因而补费时间就没有必要限制，否则就应当有所限制。

从实践来看，主要有两种模式，一种是以历史上的实际缴费基数为基础，由此缴费基数及缴费数额较低，体现了对补费人员的保护与照顾；另一种是以目前的缴费基数为基础，由此缴费基数和缴费数额很高，补缴15年可能多达10多万元，对补费的保护与照顾不足。对于第二种补费方案，其保护不足性尤其体现在，没有考虑补费人员存在的生存风险：补费中只有少部分进入个人账户并在参保人去世时返还个人（继承），一旦参保人较早去世，归于统筹基金的大部分缴费将"血本无归"。

模式一：河南省劳动保障厅《关于城镇企业职工基本养老保险若干政策问题的处理意见》（豫劳社养老〔2009〕5号）规定，当地建立统账结合制度之前和当地实行企业职工基本养老保险市级统筹之后的时段，缴费基数按照当时当地的规定执行；当地建立统账结合制度至实行市级统筹之间的时段，缴费基数按照当时当地对应上年度职工月平均工资的60%或100%选择，其间缴费年度的指数对应为0.6或1.0。

《湖北省城镇用人单位职工基本养老保险费补缴暂行办法》（鄂劳社文〔2003〕190号）规定，原固定职工，从当地实行退休费用社会统筹开始至实行统账结合基本养老保险制度改革前的时间，由企业按职工平均缴费基数3%～5%的比例补缴（具体比例由各地确定）；当地实行统账结合基本养老保险制度改革以后至参保前的时间，单位和个人按历年规定费率补缴。补缴后，职工在当地实行统账结合基本养老保险制度改革前按国家规定可计算为连续的工作时间，可视同缴年限。补缴均以历年本人实际工资总额（在对应年度规定的缴费基数上下限范围内）为基数。

陕西省进一步作了区分。陕西省人社厅、财政厅《关于未参保城镇集体企业退休人员等参加企业职工基本养老保险有关问题的通知》（陕人社发〔2011〕145号）分了三种类型：（1）1993年1月1日以后与原单位解除劳动关系的人员，补缴1993年1月至解除劳动关系之月单位和个人的当期缴费（含利息）；也可以经养老保险经办机构依据原始资料核实其在原单位的劳动关系存续后，由个人按同期灵活就业人员参保缴费办法补费（含利息）。这是以历史上的实际缴费补费；（2）与原城镇集体企业解除劳动关系的城镇灵活就业人员，可最早由个人从1999年1月起补缴灵活就业期间的养老保险费，具体为：以历年公布的全省上年度在岗职工平均工资的60%为基数，按照历年规定的缴费比例一次性补缴（合利息），以后年度按照我省城镇灵活就业人员政策继续参保缴费；男年满60周岁、女年满50周岁的人员补缴办法具体为：以历年公布的全省上年度在岗职工平均工资的60%为基数，按照历年城镇灵活就业人员缴费比例,从办理参保手续当月起向前补缴养老保险费(含利息)。其中,1993 年 1 月 1 日前经原县级以上劳动行政部门或有关行政部门批准办理正式招工录用手续,按规定计算的连续工龄视同为缴费年限。无视同缴费年限的,一次性补缴 15 年基本养老保险费;视同缴费年限不足 10 年的,一次性补缴至缴费和视同缴费年限满 15 年;视同缴费年限 10 年以上的,一次性补缴 5 年的基本养老保险费。这实际上具有照顾性质,是历史年度的缴费下限作为缴费基数。(3)陕西省人民政府办公厅《关于印发解决未参保城镇集体所有制企业超过法定退休年龄人员基本生活保障问题办法的通知》(陕政办发〔2009〕86 号)规定,一次性缴纳一定费用〔2008 年 12 月 31 日前年满 70 周岁及以上的人员按 10000 元缴纳;70 周岁以下的人员在 10000 元的基础上,按其与 70 周岁每相差 1 年(相差不足 1 年的,按 1 年计算)增加 1500 元缴纳〕。按月领取养老补贴(每月 480 元)。

模式二:江苏省苏州市劳动保障局《关于企业职工补缴基本养老保险费的处理意见》(苏劳社险〔2008〕5 号)规定,企业和职工一律以办理补缴年度(每年 7 月 1 日至次年 6 月 30 日)适用的上年全省在岗职工平均工资为养老保险费的补缴基数。补缴 1985—1992 年(离退休费用统筹)期间的,统一按 21% 的缴费比例;补缴 1993 年以来的,按补缴年度企业和职工的缴费比例之和。

北京市社会保险基金管理中心颁布的《城镇职工基本养老保险费补缴实施细则》(京社保发〔2010〕47 号)规定,个人申请补缴基本养老保险时,相应年度缴费工资基数档次分为以下三档:(1)第一档为补缴年度上一年本市职工月平均工资。(2)第二档为补缴年度上一年本市职工月平均工资的 60%。(3)第三档为补缴年度缴费工资基数下限。北京市人社局《关于城镇职工补缴基本养老保险费有关问题的通知》(京人社养发〔2010〕239 号)规定,补缴时,以本人确认的相应补缴年度缴费工资基数,分别乘以办理补缴时上一年本市职工平均工资与相应补缴年度上一年本市职工平均工资的比值,作为相应补缴年度的补缴基数〔计算公式是:1 × 办理补缴时上一年本市职工平均工资/(1 - x)〕,按照 20% 的比例缴纳。

北京市补缴年度缴费工资基数档次及计入个人账户比例表

补缴年度	上一年本市职工月平均工资	上一年本市职工月平均工资的60%	下限	个人账户比例（%）
1992 年 10 月 – 12 月	240	144	144	2
1993 年 1 月 – 12 月	284	170	170	2
1994 年 1 月 – 12 月	377	226	226	5
1995 年 1 月 – 12 月	545	327	327	5
1996 年 1 月 – 3 月	679	407	407	5
1996 年 4 月 – 12 月	545	327	327	5
1997 年 1 月 – 12 月	679	407	407	5
1998 年 1 月 – 6 月	798	479	479	5
1998 年 7 月 – 12 月	798	479	290	11
1999 年 1 月 – 12 月	918	551	310	11
2000 年 1 月 – 12 月	1024	614	400	11
2001 年 1 – 12 月	1148	689	412	11
2002 年 1 月 – 12 月	1311	787	435	11
2003 年 1 月 – 3 月	1311	787	435	11
2003 年 4 月 – 2004 年 3 月	1727	1036	465	11
2004 年 4 月 – 2005 年 3 月	2004	1202	465	11
2005 年 4 月 – 12 月	2362	1417	545	11
2006 年 1 月 – 3 月	2362	1417	545	8
2006 年 4 月 – 2007 年 3 月	2734	1640	580	8
2007 年 4 月 – 2008 年 3 月	3008	1805	1203	8
2008 年 4 月 – 2009 年 3 月	3322	1993	1329	8
2009 年 4 月 – 2010 年 3 月	3726	2236	1490	8
2010 年 4 月 – 12 月	4037	2422	1615	8

根据北京市的补缴办法，是以办理补缴时上一年本市职工平均工资为基数，实际还高一点。平均每月应补缴 750 元，每年 9000 元。补缴 15 年需 13.5 万元，补缴 18 年需 16.2 万元。更不公平的是，统筹基金按现在的标准收，而

个人账户则按当年的标准计入。

重庆市则兼有一、二种模式。重庆市人社局、重庆市财政局《关于城镇企业职工基本养老保险参保缴费有关问题处理意见的通知》（渝人社发〔2009〕21号）规定：（1）对申请补缴基本养老保险费时间在5年内（含）的（从本人申请办理补缴手续的上一年起计算，下同），按照渝劳社办发〔2006〕248号文件规定计算应补缴的基本养老保险费本金、个人账户利息和统筹基金利息。（2）对申请补缴基本养老保险费时间超过5年的（补缴时间最早不得早于1993年3月），超过部分应补缴的费用按参保人员申办补缴手续上年度全市城镇经济单位职工平均工资×本人各年度缴费指数之和×缴费比例（20%）计算，不再加收个人账户利息、统筹基金利息及滞纳金等。本项所称"各年度缴费指数"，指用人单位职工相应年度缴费基数与对应上年度全市职工平均工资（城镇经济单位职工平均工资，以下统称社平工资）的比值；个人参保人员（如：灵活就业人员、个体工商户及其雇工等）为本人申报的各年度缴费基数与对应上年度社平工资的比值。具体由参保地社会保险经办机构负责计算。即对补费5年内的按模式一补费，超过5年的按模式二补费。

笔者认为，第一种补费模式体现了保护和实现劳动者养老权益的目的，第二种模式总体上不利于实现这一目的，应当以第一种模式为主。即（1）原则上应以历史上的实际缴费状况补费，同时计算利息（复利），此系以填补和恢复为原则。（2）在当地统筹以前至国家开始实行统筹（可统一确定为1987年1月，地方之前已经实行统筹的则按该统筹时间确定）期间，当地没有实际缴费，可按当地实行统筹的首次缴费基数和比例确定其补费基数和比例，同时计算利息（复利），这虽然没有严格遵循填补和恢复原则，但考虑这段时间早至20世纪90年代初以前，实际缴费基数和比例均不高，对参保人利益影响不大，因而是一个相对公平和准确的标准。（3）非雇佣劳动者，包括中断劳动关系人员的非雇佣劳动年限，应按照灵活就业人员的缴费历史状况进行补费并补缴利息，最多不超过15年；其中尚未实行灵活就业人员的缴费的年限，按最早的灵活就业人员的缴费基数和比例确定此前的缴费基数和比例，并补缴利息。（4）对于已经超过退休年龄的原集体企业职工等曾经有劳动关系的人员，可以实行上述补费政策，亦可以补缴特定数额费用，按月发放最低养老金（养老保险补贴）。按照这一思路确定补缴规则：（1）政府将承担很大的财务责任，这实际是对养老保险制度转型责任的承担，也是政府作为养老保险制度设计者、改革者和推进者责任的承担；（2）没有或者几乎没有令劳动者承担额外的责任，最大限度地填补、恢复和保护了劳动者的养老保险权利；（3）养老保险制度尤其是基金平衡并没有收到其本不应承担的风险冲击，在本质上没有加重养老保险制度负担。

在确定具体补费数额时，必须充分考虑两种情况。一是确定有没有用人单位应当承担的责任。上述缴费基数的确定是完全以个人缴费为前提的，因此除了"填补"和"恢复"外，没有加重缴费责任。在用人单位应当承担缴费责任时，应缴未缴是用人单位违法了，就不能简单地遵循"填补"和"恢复"原则，在强制补缴的情况下应当向用人单位征收滞纳金。二是区分《社会保险法》实施前后。由于《社会保险法》对应缴费的法律责任作了明确规定，应缴未缴社保费必须承担滞纳金责任。基于平等原则，对于该法实施以后的年限的补费，应当全部征收滞纳金。

六、计息和记账

补缴费的计息和记账，直接关系到被保险人未来个人账户养老金的多少。

河南省劳动保障厅《关于城镇企业职工基本养老保险若干政策问题的处理意见》（豫劳社养老〔2009〕5号）规定，当地建立统账结合制度之前的利息，按照建立统账结合制度第一个缴费年度原省劳动厅公布的记账利率计算，全部计入统筹基金。建立统账结合制度之后的利息，按照对应缴费年度的个人账户记账利率计算，其中单位缴费部分利息按照当时账户规模相应比例划入个人账户后剩余部分计入统筹基金，个人缴费部分利息计入个人账户。利息按复利计算。

江苏省苏州市劳动保障局《关于企业职工补缴基本养老保险费的处理意见》（苏劳社险〔2008〕5号）规定，1996年1月1日后个人账户按实际补缴基数及补缴对应年度个人账户记账比例记载，并从实际缴费到账之月起计息；1992—1995年的补缴基数按对应年度省市职工平均工资平均数记载，作为计算参保人员1995年底前推算储存额的缴费工资指数和平均缴费工资指数的依据。1996年1月1日后的补缴基数应与办理补缴年度正常缴费的缴费基数合并计算平均缴费工资指数，分别予以记载。其中，在职工退休当年补缴的，补缴退休上一年年底前的补缴基数与退休上一年的缴费基数合并计算平均缴费工资指数。

重庆市人社局、财政局《关于城镇企业职工基本养老保险参保缴费有关问题处理意见的通知》（渝人社发〔2009〕21号）规定，参保人员补缴费用后，参保地社会保险经办机构按规定为其记入个人账户本金和利息。具体为：按参保人员各年度缴费基数分别乘以我市历年规定的记账比例记入个人账户本金，同时按规定的记账利率记息。

上述方式基本相同，是以史实为基础的，是正当的。在个人补费的情况下，缴费时间可能不会很长，个人账户养老金在基本养老金的组成中尤为重要。补费时，全部缴费的利息并没有损失，也不应当有损失。同时，个人账户的记入也应当遵循"填补"和"恢复"原则。

七、待遇计发

补缴最重要的目的在于增加未来计发的养老金数额。因此在补缴后如何计发养老金是被保险人最为看重的问题。

河南省劳动保障厅《关于城镇企业职工基本养老保险若干政策问题的处理意见》（豫劳社养老〔2009〕5号）规定：（1）1986年9月30日以前达到政策规定退休条件的人员，经核准直接纳入企业职工基本养老保险，从参保次月起发放养老金；1986年10月1日以后至参保前达到政策规定退休条件且符合按月领取基本养老金条件的人员，经核准参保并足额缴费后，从次月起发放养老金。（2）参保时已达到政策规定退休条件，但未办理退休审批手续的人员，劳动保障行政部门应当按照其达到政策规定退休条件的时间为其补办退休手续，并在相关手续上注明"补办"字样。（3）上述人员的养老金标准按其达到政策规定退休条件当时当地的计发办法计发。养老金标准有下限。未纳入基本养老保险之前的养老金不补发，也不参与历次基本养老金调整；纳入基本养老保险后我省再增加企业退休人员基本养老金时参与调整。

陕西省人社厅、财政厅《关于未参保城镇集体企业退休人员等参加企业职工基本养老保险有关问题的通知》（陕人社发〔2011〕145号）规定：（1）未超龄人员参保后达到领取养老金年龄、缴费和视同年限满15年且实际缴费年限满5年的，按照新办法计发基本养老金。达到领取养老金年龄时，缴费和视同缴费年限不满15年或实际缴费年限不满5年的，若本人同意并提出书面申请，可继续以个人身份参保，按月缴费至满15年且实际缴费年限满5年，按规定办理退休；若本人不愿继续缴费，则终止养老保险关系，个人缴费（含利息）一次性退还本人。（2）按以上规定一次性补缴基本养老保险费的超龄人员，按照新办法，从本通知执行后缴清一次性费用的次月起按月计发基本养老金，不参加此前年度基本养老金调整，以后年度按规定随同企业退休人员进行调整，并享受由养老保险基金支付的企业退休人员的其他待遇。其中，按月领取养老补贴人员按月计发的基本养老金低于原发放标准的，按原发放标准执行。（3）对已按月领取养老补贴人员中未选择重新核算缴费的人员，月基本养老金标准继续按原发放标准执行，参加以后年度企业退休人员基本养老金调整，并享受由养老保险基金支付的企业退休人员的其他待遇。（4）在按月领取基本养老金期间死亡的，从其死亡的次月起停止支付基本养老金，并按规定支付丧葬费等待遇；若本人缴纳的一次性费用在支付相关待遇后仍有余额的，余额退还给指定受益人或法定继承人。

第一，关于个人缴费是否退还的问题。陕西省规定可以退还，而大多数地方只允许退还个人账户部分。笔者认为，陕西省的规定对于充分保护补费人员个人利益是有积极意义的，但并不符合基本养老保险风险负担原则，也与参保人员承担的对统筹基金的保障责任（代际责任）不相符合。因此只退个人账户部分更具合理性。另外，由于补费遵循的是"填补"和"恢复"，因此补费的具体金额不会太大，即便只退个人账户部分，个人损失也不至太大。此外，个人账户的计入比例设定为 8% 是否合适，也值得研究。如果计入比例高一些，个人账户养老金占比相应高一些，只退个人账户对参保本人的影响也就更小一些。

第二，关于特定人员是否可以不补费而直接享受养老金，河南省规定是可以的，即限于男 85 岁以上，女 75 岁以上。笔者认为这是可行的，但应当由财政承担部分费用。这些人要么由单位承担"养老金"，要么绝大多数没有"养老金"或极低，直接由养老保险基金承担支付责任缺乏理论依据，而由政府承担责任则体现了对历史债务的承担。

第三，对于已经超过退休年龄的人员实施低补费、低养老金策略是比较合适的，也可以实行定额补费和定额养老金。这部分人不存在养老保险关系的转移，补费和待遇支付责任均在本统筹区内解决，未尝不可。

八、用人单位的责任

在补缴中，是否确定以及如何确定用人单位的责任，是颇费思量的问题。河南省劳动保障厅《关于城镇企业职工基本养老保险若干政策问题的处理意见》规定：参保企业和职工过去欠缴的基本养老保险费，在 2009 年年内补缴的，补缴本金的同时，按照对应缴费年度的记账利率补缴利息，不再收取滞纳金。2009 年年内没有补缴的，仍按照原规定执行。行政诉讼、劳动争议仲裁判定由企业补缴养老保险费的，以及经稽核、监察发现少缴、漏缴养老保险费责令补缴的，按照规定加收的滞纳金不得减免。

该规定在区分自愿补费和强制补费的同时，对违法欠费、少缴费实行了一定的"原罪"，具有合理性。首先，在《社会保险法》实施以前征收滞纳金的情形很少见。尊重现实也是一种选择。其次，就过错来说，自愿补缴和强制补费自然也有区别，对后者征收滞纳金也是理所当然。

九、机关事业单位临时工补费

机关事业单位的"临时工"即非编制人员，在相当长时间内依然存在。其中很多人都没有依法参加社会保险。对其补费和养老待遇的处理，地方政策不尽相同。

河南省劳动保障厅《关于城镇企业职工基本养老保险若干政策问题的处理意见》规定：现与机关事业单位（以下简称用人单位）保持劳动关系的临时工，应当参加企业职工基本养老保险。《劳动法》实施前用人单位使用的临时工，从1995年1月起补缴养老保险费，之前不能补缴，也不作为视同缴费年限；《劳动法》实施后用人单位使用的临时工，从使用当月起补缴养老保险费。缴费基数和缴费比例按照当时当地企业职工基本养老保险有关规定执行，同时按照对应缴费年度个人账户记账利率补缴利息。

湖北省《基本养老保险若干政策问题的暂行处理意见》（鄂劳社发〔2007〕59号）规定：机关事业单位和社会团体的编制外聘用人员应参加企业职工基本养老保险，其基本养老保险费由聘用单位和个人按规定共同缴纳。其中，1995年底前已被聘用的人员，本文下发时仍与聘用单位保持劳动关系的，应补缴1996年1月至参保前的基本养老保险费；1995年底前的工作时间不补缴，也不视同为缴费年限。1996年1月1日至本文下发前聘用的人员，应补缴从进入本单位的当月至参保前的基本养老保险费。补缴后，养老保险经办机构按历年的个人账户规模为其补建个人账户，补缴期间的工作年限计算为缴费年限。本文下发之后新聘用的人员，从聘用之月开始参保缴费。

济南市劳动保障局、济南市人事局《关于国家机关、事业单位和社会团体临时聘用人员参加企业职工基本养老保险有关问题的通知》（济劳社字〔2007〕50号）规定：自2007年2月1日起，用人单位和临聘人员应按规定参加企业职工基本养老保险；目前仍被用人单位聘用的临聘人员，凡聘用时间早于2007年2月1日的，且本人尚未达到国家规定退休年龄，经与用人单位协商一致，由用人单位提出申请，社保机构可按企业职工基本养老保险费补缴的规定，为其办理基本养老保险费补缴手续，但补缴时间不得早于2001年6月。济南市这一补缴文件并不妥当。按照该文件，晚至2007年1月，机关、事业单位和社会团体仍无法定义务为非编制职工缴纳养老保险费，这并不符合我国法律现实；为什么只能补缴至2001年6月？《劳动法》自1995年1月1日起实施，其规定"国家机关、事业组织、社会团体和与之建立劳动合同关系的劳动者，依照本法执行"，同样应当享受社会保险权利。在某种意义上，劳动部门未及时将这些人员纳入统筹范围，本身即有不作为之责，不能依此否认这些职工的社会保险权利。此外，除养老保险外的其他四项社会保险在 2007 年 2 月 1 日之后仍可以不参加吗？

相比较而言，河南省规定的法律依据更为充分。

但 1995 年 1 月之前是否一定不能补缴？如果之前的工龄不能补缴，又不能作为视同缴费年限，因而不能作为计发养老金的依据，这对于连续工龄达数十年的人员并不公平。虽然从某种法律意义来说，这些人员在 1995 年 1 月 1 日之前并不享有参加社会保险的法律权利。但从更深层意义上说，这种不同身份人员享有不同的社会权利，是违背宪法原则，或者说，赋予这些人员与企业人员同等的社会保险权利，符合宪法的平等原则。政府机关及与政府职能密切的事业单位，本应是执行法律、保护公民利益的表率，所承担的社会责任应该比企业更大而不是相反。因此，对这些人员可以实行与企业合同制职工同样的补费和养老待遇计发规则。

十、"家属工"、"五七工" 补费

"家属工" 是指 20 世纪六七十年代，在国有企业中从事生产自救或企业辅助性岗位工作的，以及城镇街道等自行组建的集体企业中从事生产自救工作的，未被劳动部门录用、没有企业正式职工身份的人员。这些人员多数是在 20 个世纪六七十年代初响应毛泽东 "五七" 指示，走出家门参加生产劳动，组建街道 "五七" 厂或进入企业不同岗位的城镇职工家属，因此也称为 "五七工"。国有企业和集体企业的家属工是在特殊的历史阶段产生的特殊群体，其存在的养老保障和医疗保障缺失作为历史遗留问题，在全国比较普遍。随着老龄化的趋势，家属工的养老、医疗需求保障问题成为不可忽视的一个社会问题，国家已经出台相关政策对其社会保障问题予以明确。

家属工在当初多是农村户籍，跟随作为固定工的配偶到国营企业（城镇企业）工作后实现了 "农转非"。家属工的工资福利和劳动待遇与正式职工不一样，差距很大，当初没有劳保，也没有参加社会统筹。除少数 "五七" 工厂被兼并入国有企业之外，绝大多数被市场竞争所淘汰而关闭破产。除少数 "家属工" 当时被吸收进入国有或集体企业外，或得到一定的安置和补偿外，多数 "家属工" 没有得到任何安置或经济补偿。大多数 "家属工" 目前已超过退休年龄，有的年事甚高，其主要生活来源依赖于其配偶。在其配偶去世后，很多 "家属工" 的生活非常困顿。由于不符合现行参保范围及条件，她们无法直接按现行政策纳入基本养老保险和基本医疗保险，成为历史遗留问题，已经成为影响社会稳定的重要因素。

从事实上来说，"家属工" 们从事的劳动与其他正式职工只有内容、岗位、工种等方面的差别，并没有性质上的不同，很多"家属工"的劳动时间更长、劳动强度更大。但是在当时，她们并不享有职工的法律权利，也不享有职工的政治地位，而与临时工的地位相似。随着年龄增大，她们的养老和医疗需求越来越迫切，要求享受基本养老保险和基本医疗保险的呼声越来越大。

为了保障家属工的基本养老权益。一些地方就家属工的社保权益问题出台了新的政策。

河南省人社厅《关于将原"五七工""家属工"等人员纳入城镇企业职工基本养老保险统筹范围的通知》（豫人社养老〔2010〕11号）规定，符合"《劳动法》实施（1995年1月1日）前在我省城镇企业从事临时性工作满5年，或者《劳动法》实施前在我省城镇企业从事临时性工作、目前累计满10年"、"具有我省城镇户籍"、"未参加城镇企业职工基本养老保险"的人员，可以按照本通知规定纳入城镇企业职工基本养老保险。并以本人自愿为前提，明确了补缴基本养老保险费本金和利息的具体方法：以当时当地对应上年度职工月平均工资的一定比例为基数，按照当时当地企业和职工的缴费比例执行，其中：（1）参保时年满70周岁及以上的，从当时当地对应上年度职工月平均工资的60%、80%、100%三个档次中自选一个作为补费基数。相应年度的指数分别为0.6、0.8、1.0。（2）参保时年满60周岁不满70周岁的，从当时当地对应上年度职工月平均工资的80%、100%两个档次中自选一个作为补费基数。相应年度的指数分别为0.8、1.0。（3）参保时不满60周岁的，以当时当地对应上年度职工月平均工资的100%作为补费基数。相应年度的指数为1.0。补费后达到政策规定退休年龄且缴费年限满15年的，可按月领取基本养老金。

黑龙江省人社厅、财政厅《关于将"五七工"、"家属工"等人员纳入基本养老保险统筹范围的通知》（黑人保发〔2009〕36号）规定，同时符合"本通知下发前具有我省城镇户籍"、"未参加基本养老保险"、"实行'统账结合'制度前在我省城镇用人单位工作满3年以上"、"2009年7月1日前年满60周岁以上"条件的"五七工"、"家属工"等人员可以纳入基本养老保险统筹范围。通知规定，鉴于这部分人员没有国家承认的连续工龄，无视同缴费年限，按照基本养老保险有关规定须缴纳一定的基本养老保险费后方可纳入基本养老保险统筹范围。考虑到该群体身份和年龄等方面因素，按以下标准缴纳基本养老保险费后可以按月领取基本养老金：2009年7月1日前年满75周岁及以上人员，按10000元标准缴纳；75周岁以下人员在10000元的基础上，按与75周岁每相差1年（不足1年的，按1年计算）增加1500元的标准缴纳。按以上标准缴纳基本养老保险费后，社会保险经办机构按413元/月（含45元/月御寒津贴）标准核定基本养老金并实行社会化发放；核定的基本养老金标准随今后全省城镇企业退休人员基本养老金调整而调整，其中普遍调整部分按同一标准定额调整，特殊调整部分按以后国家及省相关政策执行。缴费额度的 80% 由个人承担，20% 由各级政府和相关中直行业、系统企业承担。纳入人员的基本养老金首先从个人缴费账户中支付，个人缴费账户资金支付完毕后由统筹基金继续按原标准支付。按月领取基本养老金人员死亡时，按比例扣除已支付的基本养老金后个人缴费部分仍有剩余的，剩余部分退还给指定受益人或法定继承人，并按规定发放丧葬补助金。

陕西省政府办公厅《关于印发解决未参保城镇集体所有制企业超过法定退休年龄人员基本生活保障问题办法的通知》（陕政办发〔2009〕86 号）规定：2008 年 12 月 31 日前年满 70 周岁及以上的人员按 10000 元缴纳；70 周岁以下的人员在 10000 元的基础上，按其与 70 周岁每相差 1 年（相差不足 1 年的，按 1 年计算）增加 1500 元缴纳。对缴清费用人员，按月发给每人每月 480 元养老补贴，并参照企业退休人员标准发给冬季取暖费；养老补贴标准适时调整。在按月领取养老补贴期间死亡的，从其死亡的次月起停止支付养老补贴，并参照企业退休人员标准支付死亡丧葬费；若本人缴纳的一次性费用在支付以上相关待遇后仍有余额的，余额退还给指定受益人或法定继承人。

这些规定为解决家属工的社保权益保障提供了有益借鉴。"家属工"在当时的法律属性与长期"临时工"相似。其区别主要有两点：（1）"家属工"们即便其用人单位已经关闭破产，她们并没有与承继相关责任的单位或部门断离联系；（2）她们具有了城市户籍，没有土地等生活来源。笔者以为，在补费规则上应保持一致。对于已经超过退休年龄，尤其是年事已高的人员如超过 70 周岁、75 周岁的，可以实行定额补费规则将其纳入统筹；未达退休年龄的，应与其他人员的补费规则一致，可以作为视同缴费年限的工龄应作为视同缴费年限。

第三节　医疗等社保费之补缴及其待遇

一、基本医疗保险费之补缴与待遇

（一）用人单位之补缴及待遇

基本医疗保险缴费及缴费年限既关系被保险人当期医保待遇的享受，又对其退休后医保待遇构成直接影响。在基本医疗保险费补缴中，主要的难题是，补缴后的当期医疗费用的处置。

在《社会保险法》实施之前的实践中，由于担心被保险人患病特别是患大病后才参保并补缴医保费，不少地方不允许补缴医保费，也不允许基金支付在欠缴期间的医疗费用。在《社会保险法》实施之后，由于征缴的法律约束力增强，不让补缴的现象基本不复存在，但不予支付欠缴期间的医疗费用仍普遍存在。当然多数地方规定，欠缴期间不予支付医疗费用与欠缴期间的长短关联。

欠缴期间医保机构不予支付医疗费用的主要理由是，用人单位没有给劳动者缴纳医保费，医保机构未与劳动者形成社会保险关系，劳动者发生医疗费用后，医保机构不承担给付医疗保险待遇的义务。在这种情况下，用人单位有过错，因用人单位的违法行为导致劳动者不能享受医保待遇，二者间具有法律上的因果关系，用人单位应当为自己的过错行为埋单，按规定给予劳动者相应的待遇。补缴医保费与享受医保待遇间不是对等关系，补缴医保费并不必然享受医保待遇。缴纳医保费等社会保险费用是用人单位的法定义务，除法定事由外不得要求减免。如果仅仅从民商事合同角度而言，这一观点是有道理的，但在社会保险关系中是否完全适用，不无争议。在商业保险中，不管何时参保，对已经发生的费用，商业保险是不予支付的，同时，商业保险也不存在补缴的问题。社会保险与商业保险有很大的不同，在补缴医保费并承担法律责任后，是否一概不能纳入基金支付，值得探讨。

亦有观点认为，用人单位应当依法补缴，并将被保险人的医疗费用纳入基金支付。其主要理由是，用人单位未依法缴费是一种严重的违法行为，若让用人单位不补缴，对用人单位来说少了一项支出，但也会严重损害劳动者的权利。依法缴费是用人单位应尽的义务，既然法律规定，就要依法执行。用人单位依法补缴并收取滞纳金或进行处罚后，应将劳动者的医疗费用纳入基金支付。

从目前国家层面的规定来看，用人单位补缴欠费后，医保基金能否支付欠费期间的医疗费用，没有详细规定。对于医疗保险经办机构来说，如果补缴欠费后，医保基金可以支付医疗费用，是否会纵容恶意欠费行为，或者造成更多的欠费情形——反正补缴欠费后，可以纳入基金支付，干脆就欠费吧，需要慎重对待。

对于这种情形，各地都有相应规定，但区别较大。较多的情形是，参保单位没有按时足额缴纳医疗保险费的，自次月起停止享受医疗保险待遇，欠缴费不满3个月的，待单位和个人补齐欠缴的医疗保险费和滞纳金后，参保人员恢复享受医疗保险待遇，补划个人账户，可以到医疗保险经办机构报销；超过3个月的，按自动停保处理，自动停保以后再缴清医保费的，按重新参保办理，有 6 个月的等待期，期满方能享受统筹基金支付医疗费用的待遇，停保期间医疗费用不能纳入基金支付。

笔者主张，针对强制性的基本医疗保险，在依法补缴并征收滞纳金等之后，在法定时效内应将被保险人医疗费用纳入基金支付范围。其理由如下：（1）我们认同，即便被保险人存在疾病或重大疾病，但只要其一开始就正常缴费，医保基金仍需正常支付其待遇。基本医疗保险对被保险人医疗风险的保障，与对个别被保险人的保费—待遇收支是否平衡无任何关联。那么用人单位在补缴并承担滞纳金等全部责任后，实际已使社会保险关系的状态恢复至开始即正常缴费时的状态，医保基金并没有遭受损失。（2）强制缴费义务的履行和执行，与雇佣关系的事实关联，而与被保险人是否会罹患疾病或招致伤害或已经存在疾病、伤害无关。这是社会保险的基本属性使然。社会保险以保障为第一要务，只要不是制度的内生机制使得制度无法持续，就应当坚定地贯彻其保障目的。而补缴后付费的保障模式，不会妨碍该制度的可持续。补缴后付费与一般的逆向选择是不同的，因为存在"倒逼"责任的问题。事实上，对于绝大多数补缴后付费情形来说，只要执法机构真正使补缴规则得到落实，也许对于被保险人个人来说，基金"支"大于"收"，但对于整体补缴来说，则完全可能是相反的结果。当然对于待遇的支付来说，应当设定并严格执行 5 年的时效期间。也就是在用人单位依法补缴医保费之后，被保险人或者用人单位提出支付被保险人在欠缴期间发生的医疗费用，只能支付自提出之日前 5 年内的医疗费用。该时效应当完全依据时间确定，而不得适用"连续行为终止之时"的界定。另外，必须明确的是，只有补缴后的相应时段的在时效之内的医疗费用才能纳入基金支付，没有补缴的时段的医疗费用当然不能纳入基金支付。

对于补缴中等待期的设置，由于笔者主张补缴后医疗费用原则上均应纳入基金支付，因此不存在补缴等待期的适用问题。

实践中普遍存在的补缴方法是，只补缴单位缴费部分，个人缴费部分不补缴，补缴后计算个人医疗保险缴费年限，不计入医疗保险个人账户。笔者认为，这种做法是不可取的。

实践中存在如下情形，一些不法分子通过注册公司，专门雇用没有正常参加医保的重病如癌症、尿毒症等患者，通过虚构劳动关系获得参保资格，通过参保而获得医保待遇的支付。如果允许补缴并支付补缴期间的医疗费用，会导致这一现象的进一步滋生。笔者认为，此类参保人员，由于不具备正常参保的事实和条件，而系通过虚构事实、隐瞒真相的方法参保并获取医保待遇，已涉嫌构成诈骗罪，社保机构应在初步调查的基础上将此类案件移交公安机关侦查打击。在信息网络比较健全的前提下，此类重症患者，其参保缴费或补缴与待遇的大额支付时间距离很近，社保机构很容易发现其问题。而对于虚构劳动关系的事实，公安机关介入后也比较容易就可查实，因此这类违法犯罪行为是完全可以遏制的。只要执法得力，不会因为制度的普遍实施而大规模产生并且危及制度的根基。

（二）个人之补缴及待遇

个人即灵活就业人员的医保费补缴因为不存在强制性缴费义务，因此与上述补缴情形完全不同。其基础事实存在两个方面的重大差异：一是无法确定应补缴的时间，因而不存在用人单位补缴时通常存在的情形——补缴的时间段长于发生医疗费用的时间段；二是个人补缴只可能补个人的，因而也不存在用人单位补缴时通常需要补缴多位职工的医保费情形。这些差异的存在，决定了一旦允许个人补缴并支付补缴期间的医疗费用，则会完全导致逆向选择——患病后再缴费，对每一个被保险人都会导致"待遇大于保费"，这完全背离了保险原则，对制度的可持续性造成致命打击，因而是不可取的。因此笔者主张，对个人缴费，不允许补缴；任何自愿参保对象，要想充分保护自己的医保权益，必须在任何时候都正常缴费，无力缴费的通过其他社会保障措施予以保护。

二、工伤保险费之补缴及其待遇

工伤保险费的补缴与待遇的关系，修订后的《工伤保险条例》作了明确规定，第62条第2款规定，依照本条例规定应当参加工伤保险而未参加工伤保险的用人单位职工发生工伤的，由该用人单位按照本条例规定的工伤保险待遇项目和标准支付费用。第3款规定，用人单位参加工伤保险并补缴应当缴纳的工伤保险费、滞纳金后，由工伤保险基金和用人单位依照本条例的规定支付新发生的费用。

在该条款修订之前，工伤职工能否获得工伤保险基金支付的待遇，是以其发生工伤事故时参保为前提的。如果未参保，则不能由工伤保险基金支付待遇，而只能由用人单位支付；如果用人单位不能支付，则工伤职工及其家庭就可能陷入困境，因而这一制度不能给工伤职工及其家庭提供较为充分的保障。新规则规定用人单位补缴全部工伤保险费后，新发生的费用可以纳入基金支付，但已经发生的待遇则不能纳入基金支付，而只能由用人单位支付。这样规定并非没有道理。如前所述，补缴和待遇的补充支付并无必然关联，补缴是对违法行为的纠正，并不必然导致违法行为期间发生的待遇转由基金承担。从工伤保险与基本医疗保险的区别来看，《工伤保险条例》的规则也具有合理性。工伤保险待遇由工伤医疗待遇、伤残补偿和工亡补偿、护理等待遇构成。在发生工伤事故后，如果用人单位及时补缴工伤保险费，如在第二日就补缴，那么由用人单位实际承担的医疗费用将很少（如仅为第一日的医疗费用），因此这一规范内容与基本医疗保险补缴后待遇支付模式基本相同。

从现行制度体系来看，这一处置模式也不产生保障不能的问题。《社会保险法》设立了工伤保险先行支付制度。根据《社会保险法》第 41 条规定，职工所在用人单位未依法缴纳工伤保险费，发生工伤事故的，由用人单位支付工伤保险待遇；用人单位不支付的，从工伤保险基金中先行支付。因此从立法角度而言，不管用人单位是否补缴工伤保险费，对于可由工伤保险基金支付的待遇，工伤职工最终要么由用人单位支付，要么由工伤保险基金先行支付，不会受到损失。当然，这在实践中能否实现则是另一回事。

依据待遇支付时间的长短，工伤保险待遇可划分为短期待遇如一次性伤残补助金和一次性工亡补助金等，以及长期待遇如工伤医疗费用、伤残津贴、护理费、供养亲属抚恤金。对于工伤保险来说，长期待遇更符合工伤保险保障工伤职工及其家庭基本生活的立法目的，是工伤保险着力发展的方向。根据条例第 62 条规定，补缴后，工伤保险长期待遇均可纳入工伤保险基金支付范围，工伤职工及其家庭的基本生活可以得到比较充分的保障——当然还需要进一步改革工伤保险待遇体系。因此从理论上来说，即便没有先行支付甚至取消先行支付，《工伤保险条例》第 62 条第 2 款规定仍可使工伤职工的基本权利获得保障。

每个人都是自己权利的守护神。个人是维护自己权利最主要的实施者。如果个人漠视甚至放弃自己的权利，仅仅依靠国家和政府，是无法对个人权利提供充分而有效的保障的，甚至在某种意义上，在这种情形下国家和政府都不宜过多干预，因为在市民社会，一个非常重要的原则就是要充分尊重个人的自决。在社会保险的触角已经深入每个人，个人社会保险权益记录的获取已经非常方便的背景下，个人要及时发现和维护自己的权利，查询、投诉、举报均已比较方便。如果由于个人怠于行使自己的权利导致最后权利的部分损失，应属于个人应当承担的责任。只有每个人都能较好地为权利而斗争，权利才会充分、有效地得以实现。

在用人单位补缴后确定工伤保险基金支付范围时，需要界定新发生的费用究竟指哪些费用，其中较难界定的是一次性伤残补助金和一次性工亡补助金发生于何时，如果用人单位在伤残鉴定前乃至工伤认定前补缴工伤保险费，这两项一次性待遇属于已经发生的待遇还是新发生的待遇？实践中有观点认为，这两项待遇只有在工伤认定及伤残等级确定后才能确定，因此其发生时间分别为工伤认定结论生效时和劳动能力鉴定结论生效时。如果用人单位在此前补缴工伤保险费，则应作为新发生的待遇而纳入基金支付。笔者认为这一观点是错误的。一次性工亡补助金是对因工死亡人员的补偿，是基于死亡事实的发生而确定的，在被保险人死亡当时即已发生，工伤认定仅仅是对这一事实的法律属性的确认，而不是对死亡事实和补偿事实的确认。如果没有工伤认定，被保险人也仍然可能获得这一待遇——用人单位以"私了"的形式支付的"工亡补助金"，或者获得其他数额的补偿或赔偿如民事赔偿；这也反过来说明，工伤认定仅仅确定了一种法定补偿的数额和标准，并不能确认或否定死亡补偿的自然存在。同样，劳动能力鉴定也仅仅是确定被保险人获得一种法定补偿的依据，该补偿本身基于伤残事实的存在已经存在，劳动能力鉴定并不能肯定或否定该伤残事实以及补偿本身的存在；即使没有劳动能力鉴定，被保险人也仍然可以获得一定的赔偿或补偿，如基于司法鉴定，或完全没有任何鉴定而基于当事人之间的协商。工伤认定和劳动能力鉴定的生效时间具有很强的主观性且易受其他因素的影响，因为工伤认定和劳动能力鉴定的时间不同，而导致作为自然事实的两项补偿待遇的有无及其发生时间的不停变化，这是比较荒谬的。此外，立法以工伤发生时间即工亡时间和伤残事故发生时间作为确定两项待遇的基点，实际也在立法上表明这两项待遇的发生时间只能是在工伤事故发生之时。

三、失业保险费之补缴及其待遇

《社会保险法》第 45 条规定，失业人员从失业保险基金中领取失业保险金的条件之一是"失业前用人单位和本人已经缴纳失业保险费满 1 年"。问题是，这里的"缴费满 1 年"是指正常缴费满 1 年，还是包括补缴费满 1 年？《社会保险法》对此未予明确。

在实践中，失业保险经办机构一般认为，即便在用人单位补缴失业保险费后，也不能由失业保险基金支付在用人单位欠费期间失业人员的失业保险待遇。这一做法是否合法、合理呢？

首先要指出，即便社保机构不支付失业保险待遇，也不能因此免除用人单位补缴失业保险费的义务。

《失业保险金申领发放办法》第 6 条仅规定，"失业人员应在终止或者解除劳动合同之日起 60 日内到受理其单位失业保险业务的经办机构申领失业保险金"。那么，失业人员超过该期限后还可以申领吗？该办法并未明确。社会保险待遇的支付不同于其他具体行政行为，如对社会保险违法行为的查处，后者需要设置时效是确定的，即便是违法行为，也不能令其处于无限制的可追究状态。社会保险待遇关系到参保人或其家属的基本生活，社保机构不能轻易拒绝支付。即便要设置期限，也绝对不可能这么短。笔者的主张，失业保险金时效至少应确定为 2 年，详见失业保险待遇请求权及规则一章。在没有关于该时效的明确规定之前，应认为不存在时效问题，相关待遇享受人可以随时申请领取待遇。

由于用人单位违法，导致劳动者无法享受失业保险待遇的，由用人单位承担赔偿责任，是一种可行的权利保障方式。但对劳动者来说并不是最好的。在这种情况下，用人单位肯定会拒绝支付，或者在数额上讨价还价，最后不得不诉诸公堂，劳动者即便能拿到赔偿，也是劳民伤财；而如果由社保支付，通常不会发生争议。另外，用人单位有可能破产倒闭或停产，那么劳动者将根本无法从用人单位拿到赔偿；而由社保机构支付失业保险待遇，则不存在这个问题。失业人员是弱势中的弱势，由他们来承担不利后果，也不太公平。

失业保险的真正意义是帮助那些失去工作，生活困难的人渡过难关，如果不改变这种"穷无所用，富无需用"的现状，失业保险就失去了它原本的意义。失业人员作为弱势群体，依法得到合法补偿的诉求往往因现实情况的复杂性和多样性而变得困难重重。有时需要多次起诉，反复申请才能达成目标。而国家相关部门在各自的领域内具有强大的执行力，可以对用人单位进行查处，追缴失业保险费并进行处罚。在用人单位补缴失业保险费后，由失业保险经办机构支付失业保险待遇既符合社会保险法的精神，也具有合理性。将来条件具备时，即便用人单位没有补缴失业保险费，失业保险经办机构也应当支付失业保险待遇。即在未来，也可以考虑在失业保险领域建立先行支付制度。

四、生育保险费之补缴及其待遇

对生育保险费的补缴与待遇享受问题，实践中地方规定多类似于基本医疗保险。如天津市原劳动保障局《关于实施〈天津市城镇职工生育保险规定〉有关问题的通知》（津劳局〔2005〕238 号）规定：（1）用人单位中断生育保险费时间在 3 个月以内的，中断缴费期间其职工和退休人员停止享受生育保险待遇；用人单位足额补缴应缴纳的生育保险费后，其职工和退休人员中断缴费期间发生的生育保险有关费用按规定给予支付；（2）用人单位年终出现中断缴费的不再补缴生育保险费，中断缴费期间发生的生育保险有关费用生育保险基金不予支付，由用人单位自行解决。

笔者赞同对生育保险费的补缴及待遇享受实行比较严格的限制。主要原因是，与其他险种相比，作为生育保险保障标的的生育事实，绝大多数都是可控制的，即生与不生，早生还是晚生，怀孕的具体时间，通常都是预先计划的。因此，在生育保险中必须设置等待期以遏制逆向选择问题。同样，在生育保险费补缴中，也要遵循同样的限制。一方面，不管中断多长时间，均应依法予以补缴；另一方面，补缴后如果要由基金支付中断缴费期间的生育保险费用，必须要有较长期限的限制，如补缴超过 12 个月。

第四节　各险种保费补缴之关系

社会保险各险种补缴的关系如何，在《社会保险法》中是一个常识问题，即所有的险种只要属于应缴未缴的，都应当同时补缴，并按全部欠费总额征收滞纳金。但作为实践问题，则远复杂于此。因为补缴的长度不一，各险种实施统筹的时间不一等，需要差别化地考量各险种补缴的关系。

例如，江苏省苏州市原劳动保障局《关于企业职工补缴基本养老保险费的处理意见》（苏劳社险〔2008〕5 号）规定，市区企业职工补缴 1997 年 7 月 1 日后基本养老保险费的，必须同时补缴工伤、生育保险费；补缴 2000 年 9 月 1 日后基本养老保险费的，必须同时补缴失业保险费；补缴 2002 年 7 月 1 日后基本养老保险费的，必须同时补缴医疗保险费。上述各项社会保险费以补缴适用年度的上年全省在岗职工平均工资和对应年度的缴费比例补缴。

从法律上来说，这是有道理的。既然实行"填补"和"恢复"原则，应当缴纳的医疗、工伤、失业、生育保险费也应当从当地实行社会统筹时补费，不应减免。笔者认为，对此应当考虑以下几点：第一，区分单位补缴还是个人补缴。单位补缴，应当全时、足额补缴，即在可确定、查明的应缴时段内，各险种所有应缴保费均应当补缴；如果属于行政执法，则应适用行政法的程序规则。个人缴费，原则上只允许补缴养老保险费，其他险种不允许补缴。第二，由于各地开始实施统筹的时间并不一定等于强制实施统筹的时间，因此在具体补缴时，需要在开始实施统筹时间和强制实施统筹时间之间取得平衡。例如，养老保险可以从该险种在本地实施统筹的时间开始补缴，而其他险种可能更适合从本地强制实施统筹的时间开始补缴。不同险种的具体可补缴或应补缴起始时间并不相同。第三，不管是何种情形补缴，不能仅仅补缴本金和利息，可参照滞纳金规定征收滞纳金；也可以根据补缴时的缴费基数单独确立补缴基数，但缴费比例应与历史保持一致。由于补缴费特别是追溯历史很长的补缴，本质上与保险原理相悖，容易产生逆向选择问题，不仅不利于社会保险基金的可持续发展，也不利于社会保险法律意识的普及，甚至对我国法治的实现均有妨碍。因此补缴的成本不能过低，不能使得公众形成"不惜一切代价补缴"的观念意识，而需要在补缴时"三思而后行"。补缴费虽然仍属于公民的社会保险权内容之一，但其并非基本法律或国家层面的法律制度所授予的一项具体权利，而更多的是地方的赋权性规定，就其本质而言，并非社会保险机构的法定义务。对社保机构而言，并不是要求被保险人补缴；对于被保险人人，其基于自身利益的考虑，可以选择补缴，也可以不予补缴。因此适当地提高补缴成本具有合法基础，也有利于社会保险制度的良性发展。第四，考量补缴问题，不能仅仅局限于社会保险，而要从整个社会保障制度的宏观角度来考虑。虽然补缴最终是在社会保险制度中实现的，但是在考虑是否允许补缴、补缴的具体方案等时，需要从社会保障的角度予以平衡。有的特殊人群、特殊问题，并非只能通过社会保险来解决，并非一定要通过补缴方式纳入社会保险体系。在社会保险框架内可以有更好的解决方案。

第七章 养老保险待遇请求权与规则

第一节 基本理论

财产权之概念，对于养老金请求权具有基础意义。德国在 20 世纪 80 年代有关法定年金保险的宪法判决上就发展出"公法上财产权"的观念，将法定年金的法律地位纳入宪法财产权保障的范畴。自此之后，如果政府对于被保险人的年金给付额度或给付期待权等"具有财产价值之主观公法权利"采取削减的措施时，即可能侵害当事人宪法上的财产保障。[①]

一、基本养老金请求权

（一）退休之实质为养老金

随着机关事业单位退休制度的并轨，退休将完全转变为对基本养老金的领取。

退休之本质在于老年生活的保障。退休是指"职业劳动者依据法律法规之规定，在达到法定退休要件的情形下，退出职业劳动领域，依法享受相应的退休待遇的一种法律行为以及该法律行为所导致的事实状态"。[②] 这一定义较好地指出了退休的实质内涵，但将其主体限定于职业劳动者并不妥当。在《社会保险法》之前，非职业劳动者也可退休并享受养老金；《社会保险法》更是采用"基本养老保险"这一表述，替代多年的"企业职工基本养老保险"，退休（养老保障）已由职业人群的特权演变为国民的基本权利。"退休是指职工因年老或因工致残、因病致残完全丧失劳动能力退出原工作岗位，做

---

① 钟秉正：《社会保险法论》，台北：三民书局股份有限公司 2005 年版，第 81 页。
② 郑尚元：《劳动法与社会保障法前沿问题》，清华大学出版社 2011 年版，第 228 页。

退休安置，给予一定物质保障的制度，使之安度晚年。"[1] 这个定义除了具有前一定义同样的问题外，还带有明显的历史印迹：工残退休、病退、退休安置均包含在退休概念中。退休安置为国务院《关于工人退休、退职的暂行办法》（国发〔1978〕104 号）所设定，随着基本养老保险的建立，养老社会保险取代了企业退休制度，退休安置制度自然退出了历史舞台；工残退休是由《工伤保险条例》彻底废止的，工伤全残人员在达到退休年龄前享受伤残津贴，不再因工伤全残而退休；病退制度是由《社会保险法》废止的，其第 17 条规定，参加基本养老保险的个人，在未达到法定退休年龄时因病或者非因工致残完全丧失劳动能力的，可以领取病残津贴。

在上述定义中，退休的一个重要内容是"退出"工作岗位（职业劳动），这是符合我国历史状况的。曾经流行的"顶替"现象便是退休的这一特征的具体表现：只有父母退休而退出工作岗位后，子女才可以"顶替"父母的工作。而随着社会的发展，退休在事实上越来越背离这一特征。"退而不休"的现象很多，这在具有良好知识背景、特定技能的人群中表现尤为突出。这些人员虽然退休了，但其仍旧从事着原来的工作，有的是被原单位返聘，有的是被外单位聘用，例如退休后的知名教授被其他高校聘用者比比皆是。

在我国退休制度的历史发展中，越来越强化的是实质内涵——养老保障功能。

退休之内涵在我国可追溯至 1925 年第二次全国劳动大会通过的《经济斗争决议案》，其提出"应实行社会保险制度，使工人于工作伤亡时，等得到赔偿；于疾病失业老年时能得到救济"。我国计划经济时期一直使用"退休"一词。"职工因年老或因公致残等而离开工作岗位，按期领取生活费用。"[2] 该决议案虽未使用"退休"、"养老"之类的表述，但其实质在于生活费即养老保障。

《劳动保险条例（修正）》（1951 年 2 月 26 日政务院发布，1953 年 1 月 2日政务院修正发布）第 15 条关于"养老待遇的规定"甲款规定："男工人与男职员年满六十岁，一般工龄已满二十五年，本企业工龄满五年者，可退职养老；退职后，由劳动保险基金项下，按其本企业工龄的长短，按月付给退职养老补助费，其数额为本人工资的百分之五十至七十，付至死亡时止。"乙款规

---

[1]　屈祖荫、陈平：《中国职工社会保险实用手册》，辽宁人民出版社 1992 年版，第446 页。

[2]　中国社会科学院语言研究所词典编辑室：《现代汉语词典》，商务印书馆 2005 年版，第 1387 页。

定："女工人与女职员年满 50 岁，一般工龄满二十年，本企业工龄满五年者，得享受本条甲款规定的养老补助费待遇。"该条例未使用"退休"一词，但已明确实质后果是养老补助费。

国务院 1955 年 12 月 29 日公布、1956 年 1 月 1 日起施行的《国家机关工作人员退休处理暂行办法》，1957 年 11 月 16 日公布、1958 年 2 月 9 日起施行的国务院《关于工人、职员退休处理的暂行规定》明确规定了退休的年龄和资格及待遇（退休金）标准。这两个法规明确使用了"退休"，但未给出其定义。

从生活费到养老补助费到退休金再到养老金，定位越来越清晰，养老保障功能也越来越充足，而其他功能和特征则越来越弱化乃至完全消失。除上述待遇项目外，退休人员所享有与职工相同的福利待遇的"权利"随着社会化管理的发展而丧失；非因工死亡待遇，则为《社会保险法》所规定的遗属待遇（丧葬补助金和抚恤金）所取代。

退休从其字面来看，系由"退"和"休"两字组成，前者可理解为退出工作岗位，后者可理解为休息、休养，而其背后的经济基础则是收入的保障。在早期，退休是符合其字面特征的，虽然其经济基础更为重要。"退休权利的内涵不仅仅是劳动者退出职业劳动岗位，获得了休息的权利，更为重要的是获得了年老体弱、退出职业劳动岗位之后，仍然具有相应物质保障的权利。"[1]但正如前述，在历史发展的长河中，退休的经济基础特征越来越彰显，而其他特征则逾显弱化而至消失。时至当下，退休仅于养老金有关，而与是否退休、是否休息没有必然关联。休息即便不是一种权利，它也是人之为人的一种生活状态，在本质上我们不能强制改变它。在现代人权观念和社会保障体系下，游手好闲不是违法行为，至多只是一种不道德行为（在特定情形中是否一定是不道德的，殊可质疑）。休息与否，在于公民的自我选择，而与退休无关。不因退休即可休息，亦不因未退休即不能休息。

退休就是指达到退休年龄，符合法定的缴费年限并领取养老金。在现代社会保险体系下，退休仅仅与养老金相连，不能领取养老金者，不能称作退休。国务院《关于建立统一的企业职工基本养老保险制度的决定》（国发〔1997〕26 号）第 5 条规定："本决定实施后参加工作的职工，个人缴费年限累计满 15 年的，退休后按月发给基本养老金。基本养老金由基础养老金和个人账户养老金组成。退休时的基础养老金月标准为省、自治区、直辖市或地（市）

---

① 郑尚元：《劳动法与社会保障法前沿问题》，清华大学出版社 2011 年版，第 238 页。

上年度职工月平均工资的 20%，个人账户养老金月标准为本人账户户储存额除以 120。个人缴费年限累计不满 15 年的，退休后不享受基础养老金待遇，其个人账户储存额一次支付给本人。"该文件实际规定了"退休"的两种后果：享受基本养老金与不享受基础养老金。这个规定既不严谨，不符合现实，也不符合退休的概念。将个人账户储存额支付给本人，这当然不能认为是被保险人享受了个人账户养老金。因此，按照该文，缴费年限不满 15 年，不能享受基础养老金，也不能享受个人账户养老金，严格按照法律语言表示，即不享受基本养老金，没有必要含糊其辞。从实践来看，被保险人缴费年限不满 15 年，行政部门不会审批同意其"退休"，当然就谈不上享受基本养老金的问题。也就是说，"个人缴费年限累计不满 15 年的，退休后不享受基础养老金待遇"中的"退休"在法律上并不会发生。从前述退休的实质内涵来看，不享受基本养老金，即不享有国家和社会提供的老年生活保障，却仍称之为"退休"是不恰当的。国务院《关于完善企业职工基本养老保险制度的决定》（国发〔2005〕38 号）规定："国务院《关于建立统一的企业职工基本养老保险制度的决定》（国发〔1997〕26 号）实施后参加工作、缴费年限（含视同缴费年限，下同）累计满 15 年的人员，退休后按月发给基本养老金"，"本决定实施后到达退休年龄但缴费年限累计不满 15 年的人员，不发给基础养老金；个人账户储存额一次性支付给本人，终止基本养老保险关系"。该文件的表述更为准确，没有称"到达退休年龄但缴费年限累计不满 15 年……"这种情形为退休，而采用的是"退休年龄"这一表述。

退休除了养老金将别无他物。退休的核心内容体现在养老金之价值中，即以较为充分的社会化收入来源保障公民享有较好的老年生活。病残津贴（享受人可能很年轻，抵御的是因病、非工伤之伤害所致收入丧失风险）、遗属津贴（虽然其中部分待遇可与遗属年龄相关，但整体而言亦与遗属之年龄无必然之联系）、工伤之伤残津贴的剥离均因与老年收入丧失之风险无关。工伤之伤残津贴作为工伤保险之重要内容足见其与退休（养老保险或养老保障）无关。其他历史性附着内容的渐灭也充分证明了这一点。未来，退休仅意味着养老金之领取（受领）。

（二）退休是权利而非义务

有学者认为，退休是一种权利，还是一种义务，这一问题显然不能简单地概况之，单从法律行为所产生的法律后果看，既可能是权利，也有可能是义务。从权利角度分析，退休是一种权利；从义务角度分析，退休也是一种义务，达到法定年龄必须退休，此时退休即成为当事人的一种义务。① 笔者认为这一认识是不当的。退休是权利而非义务。

"应该退休"或"应当退休"之说法在当下是成立的。其法律依据主要是国务院《关于工人退休、退职的暂行办法》（国发〔1978〕104 号）第 1 条，该条规定，工人有"男年满六十周岁，女年满五十周岁连续工龄满十年的"等条件的，"应该退休"。但该规定已过去 30 多年，养老体制已发生了本质的变化，已不适应现实需要。国务院《关于深化企业职工养老保险制度改革的通知》（国发〔1995〕6 号）规定："职工到达法定离退休年龄，凡个人缴费累计满 15 年，或本办法实施前参加工作连续工龄（包括缴费年限）满 10 年的人员，均可享受基本养老保险待遇，按月领取养老金。"该文件规定的就是"可"而非"必须"。

我们可以在三个层次上剖析退休是权利而非义务：就退出工作岗位而言；就办理退休手续而言；就领取养老金而言。

1. 就退出工作岗位而言，退休并不产生这一义务。

首先，在 1978 年，退休确实还是与退出工作岗位相连的。而在当下，则未必。

其次，职工达到法定年龄，符合法定的缴费年限，有没有义务退出工作岗位呢？笔者认为，采用"没有权利"之说更为恰当。即职工达到法定年龄，符合法定的缴费年限时，用人单位有权利决定其是否可以继续留在岗位上。如果用人单位决定其可以继续留在岗位上，且其也同意，则双方之间缔结了一个新的契约，根据该契约，个人有权利继续在原单位工作；如果用人单位其继续留在岗位上，则双方之间没有缔结新的契约，个人没有权利继续在原单位工作，即便说其有义务离开公司（退出工作岗位），此义务也与彼义务不同，两者非同一义务。有人或许认为，将"有义务"换成"没有权利"仅仅是一个文字游戏。实则不然，这一语词的变化有着重要的法理基础。

一个社会人员进入某企业，即便他什么也不干，该企业也有权利要求其退出该企业。该人员没有权利逗留在该企业，也可说该人员有义务退出该企业。这里的"义务"是与企业对自身财产和内部隐私的控制权利对应的，企业的这种权利属于物权，具有对世性，称为绝对权、对世权，社会人员未经企业同意不得擅自进入企业内部，该义务是一般性的，又称绝对义务。

职工达到法定年龄，符合法定的缴费年限，用人单位终止劳动合同，不再

---

① 郑尚元：《劳动法与社会保障法前沿问题》，清华大学出版社 2011 年版，第 237 ~ 238 页。

聘用其，该人员失去了继续留在该单位的法律基础，其法律地位与一个社会人员无异。其没有权利继续留在该单位，或者说有义务离开该单位。这里的"离开义务"并非退休本身的法律后果，而同样是基于用人单位对其财产和空间拥有的物权所产生的一般义务。不得将退休人员所应履行的对原用人单位的绝对义务理解成退休所产生的义务。举两个例子就更为明显了。一是，职工退休前，他可以使用用人单位的生产工具如操纵机床等，退休后他当然不能如此。即便可以说"离开单位"是退休的义务，也很难说"不得操纵机床"是退休的义务。很明显，能否操纵机床，与是否退休没有直接关联，一个只使用一天的临时工，根本不存在在这个单位退休的问题，他可以操纵该机床，也可能不能操纵该机床，只要单位决定即可。二是，职工即便已经退休，只要用人单位同意，其仍有权利继续留在该单位。足见其是否有权利留在单位（有义务离开单位）与是否退休无关，端赖单位对物权的处置。

2. 就办理退休手续而言，也没有绝对义务。如果办理退休手续与享受养老金权利相连，那么只有当被保险人要求享受养老金时，他才有办理退休手续的义务；如果被保险人不要求享受养老金，他就没有办理退休手续的义务。不存在仅仅因为被保险人符合退休（享受养老金）条件，他就有退休（办理退休手续）之义务。

3. 就领取养老金而言。虽然这是作为基本权利的社会保险权利的重要内容，但它毕竟与生命、健康等基本权利不同，后者不能放弃，而前者则是可以放弃的。虽然我们不能剥夺被保险人领取养老金的权利，但如果其坚持不愿领取，我们又怎么强制他领取呢？

权利与义务是对应的。当我们说退休是一种义务的时候，它并没有对应的权利。而相对于公民的退休主张（权利主张），无论是政府机构、用人单位，还是档案托管机构，均有相应的义务保障其退休，这种义务来源于法律的规定，来源于约定，来源于劳动关系中用人单位的附随义务。

对灵活就业人员等非职业劳动者来说，退休之非义务性更为明显。义务意味着某人应当做什么，如果他没有做什么，会遭致否定性评价。对于非职业劳动者来说，即便他符合退休条件，也并不意味着他应当退休，如果他没有申办退休、没有申领养老金，他也不会遭致否定性评价。义务是与不利相联系的，违反义务要承担法律责任。非职业劳动者即便符合了退休的条件，其如果选择不退休，没有人可以强制他退休，他无须承担任何法律责任。

这里要特别谈及，职工达到法定年龄，符合法定的缴费年限，用人单位终止劳动合同的法律基础。《劳动合同法》第44条规定，"劳动者开始依法享受基本养老保险待遇的"，劳动合同终止。该规定不尽完善，未能涵盖劳动者应当享受而未享受基本养老保险待遇的情形。具体包括两种情形：一是劳动者可以申领基本养老金而拒绝申领；二是劳动者可以且意图申领基本养老金但由于其他原因而未能及时申领基本养老金，如因档案遗失等原因导致缴费年限有争议而发生诉讼。第一种情形下，劳动者未能申领基本养老金完全是因其自身的过错，不应由用人单位承担法律后果；第二种情形下，劳动者未能申领基本养老金，笔者认为劳动者的养老金损失应通过行政争议解决程序处理，也不应由用人单位承担法律责任。该条款应修改为"劳动者依法享受或应当享受基本养老保险待遇的"，劳动合同终止。

（三）退休一词将退出法律舞台

首要变化在于，退休不适用于城乡居民养老保险被保险人这一至少在目前规模远超基本养老保险被保险人的庞大群体。城乡居民养老保险在相当长历史时期都会存在。随着城乡居民养老保险待遇的提高，或许，被保险人仅靠养老金待遇即可维持生计，可以"退休"而无须劳作。这种情形也实际与退休无关。养老金之期待权与现实权利将伴随每个成年公民终生，而退休将淡化乃至匿迹。

在传统定义下，退休是一项重要的社会保障制度，其构成有条件与限制，需要适用特定的法律程序。随着退休与养老金最终的同化，退休将成为非法律术语，仅可作为习语而流传。取而代之的是养老金、基本养老金等专业术语。

《社会保险法》中6处使用了"退休"一词，其中5处与"年龄"相连；仅第27条"退休后不再缴纳基本医疗保险费"之表述仍有传统之义。

根据国际经验，基本养老保险有两个趋势：一是领取养老金最低年龄的提高；二是退休弹性化，即在领取养老金最低年龄以上，具体何时申领养老金，由被保险人自行决定。《社会保险法》中5处"退休年龄"均可用"领取基本养老金"最低年龄替代。"退休后不再缴纳基本医疗保险费"已可改为"领取基本养老金后不再缴纳基本医疗保险费"。即便在法律条文中仍旧使用"退休"一词，其所具有的唯一含义就是"领取基本养老金"。

（四）基本养老金请求权之有无与缺失

"请求权乃要求特定人为特定行为（作为、不作为）的权利，在权利体系中居于枢纽的地位，因为任何权利，为发挥其功能，或回复不受侵害的圆满状态，均须借助于请求权的行使。"①

在养老保险法律关系中，被保险人缴费符合法定年限，达到法定退休年龄，有申领基本养老金之权利，在领取基本养老金后，有权占有、使用、处分

---

① 王泽鉴：《民法概要》，中国政法大学出版社2003年版，第41页。

该养老金。在基本养老金支付主体拒绝支付该养老金时，被保险人有要求其支付该养老金的权利，为基本养老金请求权。当基本养老金请求权不能自主获得满足时（基本养老金支付主体仍拒绝支付），被保险人可诉诸法院，寻求司法救济。

基本养老金是由《社会保险法》所规定的，支付主体是基本养老保险经办机构。用人单位不能作为基本养老金支付主体。用人单位未依法缴纳养老保险费，且社会保险经办机构不能补办导致其无法享受社会保险待遇，劳动者可要求用人单位赔偿损失（最高人民法院《关于审理劳动争议案件适用法律若干问题的解释（三）》）。劳动者基于基本养老金等损失，享有对用人单位的损害赔偿请求权。要指出的是，司法解释中"社会保险经办机构不能补办"应包括社会保险经办机构能办理补缴，但用人单位无法缴纳的情形（主要是用人单位缴纳不起的情形。虽然不能全额补缴，但可以承担一定的赔偿责任，这时仍可发生损害赔偿请求权）。

一般来说，基本养老金请求权是得到义务主体即基本养老保险经办机构承认和尊重，且受到法律保护。但由于具体规则的缺乏，如应从何时发放基本养老金，没有档案等记载时能否计发养老金等均阙如，在理论研究尚未提供有效指引，司法亦缺乏具有坚实基础的能动性的情形下，义务主体往往对基本养老金请求权（多数实际仅针对部分养老金）置之不理，权利亦缺乏有效的救济路径。此种现象并不表明该请求权不存在，而仅表明该请求权的实现存在一定的障碍。这正是理论与实务所要致力解决的问题。

（五）基本养老金请求权之基础权利

请求权系由基础权利而发生，请求权乃权利的表现，而非与权利同属一物。[①]

基本养老金请求权系因基本养老保险权利具体而言就是受领基本养老金权利而产生，基本养老保险权利是社会保险权利的一种。《社会保险法》第16条规定："参加基本养老保险的个人，达到法定退休年龄时累计缴费满十五年的，按月领取基本养老金。"基本养老保险权利的构成要件有两个：累计缴费15年或以上；达到领取基本养老金的法定年龄。只要同时具备了这两个条件，被保险人就有领取基本养老金的权利。

《社会保险法》采用的是"领取"一词。领取指"取（多指经过一定手

---

① 王泽鉴：《民法概要》，中国政法大学出版社2003年版，第41页。

续)"①，法律上很少使用这一词。法律上多使用的一个具有相似含义的词是"受领"，如买卖合同中的"受领义务"即按约定及时受领标的物的义务，用得更多的是"受领迟延"。笔者认为，两者虽然都有"领"字及其所包含的"取"义，但在词义上还是有细微差异的：领取侧重于"取"即获得，而受领更偏重于"受"即接受保有之义，前者对于物的获得更为主动积极，而后者则较为被动消极，前者偏重于物的获得过程，而后者更强调对物的持有。我们可以说"你去领取（一下）钱吧"，但不能说"你去受领（接受）（一下）钱吧"。受领迟延是指"债权人对于债务人的履行应当能够受领而不为或不能受领"②，这里只能用受领，而不宜用领取。由此，笔者认为，《社会保险法》第16条使用"受领"比"领取"更为恰当。基本养老金虽然可由被保险人及其代理人上门领取，但普遍的则是由社保机构向被保险人支付后由其领取，后者更为侧重，这恰恰是"受领"的重要含义。在基本养老金支付中，同样存在受领迟延的问题。如社保机构要求被保险人提供银行卡号，以便及时支付养老金，但被保险人迟迟不提供银行卡号，便可归于受领迟延，应免除社保机构相应责任或构成抗辩事由，如社保机构因此不存在支付迟延问题。此外，受领基本养老金是保有基本养老金所有权的前提和基础，在一定意义上具有"持有"之义。就实践而言，社保机构通过金融机构对养老金实行社会化发放，养老金打入被保险人银行卡号即视同完全支付，被保险人虽然没有支取这笔养老金，但实际已经受领了该笔养老金。被保险人可能长期不支取该笔养老金，即占有（持有）了该笔养老金，"受领"一词仍可概括这种占有（持有）的状态。正是在这一意义上，"受领"具有物权法上的意义，而"领取"则难以表达这种含义。

受领基本养老金的权利是依法律规定，基于特定法律事实而发生。受领基本养老金的权利直接来源于《社会保险法》第16条的设定，只要符合两个法定条件："达到法定退休年龄"、"累计缴费满十五年"，就有受领基本养老金的权利。被保险人取得基本养老金具有原始取得的特性，不是基于社保机构对社保基金的所有权，也不是基于社保机构与被保险人的意思表示，是因法律的直接规定而享有。社保机构不应在法定条件外限定支付基本养老金的条件。虽然社保基金的性质仍有争议，但基本达成共识的是，社保基金不属于社保机构

---

① 中国社会科学院语言研究所词典编辑室：《现代汉语词典》，商务印书馆2005年版，第870页。

② 中国社会科学院法学研究所法律辞典编委会：《法律辞典》，法律出版社2003年版，第1313页。

所有，它主要是由广大参保人缴费形成，具有社团基金的性质。受领基本养老金的权利使被保险人有权在具备法定条件下直接、及时接受、保有基本养老金。

受领基本养老金的权利与支付基本养老金的义务相对应。被保险人有受领基本养老金的权利，社保机构则有支付基本养老金的义务。社保机构不能根据自己的自由意思确定养老金是否应予支付。

受领基本养老金的权利是一种具有物权性的权利，意味着对基本养老金的接受、占有（持有）和管控。受领基本养老金不仅意味着对养老金的领取，还包括接受并进行占有（持有）和支配，因其具有原始取得的特性，因而受领具有物权性。

被保险人只要具有受领基本养老金的权利，在义务人社保机构未予支付时，即享有基本养老金请求权。

然而在实践中，即便符合了法定条件，被保险人也未必能受领基本养老金，亦不能提出基本养老金请求权，这是不当的。一种情形是，被保险人虽然符合上述两个条件，但未经退休审批。另一种情形是，被保险人虽然符合特定情形下领取基本养老金的法定年龄，但不符合正常情况下领取基本养老金的法定年龄（法定正常退休年龄），这又分两种：病退和特殊工种退休。

按照目前的多数地方规定，缴费年限基本都为15年。而对于退休年龄（领取基本养老金年龄），《社会保险法》未作规定。根据之前的规定，主要有以下四种：（1）法定正常退休年龄（正常领取基本养老金的法定年龄），即男60周岁，女工人50周岁，女干部55周岁。（2）病退年龄。被保险人经劳动能力鉴定，被保险人因疾病或非因工受伤致残完全丧失劳动能力，达到法定的缴费年限（最初为10年，目前多为15年），男年满50周岁、女年满45周岁，均可病退。（3）特殊工种退休年龄。从事井下、高空、高温、特别繁重体力劳动或者其他有害身体健康的工作，男年满55周岁、女工人年满45周岁、女干部年满50周岁，可以退休并领取基本养老金。（4）政策性破产改制企业的职工，可以提前5年退休。国务院《关于在若干城市试行国有企业破产有关问题的通知》（国发〔1994〕59号）规定："距离退休年龄不足五年的职工，经本人申请，可以提前离退休。"后国务院陆续确定此类城市共111个。中共中央办公厅国务院办公厅《关于进一步做好资源枯竭矿山破产工作的通知》（中办发〔2000〕11号）规定："关闭破产矿山的全民所有制职工执行提前5年（男55周岁，女45周岁）退休的政策。其中，从事井下、有毒、有害等特殊工种的职工，可提前10年（男50周岁，女40周岁）退休。"

原劳动保障部《关于制止和纠正违反国家规定办理企业职工提前退休有

关问题的通知》（劳社部发〔1999〕8 号）规定："国家法定的企业职工退休年龄是：男年满 60 周岁，女工人年满 50 周岁，女干部年满 55 周岁。从事井下、高空、高温、特别繁重体力劳动或其他有害身体健康工作（以下称特殊工种）的，退休年龄为男年满 55 周岁、女年满 45 周岁；因病或非因工致残，由医院证明并经劳动鉴定委员会确认完全丧失劳动能力的，退休年龄为男年满 50 周岁、女年满 45 周岁。"按国家有关规定办理提前退休的范围仅限定为：国务院确定的 111 个"优化资本结构"试点城市的国有破产工业企业中距法定退休年龄不足 5 年的职工；三年内有压锭任务的国有纺织企业中，符合规定条件的纺纱、织布工种的挡车工。但此项规定与前款规定不能同时适用于同一名职工。根据此文件，前 4 种退休年龄（领取基本养老金年龄）都是法定的。被保险人只要符合其中一种法定年龄，并同时具备法定缴费年限，就有权利退休并领取基本养老金，除第一种情形外，要扣减一定比例的养老金。

而现实是，如果被保险人属于病退、特殊工种退休，或未经退休审批，均可能无法领取并享受基本养老金。

《江西省统一企业职工基本养老保险制度实施办法》（赣府发〔1999〕14号）规定："职工到达法定正常退休年龄（男年满 60 周岁，女工人年满 50 周岁，女干部年满 55 周岁），从批准退休的下月起，按以下规定按月领取基本养老金。本办法实施后，未到达法定正常退休年龄之前因病或非因工致残完全丧失劳动能力退休的职工，在到达法定正常退休年龄之前，退休费由所在企业支付；到达法定正常退休年龄时，由社会保险经办机构按本办法有关规定计发基本养老金。"《社会保险法》虽已取消病退制度，而代之以病残津贴制度。但病残津贴制度尚未出台具体规则，而且即便实施病残津贴制度，也存在病残津贴请求权及其基础权利之分离还是合一之问题。

湖南省人民政府《关于完善企业职工基本养老保险制度的决定》（湘政发〔2006〕7 号）规定："对于未达到法定正常退休年龄的退休人员，所在单位要继续为其缴纳基本养老保险费的单位缴费部分，同时，职工在达到法定正常退休年龄前的基本养老金（含特殊工种退休），由原单位支付。待其达到法定正常退休年龄后，转由社会保险经办机构支付。"湖南省人社厅、财政厅《关于规范完善企业职工因病完全丧失劳动能力和特殊工种提前退休有关问题的通知》（湘人社发〔2011〕91 号）规定："参加企业职工基本养老保险的职工办理特殊工种提前退休的，单位应按《湖南省人民政府关于完善企业职工基本养老保险制度的决定》（湘政发〔2006〕7 号）规定为其缴纳提前退休期间的养老保险费。单位按规定缴纳特殊工种提前退休养老保险费后，提前退休职工基本养老保险金纳入统筹发放。"虽然根据湘人社发〔2011〕91 号，特殊工种退休人员前 5 年的基本养老金有可能由社保基金发放，但这是以履行进一步的缴费义务为前提。实质上仍否认特殊工种退休人员在办理特殊工种退休后享有基本养老金请求权。

笔者认为，对于病退和特殊工种退休，被保险人符合领取和享受基本养老金的条件，社会保险经办机构不予支付是不合法的，被保险人享有基本养老金请求权。在符合领取和享受基本养老金时，被保险人领取和享受基本养老金的基础权利也就成立了，在基础权利成立的同时，却否定权利人享有请求权，除非具有法定的排除（限制）事由，否则是没有法律和法理依据的。在没有法定的排除（限制）事由时，基础权利与请求权具有一致性。权利人在享有基础权利的同时，有请求义务人为或不为特定行为的权利。

在我国实行退休审批制度的大背景下，未经人社行政部门审批，被保险人具有领取和享受基本养老金的基础权利时，基本养老金请求权却不能得到保护，这是受到质疑的。但经过行政审批，即意味着在行政许可中进一步确认了权利人的基础权利，却仍不能实现基本养老金请求权，殊为不当。按照我国现行退休审批制度，退休的审批和基本养老金的享受是同一的，经人社行政部门审批同意退休，被保险人即有权利在社保经办机构领取基本养老金，社保经办机构也有义务按月支付基本养老金。一方面同意被保险人"退休"，另一方面却又不给其发放养老金，既不合法也不合理。

此外，要求由企业发放养老金，也是没有道理的。用人单位已依法承担包括养老保险费在内的社会保险费缴纳义务，除了法律法规直接规定由用人单位承担的待遇如工伤保险中的停工留薪期待遇，用人单位不再承担社会保险待遇支付义务。地方政府通过规章甚至更简单的文件设定用人单位的这一义务，缺乏法律依据，违背了《社会保险法》、《劳动法》以及之前国家关于基本养老保险的政策性法律规定。

（六）基本养老金请求权之起点

目前，在我国多数省份，社保机构是从行政部门同意退休之月的次月支付基本养老金。这一做法是否合理？是否具有法律基础？基本养老金的支付起点对特定被保险人的权益影响很大。例如，2011 年 12 月 31 日前已办理退休手续，并按月领取基本养老金的企业退休人员，从 2012 年 1 月 1 日起，参与基本养老金调整；即便 2011 年 12 月 31 日前已办理退休手续（行政部门同意退休），但从 2012 年 1 月起支付基本养老金，就不能参与基本养老金调整。

现行基本养老金的支付起点可导致被保险人及其利益关系人四方面的损失：（1）少得一定基本养老金（多则一月，少则数日）；（2）丧失基本养老金调整利益；（3）被保险人及其利益关系人（用人单位）多承担义务，如缴费、工资支付义务；（4）可能对遗属利益产生不利影响，如丧葬补助金和抚恤金标准的降低。

基本养老金请求权之起点（基本养老金享受、支付之"始日"）应如何确定？

按照现行做法，被保险人当月任何一天达到法定退休年龄，通常要到次月才能享受基本养老金，当月用人单位仍负有支付工资之义务。笔者认为，此做法缺乏理论基础，系公权优于私权观念的体现，不符合现代服务型政府的治理理念，不符合权利保障的基本理念。

《劳动合同法》第 44 条规定，"劳动者开始依法享受基本养老保险待遇的"，劳动合同终止。如前所述，这包括劳动者应当依法享受基本养老保险待遇。《劳动合同法实施条例》第 21 条规定："劳动者达到法定退休年龄的，劳动合同终止。"《劳动合同法实施条例》的规定在很多地方得到贯彻。虽然《劳动合同法实施条例》和《劳动合同法》的规定并不一致，但至少在"劳动者开始依法享受基本养老保险待遇"劳动合同应当终止上是持相同意见的。为什么这种情形下劳动合同终止？劳动合同终止意味着用人单位无须承担劳动法的义务，如缴纳社会保险费，也无须承担法律基于生存权的保障需求而对劳动者工资、加班工资等施加的强制性保护义务。这种义务不仅仅止于劳动者实际开始享受基本养老保险待遇，而应当止于劳动者应当享受基本养老保险待遇。因为在这种情形下，基本养老保险待遇支付主体有支付之义务；用人单位所履行的义务也已全部履行，即通过缴费使劳动者达到缴费年限 15 年以上，使其能够获得国家的养老保障，而用人单位无须再承担养老保障责任或作为其基础的工资支付责任。

而直接从"劳动者达到法定退休年龄的，劳动合同终止"的规定来看，问题则简单许多。劳动者于某月中某一天达到法庭退休年龄，劳动合同即应终止，而无须等到下月。从劳动合同终止日起至本月末，用人单位无支付工资之义务，亦无缴纳社保费之义务。要求用人单位继续支付工资、缴纳社保费至月末没什么道理。被保险人满退休年龄后已具备领取基本养老金的实质条件和现实条件却仍要继续缴费，不符合基本养老保险权利义务关系的内容与要求。

以 12 月 1 日为出生时间为例，其满退休年龄应为 11 月 30 日，12 月 1 日即应获得基本养老金保障，12 月 1 日即应有基本养老金请求权，12 月用人单位即无支付工资、缴纳社会保险费等《劳动法》、《社会保险法》之义务。

对灵活就业人员，尤其是其中无收入来源之居民来说，当月某日达到退休年龄，就应当享受基本养老金，却让其少拿最多 31 天的养老金，并痛失基本养老金的调整待遇，并可能影响其以后的基本养老金调整待遇，不利于对公民权利的保障。正义的法律应当是，对地位较差者给予更多的保护，不正义的法律就是恰恰相反的做法。对于没有生活来源经济状况较差者，已经达到法定退休年龄且可以领取基本养老金的人，即便不是让其早些退休，也应当让其到龄就退休，而非让其延至下月再领取基本养老金。

被保险人达到法定退休年龄，符合规定的缴费年限，其领取基本养老金的基础权利已经具备，却拒绝其基本养老金请求权，也是不当的。

让被保险人得到其应当得到的基本养老金，甚至使其"多得"数日的基本养老金，还是多收一月或数日社保费，多令用人单位承担工资支付等责任，少发一月或数日的基本养老金，在本质上涉及权利利益的分配问题。即是使个人应得甚至多得一点利益，还是使基本养老保险基金（其实质是财政）多收益？笔者认为，社保基金和国家财政实力与个人相比，地位、力量优劣悬殊不言而喻，根据"适合于最少受惠者的最大利益"这一分配原则，应当优先保障个人利益。

瑞典收入型养老金规定，如果参保人出生于当月的 1 日至 15 日之间，养老金将会在 18 日发放，如果出生于当月 16 日至 31 日之间，养老金则会在 19 日发放。[①]

由此，笔者认为，基本养老金请求权之起点即基本养老金支付之"始日"应为达到法定退休年龄是年之出生日。基本养老金之标准应计算至上月之缴费。领取基本养老金之当月可按日计算，如当月 30 日，16 日开始支付基本养老金，则当月支付月养老金标准的一半。

（七）行政审批与养老金请求权之关系及其不合理性

目前我国多数地方对基本养老金申领实行退休审批即行政许可制度。如《安徽省参加企业基本养老保险人员退休审批管理规定》的通知（劳社〔2008〕45 号）第 1 条规定："为规范参加企业基本养老保险人员（以下简称被保险人员）退休审批工作，加强退休审批管理，根据国家有关政策，结合我省实际情况，制定本规定。"《湖南省人民政府关于完善企业职工基本养老保险制度的决定》（湘政发〔2006〕7 号）也明确规定要"切实加强退休审批管理"。

在实践中，退休审批实际是对已经符合领取基本养老金条件的人员进行审批。即先由社保机构计算确定被保险人缴费年限，并核定出基本养老金标准，再由行政部门进行行政审批。退休审批的法律性质属于行政许可，其实质内容则为审核（特殊工种退休除外）。在实行退休审批时，即便被保险人符合享受

---

① 栗芳：《瑞典社会保障制度》，上海人民出版社 2010 年版，第 98 页。

基本养老金的条件，未经行政许可，被保险人也不得"退休"，不能领取基本养老金。退休审批对被保险人基本养老金权利的实现具有极其重要的作用。退休审批的法律依据和理论依据足不足？退休审批之行政许可到底该不该设定？都是值得探讨的问题。

第一，在实践中，一些地方已经取消退休审批之行政许可。

《上海市城镇职工养老保险办法》（1994 年 4 月 27 日上海市人民政府令第 63 号发布，根据 1997 年 12 月 19 日上海市人民政府第 54 号令修正，根据 1998 年 9 月 3 日上海市人民政府令第 59 号修正，根据 2010 年 12 月 20 日上海市人民政府令第 52 号公布的上海市人民政府《关于修改上海市农机事故处理暂行规定等 148 件市政府规章的决定》修正并重新发布）第 20 条第 2 款规定："凡符合前款条件的退休人员，可以向社会保险经办机构办理领取养老金的手续；经社会保险经办机构核定后，按月领取养老金。"《广东省社会养老保险实施细则》（广东省人民政府令第 57 号）第 16 条规定："养老保险待遇由被保险人退休前最后缴费单位所在地的社会保险经办机构负责给付。被保险人达到法定退休年龄，由所在缴费单位（失业期间达到法定退休年龄由本人）提前两个月向所在地的社会保险经办机构办理养老待遇。"《江苏省企业职工基本养老保险规定》（江苏省人民政府令第 36 号）第 19 条规定："符合本规定第 18 条规定条件的被保险人员，从劳动保障行政部门核定的退休时间之次月起，由社会保险经办机构委托银行等机构按月发给基本养老金。"

根据上述规定，基本养老金申领和核定要么直接由社保机构负责，要么行政参与也仅起到审核之作用，并不直接确定基本养老金申领条件是否具备和具体标准是否正确。这些地区均属于我国沿海发达地区，其政策之先进性可资借鉴。

第二，退休审批的设定系由地方规范性文件确定，不符合《行政许可法》规定，存在违法性。

《行政许可法》第 14 条规定："本法第 12 条所列事项，法律可以设定行政许可；尚未制定法律的，行政法规可以设定行政许可。必要时，国务院可以采用发布决定的方式设定行政许可。实施后，除临时性行政许可事项外，国务院应当及时提请全国人民代表大会及其常务委员会制定法律，或者自行制定行政法规。"第 15 条规定："本法第 12 条所列事项，尚未制定法律、行政法规的，地方性法规可以设定行政许可；尚未制定法律、行政法规和地方性法规的，因行政管理的需要，确需立即实施行政许可的，省、自治区、直辖市人民政府规章可以设定临时性的行政许可。临时性的行政许可实施满一年需要继续实施的，应当提请本级人民代表大会及其常务委员会制定地方性法规。地方性法规和省、自治区、直辖市人民政府规章，不得设定应当由国家统一确定的公民、法人或者其他组织的资格、资质的行政许可；不得设定企业或者其他组织的设立登记及其前置性行政许可。其设定的行政许可，不得限制其他地区的个人或者企业到本地区从事生产经营和提供服务，不得限制其他地区的商品进入本地区市场。"

一方面，退休审批多由地方政府部门的规范性文件设定，而规范性文件并不属于政府规章，更不属于地方性法规，其设定行政许可是不合法的。另一方面，退休是否需要审批，即领取基本养老金是否需要经许可同意退休才能享受，这是被保险人领取基本养老金一般资格的限制，地方也无权设定行政许可。

第三，退休审批之行政许可违背行政许可之设定原则和理念。

《行政许可法》第12条规定了可以设定行政许可的事项：（1）直接涉及国家安全、公共安全、经济宏观调控、生态环境保护以及直接关系人身健康、生命财产安全等特定活动，需要按照法定条件予以批准的事项；（2）有限自然资源开发利用、公共资源配置以及直接关系公共利益的特定行业的市场准入等，需要赋予特定权利的事项；（3）提供公众服务并且直接关系公共利益的职业、行业，需要确定具备特殊信誉、特殊条件或者特殊技能等资格、资质的事项；（4）直接关系公共安全、人身健康、生命财产安全的重要设备、设施、产品、物品，需要按照技术标准、技术规范，通过检验、检测、检疫等方式进行审定的事项；（5）企业或者其他组织的设立等，需要确定主体资格的事项。有学者进一步从目的、功能上将其概况为三类：（1）控制危险。作为事前控制手段，行政许可控制的风险应当是系统性的风险，如直接涉及国家安全、公共安全、宏观经济调控、生命财产安全等活动，直接关系公共安全、生命财产安全的重要设备设施、产品等需要通过检验等方式进行审定的事项。（2）配置资源。由政府通过行政许可的方式公开、公平、公正地配置有限资源，是一项补充、矫正市场机制作用的比较可行的替代方案。（3）提供社会公信力证明。一是提供公众服务并且直接关系公共利益的职业、行业，需要确定具备特殊信誉、特殊条件或者特殊技能等资质的事项，二是企业或者其他组织的设立等需要确定主体资格的事项。[①]很明显，被保险人领取基本养老金均与这些事项无关。

退休审批可追溯至新中国成立伊始。目前适用的法律渊源可溯至国务院《关于工人退休、退职的暂行办法》（国发〔1978〕104号）。退休审批诞生于

---

① 应松年：《当代中国行政法（上卷）》，中国方正出版社2005年版，第725页。

计划经济背景，而计划经济就是"许可经济"、"审批经济"。① 从技术上说，当时并没有社会保险经办机构这一行使退休金（养老金）核定的机构，退休金的核定皆由审批机关确定，自有存在之必要。时至今日，计划经济已演变为社会主义市场经济，退休审批之基础和背景已完全改变，而退休审批之程序却未根本改变，已完全不适应社会之要求。

行政许可必须针对可能严重影响公共安全等公共利益时才能设定。当个人、组织的行为可能严重影响国家、社会公共利益时，才有必要基于公益的需要设定行政许可。② 凡实行许可的事项必须是与大多数人的生命财产自由、精神利益有直接联系的内容，也就是公益性内容。③ 属于宪法规定的公民基本权利和自由事项，如财产权、选举权、诉讼权、平等权、自由权等不应当设定行政许可。④ 被保险人符合规定的缴费年限，达到法定退休年龄，本就应当享有领取基本养老金的权利，属于作为基本权利的社会保险权的主要内容之一，当然不可能危害公共安全等公共利益，对权利设定行政许可，不仅与行政许可设定原则和理念背道而驰，违背了《行政许可法》的上述规定，更是对权利的侵害。

行政许可是依申请的具体行政行为。行政许可是以禁止为前提的，即以禁止大多数人活动为条件，仅允许少数人从事某一活动。⑤ 事实上，被保险人符合法定的缴费年限，达到法定的退休年龄，均应当享受基本养老金，根本不存在禁止其中哪怕是一个人领取基本养老金的问题。

第四，从退休之消弭及领取基本养老金权利之确定的历史趋势看，应由社保机构直接计发基本养老金而取消退休审批。在完全通过退休审批确定被保险人是否符合退休（享受基本养老金）条件及退休金（养老金）具体金额时，对退休行为进行审批是有一定道理的。即便不称之为行政许可，实质上也需要公权力进行审核和确认。

而在我国现代养老保险体系建立后，尤其是随着《社会保险法》和《社会保险个人权利记录管理办法》的实施，对所有社会保险缴费数据的记录管理，缴费年限的记载和确认等均由社会保险经办机构负责，这些是确定被保险

---

① 杨海坤、章志远：《中国行政法基本理论研究》，北京大学出版社 2004 年版，第 314 页。

② 应松年：《当代中国行政法（上卷）》，中国方正出版社 2005 年版，第 724 页。

③ 熊文钊：《现代行政法原理》，法律出版社 2000 年版，第 317 页。

④ 顾爱平：《论行政许可的设定》，载《学海》2003 年第 5 期。

⑤ 熊文钊：《现代行政法原理》，法律出版社 2000 年版，第 316~317 页。

人能否退休及养老金金额的最为重要的数据资料，很多完全凭此资料确定。因此社会保险经办机构确定被保险人基本养老金起付时间和具体金额后，在内部可报行政部门审核，但对被保险人来说，无须征得行政部门同意，更无须设定行政许可。从退休审批之实质内容看，正常退休无须设定行政许可，应由社保机构直接确定是否应当支付基本养老金，通俗地说，行政部门的工作无非是对社会保险经办机构行为的把关、审核，与行政许可无关。更进一步地说，行政部门的把关、审核并不需要对社保机构的每一待遇支付行为实行，可以采用事后抽查等方式进行。不管如何，行政部门的审核行为应当作为内部行为，不应对被保险人直接发生法律后果，尤其不应影响被保险人领取基本养老金权利的实现。

第五，实行退休审批，对领取基本养老金设定行政许可，增加了用人单位和被保险人的负责，增加了程序的烦琐性，不利于对权利的便捷保护。实行退休审批，意味着被保险人领取基本养老金的材料经社保机构审核确认后，仍需经行政部门审核许可，这至少意味着行政部门工作必须再花同样时间对领取基本养老金材料进行审核，必然导致效率的降低和行政资源的浪费。而在实践中，由于对权力的制约不够，多一道关卡，就可能多一次"麻烦"，一旦发生争议，被保险人要多一次维权程序，这也不利于对被保险人权利的保护。

从域外经验来看，也几乎没有看到先要经过行政许可，然后才能由社会保险经办机构核发基本养老金的法例。

第六，从基本医疗保险、工伤保险、失业保险、生育保险来看，其待遇的支付均未实行行政许可，被保险人只要发生符合基本医疗保险、工伤保险、失业保险、生育支付支付范围的费用，均可向社保经办机构申请待遇支付；有些费用主要是医疗费用，社保机构应实行直接结算，被保险人享受待遇无须事先经过申请和审核。

工伤认定具有一定的特殊性。但是，首先其属于行政确认，而且其存废亦有争议；其次，很多事故伤害（疾病）并不属于工伤，必然需要一个事先甄别被保险人所受伤害（所患疾病）是否属于工伤的程序和过程，这项工作即便交由社会保险经办机构来做也需要专门的人力和物力。

（八）基本养老金请求权不可限制

在《社会保险法》之前，基本养老金请求权受刑事责任限制。被保险人如果被判刑并收监执行的，不发基本养老金，不参与基本养老金调整；未办理退休的，不得办理退休。劳动保障部办公厅《关于退休人员被判刑后有关养老保险待遇问题的复函》（劳社厅函〔2001〕44号）规定："退休人员被判处拘役、有期徒刑及以上刑罚或被劳动教养的，服刑或劳动教养期间停发基本养老金，服刑或劳动教养期满后可以按服刑或劳动教养前的标准继续发给基本养老金，并参加以后的基本养老金调整。"劳动保障部办公厅《关于对劳社厅函〔2001〕44 号补充说明的函》（劳社厅函〔2003〕315 号）规定："退休人员被判刑后暂予监外执行、假释期间，可以按被判刑前的标准继续发给基本养老金，但不参与基本养老金调整；参加企业职工基本养老保险的人员被判处拘役及以上刑罚或劳动教养的，服刑或劳动教养期间达到法定退休年龄的，暂缓办理退休手续，待服刑或劳动教养期满后按规定办理退休手续。"

《社会保险法》未规定此类限制。笔者认为，基于《社会保险法》规定，对基本养老金请求权不能进行实体限制，上述规定在《社会保险法》之后应即行废止；即便不予明示废止，也应因默示废止不再适用。根据《社会保险法》，即便被保险人服刑，也应当享有社会保险权，享有基本养老金请求权。（1）《社会保险法》对基本医疗保险、工伤保险、生育保险待遇不予支付的情形作了明确规定。根据反向解释理论，《社会保险法》没有规定基本养老保险待遇、生育保险待遇不应支付的情形，表明其不愿设定此种不予支付的情形。（2）《社会保险法》第 16 条规定："参加基本养老保险的个人，达到法定退休年龄时累计缴费满十五年的，按月领取基本养老金。"即便服刑之人甚至被判处死刑之人，只要符合该条规定，当然就应当适用该条，可以按月领取基本养老金。（3）社会保险待遇享受权是与缴费义务的履行直接相关的，社会保险法律关系受社会保险法规制，与刑法无关。刑事责任的承担属于刑法范畴，与社会保险法无关。社会保险法不应当承担打击犯罪、制裁犯罪人的责任。剥夺犯罪人的社会保险权利，既与社会保险权之基本权利不相适应，亦与《社会保险法》化解社会风险之立法目的背离。（4）先前之规定，从其制订时间和内容看，明显与《社会保险法》相冲突，应予废止；即便没有明确废止，也成立默示废止。

（九）基本养老金请求权之时效

关于此主张，见本书"社会保险权利侵害的法律救济规则"一章。笔者认为，在社保机构通知被保险人之后，或被保险人确知享有基本养老金请求权后，仍不行使权利的，又无正当理由的，应推定权利人放弃权利。对此种情形确定 5 年诉讼时效期间是适当的。自其行使基本养老金请求权之日起 5 年以前的权利主张不应支持。

二、居民养老金请求权

居民养老金请求权的基本理论基本与上同。其区别主要在于请求权内容不尽相同、基础权利的构成不同。从何时发放养老金也无具体规定。居民养老金分基础养老金和个人账户养老金（个别地方亦设定过渡性养老金），与基本养老金不能仅要求其中一项不同，居民养老金可以仅享受基础养老金，由此亦导致其基础权利不同。根据政策规定，农村居民年满60周岁，均可按月享受基础养老金。由此，基础养老金基础权利的成立便是年满60周岁。根据上述理论，基础养老金请求权之起点即基础养老金支付之"始日"应为达到法定退休年龄是年之出生日。从居民满60周岁之次月甚至次年起支付养老金是不当的。

一些地方实行"捆绑式"的居民养老金措施，即特定人要享受基础养老金，其全家人都必须参加养老保险（基本养老保险或城乡居民养老保险）。这一措施有其现实意义，即通过这一措施可以最大限度地促进城乡居民养老保险基础养老金享受人家庭成员的参保，促进社会保险的覆盖。但严格来说，这一措施实际上添加了基础养老金基础权利的享受条件，其法律依据并不充分。在一定意义上是变相地将自愿参加城乡居民养老保险变为强制参加。这实际是和城乡居民养老保险的扩面要求密切关联的。虽有其现实的客观必要性，还是应当尽量避免。很多地方已经实现了"松绑"。城乡居民养老保险应当坚持自愿原则，不宜将扩面任务凌驾于基本原则之上。

三、其他养老保险待遇请求权

其他养老保险待遇主要包括：（1）遗属待遇。《社会保险法》第17条规定，参加基本养老保险的个人，因病或者非因工死亡的，其遗属可以领取丧葬补助金和抚恤金。（2）病残津贴。《社会保险法》第17条规定，在未达到法定退休年龄时因病或者非因工致残完全丧失劳动能力的，可以领取病残津贴。所需资金从基本养老保险基金中支付。（3）个人账户的一次性支付与继承。

关于个人账户的一次性支付与继承，《社会保险法》作了较为明确的规定。其所有权属于被保险人。根据《物权法》规定，其所有权并不因社会保险经办机构的占有而丧失，无论该占有时间有多长（《物权法》并未设立占有取得制度）。该权利请求权属于物权请求权，不存在一般时效之问题。对于个人账户的遗嘱继承与法定继承，《社会保险法》未作特别规定，应当适用《继承法》之规定。

关于遗属待遇和病残津贴，另专章研究。

第二节　延误退休之养老金请求权

　　笔者将延误退休和延迟退休区分为两种情形。在前者，被保险人晚于最低法定退休年龄退休系由过错（过错主体具有多样性）所致，非被保险人刻意追求的目标，该延迟退休之结果与被保险人主观认识背道而驰；而在后者，被保险人晚于最低法定退休年龄退休，系被保险人刻意追求的目标，系其本人故意所致，该结果符合被保险人主观认识。鉴于这两者在实践中均呈极其混乱之现状，而又关系被保险人权益甚巨，且为养老保险法律制度之重要内容，其晚于法定退休年龄领取基本养老金之结果之性质迥然不同，故列两节分述之。

　　以 2012 年养老金调整为例，据人社部新闻发言人 2012 年 1 月 20 日上午介绍，从 2012 年 1 月 1 日起，全国企业退休人员养老金上调，幅度为 2011 年企业退休人员月人均基本养老金的 10% 左右；其中，具有高级职称的企业退休科技人员、高龄人员等群体调整水平将更高；2011 年 12 月 31 日前已办理退休手续，并按月领取基本养老金的企业退休人员，都在此次调整范围之内。依此，如某男性被保险人出生于 1951 年 12 月 1 日，则实践中多认定其于 2011 年 12 月 1 日满 60 周岁，人社部门通常于 2011 年 11 月份审批同意其于 2011 年 12 月 1 日退休，并于 2012 年 1 月开始按月享受基本养老金，那么该人员就不能享受该次养老金调整。

　　又如，某男性被保险人员出生于 1951 年 11 月 30 日，实践中，人社部门可能于 2011 年 12 月（1 日 31 日中的某一日）审批同意其退休，并自 2012 年 1 月起给其发放养老金。该人员亦不能享受该次养老金调整。

　　虽然被保险人于 2011 年 11 月以前较早时间即已达到退休年龄，但由于种种原因，如用人单位未及时申报办理退休手续，被保险人对退休时间有异议不同意申报退休，因档案材料不全身份资料有异议等导致未及时办理审批，因人社部门相关工作不积极甚至故意拖延导致未及时办理退休，如果最后都是 2011 年 12 月才最终办成退休，并至 2012 年 1 月才正式领取养老金，不仅会导致被保险人一定时间（达到退休年龄时至实际享受养老金时）不能享受养老金，亦将因不能参与此次养老金调整，而遭受养老金损失，而且这种损失可能在以后的时间里呈不断扩大之势，因为之后的养老金调整可能都会与其养老金领取时间有关。

一、延误退休之养老金请求权处置现状

河北省劳动保障厅《关于贯彻〈河北省企业职工基本养老金计发办法〉有关问题的通知》（冀劳社〔2006〕67 号）第 10 条规定，职工达到正常退休年龄时，单位应及时为职工办理退休手续。对于达到正常退休年龄，经批准延期退休的，延期的时间计算为实际缴费年限，期满退休，下月起计发待遇。达到正常退休年龄因单位原因造成退休延期的，个人账户继续记载，但其延期时间不计算缴费年限，劳动保障部门按其到达正常退休年龄时批准退休，从办理退休手续的下月计发待遇。如正常退休年龄至批准退休期间有调整待遇的，社会保险经办机构要按规定调整标准，基本养老金按增加后的标准计发，不再补发。正常退休年龄至批准退休期间职工工资或生活费低于基本养老金标准的，差额部分由单位给予补齐。保管档案的中介机构也参照以上规定执行。因劳动保障部门原因造成退休延期的，按达到正常退休年龄时批准退休，从达到正常退休年龄的下月计发待遇，延期退休期间有调整待遇的，社会保险经办机构按规定调整标准并补发调整的基本养老金。

《安徽省参加企业基本养老保险人员退休审批管理规定》（劳社〔2008〕45 号）第 3 条规定：被保险人员退休由各级劳动保障行政部门负责批准。第 19 条规定：因劳动保障行政部门审查审批或养老保险经办机构审核计算原因，造成延误审批或养老待遇计算错误的，劳动保障行政部门应当纠正，养老保险经办机构根据纠正结论重新核定被保险人员基本养老金标准，并补发或收回差额部分的基本养老金；因企业、个人原因造成被保险人员退休条件失实导致养老待遇计算错误或者延误审批的，从劳动保障部门纠正次月起按重新核定的标准发放基本养老金，社会保险经办机构对之前差额不补发，但多领的养老金应追回。第 21 条规定：因被保险人员本人或用人单位及档案保管部门提供的相关材料不全、虚假，或不及时申报等原因造成的审批时间延误，由被保险人员本人或用人单位及档案保管部门承担责任；用人单位弄虚作假、虚报冒领、蓄意更改被保险人员档案谋取不正当利益的，有关部门应当给予当事人相应处分，追究主管领导责任，给予通报批评；劳动保障部门及经办机构工作人员因玩忽职守造成退休审批错误或待遇计算错误的，应查明责任并予以追究，对以职务便利利用退休审批为他人谋取不正当利益的，依照党纪政纪给予处分，其行为触犯法律的移交司法机关处理。由此造成社会影响和经济损失的，视情节并依据有关规定追究主要领导和分管领导的责任。违反政策办理的退休审批应予以纠正，造成养老基金损失的应如数追回。

《安徽省参加企业基本养老保险人员退休审批管理规定》（劳社〔2008〕

45号）第7条对"申请时限和批准时限"作了规定：被保险人员到达法定年龄办理退休，至少应提前30日申报。用人单位和服务机构应向劳动保障部门书面提出申请，提供拟退休人员名册和被保险人员人事档案，对符合申报条件的，劳动保障部门在5个工作日内应予受理。用人单位申报退休人员较多，劳动保障部门应当视情先组织预审，以工作需要并减少企业事务性负担为原则，可以实行行政部门、经办机构联合审查。实行预审办法的必须在确认申报人员符合退休条件后，再履行正式申报和批准程序。

虽然笔者只列举两省关于延误退休时养老金的处置，但颇具代表性，全国多数地方都是这种模式，即由过错之主体承担其法律后果：由于社会保险行政或经办机构之过错导致延误的，补发养老金；由个人、用人单位、档案管理机构承担责任，如由用人单位支付工资。这采纳的实际是过错责任。如前所述，笔者认为，在被保险人符合条件应当享受基本养老金时，被保险人即有受领基本养老金之权利，社保机构负有支付基本养老金之义务，被保险人即享有基本养老金之请求权，有权请求社保机构支付基本养老金。被保险人延误办理退休手续，实际是怠于行使基本养老金请求权的体现，该请求权并不因其怠于行使权利而灭失，不存在适用过错责任之余地，本质上与归责原则无涉。

二、与过错责任无涉

根据过错来确定损害的承担者，这是一种历史悠久的法学理论，正如法谚所说："使人承担损害赔偿责任的，不是因为有不法行为，而是因为有过错，正如使蜡烛燃烧的，不是火而是氧气。"但适用过错责任，对于因被保险人本人、用人单位、档案托管机构原因导致延误办理退休手续的，审批退休之前的基本养老金不予补发，不参与调整，是没有法律和法理依据的。

第一，被保险人受领基本养老金是基于《社会保险法》的直接规定，立法并未将主观过错设定为受领基本养老金的条件。被保险人受领基本养老金的两个法定条件是："达到法定退休年龄"、"累计缴费满十五年"。被保险人即便延误办理退休手续，仍然符合这两个条件，仍应当有权受领基本养老金。社保机构以被保险人等存在主观过错不履行支付义务，没有法律依据。

第二，被保险人延误办理退休手续，多数是由于手续不齐全、相关材料缺失，部分是由于不知已经得到退休年龄而致，主观上并非故意，大多数很难归责于被保险人，由此即拒发延误期间的养老金，导致被保险人此间的生活权利受到侵害，很不公平。社会保险权利是一项基本权利，因为一些并不能完全归责于被保险人的原因剥夺和限制被保险人的基本权利，极为不当。这种错误做法，使得对基本权利的保护连普通债权、物权都不及，显然是不符合权利理论的，亦有违社会公平。

第三，多数延误办理退休手续与社保行政部门或经办机构有一定关联，社保部门并非没有过错。社保部门的问题主要表现为，相关要求没有法律依据或不尽恰当，被保险人无法或难以满足要求，如要求特定内容的档案材料；社保部门在处理过程中也存在时间上的问题，如达到退休年龄前 1 月才要求提交材料是否得当，即便要求提前 2 月又是否得当，因为如果考虑到短期不能办妥手续的话，就应该更长提前办理，如半年甚至更长，而目前几乎没有允许这么长时间提前办理退休手续的。

第四，由用人单位承担责任没有法律和法理依据。劳动者与用人单位之间有较强的人身依赖关系，用人单位对劳动者有照顾和保护义务，其中就包括对劳动者养老责任的承担，这不仅包括参保并为劳动者缴纳社保费，也包括为劳动者办理退休手续，特别是一些地方的政策文件还明确规定了用人单位的这一义务。但是，即便用人单位有为劳动者办理退休手续的义务，显然也不能免除劳动者自己对此行为应承担的责任。即便用人单位对为劳动者办理退休手续负有责任，该办理手续的延误，也不应使用人单位承担工资支付责任。对于劳动者养老保险，用人单位仅负有依法缴费义务，用人单位依法为劳动者缴费至其满退休年龄时，根据《劳动合同法》规定，即可终止劳动合同，在劳动者未提供劳务时，无任何支付工资的义务；即便劳动者提供了劳动，在法律上也仅承担支付劳务费的责任，并不承担支付工资等劳动法上的责任。

由档案托管机构承担责任，也并不恰当。档案托管机构与委托人之间是委托保管或委托代理的关系。档案托管机构所应承担的义务是由档案托管合同约定的，档案托管机构的制度性规范可以视为"格式合同"的部分，对其有一定的约束力。如果档案托管合同没有约定其有为被保险人办理退休手续之义务，当然不可能因此承担任何责任；如果档案托管合同约定其有为被保险人办理退休手续之义务，其未履行此项义务，也仅承担违约责任，该违约责任通常并不体现为工资形式。如果档案托管合同没有约定具体的违约责任，也不可能要求其对劳动者承担工资支付义务。

在一定意义上，尤其是地方政策作出明确规定时，社会保险行政和经办机构可以要求用人单位或档案托管机构为劳动者申办退休手续，但如其拒绝，并不导致其承担工资支付责任。

第五，从行政责任角度来说，过错责任也只是针对行政公务人员的归责原则，是内部行政责任的归责原则。[①] 根据过错责任原则免除行政主体所应承担

---

① 杨解君：《行政责任问题研究》，北京大学出版社 2005 年版，第 228 页。

的责任，并不恰当。行政主体对行政相对人所承担的责任类似于结果责任，并不以行政主体主观上的过错为前提，即便没有过错，如缺乏法律依据、法律依据被撤销，均要承担赔偿等责任。以过错责任为基础确定行政主体对被保险人的责任，不适当地限制了行政主体的责任范围，也导致被保险人权利无法得到有效填补。

三、基础权利构成与受领迟延之法律后果

如前所述，被保险人具备"达到法定退休年龄"和"累计缴费满十五年"两个条件，受领基本养老金权利已经成立，被保险人有权接受、持有和处分基本养老金，并在社保机构未履行支付义务时，有请求其支付的权利，延误办理退休手续不应影响受领基本养老金的权利，但如延误办理退休手续构成受领迟延时，会发生一些不利的法律后果。

受领迟延主要是民法债权中的概念。尤其是在买卖合同中，受领标的物是不是买受人的一项义务，存在争议。肯定者认为，"按约定及时地受领标的物应是买受人的一项义务"①。在买卖合同中，对交付方式、时间、地点均有明确约定，交付义务的履行需要买受人的配合，因此可以确定买受人有受领标的物的义务。买受人受领迟延，可导致出卖人交付义务的完全免除。如我国《合同法》第146条规定："出卖人按照约定或依照本法第142条第2款第（一）项的规定将标的物置于交付地点，买受人违反约定没有收取的，标的物毁损、灭失的风险自违反约定之日起由买受人承担。"

在社会保险法中，受领迟延不会导致标的物毁损、灭失，不能免除义务人的支付义务。基于养老金的特殊性质，及对养老保险经办的严密管控，通常不会发生养老金灭失之后果；即便真的发生这一后果，也可归责于社保机构而非被保险人，不应由被保险人承担这一后果。社会保险权虽然是公民的一项基本权利，但其与人格权等与自然人的人格不可分离的权利还是有差别的，他人虽不能侵害公民的社会保险权，被保险人自己应可以抛弃社会保险权。概言之，受领基本养老金是权利而非义务。被保险人拒绝受领自己的基本养老金，不能强制其领取，亦不能以提存等方式支付。

在社会保险法中，受领迟延也会发生对被保险人不利的法律后果。主要包括两个方面：一是孳息损失。被保险人受领基本养老金后，会产生利息收益。因其他主体原因致被保险人无法及时受领基本养老金，会产生利息损失，该利息损失应由相关责任人负责赔偿。因被保险人自己受领迟延，致其利息受损，

① 马俊驹、余延满：《民法原论》，法律出版社2007年版，第645页。

该后果应由其自己承担,不得要求社保机构支付该利息损失。受领基本养老金后产生的利息,非养老金本身,不属于养老保险统筹基金支付范围,在可归责于社保机构并应由社保机构支付时,应从其经费中列支,而不应由统筹基金支出。二是产生时效利益。被保险人受领迟延,得产生时效利益,经过5年仍不受领的,不得再要求受领。

绝大多数延误退休并不属于受领迟延,不得发生受领迟延的法律后果。受领迟延是指权利人能够受领而不予或拒绝受领的行为。而被保险人延误办理退休,延误后果的出现与其主观追求是不符合的,绝大多数并非其不愿受领,而是因其他原因导致其不能受领,这不属于受领迟延。

四、行政审批不是确定基础权利的起点

我国现行多数地方实行退休审批(行政许可)制度,并以审批(许可)时间作为受领基本养老金的时间,这是错误的。"行政许可行为主要是审查申请人有无权利资格和行使权利的条件,不存在赋予申请人以权利的问题……行政许可只是对权利人行使权利资格与条件加以验证,并给以合法性的证明;而非权利(包括享有权与行使权)的赋予。"[①] 被保险人在具备"达到法定退休年龄"和"累计缴费满十五年"两个条件时,其受领基本养老金权利已经成立,从此时起,被保险人即有接受、持有和处分基本养老金的权利。即便实行退休审批,它也仅仅是审查被保险人是否具备这两个条件。一方面确认被保险人已经符合接受、持有和处分基本养老金的权利,另一方面又确定其在一定时间以后才能接受、持有和处分基本养老金,是缺乏理论根据的。

第三节　延迟退休之养老金请求权

本节实际要解决的问题是,被保险人可否自愿延长退休时间,晚于法定退休年龄退休并领取基本养老金?

一、上海"柔性"延迟退休

上海市人社局《关于本市企业各类人才柔性延迟办理申领基本养老金手续的试行意见》(沪人社养发〔2010〕47号,2010年10月1日起执行)规

---

① 郭道辉:《对行政许可是"赋权"行为的质疑——关于享有与行使权利的一点法理思考》,载《法学》1997年第11期。

定：符合本试行意见的人员，延迟办理申领基本养老金手续的年龄，男性一般不超过 65 周岁，女性一般不超过 60 周岁；其适用对象为：参加本市城镇养老保险的企业中具有专业技术职务资格人员，具有技师、高级技师证书的技能人员和企业需要的其他人员，到达法定退休年龄、符合在本市领取基本养老金条件，如企业工作需要，本人身体健康，能坚持正常工作；经本人提出申请，与企业协商一致后，可以延迟申领基本养老金。

延迟退休者与用人单位之间没有劳动关系。劳动者到达退休年龄时，劳动合同依法终止。企业与符合本意见规定延迟办理申领基本养老金手续条件的人员可协商签订相关工作协议。在延迟申领基本养老金期间，企业应当参照与工作直接相关的劳动标准（工作时间、劳动保护、最低工资规定）保障延迟申领基本养老金人员的基本权益，双方还可以通过协商在工作协议中约定其他有关的劳动权利义务。

工作协议解除、终止时，劳动者申领基本养老金的条件即时成立，企业应当为延迟申领基本养老金人员办理申领基本养老金手续。工作协议解除、终止的当月，企业应按约定标准全额发给延迟申领基本养老金人员报酬。

延迟期间社会保险费缴纳：企业及个人按规定缴纳基本养老保险费和工伤保险费，不再缴纳医疗、失业及生育保险费。

延迟期间社会保险待遇：（1）医疗保险待遇按照到达法定退休年龄领取基本养老金人员的医疗保险待遇规定执行。（2）延迟期间发生工伤事故的，按照本市工伤保险有关规定享受相应工伤保险待遇。（3）延迟期间因病或非因工死亡的，丧葬补助金按照本市企业退休人员因病或非因工死亡后相关规定执行，所需费用由本市城镇基本养老保险统筹基金支付。

延迟退休后正式退休时，按照申领时的养老金计发办法计发基本养老金，并从次月起领取。

关于上海的柔性延迟退休方案，笔者认为总体上是合理的。不溯及既往，有利于保持社会秩序的稳定；实行自愿而非强制，符合目前的社会保险法律规则与原理；应与用人单位协商一致，因为用人单位需要继续承担一定的缴费义务，因此需要用人单位同意；适用人员不限于高级技术人员，原则所有参保人员都可以申请，因为这种延迟与是否属于高级技术人员并无实质关联；没有限制为本市户籍人员，体现了法律面前人人平等的原则；在相关社会保险关系上的处置也比较得当。但仍然存在一定问题，如延迟时间限制为"男性一般不超过 65 周岁，女性一般不超过 60 周岁"，其理论基础不足，其实也没有必要。总的来说是进步的，既与延长退休年龄的历史趋势吻合，又与弹性退休的发展趋势适应，也因应了公众的需求。可在进一步完善的基础上予以推广，并上升为社会保险一般规则。实践中，延迟退休并非上海独有，如广东一些发达地区也早已默认。

二、过时的"应当退休"规定：权利与义务混同

我国目前适用的退休的依据，尤其是退休年龄的依据，主要是国务院《关于工人退休、退职的暂行办法》（国发〔1978〕104号），其第1条规定：全民所有制企业、事业单位和党政机关，群众团体的工人，"男年满六十周岁，女年满五十周岁连续工龄满十年的"，"应该退休"。虽然适用范围早已扩展至所有的企业，但其所设定的退休年龄（受领基本养老金的年龄）及应该退休之义务，至今仍在适用。

国务院《关于严格执行工人退休、退职暂行办法的通知》（国发〔1981〕164号）再次确认："凡是符合退休、退职条件的，就应当动员他们退休、退职。如生产上确有需要，必须缓退的，要经过上级主管部门批准。没有经过批准，超过退休年龄继续工作的时间不计算'连续工龄'。对于应当退休、退职的工人，经过多次动员，仍然坚持不退的，可以停发其工资，改发退休费或退职生活费。"这非常明确地将退休也确定为一种义务，劳动者违背这一义务，将强制实施：强制其退休或承担不利后果——仅享受退职生活费。

上述退休之义务性规范，在多数地方仍严格施行。如湖北省劳动和社会保障厅《关于完善企业职工基本养老保险若干政策问题的暂行处理意见》（鄂劳社发〔2007〕59号）规定："对因用人单位、档案托管机构或个人原因缓报、漏报的，其退休时间和基本养老金计发及调整，均按达到法定退休年龄时间确定，超过法定退休年龄缴纳养老保险费的时间不计算缴费年限；延迟退休期间所缴养老保险费予以退还，养老金不予补发。由此对参保人员造成的损失，属单位或档案托管机构原因的，由单位或档案托管机构负责补偿。"更有甚者，延迟退休期间，既不计算缴费年限，所缴纳的社会保险费也不予以退还，仅个人账户部分予以记载。

笔者在本章第一节中已详细阐述，退休（受领基本养老金）是一种权利而非义务。上述规定将退休权利混同为退休义务，有其历史背景。当时机关、事业单位、企业实行相同的退休制度，只有现职人员退休后，新的工作人员才可以进来，相应的工作人员才能升职，是否按时退休，关系到很多人的利益，因此其同时具有义务性质，是必然的。但对受领基本养老金的企业退休人员而言，并不存在这个问题（国有企业的情形比较特殊），并不存在外部的必须退休的问题。欠缺此点，受领基本养老金也就不存在义务的约束。

当受领基本养老金仅仅是一种权利而非义务时，就不存在必须退休这种情

形。作为义务规范和违背义务的法律责任，无法适用于作为权利的受领基本养老金，达到法定退休年龄的人，"可以"而非"应当"或"必须"退休。

将退休（受领基本养老金）作为义务，以其用人机制为基础。而在现代市场经济体制下，在完善的法人治理结构下，企业法人享有充分的用人自主权，只要能实现利益最大化，并不一定需要通过"老人"退休"新人"升职的用人体制来实现，用人单位没有强制劳动者退休的动力。这从"返聘"这一用工形式就可以体现。只是由于劳动者是否依法享受基本养老金，关系到用人单位劳动法上义务的承担，因此如果劳动者放弃或延迟受领基本养老金，不应影响用人单位的权利。

自愿延迟退休符合养老保险的发展趋势，有利于养老保险基金的积累，是有百利而无一害的行为。反之，禁止自愿延迟退休，是违背历史潮流、也是不道德的行为。一个公认的事实是，我国退休年龄偏低。毫无疑问的是，我国一直也想提高退休年龄。只是由于社会压力过大，相当多的参保人不愿延长退休年龄，甚至千方百计要"提前"退休。轻易提高退休年龄，很可能会严重影响社会稳定。正是在这种状况下，国家对提高退休年龄非常慎重。想提高退休年龄却不敢轻易实施，这是关于我国退休年龄问题的真实写照。既然国家想提高退休年龄却不敢轻易实施，那么被保险人愿意延迟退休（自动提高退休年龄）为何不允许呢？强制也是以自愿为基础的，如果所有人都不愿意实施某种行为，完全靠法律暴力迫使人们实施该种行为，这种法律也是缺乏合法性基础的，也不可能长久。法律的强制更有赖于人们的自愿行为。不允许人们自愿实施某种行为，而只能通过法律来强制人们实施这种行为，这是违背基本伦理的。在通过法律统一强制提高退休年龄尚不可行的前提下，既然有部分被保险人自愿提高退休年龄（延迟退休时间），何乐而不为？法律目的并不一定要通过强制手段实现，如果大家都能按照法律希冀的意图行为，法律强制实际就没有必要了，或者其存在仅仅是为了纠正极少数试图偏离法律轨道的行为。如果每个参保人都同意提高退休年龄，就无须强制立法，这是最完美的状态。当然这种最完美的状态是无法实现的，所以法律强制最终是不可缺少的，但是法律强制的对象不是自愿延迟退休的人，而恰恰是不愿延迟退休的人。在任何时候、任何社会，社会主体对法律的遵守和自愿履行，都是法律权威的根据，都是法律实现的根本保障。在任何时候、任何社会，我们都应当鼓励、提倡这种社会情感，而非相反。法律不因为制定出来就有了法律的名义，就能真正成为法律的。在绝大多数时候，法律是对社会现实的因应，是在有了相当多的社会思想和行为的支撑之后即有了相当的立法基础之后，才进行立法的。正是在这个意义上，我们说法律是发现而非制定的，法律是有自我生长机制的。这也正是自然法理念的真谛所在。允许、提倡乃至鼓励参保人延迟退休，是顺应这一社会现实和发展趋势的，也可以增进厚实的立法基础。当延迟退休为很多人遵行，提高退休年龄为社会公众所普遍接受时，统一立法的时机也就成熟了。这或许是提高我国退休年龄最可取的立法路径了。

三、延迟退休的若干问题

在当前的法律框架下，实行弹性退休制度，允许公民自愿延长退休，需要解决好相关制度衔接问题，还要避免其演变为特殊利益群体的利益盛宴，普通公众则无缘享受制度果实。

（一）适用对象的平等性

所有的参保人员原则上都可以申请延迟退休，不限人员身份、岗位、户籍。因为自愿延迟退休最终要过渡到统一提高退休年龄，除了基于公共利益给予的限制外，其他任何限制都是不适当的。

自愿延迟退休制度的设立目的是，在尚不能通过立法统一提高退休年龄时，允许和鼓励参保人自愿延长退休时间。参保人员的身份、岗位、户籍等与这一目的均无关。实际上，只要参保人继续缴纳养老保险费，就可以延迟其退休时间。虽然在实践中，有此需求的主要是一些有专业技术、知识的人才，但不能排除其他人有此需求。如果制度比较完善，一些经济条件、工作能力较好的参保人员均有延迟退休的可能。

（二）严格遵循自愿性原则

参保人达到目前的法定退休年龄，社保机构要及时给予申办退休的提示。被保险人自愿延迟退休的，要向社保机构提交书面申请，社保机构对延迟退休的法律后果必须给予书面提示，并由被保险人签字后留存。

被保险人以用人单位的职工身份申请延迟退休的，应当提交与企业的协议，被保险人与用人单位应对相关内容如养老保险费和工伤保险费的缴费情况进行明确约定，并规定相应的法律责任。

延迟退休的时间不应限制。被保险人或用人单位确定停止缴纳养老和工伤保险费后，社保机构应及时为被保险人办理退休手续和核定待遇，并自停缴之日起计发基本养老金。

（三）可以设定鼓励性措施

为了达到鼓励参保人延迟退休之目的，可设定一定的鼓励性措施，如多缴纳 1 年的养老保险费，可增加一定的养老金。

（四）用人单位与延迟退休人员之间不存在劳动关系

《劳动合同法》第 44 条规定："劳动者开始依法享受基本养老保险待遇

的"，劳动合同终止。这里的"开始依法享受"应当理解为"应当开始依法享受"。因此，被保险人本应当依法享受基本养老金却延迟退休的，用人单位仍可以终止劳动合同，而无须承担劳动法上的义务，如支付加班工资等。

如果用人单位同意被保险人延迟退休，除应为其缴纳养老和工伤保险费外，对双方其他权利义务，应当通过民事合同予以明确约定，并规定相应的违约责任。

（五）仅延迟养老和工伤缴费，其他险种不应缴费

如果以个人身份（灵活就业人员）缴费，在延迟退休期间仅缴纳养老保险费。如果是以企业职工身份缴费，则应缴纳养老保险和工伤保险费，被保险人在延迟退休期间发生工伤事故的，可以进行工伤认定，并依法享受工伤保险待遇；不再缴纳医疗、失业及生育保险费，按照退休人员标准享受医疗保险待遇。

对延迟退休人员的工伤待遇，实行的是特殊规定，突破了目前工伤必须以劳动（人事）关系为基础的限制，对延迟退休人员及其用人单位都是有利的。例如，用人单位使用"返聘"人员，目前原则上不能参加工伤保险，用人单位存在一定的用工风险；而允许被保险人延迟退休，则可以获得工伤保险的保障，在一定程度上可以鼓励用人单位直接云寻被保险人延迟退休，而不采用"返聘"之用工形式。

（六）对国有企业、机关事业单位原则上不适用，或要严格程序性限制

考虑到央企等国有企业、机关事业单位的特殊性，一旦允许其延迟退休，必然会出现普遍性延迟退休现象，而此类用人单位承担被保险人延迟退休的资金实质上应归属国有，在缺乏特别有效的制约机制的前提下，必然会出现"慷国家之囊、饱个人私利"的现象，这将对公共利益造成严重损害。因此对这类用人单位的被保险人，原则上不得实行延迟退休制度。确实需要延迟退休的，应当实行极其严厉的程序性限制。如央企一定级别以上的人员延迟退休，必须经国务院同意；一般雇员的延迟退休，必须经国务院国资委和人社部同意，同时向社会公开延迟退休的详细理由。

四、现行框架下"延迟"退休缴费与待遇确定

在目前多数地方尚不允许延迟退休的制度框架下，针对目前存在的用人单位及个人因各种原因延迟申办退休，并继续缴费，且社保机构未及时发现的现象，很多地方一方面按其达到法定退休年龄的时间确定其基本养老金，不予计算延迟缴费的年限；另一方面对用人单位和个人缴纳的社保费又不予退还，仅承认个人账户缴费。此做法殊为不当。（1）准确地说，不予退还的只是部分，

即统筹部分；职工个人缴费部分通常是计入其个人账户的，其所有权仍归职工。延迟申办退休期间，个人账户有缴费，但却不计算为权益（不作为缴费年限），不尽适合。（2）社保机构收了作为主要部分的统筹缴费，却不计发相应待遇，有些"霸王"逻辑。既然不计发待遇，那么相应的"缴费"属于什么？属于"罚金"或"罚款"吗？且不论其性质，社保机构占有该"缴费"也没有法律依据。（3）如果深究过错，用人单位虽然有责任，社保机构恐怕也不能说没有责任。对此种情形，如果对"延迟"或"延误"缴费期间的缴费确实不予计算缴费年限，则应当对所缴纳的社保费全额退还。如湖北省劳动和社会保障厅《关于完善企业职工基本养老保险若干政策问题的暂行处理意见》（鄂劳社发〔2007〕59号）规定："超过法定退休年龄缴纳养老保险费的时间不计算缴费年限；延迟退休期间所缴养老保险费予以退还，养老金不予补发。"只是，退还的不仅是养老保险费，还包括其他社保费。当然，笔者希望能够实行上述更为恰当积极的处置方案。

第四节　出生时间的确定规则

出生时间与退休时间是对应的，出生时间的"早晚"决定着退休时间的早晚，直接关系到参保人缴费时间的长短、待遇开始享受时间、待遇的调整，与参保人权益密切相关。例如，一男性参保人员如果确定其出生时间是1951年1月1日，那么其2011年1月（实践中可能为2月）即可退休并享受养老金；如果确定其出生时间为1952年1月1日，那么其可能要继续缴纳1年的社保费，必须到2012年1月才能退休并享受养老金。早1年退休就可能享受待遇调整，晚1年退休则可能少享受待遇调整。

人的出生是一个自然事实，对于已出生的人来说，其出生时间在事实上是确定的，不存在早晚的问题。但是，出生的自然事实在法律上则是以出生证明、户口本、身份证等书面形式表现的，或者说需要以这些书面文本来证明。因此在法律上，参保人的出生时间并不是历史的、自然的事实，而是由证据确证的事实。由于证据采信的差别，自然就可以导致出生时间的"早晚"。

追寻历史的真实，这是司法的目标之一。但是，这又是一个可以永远贴近而无法完全实现的目标。在这样的背景下，如何选择证据确定法律上的出生时间，是重要的程序性内容，不仅对于保护参保人的正当权益，而且对实现法律的正义目的都是非常重要的。而实践中，这恰恰是比较混乱的。

根据《社会保险法》的规定，人社部颁布了《社会保险个人权益记录管理办法》（人力资源和社会保障部令第 14 号）。社会保险个人权益记录，首要的就是参保人员的信息，当然包括出生时间信息。该办法规定，社会保险经办机构通过业务经办、统计、调查等方式获取参保人员相关社会保险个人权益信息，同时，应当与社会保险费征收机构、工商、民政、公安、机构编制等部门通报的情况进行核对；社会保险经办机构应当建立社会保险个人权益信息采集的初审、审核、复核、审批制度，明确岗位职责，并在社会保险信息系统中进行岗位权限设置；社会保险经办机构应当安排专门工作人员对社会保险个人权益数据进行管理和日常维护，检查记录的完整性、合规性，并按照规定程序修正和补充。这些规定均未涉及参保人出生时间的确定规则，据以修改的"规定程序"又是什么，依然不明确，实践中的争议并未化解。

一、实践中的焦点争议

实践中关于出生时间的确定存在争议，主要是按身份证及户籍记载确定还是按档案中最早记载出生时间的档案确定。

对于前者，《居民身份证法》规定："公民从事有关活动，需要证明身份的，有权使用居民身份证证明身份，有关单位及其工作人员不得拒绝"，出生时间是公民身份信息的重要内容。1988 年 1 月 26 日最高人民法院《关于贯彻执行〈中华人民共和国民法通则〉若干问题的意见（试行）》中规定：公民的"出生的时间以户籍证明为准"；公安部、劳动部等 14 部门联合颁布的《关于进一步加强居民身份证使用、核查工作的通知》（公发〔1992〕21 号）规定：居民身份证可用于"办理聘用、雇佣和离退休手续"，居民身份证、户口本应作为确认公民身份信息的基本依据。

对于后者，劳动保障部《关于制止和纠正违反国家规定办理企业职工提前退休有关问题的通知》（劳社部发〔1999〕8 号）规定："对职工出生时间的认定，实行居民身份证与职工档案相结合的办法。当本人身份证与档案记载的出生时间不一致时，以本人档案最先记载的出生时间为准。"

在黄兰芳诉海门市劳动局退休管理行政处理决定案中，法院支持按身份证确定。① 1999 年 11 月，江苏省海门市物资局建筑装饰材料公司黄兰芳经单位提请，海门市劳动局为其办理了退休手续，后发现其身份证与档案记载不一致，遂依劳社部发〔1999〕8 号文，以其档案中最先记载的出生时间为准，作出"关于注销黄兰芳的退休审批表和退休养老证的决定"。黄兰芳提起行政诉讼后，一审判决维持了劳动部门的行政处理决定。2000 年 11 月 10 日，南通

---

① http：//www.cfiin.com/database/readlaw.asp? id = 8224.

市中级法院认定，"居民身份证是国家法定的证明公民个人身份的证件，具有一定的权威性；并可用作办理聘用、雇佣和离退休手续"，判决撤销海门市劳动局作出的"关于注销黄兰芳的退休审批表和退休养老证的决定"。该案后为最高人民法院相关资料转载。劳社部发〔1999〕8号文件规定以档案否定身份证信息是不当的，也违背了"以事实以根据"的基本要求，不应当适用该文件。

在梁承善退休一案中，法院则支持后者。梁承善原是中国东方航空股份有限公司安徽分公司的一名飞行员。其个人档案中最先记载出生时间的材料是1968年3月6日应征公民政治审查表和应征公民兵役登记表，其上记载梁承善出生时间为1948年2月。梁承善的身份证和户口簿记载其出生时间均为1948年12月30日；1964年第二次全国人口普查登记档案记载其出生时间为同日。2008年2月15日，东航安徽分公司向安徽省劳动保障厅申报《关于梁承善同志退休审批的请求》；同年2月25日，安徽省劳动保障厅批复，同意梁承善于2008年2月退休。梁承善于是提起行政诉讼，要求按照身份证、户口簿及第二次全国人口普查登记出生时间办理退休。一审判决驳回其诉讼请求。2008年8月15日，合肥市中级法院二审判决认定，劳社部发〔1999〕8号文是为规范企业职工退休审批工作，针对职工身份与档案记载的出生时间不一致的具体情况，对职工出生时间的认定作出的专门规定。其与居民身份证、户籍管理方面的规范性文件，在适用范围上不同。省劳动保障厅适用该文件并无不当；第二次全国人口普查登记不是职工档案中的材料，省劳动保障厅将其作为认定退休时的出生时间并无过错，判决"驳回上诉，维持原判"。

劳社部发〔1999〕8号的不当性显而易见。因而根据该文件，即便档案记载与事实完全不符，也要以档案为准，而非以事实为准，这不仅违背了基本法治理念，也违背了基本伦理。贯彻适用该文件，不仅合法性不足，亦损害了法律的权威性，对社会法律意识的发展产生不良影响。

二、规则冲突与规则失效

行政部门在办理退休事务时对出生年龄的认定，如果与行政相对人发生争议，将要接受司法审查。而司法机关是否支持该具体行政行为，通常要进行合法性判断，即行政部门对出生年龄的确定是否具有充足的法律依据。

从广义来说，原劳动保障部关于采用档案记载确定出生时间的规定，在现实中尤其是对地方各级劳动保障（人社）部门具有约束力，可以作为法律的一个来源，为具体行政行为提供法律依据。

根据行政体系的特征，一般来说，某一行政机关通常不会适用其他主管部门的规定，如地方劳动保障部门通常不会适用公安部的规定。更为重要的，合法性中的"法"首先不是指部门规章，而是《宪法》、全国人大及其常委会制定的基本法律、国务院的行政法规。如《行政诉讼法》规定，人民法院审理行政案件"以法律法规为依据，参照规章"。如果关于公民出生年龄的规定，只有劳动保障部的一个文件，其他法律法规及主管部门未作规定，冲突就不会发生。而现实恰恰相反，冲突由此产生。

参保人员办理退休时确定出生年龄的依据有三个层次。

在基本法律层次，《居民身份证法》规定："公民从事有关活动，需要证明身份的，有权使用居民身份证证明身份，有关单位及其工作人员不得拒绝。"

在司法解释层次，最高人民法院《关于贯彻执行〈中华人民共和国民法通则〉若干问题的意见（试行）》中规定：公民的"出生的时间以户籍证明为准"。

在规章或规范性文件层次，就比较庞杂了：（1）公安部《关于在全国范围内实施居民身份证使用和查验制度的请示的通知》（〔89〕公发15号）规定：居民身份证是国家法定的证明公民个人身份的证件，具有一定的权威性；并可用作办理聘用、雇佣和离退休手续。（2）中组部、人事部、公安部《关于办理干部退（离）休等手续时认定出生日期问题的通知》（组通字〔1990〕24号）规定：凡干部居民身份证同干部本人档案记载的出生日期不一致的，组织人事部门在办理其退（离）休等手续时，应会同干部常住户口所在地户口登记机关进行查证核实，按干部管理权限和户口管理权限批准后查实的出生日期作为计算年龄和户口登记的依据，查证材料归入干部本人档案，同时抄送干部常住户口所在地户口登记机关，对无法查实的，应以干部档案或户口档案中最先记载的出生日期为依据。（3）公安部、劳动部等14部门联合颁布的《关于进一步加强居民身份证使用、核查工作的通知》（公发〔1992〕21号）规定：居民身份证可用于"办理聘用、雇佣和离退休手续"。（4）劳动保障部《关于制止和纠正违反国家规定办理企业职工提前退休有关问题的通知》（劳社部发〔1999〕8号）规定："当本人身份证与档案记载的出生时间不一致时，以本人档案最先记载的出生时间为准。"

显然这些规定是不完全一致的，这成为实践秩序混乱的直接原因；司法解释亦不能完全约束各级法院，各行其是者众。

认为"劳动保障部认定退休职工出生日期与公安部门户籍、身份证管理并不矛盾，仅是适用范围各不相同"，因而主张适用劳社部发〔1999〕8号文件具有合法性。该观点受到很多质疑。如四川省某县法院在行政判决书中认定，劳社部发〔1999〕8号文件是劳动保障部针对退休审批工作中存在的问题作出的具有指导性的规范性文件，其中关于公民出生时间的认定，与制定主体的权能不符，不应适用于本案，因此居民的出生时间应以法定的户籍和居民身份管理机关即公安机关核准签发的居民身份证来认定。

由于法律规则的多样性及内容的冲突，司法机关在具体案件中可能适用不同的法律规则，由此导致同一法律规则在不同地域处于失效状态。这不仅导致退休中出生年龄确定秩序的混乱，损害行政机关的形象，还将损害法律的威严与权威。

三、追寻真实是法的基本目的

在一定意义上，认为劳动保障部门可以单独规范退休中的出生年龄问题，有其合理性。事实上，国外对于此类问题的处理，也不完全依据身份证，一些国家是以社保档案为基本依据的。但无论以谁作为确定出生年龄的依据，司法适用的结果是一致的，即一个人只能有一个出生年龄。无论是实行统一的法律规则，还是由不同的法律规则分别规范出生年龄问题，如果一个人最终出现了两个甚至多个出生年龄，这都是一个荒谬的结果。

在退休出生年龄争议中，采用档案规定的主要理由是，当时在档案中故意填写非实际出生时间，已成历史事实，且据此获得了权利，亦应据此履行义务。由于历史的原因，年龄大了无法招工，因此实际40岁的年龄在招工表上填写为20岁。实际年龄到60岁想办理退休时，劳动部门就认为，"你当时故意改小年龄，'骗取'招工，获得了'非法'利益，现在又想按实际年龄办理退休，好事都想占，这不行"。如果有人反对说："当时将招工年龄限制为20岁，属于年龄歧视，本身就不对，不给劳动者按实际年龄办理退休，等于让劳动者承担全部责任，这不合适。"劳动部门可能则认为："那是历史问题，当时的规定不能认为不对。"

疑难问题并非只要归结为历史问题，在现实法律框架下就不需要解决了。如视同缴费的养老待遇、困难破产企业未参加基本医疗保险的退休人员的医疗保障问题，国家该解决的还是应当解决。从法律上来说，这个问题如果只是发生在当年，那只能适用当年的法律规定，不能认为存在年龄歧视；但争议恰恰是发生在现在，就不能仅仅适用当年的规定。再说，将"40岁"写成"20岁"，用人单位没有责任吗？当年负责审批的劳动部门调查一下户籍资料不就能"戳穿"了吗？当一切已成事实，20年以后却说不能退休，这不太公平。更为重要的，仅凭此点就简单规定适用"档案的最早记载"，结果无疑会导致"宁可错杀1000，也绝不放纵1人"的不公正结果。故意更改出生年龄者有之，而无意导致出生年龄错误者有之，甚至是由当年劳动部门工作人员填写错误导致的出生年龄错误者亦有之。不区分情形，一棍子统统打死，是不正确的。

也有人士认为，如果强行规定，出于"不合法"的目的（故意），更改实际出生时间的，只能按更改后的年龄办理退休手续，这也未尝不可。如果说出生年龄并非社会保障的专有领域，那么毫无疑问，退休年龄的确定可以单独由社会保障法作出规定。姑且不论这种立法的公平性，此种规定在实践中很难操作，外人很难知道参保人员填写错误是有意为之，还是无意为之。

采用档案规定的另一个理由是，很多参保人员为了达到早退休的目的，更改了身份证及户籍出生时间，因而不宜采用其规定；档案的最早记录很难改，更具真实性。这与上面的情形恰恰相反：想采用真实的记录，即便档案记录是假，也当成真的用。反对者则认为身份证和户籍资料关于出生时间的记载真实性程度很高。

解决问题的关键并不完全在于采用身份证还是档案，因为无论采用哪一种，无论管理多么严密、技术多么先进，都难以绝对避免错误。追寻事实的真相，是一切法律及其适用的直接目的。法律的任何适用及其结果都是奠基于事实之上的。事实不清，是撤销司法判决和行政决定的首当理由。而如何判定出生时间的真实性，最终将取决于公平和效率价值的考量。

四、公平与效率之间的徘徊

有观点认为，直接采用档案记载或身份证记载确定出生时间，对某些人可能不公平，但其最大的好处就是效率高。在记载冲突的情况下，要确定真实的出生年龄，就必须进行大量的调查，人力、财力都是不小的负担，也容易引发争议。

这种看法并不准确。在不产生行政争议的情况下，直接采用档案记载或身份证的记载确定出生时间，效率较高。而一旦发生争议，付出的精力和财力要远远超过调查的付出。而且随着公民权利意识的提高，这类争议将会越来越多。诉讼资源的浪费所导致的社会成本的高昂，亦是低效的体现。以各种理由否认真实的退休年龄，实际就是给享受基本养老金附加了其他条件，如档案不能有假；社会保障是以追求公平作为第一要务的，享受基本养老待遇的基本条件只有两个：符合规定的缴费年限（包括视同缴费年限）、达到退休年龄，附加其他条件都是不公平的体现。

在记载冲突的情况下，基于调查程序的单一证据选择兼具公平与效率。调查确定依据应当分两种情况：一是开始实施公民出生证明制度后，应以医院原始出生记录为准；之前应尊重历史事实，适当放宽认定标准。二是经过调查之后，仍无法确定真实出生时间的，宜确定采用身份证记载。对于更改身份证的行为，应当赋予经办机构异议权。

五、以社会保险权益记录为准

在建立了社会保险权益记录制度以后，参保人员的出生年龄应当以权益记录为准，但需要考虑几个限制。

第一，在权益记录信息采集时，应核对档案记载与户籍登记、身份证。如果不一致的，应当进行调查核实，并以调查核实的时间记录；不能调查核实的，以身份证记载记录。

第二，对参保人初始出生时间记录，社保机构应明确告知参保人此项信息。参保人有异议的，应依法通过行政复议及诉讼程序界定；参保人没有异议的，经过法定时限（建议为5年），该记录对参保人发生效力。社保机构未明确告知参保人此项信息的，参保人异议不受时限限制。

第三，在个人权益记录确定出生时间以后，身份证记载时间更改的，公安机关应当告知社保机构，社保机构可以要求进行联合调查核实。经调查核实后，社保机构应更改出生时间记录；不能进行调查核实的，不予更改记录。

第四，权益记录关于参保人出生时间更改后，应当及时告知参保人，参保人可以依法在法定时限（5年）寻求法律救济。

第五，参保人知道或者应当知道其身份信息更改后，应当在法定时限（5年）内要求社保机构更改权益记录；社保机构不予更改权益记录的，可依法寻求法律救济。

第六，在上述时限内，参保人退休的，应当自退休之日起3个月内寻求法律救济。

第七，上述时限适用中止、中断、延长的。

第五节　女性参保人退休年龄的确定与统一

在本质上，退休年龄的确定首先是指对享受基本养老金最低年龄的确定与选择，即所谓延长退休年龄的问题。该问题主要是政治与社会选择的问题，而非法律问题。即便从男女平等的角度分析，女性退休年龄与男性退休年龄一致，是否就一定符合平等原则，或者说平等原则是否一定要求男女性退休年龄一致，仍然是充满争议的问题，远未盖棺定论。平等原则包含了差别性原则，男女在生理和心理等方面的差别决定了其在劳动能力方面具有一定的差异性。

如果该差别性可以支撑其在退休年龄方面的差别，实行不同的退休年龄并不违背平等原则。从世界范围看，延长退休年龄是大势所趋，在确保制度公平性的前提和基础上，适当、缓慢延长退休年龄，是必须考虑的问题。本文对此不作讨论。

退休年龄的确定其次涉及女职工与女干部（女职员）退休年龄的统一问题。这也主要是政治和社会选择的问题，本文亦不讨论。

从事特殊工种的退休年龄，在特殊工种一章中讨论。

本书主要对现行制度框架下特定人群的退休年龄的确定与统一进行分析，提供法律适用的依据，为特定法律制度的完善提供建议。主要包括女职工、女职员的界定，灵活就业人员的退休年龄确定等。

一、女职工、女干部的界定

目前男性的退休年龄是统一的，均为 60 周岁，其适用上并无争议。而女性的退休年龄的确定则存在很大争议。根据现行规定，女性因其为女干部（职员）与女工人不同而实行不同的退休年龄。

关于女职工、女干部退休年龄区分的法律依据主要包括：《国务院关于安置老弱病残干部的暂行办法》（国发〔1978〕104 号）规定，党政机关、群众团体、企业、事业单位的干部，女年满 55 周岁……都可以退休。国务院《关于工人退休、退职的暂行办法》（国发〔1978〕104 号）规定，全民所有制企业、事业单位和党政机关，群众团体的工人，女年满 50 周岁……应该退休，本项规定适用于工作条件与工人相同的基层干部。国务院办公厅《关于进一步做好国有企业下岗职工基本生活保障和企业离退休人员养老金发放工作有关问题的通知》（国办发〔1999〕10 号）规定，女干部年满 55 岁，女工人年满 50 岁才可以退休。劳动保障部《关于制止和纠正违反国家规定办理企业职工提前退休有关问题的通知》（劳社部发〔1999〕8 号）再次强调："国家法定的企业职工退休年龄是：男年满 60 周岁，女工人年满 50 周岁，女干部年满 55 周岁。"原劳动部《关于贯彻执行〈中华人民共和国劳动法〉若干问题的意见》（劳部发〔1995〕309 号）第 75 条规定："退休年龄和条件，按现岗位国家规定执行。"

（一）按岗位区分

按岗位区分是目前界定女职工、女干部的主要做法，但实践中具体做法有较大差异。

1. 按申报退休时的岗位确定。湖北省劳动保障厅《关于完善企业职工基本养老保险若干政策问题的暂行处理意见》（鄂劳社发〔2007〕59 号）规定，参加企业职工基本养老保险的单位女职工，其退休年龄按申报退休时所在岗位性质确定，即申报退休时所在岗位为管理、技术岗位的，退休年龄为55周岁；申报退休时所在岗位为生产、操作岗位的，退休年龄为50周岁；用人单位为女职工申报退休时，应确认其岗位性质，并向劳动保障行政部门提供与女职工签订劳动合同时确定的岗位情况、行业主管部门明确的岗位性质分类的文件及本单位岗位分类资料。

2. 按申报退休时在岗一定年限确定，年限的设定有很多不同。安徽省劳动保障厅《关于企业女职工退休年龄有关问题的通知》（皖劳社秘〔2003〕169号）规定，国有、集体企业中原为干部身份的女职工，已经到工人岗位连续工作满2年，且达到50周岁及以上的，可以按女工人退休；原为干部身份的女职工，年龄达到50周岁以上，有下列情况：下岗进中心领取基本生活费、与企业协议保留养老保险关系、办理内部退养、因企业破产或解除劳动合同失业满2年以上，下岗出中心未能就业的，经本人申请，可按女工人的退休条件办理退休。原身份是工人的女职工，已经聘用到管理（技术）岗位连续工作满2年以上的，用人单位可以按女干部为其申办退休。企业应对本企业女职工现工作岗位按照管理（技术）岗位和工人岗位作出划分。企业应将工作岗位设置情况报当地劳动保障部门备查，并作为本企业女职工退休条件认定的依据。

福建省劳动和社会保障厅《关于解释女职工退休年龄有关问题的复函》（闽劳社函〔2006〕180号）规定：女职工的退休年龄按其退休前的岗位确定，其中，女干部退休前在工人岗位上连续工作满5年的，按年满50周岁退休；女工人退休前在管理岗位上连续工作满5年的，按年满55周岁退休；对于女干部退休前在工人岗位上连续工作不满5年的，按55周岁退休；女工人退休前在管理岗位上连续工作不满5年的，按50周岁退休。广西壮族自治区劳动厅《关于企业实行全员合同制后女职工退休年龄问题的复函》（桂政劳险函字〔1996〕10号）规定：企业实行全员劳动合同制后，女职工需要办理退休手续时，该职工必须在现工作岗位工作满五年，才能按现工作岗位国家规定的退休年龄和退休条件执行。

河北省劳动保障厅《关于企业女职工退休年龄问题处理意见的通知》（冀劳社办〔2005〕14号）：原身份为干部，现岗位为生产或工勤服务岗位，且在现岗位已连续工作满5年以上，年满50周岁的女职工，可以申请办理退休；年龄满50周岁但在现生产、工勤岗位不足5年的，不能按工人退休年龄办理退休；原身份为工人，现岗位为管理（干部）岗位的女职工，应按女干部的退休年龄办理退休。

湖南省《关于完善企业职工基本养老保险制度若干政策问题的意见》（湘劳社政字〔2006〕13 号）规定：女职工，以其长期所在岗位确定退休年龄。长期在管理岗位上工作的，退休年龄为 55 周岁；长期在生产岗位上工作的，退休年龄为 50 周岁。凡在本单位担任一定行政管理职务或未直接从事本单位生产产品活动或不直接从事本行业一线生产、服务、工勤岗位工作的，都按从事管理岗位确定。职工在管理岗位的累计工作时间大于在生产岗位的累计工作时间即为长期在管理岗位工作，退休年龄应为 55 周岁；反之，即为长期在生产岗位工作，退休年龄为 50 周岁。

江苏省劳动厅《关于〈关于企业实行劳动合同制后女职工退休年龄问题的请示〉的复函》（苏劳关系函〔1998〕6 号）规定：原为工人身份且一直从事一线生产，或原为干部身份在实行劳动合同制前三年一直从事一线生产，现仍在生产岗位的职工退休年龄为 50 周岁。

（二）按档案记载区分

河南省劳动保障厅《关于女职工退休问题的复函》（豫劳社养老〔2003〕50 号）规定：女职工是否是干部，应依据本人档案记载来确定。凡档案记载模糊，无法确定本人身份的，或本人对其身份提出异议的，应按干部管理权限，由同级组织、人事部门认定。认定为干部的，退休年龄为 55 周岁，未认定为干部的，退休年龄为 50 周岁。

（三）按解除劳动合同时间区分

甘肃省劳动保障厅《关于企业女职工退休年龄问题的复函》（甘劳社函〔2009〕182 号）规定：对 2002 年 8 月 6 日以后与原企业依法解除劳动关系，又与新企业重新签订劳动合同建立劳动关系，以企业职工身份继续缴纳基本养老保险费的人员，可按企业职工退休条件办理退休手续；对 2002 年 8 月 6 日以后与原企业依法解除劳动关系，以城镇个体工商户和灵活就业人员身份接续基本养老保险关系，在此期间又与新企业重新签订劳动合同建立劳动关系，以企业职工身份继续缴纳基本养老保险费的人员，必须在新企业实际工作满三年以上，方可按企业职工退休条件办理退休手续。

（四）关于工作岗位性质的界定

江苏省劳动厅《关于〈关于企业实行劳动合同制后女职工退休年龄问题的请示〉的复函》（苏劳关系函〔1998〕6 号）规定：关于企业内生产操作岗位与管理技术岗位的划分问题，由本企业根据编制定员和生产、经营实际自行确定，经过职工代表大会讨论通过后实施。安徽省劳动保障厅《关于企业女职工退休年龄有关问题的通知》（皖劳社秘〔2003〕169 号）规定，企业应对本企业女职工现工作岗位按照管理（技术）岗位和工人岗位作出划分。企业应将工作岗位设置情况报当地劳动保障部门备查，并作为本企业女职工退休条件认定的依据。

（五）结论

关于岗位性质的区分，由用人单位确定是极不合理的。在现行法律框架下，岗位性质标准的设定，直接关系到被保险人养老权益的实现与多寡，将此设定权授予用人单位，缺乏法理依据。而且在现实中，在现代企业——现代市场经济的主体那里，已经很少有企业再做这项工作，它们也没有义务和需求实施这种工作，由其承担这一权能，目的多半会落空，法律规则将限于无人执行的尴尬境地。岗位性质的确定，缺乏明晰的标准，也难以制定这样的标准（制定这样的标准也不符合市场经济的发展要求），没有必要通过具体规则限制，应委由行政裁量与司法裁量。即在具体的案件中，由行政主体确定，由司法机关进行司法审查。

关于女职工、女干部区分的依据，原劳动部《关于贯彻执行〈中华人民共和国劳动法〉若干问题的意见》（劳部发〔1995〕309 号）的规定仍然是有效的，从规范性文件的效力来看，地方规定的层次也不高于该规定，因此应适用该项规定。在理论上，之所以区分女职工和女干部，主要在于其工作的劳动强度的差别，为了保护劳动强度较大的一线女工的身体健康，使其早些退休，故对其规定较早的退休年龄。按岗位区分才符合这一目的，按档案等其他标准区分显然与这一目的不符。

在按岗位区分的情形下，是否需要从事该岗位时间的限制？从女职工、女干部不同退休年龄设定的目的来看，对从事职工岗位的工作时间的限制是必要的，而且时间限制应当较长。就此而言，上述规定中，仅湖南省关于"职工在管理岗位的累计工作时间大于在生产岗位的累计工作时间即为长期在管理岗位工作，退休年龄应为 55 周岁；反之，即为长期在生产岗位工作，退休年龄为 50 周岁"这一规定符合这一要求。但在实践中，即便在同一单位内部，岗位的调整与变动也是比较频繁的，在不同单位之间的工作变动也极其常见，要精确确定多长时间从事管理岗位，多长时间从事非管理岗位，几乎是不可能的事情。而且随着市场经济的发展，很多时候管理岗位与非管理岗位很难区分，岗位性质的界定非常困难。

那么，如果无法精确确定较长时间的管理岗与非管理岗，能否如上述多数省份一样，仅限定为退休前若干年呢？笔者认为，首先这个具体年限很难确定，2 年、3 年还是 5 年，无法确定其合理性。其次，这个短期年限的设定也不符合女职工、女干部不同退休年龄设定的目的。再次，从对身体健康的影响来看，设置几年的岗位年限，对身体的影响是微乎其微的，对于有几年此岗位工作年限的人，没有必要对其施以特别的保护。亦即从公共服务均等化理念或平等原则来说，有几年管理岗位或非管理岗位工作经历的人，与没有这几年非此经历的人，在经济社会地位上、在体质上、在权利义务配对上都没有本质的或重大的差别，没有对其施以特别保护的理由。最后，从法律规制的效果来看，即便设置了几年的时间限制，被保险人如果想按特定年龄退休，可以与用人单位协商达致。尤其对于 50 岁退休而言，用人单位可以少缴纳社保费，因此被保险人想从管理岗位调整到非管理岗位，通常很容易做到。对于 55 岁退休而言，用人单位的态度非常重要。如果用人单位愿意继续缴费，限制可以轻易规避。如果用人单位不愿意继续缴费，一方面用人单位可以通过调岗等手段达到这一目的，这样实际上会损害被保险人权益，因为这种调岗可能不公正，但实践缺乏有效的制约方法；另一方面，被保险人也可以选择自己缴费来规避这一时间限制。总的来说，这种规制与目前的用工形式、用工制度及基本养老保险制度是不相适应的，规制效果甚微，弱化了法律的权威。

笔者认为，基于上述理由，在目前的法律框架下没有必要限制岗位的确定及相应工作年限，由被参保人自由选择 50 岁还是 55 岁退休。

更为根本的是，应当取消两种退休年龄，可以先实施 55 岁退休，这样也顺应了提高退休年龄的大势。考虑到社会影响，可采用渐进性的策略。如首先提高领取基本养老金的最低缴费年限，由 15 年延长至 20 年。其次，对于补缴情形进行明确限制，并设定科学的补缴标准；除设定情形以外，缴费至 55 岁达到最低缴费年限的，不再允许补缴或趸缴。最低缴费年限的提高，没有直接提高退休年龄那样更容易遭致公众反对，但其所达到的效果实有异曲同工之妙；体现了历史问题历史对待的精神，符合不溯及既往的原则；在很大程度上间接提高和统一了退休年龄；延长了 5 年缴费年限，不分男女，更多地体现了男女平等的精神，容易被社会接受。

二、几种特定人群退休年龄的确定

(一) 农村户籍职工

对于农村户籍的女职工，劳动保障部《关于完善城镇职工基本养老保险政策有关问题的通知》（劳社部发〔2001〕20 号文）中规定：农民合同制职工在女年满 55 周岁时，累计缴费年限满 15 年以上的，可按规定领取基本养老金。按照这一规定，农村户籍女职工的正常退休年龄为 55 周岁。这一规定是违法的，是对农村户籍女职工的歧视，违背基本伦理。

1.《劳动法》第 3 条规定，劳动者享有享受社会保险和福利的权利。第九章对劳动者享有的社会保险和福利权利作了进一步规定。除根据女职工特别保护规定而享有特殊（更优越）的保护外，农村户籍女职工与其他任何劳动关系下的职工的劳动和社会保险权利是一样的。

2. 目前退休年龄的法律基础是国务院《关于工人退休、退职的暂行办法》（国发〔1978〕104 号）的规定。当年仅适用于全民所有制企业、事业单位和党政机关以及群众团体的工人，集体所有制企业、事业单位的工人参照执行。随着基本养老保险制度普遍覆盖，该规定拓展到所有参加基本养老保险的人员。在充分理由时，这种拓展不能选择性适用。根据户籍的不同，确定不同的退休年龄，是对 104 号文的选择性适用，并不充分或正当理由，不符合 104 号文件的规定。

3. 国务院颁发关于基本养老保险制度的文件均未对农村户籍女职工的退休年龄作出歧视性规定。国务院《关于企业职工养老保险制度改革的决定》（国发〔1991〕33 号）规定：本决定适用于全民所有制企业；城镇集体所有制企业可以参照执行；对外商投资企业中方职工、城镇私营企业职工和个体劳动者，也要逐步建立养老保险制度。国务院《关于深化企业职工养老保险制度改革的通知》（国发〔1995〕6 号）规定：基本建立起适应社会主义市场经济体制要求，适用城镇各类企业职工和个体劳动者的养老保险体系；基本养老保险应逐步做到对各类企业和劳动者统一制度、统一标准、统一管理和统一调剂使用基金。国务院《关于完善企业职工基本养老保险制度的决定》（国发〔2005〕38 号）规定：城镇各类企业职工、个体工商户和灵活就业人员都要参加企业职工基本养老保险。

4. 基于户籍，对农村户籍女职工的退休年龄作出更高规定，对相当多的农村户籍女职工是不利的，是歧视性规定。而且这些女职工的经济社会地位相对城镇户籍女职工可能处于更不利的地位，其退休年龄反而更高，无疑会形成雪上加霜的状态，是不符合正义原则的，也是不道德的。

根据《社会保险法》，除公务员和参公管理的事业单位以外，所有的职工都应当参加基本养老保险，当然包括农村户籍女职工。参加基本养老保险，意味着要统一适用基本养老保险的各项制度。由此，根据《社会保险法》的原则规定及法理精神，对农村户籍女职工实行不同的退休年龄甚至规定更高的退休年龄，是违法的。

（二）灵活就业（失业）人员

1. 统一规定为 55 周岁。劳动保障部《关于完善城镇职工基本养老保险政策有关问题的通知》（劳社部发〔2001〕20 号）规定，城镇个体工商户等自谋职业者以及采取各种灵活方式就业的人员退休年龄为女性年满 55 周岁。

这一规定是不合法的，也是不公平的。如前所述，女性退休年龄区分工人和干部，是由国务院规定的，具有行政法规的效力，上述文件实际上取消了这一区分，与上位法相冲突，缺乏法律依据。由于多数女性倾向于 50 周岁退休，因此上述规定实际上对这些女性是不利的。女工人大部分缴费由用人单位承担，自己仅承担小部分缴费，却可以在 50 周岁退休；以灵活就业身份参保者（包括个体工商户在内），很多是下岗失业人员，是 "40"、"50" 人员，其经济条件处于相当弱势，继续参加基本养老保险已是勉为其难，有的甚至是借债缴费，自己承担全部缴费，却要 55 周岁才能退休，这对她们来说无疑是雪上加霜。对不利者给予较好保障，才是符合正义原则；对不利者却置其于更不利的境地，是不正义的。

2. 根据作为企业职工的身份确定。湖南省《关于完善企业职工基本养老保险制度若干政策问题的意见》（湘劳社政字〔2006〕13 号）规定：与国有企业解除或终止劳动关系后、按个体工商户或灵活就业人员参保缴费政策接续养老保险关系的女职工，其退休年龄按长期工作岗位确定。在原国有企业生产岗位工作的累计时间长于在管理岗位工作的累计时间和从事个体工商户或灵活就业的累计时间之和的，退休年龄为 50 周岁；此外，退休年龄均为 55 周岁。

江苏省劳动保障厅《关于贯彻〈江苏省企业职工基本养老保险规定〉若干问题的处理意见》（苏劳社险〔2007〕25 号）第 6 条规定：个体工商户、灵活就业女参保人员和保留养老保险关系女失业人员的退休年龄时，凡属实行劳动合同制以前参加工作的原固定工身份的，其退休年龄参照企业在岗女职工的退休年龄确定。

海南省人事劳动保障厅《关于企业女职工退休年龄有关问题的复函》（琼人劳保函〔2008〕237 号）规定：有视同缴费年限，且退休前以个人身份参保缴费的企业女职工，年满 50 周岁，可以到社会保险经办机构办理享受基本养老保险待遇手续；没有视同缴费年限，且退休前以个人身份继续参保缴费的企业女职工，能够提供原劳动合同的，年满 50 周岁，可以到社会保险经办机构办理享受基本养老保险待遇手续。

按照以灵活就业人员身份缴费前（失业前）的企业职工身份确定相应的退休年龄，具备一定的合理性，但并不完全公平。因为在职时是干部，失业后没有生活来源，经济条件甚至比工人失业后更差，是否必须仍按照干部身份办理退休，不无疑问。随着失业时间越长，这种质疑更强烈。

3. 统一按照企业女职工退休年龄确定，即统一为 50 周岁。《四川省完善企业职工基本养老保险制度实施办法的实施细则》（川劳社发〔2006〕18 号）第 40 条规定：按照省政府《关于统一城镇私营企业、个体工商户基本养老保险办法的通知》（川府发〔1998〕41 号）规定：个体参保人员领取基本养老金的年龄，参照企业职工的正常退休年龄规定执行，即男年满 60 周岁，女年满 50 周岁。

这无疑是对经济上处于较弱地位的下岗失业人员更好的保护，具有良好的价值导向。但是，虽然很多人愿意早退休，但未必所有人都意愿，强制性予以保护也不一定恰当。

笔者认为由被参保人自由选择 50 岁还是 55 岁退休更为恰当。基于弱势地位的推论，允许其 50 周岁退休是恰当的；但同样应允许有能力、有意愿的人晚退休。同时提高领取基本养老金的最低缴费年限，由 15 年延长至 20 年，逐步统一过渡到 55 岁退休。

（三）内退人员

1. 参保人自由选择。陕西省劳动保障厅《关于企业工作岗位难以认定及内部退养的女职工退休有关问题的通知》（陕劳社发〔2005〕136 号）规定：女职工工作岗位难以认定为工人或者干部（技术）岗位的，以及女职工办理内部退养后，均可按选定的退休年龄办理退休，即在 50 周岁至 55 周岁之间，由女职工本人提出书面申请，经所在单位同意后，选定一个退休年龄，并以选定退休年龄满周岁的当日为准，计算退休待遇，办理退休手续。单位在提交劳动保障部门审批前，要将拟办理退休的女职工退休年龄及有关情况在职工主要居住区张榜公示一周。单位办理这部分女职工退休手续时，需向劳动保障行政部门提供职工本人书面申请、公示情况报告和单位意见。退休年龄一经选定并办理退休手续后，不得更改。

2. 按原岗位确定。湖北省劳动保障厅《关于完善企业职工基本养老保险若干政策问题的暂行处理意见》（鄂劳社发〔2007〕59 号）规定：内退女职工，退休年龄按内退前所在岗位性质确定。

内退应叫"内部退养"或者"离岗退养"，不是真正的办理了退休手续，只是在单位内部的一种近似退休待遇的办法，办理内退的人员可不在单位工作，但每月可从单位领取一定数额的内退生活费，内退生活费是按照原工资标准的一定比例发放的，因此与原岗位仍具有一定的关联。这些人的劳动关系和养老保险关系并没有终止，原单位要继续缴纳社保费，一直达到正式退休年龄后正式办理退休。由此可见，内退人员应当等同于企业职工。女性内退人员领取养老金的年龄，参照企业在岗女职工退休年龄的相关规定来执行，即女干部年满 55 周岁，女工人年满 50 周岁，似乎更为妥当。但在实质上，内退生活费与其原工作岗位并无关联，内退人员的退休年龄根据原岗位确定并不符合女性不同退休年龄规则设定目的。根据灵活就业人员退休年龄的设定，允许其自由选择是妥当的。

但在女性退休年龄区分的现行法律框架下，内退人员与灵活就业人员有着很大区别。灵活就业人员均由自己缴费，因此不管选择何种年龄退休，自己并无意见；内退人员的缴费仍然是以用人单位为主体，如果参保人的选择要使用人单位承担更多的缴费义务，在法律上是否成立，是需要研究的。按现行法律规定，对女工人，应在50周岁退休，如果内退人员都选择55周岁退休，而其实际一直从事的工人岗位，那对用人单位并不公平。因此在目前法律适用中，要考虑这种情形。从长远考虑则应当与一般女性退休年龄一致。

（四）事业单位人员

一些已经实行基本养老保险制度的事业单位，以及在事业单位养老保险改革后实行基本养老保险制度的事业单位，女性工作人员的退休年龄同样需要考虑。浙江省人社厅《关于事业单位女职工退休年龄有关问题的意见》（浙人社发〔2009〕94号）规定：由工勤岗位受聘到专业技术或管理岗位的女职工，其50周岁时仍聘用在上述岗位且聘用已满5年的，用人单位应事先征求本人意见，按本人选择50周岁或55周岁办理退休手续，并享受相应的退休待遇。按照浙江这个文件，如果到新岗位未满5年，则要按50周岁办理退休。笔者认为，即便到50周岁应当退休，也可以自愿选择55周岁退休。其基本解决方案应同上。

三、关于弹性退休

自愿选择退休年龄即实行"弹性退休制"，无疑是符合国际养老保障发展趋势的，也符合中国的国情。即法定的退休年龄，应当是一个最低的退休年龄，是一个劳动者"可以"退休的年龄，而不是"必须"退休的年龄。如果我们不能强制，那么我们可以鼓励劳动者延迟退休年龄，这是于国于民都有益的事。

弹性退休可以在一定程度上解决退休年龄不一致以及退休年龄过低的问题。但不能从根本上解决目前在退休年龄方面存在的主要问题，即最低退休年龄过低及不统一问题。在本质上，这是两个不同的问题。

第八章 特殊工种退休规则[*]

我国特殊工种退休制度肇始于 20 世纪 50 年代。1958 年国务院《关于工人、职员退休处理的暂行规定》第 2 条规定，国营、公私合营的企业、事业单位和国家机关人民团体的工人、职员，从事井下、高空、高温、特别繁重体力劳动或者其他有损身体健康工作，男年满 55 周岁、女年满 45 周岁，连续工龄满 5 年，一般工龄满 15 年的，应该退休。《社会保险法》对该制度未涉及，目前仍主要适用国务院《关于工人退休、退职的暂行办法》（国发〔1978〕104 号）等文件。根据该政策，职工可以在正常退休年龄前 5 年办理退休。随着我国社会养老保险制度的改革与发展，该政策存在的很多问题日益显现，究竟何去何从，备受关注。根据某省统计，该省 2010 年办理特殊工种退休人员约为 2 万人，占当年办理退休人员总数的 20% 左右。虽然在全国范围内没有准确的统计数据，但可以想见是一个比较庞大的数字。特殊工种退休对于劳动者个人、对整个养老保险基金的收支状况、对养老保险法律制度的合法运行都具有重要影响。特殊工种退休已经成为社会保险领域的难题之一，是信访比较集中的问题，已经成为影响社会稳定的重要因素，在《社会保险法》体系下，在依法行政的大背景下，是必须解决的一个重大问题。然而在理论上，学界对此几乎没有研究；在实际中，政府部门对此讳莫如深。只有直面问题，才能与《社会保险法》时代相适应。

第一节 一个个案

杨某等人原是某油轮运输公司职工，2003 年"买断"了 30 多年的工龄，

---

* 在实践中，更多使用"提前退休"这一概念。在通俗意义上，"提前退休"实际涉及两种情形：特殊工种退休和病退。《社会保险法》已将病退改为病残津贴，未涉及特殊工种退休。此外，"提前退休"在表述上也是不准确的。特殊工种退休年龄虽然比一般退休年龄早了 5 年，但该退休年龄也是法定的，并不属于退休"提前"。

拿到了 6、7 万元不等的补偿款，从此不再是"单位人"。油轮运输公司始建于 20 世纪 70 年代，巅峰时期有十几条船 300 多人。油轮公司的船分汽油船和柴油船，前者的闪点更低，危险性更大。作为船员，他们的工作岗位不太固定，要服从公司统一调配，脏的、累的、有毒有害的，几乎所有的岗位都干过，身体很不好。

2003 年，按照总部统一要求，油轮运输公司作为辅业剥离，杨某等 200 多名船员选择了"买断"工龄。当时，杨某等人已 51、52 岁，距离特殊工种退休年龄仅 3、4 年。他们考虑到，一方面，改制后的企业很难安排这么多人，多数人总归是要下岗的；另一方面，距离特殊工种退休年限也比较短，算上自己缴纳的社保费、看病花费、生活开销，"买断"的补偿款基本上够了，所以他们也没怎么犹豫就接受了"买断"方案。原来盘算过几年就能办理特殊工种退休，从此享受社会保险的荫庇。

2003 年 12 月，省劳动保障厅"叫停"油轮运输公司船员提前退休工作，表示市劳动保障局对油轮运输公司船员提前退休的审批属越权无效。此前，按照属地管理原则，油轮运输公司船员提前退休具体由市劳动保障局审批。这一"叫停"对于"买断人"的影响无疑极其重大。

庄某在 2005 年因冠心病手术个人花费 4 万余元，不能干稍重的活，不能疲劳、不能生气，没有收入，每月要吃数百元的药，每年要缴纳 4000 元养老和医疗保险费（扣除补贴部分）；杨某在"买断"工龄后做了两次直肠癌手术，还患有糖尿病、高血压……免于伤病困扰者几无。一旦有大病或其他重大支出发生，"买断"者生活就非常困难了。从特殊工种退休年龄到正常退休年龄这 5 年，极其难熬。即便没有重大支出发生，在物价、继续缴纳 5 年社保费的现状下，"买断"钱也绝难支撑到正常退休年龄。而当初"买断"方案的确定，他们对"买断"方案的接受，都是以可以办理特殊工种退休为前提的。但在"买断"之后仅仅几个月，这个前提却不复存在了，所有人都始料未及。

对于为何"叫停"，有关部门曾给出几种理由。一是，油轮公司的油船中有驳船（没有动力），驳船船员是不属于特殊工种的。对此，船员们指出，船队确实曾有过两条驳船，但由于驳船只能在港口驳油不能出海，因此存在时间极短，而大家从事非驳船的时间都远远超过了法定时限要求。二是，船员中有厨师等非船员，船员们则反驳，即便这个理由成立，也只能针对极少数人，因为绝大多数船员都不是厨师，这是显而易见的。三是，也是最有力的理由，没有政策规定石油公司所属油轮船员属于特殊工种，因此给船员们办理特殊工种退休没有法律依据。对于省厅为什么认定市局此前的审批越权，没有明确理由，但从性质上来说，同样的人员在 2003 年以前可以办特殊工种退休，而

2004 年以后就不能办了，确实有失公平。

那么在 2003 年底"叫停"前，给这些船员办理特殊工种提前退休到底有没有法律依据呢？

劳动人事部《关于石油工业提前退休工种的复函》（劳人护〔1984〕26号）对原石油工业部答复："除本文批准的 15 个提前退休工种外，你部其他需要提前退休的工种，凡与我部已批准的其他部门提前退休工种名称、劳动条件（指批准时的劳动条件）相同的，由省、市、自治区石油部门研究提出，经省、市、自治区劳动人事部门批准后实行。"劳动部《关于同意将交通部所属油轮船员列为有毒有害工种的复函》（劳安字〔1991〕4 号）规定："同意将交通部所属油轮、油驳、油拖船员列为有毒有害作业工种。"该省此前对石油公司所属油轮船员办理特殊工种退休实际均适用此文件。劳动部给交通部的批文显然已经把油轮船员的岗位认定为有毒有害的特殊工种，给石油工业部的批文也给跨行业认定提供了依据，即使是石油系统的油轮船员认定为特殊工种退休是没有问题的。

省人社厅有关人员认为，在 1998 年之前省厅确实可以批准石油系统油轮船员作为特殊工种退休，但在此之前石油部门并未向省厅提出申请，而是在取消此类特殊工种退休后的 2004 年才向省厅提出，而这时省厅已没有审批权限，必须有人社部的批文才能继续办理。至于为什么 1998 年之后省厅没有此审批权限，他们认为是依据劳动保障部《关于制止和纠正违反国家规定办理企业职工提前退休有关问题的通知》（劳社部发〔1999〕8 号）关于"对国家关于企业职工退休年龄和条件的规定，各地区、各部门和企业及职工必须认真执行，不得随意降低，严禁扩大适用范围"的规定。石油公司对此说法不以为然。1998 年之前该省各劳动行政部门一直同意将此类工种作为特殊工种办理，省厅对此是明知的，也是允许的。既然已经同意作为特殊工种退休，他们怎么可能再特别申请将此类工种列为特殊工种？这不是多此一举吗？个案的申请和批准就不属于申请和批准吗？而且，既然 1998 年就没有"审批"权限了，为什么一直审批到 2003 年？事实上，根据《劳动保障部关于制止和纠正违反国家规定办理企业职工提前退休有关问题的通知》的规定，得不出停止办理石油系统油轮船员特殊工种退休工作的结论。

抛开法律上的争论，这些船员无法接受现实：为什么交通部门油轮的船员，如省轮船总公司的相关船员仍然可以作为特殊工种退休，而他们却不能。交通系统的油轮并不专门用于运油，也运其他货物，就油轮运输而言，交通行业是"业余"水平，石油行业的才是专业化的；交通行业的危害较小，石油行业的危害更大。谁更应该作为特殊工种，只要是搞这一行的都知道。除隶属关系不同外，石油行业油轮的行业属性、业务管理、船员配备均符合劳安字〔1991〕4 号规定的特殊工种退休条件。

在其他沿海地区，石油系统油轮船员均可办理特殊工种退休，适用的主要政策依据正是劳安字〔1991〕4 号。相关工作人员表示，尽管一般情况下工种名称相同、劳动条件相当、行业不同的，原则上不能跨行业参照作为特殊工种退休，但石油行业船员劳动条件确实比交通行业的更为恶劣，交通行业可办特殊工种退休，石油行业不让参照实在说不过去，而且根据相关文件，只要省里同意，地方就可以办，也是有法律依据的。

第二节　历史产物

我国特殊工种退休制度可以溯源至 1951 年公布，1953 年修订的《劳动保险条例》。该条例规定一般男工人与男职员的退休年龄为 60 岁，而在井下矿工或固定在华氏 32 度以下的低温的工作场所或华氏一百度以上的高温工作场所工作者，退休年龄男工人与男职员年满 55 岁，女工人与女职员年满 45 岁；在提炼或制造铅、汞、砒、磷、酸的工业中及其他化学、兵工工业中，直接从事有害身体健康工作者，退休年龄男工人与男职员年满 55 岁，女工人与女职员年满 45 岁。该条例还规定了工龄折算，前者 1 年折算为 1 年 3 个月，后者 1 年折算为 1 年 6 个月。

《劳动保险条例》实施细则及其后全总有关部门进一步规定，按特殊工种退休，必须从事高空和特别繁重体力劳动工作累计满 15 年；井下、高温工作累计满 10 年；从事其他有损身体健康工作累计满 8 年。

国务院《关于工人退休、退职的暂行办法》（国发〔1978〕104 号）恢复了退休制度，继承了这一规定，并明确条件为"从事井下、高空、高温、特别繁重体力劳动或者其他有害身体健康的工作，连续工龄满 10 年"。这是目前办理特殊工种退休的主要依据。

特殊工种的"大发展"发生在 1985 年，审批权限由劳动人事部划归行业主管部门。当时的劳动人事部颁布了《关于改由各主管部门审批提前退休工种的通知》（劳人护〔1985〕6 号），明确了两方面内容：一是各特殊工种的工作年限：从事高空和特繁重体力劳动工作累计满 10 年的；从事井下高温工作累计满 9 年的；从事其他有害身体健康工作累计满 8 年的。二是按照特殊工种提前退休的工种由各主管部门审批。这一文件现在虽然已经失效，但只不过是取消了主管部门审批特殊工种的权力，而其所确立的特殊工种具体退休条件，依然适用，并与国发〔1978〕104 号文、特殊工种具体审批文件共同构成了特殊工种提前退休的法律依据。

据不完全统计，目前存在的特殊工种超过 2000 种。详细见"特殊工种行业分布表"。

特殊工种行业分布表

行业	特殊工种数量
农林渔水产	97
煤炭	19
冶金	285
石油化工	407
机械电子造船	175
水利电力	54
纺织轻工	216
兵器、核工业	176
医药卫生	222
建筑建材	200
运输	118
其他	108

注：（1）根据特殊工种退休审批文件计算所得；（2）其他行业包括：地质、地震、测绘、邮电、广播电视、粮食、商业、物资、新闻出版、城市建设等。

新中国成立初期，劳动强度大、生产条件落后、劳动保护条件差，与其他职工，特别是机关事业单位从业人员相比，从事特殊工种的职工更容易衰老，让他们提前几年退休，符合当时的历史背景。

但随着特殊工种的"大发展"以及企业用工模式等社会现实的变化，特殊工种制度已越来越难以适应社会的需要。

第三节　现存主要问题

特殊工种退休制度的核心在于，按照该制度可以比正常退休早 5 年办理退休领取基本养老金，即正常退休是男满 60 周岁，女职工满 50 周岁，女职员满

55 周岁，如果按照特殊工种办理退休，则分别为 55 周岁、45 周岁、50 周岁。

由于按照特殊工种退休可以早 5 年领取养老金，不仅意味着多领 5 年养老金，同时少缴 5 年的养老保险费，在养老金待遇调整时还获得了调整——由于养老金调整通常是以调整前的养老金为基数的，因此养老金早调整意味着终生养老金调整的金额均较多。因此对个人权益、养老保险基金都存在重要影响。由于制度设计的历史背景、制度本身的不科学、理论研究的匮乏，不仅该制度本身存在很多问题，而且对其未来趋势、改革方向均茫然不知所措。

1. 特殊工种退休人员养老金替代率过高。（1）劳动保障部办公厅《关于职工从事特殊工种的工作年限折算工龄问题的函》（劳社厅函〔2000〕143号）规定："在进行社会统筹与个人账户相结合的基本养老保险制度改革、建立个人账户之前，职工从事国家确定的特殊工种的工作年限是否折算工龄和视同缴费年限，可根据本省养老保险制度改革的实际情况自行确定。如果折算工龄，其折算后增加的视同缴费年限，最长不得超过 5 年。实行基本养老保险制度改革并建立个人账户之后，职工从事特殊工种的工作年限在计发养老保险待遇时不应再折算工龄。"特殊工种退休人员早退休 5 年，虽然缴费年限、个人账户储存额要低些，个人账户养老金要低于正常退休年龄，但由于工龄折算等问题，基本养老金反而可能高于正常退休年龄。据统计，从 2004 年到 2007年，吉林市特殊工种提前退休人均月基本养老金分别高于正常退休人均月基本养老金 163.43 元、154.05 元、128.65 元、112 元。[①]（2）由于过渡性养老金等设计的不合理，特殊工种退休人员退休当年的养老金可能超过其缴费工资水平，养老金替代率超过 100%，极不合理。而在国际上，特殊工种从业人员提早退休，其养老金的替代率通常要低于正常退休。（3）由于养老金历年调整时没有充分考虑特殊工种退休人员情况，在早 5 年退休中的连续调整，也使得其调整后的养老金水平要高于其继续缴费 5 年的养老金水平，或者相差无几。这也是不公平的。由此导致人们竞相争办特殊工种退休，"弄虚造假，想方设法按特殊工种办理退休的问题十分严重，已对社会保险基金造成了严重的侵害，给国家带来了不必要的损失"。[②]

---

① 高志霞：《特殊工种提前退休问题求解》，载《中国社会保障》2009 年第 8 期。
② 高志霞：《特殊工种提前退休问题求解》，载《中国社会保障》2009 年第 8 期。

净替代率表（％）：①

	比利时	匈牙利	意大利	葡萄牙	西班牙
一般工人因危险艰苦工作提前退休	58.4	93.4	58.1	37.4	66.1
正常退休	67.8	99.7	74.8	67.9	84.5
危险艰苦工人提前退休	62.9	79.8	65.6	90.0	83.0

2. "唯'工种'论"、"唯档案论"教条化倾向严重。只有从事属于特殊工种的工种才能按照特殊工种退休。特殊工种退休采用的是按"工种"退休模式，必须符合特殊工种目录，经特定文件确定为特殊工种的工种才能"提前"退休。如果没有明确标明所从事的工种，或者从事"混合性"的工种，按特殊工种办理退休都会遭遇障碍。例如，"乡村邮递员"属于特殊工种，但很多乡村邮递员的档案里填写的是"工人"，并未写明具体职务或岗位是"乡邮员"，即便单位出示证明、提供证人证言及其他证据，如当年的工资表、补贴、奖状等表彰记录，审批部门仍然可能拒不同意按特殊工种办理。虽然从法律适用角度来说，对有比较充分的证据表明确系特殊工种，而行政部门不予行政许可的，可以通过司法审查对此类不当具体行政行为予以纠正，但在目前的司法状况下，这一制度模式加剧了适用的不公平性。

3. 目前的特殊工种是按行业审批的，不能跨行业适用，这就造成了工种条件相同的工种，仅仅因为企业所属行业不同，而享受不同的退休待遇，另行审批也是费时费力，重复劳动，严重浪费政府资源，在适用中也不公平。比如中国最大的煤炭企业中国神华，就跨越了煤炭、电力、铁路、港口、化工等多个产业，如果仍然按照煤炭行业特殊工种目录审批，那么很多从事符合电力、化工、铁路、港口等行业特殊工种目录工种的工人，因为所在企业属于煤炭行业，就无法享受提前退休待遇。②

4. 严重背离"法律面前人人平等"的基本原则和"同样事实，同样处

---

① Zaidi, A., E. R. Whitehouse. Should Pension Systems Recognise "Hazardousand ArduousWork？"//OECD Social Employmentand Migration Working Papers No. 91 [Z]，OECD Publishing，2009，p. 25. http：//dx. doi. org/10. 1787/221835736557.

② 吴兆辉：《对特殊工种提前退休政策的探讨》，载《山东煤炭科技》2010 年第 3期。

置"的法治精神，导致身份歧视、企业性质歧视，不符合市场经济的基本形态。

（1）仅适用于全民所有制和集体所有制企业，既不公平，也有违历史潮流。根据国务院《关于工人退休、退职的暂行办法》（国发〔1978〕104号），特殊工种退休仅适用于全民所有制企业、事业单位和党政机关，群众团体的工人，集体所有制企业、事业单位工人参照执行。这在当时是比较得当的，因为那时没有其他所有制形式。但现在，纯粹的国有企业和集体所有制企业已是凤毛麟角，大量的是股东性质多样化的公司和民营企业，同样性质同样危害的工种，前者可以办理特殊工种退休，后者则不可以，这样的制度本身不具有合法性。（2）与上述情形相似，改制前的企业为全民（国有）、集体所有则可以适用特殊工种制度，改制后的企业为公司制，既可能是国有控股或参股，也可能是完全的民营企业，工种还是哪个工种，活还是那些活，则不能再计算为特殊工种工种年限，亦很不公平。另外，现在的公司制企业或民营企业个人都是缴费的，国有企业原来是个人不用缴费视同缴费年限的，结果不缴费的反倒能提前领取大家共同缴纳的养老保险基金，缴费的反而不能。这也很不公平。（3）工种名称、性质、危害完全相同，但只有全民固定工（正式工）才能适用特殊工种退休制度，而合同制职工、"临时工"都不能适用，在本质上亦不公平，不具有合法性，也是重拾《劳动法》、《劳动合同法》已经唾弃的身份歧视。

5. 政出多门，标准不一，特殊工种设置不合理现象比较严重。国务院《关于工人退休、退职的暂行办法》规定的是，"从事井下、高空、高温、特别繁重体力劳动或者其他有害身体健康的工作，男年满五十五周岁、女年满四十五周岁，连续工龄满十年的"，应该退休。主要按行业划分，实行目录管理，即列入特殊工种目录的工种，才能作为特殊工种办理退休。审批权限的设定分三个阶段：一是在劳动人事部《关于改由各主管部门审批提前退休工种的通知》（劳人护〔1985〕6号，1985年3月4日）颁布之前，特殊工种目录由国家劳动主管部门审批；二是该文件将提前退休工种改由国务院各有关主管部门审批；三是劳动部《关于加强提前退休工种审批工作的通知》（劳部发〔1993〕120号，1993年7月3日）又将审批权限收归国家劳动主管部门。尤其是在第二个阶段，行业主管部门繁多，审批的特殊工种也比较繁杂。

6. 无法与时俱进，进行相应的废改立。多数特殊工种是在20世纪80年代审批的，有的甚至早在20世纪60年代，与现实脱节严重。工作条件发生了变化，工种本身也在变化，现在很多工种已经不是几十年前规定的那么回事了，却还在按照特殊工种办理；相反，一些新出现的行业和工种，其有毒有害等特性不能通过特殊工种保护。这些都是不很合理的。如运煤工，属于特别繁重特殊工种，在主要靠人力运煤的年代没有问题，现在大公司主要是机械化作业，很少要用人力了，当然就不应该再作为特殊工种了。可是规定没有取消，行政部门不给办，职工就闹。所以只能继续办理特殊工种退休，这对养老保险基金的压力是比较大的。而这种问题的解决只能通过制度设计来解决。与此同时，新出现的职业危害却无法及时纳入和适用特殊工种退休制度。"以致出现特殊工种岗位不特殊却享受提前退休待遇的现象。同时，一些涉及面较小、工作环境较恶劣的工种岗位，由于当时企业没有申报而没有被列入特殊工种目录。无从进行认定，引起了企业和职工的强烈反响。"①

7. 经济体制的改变也与传统的特殊工种退休制度不相适应。传统体制是由行业主管部门向国家劳动主管部门请示，由国家劳动主管部门批示确认某工种为特殊工种，可是像中石油和中石化都没有油轮运输这样的企业了，它们不可能再管这样的事情，也不可能再向人社部请示。

8. 加剧基本养老保险基金的收支矛盾。由于特殊工种退休人员既少缴 5 年基本养老保险费，又要提前 5 年享受养老金待遇，还要享受在此期间的待遇调整，如在 2004 年到 2015 年 "十一连调" 间就会多享受 5 次年均增长 10% 的连续调整，直接造成养老保险基金收入减少和支出增加。若按云南省每年办理特殊工种退休人计算，按云南省 2012 年在岗职工年平均工资 38900 元作为缴费基数（在岗职工年平均工资每年按 10% 递增）计算，单位加个人缴费比例为 28% 计算，5 年将少缴费 5.32 亿元，按云南省 2012 年企业退休人员平均月养老金 1600 元计算（企业退休人员平均养老金每年按 10% 递增），5 年将多支付养老金 9.38 亿元，一进一出，养老保险基金将减少 14.7 亿元。② 当然这其中，并非所有的特殊工种退休都是虚假的或不正当的。但从全国范围来看，虚假或非正当的特殊工种退休所导致的基本养老保险基金的损失金额仍然是较大的。

有人认为，1997 年确立的养老社会保险制度使所有人提前退休的概率减小 7.6% 左右，对减少提前退休现象具有积极作用，随着养老金水平的提高，人们提前退休概率有所下降。③ 这是不符合现实的。基本原因在于，除个别企

① 张修明：《小议特殊工种提前退休》，载《中国社会保障》2013 年第 7 期。
② 张修明：《小议特殊工种提前退休》，载《中国社会保障》2013 年第 7 期。
③ 杨俊、宋媛：《养老保险制度对提前退休影响的性别差异分析》，载《浙江社会科学》2008 年第 7 期。

业外,① 早退休的养老金收益更大，每一个理性人均会倾向于选择早退休。

特殊工种退休制度各种问题的根源在于旧制度与新背景的冲突。特殊工种退休制度始于 20 世纪 50 年代，是在生产力水平较低、生产技术和生产工艺落后、生产环境较差、所有制形式单一、计划经济体制的背景下产生的，对于保护长期从事有毒有害、特别繁重等特殊工种的工人的身心健康发挥了比较重要的作用。但随着市场经济体制、社会养老保险制度、所有制形式与经济结构、法律体系的发展，这一制度在经过 30 多年的适用之后，在实践中产生了很多难题，最终表现为这一制度所要达到的保护从事艰苦和危险工作的劳动者的目的大打折扣，造假泛滥，大家都希望搭上特殊工种"退休快车"。从企业养老到社会养老的变革，导致企业对特殊工种"把关"的角色缺失，特殊工种经历造假等现象防不胜防。特殊工种经历造假太多，审核太难。审批特殊工种退休，主要是依据档案，而档案通常由用人单位保管，如果用人单位与个人"合谋"，很容易对档案进行造假。行政部门难以普遍进行调查确认，而且即便查证属实，也很难让已经办理特殊工种退休的人员退还养老金。造假动力的根源在于，实行企业养老时，提前退休意味着企业多承担养老金，企业当然不会故意要给职工办理虚假提前退休了；实行社会养老，早退休意味着为企业减负，企业有动力。在确保发放、连续调待等状况下，早退休对职工通常有利少害，多数职工是愿意的，双方可谓一拍即合。如果不能从制度上遏制企业的这种动机，在操作层面很难控制。

第四节　废止还是完善——特殊工种退休制度存在的正当理由

正是由于特殊工种退休制度存在的种种问题，一些人主张干脆取消。某些地方规定，职工达到特殊工种退休规定年龄后，社会保险行政部门同意退休，但社保不发放养老金，而由用人单位发放养老金，同时要求用人单位继续为该"退休人员"缴纳社会保险费。没有养老金的"退休"岂能还叫退休，自欺欺人罢了，这实际意味着就社会保险而言，特殊工种退休制度已经取消，而由用人单位承担特别保障。"特殊工种提前退休已经过时，不应继续沿用，应该取

---

① 主要福利待遇较高的国有企业，由于其在职待遇远高于退休人员的养老金，虽然早退休在养老金方面会有较高收益，但会损失更多的在职待遇。

消。"① 其主要理由包括：（1）随着技术进步、劳动环境的改善，一些特殊工种已经不再"特殊"，无须再"提前退休"。（2）无法监控劳动者是否一直从事特殊工种，监控必然是不到位的，因此只能取消。在市场经济体制下，用工自主权在企业，工作岗位随时可能变化，职工究竟在什么岗位工作，这属于微观管理行为，劳动部门怎么知道？除非监控到每一个职工的每一次工作变化。不同企业之间的技术水平有差异，在一个企业属于特别繁重，在另一个企业则未必属于；一个企业的某个工种在一个时间段内可能属于特别繁重，在另外一个时间段则未必属于。（3）特殊工种从业人员是为本企业作贡献，应当由用人单位承担保障责任，例如调换工作岗位、提高工资津贴、实行内退等离岗休养措施。用统筹基金支付特殊工种退休养老金对其他参保人员也不公平。这些理由并不完全成立。一些特殊工种不再特殊，是否意味所有工种都不再特殊？并非所有人的所有职业都是不停变动的，例如消防员，相对稳定的职业仍然大量存在，也不需要时刻对特殊工种从业者的状态进行监控，对于特殊工种从业者，也不意味着要求是每个工作日都必须 8 小时从事该职业、岗位，而仅仅是要求经常性从事；特殊工种从业人员是否仅仅是为本企业作贡献？社会不需要承担任何责任吗？未必尽然。这种特殊养老金根源于从事危险艰苦工作如地下采掘的人们应当受到特别对待这一观念。这一制度的基本原理是，危险艰苦工作增加了死亡率、降低了生命预期，因而缩短了享受养老金待遇的时间。②

　　对于特殊工种退休制度，究竟是废止还是完善，国家主管部门的态度从相关文件中可见端倪。劳动部《关于加强提前退休工种审批工作的通知》（劳部发〔1993〕120 号）就提出："我部将根据实际情况对各有关部门已审批的提前退休工种进行清理和调整。"劳动部办公厅《关于特殊工种提前退休问题的复函》（劳办发〔1997〕74 号）表明："目前，我部正在进行清理和调整工作。"劳动保障部《关于制止和纠正违反国家规定办理企业职工提前退休有关问题的通知》（劳社部发〔1999〕8 号）再次指出："原劳动部和有关行业主管部门批准的特殊工种，随着科技进步和劳动条件的改善，需要进行清理和调整。新的特殊工种名录由劳动保障部会同有关部门清理审定后予以公布，公布之前暂按原特殊工种名录执行。"

　　笔者认为，目前我国特殊工种退休制度不是简单的存废问题，而是需要在

---

① 高志霞：《特殊工种提前退休问题求解》，载《中国社会保障》2009 年第 8 期。

② Zaidi, A., E. R. Whitehouse. Should Pension Systems Recognise "Hazardousand ArduousWork?" //OECD Social Employmentand Migration Working Papers No. 91 ［Z］, OECD Publishing, 2009, pp. 7 – 10. http://dx.doi.org/10.1787/221835736557.

大量调研基础上，借鉴国外做法，结合我国的实际情况，总结各地的先进经验，进行较大的、循序渐进的改革。一方面，我国是世界上的生产大国，行业众多，现阶段许多劳动保护措施还不到位，一下子取消特殊工种退休制度未必合适；即使考虑社会的发展，是否未来一定不存在危险艰苦工作？只要未来仍然存在这样的工作，特殊工种退休制度则仍有必要存在。另一方面，许多企业和个人钻空子，吃"大锅饭"，没有体现社会保险权利与义务对应的原则。因此有必要对特殊工种的行业认定、费用缴纳、待遇领取等各环节进行改革。例如，在行业认定方面，原有的认定许多已经过时，新的行业或岗位尤其是农民工等群体从事的行业又未纳入。危险和艰苦行业或岗位的认定应该是动态的，其宗旨是鼓励企业加强对安全和健康的保护。目前我国实行特殊工种退休的行业多为属于市场行为的企业单位，它们也应为从事特殊工种的员工至少负担部分费用，否则既有损于公平原则，又不利于企业成本管理和对劳动保护的鼓励。要逐步对相关规定进行清理，明确哪些可以保留，哪些应当取消，对制度缺陷进行完善，通过明确责任、政策引导等方式是可以有效解决现存问题的，不能因为有问题就要取消，这样的应对方式比较简单，不太适合于养老保险这样与每一个人密切相关的民生制度。

具体来说：（1）虽然很多工种或工作不再艰苦、不再危险，但在可以预见的相当长的历史时期内，"特殊"工种即艰苦和危险工作依然是存在的，仍有保护之必要。（2）如果由企业承担从特殊工种退休到正常退休时间之间的"养老金"，效益好的企业没有问题，效益差的企业则不可能实现，这是将矛盾推给社会，容易产生新的问题。（3）一些艰苦和危险工作是社会必须的，如边远山区的邮递员，他们的工作不仅仅是为用人单位作贡献，他们的工作具有公益性，社会应当承担相应的责任。动用养老保险统筹基金承担部分早退休的财务责任，是必要的和正当的。不过相对于完全由统筹基金即社会参保人承担责任，笔者主张，政府更应当承担一定的财务责任。例如，对于早退休人员，政府财政可以专门提供一定的资金和用人单位共同继续缴费。比如，对于邮政的经费保障中，应当考虑对乡邮员（部分）早退休的缴费或待遇保障费用。（4）监控特殊工种连续作业的艰难不等于一定要完全取消这一制度。确实，完全依靠行政部门实现这一监控是不可能的，唯一可行的也是必然的，必须依靠用人单位。而只要让用人单位对提前退休承担一定的责任，就可以有效激发其管理职责。

从本质上来看，特殊工种退休制度是存在正当理由的。主要有三种基础理论：第一，公共政策对与工作相关风险的回应；第二，提前退休是对更短的生命预期的补偿；第三，其他社会政策的考量。[①]

公共政策对与工作相关风险的回应。为特殊工种辩护的传统理由可以概括为，提前退休是对工作关联风险的作为交换的奖赏，这种风险不仅损害人的工作寿命，也损害工人的生命预期。公共养老金政策可以通过调整面临过早死亡率风险的人们的养老金领取资格年龄来回应死亡率差别问题。多数国家的健康与安全监管体系已经较好地预防和控制了工作中的健康风险，但并不能完全消除工作的危险与艰苦性。例如，消防员的健康风险不会因为严厉的健康和安全监管就不复存在。一些工作的风险是与生俱来的，公共政策需要确保贯彻执行有自然风险的工作的工人得到补偿。

对危险艰苦工作最简单的补偿形式是工资奖金的奖赏，许多被确定为具有危险和艰苦性的工作也确实这么做了。然而，这种风险的一个方面是，工人生命预期的缩短以及在未来工作阶段更糟糕的身体状况。如果以更早退休的形式提供一些补偿是可以理解的。即使是提供当期工资奖金补偿，一些工人仍然更喜欢提前退休。因此，许多 OECD 国家通过立法针对危险工作环境设定了特殊的养老金政策，认定这些工人更早地符合养老金领取资格年龄。许多 OECD 国家的这种特殊养老金计划允许从事特定工作、职业或产业的工人享受基于每年缴费的更高的养老金精算率，使他们能够从劳动力市场上更早地退休并比其他被保险人享受更充足的养老金。

特殊工种退休计划给两种情形下的工人提供了一个补偿机制。一是许多特殊工作中的工作环境影响工人的健康，这种后果即残疾或疾病以及由此而导致的过早死亡率损害了工人的职业生涯。二是这些工作的性质使得工人年老时不能继续从事。这些工人被允许适用早退休条款。很多文献论证了保护这两类工人的退休计划的基本经济原理的正当性。

一个明显的观察是，对危险艰苦职业特殊养老金计划没有一般的、严密的正当理由可以适用于所有国家。这是因为，特殊养老金计划的发展是基于每个国家养老金的历史——在多数情况下，在养老金体系成形时对风险负担职业的作为权宜之计而存在的回应。部分职业在性质上就是危险的（如井下挖掘），有些职业是年纪大了就不能再从事了，有些是因为文化上的保护（如斗牛士、音乐家）。

在这些特殊计划的引进中，也有政治上的因素，为了赢得政治上的支持，

---

① Zaidi, A., E. R. Whitehouse. Should Pension Systems Recognise "Hazardousand Arduous Work?" //OECD Social Employmentand Migration Working Papers No. 91 [Z], OECD Publishing, 2009, p. 25. http://dx. doi. org/10. 1787/221835736557.

一个特定部门被授予养老金早退休的特权。这种特殊政策也可能是为了促进一个特殊部门雇佣的繁荣（如学校教育）而实行，之后这种政策得到保持。类似的特征导致每个国家的养老金政策的适用。在波兰，新闻业和教学被认为是有风险负担的职业而适用享有特殊养老金权利，而在葡萄牙，它们被认为既不存在风险负担也无公共养老金政策无关。类似地，特技演员在一个国家被认为是风险职业，而在另外国家部分由于更严厉的健康和安全监控则被认为不是。从事危险艰苦工作工人的特殊养老金的正当性辩护需要考虑更细致的背景。

提前退休是对更短的生命预期的补偿。如果较短的生命预期确实是危险艰苦工作经历的一个后果，而且能够事先精确地测量，那么人们会主张这些工人也和其他工人一样应该有公平长度的退休时间，因此他们应当更早退休。对于比一般生命预期更短的人来说，提前退休是正当的。一般养老金资格年龄是根据平均寿命确定的。如果一个养老金计划适用于全体，包括因为工作性质而有过早死亡率风险的工人，那么比一般寿命更短的人所获得的养老金更少。缓解较低寿命养老金后果的一个回应是允许更早获得养老金，这就是针对从事危险艰苦工作工人的特殊提前退休计划产生的原因。

对危险艰苦工作的最一般补偿形式是工资奖金。提前退休也被认为是另一种形式的工资：工人为了未来的养老金放弃现在的工资。当工资奖金和提前退休权利同时享有时，有争论认为这是从事这些工作的工人的双重获利。如果危险艰苦工作如同反映在工资中一样反映在养老金体系中将发生什么？在有竞争性的劳动力市场功能内，这种双重收益现象也许会随时间而消失：当时间流逝提前退休收益使这些工作更具吸引力时，工资的区分将逐渐消亡。

另一种对危险艰苦职业的补偿方式是实施严厉的健康和安全立法。自从特殊提前退休计划施行以来，避免工作环境风险的预防行动在许多国家中已经实施。在个例中，工作或职业对其工人是否仍然属于危险艰苦工作，必须通过监管和评估系统重新评估。

一个实际的问题是，适合的、可执行的、可持续的危险艰苦工作的一般定义是很难获得的，更不用说在一个公共养老金体系内始终如一地、公平地适用。特别在一些案例中当工人们的提前退休是因为偏爱的工作或职业因为他们的年龄而不能持续时更是如此。首先，很难客观地确定不能工作至正常退休年龄的工作列表。其次，如果一个人在一定时间不能继续从事一项特定工作，与另一项艰苦程度低工作之间并没有相关可能性。应当在不同工作种类之间选择而不是在工作和退休之间选择。最后，假设艰苦工作列表可以根据法律标准客观地确立，这样一个列表由于法律程序而持续扩张将是确定可能的。这种列表必须详细表述——在不同的产业之间即使是可比较的工作也存在非常大的不同，这将导致巨大的管理困难。

其他社会政策的考量。在许多 OECD 国家还有许多其他机制，据此提前退休可以考虑工人们的不良健康状况，残疾津贴，失能老年养老金，长期疾病离岗津贴，工作场所事故和职业病津贴等。在这些保障制度和提前退休计划之间的区别是，这些计划的提供是个别化的，因此可能对那些需要特殊提前退休对待的人是更合适的。因此仅仅那些因为残疾或疾病而导致失能或在后半生不能找到合适工作的人才有理由提前退休。

残疾养老金和疾病津贴事实上是那些有严重健康问题的老年工人被允许在达到正常退休年龄之前停止工作的最一般的替代选择。因此，争论将产生：许多 OECD 国家的福利体系对那些由于健康问题而不能从事工作的人已经有系统性的保护。对此好的政策应当是阻止在正常退休年龄之前完全脱离工作：工人们被鼓励从事力所能及的工作，通过如失业前政策、残疾或疾病津贴政策等获得支持。

另一种相反情况则被那些没有此类健康问题限制工作生产率或降低生命预期的工人所展现。这些工人在提前退休计划下获得特殊较早养老金，而他们并不需要。紧随这些一般争论，由于部分人经受了暴露于危险艰苦工作环境而使得提前退休条款适用于所有此类工作、职业或行业的工人，这似乎是不恰当的。这些特殊计划似乎适合于"对一个人的伤害就是所有人的伤害"这一口号。

笔者认为，公共政策的价值功能和更短的生命预期作为特殊工种退休制度存在的实质理由是成立的。虽然不同工作、职业或行业的危险性或艰苦繁重程度随着社会经济、技术条件的变化会发生变化，但在相当长的历史时期内，危险艰苦工作并不能完全消失，特殊工种退休制度仍有其存在之必要和价值。由用人单位对危险艰苦工作岗位予以工资等补贴，以体现用人单位责任，具有一定的合理性，但这不能构成取消特殊工种退休的根本原因，可以设置一定的规则避免"双重保障"时的不公平性。

第五节 特殊工种退休制度立法模式探究

《社会保险法》虽未具体规定特殊工种退休事宜，但在这一基本法的框架下，依法处理特殊工种退休事宜已是当务之急。传统的规范方式是完全列举式的，这是不科学的。在这一制度维系的前提下，如何更科学地规范这一政策问题，是需要进一步探究的。

一、完全列举 PK 抽象概括

特殊工种退休制度的现行政策是，原则上只有符合某个特定文件规定的特殊工种，才可以办理提前退休。确认特殊工种的主体主要有三种：一是国家劳动主管部门批准确认特定行业的工种为特殊工种。二是根据国家劳动主管部门的授权，国家行业主管部门批准确认的特殊工种，这仅存在于一定历史阶段。这两种主体可以确认新的工种为特殊工种。三是省级劳动主管部门可以根据国家劳动主管部门授权，在已有特殊工种的基础上"参照性"的确定特殊工种，而且除了既成事实以外，至少在 21 世纪以来，省级劳动主管部门已在事实上不再具有这一权力。

特殊工种退休的依据主要是规范性政策文件，有着比较"悠久"的历史，有的甚至还是 20 世纪 60 年代初制定的。日积月累的结果是，据不完全统计，目前可以"提前"退休的特殊工种大概有 2400 个，分散在上百个文件之中。事实上由于认识上的限制，工作的疏忽或衔接不当，一些工种虽然危害程度达到甚至超过已经审批的特殊工种，却没有被确定为特殊工种，成为矛盾的"导火索"。而且按照这种立法模式，在理论上，特殊工种的数量是永无止境的，因为行业的发展是无止境的，工种的发展是无止境的，繁重或者有毒有害的因素也是无止境的（当然随着技术发展，这种职业状况的发展速度会越来越慢）。当新的行业、新的工种出现时，其对职工身心健康的损害达到甚至超过已经审批的特殊工种时，这些新的工种也应当作为特殊工种。

这种模式的另一个结果就是无限"重复"。基于"相同情形应为相同处理"的原则，如果一个行业的某一工种被列为特殊工种，那么其他行业中劳动条件相同的工种也应当被列为特殊工种。以"架子工"为例，至少下列行业中的"架子工"曾被确定为特殊工种。

1. 劳动部《关于高温、特别繁重及有害监控工种给冶金部的复函》（〔62〕中劳护字第 128 号）规定，架子工为特别繁重体力劳动工种。

2.《劳动部复水电系统从事高空、特别繁重体力劳动的工人、职员退休的意见》（〔62〕中劳薪字第 157 号）规定，专业架子工属于高空作业的工种。

3. 劳动部《关于铁路系统的高空、高温、特别繁重体力劳动及有损健康作业工种提前退休问题的复函》（〔63〕中劳护字第 82 号）规定，专业架子工为高空作业工种。

4. 劳动部《关于建筑工程系统高空、特别繁重体力劳动和有损健康工种退休问题的复函》（〔63〕中劳护字第 125 号）规定，建筑工地的专业架子工为高空作业工种。

5. 机械工业部《关于下达机械工业从事高温、高空、有害、特别繁重劳动提前退休工种范围的通知》（〔86〕机人字81号）规定，架子工为高空作业工种，其劳动条件为专职从事基建、高空作业的架子工。

6. 中国船舶工业总公司《关于下达船舶工业从事有毒有害及特别繁重体力劳动的职工提前退休范围的通知》（船总人字〔1987〕1433号）规定，架子工为高空作业工种，包括船舶架子工、基建架子工。其劳动条件为，专职架子工，经常在5米以上的高处作业，无牢固立足点和固定立足点；符合GB3608－83二级以上高处作业。

7. 兵器工业部《关于印发〈兵器工业提前退休工种〉的通知》（〔86〕兵工安字第864号）规定，专业架子工为高空作业工种。其劳动条件为，从事建筑工程的脚手架架设，经常在5米以上的高处作业，无牢固立足点，符合GB3608－83《高处作业分级》二级以上高处作业。

有多少行业就要做多少请示和审批，这样的立法模式无疑会浪费太多的行政资源，而且各个文件的批示并不完全相同，在适用中就会产生矛盾。

有的文件采用"参照性"规定，可以在一定程度上避免这些重复工作。如机械工业部《关于下达机械工业从事高温、高空、有害、特别繁重劳动提前退休工种范围的通知》（〔86〕机人字81号）规定："除本通知附表所列的提前退休工种外，其他需要提前退休的工种，凡劳动条件、专业性质与有关部门已批准的提前退休工种相同的，可参照这些部门制定的有关提前退休工种的范围执行。"林业部《关于林业提前退休工种问题的通知》（林工字〔1989〕146号）规定，"林业企业中需要提前退休的工种，凡是与原国家劳动部（国家劳动总局或劳动人事部）已经批准的其他部门提前退休的工种名称、劳动条件（指批准时的劳动条件）相同的，均可试行提前退休"。其他任何行业如果审批了新的特殊工种，而这两个行业有类似工种的，则无须再申请审批。

与列举式规定对应的是概括式规定，即不特别规定某个工种是否是特殊工种，而仅规定特殊工种的条件，只要符合该条件的工种，都可以按照特殊工种办理退休。在特殊工种退休制度中，并非没有概括式规定。国务院《关于工人退休、退职的暂行办法》（国发〔1978〕104号）采用的就是完全概括式的规定：从事井下、高空、高温、特别繁重体力劳动或者其他有害身体健康的工作。劳动人事部《关于改由各主管部门审批提前退休工种的通知》（劳人护〔1985〕6号）曾明确对此进行了界定。高空作业是指"符合GB3608－83《高处作业分级》标准中的第二级，并经常在5米以上的高处作业，无立足点或牢固立足点，确有坠落危险的"；高温作业是指"符合GB4200－84《高温作业分级》标准中第四级"；繁重体力劳动作业是指"符合GB3869－83《体力劳动强度作分级》标准中的第四级"。概括式的好处是无须由国家最高主管部门对某个工种是否属于特殊工种进行审批,但在具体确定是否按特殊工种退休时存在一定的自由裁量。

二、特殊"工种"PK 特殊"条件"

列举式的结果实际是按"工种"退休,而概括式的结果实际是按"条件"退休。从特殊工种退休制度的设立目的来看,后者更能适应其要求。

特殊工种退休制度的本质在于,由于井下、高空、高温、特别繁重体力劳动或者其他有害身体健康的工作对劳动者的身心健康有损害,并可能降低其预期寿命,不适宜让长期从事这些工作的劳动者坚持工作到正常退休年龄退休,而让他们提早 5 年退休,以保护他们的生命和健康。这种理念至今依然是正确的和先进的,这也是特殊工种退休制度继续存在的必要性体现。但在采用按工种退休模式时,就立法思路而言,与这一要求并不相适应。

一方面,就同一工种而言,并非所有情形下都属于"特殊工种"。例如,林业部《关于林业行业提前退休工种范围的通知》(林工通字〔1992〕80 号)规定,造林(更新)工属于特别繁重体力劳动。在机械化造林时,其造林人员(造林工)在实质上不应属于特繁工种。这种状况现在越来越普遍。

另一方面,某一特殊工种被确定之后,由于时代的进步发生变化,很难处理。虽然不少文件明确规定,当企业劳动条件改变,或者通过技术革新,改革生产工艺或者改变生产原料,从根本上消除了有害健康因素后,则不应再作为特殊工种。但目前很少有取消既定的特殊工种的。如果某一工种全部不适合作为"特殊工种",当然可以在立法上直接取消;但如果仅仅是部分行业的部分情形不适合作为"特殊工种",在技术上就难以处理。如劳动部《关于高温、特别繁重及有害监控工种给冶金部的复函》(〔62〕中劳护字第 128 号)规定,混凝土工属于特别繁重体力劳动工种。现在大型的建筑施工均采用机械化搅拌,但在小型建筑施工中,仍存在人力搅拌的现象。前者不应再作为特殊工种,而后者则仍应作为特殊工种。按工种确定提前退休,导致了"一刀切"的结果,不应纳入的也纳入了,应该纳入的很多没有纳入。

举农村乡邮递员的例子很能说明这个问题。根据现有政策,乡邮员仍属于特殊工种(特别繁重体力劳动)。由于现在很多农村都已经通了公路,交通条件已经大为改善,加上很多乡邮员自己购置了摩托车或电动车,从实质上看,其已很难再列为特殊工种。但在某些地区,乡邮员的特殊工种性质几乎很难改变。

"全国五一劳动奖章"获得者、全国劳模王顺友是四川省凉山彝族自治州木里藏族自治县邮政局马班邮路的乡邮员。木里藏族自治县位于凉山州西北部，地处青藏高原和云贵高原接合部，木里作为横断山脉的一部分，境内一道道状如刀锋的山梁并排交织，山与山之间形成落差巨大的大河深谷，绝少平地。王顺友负责的邮路往返360公里。据报道，他每个月28天行进在大山间，从海拔近5000米到近1000米，气温从摄氏零下10多度到近摄氏40度，依次经过察尔瓦山、雅砻江河谷、座窝山、矮子沟、鸡毛店山、蚂蟥沟、山王庙峰、磨子沟、刀子山等大大小小的山峰沟谷，穿过4片野兽出没的原始森林。在马班邮路上，深山、密林、峡谷、缺氧高山和积雪地带是必经之路，骡马只能用来驮邮包，邮递员必须步行，途中狼、熊、蚂蟥经常与他们相伴，他们在途中只能在帐篷中露宿。头疼、风湿、胃病、肝病是马班邮员的通病，还有可能遭致生命危险。20年里，他们在深山跋涉了53万里，相当于走了21趟长征。如果一边要取消乡邮员作为特殊工种，一边又要对王顺友们适用特殊工种退休制度，按"工种"退休的立法模式如何解决这一矛盾？

在理论上，概括式的立法模式更有利于实现特殊工种退休制度的目的和宗旨。应当采取以条件为主，行业为必要补充的立法模式。在名称上，"特殊工种退休"也是不太恰当的。可以借鉴国际上的有关做法，将其改造为"危险与艰苦工作的特殊养老金制度"。

三、利益博弈与制衡

概括式的立法模式并非没有缺陷。采取概括式规定，是否符合艰苦和危险工作的标准要由地方人社部门及社保机构确定。业内人士担忧的是，即便通过特定标准对高空作业、高温作业、繁重体力劳动、有毒有害工作的内涵进一步予以明确，地方的具体部门仍有相当大的自由裁量权。比如，某一具体工作究竟符合不符合这一标准，某人究竟在这一具体工作岗位上工作了多长时间，难免会发生争议，甚至送个"顺水人情"，反正也不要自己掏钱。

笔者认为，可以从两个方面进行完善。一方面是完善标准。在制定好相应标准的前提下，可发展相应的中介服务，对职业的强度、危害性实行社会评估，作为有争议时的解决基础。另外要确定的是，无论是退休审批还是具体养老金的计发，都属于具体行政行为，都需要接受司法机关的司法审查，在《社会保险法》实施之后，这一现象会更频繁地发生。也可以通过行政与司法的合力，以个案形式确定具体职业的艰苦与危险性，并以此作为指导，作为争议的判断基准。也可以推进相应的中介服务机构的设定，对于是否符合艰苦和危险工作的条件，由中介组织进行评定。

另一方面是建立利益制衡机制。目前的特殊工种退休制度之所以问题多多，主要原因之一就是在社会养老保险体系下，用人单位和劳动者的利益诉求缺乏限制。他们有足够多的动机"谋求"特殊工种退休，而无须承担法律责任，或者法律责任太弱，没有制约力。某企业的特殊工种退休人员，2010 年的缴费工资仅 1515 元，2011 年 1—5 月缴费工资仅 1715 元，实际工资与此相差无几，而在 2011 年 6 月特殊工种退休后的月养老金多数近 1800 元，有的甚至达到 2000 元，替代率达到甚至超过 100%。这样的利益结果有谁不想追求？立法都是利益博弈的结果，如果一个法律制度所关涉的各方当事人间的利益没有制约，这个制度在实践中必然会"走样"和扭曲。

赋予用人单位和劳动者利益限制，最简单也是最有效的做法就是，让用人单位和劳动者承担相应的责任。毕竟，劳动者从事"特殊工种"直接的贡献对用人单位作出的，如果说劳动者因此而身心受到损害的话，那么用人单位作为受益者，应当对此承担相应的责任，如继续承担相应的缴费责任或者承担部分"养老金"，即在因艰苦和危险工作而退休至一般退休年龄前用人单位应继续支付一定的工资或津贴。劳动者"提前"领取养老金，养老金领取总额就可能多于其他劳动者，公平起见，也应当减领部分养老金，可以体现为替代率的降低；同时在调待时予以特别考虑，使其实际享受的养老金要低于一般退休年龄退休的养老金。或者建立类似病残津贴的艰苦和危险工作津贴，由养老基金和用人单位共同负担。这样，"提前"退休可能使用人单位和劳动者遭受"损失"，他们在选择适用这一制度时就会"三思而后行"。

第六节　特殊工种退休制度若干具体制度与规则

一、危险艰苦工作的确定

特殊工种所针对的危险艰苦工作，从总体上来看，我国所确立的"井下、高空、高温、特别繁重体力劳动"及其他类似有害身体健康的工作是可以的，可在此基础上予以细化和明确。

1. 危险艰苦工作对健康的损害，并不一定在工作时立即显现，它可以通过人们很难较长时间继续从事相同工作或保持相同职业表现出来，也可以表现为因为工作而出现疾病或残疾导致劳动能力的下降，可以通过过早死亡率这种形式反映出来。某一工作对预期寿命是否有影响，可以通过社会调查和数据分析进行判断。

2. 危险艰苦工作的确定，不仅与生产技术、劳动环境、劳动保护条件等客观因素密切相关，而且与一个国家的历史传统、文化习惯、政治因素、社会状况都有密切关系。不同国家的国情不一致，危险艰苦工作很难有完全适用于所有国家的通用标准。根据 OECD 成员国危险艰苦工作类型表，在一个国家属于危险艰苦工作，在另一个国家可能完全不是。

OECD 成员国危险艰苦工作类型表①

国家	职业类型
比利时	私营部门工人：矿工，海员，民航飞行机组人员；公共部门工人：军人，警察，教师，海关、水利、钻探等其他服务业
匈牙利	提前退休条款适用于超过 800 种工作，主要包括：在地下实施的工作，钻井平台工作，密闭空间的工作，高温工作，电力工业的工作，纺织工业的工作，烘焙业，在冷冻企业的工作，暴露于电离辐射的工作，运输业，民航业，爆破业，以及军队中的市民雇员
波兰	矿工，与铅、镉、石棉接触的工作人员
葡萄牙	在矿内部工作的矿工
新西兰	军人和警察、消防员、飞行员和火车司机
斯洛伐克	像舞蹈家那样从事表演艺术的雇员
西班牙	煤矿工人、航海工人、飞行机组人员、铁路工人、艺术家、斗牛业工人

3. 危险艰苦工作与"提前"退休之间的关系。不管是作为对过早死亡率的补偿，还是公共政策对危险艰苦工作的回应，特殊工种退休制度都应当仅针对那些由于持续暴露于危险艰苦工作环境而导致身体遭受或有相当可能遭受长久损害的群体。仅仅因为从事危险艰苦工作，遭受或可能遭受的损害是暂时的，则没有必要通过早退休的方式予以保障。特殊工种退休制度需要考察被保险人从事危险艰苦工作的时间。

二、特殊工种退休年龄的确定

从国外情况来看，多数特殊工种的最早退休年龄比一般退休年龄要早许多，而且根据危险艰苦工作种类和工作年限的不同可能存在不同的最早退休年龄。我国的特殊工种退休年龄是单一的，统一比正常退休年龄早 5 年。

1. 特殊工种最早退休年龄的确定。国外多数特殊工种退休年龄在 55 周岁及以上，少数低于 55 周岁。我国男性特殊工种退休年龄为 55 周岁，女性则可

---

① Zaidi, A., E. R. Whitehouse. Should Pension Systems Recognise "Hazardousand ArduousWork?" //OECD Social Employmentand Migration Working Papers No. 91 [Z], OECD Publishing, 2009, p. 25. http://dx. doi. org/10. 1787/221835736557.

早至 45 周岁。参照国外规定，男性确定为 55 周岁比较适当。即便未来延迟男性一般退休年龄，对特殊工种退休年龄仍可坚持。女性的特殊工种退休年龄则需视未来是否延长一般退休年龄而不同。总体来说，一般退休年龄 50 周岁、特殊工种退休年龄 45 周岁过低，既不符合当下社会发展状况，也不利于基本养老保险基金的平衡。中组部、人社部《关于机关事业单位县处级女干部和具有高级职称的女性专业技术人员退休年龄问题的通知》（组通字〔2015〕14号）规定，党政机关、人民团体中的正、副县处级及相应职务层次的女干部，事业单位中担任党务、行政管理工作的相当于正、副处级的女干部和具有高级职称的女性专业技术人员，年满 60 周岁退休。如果未来女性被保险人一般退休年龄延迟至 60 周岁或之后，特殊工种退休年龄也应当确定为 55 周岁；如果未来女性一般退休年龄确定为 55 周岁或更低，那么女性被保险人的特殊工种退休年龄宜确定为 50 周岁。

2. 是否需要确定不同情形的特殊工种退休年龄。笔者认为，未来特殊工种退休年龄应是作为特殊工种可以最早退休的年龄，被保险人达到该年龄后，仍可以选择不退休而继续工作，因此没有必须再划分几种不同类型的特殊工种退休年龄，否则管理和监控也更为复杂，不利于提高管理效率。

3. 是否规定满一定工作年限后可以按特殊工种退休？确实，从事 15 年的危险艰苦工作与从事 30 年的同样工作，其对身体可能造成的伤害程度是不一样的，因此其需要的保障也不一样。但笔者不主张设立这一特殊工种退休年龄。赋予特殊工种退休权利的被保险人，就是其身体有可能遭受或已经遭受职业伤害的人员，对于此类人员，不是鼓励其继续从事原工作，而是应当尽可能选择危害更小的工作；现有特殊工种退休的从业时间需要进一步进行审查确定，如对危险艰苦减低的工作应当设定更长的特殊工种退休从业时间。

多国特殊工种退休年龄表 1[①]

养老金 领取年龄 \ 国家	比利时	匈牙利	意大利	葡萄牙	西班牙
一般退休	65	62	65	65	65
一般提前退休	60	60	60	55	61
特殊工种退休	55	55	59	55	52

---

① Zaidi, A., E. R. Whitehouse. Should Pension Systems Recognise "Hazardousand ArduousWork?" //OECD Social Employmentand Migration Working Papers No. 91 ［Z］, OECD Publishing, 2009, p. 25. http：//dx. doi. org/10. 1787/221835736557.

多国特殊工种退休年龄表 2[①]

国家	工作类型	特殊工种退休年龄（周岁）
比利时	矿工	地下矿工 55 岁
		地面矿工 60 岁，或工龄满 30 年
	海员	60 岁，或在海上服务满 14 年
	飞行机组成员	55 岁，或作为飞行操作职员满 20 年，或作为其他机组成员满 23 年
法国	国家铁路工人	缴费满 25 年的，55 岁
		工作满 15 年的司机，50 岁
芬兰	海员	一般成员 55 岁
		办公室人员 60 岁
挪威		62—66 岁
波兰	矿工	55 岁
西班牙	直接在地下挖煤的矿工	50 岁
	运输石油或天然气的海员	52 岁
	航空运输工人（非乘务员或女乘务员）	飞行员 52 岁
		其他飞行辅助人员 54 岁

三、替代率的扣减

我国目前特殊工种退休较多的主要原因就是"早退休、多收益"的逆向激励机制，这不利于基本养老保险制度的可持续发展。在现行特殊工种退休制度下，该退休类型不扣减替代率有其合理性，毕竟特殊工种退休与病退不可同日而语，不宜采用病退的扣减方案。

权利与义务对应是社会保险法的基本原则，缴费越大，所应获得养老金也应越多；缴费越多，养老金反而少了，违背了社会保险法的基本原则，不利于基本养老保险的可持续发展。在正常缴费退休模式下，由于特殊工种退休缴费时间短、基础养老金基数低，因而其养老金应会低于继续缴费 5 年后的养老金。问题在于，特殊工种退休制度下养老金的确定没有考虑养老金的调整。按照已经发生的"十一连调"，特殊工种退休 5 年后养老金已经增加超过 60%，

---

① Zaidi, A., E. R. Whitehouse. Should Pension Systems Recognise "Hazardousand Arduous Work?" //OECD Social Employmentand Migration Working Papers No. 91 ［Z］, OECD Publishing, 2009, p. 25. http：//dx. doi. org/10. 1787/221835736557.

而在这 5 年中，由于缴费年限、缴费额和社平工资的增长所导致的养老金"增幅"很难达到 60%，因而出现"晚退不如早退"的现象。

确定特殊工种退休养老金的减发比例，需要斟酌以下因素：（1）低于病退的减发比例。当然前提是病退的减发比例要合理。目前的养老金调待受益超过提前 5 年病退所减发的 10% 替代率，从这个角度来说，病退的减发比例仍然过低。（2）确立养老金正常调整机制，只有基于可预期的养老金调整规模，才可能确定合理的特殊工种退休及病退养老金的减发比例。目前以行政命令方式推进养老金调整，无法预见养老金未来的调整状况，也就无法确定早退休应相应减发的比例。（3）评估现行养老金计发标准并进行相应的改革。目前养老金计发标准就总体而言，替代率偏低，缴费年限的长短和缴费金额的激励性不足。（4）对最低养老金标准的审慎评估。一方面，要考虑很多地方所确定的最低养老金及其标准的合理性；另一方面，要考虑最短的 15 年缴费年限以及中低水平的缴费数额所对应的养老金水平。从目前实践来看，这两方面都是妨碍养老保险制度激励功能实现的主要问题所在。

四、特殊工种退休后对社保机构有无养老金请求权

回答应当是肯定的。没有养老金的"退休"绝不应当成为法律上的"退休"。既然已经退休，不管是基于正常退休条件，还是特殊工种退休条件或其他条件，均符合《社会保险法》领取养老金的规定，亦符合领取养老金的理论，社保机构拒绝发放养老金是违法的。特殊工种退休制度所存在的问题以及进行改革的必要性都不能为此种违法行为辩护。湖南省人社厅、财政厅《关于规范完善企业职工因病完全丧失劳动能力和特殊工种提前退休有关问题的通知》（湘人社发〔2011〕91 号）参加企业职工基本养老保险的职工办理特殊工种提前退休的，单位应按湖南省人民政府《关于完善企业职工基本养老保险制度的决定》（湘政发〔2006〕7 号）规定为其缴纳提前退休期间的养老保险费。应缴纳的特殊工种提前退休期间养老保险费，统一以办理提前退休手续时上年度全省在岗职工月平均工资的 60% 为基数、按 20% 的比例，计算至达到法定正常退休年龄，一次性缴纳至社会保险经办机构。单位按规定缴纳特殊工种提前退休养老保险费后，提前退休职工基本养老金纳入统筹发放。原已办理特殊工种提前退休手续，已按相关规定预留或缴纳了相应费用纳入了统筹发放基本养老金的，不再变动；原未纳入统筹发放的，可按上述规定一次性缴纳特殊工种提前退休养老保险费后，基本养老金纳入统筹发放。此项规定实际是变相拒绝发放办理了特殊工种退休手续人员的养老金。办理了特殊工种退休的人员与原单位不再具有劳动关系，原用人单位没有为该退休人员缴费的义务，

社保机构接受退休人员的"缴费"没有法律依据，是违法的。

五、特殊工种退休的审批依据为何

社会保险行政部门在审核特殊工种退休时，通常要审核申请人的特殊工种审批、备案记录，工资台账等。但并非所有的用人单位都管理规范，具备并保管有此类资料。在具体审核特殊工种退休时，应以什么材料为依据恰当？特殊工种是以劳动者从事特定岗位或工种工作为事实条件。如何判定劳动者系从事特定岗位或工种工作，就涉及证据的判定问题。由于该事实很多发生时间较远，且特殊工种工作缺乏严格的监管制度，加上过去数年企业形态及用工样式的变化，导致证据不充分、事实判定难的问题时有发生。在一定意义上，用人单位的工资台账能够相对清晰地显示劳动者是否从事特殊工种，因为从事特殊工种，会增发特定的津贴，但这也不是一定的。在计划经济时期管理比较严格，工资台账能够显示这一点；而在市场经济下，尤其是非国有企业，工资的记录内容比较随意，很难充分显示劳动者是否从事特殊工种。有的用人单位干脆不做工资台账。这种情况下，就不能以工资台账作为确定特殊工种的依据。事实上，工资台账只是一种证据，对于劳动者是否从事特殊工种这一证明目的来说，其他能够显示这一内容的书证、物证、证人证言等都是证据。只要这些证据是真实的，它们的法律性质是相同的，都具有一定的法律效力，直接限定不予适用是不合法的。从证据学的角度来说，一切能够显示劳动者所从事的岗位或工种性质的，都是有证明力的证据。至于是否能够采信，还需要根据其客观真实性、合法性与关联性进行判断，此外，其他证据如劳动合同等也都应当作为证据予以考虑，并根据这些证据进行综合分析判定。

六、跨行业劳动者可否享受特殊工种退休请求权

由于目前特殊工种都是针对具体行业的，因此在实践中，社会保险行政部门通常认为跨行业不能适用特殊工种退休政策。笔者认为，在目前的制度体系下，该观点有一定道理，但也不能完全"一刀切"。根据前述劳动人事部《关于石油工业提前退休工种的复函》（劳人护〔1984〕26号）即允许省级劳动行政部门对特定行业酌定可否适用其他行业特殊工种目录。如果工种相同，工作环境相同甚至危害性更大，可以考虑适用相似行业的特殊工种目录，但应当从严掌握。

七、在不同所有制企业工作的劳动者特殊工种退休权利是否不同

目前特殊工种退休制度主要适用于原全民所有制企业（国营企业），集体

所有制企业由地方决定是否参照适用。其主要理由：一是关于退休及特殊工种退休的基本依据国务院《关于工人退休、退职的暂行办法》（国发〔1978〕104号）只限于全民所有制企业；二是特殊工种所针对的行业是由国家主管部门管理的，都属于全民所有制企业，这种观点及理由都是不恰当的。如果因为所有制的区别而仅对特定所有制类型给予特殊的优待政策，将违背平等之基本原则，是对公民养老保险基本权利的侵害。从法律适用上，104号文早已适用于所有类型的劳动者，而国家劳动行政主管部门针对原行业主管部分审批特殊工种目录，是由管理体制造成的，并不能因此否认非全民所有制企业的行业与全民所有制企业的相同行业属于同一行业。

八、劳务派遣用工中劳动者可否享有特殊工种退休请求权

在以所有制形态区分是否享有特殊工种退休权利的情况下，由于目前多数劳务派遣企业均非国有企业，劳务派遣企业也没有具体可隶属的行业，因此劳务派遣用工中的劳动者将不享有特殊工种退休请求权。但是，当秉持平等的基本原则时，至少劳动者被派遣至实行特殊工种退休制度的工种工作时，如果从事该工种工作的实际用人单位的劳动者可以享受特殊工种退休权利，那么派遣劳动者也应当享受该种权利。

九、用人单位未履行报备制度等要求是否妨碍劳动者的特殊工种退休请求权

一些对方对用人单位的特殊工种要求向社会保险行政部门报备。如成都市人社局《关于进一步加强全市特殊工种提前退休审批工作的通知》（成人社办发〔2013〕81号）规定，设有特殊工种的国有企业和县以上集体所有制企业（含其改制后的企业），应建立特殊工种管理档案，完整记录本单位职工从事特殊工种的相关情况，经企业内部公示无异议后，每年报参保所在地人社行政部门备案；对职工从事特殊工种经历在企业内部进行公示，公示无异议后每年由企业将相关情况报参保所在地人社行政部门备案；未按要求备案的企业，企业参保所在地人社行政部门将暂停其特殊工种提前退休审批。那么，如果用人单位未履行此种公示报备要求，劳动者能否享有特殊工种退休请求权？笔者认为，对于特殊工种退休而言，特殊工种的公示和报备并非退休条件之一，将此设定为退休条件并限制被保险人退休权利是不合法的；未履行公示和报备手续，是用人单位违反了行政机关的要求，其责任主体应当是用人单位，但却由被保险人承担不利后果——无法享受特殊工种退休权利，也是违背法律要求的。

第九章　病残津贴与遗属津贴规则

《社会保险法》第17条规定："参加基本养老保险的个人，因病或者非因工死亡的，其遗属可以领取丧葬补助金和抚恤金；在未达到法定退休年龄时因病或者非因工致残完全丧失劳动能力的，可以领取病残津贴。所需资金从基本养老保险基金中支付。"这一规定对我国相应制度进行了重新定义，对被保险人利益影响甚巨，时至今日国家主管部门仍未出台具体规范性法律文件，具体权利何时能够落地，尚未可知。

第一节　历史演化

一、从病退、退职到病残津贴

1951年政务院颁布的《劳动保险条例》第13条丙款规定，工人与职员因病或非因工负伤医疗终结确定为残废，完全丧失劳动力退职后，病伤假期工资或疾病非因工负伤救济费停发，改由劳动保险基金项下发给非因工残废救济费，其数额按以下标准，饮食起居需人扶助者为本人工资的50%，饮食起居不需人扶助者为本人工资的40%，至恢复劳动力或死亡时止；部分丧失劳动力尚能工作者不予发给。

国务院《关于工人退休、退职的暂行办法》（国发〔1978〕104号，以下简称"104号文"）规定，工人"男年满五十周岁，女年满四十五周岁，连续工龄满十年，由医院证明，并经劳动鉴定委员会确认，完全丧失劳动能力的"，应该退休。此即为病退，病退的养老金（退休费）最低替代率为60%（连续工龄满10年不满15年的）；连续工龄满20年的，替代率为75%。

104号文规定，不具备退休条件，由医院证明，并经劳动鉴定委员会确认，完全丧失劳动能力的工人，应该退职，退职后，按月发给相当于本人标准工资40%的生活费。

从劳动义务履行与养老待遇享受的对应关系和实质内容来看，退职和病退并不存在本质差异，具有内在的一致性：根据连续工龄的长短不同，病退养老金也相应或多或少；退职的连续工龄更短于病退，其生活费也更低。除了义务的履行，另一个差别是退出工作岗位享受定期待遇的年龄问题。笔者认为这不是重点，核心是缴费年限。即便没到正常退休或病退的年龄，但是缴费年限也有可能达到甚至超过正常退休和病退的缴费年限，基于权利与义务对应原则，退职人员当期领取的生活费也不宜低于病退养老金。

从实践来看，病退和退职都存在较多问题。一是由于养老金计发标准和调整体系的不健全，病退和退职者可能获取比正常退休者更多的养老金财产，违背了"多缴多得"的激励机制，违背了权利与义务对应的原则。二是基于利益的最大化，被保险人会更倾向于办理病退或退职，不仅客观上滋长了非法病退、退职的发生，也增加了病退、退职工作的难度。从理论上来说，病退和退职也不宜采取目前的保障模式。第一，严格从退休的含义来看，病退和退职都不应属于退休。退休必须遵循严格的年龄限制，即便在弹性退休制度下，允许被保险人在基准退休年龄前退休，但仍然有最低退休年龄的限制。低于最低退休年龄的被保险人，如果无法正常提供劳动并缴费因而需要获得生活保障，不适宜通过退休制度予以保障。第二，我国基本养老保险制度是社会保险制度，养老金权利的享受与缴费义务的履行存在对应关系，单纯的病残保障不适宜通过养老金供给，需要考虑用人单位的保障义务、最低生活保障义务以及社会保险保障义务之间的平衡。例如，仅仅缴费1年的被保险人，其保障模式应当更接近从未缴费的人员，而不是参考缴费20年以上的被保险人。第三，病残人员的待遇调整，与养老金的调整并不完全相同，而更近似于工伤保险伤残津贴的调整，未来还需要考虑病残护理问题。第四，病残人员与工伤致残人员，仅仅是伤残原因的不同，其机体的损伤和外在表现基本相同，在工伤完全丧失劳动能力人员由养老金保障改为伤残津贴保障的情形下，对病残人员实行病残津贴也更具合理性。在《社会保险法》第17条明确设定病残津贴之后，国家应当尽快出台具体的病残津贴制度。

二、从非因工死亡待遇到遗属津贴

《劳动保险条例》第14条乙款规定，工人与职员因病或非因工负伤死亡时，由劳动保险基金项下付给丧葬补助费，其数额为该企业全部工人与职员平均工资2个月；另由劳动保险基金项下，按其供养直系亲属人数，付给供养直系亲属救济费，其数额为死者本人工资6个月到12个月。该条丁款规定，工人与职员供养的直系亲属死亡时，由劳动保险基金项下付给供养直系亲属丧葬补助费：死者年龄在10周岁以上者，其数额为该企业全部工人与职员平均工资1个月的1/2；1周岁至10周岁者，为平均工资1个月的1/3；不满1周岁者不给。

《劳动保险条例实施细则修正草案》第 23 条规定，工人职员因病或非因工负伤死亡时、退职养老后死亡时或非因工残废完全丧失劳动力退职后死亡时，根据劳动保险条例第 14 条乙款的规定，除由劳动保险基金项下付给本企业的平均工资 2 个月作为丧葬补助费外，并按下列规定由劳动保险基金项下一次付给供养直系亲属救济费：其供养直系亲属一人者，为死者本人工资 6 个月；二人者，为死者本人工资 9 个月；三人或三人以上者，为死者本人工资 12 个月。

非因工死亡待遇，从主体来看，不仅包括在职人员、退休人员、退职人员，还包括在职人员、退休人员、退职人员的供养直系亲属[①]。从待遇内容来看，主要是两项：丧葬补助费和一次性供养直系亲属救济费。

相对于病退和退职目前主要适用 104 号文，非因工死亡待遇目前适用的法律依据部分仍然是《劳动保险条例》及其实施细则修正草案，在 60 多年以后，如此古老的带有明显历史背景并不健全的法律规则仍在使用，是法制不完善的重要表现，很难完全适应新的社会保障制度、社会经济状况。在过去的 60 多年中，其主要变化发生在两个阶段。一是 20 世纪 90 年代以后至《社会保险法》实施以前，为了弥补规则的不足，各地纷纷出台了地方性非因工死亡待遇制度，一方面完善了丧葬补助金、救济费的计发标准，另一方面针对供养直系亲属设立了定期待遇，全国超过一半的省份规定了这一待遇。二是《社会保险法》实施以后，主要是针对参保人员将丧葬费、一次性救济费纳入统筹基金支付范围。但总体来说，非因工死亡待遇仍存在适用对象不统一，待遇项目紊乱、标准合理性不足等缺陷。《社会保险法》第 17 条规定，参加基本养老保险的个人，因病或者非因工死亡的，其遗属可以领取丧葬补助金和抚恤金。其适用对象、适用条件、项目及其标准均有待通过具体规则予以明确。

第二节　域外经验

德国设立了工作能力减退养老金，规定投保者工作能力部分或全部减退而领取的养老金，最长不超过法定退休年龄。即达到法定退休年龄后，投保者不

---

① 这里采用"直系亲属"概念是不恰当的。参见向春华：《工伤理论与案例研究》，中国劳动社会保障出版社 2008 年版，第 178 页。

能领取工作能力减退养老金。全部工作能力减退养老金适用于因疾病或残废在不可预见的时间（一般在 6 个月以上）内，日工作时间降到 3 小时以下的人员。部分工作能力减退养老金适用于：（1）日工作时间在 3—6 小时；（2）有正式工作。养老金按全部工作能力减退养老金的 50% 支付。

死亡养老金包括鳏寡养老金、孤儿养老金及子女教育养老金等形式。大额鳏寡养老金适用于领取者已年满 47 周岁或者属于工作能力减退者。遗孤享受孤儿养老金，遗孤包括亲生、非亲生、收养、领养、照料的孩子，还包括姨表侄和姑表侄，只要其与死者一起生活或其生活费依靠死者接济生存。一般领取到 18 岁，18 岁以后还在读书或处于职业培训阶段，或者由于身体、精神或心理原因不能自食其力，可以延长至 27 岁。

根据德国 2001 年《公务员养老金法》，公务员在正常退休年龄 65 岁以前、严重残疾者和丧失公职能力者在 63 岁以前退休，则其养老金的年扣除率为 3.6%，最高不超过 10.8%。在公务员死亡当月，其遗属可领取遗属养老金。鳏寡养老金一般为公务员退休工资的 55%，如果是 2002 年 1 月 1 日以前结婚，且配偶的出生日期为 1962 年 1 月 2 日以前，领取比例为 60%，有一个 3 岁以下的儿童抚养，再提高。婚姻关系是在公务员退休或达到退休年龄以后确定的，或者其婚姻关系持续不到 1 年，其配偶不能领取鳏寡养老金。半额孤儿养老金为公务员退休工资的 12%，全额为 20%，鳏寡养老金和孤儿养老金的总额不能超过公务员生前的退休工资。[①]

瑞典配偶遗属待遇要求：配偶与死者的婚姻是死者 60 岁以前形成，或虽然是在死者 60 岁以后形成，但有 5 年以上婚龄或有一个婚后子女。全额标准如下：收入基数在 0—7.5 倍之间的为死者薪资的 10%；收入基数在 7.5—20 倍之间位死者薪资的 32.5%；收入基数在 20—30 倍之间为死者薪资的 16.25%。未满 20 周岁的孤儿可以领取待遇，并且根据合乎资格的孤儿人数和父母另一方是否健在确定领取金额。例如，死者有一个未满 20 周岁的子女，一方父母仍然健在时，孤儿可以领取全额配偶遗属待遇的 55%；如果另一方也不在了，孤儿可以拿到全额配偶待遇的 75%，子女数量越多，待遇标准越高。如果领取了儿童抚恤金，配偶养老金的标准将下调为全额配偶养老金的 75%。

---

① 姚玲珍：《德国社会保障制度》，上海人民出版社 2011 年版，第 56~74 页。

瑞典孤儿待遇标准表

子女数目	一方父母健在	完全孤儿
1	55%	75%
2	75%	110%
3	85%	135%
4	95%	150%

瑞典伤残待遇要求，年满 18 周岁，连续 90 天或者前一年累积 105 天处于丧失劳动能力 25% 以上者，如果发生伤残情况，方可享受此待遇：价格基数 7.5 倍以内为先前薪资的 15%；价格基数 7.5—20 倍之间为先前薪资的 65%；价格基数 20—30 倍之间为先前薪资的 32.5%。[①]

日本公共年金制度，是针对因年老、残疾或者因抚养人的死亡等原因而引起的长期的、永久性的劳动能力的下降或者丧失所进行的长期的、终身性的救济或者收入保障。其主要包括以下项目：

1. 残疾人基础年金。国民年金的被保险人（包括符合一定标准的曾是被保险人的人员），如果因负伤或者疾病被认定为 1 级或者 2 级伤残，可以领取残疾人基础年金。2 级伤残的残疾人基础年金额与满额的国民年金额相同，而 1 级伤残在前者的基础上增加 25%。如果有必须依靠其收入维持生计的子女，可以根据子女人数相应增加年金额。

2. 遗属基础年金。被保险人或者老龄基础年金领取人死亡时，对依靠死者收入来维持生计的拥有子女的配偶及其子女所发放的遗属年金。没有子女的妻子无权领取。享受该年金必须同时符合以下条件：（1）被保险人或者曾是被保险人且在日本国内拥有地址的人员、在年满 60 周岁但不满 65 周岁死亡时，或者当老龄基础年金领取人死亡时。（2）被保险人或者曾是被保险人缴费期间和减免期间之和在死亡之日所属月份的上上个月为止，占被保险期间的 2/3 以上。（3）领取人必须是依靠死者收入来维持生计的有子女的妻子，或者父母双亡的子女。子女必须未满 18 周岁，或未满 20 岁的残疾人；妻子必须依靠死者抚养，并与符合上述规定的子女共同生活者。在死者的妻子和子女都有权领取遗属基础年金时，只对妻子发放遗属基础年金；只有当妻子因故丧失领取权时，才会对子女进行发放。怀孕的妻子符合这一资格，并自胎儿出生的次月调整年金额。

---

① 粟芳：《瑞典社会保障制度》，上海人民出版社 2010 年版。

3. 残疾人厚生年金和残疾人津贴。主要条件包括：（1）伤病时首次接受医生或者牙医治疗的日期（初诊日）必须已经是被保险人；（2）在初诊日起满一年半时（残疾认定日），被认定为1级至3级伤残；（3）到初诊日所属月份的上上个月为止，存在国民年金保险期间，且缴费期间（含减免期间）超过被保险期间的2/3。2级和3级领取基本年金额，1级为基本年金额的125%。1级和2级有供养配偶时，可获一定额度的附加年金。

4. 厚生遗属年金。具备以下条件之一即可：（1）被保险人死亡；（2）曾经的被保险人在丧失被保险人资格以后，因在被保险期间内所发生的伤病（初诊日亦在保险期间内）而在初诊日以后的5年以内死亡。（3）1级和2级伤残，并拥有残疾人厚生年金领取权的人员死亡。（4）有权领取老龄厚生年金，或缴费期间（含）满25年以上的人员死亡。

领取人必须是被保险人或曾经的被保险人的配偶、子女、父母、第三代或者祖父母，且在被保险人或曾经的被保险人死亡时依靠死者的收入维持生计。妻子以外的人员，要成为遗属还必须满足以下条件：（1）如果是丈夫、父母或者祖父母，其年龄必须在年满55周岁以上（到年满60周岁为止）；（2）子女或第三代，未满18岁，或未满20岁但属1级或2级伤残，未婚。享受遗属年金的优位顺序为：（1）配偶和子女；（2）父母；（3）第三代；（4）祖父母。优位遗属获得年金，次位遗属则不能获得；妻子和子女不能同时获得。厚生年金额为死亡的被保险人可领取的老龄厚生年金的3/4，特定情形可以增加。

另外还有寡妇年金与一时金。①

韩国年金包括老龄年金、残疾年金、遗属年金、返还一时金。根据《国民年金法》，由于年金加入期间所发生的疾病或负伤，治愈后身体或精神上仍有残疾者，在该残疾存续期间，根据残疾程度支给残疾年金。受到残疾程度的疾病或负伤者，在初诊之日起2年后，仍未完全治愈时，以经过2年之日为标准确定，残疾等级分为1级至4级。当残疾等级为1级时，残疾年金为基本年金额加算加给年金额收入的额；2级时为基本年金额的80%加算加给年金额收入的额；3级时为基本年金额的60%加算加给年金额收入的额；4级时为相当于基本年金额的225%金额的一时补偿金。

韩国遗属年金是为保障加入者或曾经的加入者死亡后遗属的生活而支给的。老龄年金受给权者、加入期间10年以上的曾经的加入者、加入者、相当于残疾等级2级以上的残疾年金受给权者死亡时，支给其遗属。遗属年金受给

① 宋健敏：《日本社会保障制度》，上海人民出版社2012年版，第119～154页。

权者是指，在加入者或曾经的加入者死亡当时，靠其维持生计的法定者（配偶、子女、父母等）。遗属年金额随着加入期间有所不同，不足 10 年时为基本年金额的 40% 与加给年金额的合算额，10 年以上不足 20 年时为基本年金额的 50% 与加给年金额的合算额，20 年以上时为基本年金额的 60% 与加给年金额的合算额。老龄年金受给权者死亡时，遗属年金额不得超过死亡者的老龄年金额。遗属年金受给权者是丈夫时，除残疾等级 2 级以上外，60 岁以上时享受遗属年金的受给权；受给权是妻子时，在受给权发生之日起 5 年内支给遗属年金，截止到 50 岁停止支给。但当妻子是残疾等级 2 级以上时，维持不满 18 岁或残疾等级 2 级以上子女的生计时，未从事特定的有收入的业务时，因为没有实际的有收入活动，将不停止遗属年金的支给。①

智利规定，所有在工作缴费期间或处于失业状态已超过 12 个月的参保成员，在工伤或疾病导致无法正常工作时，都可以按照确定的待遇获得伤残保险金。当雇员在退休之前死亡时，将向其遗属——雇员配偶、子女或法定继承人——支付遗属保险金。如果残疾比率超过 67% 则为全残，将得到确定给付型退休金 70% 的保险金；如果残疾比率为 50% ～ 67% 则为半残，能得到退休金 50% 的保险金；如果残疾比率低于 50%，则不被认为残疾。对于那些工资低年纪大的人，会适当调高他们的残疾比率。对于那些不规则缴费的参保成员，用前 10 年工资的平均值作为基准工资来确定保险金的支付水平，那些 10 年间在非正式部门工作、失业或者不工作的人，特殊时期的工资为 0，所以 10 年的平均工资水平将下降，保险金水平会很低。如一个工伤的伤残程度是 70%，过去 10 年只有 60% 的时间向养老金计划缴费，那么其每月的伤残保险金为只有工资（应该是退休金）的 42%（70% × 60%）；遗属的养老金是本人的 60%，那么遗属得到的养老金为 25%（60% × 70% × 60%）。但这种规定受政府最低保障养老金约束。②

第三节　病残津贴

一、国内概况

目前，国内病退及退职方面的主要规则有：

---

① 金东熙：《行政法》，中国人民大学出版社 2008 年版，第 258 ～ 259 页。

② 李曜、史丹丹：《智利社会保障制度》，上海人民出版社 2010 年版，第 29 ～ 127 页。

1. 限制了缴费年限。如湖南省要求缴费年限（含视同缴费年限）累计满15年。有的还对实际缴费年限有限制，如石家庄市要求实际缴费年限必须满5年。

2. 对劳动能力鉴定程序及病退审批程序从严掌握。（1）劳动能力的鉴定一般由设区市组织，通过专家鉴定组在指定医院实施，有的通过外聘专家实施鉴定以避免本地医生弄虚作假问题；（2）病退审批一般由设区市社会保险行政部门负责，有的进一步规定由省级社会保险行政部门批准；（3）有的地方对可以病退、退职的疾病种类作了限制；（4）有的还对罹患疾病时间长短作了限制，如《四川省完善企业职工基本养老保险制度实施办法的实施细则》（川劳社发〔2006〕18号）规定，必须因病或非因工伤残治疗半年以上；（5）对病退、退职人员实行社会公示，接受社会监督；（6）有的地方还实行名额限制，下达每年病退名额。

3. 职工每提前退休一年，其基本养老金减发2%；有的还提高了个人账户养老金的计发月数。《四川省完善企业职工基本养老保险制度实施办法的实施细则》规定，在计发个人账户养老金时，年龄不满40岁的，其计发月数均按233个月计发。

4. 有的地方还对病退、退职的适用范围作了限制，如规定灵活就业人员必须是原国有、集体企业的固定职工、劳动合同制职工曾在国有、集体企业工作满10年以上，因企业破产、改制失业后，按个体工商户政策继续缴费的，缴费期间因病（非因工负伤）医疗期满，经鉴定完全丧失劳动能力，达到国家规定的因病提前退休年龄，可由档案管理单位为其申请办理因病提前退休。灵活就业人员被企业重新录用后一年内不得申请办理病退。

二、病退、退职主要存在的问题

1. 病退、退职与养老金的根本区别不明晰。按现行制度，病退仍属于退休的一种，病退人员所领取的仍属于养老金。对于退职生活费，仍基本按照病退办法处置。如山东省劳动保障厅《关于执行省政府鲁政发〔2006〕92号文件有关问题的通知》（鲁劳社〔2006〕51号）第9条针对退职人员的退职生活费明确规定："按国发〔1978〕104号文件规定办理退职的人员，缴费年限满15年的，按月发给退职生活费。具体标准为：以退职时上年度省或市在岗职工月平均工资和本人指数化平均缴费工资的平均值为基数，缴费年限每满1年发给1%；同时发给个人账户养老金，月标准为本人账户储存额除以国家规定的计发月数。其中，1997年12月31日前参加工作的，鲁劳社〔2001〕29号文件规定的120元调节金继续保留。"既然计发标准相同，那么"退职生活费"并非名副其实，其实质内容仍与病退养老金亦即基本养老金相同。这样，无论是病退还是退职之概念均无存在之必要，而可以直接适用退休制度，只不过允许更早退休——只限制缴费年限、不限制退休年龄，与缴费年限相适应待遇更低，仅适用于特殊人群——完全丧失劳动能力人员而已。如果未来亦按照此模式构建病残津贴制度，那么其独立存在价值将大大降低。

笔者认为，病残津贴制度和养老金制度的保障目的和保障模式是完全不同的，因而有其独立存在之必要与价值。养老金制度的保障目的是"老有所养"——为老年生活提供经济保障；而病残津贴制度的保障目的则是"病残有所依"——为因病残而丧失收入来源的人们提供收入替代，其保障目的更接近于工伤保险而非养老保险。在保障模式方面，养老金制度要严格遵循缴费与养老金收入关联的体系，同时为了获得较为充分的替代率，必须严格限制最低退休年龄，为了保证财务的可持续性可以提高退休年龄；而病残津贴更为看重的是"病残关联性"，即当被保险人因为病残丧失收入来源而导致个人及其家庭陷入困境时提供必要之保障，其缴费关联性相对较弱。在我国，设置退职的最低缴费年限——当下为 15 年，更多是从财务可持续性角度而非缴费关联性角度考虑的。因此应当将病退和退职整合为病残津贴制度，并为其设置相对独立的待遇计发规则。

2. 由于养老金计发标准、调整机制的影响，导致病退养老金或退职生活费很可能高于正常退休人员，这是目前人们争相病退、社会保险部门试图遏制病退的根源。从根本上解决这一问题，需要在退休年龄延迟、作为退休条件之一的累计缴费年限的延长确定的基础上重新考虑养老金的计发标准，区分最低退休年龄和病残津贴的享受条件，建立正常符合权利与义务对应原则的养老金调整机制，区分并确立病残津贴的正常调整机制。一方面，从根本上消解被保险人积极追求病退、早退的不当主观心理状态；另一方面，贯彻权利与义务对应原则，真正确立"多缴多得、长缴多得"的激励机制，使人们乐意多缴费、长缴费。

3. 劳动能力鉴定标准、主体、程序不统一，不仅导致行政、公共医疗资源的浪费，也影响了病退、退职的技术基础的合理与正当。目前，在体系上存在工伤的劳动能力鉴定与养老保险中病退及退职的劳动能力鉴定，前者由《工伤保险条例》及相关部颁文件予以规范，有明确的鉴定机构，比较规范的鉴定程序，作为鉴定主要依据的最新鉴定标准是《劳动能力鉴定、职工工伤与职业病致残等级》（GB/T16180 - 2014）；对于后者，对鉴定机构没有明确规定，鉴定程序主要依靠地方规范性文件，鉴定标准仍主要是《职工非因工伤残或因病丧失劳动能力程度鉴定标准（试行）》（劳社部发〔2002〕8 号），比较"简陋"。劳动能力鉴定存在的问题直接影响到对被保险人丧失劳动能力程度判断的准确性、公正性，亦会影响病退、退职以至未来的病残津贴制度的实施。

在全残状况下，劳动者在法律上无法提供劳动；但即便不是全残，在罹患一定的伤病时，在一定的期限内，劳动者也无法提供劳动，现行病退、退职制度未能涵盖此种保障之需求，是为不足。

4. 病退养老金、退职生活费缺乏独立的、正常的调整机制。实践中，病退养老金按正常养老金进行调整，退职生活费的调整则未能正常顾及。病退和退职的本质原因相同却实行不同的待遇调整模式，是不当的；病退养老金调整和正常养老金调整一样背离了权利与义务对应的原则；病退养老金和退职生活费的调整未能考虑病残自身的特点，在过当保护的同时，也存在保护不足的问题。

三、病残津贴规则建构

1. 病残津贴标准的设立及其考量因素。（1）可以考虑缴费基数和缴费时间的因素，但不宜完全按照养老金计发办法处置。鉴于病残津贴具有工资替代功能，是为了保障其丧失劳动能力之后的收入，可以更多考虑本人工资——以缴费基数衡量。（2）相对于缴费基数和缴费时间，病残津贴应当更多地考虑病残程度，即根据不同的病残程度确定不同的津贴等次。享受伤残津贴是以完全丧失劳动能力为前提的。参照《工伤保险条例》，完全丧失劳动能力有4个等级，实际上4个等级的失能程度是不一样的。可以考虑一、二级全额病残津贴，三级享受大部分病残津贴，四级则享受部分病残津贴。（3）宜适当考虑子女等被抚养人状况。如果被抚养人较多的，应当提高津贴标准，但不宜高过其本人工资。

2. 实施统一的劳动能力鉴定标准、主体和程序，严格鉴定过程管理。现行的劳动能力鉴定委员会是否也应包括对非工伤劳动能力鉴定，尚缺乏统一的规定，无论是从历史发展状况，还是从现实必要性看，统一行使显然是大势所趋。[1] 由于针对工伤保险劳动能力鉴定的机构已经普遍设立，因此病残津贴中劳动能力鉴定也应当由这一机构实施，没有必要重复设立鉴定机构。鉴定过程也应当以鉴定专家为主体，实行专家鉴定；对于鉴定专家的选择，可以在现有工伤劳动能力鉴定专家基础上确定。鉴定标准，工伤中劳动能力的损失与伤病

---

[1]　向春华：《劳动能力鉴定理论与实务》，中国劳动社会保障出版社2008年版，第97页。

存在类似性，在相当意义上，一般伤残是可以涵盖工伤致残对机体的损害的，因此应当尽可能将二者予以统一，在评残依据、尺度上作相同处置。

确立短期劳动能力丧失标准并完善相应的鉴定程序。

3. 建立相对独立的病残津贴调整机制。病退养老金和退职生活费纳入病残津贴范畴，分级设置，实行统一的待遇调整模式。在适当体现权利与义务对应原则的同时，更多地考虑病残津贴自身的调整因素。例如，应当定期如每年对病残津贴领取人员进行一次体检，并对其病残状况重新进行评估，根据评估结果重新确定病残津贴的等次以及调整额度；根据病残津贴领取人供养亲属的状况调整其病残津贴标准；在医疗（药品）、护理市场价格发生较大变化时，适当调整病残津贴领取额度。

4. 完善与病假待遇、最低生活保障待遇的衔接。在医疗期内，用人单位承担病假工资支付责任；在医疗期后，如果符合病退、退职的，则由病退、退职保障。目前的医疗期最长可达 6 个月，这对用人单位的负担是否合理，值得探讨；在医疗期后，如果达不到全残的，劳动者既无法获得用人单位的保障，亦无法获得病退、退职保障，存在保障制度不到位的问题。笔者主张，在已经参保的情形下，应尽可能减少用人单位的保障负担，可以将用人单位承担的病假工资支付责任最长限定为 3 个月；设立短期病残津贴制度，对于未来尚不构成完全丧失劳动能力，但在较长时间内无法提供劳动者，给予短期病残津贴，区别于完全丧失劳动能力的定期病残津贴。病残津贴是对工资收入的替代，不宜考虑个人及家庭的实际收入状况；当病残津贴无法保障基本生活时，应是最低生活保障制度发挥作用的地方。未来应当改进最低生活保障制度完全依据家庭收入确定给付金额的做法，应当基于收入与支出的综合判定。收入虽高，但基本生活支出高，如疾病支出、基本教育支出高，则仍然可以享受最低生活保障。

第四节　遗属津贴

一、国内概况

国内关于非因工死亡待遇的状况，通过"全国各省份非因工死亡待遇汇总表"可以一目了然。

全国各省份非因工死亡待遇汇总表

序号	地区	适用对象	待遇项目	标准（具体金额单位：元）	支付渠道	依据
1	北京	职、退（含退职、退养）	丧葬补助费	5000	参保离退人员，基金支付；职工，企业支付	京财行〔2009〕70号
		职、退供养直系亲属	救济费	死亡时全市最低工资6、9、12个月	原渠道列支（由企业支付）	京劳社养发〔2000〕221号
2	天津	职、离退、领取失业保险	丧葬费	上年度全市职工月平均工资2个月	津劳险〔1998〕124号：职工，企业支付；参加统筹的离退休人员，基金支付	津政发〔2008〕17号
		上述人员之供养直系亲属	一次性救济费	基数同上，6、9、12个月		
		职工供养直系亲属	丧葬补助费	上年度全市职工月平均工资1个月		
3	河北	职工（根据冀人社发〔2015〕6号，应包括退休人员）	丧葬补助费	本企业的平均工资2个月	根据冀人社发〔2015〕6号，参保职工和退休，丧葬补助费和遗属抚恤金由基金支付。	冀劳社〔2000〕29号
			供养亲属一次性救济费	上一年平均养老保险费基数6、9、12		冀劳社〔2000〕29号 冀劳办〔1997〕222号
			遗属生活困难补助费	参照民政社会救济标准		冀劳险〔1993〕155号
4	山西	职、退（含退职人员）	丧葬补助费	2000	职工，所在单位支付；离退人员参保的由基金支付，未参保的，原企业支付。	晋劳社厅发〔2006〕301号
		职、退	一次性抚恤费	3000		
		职、退供养直系亲属	生活困难补助费	省辖市140/月；县（市）镇120/月；农村100/月。孤寡者增20。		
5	内蒙古	职、退	丧葬费	上年度职工月平均工资4个月	现行渠道（由企业支付）	内劳险字〔1998〕17号
		职、退遗属	生活困难补助费	基数1350，城镇，配偶35%，其他25%；非城镇，配偶30%，其他20%。鳏寡加10%。	在职，企业支付；离退，基金支付	劳社字〔2007〕3号，内人社发〔2014〕7号

续表

序号	地区	适用对象	待遇项目	标准（具体金额单位：元）	支付渠道	依据
6	辽宁	职工（含离退）	丧葬补助费	上一年度月社会平均工资3个月	未查询到新的文件，未确定支付渠道。从理论分析应由企业支付	辽劳字〔1996〕196号
		直系亲属	一次性救济费	基数同上，10个月		
		供养直系亲属	丧葬补助费	基数同上，1个月		
		供养直系亲属	生活救济费	当地城镇职工生活困难补助标准；孤寡按200%		
7	吉林	参保未退休人员	丧葬补助金	1200	基金支付	吉人社办字〔2013〕32号
			抚恤金	上年岗平工资40%，×10（满15年）；×10×缴费年限（含视同计算到月）/15（不满15年）。不满1年按1年。抚恤金低于个人缴纳养老保险费划入统筹部分的，差额部分返还给法定继承人。基金支付		
		参保离、退、退职人员，丧葬费、抚恤费发放办法仍执行该省原政策				
8	黑龙江	参保人员	丧葬补助费	4000	领取基本养老金的，基金支付；参保人员未领取养老金的原渠道支付	黑人保发〔2010〕53号
		企业退休人员	一次性抚恤金	6000		
9	上海	官网显示为离、退人员及供养直系亲属（未明示包括职工）；补助费有文明确为职工（未明示包括离退）	丧葬补助金	上年全市职工月平均工资2个月	http://www.12333sh.gov.cn/201412333/bmfw/zcwd _ 1/ylbx/07/201409/t20140916_ 1189206.shtml，支付渠道不明	
			一次性救济金	本人死前养老金确定，6、9、12个月		
			生活困难补助费	每人每月570，孤老、孤儿增加30%（实际按低保标准）	基金支付。沪劳保福发〔2006〕24号，沪人社福发〔2012〕30号	

续表

序号	地区	适用对象	待遇项目	标准（具体金额单位：元）	支付渠道	依据
10	江苏	参保、退（含退职、退养）	丧葬费	6000	基金支付	苏人社发〔2012〕102号，苏劳社险〔2001〕21号
		同上直系亲属	一次性抚恤费	三类地区16000、15000、14000	基金支付	苏人社发〔2012〕102号
		同上供养直系亲属		计发基数，各设区市不同，1100—1800。一次性救济费，×6、×9、×12；或定期救济费，城镇20%、30%、40%；农村分别降低5%。	先使用个人账户，不够基金支付	苏劳社险〔2009〕10号，苏劳社险〔2001〕21号
11	浙江	参保个人	丧葬补助金	4000	参保基金支付	浙人社发〔2013〕244号
		职工和企业退休（退职）	一次性抚恤费	不满1年2000；1—15年10000；超过15年的1年增加1000，最多增加5000	参保基金支付	浙人社发〔2013〕244号
		国企职（退）直系亲属	生活困难补助费	非农870/月，农业720/月	原渠道	浙人社发〔2015〕14号
12	安徽	职、退	丧葬补助费	2000（在对象里并未规定退）	参保离退人员由基金支付，参保职工及未参保，企业支付	劳社秘〔2004〕193号
		职、退直系亲属	一次性困难补助费	职工生前缴费工资8个月；退为生前本养老金8个月		
		供养直系亲属	抚恤金	低保标准；3人以上按300%。初次总额不超缴费工资或养老金。		

续表

序号	地区	适用对象	待遇项目	标准（具体金额单位：元）	支付渠道	依据
13	福建	国有企业职工	丧葬补助费	最低工资标准6个月	参保退休（职），基金支付；其他待遇以及职工，企业支付。非国企职工参照	闽劳社〔2000〕477号
		直系亲属	一次性困难补助费	基数同，5个月		
		供养直系亲属	月救济费	农业为40%，非农45%，孤身加10%；3人及以上的，按3人		
14	江西	职、退（退职）	丧葬费	5000	参保人员，基金支付	赣人社发〔2013〕87号，赣劳社养〔2008〕15号
		职、退（退职）	一次性抚恤费	职工上年岗平工资10个月，退（职）上年平均养老金10个月；	满1年发1个月上年人均养老金，不超10个月；职工差额单位支付	
		职、退供养亲属	生活困难补助	240/月，鳏寡加发10%	企业支付	赣劳社养〔2008〕22号
15	山东	职、退、退职	丧葬补助费	1000	参保人员基金支付	鲁人社办发〔2013〕92号，鲁劳社〔2003〕53号
		职工（含离退）	一次性救济费	全省上年月均工资10个月	缴费每满1年按1/15纳入统筹，满15年基金支付	
		供养直系亲属	生活困难补助	三类地区分别为460、410、360，孤寡增加10%	已纳入统筹基金支付；未纳入，原渠道支付	鲁人社办发〔2012〕74号
16	河南	职、退（退职）	丧葬补助费	上年人均养老金3个月	参保基金支付。个人身份参保的退休前死亡，抚恤金没满1年发1个月，不超20个月	豫人社养老〔2013〕44号，豫劳社养老〔2007〕36号
		同上	一次性抚恤金	职工当月企业人均缴费工资（上年人均养老金），20个月		
		职退供养直系亲属	丧葬补助费	基数同上，1个月	原渠道支付。自《社会保险法》实施之日取消，已享受的继续	
		职退供养直系亲属	遗属生活补助费	省辖市300/月；县市乡镇220/月；农业150/月；孤身加20		

续表

序号	地区	适用对象	待遇项目	标准（具体金额单位：元）	支付渠道	依据
17	湖北	参保人（退职）	丧葬补助金	市州上年社平工资3个月	基金支付	鄂人社发〔2013〕46号
		同上	抚恤金	基数同，缴费满15年10个月；不足15年，基数×10÷180×缴费月数		
		退休人员遗属	生活困难补助费	已享受的从2012年7月起停发		鄂人社发〔2012〕53号
18	湖南	参保人员	丧葬补助金	上年全省平均养老金4个月	参保者基金支付	湘人社发〔2013〕40号
			抚恤金	基数同，缴费每满一年1个月，最多不超过20个月		
19	广东	职退；供养直系亲属	丧葬补助费	上年社平工资3个月	已参保离退，社保机构规定发放待遇；职工除规定地方外，由企业支付	粤劳薪〔1997〕115号
			一次性救济金	基数同，6个月。各地有不同规定，如深圳为6、9、12个月		
			一次性抚恤金	职工6个月；离退休3个月		
		职工供养直系亲属	丧葬补助费	1.5月		
20	广西	职、退（职）	丧葬补助费	上年度企业职工平均工资4个月	参保人员基金支付	桂人社发〔2015〕3号，桂劳社发〔2009〕90号，桂政劳险字〔1995〕23号
		直系亲属	一次性生活困难补助费	生前工资8个月		
		供养直系亲属	救济费	每人每月按低保标准150%，	2014年12月31日前已发的继续但不调整	

序号	地区	适用对象	待遇项目	标准（具体金额单位：元）	支付渠道	依据
21	海南	参保人员	丧葬补助金	省上年岗平工资 4 个月	基金支付，《海南省城镇从业人员基本养老保险条例》	
		供养直系亲属	一次性抚恤金	退休的，20 个月的基本养老金；尚未退，缴费工资×20×累计缴费月/180	基金支付《海南省城镇从业人员基本养老保险条例实施细则》	
22	重庆	参保职工（新规定无退休人员，旧规定有）	丧葬补助金	2000	基金支付。退休人员如何解决不明	渝人社发〔2014〕110 号
			抚恤金	实际缴费年限的本人指数化月平均工资，满 1 年 1 个月，最多 15 个月		
		供养直系亲属	生活困难补助金	酌情；最低工资标准50%（城镇），40%（农村），孤寡增10%	属于养老保险支付范围的基金支付	渝府发〔2000〕42 号
23	四川	退休人员	丧葬补助费	上年全省岗平工资 4 个月	基金支付，川劳社发〔2006〕17 号	
		未退休参保人		上年全省城镇非私营单位职工平均工资 3 个月	基金支付，川人社发〔2013〕54 号	
		退休人员	一次性抚恤金	本人养老金 8 个月	基金支付，川劳社发〔2006〕17 号	
		退职人员		退职生活费数额的 7 个月	基金支付，川劳社办〔2005〕82 号	
		未退休参保人		上年省城镇居民月人均可支配收入，满 15 年 7 个月；基数×7×本人缴费年限÷15	基金支付，川人社发〔2013〕54 号	

续表

序号	地区	适用对象	待遇项目	标准（具体金额单位：元）	支付渠道	依据
24	贵州	职、退（职）	丧葬补助费	2400	参保的基金支付，黔人社厅发〔2013〕32号，黔劳社厅发〔2008〕13号	
			一次性补助费	14000		
25	云南	离退休人员	丧葬补助费	上年月平均基本养老金3个月	基金支付，云劳社发〔2005〕23号。据云劳社函〔2007〕8号，在职人员由企业和个人协商确定。	
			一次性抚恤费	上年月平均基本养老金11个月		
26	陕西	职、退	丧葬费	厅级及以上4000，其他3500	陕劳社发〔2008〕82号等，基金支付	
		参保人员（退职）	一次性抚恤金	陕人社发〔2013〕65号，陕人社函〔2014〕142号，基金支付基本养老金20个月；缴费工资，满10年20个月；满9年不满10年90%；满8年不满9年80%；满7年不满8年70%；满6年不满7年60%；满5年不满6年50%；满4年不满5年40%；不满4年30%。		
		职退遗属	生活困难补助费	农业300/月，非农350元/月	原渠道	陕人社发〔2011〕31号
27	甘肃	职、退	丧葬补助费	7352	甘劳社发〔2007〕46号：参保退休人员，基金支付；其他企业支付。支付标准为2014文件	
		职、退	一次性抚恤费	3676		
		职、退供养直系亲属	生活困难补助费	城镇居住配偶、父母290/月，农村270/月；城镇居住子女、弟妹250/月，农村230	原渠道支付	甘劳社发〔2007〕223号

续表

序号	地区	适用对象	待遇项目	标准（具体金额单位：元）	支付渠道	依据
28	青海	职工		一次性救济费，1000，企业支付，青劳人险字〔93〕286 号		
		职、退（职）		定期生活困难补助：居住县城父母、配偶 35/月，子女 25/月；农村父母、配偶 30/月，子女 20/月。孤寡可增 5。企业支付，青劳人险字〔93〕286 号		
		退休（退职）	丧葬费	上年全省岗平工资 2 个月	基金支付，青劳社厅发〔2000〕62 号	
			抚恤金	上年全省平均养老金 10 个月	基金支付，青人社厅发〔2014〕101 号	
29	宁夏	职、退	丧葬费	上年平均养老金 2 个月	基金支付	宁人社发〔2014〕58 号
			一次性抚恤金	上年平均养老金 20 个月		
30	新疆	职工	丧葬补助费	上年职工月平均工资 2 个月	企业支付	新人发〔2004〕39 号
		退（职）供养亲属	一次性抚恤金	本人养老金 20 个月	基金支付	新政办发〔2010〕169 号
		在职参保供养亲属	一次性抚恤金	本人平均缴费工资，缴费满 1 年支付 1 个月，最多 20 个月		

注 1. 适用对象中，"职"指职工，"退"指退休人员，"（职）"指退职人员。标准中，待遇计发基数因为年代的差别有社会平均工资、在岗职工平均工资及企业职工平均工资等，限于篇幅，尽可能使用简称。

注 2. 因为各省份各种保障对象的保障项目不尽一致，因此在表述上尽可能统一。

注 3. 适用对象中，实际上所有非因工死亡待遇都是由职工、退休人员等的亲属享受和领取的，其中有些待遇是有限定对象的，有些则没有，由于政策表述的复杂性，受限于篇幅本表中未作明确区分。

注 4. 在待遇支付渠道中，很多规范性文件规定"原渠道支付"。该规定通常意味着由企业自行承担（涉及机关事业单位的，则可能由财政承担）。因为养老保险社会统筹的实行时间较晚，在此之前，企业对职工的所有待遇只能由企业承担。

对国内非因工死亡待遇规范，可概述如下：

（一）保障对象

1. 绝大多数均包括职工及退休人员。但有个别地方的政策未明确规定，从而导致适用上的不公平或含糊。例如，河北省关于丧葬补助费、供养亲属一次性救济费、遗属生活困难补助费的文件均仅适用于职工，但河北省人社厅、财政厅《关于职工基本养老保险政策有关问题的通知》（冀人社发〔2015〕6号）规定"退休人员死亡的，到社会保险经办机构办理死亡待遇申领业务"，实际涵盖了退休人员。上海市丧葬补助金、一次性救济金未明确包括职工，而生活困难补助费则为明确包括退休人员。黑龙江省一次性抚恤金仅限于企业退休人员。青海省则未规定职工去世后的丧葬费待遇。

2. 退职人员。根据全国各省份非因工死亡待遇汇总表，在 30 个省份中，有 14 个省份规定退职人员享有非因工死亡待遇。

3. 离休人员与新中国成立前老工人。在统计的 30 个省份中，只有天津、上海等少数地方对离休人员和新中国成立前老工人与退休人员实行统一的非因工死亡待遇，绝大多数地方离休人员与新中国成立前老工人的非因工死亡待遇较高。

4. 灵活就业参保人员的非因工死亡待遇。少数省份对个人以灵活就业人员身份参保缴费人员的非因工死亡待遇作了规定。江西省人社厅、财政厅、总工会《关于将尚未办理领取基本养老金手续的参保人员因病或非因工死亡后的丧葬补助金和抚恤金列入统筹基金支付的通知》（赣人社发〔2013〕87 号）规定，无雇工的个体工商户、未在用人单位参加基本养老保险的非全日制从业人员以及其他灵活就业人员，以个人身份参保后办理领取基本养老金手续前因病或非因工死亡，未退还以个人身份参保缴纳养老保险费的，可按规定享受丧葬补助金和抚恤金；已退还以个人身份参保缴纳养老保险费的，不享受丧葬补助金和抚恤金。河南省人社厅、财政厅《关于调整企业职工基本养老保险参保人员因病或非因工死亡丧葬抚恤待遇等问题的通知》（豫人社养老〔2013〕44 号）规定，自 2011 年 7 月 1 日起，灵活就业等以个人身份参保的人员退休前因病或非因工死亡，由基本养老保险统筹基金支付丧葬补助金和抚恤金。重庆市人民政府《关于调整企业职工死亡一次性救济金标准的通知》（渝府发〔2008〕97 号）规定，以个人身份参加城镇企业职工基本养老保险并按月领取基本养老金的人员，在该通知施行后死亡的，比照该通知规定享受丧葬费及一次性救济金。

（二）保障项目

在统计的 30 个省份中，有 18 个省份规定了 3 个非因工死亡待遇项目：丧葬费、救济费和抚恤金。其中规定了定期待遇的有河北、山西、内蒙古、辽宁、上海、江苏、浙江、福建、江西、山东、河南、湖北、广西、重庆、陕西、甘肃、青海 17 个省份。

　　在统计的 30 个省份中，天津、辽宁、河南、广东还规定职工（有的包括退休人员）的供养直系亲属的丧葬费这一保障项目。

　　对于一次性待遇，也不规范，绝大多数仅有一项一次性待遇，但个别地方设置了两项一次性待遇，如广东既有一次性救济金，也有一次性抚恤金。

　　（三）保障标准

　　1. 职工和/或退休（退职）人员的丧葬费。丧葬费标准主要有两种计发方法：（1）定额支付。从 1000 元至 7000 多元不等。（2）按一定基数计发一定倍数。①以"上年度职工月平均工资"（目前多数已被"上年度在岗职工月平均工资"取代）为基数，计发月数为 2、3、4 个月不等。这是目前使用最多的丧葬费计发方法。②以"本企业上年度月平均工资"为基数，计发 2 个月或 4 个月。③以最低工资标准为基数，计发 6 个月。④以平均月养老金为基数，计发 2、3、4 个月不等。其中又区分为以本人养老金还是人均养老金为基数。在这些基数中，多数还存在以省级平均数为基数还是以设区市平均数为基数的差别。⑤四川对未退休的参保人员以"上年全省城镇非私营单位职工平均工资"为基数，与退休人员计发基数不同，计发倍数也不同。

　　陕西还按照行政级别确定不同的丧葬费标准。甘肃在职职工没有丧葬费待遇。

　　2. 一次性待遇。（1）定额支付。少则 3000 元，多则万余元，其中江苏按地区分了三档分别为 14000 元、15000 元和 16000 元。（2）以一定基数计发。根据计发标准有无变化又分为两种：①按照基数的固定倍数发放，如基数的 10 倍（10 个月）发放。②根据供养亲属人数的不同，按照基数不同倍数发放，如一个供养亲属为 6 倍（6 个月）；两个供养亲属为 9 倍（9 个月）；三个及以上的供养亲属为 12 倍（12 个月）。根据基数的不同，可以分为①以最低工资为基数；②以上年度职工月平均工资为基数；③以平均养老金为基数；④以缴费工资为基数；⑤以退职生活费为基数；⑥重庆以"实际缴费年限的本人指数化月平均工资"为基数；⑦四川对未退休参保人员以"上年省城镇居民月人均可支配收入"为基数。有的地方根据职工与退休、退职人员的不同分别使用不同的计发基数。（3）待遇数额与缴费年限挂钩。浙江、湖北、湖南、海南、重庆、陕西规定缴费年限越长，一次性待遇越多，同时设定上限和下限限制。四川规定未退休参保人员的一次性待遇与缴费年限挂钩，而退休人员和退职人员的计发倍数则是固定的。

　　3. 定期待遇。从大的方面可以分两种：按一定金额计发和按一定标准的一定比例计发。

　　（1）按直接设定的金额计发。①按单一固定金额计发。如上海为 570 元/

月·人，江西为240元/月·人。②对不同地区设定不同的金额。如山西、山东。③根据农业户籍与非农业户籍的不同设定不同金额，如浙江、陕西。④根据不同地区、不同户籍设定不同的金额，如江苏、河南。⑤根据户籍和亲属关系的不同确定不同的金额，如内蒙古、甘肃、青海。

（2）根据一定的基数计发。①参照民政社会救济标准，如河北。②按照当地城镇职工生活困难补助标准，如辽宁。③以低保标准为基数。安徽直接以低保标准为基数，广西则以低保标准的150%为基数。④以最低工资的一定比例计发，区分农业户籍和非农业户籍，如福建和重庆。

设定了定期待遇的地方，多数规定供养亲属为鳏寡孤独者加发一定比例或金额；对供养亲属较多者，有上限限制。另外，湖北规定已享受供养亲属定期待遇的从2012年7月起停发；而另外不再设定定期待遇的地方则规定已经享受该项定期待遇的继续享受，新发生非因工死亡的，不再享受定期待遇。

（四）保障资金来源

1. 丧葬费的保障资金来源：（1）退休人员即由统筹基金支付养老金的人员，基金支付；参保职工，用人单位支付。如北京、天津。（2）退休人员和职工均由基金支付，如河北。

2. 一次性待遇：（1）退休人员和参保职工，用人单位支付，如北京。（2）退休人员，基金支付；参保职工，用人单位支付。（3）退休人员和参保职工，基金支付，如天津、河北。

3. 定期待遇：（1）退休人员和参保职工，用人单位支付。（2）退休人员，基金支付；参保职工，用人单位支付。（3）退休人员和参保职工，均由基金支付。

未参保时，上述待遇均由用人单位支付。

二、评析与规则建构

（一）遗属津贴名称之确定

我国传统使用非因工死亡待遇这一术语，是不准确的。第一，"非因工死亡"是相对于"工亡"而言的，缺乏明确的内涵，通常是先界定工亡即因为工作伤害等导致死亡并被认定为工伤，或依据《工伤保险条例》享受一次性工亡补助金的人员，除此之外的死亡都可以化入"非因工死亡"。但是，事实情况是，并非所有工亡之外的死亡都可以纳入"非因工死亡"范畴并因此享受非因工死亡待遇。例如，行为人在实施犯罪过程导致自身死亡的，即不应纳入此范畴。但是从概念上来，很难将此排除出"非因工"这一范畴。第二，非因工死亡待遇名不副实。从直接含义来看，非因工死亡待遇是指职工或退休人员非因工作伤害的死亡待遇，各地的规范性文件也多将职工或退休人员作为基本的保障对象，但实际上该项待遇并非保障职工或退休人员的生活，而是保障与他们存在密切关联的亲属，因此遗属津贴比非因工死亡待遇更为明确而具体。第三，从保障对象来看，非因工死亡待遇在概念上并未限制遗属范围，但实际上限制范围较窄，概念的使用不周延。遗属在法律上即隐含有范围的限制，可以在具体规则中进一步予以明确。第四，从国外规定来看，"遗属"更为通用。

但《社会保险法》只将该待遇的享受主体限定为遗属，并规定遗属所享受的待遇包括丧葬补助金和抚恤金，但未设定"丧葬补助金"和"抚恤金"的属概念。一般而言，可以将这两项待遇称之为"遗属待遇"。但是"待遇"是泛指，并非特定的法律概念，至少从理论上来说，并不妥当。笔者认为，可以将其称之为"遗属津贴"。津贴是指工资以外的补助费。[①]"遗属津贴"既可以较好地概括遗属待遇的内容，又可以与"病残津贴"对应，符合通用名词。此外，称为"遗属抚恤"是不恰当的。由于种概念中已有"抚恤金"，属概念中再使用"抚恤"一语显然不妥当。

（二）保障对象

从国内规定来看，涉及职工、退休人员、退职人员、离休人员，有的使用了参保人员，比较杂乱，而且对于各保障对象在与待遇关联时各自的角色和定位很不清晰。

1. 职工作为传统概念在现代社会保险体系下并不适合。这一概念是相对于离退休人员、退职人员而使用的，并不能真正涵盖当下受《社会保险法》保护的对象，因为很多人并不具有职工身份。相对而言，一些地方使用参保人员或参保个人就更为准确。

参保人员虽然在我国社会保险实务中使用广泛，但其并非严格的法律概念。而且参保人的含义广泛，企事业单位均可以作为参保人；此外，参保人员无法显示目前的状态，曾经参保、现在断保的人员现在仍属于参保人员，但不一定能得到法律保护。

因此，笔者建议使用"被保险人"这一概念。

2, 被保险人范围。实践中对正在参加基本养老保险的个人以及已经领取养老金的退休人员，绝大多数规定有权享受遗属津贴，但仍有规定退休人员不能享受遗属待遇，而对于退职人员则有一半规定不能享受遗属待遇。

---

① 中国社会科学院语言研究所词典编辑室：《现代汉语词典》，商务印书馆 2005 年版，第 708 页。

（1）参加城乡居民养老保险的人员，其遗属能否享受遗属待遇？从目前城乡居民养老保险制度架构来看，其与基本养老保险制度，即通常所称的职工养老保险制度不同，筹资标准和养老金标准均相去甚远，因此对城乡居民养老保险参保人员的遗属待遇，不宜与基本养老保险采行同样的结构与标准。笔者主张，可确定丧葬补助金和一次性抚恤待遇。

（2）无论是参保人员还是退休人员，其遗属待遇均应获得保障。首先，这符合《社会保险法》的规定。《社会保险法》第17条规定："参加基本养老保险的个人，因病或者非因工死亡的，其遗属可以领取丧葬补助金和抚恤金。"其次，不论是参保人员还是退休人员，既然都参加了基本养老保险，履行了缴费权利，就都有权利享受相应的待遇。最后，个人参保了，这些待遇自然应当由基金支付；由于义务主体违反法律规定未参保导致个人不能享受这些待遇的，根据过错责任原则，应当由义务主体承担这些责任。因此未参保并不意味着个人不能享受这些待遇，更不意味着法律不应规定此类待遇。但要注意的是，在没有其他责任主体的情形下，未参保个人去世后就不存在此类义务的承担问题。

（3）中断缴费的人员能否享受遗属津贴？鉴于目前中断缴费的人员规模呈现出日益增长的趋势，如果允许中断缴费人员的遗属也可以享受遗属津贴，会导致参保的逆向选择，对基金安全产生不良影响。同时，在中断缴费时仍可以享受遗属津贴，其履行的缴费义务较短甚至非常短，相对于持续缴费人员，如果两者享受的遗属津贴相同，则违背权利义务相对应原则，也是不公平的。而且，中断缴费人员仍然属于参保人员，符合《社会保险法》第17条规定的文义；中断缴费是自然存在的客观现象，无法完全消除，中断缴费人员去世后其遗属境况同样甚至更为糟糕，社会保障需要对此社会风险予以保障。基于此，笔者主张对中断缴费人员仍然可以给予遗属津贴，但应考虑缴费年限因素，对其待遇标准予以适当限制。

（4）享受遗属津贴是否有缴费年限限制？无论是国家层面还是地方层面对此均无限制。但是，从全国各省份非因工死亡待遇汇总表来看，陕西、新疆根据缴费年限的不同，对遗属待遇设置不同的等级，在公平与效率之间予以适当平衡，是比较有参考价值的立法方案。笔者主张，基于底线保障思维和社会保险对社会风险的防范，原则上不宜对遗属津贴的最低缴费年限予以限制，可以确定最低的缴费年限并设定相应的最低遗属津贴标准，在此基础上根据缴费年限的延长提高津贴标准。最高津贴标准所对应的缴费年限应与退休所要求的缴费年限相同。

但是，城乡居民养老保险按年缴费，其最低缴费额太低，仅为100元/年·人，如果一个被保险人仅缴纳 100 元，则可享受多达 1 万余元的丧葬费和数万元的其他遗属待遇；基本养老保险原则上按月缴费，如果仅缴纳 1 个月的基本养老保险费而享受如此之多的遗属待遇，有违一般公平观念，不符合权利义务对应的基本原则。因此笔者主张，基本养老保险缴费至少满 1 年后才能享受遗属待遇；城乡居民养老保险则宜规定缴费满 15 年之后才能享受遗属待遇。

（5）根据现行仍然有效的国务院《关于工人退休、退职的暂行办法》（国发〔1978〕104 号），仍有相当部分退职人员，享受定期的生活费。享受定期生活费的退职人员也同样履行了相应的基本养老保险义务，只是因为履行的义务较少，所以享受的待遇——生活费也低于养老金。基于权利与义务对应的原则，退职人员也应当获得遗属津贴。申言之，如果退职人员完全不享受遗属待遇，相对于其义务履行来说是不公平的。《社会保险法》规定的是"参加基本养老保险的个人"，从文义来看，退职人员应涵盖在内。从本质上来看，退职人员享受定期生活费，只是在权益的数量上与退休人员有差别，而在本质上是相似的；退职人员存在"视同缴费年限"，其性质等同于一般参保人员的"缴费年限"，在一般参保人员纳入遗属津贴保障范围时，也应当将退职人员纳入保障范围。同时，由于其履行的义务较退休人员较少，因此其遗属待遇如与退休人员完全相同，也不公平。因此笔者主张，宜根据其履行义务的多少确定对应的权利。

（6）《社会保险法》设定了病残津贴制度。那么享受病残津贴的人员去世，其遗属能否享受遗属津贴？病残津贴实际是由退职待遇演变而来，在确定退职人员应纳入被保险人范畴时，从历史发展角度来说，也应当将病残津贴领取人确定为被保险人，其遗属得享受相应的遗属待遇。从权利与义务对应原则来说，享受病残津贴的人员缴纳了养老保险费，在其缴费时间与其他被保险人大致相同甚至更长的前提下，也应当享受遗属津贴。

（7）离休人员问题。离休人员是我国一个受到特别优待的群体，绝大多数地方给予其超过一般退休人员的待遇，在遗属待遇上也是如此。笔者认为，给予离休人员优待有合理性，应当通过立法予以明确，在形式上，应当首先通过遗属津贴制度给予其遗属一般保障，再通过特殊基金或专项财政预算给予其优待待遇。

3. 应明确遗属津贴的受益人为被保险人的遗属。虽然遗属津贴的存在是以被保险人的存在为前提的，但其实际的受领对象即受益人只能是被保险人的遗属。从遗属津贴的用途来看，其设置目的也是弥补因被保险人去世导致的家庭收入损失及家庭经济困难，因此实际的保障对象应是被保险人的遗属。由于遗属的范围过于广泛，无论是养老还是其他社会保险不可能对被保险人的所有遗属均予以保障。因此需要通过立法对遗属津贴的实际领取对象进行限缩。

遗属范围的限制，与遗属津贴的待遇项目是密切关联的，不同的待遇项目所给予的遗属范围是不同的。

（1）丧葬补助金。严格来说，丧葬补助金并非对遗属的生活保障，不属于遗属津贴范围；但基于传统习惯以及制度的可操作性，将该待遇项目明定纳入遗属津贴范围也未尝不可。

由于该待遇项目是专门用于对被保险人丧葬事宜的处理，因此可享受该项待遇的遗属范围宜广不宜窄，原则上得以亲等确定领取顺序，如配偶、父母或子女，祖父母、外祖父母、孙子女、外孙子女，兄弟姐妹等。

无上述遗属的，其他个人或组织实际操办了被保险人丧葬事宜的，也可以领取该项待遇。

被保险人不存在丧葬的，如因失踪被宣告死亡的，不应支付该项待遇。

（2）定期或一次性津贴。其人员范围可参照工伤保险供养亲属抚恤金享受人员范围确定。被保险人的实际被供养人应纳入遗属津贴的享受人员范围，但对于实际被供养人的确定，在证据上应从严掌握。

领取城乡居民养老保险待遇的人员可否享受遗属待遇？天津市《丧葬费、丧葬补助费、救济费支付业务经办审核规范》（津社保养〔2009〕10 号）规定不能享受。笔者对此持不同意见。遗属享受城乡居民养老金但待遇标准低于最低生活保障标准，则其无法自行提供主要生活来源，而需要依托于被保险人，因此应将此类人员纳入遗属津贴享受人员范畴。

如果被保险人之遗属已经享受一定的社会保障待遇，但尚不及最低生活保障标准的，在享受遗属津贴的时候，是单独享受遗属津贴还是实行补差？上海市劳动保障局、财政局、人事局、民政局、医保局《关于将本市非因工死亡职工的遗属生活困难补助费纳入养老保险统筹基金支付问题处理意见的通知》（沪劳保福发〔2006〕24 号）规定，符合本通知规定条件的职工遗属有收入的，其收入低于职工遗属生活困难补助标准的，可由养老保险统筹基金予以补足。笔者认为这一规则是可取的，可予承继。

原国家劳动总局《关于职工子女年满 16 岁后，在中学学习期间，列为供养直系亲属问题的复函》（〔76〕劳薪字 95 号）规定，凡符合《劳动保险条例实施细则》所列的由职工供养的子女、弟妹等，在年满 16 岁以后继续在中学学习的，可列为职工的供养直系亲属，享受有关劳动保险待遇。该规则具有现实和理性，宜予以承继。

（三）保障项目

1. 被保险人的丧葬补助金，应予保留。针对被保险人的丧葬补助金，为

《劳动保险条例》及地方政策共同规定，已实行超过 60 年，成为社会共识，对此项待遇应予保留。

2. 被保险人供养亲属的丧葬费，应予取消。部分地区规定被保险人的供养直系亲属去世时，可以支付丧葬费。被保险人的供养亲属并非基本养老保险关系的被保险人，非基本养老保险关系的直接保障对象，该供养亲属的丧葬费亦非被保险人家庭生活之直接生活费用，因此不应将此项待遇纳入遗属津贴范畴，应予取消。

3. 定期津贴，应予保留。全国有约一半地区规定了定期遗属津贴，考虑社会保险主要是应对被保险人及其家庭的基本生活风险，这种风险是长期的，因此设立定期给付的津贴更有利于保障被保险人去世后其家庭生活的稳定与持续，更符合社会保险的保障目的，因此该项目应在基本养老保险中保留。

4. 一次性津贴，基本养老保险应予取消，仅在城乡居民养老保险中设立。一次性津贴肇始于《劳动保险条例》规定，为各地所承继。在《社会保险法》颁行之后，多地顺应遗属津贴应由基金支付之规定，对传统的非因工死亡待遇作了较大程度的变更，主要体现在两个方面，一是取消定期支付待遇，多实行一次性给付；二是规定由基金支付。笔者认为，《社会保险法》并未将遗属津贴仅限制为一次性给付，需要具体规则对此予以明确。而基于社会保险之立法目的，定期给付相对于一次性给付是更为恰当的保障方式。（1）社会保险给付不是民事损害赔偿，后者从理论和实践惯例均以一次性给付为优先方式，而社会保险给付则以定期给付为主，只有在不能、无法或不适宜定期给付时才采用一次性给付方式。（2）社会保险重在提供长期的、稳定的、可靠的生活保障预期，而不是提供一次性的现金补偿。一次性给付方式不利于实现社会保险制度的立法目的。（3）一次性给付易诱导被保险人消费，当给付消耗殆尽时原保险人生活出现困境时难以化解，不利于维护社会稳定。定期给付相对于一次性给付的不利之处在于，定期给付的净财产价值较高，会推高社会保险基金的支付水平，对社会保险基金的未来平衡产生不利影响；也会进一步消解权利与义务对应原则，诱导被保险人选择性参保和逆向参保。笔者认为，如果待遇的给付是应当的，则不应以基金平衡来限制被保险人的社会保险权利，可以通过财政转移支付等方式化解。而对于选择性参保和逆向参保问题，首先，应当确定这是被保险人的权利，被保险人有选择的权利；其次，应当通过一定激励性措施鼓励被保险人多缴费、长缴费从而实现权利与义务的对应。

城乡居民养老保险因为缴费基数太低，如果设立定期给付津贴，会从根本上动摇公平观念的根基，完全瓦解权利与义务对应原则，因此是不可取的。

（四）保障标准

1. 丧葬补助金。考虑丧葬补助金标准，首先要确定的一个原则是，要不要统一？收入高、"地位"高是否丧葬费就要高？虽然卢梭说过"人生而平等，却无往不在枷锁中"，但"枷锁"也是后天的，每个人赤条条来到这个世界，其基本权利应当是平等的，"死亦应平等"。如果个人有能力，超过一般社会水准操办丧事，只要不违反法律和公序良俗，其他任何人和组织均不能干涉。但是在法律上，一般而言都不应该给予不平等的丧葬补助金标准。除非由法律作出特别规定，对于特定人员如国家领导人给予特别的丧葬待遇。同时考虑丧葬补助金用于操办被保险人丧葬事宜的特定用途，会因地区的物价、经济社会发展水平的差异而导致一般丧葬费用的不同，因此其具体额度不宜全国统一。由于基本养老保险已经或将要实现省级统筹，并最终要实现全国统筹，因此以省级行政区域确定丧葬补助金的具体标准是比较恰当的。但是，如果计发标准完全允许各省份自行其是，就会产生前述各种各样的计发标准，不仅在形式上未必合理，在实质上也会导致明显的不公平，因此国家应当统一全国的丧葬补助金计发标准，并允许地方在该统一标准之下确定地方的具体计发方案。

在计发标准的选择上，定额标准虽然可能更容易贴近实际的丧葬费支出数额，但存在明显的不利之处：很难确定一个统一的全国适用的具体数额；需要经常甚至每年进行调查、研究、测算并调整，浪费行政资源、增加行政管理成本。而在以本人养老金、缴费工资、企业工资均更多强调了激励性，使得丧葬补助金普遍出现个体差异，这也是不妥当的。相对而言，最低工资标准、当地在岗职工平均工资、当地平均缴费基数、当地平均养老金均优先考虑了平等性，更为可取。《工伤保险条例》第39条规定，职工因工死亡，其近亲属享受的丧葬补助金为6个月的统筹地区上年度职工月平均工资。以此为参照，上年度职工月平均工资可以作为丧葬补助金的统一计发基数。

地方在确定具体的计发方案时，应当进行一定的社会调查，可以委托科研机构进行。根据当地实际发生的一般丧葬费用水平，按照上年度职工月平均工资的一定比例确定本地的实际丧葬补助金水平。

2. 定期津贴。定期津贴由于要保证被保险人遗属的长期生活，使其不至于陷入生活的困境，因此考虑地区生活水平是非常必要的，否则很容易发生过度保障或保障不足的问题。问题在于，在省级统筹和全国统筹的背景下，定期津贴的具体化，是以省份为单位还是更进一步细化？另一个更为重要的问题是，是以社会平均值支付和还是实行完全个别化的支付模式，如果采取完全个别化的支付模式，前一问题就当然不存在了。

笔者主张，定期津贴应采取完全个别化的支付模式。主要理由是：

（1）定期津贴是对工资、养老金的替代，由于每个被保险人的工资或养老金均不同，因此作为其替代的定期津贴也应当与个人的工资、养老金挂钩；（2）《工伤保险条例》第 39 条规定的供养亲属抚恤金即按照本人工资的一定比例计发，而工伤保险的供养亲属抚恤金和遗属津贴在属性上很相似，因此遗属津贴也适宜采用被保险人收入——缴费工资或养老金作为计发基数；（3）定期津贴用于保障被保险人供养亲属的长期生活，与被保险人生前收入挂钩，符合家庭收入损失补偿的现实；（4）作为遗属津贴的主体，定期津贴实行个别化支付模式，才能体现和贯彻权利义务对应原则。

遗属定期津贴的支付比例亦应参照工伤保险之供养亲属抚恤金。考虑我国工伤保险与养老保险的制度目的和保障水平以及传统处置原则，遗属定期津贴的支付比例应低于供养亲属抚恤金。如供养亲属抚恤金配偶每月 40%，其他亲属每人每月 30%，孤寡老人或者孤儿每人每月在上述标准的基础上增加10%，遗属定期津贴可确定为配偶 30%，其他亲属 20%，鳏寡孤独者增加5%。核定的各供养亲属的遗属津贴之和不应高于被保险人生前的工资或养老金。

遗属津贴应当完全与户籍脱钩。根据农业户籍或非农业户籍而给予不同的津贴额违背权利与义务对应原则，也不符合平等之基本原则，无论户籍性质如何，是否为本地户籍，只要履行了相应的缴费义务，就应当支付足额的遗属津贴。

如果不管参保时间长短，参保一个月与参保 30 年的结果一样，是非常不公平的。为了进一步体现和贯彻权利与义务对应原则，鼓励早参保、多参保、长参保，遗属缴费津贴还应当与缴费年限挂钩。以本人工资或养老金为计发基数，体现了缴费基数越高，则津贴数额越高的激励机制，而缴费时间越长津贴数额越高也同样体现了激励机制。享受全额津贴的缴费年限与退休人员的要求相同，在目前背景下为 15 年，未来退休所要求的缴费年限延长了，享受全额津贴的缴费年限亦相应延长；不足 15 年的，按照每少 1 年降低一个百分点的比例，最低不低于 5%，同时亦不得低于当地最低生活保障标准。

3. 城乡居民养老保险之一次性津贴。如前述，定额支付是不可取的。可根据被保险人历年平均缴费基数（包括财政和集体补贴），根据其缴费年限再乘以一定系数。前两项数据是客观事实，主要问题是系数如何确定。笔者认为，主要应根据被保险人不同缴费基数与基本养老保险中缴费基数的对比值确定，在此基数上适当提高系数，在遵循权利与义务对应原则的基础上适当提高城乡居民养老保险被保险人的福利水平。

（五）保障资金来源

参加了基本养老保险的，由基金按照确定的待遇支付；缴费义务人违反法律规定未为被保险人缴纳基本养老保险费导致被保险人无法享受遗属津贴的，缴费义务人应当承担相应的遗属津贴损失。遗属津贴损失包括两种情形，一种情形是缴费义务人完全未履行缴费义务导致权利人完全无法享受遗属津贴；另一种情形是缴费义务人少缴了社会保险费，导致权利人不能享受全额遗属津贴等遗属津贴的具体数额损失。对这两种情形，缴费义务人均应承担损失赔偿责任。

在雇主已经依法承担了缴费责任的前提下，不应再设置由雇主承担保障责任的遗属待遇，即所有遗属津贴项目，要么不予设置，一旦设置均应纳入基金支付范围。

（六）排除遗属津贴事由

传统非因工死亡待遇的一个重大缺陷是，没有界定非因工死亡的概念，亦未限制非因工死亡待遇的支付事实，因而在被保险人因犯罪等原因导致死亡时应否支付该待遇发生较大争议。

根据"举重以明轻"的原则，基于工亡权利比一般死亡权利更应当受到社会保障制度保障的原理，在工伤保险中不予保障的权益，在遗属津贴制度中也不应保障。故参考《工伤保险条例》第16条规定，被保险人因故意犯罪或过失犯罪死亡或被执行死刑的，因醉酒或者吸毒死亡的，因自残或者自杀导致死亡的，均不享受遗属津贴。

被保险人因第三人伤害等导致死亡的，在第三人承担的责任范围内，不予支付遗属津贴。

因失踪被人民法院宣告死亡的被保险人，遗属可享受定期津贴或一次性津贴，不享受丧葬补助金；被保险人再次出现的，应将已经发放的遗属津贴应当退还。

（七）溯及力与适用

溯及力主要是指，遗属津贴新标准实施后，如何与旧规定衔接的问题。在实践中，主要采取两种方案：一种方案是，完全新规定执行，按照旧标准确定的待遇同时停发；另一种方案是，已经确定的待遇继续发放，不再调整，新发生的待遇按新标准确定并进行调整。笔者认为，第二种方案符合法的溯及力原理。新标准仍有的待遇项目继续实施，新设定的待遇项目按新标准实施；过去已经确定的待遇宜继续发放至个体享受条件终止。

（八）继承与转让

黑龙江省人社厅、财政厅《关于提高丧葬补助费和一次性抚恤金标准的通知》（黑人保发〔2010〕53 号）规定，丧葬补助费和一次性抚恤金，由法定继承人或指定受益人领取。

（九）支付形式与程序

由省直接管理的企业离退休人员丧葬补助费和一次性抚恤金发放形式是如何规定的？根据省社保局《关于丧葬补助费和一次性抚恤金发放办法的通知》（黑社险发〔2010〕31 号）规定，凡是 2010 年 7 月 1 日以后死亡的中省直企业离退休人员丧葬补助费和一次性抚恤，从 2011 年 1 月起统一由省局实行社会化发放，省局审核通过后将丧葬补助费和一次性抚恤金打入原离退休人员领取基本养老金存折中，不再拨付到企业。

对于死亡的离退休人员，由其家属将死亡人员的死亡证明、火化证明、户口注销证明等相关手续提供给其退休前所在单位，由单位经办人员携带死亡相关手续到省社保经办机构办理丧葬补助费和一次性抚恤金支付业务。退休人员死亡后个人账户有余额的，将一并随同丧葬补助费和一次性抚恤金打入退休人员领取基本养老金的存折中。

第十章 基本医疗保险待遇
请求权与规则

第一节 基本理论

一、定义及特征

基本医疗保险待遇请求权指被保险人请求基本医疗保险经办机构、用人单位及其他特定主体给付基本医疗保险待遇或提供基本医疗保险服务的权利。当义务主体拒绝履行义务时，被保险人及其受益人可通过行政程序、司法程序寻求救济。有人提出"基本医疗保险给付请求权"① 这一概念。笔者认为并不确切。基本（社会）医疗保险是一项制度或者保险项目，请求权行使的对象或者给付内容是具体的待遇，如支付医疗费用。鉴于基本医疗保险待遇类型存在多样性，故以"待遇"一词统称。

第一，基本医疗保险还是社会医疗保险？在研究文献中，通常使用"基本医疗保险"这一表述，以突出该保障项目的社会共济性。笔者认为，"基本医疗保险"更为准确，故本书采用"基本医疗保险"这一表述。（1）鉴于《社会保险法》所确定的社会保险"保基本"的方针，同样适用于医疗保险，因此作为社会保险组成部分的医疗保险应以"保基本"为其保障水平目标，"基本"更能突出其保障水平、保障目标等基本特征。（2）《社会保险法》采用了"基本医疗保险"和"职工基本医疗保险"、"城镇居民基本医疗保险"的表述，使用"基本医疗保险"更符合《社会保险法》用词。（3）职工基本医疗保险的供款主要来自于用人单位和个人，新农合、城乡居民医保的供款主要来自个人和政府，均为一般意义上的社会。"基本医疗保险"名不副实。（4）"基本医疗保险"与"基本养老保险"相呼应，符合立法的体系化要求。

---

① 董文勇：《社会法与卫生法新论》，中国方正出版社 2011 年版，第 103 页。

第二，基本医疗保险待遇请求权的权利主体是基本医疗保险的被保险人，包括职工基本医疗保险的被保险人以及城乡居民医疗保险的被保险人。根据我国法律、政策的规定及一般理论认识，享有基本医疗保险待遇和服务的人员仅为被保险人，不包括被保险人的受益人。即被保险人的受益人不能直接享受基本医疗保险待遇和服务，但他们可继承被保险人的权益。未来有可能在基本医疗保险中设置护理项目，该待遇及服务依然仅仅支付给被保险人。

基本医疗保险待遇请求权的义务主体，包括基本医疗保险的经办机构、用人单位、医疗及康复保健、医疗零售机构等。医疗经办机构是首要的、基本的义务主体。用人单位承担的基本医疗保险待遇保障义务包括：缴费义务，这实际是承担待遇保障义务的基础和前提；服务义务，主要为保障被保险人获得待遇给付而提供的服务，以及直接提供给被保险人的补充服务；在未依法缴纳基本医疗保险费致被保险人无法获得医保基金给付时应承担的待遇支付义务。医疗及康复保险、医药零售机构是医疗服务的主要供给主体。此外，其他组织，如村集体，也具有一定的给付义务。

医疗服务的提供机构对医保基金有服务费用给付请求权，其存在的基础是双方签订的协议，该给付请求权是合同上的给付请求权，该费用是医疗机构提供服务的对价，或是买卖药品的货款，非医保待遇，不属于医保待遇给付请求权。

第三，基本医疗保险待遇请求权的内容主要是医疗服务及药品供给。基于目前我国的制度设置，尚不包括现金给付。如未来设立护理项目，则存在现金给付义务。该待遇的具体内容是通过法律等规范性法律文件具体设定的，根据法定性原则，无论是行政主体还是行政相对人，或者行政契约的当事人，均不得擅自违背规范性法律文件设定权利义务。由于上位法规则缺乏，以及基本医疗保险在相当长时间内均需主要依托地方的规范性法律文件实施，因此需要对地方的规范性法律文件进行合法性与合理性的审查。亦即在分析并确定基本医疗保险待遇请求权的具体内容时，仍需衡诸社会保险法的原则与原理。

第四，基本医疗保险待遇给付涉及三方甚至四方当事人，相互间权利义务并不相同。基本医疗保险待遇的享受或获得，主要是通过第三方服务提供的，医疗等服务的供给方式主要是通过协议约定的，其争议处理需介入社保经办机构的协调。医疗机构既是服务的供给者，要承担对患者的法律义务、享有对患者的法律权利，同时也是医疗服务的实施者，承担对社保机构的法律义务并享有相应的法律权利。其中必然存在部分交集。就请求权主体而言，可能存在请求权的竞合，即对于医疗机构可能存在侵权责任法的请求权、合同法上的请求权与社会保险法的请求权。在权利标的同一时，权利人应择一行使而不能同时行使；在权利标的不同一时，权利人可以同时行使不同的请求权。例如，被保险人对医疗费用的自付比例存在不同意见，同时认为医疗机构存在伦理过错损害了自己的身体健康，既可以要求社保机构依法支付医疗费用，又可以要求医疗机构承担医疗伦理损害赔偿责任，不发生请求权竞合。如果被保险人既要求社保机构依法支付医疗费用，又要求医疗机构承担全部医疗费用，则发生请求权竞合。

不同的请求权，具有不同的行使条件与法律后果，选择何种请求权，应由权利人自行决定。

二、（职工）基本医疗保险与社会医疗保险

《社会保险法》在第三章"基本医疗保险"名下，分职工基本医疗保险、新型农村合作医疗制度、城镇居民基本医疗保险制度。未见立法者解释为何采用"基本医疗保险"涵盖职工基本医疗保险、新农合制度、城镇居民基本医疗保险制度，更进一步说，"基本医疗保险"是否涵盖新农合亦不明确。从立法语言来说，《社会保险法》措辞不够严谨。从体系化解释来说，《社会保险法》第二章采用的章名"基本养老保险"中之"基本"，与第三章章名"基本医疗保险"中之"基本"，应为同义；同时，第二章章名"基本养老保险"与第二章第10条之"基本养老保险"应为同义。由于第10条规定的"基本养老保险"即为实践中之"职工基本养老保险"。因此合理理解应为，立法者将"职工基本养老保险"改称为"基本养老保险"。但是，在第三章中第23条，法律文本仍旧采用了"职工基本医疗保险"一词。除了公务员及参公管理人员之外，第10条与第23条保障范围并无不同，为何将"职工基本养老保险"改称"基本养老保险"，而"职工基本医疗保险"则仍予保留，着实费解。

在"基本养老保险"与"基本医疗保险"前是否加上"职工"二字，意义迥然不同。有职工二字，意味着该项社会保险制度系为保障职工权益而设置，非职工无权或本无权参加；无职工二字，则意味着这是一项国民待遇，不管是否属于职工，只要是国内居民均得参加。从职工基本养老保险到基本养老保险，这一变化体现了社会保险法的平等原则，即社会保险法律主体享有平等、独立的人格，在具体的社会保险法律关系中应当同等地享受权利、履行义务。[①] 符合社会保险权之基本权理念，符合先进实践的发展方向。

《社会保险法》第3条规定："社会保险制度坚持广覆盖、保基本、多层

---

① 向春华：《社会保险法原理》，中国检察出版社2011年版，第212页。

次、可持续的方针，社会保险水平应当与经济社会发展水平相适应。""保基本就是我国社会保险待遇以保障公民基本生活和基本需要为原则。"[①] 然而究竟何等水平为"基本生活"、"基本需要"，无论立法、解释或其他规范性文件均未给出具体标准。同时，立法者也认为，社会保险待遇和我国的经济发展水平应当保持一种"水涨船高"的正相关关系，随着经济发展，尤其是人均收入的增长，应当不断提高基本社会保险待遇。[②] 如国务院 2010 年决定将职工基本医疗保险、新型农村合作医疗、城镇居民基本医疗保险最高支付限额分别提高到当地职工平均、农民人均纯收入、城镇居民可支配收入的 6 倍左右。

"基本养老保险"与"职工基本医疗保险"中的"基本"与该法第 3 条规定的"保基本"中的"基本"是否同义？笔者认为并不完全一致。基本有"根本的"和"主要的"两种含义[③]。前者表示程度，后者表示数量。"保基本"是就待遇水平而言，表示的是数量。而"基本养老保险"与"基本医疗保险"不仅仅意味着对基本生活和基本需要的保障，而且意味着这是公民根本的生活保障，是公民的根本权利。

就城乡居民养老保险来说，保障水平较低，与基本养老保险（职工基本养老保险）的保障水平存在较大差距，列入"基本养老保险"名不副实。因此，"基本养老保险"作为章名统率"基本养老保险"、城乡居民养老保险，并不恰当且存在逻辑矛盾。即作为章名的"基本养老保险"与作为其规范险种之一的"基本养老保险"，语词同一，含义本应同一，但在《社会保险法》中含义却明显不同。

国务院《关于批转社会保障"十二五"规划纲要的通知》（国发〔2012〕17 号）提出，继续提高各项社会保险待遇水平，职工基本医疗保险、城镇居民基本医疗保险和新农合在政策范围内住院费用支付比例达到 75% 左右。按照这一政策要求，就支付比例而言，职工基本医疗保险、城镇居民基本医疗保险和新农合称之为基本医疗保险自无不可。但进一步分析，仍然存在一定问题，三种医保实行相同的支付比例，并非完全没有疑义，更重要的是，三者支付限额仍存在较大差异，从这个意义上来说，城镇居民基本医疗保险和新农合

---

① 尹蔚民：《中华人民共和国社会保险法释义》，中国劳动社会保障出版社 2010 年版，第 30 页。

② 尹蔚民：《中华人民共和国社会保险法释义》，中国劳动社会保障出版社 2010 年版，第 30 页。

③ 中国社会科学院语言研究所词典编辑室：《现代汉语词典》，商务印书馆 2005 年版，第 631 页。

并不能发挥"根本保障"的功能；此外，城镇居民基本医疗保险和新农合的参保对象均存在限制，并不具有国民保险性质，无法承担起实现公民基本权的功能。如果职工基本医疗保险采纳与职工基本养老保险的立法进路，取消"职工"之限定，面对全体国民，则完全可以承担起实现公民基本权的功能。但如此一来，又会发生"基本养老保险"一章语词困境。

申言之，从立法精神来看，使用基本医疗保险更为恰当，但是目前社会保险制度的整体构架并不完全支持立法精神。这也从深层次上反映出社会保险的制度仍存在飘忽不定的思路。如果未来坚持保基本的理论思路，则应当以待遇的统一提高为核心构建制度体系，真正贯彻基本保险的保障路径，否则不宜采用基本保险的保障路径，因此可以将属概念确定为"社会养老保险"与"社会医疗保险"。在此之下，再进一步区分基本养老保险、城乡居民养老保险以及基本医疗保险、城乡居民医疗保险等。

三、被保险人之范围

《社会保险法》第 23 条规定，职工基本医疗保险的被保险人包括职工、无雇工的个体工商户、非全日制从业人员以及其他灵活就业人员。第 24 条未对新农合的被保险人作出规定，根据实践，应为不属于职工基本医疗保险强制参保对象的农村户籍人员。第 25 条亦未对城镇居民基本医疗保险的被保险人作出规定，根据实践，应为不属于职工基本医疗保险强制参保对象的城镇户籍人员，而且各地基本上限制为本地户籍。

在地方性法规、规章或规范性文件中，被保险人范围有所改变。如《广州市基本医疗保险条例》第 11 条规定，本市职工应当参加本市职工基本医疗保险，其他符合国家规定条件的人员可以选择参加职工基本医疗保险。但"其他符合国家规定条件的人员"是哪些人？"国家规定条件是什么条件"？并未对此作出明确规定。第 12 条规定，本市各类学校全日制在校学生，具有本市户籍的学龄前儿童、灵活就业人员、非从业人员、农村居民以及其他人员参加本市城乡居民基本医疗保险。《社会保险法》规定灵活就业人员可以参加职工基本医疗保险，与《广州市基本医疗保险条例》规定明显不同。

《东莞市社会基本医疗保险规定》规定强制参保对象包括：（1）本市行政区域内所有用人单位的在职人员；（2）本市户籍的城乡居民及灵活就业人员；（3）按月领取本市养老待遇及失业保险待遇的人员；（4）本市行政区域内各类全日制普通高等学校（包括民办高校）、科研院所、中等职业教育院校的非本市户籍全日制在校学生（以下简称"大中专学生"）；（5）其他按属地原则应当在本市参加基本医疗保险的人员。自愿参保对象为，非本市户籍参保职工在本市中（小）学校（含托幼机构）就读的子女（以下简称"中小学生"）可参照本规定参加基本医疗保险。《中山市基本医疗保险办法》规定，强制参保对象为职工；自愿参保对象为，本市户籍的城乡居民及各类全日制高等学校和中等职业学校的非本市户籍学生，可以参加基本医疗保险。两个规定各有得失。《东莞市社会基本医疗保险规定》将本市户籍的城乡居民（实际上包括灵活就业人员、在校学生）作为强制参保对象，不仅有违《社会保险法》规定，实际上亦不可能得到强制实施；① 但该规定将本地户籍中小学校、外地户籍的大中专学生、按月领取本市养老待遇及失业保险待遇的人员强制纳入基本医疗保险，则有积极意义，可以得到实施。

笔者认为，对于基本医疗保险的被保险人范围，可确定的具体规则为：

1. 所有用人单位及其职工（不包括非全日制用工）为职工基本医疗保险的强制参保对象。

2. 领取失业保险金的人员为职工基本医疗保险的强制参保对象，其医保费实际由失业保险基金承担。

3. 在中国境内合法就业的外国人为职工基本医疗保险的强制参保对象。主要依据为《在中国境内就业的外国人参加社会保险暂行办法》（人力资源社会保障部令第16号）。

4. 本市户籍学生（含托幼机构幼儿）、外地户籍大中专学生为居民医保强制参保对象。

在统一的基本医疗保险制度体系下，上述四类人员应列为强制参保对象。

5. 非本市户籍学生（含托幼机构幼儿，不包括大中专学生）应为居民医保自愿参保对象。

6. 本地户籍其他居民，为居民医保自愿参保对象。

7. 非本地户籍其他居民，符合一定条件时，为居民医保自愿参保对象。

8. 在内地（大陆）就读的港澳台大学生自愿参加居民基本医疗保险。依据为教育部、财政部、人力资源社会保障部、国务院港澳事务办公室、国务院台湾事务办公室《关于将在内地（大陆）就读的港澳台大学生纳入城镇居民基本医疗保险范围的通知》（教港澳台〔2013〕69号）。

在统一的基本医疗保险制度体系下，上述四类人员应列为自愿参保对象。

在此方案中，学生实际是以强制参保为原则的，主要因为其具备强制实施的可能性。国务院办公厅《关于将大学生纳入城镇居民基本医疗保险试点范

---

① 对普通国民强制实施缴费型社会保险的不足与缺陷分析。参见向春华：《社会保险法原理》，中国检察出版社2011年版，第19～20页。

围的指导意见》（国办发〔2008〕119号）规定，将各类全日制普通高等学校（包括民办高校）、科研院所中接受普通高等学历教育的全日制本专科生、全日制研究生纳入城镇居民基本医疗保险。该文件未涵盖中等专业学校学生，根据国家的一贯政策，其宜与本专科生采行同一的医保保障政策。而非本地户籍除大中专以外的学生，并不属于强制参保对象，由于其可以在户籍地参保，因此参保地应由其选择。

特别需要阐释一下职工以外的非本地户籍人员的参保问题。在一些地区如北京，仍然禁止外地户籍人员参加居民医保。其中相当多的人长期在北京定居，有的甚至在北京生活了一二十年，其医疗地只能是北京，如果在户籍地参保，难以有效享受医保保障。《东莞市社会基本医疗保险规定》规定非本市户籍参保职工在本市中（小）学校（含托幼机构）就读的子女可参照该规定参加基本医疗保险，无疑具有积极意义。但其保障对象仍然不足，一是非本市户籍参保职工非在本市中（小）学校（含托幼机构）就读的子女，最典型者为入托前的婴幼儿；二是长期在本地居住工作生活的外地户籍非职工人员。由于户籍制度的扭曲，将社会保障与户籍制度"捆绑"实施必然导致社会保障制度的扭曲，违背《宪法》规定与《社会保险法》精神，属于户籍歧视，必然侵犯公民的社会保险基本权。对参保职工及其被监护人，应实行与本地户籍人员相同的政策；对其他人员，可设定一定的居住与缴费年限，根据其居住与缴费年限赋予其相应的基本医疗保障权利。

四、基本医疗保险待遇请求权之排除

《社会保险法》第30条确定了排除基本医疗保险待遇请求权之事由，下列医疗费用不纳入基本医疗保险基金支付范围，包括：（1）应当从工伤保险基金中支付的；（2）应当由第三人负担的；（3）应当由公共卫生负担的；（4）在境外就医的。总体来说是比较得当的。

一些地方的规范性文件所确定的排除事由仍然超出了《社会保险法》的规定，例如仍将自杀、自残、交通事故、意外事故等导致的医疗费用排除出医保基金支付范围，这是不妥当的。基本医疗保险虽本系对自然人所遭受之疾病、意外风险提供保障，但其本质是对人生存权的保障。即便在自杀与自残的状况下，其医疗仍然需要予以保障；即便其主观上存在应予谴责或否定的因素，与生存权对比，这也是微不足道的。因此，即便被保险人之伤害系由其自身故意或重大过失引起，仍应得到医保基金之保障。

每个人都应当为自己的行为负责，这既是法律的基本原理，也是基本道德规范。社会保障法因其独特的规范对象和保障目的，在特定情形下可以置被保险人个人行为于不顾，但对第三人行为却无特定之保障义务。侵权人造成被保险人伤害，应当对被保险人承担法律责任。社会保险法对被保险人权利之保障，不能成为免除第三人责任之法律或事实理由。因此将第三人导致的医疗费用排除出医保基金支付范围，是正当的。所谓"应当由第三人负担"是指应由第三人承担给付责任的医疗费用，而不是指第三人导致或介入的伤害。第三人造成被保险人伤害，往往是混合过错，即不仅有第三人过错，而且还有被保险人自己的过错以及其他人的过错。并非由此产生的所有医疗费用均不应纳入医保基金支付。医疗事实与第三人有关，但医疗费不应由第三人承担的，基本医疗保险基金不能拒付。对于是否"应当"由第三人负担，需要进行法律上的判断。最标准的确定程序是，以法院根据责任划分确定的第三人应当承担的医疗费用数额作为"应当由第三人负担的"医疗费用数额。其他医疗费用纳入基金支付。甲乙二人均为基本医疗保险之被保险人，二人互殴受伤负同等责任，甲花去医疗费 5000 元，乙花去医疗费 10000 元，那么甲乙应分别承担7500 元的医疗费，即甲除自行承担自己的医疗费外，还应当支付乙 2500 元医疗费。那么甲自己的 5000 元医疗费和乙自行承担的 7500 元医疗费可以依照相关规定纳入医保基金支付范围。

《社会保险法》第 30 条第 2 款确定了基本医疗保险基金先行支付制度。发生先行支付时，基本医疗保险基金承担的实际是垫付责任，真正的、直接的支付责任主体是第三人。有关先行支付与追偿问题，在后文专节论述。

在境外就医，包括在我国台湾地区、香港、澳门特区的就医行为和在其他国家的就医行为。对于此项排除事由之立法理由，立法意见认为"发达国家和地区的医疗费用一般会比国内高很多，而且国内的社会保险经办机构无法掌握境外医疗机构的治疗手段和费用支出"，"到境外就医的一般都是高收入群体，如果由基本医疗保险基金支付境外就医的医疗费用……与基本医疗保险制度的基本原则相违背"。[1] 这是有道理的，但事实并不一定完全如此。医疗费用高并非免除支付责任的正当理由，医疗费用的掌握也并非完全做不到，在境外就医未必一定比在国内者资产多。基于权利与义务对应原则，即便在国外就医，医保基金仍应承担一定的支付责任。例如，可以将保障范围限定为重特大疾病，可以适用国内的支付限额，可以降低在国外就医的支付比例，可以对特定病种实行定额（按病种）结算，可以要求被保险人提供法律认证等。当然，这些不仅要求有明确的支付规则，对管理水平也提出了更高的要求，在现阶段

---

① 尹蔚民：《中华人民共和国社会保险法释义》，中国劳动社会保障出版社 2010 年版，第 131 页。

很难实现。宜立足于未来制度改革进行相应法律规则的研究与拟定。

《社会保险法》未将"应当由商业保险支付"作为排除基本医疗保险基金支付的事由。然而在实践中，基本医疗保险与商业医疗险、健康险存在重叠并不少见。笔者主张，在基本医疗保险与商业保险重复保障下，被保险人不应重复获取医疗费用赔偿。在商业险已经支付的情况下，被保险人的损失已经得到填补，应视为其已经不存在相应医疗费用支出，基本医疗保险基金不再支付。因此，"商业保险已经支付的"应作为排除基本医疗保险基金支付的事由。

关于基本医疗保险与商业医疗险、健康险重复保险下的处置问题，笔者在社保待遇与相关待遇关系规则一章中作了分析。下文再作进一步分析。

五、权利义务对应原则与筹资支付比

"社会保险实行权利与义务相一致的原则，社会保险待遇应当是缴费的回报，而不是政府提供的免费午餐。"[1] 我国目前的社会保险法应当实行权利与义务对应原则。[2] 以基本医疗保险为例，实行这一原则的主要原因在于：（1）基本医疗保险的保障水平高于医疗救助，医疗救助更注重公平，与缴费无关联；而基本医疗保险需要以缴费为基础和前提，这是该制度运行的根基，因而待遇必然与缴费存在关联。（2）作为社会保险的一种形式，保费是缴费的对价，这是社会保险关系的基本权利义务所决定的。（3）如果医疗保险的给付与缴费不对应，不成正相关关系，就无法对缴费形成激励，反而会产生"搭便车"、"负激励"效应，理性的人都会选择或力图选择少缴费而享受更多的待遇给付，"我国职工医保人均缴费相当于新农合人均缴费的42—92倍，相当于居民医保人均缴费的21—29倍，巨大缴费数额差距，使相应群体存在严重的风险选择动机"[3]，这必然会导致制度的不可持续。基于权利与义务对应原则，基本医疗保险的待遇给付——主要体现为报销比例，应当与缴费成正相关关系。

目前，城乡居民医保（新农合）待遇的快速上升，在相当大的程度上背离了权利与义务对应原则。根据《"十二五"期间深化医药卫生体制改革规划

---

[1] 劳动保障部社会保险研究所：《贝弗里奇报告——社会保险和相关服务》，中国劳动社会保障出版社2004年版，第9页。

[2] 向春华：《社会保险法原理》，中国检察出版社2011年版，第228页。

[3] 赵斌等：《我国城镇职工基本医疗保险制度内部参保人群老龄化问题研究》，载中国医疗保险研究会：《中国医疗保险理论研究与实践创新2012年卷》，化学工业出版社2013年版，第142页。

暨实施方案》（国发〔2012〕11 号）、《深化医药卫生体制改革 2013 年主要工作安排》（国办发〔2013〕80 号）、《关于做好 2013 年新型农村合作医疗工作的通知》（国卫基层发〔2013〕17 号）等政策性文件规定，2013 年新农合政策范围内住院费用支付比例要提高到 75% 左右。而职工基本医疗保险一般在 80% 左右，两者目标报销比例相差不大，但基于筹资水平的巨大差异，待遇的接近就存在问题。基于公平的考虑，不同制度待遇的接近有一定的正当性，但如果更多地考虑了公平性，将导致基本医疗保险蜕变为医疗福利，以目前职工医保较高的待遇支付比例来看，医疗福利制度在中国只能导致崩溃。

六、基本医疗保险待遇请求权之时效

关于基本医疗保险待遇请求权之时效，仍得适用 5 年诉讼时效期间。

第二节　待遇等待期

"等待期"是保险用语。《健康保险管理办法》（中国保监会令 2006 年第 8 号）第 27 条规定，保险公司销售健康保险产品，应当向投保人说明保险合同的内容，并对"保险责任等待期"等作出书面告知，由投保人签字确认。保险是对可能发生的即不确定的事故风险——可保风险的保障与责任分摊，确定发生的风险，属于不可保风险，不应纳入承保范围。等待期的主要目的即是要排除确定发生的风险，防止投保人逆向选择——已经发生风险而投保，保证保险的可持续发展。因此对于商业健康保险来说，等待期制度是非常必要的。

在社会保险中，也存在等待期。《中华人民共和国国家标准社会保险术语：医疗保险部分》（草案）规定，基本医疗保险等待期是指，从参保人员首次缴费或中断缴费后补缴之日，到医疗保险基金履行支付责任之日的时间间隔。[①] 在实践中，不单单基本医疗保险存在等待期，生育保险也存在等待期。失业保险中缴费满一年的规定也属于等待期。

---

① http://www.mohrss.gov.cn/SYrlzyhshbzb/zxhd/SYzhengqiuyijian/201208/t20120829_86341.htm，2014 年 2 月 21 日。这个定义并不准确。因为，即使过了等待期，如果被保险人没有发生伤病风险，仍然不发生医保基金支付问题。即医保基金的实际支付时间与等待期之间仍存在一定时间间隔，该段时间并不属于等待期。因此应定义为"参保人员从首次缴费或中断缴费后补缴之日，到可要求医疗保险基金履行支付责任之日的时间间隔"。

一、关于基本医疗保险等待期的现实规定

（一）关于职工基本医疗保险等待期的现实规定

1. 职工基本医疗保险的等待期。职工基本医疗保险分个人账户和统筹基金。对于个人账户资金，多为当月划拨或计入，这意味着被保险人当月即可享受个人账户，因而不存在等待期。少数在下月划拨或计入，这仍存在等待期。对于统筹待遇，实践中既有未设等待期的，也有设置等待期的。设置等待期的，时间长短不一，多数较短，如次月①、1 个月、2 个月、90 天、6 个月、12 个月等。详细见表1。

《成都市城镇职工基本医疗保险办法》（成都市政府令第 154 号）第 19 条还规定，军队转业、复员和退役到地方工作的人员，军龄视为缴费年限。在 6 个月内接续医疗保险关系的，从缴费之日起享受医疗保险待遇；超过 6 个月接续医疗保险关系的，则适用 12 个月的等待期。这实际是对复转军人首次参保的特别规定。

表1　一般职工参加职工基本医疗保险等待期

地区	等待期期间	来源
北京	当月即可享受基本医疗保险待遇，需手工报销	12333 电话答复
天津	当月即可享受基本医疗保险待遇，需手工报销	12333 电话答复
上海	本月缴费，次月 15 日开始享受基本医疗保险待遇	12333 电话答复
南京	缴费当月月底划拨个人账户，自缴费次月起享受基本医疗保险待遇	南京市城镇社会基本医疗保险办法实施细则（宁劳社医〔2008〕11 号）第 37 条
成都	个人账户从缴费当月起计入；连续缴费满 12 个月后后享受统筹待遇。缴费不满 12 个月突发重大疾病，经所在单位申报、医疗保险经办机构核实，住院医疗费按规定支付	《成都市城镇职工基本医疗保险办法》（成都市政府令第 154 号）第 20 条

---

① 这时仍然存在等待期，其间因为实际缴费时间而不一，可能是 1 个月，如 1 月 1 日缴费，次月 1 日开始享受待遇；可能为 1 天，如月末缴费，次月 1 日开始享受待遇。

地区	等待期期间	来源
广州	按时足额缴纳职工基本医疗保险费的参保人员，从缴费次月开始享受相应的职工基本医疗保险待遇。	广州市基本医疗保险条例第15条
武汉	用人单位及其职工按规定缴纳基本医疗保险费1个月后，职工和退休人员开始享受基本医疗保险待遇	武汉市城镇职工基本医疗保险办法（武汉市政府令第126号）第26条
阜新	新参保人员首次缴费后满6个月开始享受相应医疗保险待遇	关于做好特殊单位职工和特殊群体基本医疗保险工作的通知（阜政办发〔2003〕80号）
佛山	自办理参保手续起，并连续缴费满90天后（第91天零时起）才能享受除医疗保险个人账户外的医疗保险待遇	佛山市城镇职工基本医疗保险市级统筹实施办法（佛府〔2007〕64号）第8条
东莞	参保人连续参保并足额缴费满2个月的，从参保缴费第3个月起可按规定享受社区门诊、住院及特定门诊基本医疗保险待遇	《东莞市社会基本医疗保险规定》第19条

2. 灵活就业人员参加职工基本医疗保险的等待期。根据《社会保险法》规定，灵活就业人员可以参加职工基本医疗保险，也可以参加居民医疗保险。对于灵活就业人员参加职工基本医疗保险的等待期，多数地方均作了规定。个人账户一般从次月起使用，统筹基金使用的等待期多为6个月。详见表2。

表2 灵活就业人员参加职工基本医疗保险等待期

地区	等待期期间	来源
天津	与用人单位终止、解除劳动合同的人员，领取失业保险金期满的人员，以非全日制、临时性和弹性工作等灵活就业人员，等待期为6个月	关于进一步明确城镇个人参加医疗保险等待期有关问题的通知（津劳社局发〔2007〕173号）
上海	缴费次月起可使用个人账户，连续缴费满6个月可享受基本医疗保险待遇	关于本市城镇从事自由职业人员、无雇工的个体工商户以及其他灵活就业人员享受基本医疗保险待遇设置等待期的通知（沪人社医发〔2012〕45号）
南京	缴费次月可使用个人账户；连续缴费满6个月后，可享受基本医疗保险统筹、大病待遇	南京市城镇社会基本医疗保险办法实施细则（宁劳社医〔2008〕11号）

（二）居民医疗保险等待期

居民医保通常实行年度一次性缴费，故一般设定一个缴费期，在该缴费期内缴费的，则享受缴费年度的医保待遇（无等待期）、从次年起享受医保待遇（仍存在一定的等待期）；未在缴费期内缴费的，则从次月享受医保待遇（理论上最多存在一个月的等待期）。详见表3。

表3　居民医疗保险等待期

地区	等待期期间	来源
广州	在规定的缴费时段内按保险年度缴费，享受已缴费年度的基本医疗保险待遇。无法在规定缴费时段内缴费的，从缴费次月开始享受基本医疗保险待遇，之前发生的有关医疗费用由其本人承担。	广州市基本医疗保险条例第20条
南京	在每年11月1日至12月25日缴费期内足额缴费的，从缴费次年的1月1日起享受居民医保待遇。未按规定期限参保或参保中断后续保的城镇居民，应在下一年度缴费期内办理参保或续保手续，自缴费次月起满6个月等待期后方能继续享受城镇居民基本医疗保险待遇，中断缴费期间和6个月等待期内发生的医疗费用，城镇居民基本医疗保险基金不予支付。	南京市城镇社会基本医疗保险办法实施细则（宁劳社医〔2008〕11号）第23条；《南京市城镇居民基本医疗保险暂行办法》（宁政发〔2007〕164号）
钟祥	从缴费的次月起满6个月后享受基本医疗保险统筹待遇；新生婴儿、新入学学生首次参保，从缴费的次月起享受基本医疗保险统筹待遇。	钟祥市政府网，2014年2月21日访问。

对于新生儿参加居民医疗保险，《东莞市社会基本医疗保险规定》第19条规定："符合参保条件的新生儿出生后7个月内参保并足额缴费的，从出生之日起至完成参保缴费手续期间可享受住院及特定门诊基本医疗保险待遇，参保次月起可按规定享受各项基本医疗保险待遇。"这基本代表了实践中的处理模式。

（三）用人单位断保补缴费后的等待期

参加职工基本医疗保险者，断保时，在一定期限内补缴不影响医保待遇的享受；超过一定期限，则影响医保待遇的享受。详见表4。

表4　职工基本医疗保险断保后的等待期

地区	等待期期间	来源
广州	用人单位在欠缴之日起三个月内补缴欠缴、利息和滞纳金的，计算缴费年限，可追溯享受欠缴期间的基本医疗保险待遇。用人单位超过三个月补缴欠缴费用、利息和滞纳金的，计算缴费年限，欠缴期间的医疗费用由负有缴费义务的用人单位负担。	广州市基本医疗保险条例第30条
南京	用人单位在三个月内补足欠费的，从补缴次月起恢复享受基本医疗保险待遇，补划个人账户，欠费期间发生的医疗费用按规定支付；欠费超过三个月以上的，按规定补缴后，可恢复参保人员待遇享受资格，补记个人账户，缴费年限连续计算，但欠费期间发生的医疗费用基金不予支付。	南京市城镇社会基本医疗保险办法（政府令第265号）
成都	中断或欠费4个月以上的，自参保或重新参保之日起，连续缴费满12个月。个体参保人员欠费4个月以上的视为中断，欠费期间的保费不能补缴。重新参保后，缴费年限可累计计算。	《成都市城镇职工基本医疗保险办法》（成都市政府令第154号）第18、20条
佛山	中断缴费超过30天后续保的，视作重新参保。经组织、人事部门办理调动和单位整体转入以及从居民基本医疗保险转入的参保人不受此限。	佛山市城镇职工基本医疗保险市级统筹实施办法（佛府〔2007〕64号）第8条
阜新	对欠缴保费超过一年的，除补缴基本医疗保险费并交纳滞纳金外，另实行6个月的基本医疗保险等待期，自补缴之日起算。	关于社会保险工作有关问题的通知（阜社保组发〔2007〕2号）

二、基本医疗保险等待期的作用、性质

关于社会保险等待期的目的，未见阐述。由于社会保险是以保障生存权为根本目的的，因此确定发生的风险仍属于社会保险的保障范围。即便职工身患重病，基本医疗保险也不能拒绝承保，这和商业保险是完全不同的。另外，商业保险基金的平衡，完全依赖于被保险人的缴费，因此逆向选择对基金平衡的影响极大，加上其参保绝大多数是自愿的，如果允许逆向选择的存在，必然导致逆向选择的充斥，基金只有一个结局——崩盘。在基金平衡与风险保障上，基本医疗保险基金也完全不同于商业保险。对于基金的可持续性，是由社会

（主要是用人单位）以及国家（政府财政）提供支撑的，个人缴费仅占统筹基金的极小部分，基金平衡的关键主要并不在于被保险人个人的缴费行为，因此即使存在部分逆向选择对基金的影响也是有限的。更重要的是，对于职工和用人单位来说，其缴费义务是强制性的，从法律上来说，其发生逆向选择的可能性是极低的，如果在逆向选择参保之前已经存在劳动关系并应当缴费，那么社保机构仍然可以追缴其以前的缴费，并加收滞纳金等，在这种情形下，逆向选择实际可以认为并未发生。实际可能的是，个人发生疾病后才与用人单位建立劳动关系，履行缴费义务以获得医保待遇，在这种情形下，用人单位面临一些法律风险，也降低了用人单位"配合"进行逆向选择的风险；而且相较于"亿级"的被保险人数量，此类情形仍然是极少的。

对于个人与用人单位"编造劳动关系"以获得"职工"身份缴费并享受待遇的行为，可以界定为诈骗行为。在主观方面，用人单位没有招聘该劳动者的意思，劳动者也没有提供劳动或从事该项工作的意图；在客观方面，劳动者事实上没有提供劳动，或客观上不能提供劳动，用人单位没有实际使用该劳动者，并且符合主体与客体条件，即可构成诈骗罪，不仅可确定该参保行为无效，退还所缴纳社保费，追缴所支付的社保待遇，依据社保法进行相应处罚，并可追究刑事责任。鉴于用人单位与个人属于共同犯罪，在经济责任方面，用人单位应与个人承担连带责任，在个人无力承担返还责任时可要求用人单位承担返还责任。只要依法设定和追究刑事责任，就可以有效堵塞用人单位和职工共同参保时的逆向选择的漏洞。

强制参保是与劳动关系相伴随的，实际上必然涵盖绝大部分健康劳动者，即使允许逆向参保，其发生情形也是微乎其微的，基于上述原因，不会在根本上危及基金安全。因此对于强制缴费型职工基本医疗保险关系来说，基本上不需要考虑通过等待期制度防范逆向选择以保持基金平衡的问题。

但对于自愿缴费型基本医疗保险来说，这个问题仍然是存在的。在自愿参保的情形下，如果允许逆向选择，即在确定发生较大数额医疗费用时才参保，会导致"劣币驱逐良币"——健康者拒绝参保而患病者才参保，逆向选择将会大量发生，对基金造成严重威胁。对于城乡居民医疗保险来说，由于其基金是独立的，如果参保者多数是逆向选择，显然不能持续；即使对于职工基本医疗保险来说，如果逆向选择大量发生，必然侵蚀大量资金，也会危及基金安全，而且必然影响强制参保人员的权益，减少其本应享受的医保待遇，很不公平。因此对于自愿缴费型基本医疗保险制度，仍然需要设立等待期制度。

等待期的设立，与社会保险以保障生存权为根本目的，并不必然矛盾。等待期的设立如果对保障基金的平衡与可持续是必要的，虽然对个别被保险人的部分医疗费用不能保障，但有利于保障包括该被保险人在内的长期的医疗需求，有利于在更广范围和更深程度上实现基本医疗保险的目的。等待期的设立主要在于其必要性，这是由缴费的强制性与自愿性所决定的。

对等待期的性质可以从两个角度理解，一是作为待遇构成的实体条件，等待期是被保险人享有社会保险待遇领取权利的实体条件，不符合等待期规定，被保险人尚不享有社会保险待遇领取权。二是等待期是对社会保险待遇开始领取时点的限制，在这种观点下，被保险人实际已经符合领取社会保险待遇的实体条件，但基于立法目的考虑，法律对待遇开始领取时点进行了程序上的限制。"实体条件说"更有利于解释等待期的合法性，而"程序限制说"则具有操作上的便利性。比较而言，"程序限制说"更具有合理性。第一，"实体条件说"无法解释有的待遇设立等待期、有的不设立等待期，以及等待期期限不同的问题。第二，基本医疗保险的本质并不一定要求设立等待期，设立等待期并非基本医疗保险的必然要求。第三，等待期限制的是被保险人实际享受待遇的起始时间，是基于实际操作的需要，解释为待遇领取程序上的限制更具有合理性。"程序限制说"也为等待期期间的调整提供了理论基础。

三、基本医疗保险等待期的规则设定

基于上述分析，对基本医疗保险等待期宜采如下规则：

1. 对个人账户的使用不应设置等待期。对个人账户的使用，虽然设置了很多限制，但对于其性质，一般认为其所有权属于被保险人，不宜在根本上禁止其使用；个人账户主要是由个人缴费形成，逆向选择的影响程度极其有限；在一定程度上允许即时使用个人账户，有利于更好地保障被保险人个人权益，同时又不会影响统筹基金的安全。对个人账户不设置等待期表现为，缴费义务人履行缴费义务后，当月应当将相应资金划拨或计入个人账户。

2. 对强制缴费型主体，不宜设置等待期，被保险人在缴费当月就可以享受统筹基金支付相应医保待遇，在无法实行即时结算时，应通过手工报销的方式予以保障。对自愿缴费型主体，原则上应当设置等待期，包括两种类型：一是以灵活就业人员身份参加职工基本医疗保险时，享受统筹基金应设置等待期；二是参加城乡居民医疗保险时，应设置等待期。

3. 基于实践的一般做法，自愿参加的职工基本医疗保险的等待期宜设定为6个月，从缴费之月起算。即从缴费次月起算，第6个月可以享受医保统筹。城乡居民医保与自愿参加的职工基本医疗保险均以个人自愿缴费为主，在等待期上宜同一。即一次性缴纳全年医保费用，自缴费次月起第6个月可以享受医保统筹待遇。

关于城乡居民医保的缴费期。不少地方对城乡居民医保设置有缴费期，如南京规定每年 11 月 1 日至 12 月 25 日为缴费期，在缴费期内缴费的自次年 1 月 1 日起享受医保待遇；同时又规定，未在规定缴费期内缴费的，自缴费次月起享受医保待遇。如果期限处理不当，则这一规定并不公平。如在南京，依照要求在 11 月 1 日缴费，要到次年 1 月 1 日才能享受待遇，还不如不遵守该规定，12 月 31 日缴费即可以在次日享受待遇。如果要设置缴费期，那么在非缴费期缴费的等待期要长于缴费期期限及等待期。笔者认为，既然事实上并不能禁止居民在非缴费期缴费，那么居民医保就没有必要设置缴费期；而且，在一个缴费期内，实际缴费时间有早有晚，但其享受待遇的时间都是一样的，并不公平。直接设定等待期，居民自实际缴费时经过等待期即可享受医保待遇，处理方式更简单也更为公平。

4. 强制参加的职工基本医疗保险断保后应否设置等待期？笔者认为不应当。第一，断保后的续保与首次参保并无本质不同，如果首次参保无等待期，那么断保后的续保也不应当设置等待期。第二，这种断保，通常并非被保险人个人原因所致，主要是用人单位的责任，亦与行政执法监督不力有密切联系，如果对被保险人设置等待期，实际是要求被保险人承担主要或全部责任，并不公平。第三，断保期间停止支付待遇以及补缴社保费后的待遇支付问题与等待期无关，这是两个不同的问题。

非强制参加的职工基本医疗保险以及居民医保断保后，应与首次参保一样，设置同样的等待期。

5. 新生婴儿因为无法预先缴费，在其出生初期，父母也很难顾得上为其缴费，因此为其设定一个缴费期，只要在该缴费期内缴费，其出生时至缴费时的医疗待遇均可纳入医保基金支付范围，是正当而合理的选择。南京确定该缴费期为 12 个月，此期限过长。因为缴费期限越长，产生的逆向选择越大。缴费期限的长短是斟酌对新生儿的保护与防范逆向选择的结果，笔者认为，6 个月的缴费期足矣。即在出生之日起 6 个月内，为新生儿缴纳居民医保费用的，其在缴费前发生医疗费用可纳入医保基金支付范围。同时，其等待期亦应作特殊规定。新生儿在 6 个月的缴费期内缴费的，自其缴费次月起可享受医保待遇（与自出生至缴费月的待遇相衔接）；其下一医保年度的医保待遇适用 6 个月等待期规定。如某新生儿系 2013 年 12 月 30 日出生，则在 2014 年 6 月及之前缴纳 2013 年 12 月 30 日至 2014 年的医保费用，即可享受 2013 年 12 月 30 日至2014 年底的医保待遇；其在 2014 年 6 月及之前缴纳 2015 年医保费用的，才能在 2015 年 1 月 1 日享受医保待遇。

6. 新入学学生是否要设置特殊的等待期即缩短等待期？笔者认为是不应

当的。新入学学生在其入学前就应当缴费，与是否入学没有必然联系。因此，新入学不应实行特殊的等待期。

7. 复转军人在地方自愿参加职工基本医疗保险或城乡居民医疗保险，由于其手续衔接等因素，宜设置缴费期，在该缴费期内缴费的，不适用等待期，医保待遇可连续享受；超过该缴费期的，适用等待期。该缴费期不宜过长，越长则出现逆向选择的可能性越大。成都规定为 6 个月，可以限制为 3 个月。

8. 新迁入户籍人员的等待期。目前，城乡居民医保仍以户籍地参保为原则。在此背景下，发生户籍变动时，存在接续问题。只要该人员在户籍变动前后的缴费是连续的，就不应再适应等待期。

9. 在强制缴费型职工基本医疗保险与自愿缴费型基本医疗保险间转移的，应设置缴费期，被保险人终止强制缴费型医保关系后，在一定期限内续保，如 3 个月，则不适用等待期；超过该期限，则适用等待期。最典型者就是解除或终止劳动合同后转为以灵活就业人员身份参加职工基本医疗保险或居民医保，只要及时续保，就不宜再适用等待期。考虑其关系衔接需要时间，故宜设定续保缴费期，如 3 个月。

10. 在自愿缴费型基本医疗保险间转移的，如果前一险别的等待期尚未结束，则已经经过的等待期应计算入后一险别的等待期中，两种等待期不应累加。在两个险别之间应设定续保缴费期，该缴费期可设定为 3 个月，在该缴费期内缴费的，不适用新的等待期。假定自愿缴费型职工医保和居民医保的等待期均为 6 个月，2013 年 6 月自愿缴费参加职工医保，缴费至 2013 年 8 月，2013 年 9 月转入城乡居民医保，那么只要在 2013 年 11 月及之前缴纳 2013 年 9 月至本年底以及 2014 年的居民医保费，则自 2013 年 12 月起即可享受医保待遇。

第三节 社区首诊制与被保险人权利保护

一、社区首诊的概念与性质

一般认为，社区首诊制度是指居民在患病需要就诊时，须首先到社区卫生机构接受全科医生诊疗的一种制度。除非急诊，否则居民若要去医院寻求专科医生的服务，必须要经过社区全科医生的转诊。[1] 这个定义值得进一步商榷。

---

[1] 李再强、林枫：《国外社区首诊制度简介》，载《中国卫生经济》2006 年第 2 期。

1. 社区卫生服务机构的界定。在分析社区首诊时，一般使用"社区卫生服务机构"这一名称，但未对其内涵和外延进行界定。准确界定社区卫生服务机构具有非常重要的法律意义。从被保险人角度而言，其就诊医疗机构是否为社区卫生服务机构关系其医疗费用能否纳入基本医疗保险支付范围以及由基本医疗保险基金支付额度的多寡；就诊疗机构而言，关系其能否享受特殊的基本医疗保险结算规则，这是关系其生存与发展的问题；就基本医疗保险经办机构而言，则涉及其基金支付渠道与特殊支付政策的适用；就其他医疗机构（主要是大医院），则关涉双向转诊等医务关系的衔接问题；就卫生行政与社区、街道、乡镇而言，则涉及监管与发展规划问题。

根据《城市社区卫生服务机构管理办法（试行）》（卫妇社发〔2006〕239号，以下简称《办法》）第2条规定，社区卫生服务机构是指"在城市范围内设置的、经区（市、县）级政府卫生行政部门登记注册并取得《医疗机构执业许可证》的社区卫生服务中心和社区卫生服务站"。第18条规定："社区卫生服务中心、社区卫生服务站是专有名称，未经政府卫生行政部门批准，任何机构不得以社区卫生服务中心、社区卫生服务站命名。"按照这一规定，社区卫生服务机构仅指依法批准在城市设置的社区卫生服务中心和社区卫生服务站。将社区卫生服务机构仅限制于城市，显然不当，违背公共服务均等化的发展方向。农村医疗机构本就缺乏，如果仅在城市发展社区卫生服务，那将置农村居民于更加不利的境地。这与实践发展不相符合，我国东部沿海地区，在农村设置社区卫生服务中心（站）已较为常见。

2. 社区卫生服务机构的服务对象与首诊制适用对象的定义。《办法》第5条规定："社区卫生服务机构服务对象为辖区内的常住居民、暂住居民及其他有关人员。"问题是，社区卫生服务机构所在辖区以外的居民能否成为其服务对象？笔者认为是可以的，这也是竞争的必然要求。简言之，任何人到社区卫生服务机构就医，社区卫生服务机构均不得拒绝，此类似于法定强制缔约。

社区卫生服务机构的服务对象与首诊制的适用对象并不是一回事。首诊制仅适用于医疗保障制度的保障对象，在目前则仅指基本医疗保险的被保险人。对非基本医疗保险被保险人即完全自费人员来说，不存在社区首诊概念。即便其选择在社区卫生机构进行首诊，因属于其完全自愿行为，其对医疗机构的选择权未受限制，因而不属于社区首诊。因此将首诊制的适用主体规定为居民并不准确。

3. 社区卫生服务机构与首诊机构的关系。上述定义将首诊机构确定为社区卫生服务机构，或者将两者等同，笔者认为是不正确的。我们需要辨析这两者之间的关系。

（1）要确定社区卫生服务机构与其他基层医疗卫生机构之间的关系。《办法》第11条规定："政府举办的一级医院和街道卫生院应转型为社区卫生服务机构；政府举办的部分二级医院和有条件的国有企事业单位所属基层医疗机构通过结构和功能改造，可转型为社区卫生服务机构。"其观点很明确：一、二、三级医院和街道卫生院及其他基层医疗机构都不是社区卫生服务机构。这从国家卫计委对医疗机构的统计也可看出。详见2012年全国医疗机构数量表。但在理论上有将卫生室纳入社区卫生服务机构的。①

2012 年全国医疗机构数量表

机构名称	三级医院	二级医院	一级医院	基层医疗卫生机构				
				社区卫生服务中心（站）	乡镇卫生院	村卫生室	诊所（医务室）	合计
机构数（个）	1624	6566	5962	33562	37097	653419	177798	912620

资料来源：2012 年我国卫生和计划生育事业发展统计公报。

（2）社区卫生服务机构、其他医疗机构与首诊机构的关系。社区卫生服务机构是经区（市、县）级政府卫生行政部门登记注册设立的，其核心内涵是提供卫生诊疗保健等服务，其主管部门是卫生行政部门，主管部门的监管范围主要是诊疗的规范性。首诊机构则是基本医疗保险制度范畴内的概念，首诊机构是与基本医疗保险基金是否应履行支付义务直接关联的，其主管部门是基本医疗保险机构，主要监管内容是基本医疗保险基金的支付。社区卫生服务机构与首诊机构虽然在通常情况下存在紧密联系，即社区卫生服务机构就是首诊机构，但这不是必然的。①在没有实施首诊制的地方，社区卫生服务机构当然不是首诊机构；②社区卫生服务机构没有被确定为首诊机构。在实施首诊制的地区，某个医疗机构成为社区卫生服务机构是否就当然成为首诊机构？笔者认为不是的。这就和医疗机构并不当然成为医保协议机构的道理是相同的。具备社区卫生服务机构的资格只是具有首诊资格的条件之一。基本医疗保险机构应当进一步进行审查以确定其资格的合法性与正当性，并在此基础上对付费与服务等进行谈判，只有在谈判成功的基础上社区卫生服务机构才能成为首诊机构。社区卫生服务机构即便已经成为首诊机构，如果因其不合格而被取消首诊

---

① 鲍勇、杜学礼、梁颖：《基于家庭医生制度的上海市居民社区首诊服务现况及因素分析（待续）》，载《中华全科医学》2012 年第 3 期。

资格，其依然不是首诊机构。③首诊机构是社区卫生服务机构以外的医疗机构。"首诊医疗机构一般须确定在一级医院和具备首诊条件的社区卫生机构"。① 在这个意义上，将首诊机构确定为基层医疗机构有一定合理性，如"在基本医疗保险制度范围内建立社区首诊制度，除规定的病例可以直接到高等级医疗机构或专科医疗机构治疗外，其他所有疾病的诊治必须首先由基层医疗机构负责提供"。② 但要明确，即使在实行首诊制的地方，也并非所有的基层医疗机构都当然是首诊机构。首诊机构的确定是基本医疗保险机构依法行使职权的结果，基于为被保险人提供可及、优质服务的考量，基本医疗保险机构可以将社区卫生服务机构纳入首诊机构。尤其是在目前社区卫生服务机构严重不足的背景下，基本医疗保险机构必须考虑将其他符合相应条件的医疗机构纳入首诊范围。除了优先考虑社区卫生服务机构外，一级及部分二级医院，乡镇卫生院，以及符合条件的卫生室、医务室、诊所都可以作为首诊机构。从长远看，首诊制更看重的是全科医生，而非该医生所在的医疗机构。

作为首诊机构的医疗机构其所有制性质应否限制，即可否将民营医院、个体诊所等作为首诊机构。《办法》第12条规定："新设置社区卫生服务机构可由政府设立，也可按照平等、竞争、择优的原则，通过公开招标等方式确定社区卫生服务机构，鼓励社会力量参与。"根据该规定，《办法》鼓励社会力量参与举办社区卫生服务机构，并进而成为首诊机构。因此其本质上并不阻止社会力量参与举办首诊机构。如果民营医院和个体诊所具备现有首诊机构的条件，则不应限制其成为首诊机构。

4. 社区首诊仅指门诊，能否包括住院？《办法》第16条规定："社区卫生服务中心原则上不设住院病床，现有住院病床应转为以护理康复为主要功能的病床，或予以撤销。社区卫生服务站不设住院病床。"其倾向性意见是比较明确的。在实践中，尚包括住院。上海市居民"住院患者57.4%首选社区医院"。③

基于上述分析，社区首诊制度可定义为，被保险人在患病需要就诊时，除非急诊，必须首先到首诊机构接受诊疗或者首先到首诊机构接受诊疗可享受优惠医疗待遇的一种制度。社区首诊制的核心在于"首诊"，通常发生在社区，

① 陶天清、田冬华：《张家界：社区首诊转诊现状及对策》，载《中国社会保障》2009年第3期。

② 董文勇：《医疗费用控制法律与政策》，中国方正出版社2011年版，第145页。

③ 鲍勇、杜学礼、梁颖：《基于家庭医生制度的上海市居民社区首诊服务现况及因素分析（待续)》，载《中华全科医学》2012年第3期。

但社区并非核心和必备要素，未来，"社区首诊制"将会过渡到"全科医生首诊制"。首诊机构将逐渐以社区卫生服务机构为主体，但并不完全限定于此。"必须首先到首诊机构接受诊疗"标示的是"强制型社区首诊"；"首先到首诊机构接受诊疗可享受优惠医疗待遇"则标示"引导型社区首诊"。

社区首诊的概念是与医疗保障制度联系在一起的。即医疗保障制度在提供医疗保障时要求被保障人员首先到社区接受诊疗，被保障人员进行社区首诊是以享受医疗保障为前提的。其本质是，医疗保障制度在实施医疗保障给付时，对被保障人员附加了义务，该义务的内容就是，被保障人员在一定程度上放弃对医疗机构的选择权，接受医疗保障制度所限定的初诊医疗机构。就社区首诊而言，被保障人员实际放弃的是初诊中对医疗机构的选择权。在未来，医疗救助等医疗保障制度也可能引入社区首诊，但在目前，社区首诊仅仅限于基本医疗保险。因此在当下，社区首诊本质上意味着对被保险人初诊医疗机构选择权的限制。

社区首诊的本质为限制被保险人对医疗机构的选择，故本应属于第四节"被保险人对医疗机构的选择权"分析的内容，惟社区首诊已成为基本医疗保险乃至整个医疗卫生制度的重要和热点内容，实践与理论高度关注，且已有很多成果，故单节论述更为得当。

根据对被保险人对医疗机构选择权的限制程度，可以将社区首诊分为"强制型社区首诊"与"引导型社区首诊"。

强制型社区首诊是指，在一般情况下，被保险人必须在首诊机构进行首诊，否则医保基金不予支付任何医疗费用。强制型社区首诊是通过"不支"的方式强制被保险人选择社区首诊。

引导型社区首诊。即通过降低诊疗费用或者提供基本医疗保险基金的支付比例、提高转诊服务效率，引导被保险人在社区进行首诊。引导方式主要有三种，一是减少被保险人支出，包括降低诊疗费用，如挂号费、诊疗费、手册费、输液费等合并"打包"后按较低标准计次收费；二是提高医保基金对被保险人在首诊机构首诊的支付标准，包括提高直接在首诊机构发生费用的支付标准以及提高经首诊机构转诊后在其他医疗机构发生费用的支付标准；三是提高在首诊机构首诊的服务质量与服务效率，如提高转入三级医院的效率，解决个人直接在三级医院"看病难"的问题。引导型社区首诊实际是通过"少支"的方式引导被保险人选择社区首诊，对被保险人仍然存在一定的精神强制。但由于通常情形下人们不选择社区首诊，因此仅导致被保险人自付比例有一定程度的增加，不会在根本上影响被保险人利益，本质上是由被保险人自由选择的。被保险人的选择权仅仅受到"引诱"或"诱导"，而没有受到"强制"

和"胁迫"。

二、社区首诊的优势及评述

一般认为,社区首诊的优势主要有如下方面。

第一,降低个人医疗费用支出,缓解"看病贵"现象,降低医疗保险基金支出。通过实行社区首诊制,全科医师承担"守门人"职责,可以有效降低医疗保险支出,使有限的医保资金发挥更大的作用。[1] 这种制度在控制医疗费用上涨、充分利用有限的卫生资源、为居民提供便捷的卫生服务等方面发挥了重要作用。[2] 通过实施社区首诊制,引导患者在社区就诊,使大量常见病、多发病在社区得到解决,以较小的花费满足居民的基本医疗需求,使居民看得起病,可以有效缓解看病贵现象。[3] 对患者进行合理分流,能大大减轻患者的经济和心理负担,控制整个社会的医疗费用,是解决目前看病难和看病贵的有效措施之一。[4]

第二,优化卫生资源配置,解决"看病难"问题。实施社区首诊制,有利于促进患者的合理分流,使一些常见病可以在社区得到解决,可以缓解看病难的问题,同时可以使大医院有更多的精力专注于疑难杂症、危重病的诊疗,实现卫生资源的合理配置,提高卫生资源的有效利用率。[5] 全科医生作为社区"守门人",对社区居民合理地利用卫生资源发挥了"过滤筛选"的作用,社区全科医生承担了绝大部分社区居民的诊疗服务,流向医院专科医生的患者仅占到了很小的一部分。[6] 通过实行社区首诊制,并配合双向转诊制,才能建立起社区卫生服务机构与大中型医院多种形式的联合与合作,充分发挥各级医疗机构不同的功能和作用,实现"小病在社区、大病进医院、康复在社区"的

---

[1] 王川、张蕾:《当前我国施行社区首诊的必要性及可行性分析》,载《卫生经济研究》2009 年第 8 期。

[2] 李再强、林枫:《国外社区首诊制度简介》,载《中国卫生经济》2006 年第 2 期。

[3] 刘佳、冯泽永:《社区首诊制的实施困境分析及对策研究》,载《中国全科医疗》2012 年第 3 期。

[4] 马亚楠、刘洁、何钦成:《社区首诊制实施途径探讨》,载《中国公共卫生》2007 年第 12 期。王丽娜,王健:《实施社区首诊制的意义及建议》,载《医学与哲学(人文社会医学版)》2006 年第 8 期。

[5] 王丽娜,王健:《实施社区首诊制的意义及建议》,载《医学与哲学(人文社会医学版)》2006 年第 8 期;刘佳、冯泽永:《社区首诊制的实施困境分析及对策研究》,载《中国全科医疗》2012 年第 3 期。

[6] 李再强、林枫:《国外社区首诊制度简介》,载《中国卫生经济》2006 年第 2 期。

医疗格局，达到合理配置和有效利用医疗资源的目的。① 还可加强各级医疗机构的内在联系和运行活力，树立卫生全局观念，形成层次分明、职责明确、定位准确、各负其责、有机联系、相互配合的综合医疗卫生服务体系。②

第三，保障社区卫生机构的发展。通过实行社区首诊制，可以将大部分患者留在社区卫生服务机构，使社区卫生服务机构拥有稳定的病人来源，为社区卫生服务的可持续发展提供良好基础。③ 例如在深圳，农民工社区首诊政策成为卫生行政部门发展社区卫生服务的有力的支持性与推动性政策，为社康中心的健康发展提供了有利的外部环境。④

第四，加强对流动人口的管理。随着我国经济的快速发展，人口流动越来越频繁。据有关调查显示，近年来我国一些传染病（如结核病、肝炎、疟疾等）发病率的上升与人口流动存在一定关联。⑤ 通过社区加强对流动人口的管理，规定流动人口去社区首诊。这与私人的诊所相比，基本的医疗安全可得到保证，社区还可建立健康档案，定期或不定期对流动人口开展查体、健康教育、计划免疫等多项活动，提高其健康意识，防患于未然，既改善了流动人口的健康状况，又提高了整个社会的健康水平，控制许多疾病的传播。⑥

社区首诊的优势表述的是实施社区首诊的必要性。医疗保险的首要目的是在保障被保险人医疗需求的基础上，为其提供尽可能优质的服务。虽然不是绝对，但在通常意义上，降低医疗费用会导致医疗水平和医疗服务质量的下降，降低医疗费用与提供优质服务是一个两难选择。任何医疗保险制度改革或措施，如果将其首要目标界定为降低医保基金支出，都背离了基本医疗保险的宗旨和目的。对医疗保险基金支出的控制应当以被保险人获得高质量的医疗服务为前提。实施社区首诊，虽然能够降低医疗费用，但在我国目前现实状况下，

---

① 卢杨等：《医院与社区"双向转诊"机制研究》，载《中国卫生经济》2007 年第 7 期。

② 王以新、岳长海：《积极推进双向转诊制度大力发展我国社区医疗》，载《中国社区医师》2007 年第 22 期。

③ 崔勇、黄淇敏：《城市双向转诊制度探究》，载《解放军医院管理杂志》2007 年第 5 期。

④ 黄莺子等：《深圳市福田区社区卫生服务资源配置状况调查》，载《医学与社会》2008 年第 10 期。

⑤ 赵志广等：《深圳市流动人口社区卫生服务的弱势分析》，载《医学与社会》2005 年第 5 期。

⑥ 王丽娜，王健：《实施社区首诊制的意义及建议》，载《医学与哲学（人文社会医学版）》2006 年第 8 期。

被保险人难以获得有效的医疗质量保障。强制实施社区首诊，不可避免地要以牺牲被保险人的医疗保障权益为代价，甚至危及被保险人的生命和健康。

"看病难"的表述是不准确的，也可以说是错误的。毫无疑问的是，在二级及以下医院看病并不难，难的是看三级以上医院，尤其是医疗技术水平、道德水平和服务好的著名大医院。实施社区首诊，将被保险人分流到一、二级医疗机构及社区，在本质上无助于解决"看大医院难"的问题。

关于降低个人医疗费用支出、解决看病贵的问题。医疗费用的支出对个人的敏感度是不同的，而且与医疗质量有密切关联。与控制医保基金支出的道理相同，如果降低个人医疗费用的支出是以降低医疗质量、损害被保险人权益为代价的，必然违背被保险人的意志，违背降低个人医疗费用支出、解决看病贵的根本目的。

加强对流动人口的管理，既与基本医疗保险的目的和功能无关，亦非基本医疗保险所能真正达致：第一，参加基本医疗保险者，并不属于所谓的"流动人员"；第二，很多具有高流动性的人口，如小型餐饮、理发、娱乐等服务业从业人员，根本就没有参加基本医疗保险；第三，即便参加了基本医疗保险的"流动人口"，其中罹患结核病、肝炎、疟疾等传染病的人员仍极少，而且其患病率是否一定高于其他人群，缺乏权威的调查结论。针对"流动人员"实行社区首诊，以控制"疾病的传播"，不仅缺乏科学依据、法理依据，还有歧视之嫌。

以"保障社区卫生机构的发展"对被保险人的权利进行限制，与"旅游中强制购物"的荒谬相同。谁都知道，为了保障商店的"繁荣和发展"，强制游客或其他消费者到该商店"首购"，是极其荒谬的。医疗保险基金是由参保人缴费形成，其终极目的在于满足和保障被保险人的医疗需求，其本质在于购买医疗服务而非提供医疗服务。保障社区卫生机构的发展，与被保险人无关，此做法完全混淆了被保险人、参保人与政府、社会、市场主体的权利、义务、职责。

综上所述，这些"优势"要么根本不能成立，要么在现实的社会背景下难以发挥。

三、推行社区首诊的难点、障碍及评述

根据目前的研究，推行社区首诊的难点和障碍主要有如下方面。

第一，实施社区首诊的医疗技术人才尤其是全科医生不足，是阻碍社区首诊实施的根本原因。对医疗质量的要求是实现社区首诊制不可回避的重要内

容，以全科医生为主体的社区卫生技术人员的技术水平是实现医疗安全的关键。① 英国对全科医生实行了严格地准入控制。要成为 1 名全科医生，首先要接受 5 年以上的医学院校教育，再经过 3 年的全科医学培训，通过考试，获得全科医生资格证书，并注册为皇家医学学会会员之后，才能够作为全科医生开业行医。② 在国外，行使守门人职责的都是经过专门培训的全科医生，而我国全科医护人才的极度缺乏成为制约社区首诊制实施的又一不利因素。③ 据了解，我国约有 10 万社区医生。但现在经过正规培训的全科医生只有几千人，而我国目前已有 95% 的地级以上城市、86% 的市辖区和一批县级市开展城市社区卫生服务，全国已设置社区卫生服务中心 3400 多个，社区卫生服务站 12000 多个。这些数字反映出我国全科医生的严重不足。④ 我国全科医生的培养和培训制度尚不健全，造成我国全科医生的学历层次低、医疗技术水平差、数量规模小及分布不合理等，加之缺乏必要的医疗设备，致使病人对社区卫生服务机构医疗服务质量缺乏信任和认同，社区卫生服务中心对居民缺乏吸引力。⑤

第二，被保险人对社区卫生服务机构的医疗技术水平等持怀疑态度成为制约社区首诊制实施的重要社会因素。居民对社区卫生服务机构的医疗条件和医生技术水平持怀疑态度，并认为在社区首诊会耽误病情，所以不管大病、小病都到大医院就诊。有调查显示，48.6% 的医务人员认为因病人不信任社区卫生服务机构的医疗技术水平而阻碍转诊，由此可见社区卫生服务还有待社会认同。⑥

第三，缺乏基本的制度保障。一项政策的实施不仅跟这项政策本身的因素有关，更与整个社会的制度环境密切相关。能否与大的制度体系相互适应、相

---

① 李跃平、钟春英：《社区首诊制实施的基础条件分析与对策》，载《福建医科大学学报（社会科学版）》2010 年第 6 期。

② 李再强、林枫：《国外社区首诊制度简介》，载《中国卫生经济》2006 年第 2 期。

③ 李娇月、景琳：《关于我国社区首诊制试点的分析与思考》，载《中国社会医学杂志》2009 年第 4 期。

④ 马亚楠、刘洁、何钦成：《社区首诊制实施途径探讨》，载《中国公共卫生》2007 年第 12 期。另根据 2012 年我国卫生和计划生育事业发展统计公报，2012 年我国社区卫生服务中心（站）为 33562 个。

⑤ 刘伟：《全科医生首诊制是开展社区卫生服务的基础》，载《中国全科医学》2005 年第 13 期。

⑥ 井玲等：《城市医疗服务中双向转诊影响因素的探讨》，载《中华医院管理杂志》2007 年第 11 期。

互配合，是这项制度能否顺利实施的重要因素。首先，政府没有强制性要求实施社区首诊。其次，大部分的制度尚未完全建立，使得多部门的合作变得困难。实行社区首诊制，不仅需要医疗机构的配合，而且需要社保部门、财政部门、教育机构等多个部门的参与。但是目前来看，各部门间的协作还存在问题。再次，缺乏相关医保制度的制约，目前我国没有实现医保的全覆盖，还有很多人游离于各种保险体制之间。最后，双向转诊制度不畅。[1] 目前双向转诊运行困难，转诊渠道不畅通，大多为社区卫生机构向上级医院转诊，上级医院向下转诊的相对少得多。这是由于缺乏统一的转诊标准、没有合理的转诊双方的利益分配方式、制度和监督机制不完善等原因造成的。所以，即使有的患者愿意去社区首诊，但是又担心不能及时转向上级医院，耽误了治疗的最佳时间，从而间接阻碍了社区首诊制的发展。[2]

第四，大量的私人诊所和药店对社区卫生服务机构的冲击。据国家卫生部门统计，全国有个体诊所 13.66 万家，更有不计其数的药店，虽然个体诊所和药店经常操作不规范，存在不少的安全隐患，但私人诊所和药店提供相对廉价及便利的医疗服务，使部分患者特别是没有任何医疗保障的人员还是把其作为就诊的首要选择。[3]

第五，政府职能严重缺位、重视不够、投入不足。[4] 资金投入不足是指筹资和补偿机制不合理。筹资渠道单一化和财政补偿不到位，极大地制约了全科医生的培养和发展。社区卫生服务机构设备仪器比较落后，房屋条件较差，远远不能满足社区卫生服务机构的发展需要。[5] 医疗机构补偿机制不完善的后果，不仅仅是直接导致社区医疗机构投入严重不足，还造成医疗机构之间严重的两极分化，使得社区首诊制的实施缺乏良好的内部环境。[6]

---

① 刘佳、冯泽永：《社区首诊制的实施困境分析及对策研究》，载《中国全科医疗》2012 年第 3 期。

② 范可、吴小翎：《实施社区首诊制必先做好条件准备》，载《医学与哲学（临床决策论坛版）》2007 年第 12 期。

③ 忻红丰：《社区首诊制发展过程中的障碍分析》，载《中国初级卫生保健》2008 年第 3 期。

④ 樊建花等：《探究我国社区首诊制实施困境及解决对策》，载《卫生软科学》2011 年第 6 期。

⑤ 王川、张蕾：《当前我国施行社区首诊的必要性及可行性分析》，载《卫生经济研究》2009 年第 8 期。

⑥ 李跃平、钟春英：《社区首诊制实施的基础条件分析与对策》，载《福建医科大学学报（社会科学版）》2010 年第 6 期。

第六，公立医院严重失职、忽视公益、逃避责任。我国卫生行业市场化之后，政府对医院的资金投入减少，医院为谋求生存与发展必须通过其他途径获取收益。一方面，违背医德开大处方、大检查；另一方面，虽然政府政策一再要求小病、常见病在社区，大病、重病在医院，但是医院收入很大一部分来自小病、常见病的诊疗，因此医院不可能把病人下放到社区，这样就造成了医院拥挤，病人挂号排队等候时间过长的现象。[①]

"庸医害人"，医生的医疗水平和道德品质是决定其能否担负起"救死扶伤"重任的核心因素。目前，社区医疗服务机构根本无力承担起这一重任，这也是被保险人对社区医疗服务机构持不信任态度的根本原因。《国务院关于建立全科医生制度的指导意见》（国发〔2011〕23号）将全科医生的培养逐步规范为"5＋3"模式，即先接受5年的临床医学（含中医学）本科教育，再接受3年的全科医生规范化培养。在过渡期内，3年的全科医生规范化培养可以实行"毕业后规范化培训"和"临床医学研究生教育"两种方式。参加毕业后规范化培训的人员主要从具有本科及以上学历的临床医学专业毕业生中招收，全科方向的临床医学专业学位研究生按照统一的全科医生规范化培养要求进行培养，培养结束考核合格者可获得全科医生规范化培养合格证书。这一目标何时能够实现，尚不可预知。而社区医疗服务机构能否吸引并留住这些人才，就目前医务人员待遇水平、医患矛盾状况而言，前景并不乐观。

有没有强制首诊的文件依据并非实行社区首诊的关键因素，如果不能充分保障被保险人的生命与健康权利，强制立法必然沦为"恶法"，必然成为无权无势的被保险人的"专利"。基本医疗保险制度已经实现了全覆盖，但如前所述，是否需要实行社区首诊应以能否更好地满足和保障被保险人的医疗需求为目标，而与该制度的覆盖程度没有关联。

非公立医疗与药品机构的存在不应成为社区首诊的障碍，恰恰相反，它们应该通过竞争参与到医保定点医疗体系中，促进社区卫生服务机构诊疗技术与服务水平的提高，它们是我国医疗机构和药品零售企业体系的必要组成部分。遏制竞争，通过行政权力保护落后的医疗机构和药品零售企业，违背市场经济的基本规律，最终必然损及人民的健康乃至生命。

双向转诊的顺畅与否对能否实行社区首诊存在影响；政府对基层医疗机构的投入不足，并试图将此责任转由被保险人承担，是目前基本医疗机构医疗水平和服务不足的重要原因；医生的失德，医疗机构对利益的追求颠覆了其非营

[①]　樊建花等：《探究我国社区首诊制实施困境及解决对策》，载《卫生软科学》2011年第6期。

利性特质，越小的医院这一情形越严重，这是导致被保险人对社区医疗卫生服务机构不信任的重要因素，都严重影响了实施社区首诊的可行性。

四、社区首诊的实践：解释与适用

从国家层面来看，并没有强制实施社区首诊的规定。2006 年 3 月出台的《国务院关于发展城市社区卫生服务的指导意见》（国发〔2006〕10 号）提出，要探索开展社区首诊制试点，由社区卫生服务机构逐步承担大中型医院的一般门诊、康复和护理等服务。2009 年中共中央、国务院《关于深化医药卫生体制改革的意见》再次提出，引导一般诊疗下沉到基层，逐步实现社区首诊、分级诊疗和双向转诊。"逐步"、"引导"都非强制性用语。因此从国家层面来看，并未要求强制实施社区首诊。

从目前的实践看，强制实施社区首诊均为地方性规定，且以非职工医保为主。如《南京市城镇社会基本医疗保险办法》第 39 条规定：鼓励和引导参保人员到社区卫生服务机构就诊；城镇居民基本医疗保险实行以定点社区卫生服务机构为主的首诊、转诊制，参保居民需要转诊的，由首诊医疗机构负责转诊。《深圳市劳务工医疗保险暂行办法》第 36 条规定，参保单位应根据参保人实际工作所在的街道就近选择一家定点医疗机构作为其就医点（选定的定点医疗机构，简称为绑定社康中心），参保人应在其绑定社康中心就医，特殊情况下，可以在与其绑定社康中心同属于一家结算医院下设的其他定点社康中心或医疗站就医，到结算医院本部及结算医院外就医的应办理转诊手续。强制实施社区首诊的地方仍仅为个别地方，也有曾经实行首诊制而后取消的地方，如太原市从 2012 年起，城镇居民基本医疗保险取消首诊转诊制，太原市人社局负责人强调，在方便参保人员的基础上，要从政策上引导大家小病到基层医院治疗。① 需要指出的是，太原市的首诊并不限定在社区医疗机构，可想而知，如果首诊只能在社区，情况当更为糟糕。

可以从两个角度来分析地方实施的强制型社区首诊。

第一，合法性依据。基于我国社会保险的现实状况，在缺少上位法甚至不符合上位法规定的情形下，并非绝对不能进行制度与实践创新，但应当具有充分的理由，有利于更好地保护被保险人的权益。在目前实行强制型社区首诊，最大的"获利者"仅是首诊医疗机构与医保基金，而对被保险人利益并无好处，除非我们假定——被保险人选择较好医疗机构的行为是损害其自身利益的

---

① http://www.daynews.com.cn/sxwb/aban/10/1331514.html，2014 年 3 月 19 日访问。

行为，强制被保险人选择首诊机构才真正有利于他们（只不过他们不知道而已），这一假定违背理性常识——每个人都是自己利益的最好守护人。在人力资源配置、机构配置、药品配置、资金导向都没有完全满足条件的情况下，国内所有强制实行社区首诊制的案例都比较失败。社区首诊管控对患者来说意味着不自由，从本质上来说，需方如果没有选择医疗机构的自主性，一定会导致对患者的伤害。江苏省镇江市一位社区卫生服务中心的主任说，强制实行社区首诊，目前社区还没有能力。感冒应该在社区首诊，但是感冒可能引发心肌炎，如果社区漏掉怎么办？在国内社区现有的能力下，强制实行社区首诊恐剥夺患者的生命权。[1] 当下，强制实施社区首诊缺乏充分的理由，制度创新的合法性根据不足。

第二，区别对待的不平等性。实践中强制推行社区首诊，以居民医保以外来工（劳务工）为主。对居民基本医疗保险，大多数地区实行社区定点就医，参保人必须选定一家社区卫生服务机构（或基层医疗机构），非在定点社区卫生服务机构就医发生的费用不能获得医保的支付，去其他医疗机构就医必须经过定点社区卫生服务机构的转诊。少数地区实行门诊放开，并未明确要求只能到社区医疗机构就医，而是通过优惠政策吸引患者选择社区就医。[2]

这在相当程度上意味着强制普通居民、外来工、劳务工"优先"获得低水平医疗服务，如果这真是一项于己、于民、于国都有益的事情，为什么职工医保不实行呢？为什么公务员不带头实行呢？这种区别对待是不平等的，带有歧视性印记。强制放弃就医选择权，是一种"不公平"的政策，并且如果同时伴随转诊手续办理不顺畅，就更容易激发其不满情绪。我们对深圳市社保局定点医院医保病历上传系统中的相关数据进行整理后发现，2008 年参保农民工在一级医院、二级医院、三级医院及专科医院住院的比例分别为 41.54%、50.65%、5.69%、2.13%。而深圳综合医保（相当于其他城市城镇职工医疗保险）参保人在三级医院住院的比例高达 40.02%，而在一级医院住院则仅为8.78%，"用脚投票"结果差异明显。[3] 可见农民工对一二级医院的选择并非出自其真实意愿。但在社区首诊制的建立过程中，最容易忽视的是服务对象的

---

① 曾耀莹：《医联体到来，社区首诊在望?》，载《中国医院院长》2013 年第 8 期。

② 中国医疗保险研究会：《城镇居民基本医疗保险门诊统筹研究报告》，载中国医疗保险研究会：《2013 年年会材料中国医疗保险研究会研究报告汇编（2007 - 2012）》，化学工业出版社 2013 年版，第 22 页。

③ 周森、沈华亮：《基于利益相关者理论的深圳农民工社区首诊政策分析》，载《医学与社会》2011 年第 1 期。

感受和体验，而这种感受和体验往往直接影响了社区首诊制的实施效果。劳务工医疗保险参保人对他们所选择的社区首诊制明显表现了不满。原因可能是，参加劳务工医疗保险计划，在获得医疗费用降低的同时，也被绑定在指定的社区医疗机构，意味着对医疗机构或医生的选择权在一定程度上的放弃。如果这种选择权的放弃与费用降低的回报比起来，费用降低更具吸引力的话，那么费用降低，则呈现满意，费用没有降低，则呈现不满意；对于更注重选择权的群体来说，无论费用降低还是没有降低，都会出现不满意。[①] 作为职工医保的主体，职工们可以经由工会和企业（家）联合会、商会发出强有力的声音（职工的不满会直接传递给雇主，因此雇主方面自然会将这种意见表达出来）。而由于缺乏代言机构，普通居民、农民工很难真正表达出自己的意愿，区别对待如果不是赋权而是限制权利，极易损害其正当利益，违背平等原则。

五、被保险人主观意愿的尊重与限制：强制还是引导

社区首诊的确定主体是基本医疗保险的经办机构。《社会保险法》第 8 条规定："社会保险经办机构提供社会保险服务，负责社会保险登记、个人权益记录、社会保险待遇支付等工作。"但未对社会保险经办机构的性质作出明确规定。社会保险经办机构存在的根本目的是为被保险人服务，以最大限度维护被保险人权益为基本任务。因此，是否充分尊重被保险人的主观意愿，对于确定社会保险经办机构的合法性具有重要意义。非有充分而正当的理由，不应违背多数被保险人的意愿。

从开展的多项调查来看，同意社区首诊的意愿不容乐观。在 2001 年大连市中山区居民对社区卫生服务满意度调查中只有 28.1% 的居民选择社区卫生服务中心就诊。[②] 2005 年深圳市社区居民择医意愿调查中，20.7% 的居民自感病轻时选择社区卫生服务机构就诊。[③] 成都市武侯区的调查显示，社区普通居民到社区卫生服务中心首诊率仅为 16.4%。[④] 在江苏全省对 1141 名社区居民的抽样调查中，85.6% 的居民在自感病重时会选择市级及以上医院。69.5% 的

---

① 赖光强等：《深圳新型社区首诊制实施效果分析与思考》，载《中国全科医学》2009 年第 12 期。

② 任苒等：《城市居民社区卫生服务需求意愿及影响因素分析》，载《卫生经济研究》2001 年第 4 期。

③ 周丽等：《深圳市社区居民择医意愿及其影响因素分析》，载《中国公共卫生》2005 年第 8 期。

④ 高博等：《成都市武侯区社区居民卫生服务需求》，载《现代预防医学》2005 年第 9 期。

居民在病轻时愿意去社区卫生服务机构首诊，就近方便的原因占 75.6%；30.5% 的居民不愿意去社区卫生服务机构，其中 48.4% 的居民因为不放心社区医疗水平，27.3% 的居民因为社区卫生服务机构设备条件差，两者合计达 75.7%。① 居民社区首诊意愿指标显示，很愿意和比较愿意的占 50.5%；一般、不大愿意和很不愿意的占 49.5%。② 被调查的居民家庭中认为目前合适推行首诊双向转诊制度的有 78 户，占 31%；暂缓推行的有 18 户，占 7%；不合适推行的有 55 户，占 22%；其他的有 101 户，占 40%。居民在对首诊医院的选择上，选择市人民医院（三级）的家庭有 154 户，占 61%，选择区中医院（二级）的有 53 户，占 21%，选择其他医院（一级或社区）的有 45 户，占 18%。③ 深圳人一般偏好选择公立医院就医，认为在大型综合医院就医比较有保障，而社区医院等小型公立医院鲜有人光顾，能够在私立诊所消费的人群更是凤毛麟角。④

上海市居民首选社区医院情况调查显示，门诊病人 65.4% 首选社区医院，20.8% 首选三级医院；住院患者 57.4% 首选社区医院，27.8% 首选三级医院。60—74 岁人群首选社区医院达 72%，75 岁以上老人高达 73%。门诊病人、年龄大者、退休人员和新型农村合作医疗人员首选社区医院比例较高。门诊病人选择社区医院的主要原因是价格便宜和交通方便，住院病人选择社区医院的主要原因是价格便宜和服务态度好。⑤

从上述调查来看，病轻时选择社区卫生服务机构的比例要较高，但并不占有绝对优势。一方面，如何判断病轻病重，社区卫生机构并不具有确定权威，如果强制由社区卫生机构首诊，发生误诊、漏诊时的损害后果如何承担？被保险人必然将此迁怒于社区卫生机构，加剧医患矛盾。另一方面，即便有也多属

---

① 秦翔等：《江苏省居民社区首诊意愿及其影响因素分析》，载《中国医院管理》2007 年第 3 期。

② 戴金祥等：《武汉市居民社区首诊就医行为意愿调查》，载《医学与社会》2012 年第 10 期。

③ 陶天清、田冬华：《张家界：社区首诊转诊现状及对策》，载《中国社会保障》2009 年第 3 期。

④ 徐光毅、邱小丹：《深港医疗开支适宜增长与合理构成比例比较研究》。载《中国医疗保险理论研究与实践创新（2012 年卷）》，化学工业出版社 2013 年版，第 62 页。

⑤ 鲍勇、杜学礼、梁颖：《基于家庭医生制度的上海市居民社区首诊服务现况及因素分析（待续）》，载《中华全科医学》2012 年第 3 期；鲍勇、杜学礼、梁颖：《基于家庭医生制度的上海市居民社区首诊服务现况及因素分析（续完）》，载《中华全科医学》2012 年第 4 期。

于被保险人自愿选择社区卫生机构，但由此强制其他不愿选择社区卫生机构者选择该类机构，事实上侵害了其他被保险人的选择权利，这是非正义的。正义否认为了一些人分享更大利益而剥夺另一些人的自由是正当的，不承认许多人享受的较大利益能绰绰有余地补偿强加于少数人的牺牲。① 从尊重愿意选择社区卫生机构的被保险人的意愿来说，引导型社区首诊足够实现这一目的，并不需要采行强制型社区首诊；从尊重不愿意选择社区卫生机构的被保险人意愿来说，引导型社区首诊则不像强制型社区首诊那样会侵害被保险人权利。

六、结论：引导型社区首诊之选择

综上所述，至少在相当长时期内，强制型社区首诊是不可行的。强制型社区首诊的缺陷包括：（1）核心因素：社区卫生机构医疗人才与医疗技术的不足。（2）主观与社会因素：对社区卫生机构的不信任。（3）法理基础的缺失：医保机构属于法定委托机构，其核心职责是代表全体被保险人购买最优质的服务，应以维护被保险人权益为首要任务，完全限制被保险人选择权利与维护被保险人权益冲突，法理基础不足。（4）与市场化方向（发挥市场的决定性作用）背道而驰。在多元医疗服务格局下，如果限定一家医疗机构提供医疗服务，必然形成法定垄断，在缺乏强制缔约及救济的历史传统的背景下，必须导致服务的弱化，进而损及被保险人权益。必须有有效的竞争，才能真正促进医疗机构技术与服务的提高，故步自封只能导致落后。（5）以患者——被保险人为中心的管理监督模式的缺失，导致医疗服务的主要利益方——患者（被保险人）无法对医疗机构形成有效监督和制约，强制型社区首诊加剧医疗机构技术进步与服务提高动机的弱化。该监督的缺失还导致对社保机构的制约不足，滋生权力寻租与官僚作风。（6）制约缺陷的法律责任不足。强制首诊限制了被保险人的选择权利，需要以患者——被保险人为中心对首诊机构与首诊医生进行严格限制，应建立完善的行政责任、民事责任、刑事责任、经济责任、职业准入责任（如对医生和社保经办人员的终身禁止禁入制度）体系，没有严格的责任体系，就无法保护被保险人的权利。

引导型社区首诊既未在根本上妨碍被保险人的就医选择权，保障被保险人获得更好医疗服务的权利，有利于贯彻自己责任原则，缓解医患矛盾，同时又可以在相当程度上实现节省医保基金支出、分流患者的目的，可以较好地平衡保护被保险人权益、提高医疗服务质量与控制医疗费用、提供更便捷服务的矛

---

① ［美］罗尔斯：《正义论》，何怀宏等译，中国社会科学出版社 1988 年版，第 3～4 页。

盾，宜成为制度首选。考虑到社区卫生服务网络不健全、医疗服务提供能力较弱、居民缺乏信任的现实状况，不应强制参保居民选择社区卫生服务机构定点就医，而是通过设置较低起付线等更优惠的支付政策来吸引居民到定点社区就医。而对于选择等级医院定点的参保居民，则通过设置相对较高的起付线、比社区低得多的支付比例以及年度或次均支付封顶线，以此来防止不必要的滥用医院高端医疗服务。医疗保险经办机构要建立能够促进奠定医疗机构之间竞争的管理机制，如定点准入与退出机制，特别是退出机制，信用等级平等和激励机制等，促使定点医疗机构努力提高门诊医疗服务水平、转变运行模式，适应门诊统筹的医疗服务管理需要。[1] 现在要做的不是急于推行社区首诊制，而应把工作重心放在各项基础条件和配套政策的建设上，不断完善制度设计，提高居民对社区卫生服务机构的信任度，利用试点经验逐步扩大覆盖人群，强制实行社区首诊制，如果没有居民的大力支持和主动选择，不可能具备任何现实意义。[2]

第四节　被保险人对医疗机构的选择权

本节分析除社区首诊制外，在一般诊疗行为中，被保险人对医疗机构的选择权问题。

一、对被保险人医疗机构选择权限制的现实状况

如果抛开基本医疗保险不论，在一般情形下，对任何一位公民的就医医疗机构选择权予以限制，恐怕都会招致反对"你凭什么限制我的权利？你强制给我选择如果看不好病你能负责吗？"自主选择是人的本能行为，是人之为人的自由意志的体现。在个人对自我选择结果负责的情况下，基于对生命和健康的保障，其他任何人和组织均没有限制他们选择的权利。

但是，基本医疗保险似乎存在不同之处。以我国职工基本医疗保险为例，在支付范围内，基金承担大部分支付比例，在这种状况下，医保机构基于付费

---

[1]　中国医疗保险研究会：《城镇居民基本医疗保险门诊统筹研究报告》，载中国医疗保险研究会：《2013 年年会材料中国医疗保险研究会研究报告汇编（2007－2012）》，化学工业出版社 2013 年版，第 23 页。

[2]　王川、张蕾：《当前我国施行社区首诊的必要性及可行性分析》，载《卫生经济研究》2009 年第 8 期。

的前提为了体现自己的意志对医疗机构有一定的选择和限制权。这首先表现在对定点医疗机构的选择上，即被保险人原则上在医保机构确定的定点医疗机构救治才能享受医保待遇，非特殊情形在非定点医疗机构救治不能享受医保待遇，这在一定程度上限制了被保险人对医疗机构的实际选择。这种限制被公认为是比较正当的，而且由于在统筹区内定点医疗机构的范围较广，因此在统筹区内对被保险人的就医选择权影响并不大，本文对此不作探讨，而主要分析进一步限制被保险人对定点医疗机构的选择问题。跨统筹区医疗机构的选择与限制本质上涉及异地就医的结算与支付问题，另行专文探讨。

实践中比较普遍的做法是，由被保险人在定点医疗机构中选择几家医疗机构作为自己的医疗机构，对在非选定医疗机构发生的医疗费用医保基金原则上不予支付。另外一种做法则是，对定点医疗机构没有限制，被保险人无须选定一家或数家作为自己的诊疗机构，其在任何定点医疗机构就医均可纳入医保基金支付。如《泰州市市区城镇职工基本医疗保险暂行规范》（泰政办发〔2000〕78号）第17条规定，市区参保人员按照就地、就近原则，可在获取定点资格的任何一家医疗机构和零售药店就医、购药。

从发展趋势来看，社会医疗保险启动之初，对被保险人医疗机构的选择权有较多限制，但随着发展，其限制越来越少。如太原市从2012年1月起，60多万名参保人员可以在10个县（市、区）自由选择定点医院住院，报销费用也可在看病医院立即报销，不用垫付及来回奔波。[1] 北京市则持续扩大了被选定医疗机构的范围。但从现实来看，限定被保险人医疗机构选择权仍非常普遍，在统筹区以外更加如此，如跨省异地就医。

对被保险人医疗机构选择权的限制，虽然有一定的积极作用，但也在一定程度上损害了被保险人的医保权益，对医疗机构形成了一定程度的保护，有必要深入检讨。

二、被保险人医疗机构选择权：保障与限制

对被保险人医疗机构选择权的限制，主要是基于监管的需要。即认为如果放开对定点医疗机构的选择，可能因为无法监管和审查而导致被保险人在多家定点医疗机构重复开药等行为。当可选择医疗机构数量较少，如3家时，这种监控和审查会容易很多。以北京市为例，截至2012年，北京市医保定点医疗机构共1933家，如果任由被保险人个人选择，就医诊疗行为难以审查。在主

---

[1] http://www.daynews.com.cn/sxwb/aban/10/1331514.html，2014年3月19日访问。

要通过手工审查的阶段，可选择医疗机构的增加会增加审查与控制的难度。但从发展趋势看，手工审查已经不能适用新时代的医保监控要求，智能监控是唯一能够实施有效管控的基本方式。例如天津市对全市 1000 万余名参保人员就医情况、3.5 万名医保服务医师药师诊疗行为和 1660 余家定点服务机构医保服务情况实施在线监控，就医高峰时段即时监控人员近 20 万人次。[1] 成都市的智能监管系统覆盖 1293 万参保人员、1752 所定点医疗机构。[2] 事实上，即便将被保险人可选择的医疗机构限定为极少的几家，如 3 家，由于被保险人规模的庞大，单纯依靠人工对重复诊疗等进行监控，已力不能及。在实施智能监控时，至少对医保所涉医疗服务来说，医疗机构的数量已经不是障碍。

另外一种观点认为，患者的自由选择权对医疗机构的竞争行为影响甚微，自由就医行为刺激了不同等级医疗机构的无序竞争，加剧了医患关系的不确定性。[3] 笔者认为这一看法并不妥当。基层医疗机构举步维艰的现状实际反映了竞争的剧烈。那么这种状况是否是无序竞争又应如何对待？在一定意义上来说，被保险人蜂拥至大医院看病，社区、乡镇卫生院则门可罗雀，似乎是无秩序的。正是在这一意义上，笔者向来主张，说我国"看病难"是不对的，只是到大医院"看病难"而已，到小医院看病一点也不难。但是，让被保险人特别是让部分被保险人到小医院看病是否就是符合秩序呢？即便这是符合秩序的，如果多数被保险人不同意接受怎么办？是否能够以及如何强制实施？

笔者认为，选择什么样的医疗机构看病，不宜用秩序这一价值目标进行衡量。大医院虽然人满为患，但挂号、候诊、治疗井然有序，则不能认为是没有秩序的。换言之，大医院"看病难"、小医院"没病看"不宜认为是无秩序的体现，它是合法正当竞争而产生的自然现象，是被保险人自主选择的结果。虽然这种现象不利于基本医疗保险的可持续发展，增加了被保险人医疗保险权利实现的成本，也加剧了医疗资源分配的扭曲，但它并非无秩序发展的结果。更进一步的，判断保障还是限制被保险人的自由选择权，关键在于被保险人这一权利对其医疗保险权利的意义。如果限制被保险人的就医选择权，有助于实现被保险人的医疗保险权利，即限制本身是权利行使与权利实现的必要，这种限制才是正当的；反之，这种限制不具有正当性。基于每个人都是自己权利最大的守护者这一思想，当被保险人普遍放弃社区、乡镇医疗机构而选择较大的医疗机构时，应当认为这是被保险人实现自身权利的较好方式，而非相反。

---

[1]　李家兴、王坤：《天津医保监管精细化》，载《中国社会保障》2014 年第 11 期。

[2]　李家喻：《成都的医保立体监管网络》，载《中国社会保障》2015 年第 4 期。

[3]　董文勇：《医疗费用控制法律与政策》，中国方正出版社 2011 年版，第 147 页。

还有观点认为允许被保险人自由选择医疗机构并没有降低医疗费用。① 目前的自由选择医疗机构，多数都是选择医疗等级较高的医疗机构，收费也相对较高，确实在相当程度上增加了医疗费用，不仅导致基本医疗保险基金（包括城乡居民医疗保险基金）的增长，个人负担也有所增长。但是，就自由选择权的本质来看，并不必然导致医疗费的增加。因为选择的目的不是追求费用的增加，甚至不是追求最尖端的技术和医疗服务水平，而是良好的医疗服务质量。在我国对医疗服务质量的追求之所以演变为对大医院的形式追求，是很多社会因素造成的。而且，在根本上降低医疗费用非赋予被保险人自由选择医疗机构权利的主要目的。换言之，如果确实是为实现被保险人的医疗保险权利所必要，那么增加医疗费用也是正当而合理的。不应将增加或降低医疗费用作为是否赋予被保险人自由选择权的考虑因素。

就我国基本医疗保险目前的发展状况来看，不存在限制被保险人医疗机构选择权的法理基础。被保险人自由选择并享受优质的医疗服务是其社会保险权的体现和重要内容。

首先，赋予被保险人自由选择权是社会现实的需要，即被保险人有选择更多医疗机构的现实需要。第一，各个医疗机构的治疗特色、技术水平存在较大差异，允许自由选择更多医疗机构可以让被保险人根据自己的病情需求，及时选择更合适的医疗机构就诊。第二，虽然一些地方对被保险人变更定点医疗机构提供网上服务，变更程序比较方便和快捷，但是该程序的存在仍然在一定程度增加了被保险人的成本，降低了其就医效率。对于一些不太熟悉网络操作的人员，仍然存在诸多不便。第三，限制被保险人对医疗机构的选择权与职业人群流动性增强的社会趋势也不相符。

其次，被保险人应当享有一定的选择权，该权利的保留会对医疗机构改善服务具有相当的影响，会对医生的诊疗行为产生强烈的约束和激励机制，同样也能促进医生之间的竞争。② 参保者可以自由选择，但是医保机构可以通过设立"守门人"和"差别自费率"的方式，来引导参保者不要一味地涌向大医院。哪怕是这些医院医疗服务质量相对较弱，在医保定点上搞"二次市场准入"，不利于医疗资源的合理利用。要知道，无论如何，医疗机构的服务质量永远会有差别，而民众对哪怕是基本的医疗服务的需求也是有层次的。其实，比较合理的做法是所有获得卫生行政部门市场准入许可的医疗机构（无论公

---

① 董文勇：《医疗费用控制法律与政策》，中国方正出版社 2011 年版，第 146 页。
② 董文勇：《医疗费用控制法律与政策》，中国方正出版社 2011 年版，第 147 页。

立还是民营），都可以成为"全民医疗保险"的定点服务机构。①

当由被保险人自由选择医疗机构时，"用脚投票"的结果必然会导致医疗服务质量不佳的医疗机构举步维艰，而医疗服务质量较好的医疗机构则会吸引被保险人，这是符合竞争规律要求的，符合被保险人利益的。目前在基层医疗机构的发展中，医疗服务质量仍有待提高，这是其竞争结果恶化的主要因素。从长远看，这一状况不利于对被保险人权益的全面保护。但不应当通过行政手段强制保护医疗服务质量较差的医疗机构的生存和发展，这不仅是对公共资源的侵蚀，更是在根本上侵害被保险人的生命和健康权益。第一，在保障基层医疗机构医务人员基本生活以稳定其职业的同时，应当确定绩效工资的适当比例，增强提高医疗服务质量的激励机制。这是增强基层医疗机构吸引力的根本途径。第二，政府应加强信息公示，提供各医疗机构医疗服务质量的各种指标，解决信息不对称问题，以方便被保险人作出理性选择。第三，通过医疗保险支付比引导被保险人在基层医疗机构就诊。

有一种观点认为，医保机构对医疗机构完全不用限制，只要卫生行政部门审批同意设立的医疗机构，都应当允许被保险人自由选择，不应当再设置医保定点机构。仅仅从结果来看，这是不能成立的，即便开始都作为定点机构，但经过筛选和淘汰，包括进行处罚等，肯定要将部分医疗机构排除出协议医疗机构的范畴，必然导致部分医疗机构不能作为协议医疗机构。协议本身也存在选择问题，需要同意医疗服务购买方总体的购买方案，从理论上来说，这个购买方案是有利于最大多数被保险人的，是对医疗机构的制约，但不可能符合所有参保人和医疗机构的利益需求，既需要对医疗机构进行限制，也需要对被保险人进行一定的限制，只是这个限制不能妨碍竞争，不能在根本上影响被保险人的就医选择权及健康权保护。举个例子，有家医院很好，可是一名被保险人与科主任有矛盾，他就不愿意在这家医院看，要求在非协议范围内确定其他医疗机构，这个要求是不合理的。

最后，赋予被保险人自由选择权是从根本上维护被保险人自身权益的需要。利益具有社会性与个体性，在不违背社会基本认知的情况下，某事物或行为是否具有有利性应遵从个人的自我判断。以医疗机构的选择而言，某医疗机构医疗服务质量的高低，卫生主管部门或医保机构只能给出指导性或参照性意见，而不能强行要求被保险人接受该意见。医疗服务行为具有很强的人身依赖性和信任关系，除非符合执法处置范围，否则任何人和组织均无权否定主体的

---

① 顾昕：《"全民免费医疗"还是"全民医疗保险"》，载《中国社会保障》2009 年第 8 期。

意志自由。即在一般情形下，即便卫生主管部门或医保机构认为某一医疗机构医疗服务质量一般，被保险人认为该医疗机构的某一医务人员服务质量很好，不能认为该被保险人的看法是错误的。被保险人选择去拥挤的大医院看病而放弃小医院，忍受了看病的种种不便，是否就是对被保险人的不利呢？回答应当是否定的。毫无疑问，绝大多数人都是理性的，既然被保险人愿意忍受种种不便而去大医院看病，说明这一选择本身是对其有利的，是其乐意追求的结果，虽然不是最佳结果。客观上说，虽然到大医院看病存在不便，但优质的医疗服务尤其是较高的技术水平所产生的益处显然要大于不利，因此总体上是对个人有利的，这正是被保险人蜂拥大医院的直接原因。意志自由不仅仅使得被保险人可以作出更有利于自身生命和健康安全的医疗服务行为选择，而且作为人之为人的权利，意志自由的实现对于人的精神、心理和社会价值意义非凡。在没有特别需要限制的理由下，应当充分尊重并保障被保险人对医疗机构的自由选择权。

三、医疗机构的协议管理与被保险人的选择权

在医疗消费关系中，医疗行为的主动权掌握在医院和医生手中，对医疗机构医疗行为的监管，应以医院和医生为核心。要实现这一点，仅靠被保险人的个人选择行为是很难达到的，需要发挥医保机构"团体"购买医保服务的优势，其核心是完善协议管理，强化行政监管。在医保机构的协议管理或契约管理中，要发挥被保险人的积极作用。只要行政监管和契约管理做好了，就没有必要限制被保险人对医疗机构的一般选择权。

在特定情形下，如急诊，被保险人可以选择在非定点医疗机构就诊。在此特定情形下，被保险人享受充分的自由选择权，但是必须符合医保法律规则对于特定情形的限定，以及医保机构对于诊疗、转诊、结算支付等特别规定。

第五节　年龄关联型老年医疗保险制度

《社会保险法》第27条规定："参加职工基本医疗保险的个人，达到法定退休年龄时累计缴费达到国家规定年限的，退休后不再缴纳基本医疗保险费，按照国家规定享受基本医疗保险待遇；未达到国家规定年限的，可以缴费至国家规定年限。"退休人员应否缴纳医保费问题，是最近的一个热点问题，是作为一个理论问题而非法律问题存在的。对此不仅要考虑政治、经济因素，还要考虑政府的契约问题。在目前的法律框架下，退休人员享受医保待遇仍有相当规则需要完善。

一、老年医疗保险制度的设立及其风险

退休人员不缴纳基本医疗保险费用而直接享受基本医疗保险待遇，本书称之为老年医疗保险制度，有其历史延续性。如我国实施基本医疗保险制度的基本文件国务院《关于建立城镇职工基本医疗保险制度的决定》（国发〔1998〕44号）即规定："退休人员参加基本医疗保险，个人不缴纳基本医疗保险费。"当然，实行老年"免费"医疗保障制度，还有其深刻的历史原因。在建立基本医疗保险制度前半个世纪中，主要由用人单位承担退休人员的医疗费用，① 退休人员本人无须为享受待遇而缴纳费用。基本医疗保险制度实行老年"免费"医疗保障制度，与这一历史传统是密切相关的。当然，所谓"免费"并非完全不需要履行义务，在传统制度下，"免费"也是以保障对象在用人单位的连续工作至退休为条件的，而且在当时的背景下，如果没有编制或不能转正，即便在单位工作一辈子也仍然是"临时工"，不能退休，自然也不能享受"免费"医疗。"退休者不缴费，免费享有"的制度是限定用途、待遇确定、现收现付的老年福利计划，在运行机制上已转变为待遇确定型养老金。② 我国参保人口的80%聚集在财政补贴计划中，不但降低了整个制度的筹资能力，更增加了财政补贴负担，使职工医保老龄化程度加剧，可持续性出现危机，财政补贴数额的不断加大更进一步恶化了收入分配状态。老年"免费"医疗保障制度加剧了这一状况。

老年"免费"医疗保险在本质仍然是一项政治选择，在具体制度的设置上，如何更公平、更精确地实现制度目的，则有赖于法律规则的设计。关于老年"免费"医疗保险制度是否加剧了基本医疗保险制度的不可持续性或者在多大程度上加剧该不可持续性，研究仍然是不充分的。这涉及不可分割的多个问题：一是筹资的问题，筹资的标准、参保人数、征缴率都具有重要影响，筹资越多，抗风险能力自然越强。筹资标准的核心在于个人特别是用人单位的负担能力，目前，认为企业社保缴费负担偏重的呼声较强，即使不考虑降低医保

---

① 《劳动保险条例（修正）》第13条规定，诊疗费、手术费、住院费及普通药费均由企业行政方面或资方负担；贵重药费、住院的膳费及就医路费由本人负担，如本人经济状况确有困难，得由劳动保险基金项下酌予补助；工人与职员疾病或非因工负伤停止工作医疗时，停止工作连续医疗期间在6个月以上时，改由劳动保险基金项下按月付给疾病或非因工负伤救济费。

② 赵斌等：《我国城镇职工基本医疗保险制度内部参保人群老龄化问题研究》，载中国医疗保险研究会：《中国医疗保险理论研究与实践创新2012年卷》，化学工业出版社2013年版，第142~151页。

费率，未来提高医保费率必然会遭遇较强的社会压力。二是待遇标准，目前总体趋势是要求提高医保待遇标准。医保待遇标准的提高导致了医保基金支出的大幅增加，这种增加不仅是医保待遇标准提高自身直接产生的，还由于待遇提高导致医疗需求的增加而增加。笔者认为，考虑医保待遇增加的问题，不仅必须考虑国务院《关于建立城镇职工基本医疗保险制度的决定》所确定的基本医疗保险"以收定支、收支平衡"原则，还必须考虑《社会保险法》所确定的"保基本"这一待遇原则，还需考虑待遇提高后所产生的过度医疗、非理性医疗的刺激问题。在笔者看来，目前所存在的"大医院看病难"和"大医院看病贵"的问题实际是与医保待遇的提高有密切关系的。在一定意义上，提高医保的报销比例——由于一级医疗机构的报销比例已经很高，因此主要是提高二级和三级医疗机构的报销比例，不仅无助于解决"看病难"和"看病贵"的问题，而且加剧了这一问题。三是与新农合、城乡居民医保的整合问题，即要不要将新农合、城乡居民医保基金与职工医保基金合并。如果将前两者与职工医保基金合并，必然导致职工医保基金对前两者的"补助"，产生"搭便车"效应，同时也会加剧职工医保制度的可持续性。四是政府投入。目前，职工医保基金没有政府的财政投入，退休"免费"医保制度实际实行现收现付制，政府在此方面是否需要投入财务支持，值得研究。如果确定政府有责任提供这一支持，就会为基金的可持续性提供支撑。五是退休人员的待遇及支出，包括个人账户的划入金额。如果缩小个人账户的划入规模就会增加基金的可持续性，相反则会减少基金的可持续性。

笔者认为，基于社会保障待遇的刚性以及被保险人对制度的预期[1]，除非在穷尽上述保障措施仍不能维持基本医疗保险制度的正常运行时方可削减被保险人的待遇，否则不应取消该项制度或降低被保险人待遇。

二、适用对象

本书所称的老年医疗保险制度，仅指达到特定年龄的老年人员免费享受基本医疗保险待遇的制度，仅系参加职工基本医疗保险的被保险人。新农合、城镇居民基本医疗保险（统称为"城乡居民基本医疗保险"）的被保险人均不包括在内。因此，这一老年医疗保险制度的适用对象是比较狭隘的，并不涵盖大

---

[1] "免费"医疗保障制度体现了社会承诺，即被保险人以长期缴费保障上一代退休人员享受"免费"医疗保障换取下一代人对自己的保障。如果被保险人履行了自己的义务，最终却不能享受到预期的权利，则是政府违背了自己的承诺，是对契约精神的破坏，会导致政府公信力的消解，最终会对社会保险制度的实效性造成极大的损害。

部分老年人口。基于权利与义务相对应的基本原则，参加城乡居民基本医疗保险的被保险人，由于其缴费额过低，不能"免费"享受医保待遇；没有参加职工基本医疗保险的，没有履行最基本的义务，也不能获得这一待遇保障。

主要的争议在于，是否包括退职人员？退职是我国退休制度中历史问题，退职人员领取退职生活费而非养老金。虽然养老保障上存在一定区别，但是退职人员的医疗保障需求和权利与退休人员等并无差别，因此不宜区别对待。只要退职人员依法参加了职工基本医疗保险，缴费年限（包括视同缴费年限）符合享受老年医疗保障的年限要求，就应当纳入老年医疗保障制度保障范围。

三、年龄关联型老年医疗保险制度

根据《社会保险法》第 27 条规定，被保险人享受老年医疗保障待遇必须是"退休后"。对于这一条件，研究甚少，应属于重点规制问题。对于这一条件，可细分为三种模式：退休关联型、基本养老金关联型与年龄关联型。

《社会保险法》及相关政策规定均采用"退休"一词，系采"退休关联型"模式，即"退休"是享受老年"免费"医疗保障的基本条件。《武汉市城镇职工基本医疗保险办法》（武汉市人民政府令第 126 号）第 27 条规定："职工缴纳基本医疗保险费的年限（含视同缴费年限和实际缴费年限）男性累计满 30 年、女性累计满 25 年的，按规定办理退休手续后可享受退休人员基本医疗保险待遇。"严格按照此观点，被保险人如果未能退休，或者未办理退休，就不应当享受"免费"医疗保障，即便被保险人缴纳基本医疗保险费的具体年限符合规定。

基本养老金关联型。《北京市基本医疗保险规定》（北京市人民政府〔2001〕第 68 号令）第 11 条第 2 款规定："本规定施行后参加工作，累计缴纳基本医疗保险费男满 25 年、女满 20 年的，按照国家规定办理了退休手续，按月领取基本养老金或者退休费的人员，享受退休人员的基本医疗保险待遇，不再缴纳基本医疗保险费。"《成都市城镇职工基本医疗保险办法》（成都市人民政府令第 154 号）第 16 条规定：经有关部门办理退休手续、领取养老金后，不再缴纳基本医疗保险费，继续享受基本医疗保险待遇。

在我国现行规则体系下，退休和领取基本养老金是有差别的，首先表现为时间的不一致上。因此，与退休关联还是与养老金关联也有差别。这两种模式都存在缺陷。首先，忽视了基本医疗保险权利自身；其次，限制了基本养老保险权利；最后，不利于鼓励延迟退休。

年龄关联型。上海市人社局《关于本市企业各类人才柔性延迟办理申领基本养老金手续的试行意见》（沪人社养发〔2010〕47 号）规定符合一定的条件，超过退休年龄可以延迟退休并继续缴纳养老保险费，并规定，在延迟期间不再缴纳医疗保险费，医疗保险待遇按照到达法定退休年龄领取基本养老金人员的医疗保险待遇规定执行。《东莞市社会基本医疗保险规定》（东莞市人民政府令第135号）第19条规定，达到法定退休年龄的城乡居民，及达到法定退休年龄且符合本规定缴费年限规定的参保职工，可享受退休基本医疗保险待遇。《广州市社会医疗保险条例》第11条规定，退休人员在达到法定退休年龄时参加职工社会医疗保险累计达到规定年限的，按照规定享受相应的职工社会医疗保险待遇。

笔者认为，只有年龄关联型的老年医疗保障制度才真正符合这一制度的设立目的。在老年医疗保障制度下，缴费年限要求是适应制度可持续的需要；《社会保险法》对退休的要求实际是因为退休即不再需要缴费了，因此法定退休年龄的达致是最能体现这一要求的。考虑将来退休年龄调整，实行弹性退休制度是历史趋势，退休年龄不是完全确定的一个年龄，享受"免费"老年医疗保障制度应当与一个确定的年龄挂钩，这个年龄应首先维持在现有年龄上，既不是最低的退休年龄，也不是最高的退休年龄；同时设定法定年龄调整条件，在符合特定条件时，可通过立法行为提高该年龄。从而彻底切割基本医疗保险与基本养老保险的关联性。

四、待遇的享受条件

根据《社会保险法》第27条规定，被保险人享受老年医疗保障待遇的条件有两个：一是缴纳基本医疗保险费达到规定年限；二是办理退休。

（一）缴费年限

对于享受老年医疗保障所要求的缴纳基本医疗保险费具体年限，各统筹区规定不一。虽然具体缴费年限的要求与本地的基金收支状况、职工与退休人员的比例等特定因素有关，但如果地区差异过大，如有的地方仅要求10年，而有的地方则要求35年，则会导致公平性问题，也会产生趋利等不当行为，影响基本医疗保险的整体发展。需要在全国范围内进行规范和约束。

1. 是否包括视同缴费年限，《社会保险法》对此未作规定，各地政策也不尽一致。笔者认为应当包括在内。和养老保障权利一样，在开始实行基本医疗保险统筹之前，被保险人虽然没有缴费但实际通过劳动的付出或获得了医疗保障的权利，在医疗保障制度转轨之后，这一权益不应被抹杀。但与基本养老保险给付确定不同，基本医疗保险的给付是不确定的，而且对老年人医疗待遇的给付占了主要部分，为了防范制度风险，规定被保险人实际缴费年限达到一定年限才能享受老年医疗保障是必要的。

2. 是否承认异地转移的缴费年限，对此，《社会保险法》第 33 条规定"个人跨统筹地区就业的，其基本医疗保险关系随本人转移，缴费年限累计计算"。这一条款目前实际上处于休眠状态，因而导致被保险人医疗保险权利受损。

3. 缴费年限是否必须连续。《成都市城镇职工基本医疗保险办法》（成都市人民政府令第 154 号）第 16 条规定，初次参加本市城镇职工基本医疗保险的人员，连续不间断缴费满 15 年或累计缴费满 20 年，达到法定退休年龄并按国家和省、市有关规定，经有关部门办理退休手续、领取养老金后，不再缴纳基本医疗保险费；连续不间断缴纳基本医疗保险费不足 15 年或累计缴纳基本医疗保险费不足 20 年的，应按规定继续缴费至连续缴费年限达到 15 年或累计缴费年限达到 20 年。连续缴费者享受优待——更少的缴费年限要求，其理由是不充分的。

（二）老年医疗保险与基本养老保险分立

如前所述，在确立年龄关联型老年医疗保险制度之后，该制度当然与基本养老保险制度分离。在目前的规则体系下，鉴于两者仍存在一定联系，需要对相关规则予以明确。

1. 延迟退休或未及时办理退休及领取养老金者仍可享受这一待遇。被保险人达到法定退休年龄后经法定程序不退休而继续参保缴费的，符合缴费年限要求的被保险人有权要求自达到法定退休年龄起享受老年医疗保障待遇。在这种情形下，享受老年医疗保险待遇早于退休——领取养老金。

2. 被保险人可以在领取养老金之后开始享受这一待遇，主要适用于领取养老金时被保险人的缴费年限尚不足以享受老年医疗保障待遇的情形。被保险人可以继续缴费至符合缴费年限。在这种情形下，享受老年医疗保险待遇晚于退休——领取养老金。

3. 老年医疗保险关系与基本养老保险关系可以分离，即两者的支付主体与支付地可不在同一统筹地区。例如，对于被保险人甲，养老金可以由 A 省经办机构支付，老年医疗保险待遇则由 B 省的经办机构支付。这一现象产生的根本原因在于，两者的关系转移要求和缴费年限要求不同。基本养老保险可以在户籍地以及缴费年限超过 10 年的地方办理退休，当基本养老保险独自由户籍地转至工作地办理退休时，如果职工医保的缴费年限尚不足以享受老年医疗保险待遇，被保险人只能在户籍地继续缴纳医保费直至享受老年医疗保险待遇，从而形成由工作地经办机构支付养老金，而由户籍地经办机构支付老年医疗保险待遇的现状。由于基本医疗保险与基本养老保险是两个独立的社会保险项目，基金是独立的，支付程序也是独立的，目前支付主体多数也是独立的

——多数地方的基本养老保险经办主体与基本医疗保险的经办主体是两个不同的独立法人，因此从形式上来看，两者分立也是可行的。实践中，要求享受老年医疗保险待遇，或者要求继续缴费以便享受老年医疗保险待遇者必须在基本养老保险关系所在地，是不合法的。

五、续缴、补缴与趸缴

被保险人的缴费年限不足以享受老年医疗保险待遇的，根据《社会保险法》第27条规定，可以缴费至国家规定年限。那么，应该如何缴费？具体有三种方式：续缴、补缴与趸缴。三种方式是否都可以？

笔者主张：补缴主要应限于违法行为的追究；趸缴应予禁止；主要应通过续缴方式实现。

1. 续缴，即继续逐年缴费至达到规定年限止。被保险人在缴费时享受当期医保待遇，达到法定年限后享受老年医保待遇。

2. 补缴，即对历史上未缴费的年度补缴。对于属于强制缴费者，未履行缴费义务属于违法行为，在法定期限内追究其法律责任，包括责令补缴，依法征收滞纳金，并可依法进行处罚。对于自愿缴费者，可否予以补缴，没有法律规定。笔者认为，如果补缴应缴医保费用并同时缴纳滞纳金，对医保基金并无损失，同时又能保障其老年医疗保障权益，应允许补缴；但需特别注意者，不得减免滞纳金。

3. 趸缴，即一次性缴纳一定医保费用，通常按照缴费当年基数计算至满足法定年限的年数，一次性缴纳。（1）《社会保险法》第16条第2款规定："参加基本养老保险的个人，达到法定退休年龄时累计缴费不足15年的，可以缴费至满15年，按月领取基本养老金。"实际与医保的规定相同。作为社会保险法规则体系的一部分，《实施〈社会保险法〉若干规定》（人力资源和社会保障部令第13号）第2条规定"参加职工基本养老保险的个人达到法定退休年龄时，累计缴费不足15年的，可以延长缴费至满15年。社会保险法实施前参保、延长缴费5年后仍不足15年的，可以一次性缴费至满15年"，即允许趸缴；而该规定对老年医疗保险则为规定趸缴。因此从法律解释的角度来说，应当是不允许趸缴的。（2）从实践来看，绝大多数地方是允许趸缴的。（3）从理论上来说，一次性缴纳只能以当前的缴费基数和费率确定，而未来若干年随着社会平均工资的变化以及基本医疗保险基金收支状况的变化，缴费基数必然会发生变化，费率也可能变化，因此一次性缴费不利于基金的持续和稳定，不应支持。鉴于正常续缴即禁止趸缴并不会妨碍被保险人的医保权利，而且禁止趸缴符合立法及理论要求，因此应当禁止趸缴，而实行统一的正常续缴制度。

第六节　医保契约制度与规则

一、医保契约的性质

（一）界定医保契约性质的重要性

准确界定医保契约的内涵及其法律属性，对于维护被保险人权益、合理分配医保机构与医疗机构之间的权利义务、准确界定医保机构的行政职责与契约履行职责、更好地构建与完善法律救济制度，促进基本医疗保险事业的良性发展，具有极其重要的意义。明确医保机构自身地位和协议书属性，有利于各方的医疗保险工作。[1]

1. 有利于更好地维护被保险人权益。在基本医疗保险中，被保险人的医保权益主要包括两个方面，获得尽可能优质的医疗服务及尽可能少的支付医疗费用。这两个权益在本质上都是由医保机构保障的，但主要均通过医疗机构实现。[2] 因此医保机构与医疗机构之间的关系、两者义务或职责的履行状况，将直接体现为被保险人权益的实现程度。例如，医疗机构的服务态度、告知等医疗伦理义务的履行状况，自费项目的告知与收费状况等，对被保险人的权益影响很大。而医保契约的属性直接决定了医保机构对医疗机构的能动地位，医保契约的性质不同，权利义务的配置不同，医保机构是否拥有监督等权限也不相同，对医疗机构的制约及其义务履行的影响自然也不相同。因此，不同性质的医保契约，对于医疗机构服务的供给、契约义务的履行将产生不同的影响，从而影响被保险人权益的实现。

2. 有利于准确配置医保机构与医疗机构之间的权利义务。如果是民事契约，双方当事人则拥有完全平等的法律地位，医保机构不能主导契约的订立与履行；医保机构不能对医疗机构行使管理、监督等职权，医保机构不能非因契约约定而单方解除或终止契约；既不能适用行政法上的基本原则如依法行政原则对医保机构的权力进行限制，同时基于民事契约自由的原则，也不能对医保机构的缔约权多加干涉。如果赋予行政合同当事人享有与私法合同当事人相同

---

[1]　程苏华等：《基本医疗保险服务协议的调查分析》，载《中国医院》2012 年第 1 期。

[2]　非直接结算医疗费用时，则由医保机构直接履行支付义务。

的自由，则使行政服务存在商业化的危险。[1] 如果说命令行政容易使行政主体专横跋扈、恣意妄为，则行政契约更易引发权钱交易，致使"行政主体廉价出卖行政权"。对行政合同不得不实行某些限制，从而使其不至于变成对互惠利益纯粹的讨价还价。[2] 如果将本属于行政契约的医保契约错当为民事合同，自然就赋予私法合同的契约自由，这就从制度上创造了滋生腐败的土壤。也极其不利于医保制度的发展。因为在民事契约中，一方当事人是不可能对另一方当事人进行监督检查的，双方产生争议包括事实争议，只能寻求民事司法制度的救济，这显然不利于医保事业的发展。例如，医保机构调查认定医疗机构"大处方""多检查"等不当行为，并据此拒付相应费用，如果该行为不能立即生效——医疗机构转而要求被保险人承担费用，即便在经过复杂的复议、诉讼程序之后，确定医疗机构应当自行承担该费用，也将对被保险人发生实质的损害。因此恰当的做法应当是，基于契约，医保机构的此类具有行政执行力的行为得发生直接效力，医疗机构享有寻求司法救济的权利，但在推翻医保机构的处分行为前，该处分行为应当得到履行。[3]

3. 其他社会保障行为融合或冲突的区别。医保契约在整个社会保障或社会保险制度中仅仅是一个较小的问题。在其他社会保险属于一种法律性质时，如果基本特质没有差别时，确定医保契约属于另一种法律性质，不仅存在自相矛盾，而且对整个社会保障都会构成比较严重的割裂，这会产生严重的后果。例如，对于基本养老保险待遇的支付，需要遵循依法行政原则，而基本医疗保险待遇的支付，却要贯彻契约自由原则，两者必然会产生冲突。[4]

4. 有利于增强医疗机构的透明性，遏制骗保与腐败现象。目前医保领域

---

① [德] M. P. 赛夫：《德国行政法——普通法的分析》，周伟译，山东人民出版社2006年版，第101页。

② [日] 南博方：《日本行政法》，杨建顺、周作彩译，中国人民大学出版社1988年版，第64页。

③ 有必要分析一下劳动合同的问题。因为在我国的法律体系下，劳动合同争议是作为民事争议处理的，因此在某种意义上，劳动合同可以归入民事合同的范畴。同时，在劳动合同关系中，用人单位对劳动者享受管理权。笔者认为，劳动合同在严格意义上并不属于民事合同；更为重要的是，用人单位对劳动者的管理权，并非基于劳动合同，而是基于劳动关系的本质属性。认为用人单位对劳动者的管理权来源于劳动合同的观点，无法解释用人单位与劳动者不存在劳动合同时的情形。笔者将在分析"协议管理"这一错误表示时进一步予以分析。

④ 如果我们注意到，在很多地方，且有越来越多的地方，基本养老保险和基本医疗保险是由同一社保机构实施的，这种荒谬性就更为显而易见了。

的违法违规现象的滋生，与对医保契约属性不明是有密切关系的。只有属性明确、定位准确，才能更为精确地界定协议各方的责、权、利，才能更好地激发医保机构的能动性，同时限制其不利倾向。只有明确医保机构的行政主体地位，不仅存在滥用职权输送利益、损害医疗机构及被保险人权益的可能，而且存在渎职侵权的可能。① 对医保机构的性质、地位进行准确定位并规制，有助于建立更为透明、公正的医保运行体系。

5. 有利于完善法律救济程序。医保契约的法律属性不同，其适用的准据法自然不同，法律救济程序自然不同。在不同的法律救济程序中，司法理念与具体规则存在显著差别，这对契约当事人及第三人都将产生不同的影响。例如，在民事诉讼中，除非有法律强制性规定、契约明确约定或符合情势变更原则，任何一方当事人都不能单方提前终止合同；在符合情势变更原则时，当事人可以提前解除合同，另一方当事人不能强制对方当事人履行合同。而在行政合同中，规则则不同。在此基础上，法律救济程序的完善也将面临不同的发展方向，这对包括医保契约制度在内的整个社会保险、社会保障制度的救济与保障都将产生深远的影响。

（二）协议的非正规性

目前，政府文件和医保实践普遍使用的是医疗服务协议，文献中也多使用"协议"而很少使用"契约"②。

在一般国内法律中，很少使用"协议"。协议指国家、政党或团体间经过谈判、协商后取得的一致意见。③ 合同，又称契约，广义的合同是指两个以上的当事人之间变动民事权利义务的双方民事法律行为。④ 在英语中，Contract是指具有法律效力的正式的书面合同。而 Agreement 则泛指个人、团体或国家之间取得一致而达成的任何协议、协定或合同、契约等，可以是口头的，也可以是书面的。因此比较而言，协议在通俗语言中使用更多，而较少在法律文本中使用；协议更多的是一个事实行为而非法律行为，而合同或契约则是标准的

---

① 例如，有的地方要求怀孕 7 个月内必须在社区卫生机构进行检查，从社区卫生服务机构转至待产医院时，转出与转入医院均要求进行 B 超检查。生育保险经办机构明知此行为存在却不予纠正，即存在渎职行为。

② 例如，在中国知网中输入"医疗协议"进行模糊检索，有 84 条结果；输入"医疗契约"，仅有 16 条结果，而且属于"医保契约"意义上的实际只有 1 条。

③ 中国社会科学院语言研究所词典编辑室：《现代汉语词典》，商务印书馆 2005 年版，第 1506 页。

④ 中国大百科全书编辑部：《中国大百科全书·法学》，中国大百科全书出版社 2006 年版，第 234 页。

法律行为；合同（契约）与合同自由、契约精神相联系，有着非常丰富的法律内涵，而协议则难以表征合同自由、契约精神，就此点而言，使用"医保协议"既难以凸显其意思自由之含义，也难以彰显其"契约皆得信守"之特质，不利于培育契约主体的契约精神与法治理念；合同（契约）的使用，有着悠久的法律传统，而协议则缺少人文精神与历史的厚重。基于此，笔者认为，医保协议改称为医保契约更为适当。

（三）医保契约属于行政契约（合同）

关于医保契约法律属性有以下三种观点：

1. 认为属于民事合同而非行政合同。该契约是以民事约定的形式体现出的一种行政管理手段，以处理医疗服务相关的纠纷。① 定点医疗机构与医疗保险事业管理中心签订的服务协议在性质上应属民事合同；医保资金管理机构是社会保险行政部门的下属事业单位，被授权对统筹基金进行筹集和管理，不包括对定点医院的行政管理权，其对定点医院的管理是纯事务性管理，不带有行政管理的性质，双方是平等的交易关系，不存在一方将自己的意志强加给另一方的权利，这是一种民事法律关系，属民事合同范畴。② 原劳动保障部医疗保险司司长乌日图也认为，社会保险经办机构与定点医疗机构签订合同，涉及提供定点医疗服务、医疗费用结算和审批等方面，建立平等的民事关系，而不是行政管理关系。③ 论者还以《社会保险法》第 7 条关于"国务院社会保险行政部门负责全国的社会保险管理工作，国务院其他有关部门在各自的职责范围内负责有关的社会保险工作""县级以上地方人民政府社会保险行政部门负责本行政区域的社会保险管理工作，县级以上地方人民政府其他有关部门在各自的职责范围内负责有关的社会保险工作"的规定，认为经办机构并非行政主体，而仅仅是非营利性的公共机构，同时还认为，美国、德国的医保公司确定与其合作的医疗机构，这不是来自行政权力，而是管理的需要。④

2. 认为属于行政私法合同。行政私法合同是行政主体运用私法合同达致行政公法目的的手段，基本医疗保险服务协议符合行政私法合同的特征和本质

---

① 睢素利：《关于基本医疗保险服务协议相关法律问题的探讨》，载《中国卫生法制》2012 年第 1 期。

② 刘继雁：《定点医疗机构骗取医保资金构成合同诈骗罪》，载《人民司法》2011 年第 10 期。

③ 乌日图：《定点医疗机构管理暂行规定答记者问》，载 http://www.law - lib.com/fzdt/newshtml/21/20050709142329.htm/，2014 - 05 - 08。

④ 郑雪倩等：《基本医疗保险服务协议的法律问题研究》，载《中国医院》2012 年第 1 期。

属性，具有主体平等性、兼具公益性和私益性、具备公法和私法双重属性，因此其法律性质是行政私法合同。[①]

3. 认为属于行政合同。主要理由是医疗保险经办机构作为法定机构，按相关法规授权履行职责，属于行政主体；医保经办机构代表参保人员的利益，优先考虑对公共利益的保障，具有公益性；契约的内容及违规处罚体现行政管理意志，医院应服从监督，医保机构具有主导权。[②]

笔者原则上同意第三种观点。医保契约与行政私法行为是不同的。行政主体运用私法之方式，来达成国家任务时，则可称为国库行政或私经济行政，包括行政辅助行为、行政营利行为、行政私法行为。所谓行政私法行为，是以私法行为来直接达成国家之任务，如公立医院提供医疗服务、治安机构聘雇民间人士协助治安工作。[③] 在私法形式之行政给付行为中之给付行政，系针对人民生存条件的改善，以保障及生存照料为出发点，所为直接之促进或分配之行政，如供给人民水、电、瓦斯，或提供邮递、电信、客货运输之服务，设置学校、医院等。[④] 医保契约指的是作为行政主体的医保机构与医疗机构之间的契约，而与医保契约有关联的行政私法行为指公立医疗机构与人民之间的医疗行为，两者指称对象显然不同。

虽然在某些领域，公法与私法存在交叉，但就某一具体行为的性质，其最终只能归结为公法或私法。给付行政除依法律规定，应借公法组织形式执行者外，国家可视实际情况，决定应以私法或公法组织形式，遂行其给付行政任务。以公法组织者，其利用关系上得为公法关系或私法关系；以私法组织，除非受托行使公权力者，其利用关系仅得为私法关系。[⑤] 对医保契约而言，需要具体判断究竟适用行政法还是民事法，例如，在没有约定的情况下，医保机构是否可以基于公共利益的考虑而单方解除契约，如果适用民事法则不能解除；如果适用行政法，则可以解除。在现行诉讼救济程序下，必须回答究竟适用行政救济程序——行政复议和行政诉讼，还是适用民事救济程序——仲裁与民事诉讼，不存在第三条道路。

医保契约在现行法律体系下属于行政契约（合同）：

---

① 杨华：《基本医疗保险服务协议的法律性质探讨》，载《中国卫生法制》2013 年第 3 期。

② 吴光：《完善协议管理构建和谐医保》，载《中国医院》2010 年第 4 期。

③ 陈新民：《行政法学总论》，台北：三民书局股份有限公司 2005 年版，第 36～41 页。

④ 李震山：《行政法导论》，台北：三民书局股份有限公司 2011 年版，第 232 页。

⑤ 李震山：《行政法导论》，台北：三民书局股份有限公司 2011 年版，第 232 页。

1. 医保机构对医疗机构行使行政管理权。行政是国家在其法律制度范围内，为实现国家目的而进行的除司法以外的活动。[1] 通论认为，行政指立法和司法之外的国家作用。从社会保险的建立、实施、监督、管理、政府权责等诸方面考察，可以明了在我国社会保险的实施是政府的一项职责和作用，属于政府的行政职能范畴。

从整体来看，社会保险经办机构的职能包括：社会保险登记，社会保险费申报与征缴，社会保险个人权益记录管理，社会保险待遇的计发，社会保险稽核，社会保险基金的管理与运营等。[2] 这些职能均属于行政职能。医保（社保）机构行使这些职权，属于行使行政权。

从医保机构的特有职能看，基本医疗保险实行药品等"三大目录"管理，要求医疗机构按照法定标准和比例直接对被保险人进行结算，并要审查医疗行为是否符合"三大目录"及相应结算标准，对医疗机构违反规定要求的进行责任追究，如要求返还医疗费用，取消相应资格等。这是基于法律法规或规范性法律文件的直接规定，是医保机构对医疗机构和被保险人的行政管理职权。

我国立法也是将此类行为作为具体行政行为对待的。如《社会保险法》第83条规定：用人单位或者个人认为社会保险费征收机构的行为侵害自己合法权益的，可以依法申请行政复议或者提起行政诉讼；用人单位或者个人对社会保险经办机构不依法办理社会保险登记、核定社会保险费、支付社会保险待遇、办理社会保险转移接续手续或者侵害其他社会保险权益的行为，可以依法申请行政复议或者提起行政诉讼。

2. 医保机构属于行政主体。行政权的归属者，称为行政主体。[3] 中国的社保机构与美国、德国的医保公司是完全不同的。美国医疗保险的运行采取的是商业保险模式，其经办主体为商业保险公司，除非有法律规定或委托，其天然地属于市场主体，而不属于行政主体。但由于政府举办的医疗保险的公共产品属性，商业保险公司在承办此类公共产品时，并不完全属于市场行为，而要受到行政法的制约。美国虽然不存在行政诉讼程序，但其医保契约争议仍可能受行政法官管辖。[4] 德国社会医疗保险由同业工会负责经办，其本质上也不属于

---

[1] ［德］奥托·迈耶：《德国行政法》，刘飞译，商务印书馆2002年版，第14页。

[2] 由于我国对社会保险费的征缴，实行地税机关与社保机构"双轨制"，因此立法中"社会保险费征缴机构"包含社保机构。

[3] ［日］南博方：《日本行政法2版》，杨建顺译，中国人民大学出版社2009年版，第11页。

[4] 陈定伟等：《美国、德国医疗保险服务协议相关法律问题及对中国的启示》，载《中国医院》2012年第1期。

政府机构。但即便如此，德国也未将医保契约争议界定为民事争议，并非由普通法法院管辖。而在中国，医保机构属于政府机构而非公共机构，此点并无疑义。作为政府机构，其业务亦为实施政府职能，只能确定为行政主体。医保机构不属于行政机关，并不意味着其不能成为行政主体，此乃常识。

一个必须注意的基本事实是，医保机构并不完全是一个独立机构，在不少地方，医保机构即是社保机构，由一个独立的社保机构负责经办养老、医疗、工伤等各项社会保险，甚至负责征收社会保险费。在经办机构①同一的地方，社保机构的性质就是医保机构的性质。即便在经办机构分立的地方，基于我国社会保险的统一立法与整体架构，医保机构的行政主体地位应当与其他经办机构的行政主体地位相同。

3. 在大陆司法实践中，所有以社保机构为主体的社会保险纠纷案件均是作为行政复议和行政诉讼受理和处理的。如果以民事诉讼起诉社保机构，司法机关只能驳回起诉。因此司法实践很明确，在社会保险争议中，社保机构属于行政主体，此类争议属于行政争议。此在司法实践中并无争议。就此角度而言，认为医保契约属于民事合同，是完全无视我国司法实践的表现。

（四）医保契约符合一般行政契约之属性

首先要确定什么是行政契约，或者说行政契约的本质特征是什么？将行政契约的本质依附于行政主体，即行政主体与私人间（或行政主体相互间）立于平等地位、所为之合意②，这是不准确的，这通常应属于民事合同范畴。亦有认为只有直接执行公务的合同才是行政合同，直接执行公务的合同包括两种情形：合同当事人直接参加公务的执行或者合同本身构成执行公务的一种方式。③ 由于对什么是公务缺乏更为精确的界定，仅仅为国家公权力之事务，还是包括一般公共事务，含义不清，因此也不够恰当。还有观点认为，契约行政是行政主体依法与相对人签订具有行政法上权利、义务内容的协议，以实现既定行政目标的政府管理手段或政府管理模式，是借助合同手段实现行政职能的

---

① 目前国内经办机构的名称、模式是不统一的，既有完全由一个经办机构承办所有社会保险的模式，也有由不同经办机构分别负责各个经办机构的模式；在名称方面，有"社会保险事业管理局""社会保险局""社会保障局""社会保险事业管理中心""社会保险基金管理中心""养老保险局""养老保险经办中心""医疗保险局""医疗保险事务管理中心"，等等，极其不一，因此标准的统一称呼是"社会保险经办机构"，简称经办机构。

② 汤德宗：《行政程序法论》，台北：元照出版有限公司2005年版，第40页。

③ 王名扬：《法国行政法》，中国政法大学出版社1998年版，第186～188页。

法律行为。① 但是，契约内容是否属于行政法范畴，可能并不清晰，很可能陷入循环定义。

区分行政契约及私法契约有依"契约标的"与"契约目的"等两种方式。② 若契约之订立系属履行公法法规，契约内容涉及行政主体应为一定公权力行为，或涉及人民之公法上权利义务者，应属行政契约。③ 大陆学者余凌云主张，行政契约是指以行政主体为一方当事人的发生、变更或消灭行政法律关系的合意。④ 当事人意思一致所缔结的发生公法上法律关系的契约，也就是以设立、变更或废止行政法关系为目的的契约。⑤ 我国台湾地区吴庚大法官在释字第533号解释协同意见书中认为：凡行政主体与私人缔约，其约定内容亦即所谓契约标的，有下列四者之一时，即认定其为行政契约：（1）作为实施公法法规之手段者，质言之，因执行公法法规，行政机关本应作成行政处分，而以契约代替；（2）约定之内容系行政机关负有作成行政处分或其他公权力措施之义务者；（3）约定内容涉及人民公法上权益或义务者；（4）约定事项中列有显然偏袒行政机关一方或使其取得较人民一方优势之地位者。若因给付内容属于"中性"，无从据此判断契约之属性时，则应就契约整体目的及给付之目的为断。⑥ 按照这些观点，医保契约当属行政契约无疑。

我国台湾地区司法实践对医保契约的行政契约属性作了深入分析。"司法院"在释字第533号解释指出，健保局为政府机关，为执行法定职权与各医师服务机构缔结全民健保合约以达成民众健康，促进公共利益为目的，此合约即使有行政契约之行之，双方对缔约内容发生争议属于公法上争讼事件。⑦ 健保局并非财团法人，又不属公司组织，系具有行使公权力权能之国家机关，不因其首长及服务人员不适用一般行政机关公务人员之职称、官等、职系、俸给而有异。医师服务机构依合约之规定，负有代替健保局对被保险人提供医疗服务之给付义务，而被保险人受领给付，则系基于与健保局间所发生之公法关系（释字第524号解释），故健保局与医事服务机构间之前述合约，系以人民公

---

① 应松年：《当代中国行政法（下卷）》，中国方正出版社2005年版，第976页。
② 陈新民：《行政法学总论》，台北：三民书局股份有限公司2005年版，第367页。
③ 李震山：《行政法导论》，台北：三民书局股份有限公司2011年版。
④ 余凌云：《行政契约法》，中国人民大学出版社2006年版，第30页。
⑤ 陈新民：《行政法学总论》，台北：三民书局股份有限公司2005年版。
⑥ 李震山：《行政法导论》，台北：三民书局股份有限公司2011年版，第383～384页。
⑦ 陈新民：《行政法学总论》，台北：三民书局股份有限公司2005年版，第367～368页。

法上权益为契约内容，且观其约定条款多属重复"全民健康保险医事服务机构特约及管理办法"之规定，并使健保局之一方显然享较优势之地位，甚至将法律所定之行政罚订为违约之罚则。因此，衡诸前开判别基准，系属行政契约。①

二、从定点管理走向契约管理

（一）定点管理

对医疗机构的选择是医保机构提供医疗服务给付的前提。就医保机构方面来说，对医疗机构的选择涉及两个制度：定点管理制度与契约管理制度。作为确立我国基本医疗保险制度法律依据的国务院《关于建立城镇职工基本医疗保险制度的决定》（国发〔1998〕44号）规定：基本医疗保险实行定点医疗机构（包括中医医院）和定点药店管理，劳动保障部会同卫生部、财政部等有关部门制定定点医疗机构和定点药店的资格审定办法；社会保险经办机构同定点医疗机构和定点药店签订合同，明确各自的责任、权利和义务。目前，定点与医保契约是分立的，定点主要由医疗保险行政部门实施与管理，而契约主要由医保经办机构实施与管理。

1999年原劳动保障部、卫生部、国家中医药管理局颁布实施《城镇职工基本医疗保险定点医疗机构管理暂行办法》（劳社部发〔1999〕14号）。定点医疗机构确定的基本程序是：医疗机构提出申请；社会保险行政部门进行审查，审查合格的发给定点医疗机构资格证书，并向社会公布，供参保人员选择；参保人员在获得定点资格的医疗机构范围内，提出个人就医的定点医疗机构选择意向，社会保险经办机构根据参保人的选择意向统筹确定定点医疗机构；除获得定点资格的专科医疗机构和中医医疗机构外，参保人员一般可选择3—5家不同层次的医疗机构，其中至少应包括1—2家基层医疗机构（包括一级医院以及各类卫生院、门诊部、诊所、卫生所、医务室和社区卫生服务中心）。

定点医疗机构资格是在现有合法医疗机构的基础上确定的。要获得定点医疗机构资格，除具有一般医疗机构资格外，通常还需要具备：（1）硬件标准。主要包括：①规模。据以衡量医疗机构提供医疗服务的能力。主要以床位数、医务人员数量及其各类医疗技术人员的比例等。②功能。即救治疾病的类型。③医疗设备。即医疗机构的医疗装备。④环境。如绿化率、照明、噪声、交通的便利条件等。⑤管理。是否有比较完备的管理制度，如技术操作规程、岗位

---

① 黄俊杰：《行政程序法》，台北：元照出版有限公司2008年版，第214页。

责任制、医疗质量管理、医疗档案管理、财务管理、信息管理等是否健全。
（2）医疗服务标准。这是反映医疗机构的软实力。主要包括：①诊断质量。诊断是治疗的前提，诊断错误将直接导致治疗错误，危及病患生命与健康。具体指标包括门诊诊断、入院诊断与出院诊断的符合率，临床诊断与病理诊断的符合率，术前与术后的诊断符合率，确诊时间，漏诊率、误诊率等。②治疗质量。治疗质量是医疗机构的核心技术指标，反映了医疗机构的技术水平与可信度。具体指标包括危重病人急诊抢救成功率、单病种治愈率、单病种死亡率、平均住院天数等。③安全质量。主要包括医疗差错发生率、医疗事故发生率、院内感染发病率、并发症发生率等。④医疗服务价格。主要包括次均门诊费用，住院费用，单项检查、治疗费用，单病种治疗费用等。⑤社会评价。反映了社会公众对医疗机构的信誉度。

实施定点管理的主要目的是，为被保险人选择更为适当的医疗机构，并控制医疗费用的不合理支出与增长。相对于被保险人来说，医疗机构具有较强的技术垄断性，信息不对称状况比较严重。如果完全依赖于被保险人的自由选择，被保险人可能难以选择到适合自己的医疗机构；在费用支付上，个人也难以达到医保机构那样的谈判、审核和控制能力，而实行定点管理，医保机构具备较强的制约能力。

（二）定点管理应取消

本人认为，如果说在制度初创时期，定点管理制度发挥了重要作用，那么到今天，依然实行定点管理，则不符合医疗保险与社会发展状况。这种分权既无理论与实践基础，也增加了相对人的负担，也极容易导致权力寻租，应当取消定点资格的行政审批（许可），实行以契约管理为主体的医药服务管理体系。

第一，定点资格管理限制竞争，不利于医疗机构提高医疗技术水平与服务质量。医疗机构符合法定执业资格要求，即可以提供医疗服务。从定点资格所要求的条件来看，一些条件如规模、硬件设施、交通、环境并不必然对被保险人特别是小病有益。定点资格的实行，使得部分医疗机构无法进入医保服务市场。我国医保基金支出规模已经非常庞大。无法分享医保蛋糕的医疗机构将无法获取相当数额的医疗服务收入，将影响其医疗服务水平的提高。而从起跑线来看，这些未进入医保服务市场的医疗机构，其最初的医疗服务水平并不一定比某些获得定点资格的医疗机构差。定点资格管理通过行政许可的实施，使某些医疗机构获得更多资源，亦使某些医疗机构无法获取医保资源，在竞争中处于不平等状态。

第二，限制被保险人的自由选择权，存在侵害被保险人权益的可能。每个人都是自己利益的最好守护者，法治的核心价值之一即最大限度地保护公民自由，包括行为自由与选择自由。仅以医疗服务最为核心的因素——医疗质量来说，如果医疗机构技术水平极其糟糕，其在市场中根本无法生存；如果技术水平一般，被保险人对于一些小病，愿意找其看病治疗，医保机构有何理由阻止呢？医疗机构应当帮助被保险人弥补信息不对称、无法与医疗机构谈判控制医疗费用的不足，而不是简单地代替被保险人进行选择，甚至强制被保险人进行选择，这是缺乏法理基础的。对定点医疗资格实行行政许可，侵犯了被保险人的就医选择权，在本质上是不当的。

第三，导致权力寻租，滋生腐败。多一道权力，就多了一个权力寻租的空间，也就更多地产生腐败。从实践来看，对定点资格的行政许可并非公开透明，权力寻租的空间是较大的，从我国现有体制来看，由此产生的制度性腐败难以有效制止。唯一的解决之道就是取消行政审批权，少一项行政权力，也就少了一种类型的腐败，与权力的限缩相伴随的，自然是腐败的限缩。

（三）实施契约管理

取消定点管理的行政审批（许可），并不意味着对医疗机构管理的放松，应当进一步完善医保契约制度，通过契约管理延展定点管理的优势，整合契约管理与定点管理，对医疗机构的医疗服务行为实施更为有效的管理与制约。主要应考虑这些方面：

第一，合理、公开确定契约医疗机构的条件，并统一适用。虽然从理论上来说所有的医疗机构都可以成为医保契约医疗机构（以下简称契约医疗机构），但从现实来说，不可能所有医疗机构都成为契约医疗机构。因为要成为契约医疗机构，必须接受医保机构的相应条件。这种条件的确定必须是合理的，即必须是因为医保发展的自身规律所要求的；必须是公开的，公众及其他社会主体均可知悉该条件；必须是统一适用的，在统筹区原则上应当适用于所有医疗机构。例如，统筹区实行按病种付费，对所有病种付费情形，医疗机构必须接受之后才可能签订契约，否则无法签订医保契约，自然也无法成为契约医疗机构。但是否所有条件都一体无差别地予以适用，应有探讨的空间。例如，结算方式有预付制，预付额是否必须一致？一方面，不同医疗机构的就诊人次、就诊病因是不同的，因此预付的绝对额应根据客观状况而有差别；另一方面，对不同医疗机构的考核结果会有差别，考核结果优良的医疗机构应当在预付等方面获得激励性支持。总的来说，医疗机构适用的协议条件在机会上是平等的。此外，为了更好地照顾被保险人的需求，可以对特定医疗机构的协议条件适当放宽，差别对待应当有充分的理由和依据。

第二，医疗机构与医保机构均可就契约医疗机构的确定向对方提出协商要求。这是契约管理与定点资格管理显著差别之一。行政许可需依申请而实施，而契约管理中医疗机构与医保机构具有一定的平等性，双方需要基于一定的意思自治达成协议条款。医疗机构需要取得医保资源，医保机构需要为被保险人选择适当的契约医疗机构，因此双方均可向对方发出要约，就契约医疗机构的确定进行磋商。

对于符合契约条件的医疗机构，医保机构负有强制缔约义务。强制订约义务，指法律规定公民或者法人应依相对人要求而与其订立合同的义务，其目的是为了保护社会公共利益。[①] 平等地与所有符合条件的医疗机构订立医保契约，不仅是维护平等竞争的需要，也是贯彻平等原则的必然要求，对充分保护被保险人的就医自由选择权也是必要的。如果医疗机构符合医保契约的要求，那么医保机构应当负有强制缔约义务，应通过立法明确规定"医保机构不能拒绝医疗机构的合理缔约要求"。如果医保机构违背此种义务，应当承担包括行政赔偿在内的行政责任，但不应当承担违约责任。因此在此种情形下，医保机构与医疗机构尚未达成合意，医保契约尚未成立。

第三，因职工医保与居民医保而适当区分契约条件。我国目前的社会医疗保险制度包括职工基本医疗保险、城镇居民基本医疗保险、新农合。部分地区已将城镇居民基本医疗保险、新农合合并为城乡居民基本医疗保险（居民医保）。职工基本医疗保险适用于存在用人单位的职工以及按照职工筹资标准缴费的人员，主要居住于城镇；居民医保的筹资标准较低，待遇标准也相对较低，其被保险人主要居住于乡村。2013 年年末，全国医疗卫生机构总数达974398 个，其中基层医疗卫生机构 915368 个。基层医疗卫生机构中，社区卫生服务中心（站）33965 个，乡镇卫生院 37015 个，诊所和医务室 184050 个，村卫生室 648619 个。[②] 数量最多的村卫生室，主要是原新农合、现居民医保的拟定医疗机构，不太可能成为职工医保的契约医疗机构。

由于契约医疗机构的确定需要耗费大量精力与资源进行谈判与磋商，如果目标契约医疗机构过于庞大，且利用率极低时，则确定契约医疗机构的投入与效果极不相称，因此职工医保的目标契约医疗机构应以医院、承担医疗职能的专业公共卫生机构、社区卫生服务中心为主，兼及乡镇卫生院和部分诊所、医务室，不宜将村卫生室纳入职工医保协议医疗机构范畴。社区卫生服务中心与

---

① 王利明、崔建远：《合同法新论·总则》，中国政法大学出版社 2000 年版，第 168 页。

② 卫生部：《2013 年我国卫生和计划生育事业发展统计公报》，载 http：//www. moh. gov. cn/guihuaxxs/s10742/201405/886f82dafa344c3097f1d16581a1bea2. shtml/，2014 - 11 - 23。

乡镇卫生院可实行基本相同的契约条款，与医院、专业公共卫生机构有所不同；诊所、医务室则宜采取全科医生模式，即不将其作为独立医疗机构，而以全科医生模式纳入医保医师的契约模式，在符合法定条件时，由被保险人申请确立医保契约。

对居民医保而言，职工医保的契约模式均可适用，但应根据其筹资标准（包含财政、集体补贴）在待遇标准条款方面而与职工医保契约所有区别。村卫生室以法定形式纳入居民医保契约管理范畴，即无须签订书面的医保契约，由统筹区制定统一的居民医保契约文本，具备法定条件要求的村卫生室，在被保险人到村卫生室就诊时，即构成居民医保契约关系，各方当事人按照法定条款承担各自的权利义务。

第四，合理区分医保机构的管理权与被保险人的选择权，合理界分契约医疗机构与非契约医疗机构在医保中的权益。在医保关系中，医保机构的根本目的应是为了在相对确定的付费水平上，为被保险人提供更为优质的医疗服务，较好地实现被保险人的医疗需求。但在现实的医保关系中，医患三方当事人均有自己的诉求。医保机构作为一个独立的法人机构，也不可避免地存在自身的利益诉求，例如追求医保基金的平衡，减少在医保契约谈判中的付出等；被保险人则希望获得更优质的医疗服务，而对医保机构的支出比较淡然。其核心矛盾集中于医疗服务更好地供给与医疗费用的节制之间的矛盾。这种矛盾只能在共识的基础上调和，而不可能完全化解，因此，无论从客观现实还是各方当事人的主观方面来看，不可能所有的医疗机构都接受契约条款即成为契约医疗机构。医保机构对于被保险人在非契约医疗机构发生的医疗费用，难以进行有效的约束，管理成本也会较大，因此其倾向于拒绝支付在非契约医疗机构发生的医疗费用（急诊、抢救费用除外），这也是目前实践的主流做法。而对被保险人来说，基于主观的信赖以及交通等客观因素考虑，仍有在非契约医疗机构诊治的需求，该需求是否应当予以保障？简言之，被保险人在非契约医疗机构发生的一般医疗费用是否应当纳入医保基金支付范围？

笔者对此持肯定意见。主要理由如下：

1. 被保险人的就医自由选择权属于自由权范畴，是公民的基本权利；而契约医疗机构的确定是医保机构对医疗保险行使管理权的体现，是行政权的体现，也具有一般契约自由的特性，该权利（力）的行使，不足以完全对抗或限制个人的选择权。

2. 被保险人参加医保后，通过"众筹"的形式分散个体的医疗风险，需要受到"众筹"管理形式的制约。在该过程中，被保险人需要让渡部分权利给管理机构，否则"众筹"形式无法进行。但是，被保险人仅仅让渡了个人的部分权利，而不可能让渡其全部权利。对医疗机构的选择权即是部分让渡，如果全部让渡，即完全由医保机构确定自己的治疗机构，必然会损害自己的医疗权益，会对自己的心理、精神、健康乃至生命造成伤害。医保制度的实行，是为了化解个人所遭遇的医疗风险。如果完全限制个人的选择权，则不利于化解这一风险，因而仍需要保留个人的选择权。但是，如果完全允许个人自由选择，将会从根本上瓦解契约管理制度，会破坏医保制度发展的根基，因此只能部分保留个人的选择权。

3. 有法律依据。《社会保险法》第28条规定：符合基本医疗保险药品目录、诊疗项目、医疗服务设施标准以及急诊、抢救的医疗费用，按照国家规定从基本医疗保险基金中支付。第31条规定：社会保险经办机构根据管理服务的需要，可以与医疗机构、药品经营单位签订服务协议，规范医疗服务行为。那么，对每一家医疗机构来说，并不一定要签订医保契约；只要符合药品目录、诊疗项目、医疗服务设施标准等，医保基金仍然应当支付。

为了限制被保险人的完全自由的选择权，可以较大幅度地降低非契约医疗机构的医保支付比例，强制适用按人头付费、按服务单元付费、按病种（组）等服务方式，列入重点监督检查范围，实行严格的考核制度等。

三、医保机构的监管权与契约权

（一）医保机构监管权之有无

需要探讨契约管理或者说契约权的行使是否是医保机构对医药服务机构进行管理的唯一形式。该问题的基础问题在于，医保机构与医药服务机构除了契约关系，是否还存在其他法律关系。笔者主张，从法律关系角度而言，除契约关系以外，医保机构对医药服务机构有直接的行政管理法律关系；从法律适用角度而言，双方关系除适用契约外，更需要适用直接的医疗保险相关强制性法律法规。

医保机构通过发挥购买力优势与专业能力对医疗机构的服务行为进行有效的制约，以提高医疗服务质量，降低服务成本。与民事合同通常仅重视履行结果不同，对医保契约仅仅考虑履行结果是远远不够的，更要重视契约的履行过程，无过程便无结果，即如果不能有效控制医疗机构实施医疗服务行为的过程，则根本无法控制医疗机构的服务结果。对医疗机构医疗服务行为的控制过程，不仅仅是一种契约权利，它也是一种行政管理权，即代表国家对医疗保险进行管理，只不过这种管理，在相当意义上是凭借医保契约进行的。因此医保机构行政权的存在是客观现实。

在实践中，主要争议在于，医保机构有没有行政监管权。在《社会保险法》第十章"社会保险监督"中，社保机构属于被监督对象而非监督主体，第十一章"法律责任"第 87 条、第 88 条规定对医疗机构骗取社会保险基金支出的，由社会保险行政部门责令退回并处罚。由此，有观点认为，医保机构对医疗机构的监督权仅来源于医保契约，而不享有一般行政监督之职能；一般行政监督之职能由社会保险行政部门行使，医保机构最多只能以社会保险行政部门的名义实施监管，法律后果归属于社会保险行政部门。

实则不然。根据《社会保险法》第 28 条、第 29 条等规定，医保机构负责对医疗机构的结算等工作，这决定了医保机构必然享有一定的对医疗机构的监管权。第一，医保机构在支付医疗费用时，需要审核评定，对于违法违规行为，虽然不能直接处罚及责令退还，但可以拒绝支付相应的医疗费用。人力资源和社会保障部《关于进一步加强基本医疗保险医疗服务监管的意见》（人社部发〔2014〕54 号）规定："对违反协议规定的定点医疗机构，经办机构要按照协议规定，根据违约情节的轻重，相应采取拒付费用、暂停结算限期整改、终止协议等措施。"由于拒付金额可能相当庞大，由此产生的制约力可能要大于行政处罚。第二，医疗机构负有对契约医疗机构的考核责任，考核结果与总额预付数额等拨付金额的多少直接相关，对医疗机构同样具有较强的约束力。事实上，该 54 号文件明确规定"基本医疗保险经办机构（以下简称经办机构）要将医疗服务监管的内容纳入定点服务协议，依据协议审核向定点医疗机构支付的医疗费用，通过监管与考核相结合、考核结果与医疗费用结算支付相挂钩等方式，不断完善协议管理"，医保机构享有行政监管权是不争的现实。第三，即便医保契约中没有明确约定，如果关于医保的法律法规及规范性法律文件有重大调整，医保机构可单方要求医疗机构遵守和实施。对医保机构的这种单方性权力需要根据所涉及的具体公共利益进行考量，并在给医疗机构造成损害时给予补偿，但此也进一步表明，医保机构对医疗机构享有一定的行政监管权。第四，在特定意义上，对非契约医疗机构，医保机构仍可能享有一定的监管权。例如，原则上，被保险人在急诊、抢救状况下所发生的符合"三大目录"的医疗费用，即便在非契约医疗机构，也应当列入医保基金支付范围。但这并不意味着医保机构可以"全盘埋单"。医保机构可以对医疗过程及医疗费用乃至医疗行为的合理性（实质仍然是医疗费用）进行检查，对于不符合具体支付要求、明显不合理的医疗费用可以拒付。对于不属于本统筹区但属于其他统筹区的契约医疗机构，医保机构所享有的一般监管权也较为明显。在此情形下，统筹区医保机构与医疗机构没有契约关系，但统筹区被保险人在该医疗机构发生医疗费用；与医疗机构存在医保契约关系的医保机构，并不负有对其他统筹区被保险人的直接照顾与保护义务，但为了更好地保护此类被保险人的利益，需要赋予医保机构对医疗机构的监督、检查等职责。

（二）医保机构监管权之来源

在通常情形下，医保机构对医疗机构的行政管理权以医保契约为基础，来源于医保契约及法律法规与规范性法律文件。医保机构所享受的监管权是基于其医保经办主体由法律法规及规范性法律文件直接规定的，只是在多数情形下需要以医保契约的存在为行使的前提；只有在特定情形下，医保机构才可以在没有医保契约的前提下行使。在前者，行政权与契约权存在交叉关系，原则上如果可以通过契约权行使——主要表现为追究契约责任，应通过契约权行使，这样有利于充分尊重与保护相对人利益；在后者，只能以行政权的方式对医疗机构进行监管，因此既要保证医保机构能够及时有效地介入医疗行为，在尊重医疗机构医疗行为主体地位的同时，通过对医疗费用支出的合理性的管控，遏制医疗机构不合理医疗行为。

鉴于目前在非契约医疗机构的急诊、抢救费用，多要求个人及相关责任人先行支付，医疗终结后，医保机构拒付将导致个人承担，难以有效管控医疗机构的不当医疗行为，未来可采取两种改革路径。一是，在维持现有支付模式的背景下，应将医疗机构作为第三人纳入医保基金审核支付程序，如果医保基金拒付事实与法律依据成立，则被保险人可以要求医疗机构返还相应医疗费用；二是，从长远来看，可建立医疗机构、被保险人、医保机构共担机制，如被保险人先行支付部分费用，医疗机构在其医疗行为终结后与医保机构直接结算，即建立普遍性、强制性直接结算体系，直接确立医保机构对医疗机构的费用支付监管关系。

（三）医保机构的监管权与其他部门的监管权之界分

在医保机构的监管之外，尚存在医疗保险的监督。该监督包括这几个方面：行政部门的监管；社会保险监督委员会的监督；其他社会主体的监督，例如公民的举报投诉。管理与监督之间范围、职能、处理程序都需要进一步予以区分。目前实践中对此认识比较混乱，且缺乏理论研究。

《社会保险法》第十章"社会保险监督"中所确立的社会保险监督主体包括：各级人民代表大会常务委员会；县级以上人民政府社会保险行政部门；财政部门、审计机关；社会保险监督委员会以及任何组织或者个人（享有举报、投诉权）。

医保机构属于行政主体，其管理医保的职能主要属于行政权，人大及其常委会作为权力机关，当然享有对行政主体及其行政权的监督。医保基金属于公共基金，财政部门、审计机关亦根据其部门职责履行财政、审计监督。一般组织或个人所享有的举报、投诉权，在本质上来源于宪法所规定的批评、建议、申诉、控告或者检举的权利。这些主体所享有的监督权都属于一般监督，并非仅仅针对医保。

根据《社会保险法》规定，专门针对社会保险的监督包括社会保险监督委员会与社会保险行政部门的监督。其第80条规定："统筹地区人民政府成立由用人单位代表、参保人员代表，以及工会代表、专家等组成的社会保险监督委员会，掌握、分析社会保险基金的收支、管理和投资运营情况，对社会保险工作提出咨询意见和建议，实施社会监督。"社会保险监督委员会的组成相当社会化，因此具有较强的客观性与中立性。但目前，用人单位代表、参保人员代表以及专家的组成实际上由行政部门制定，很难保持其中立性，未来要实现其监管目标，应当采用抽签制，即在所有符合条件的用人单位、被保险人中随机抽选；专家可采用自荐与机构推荐等方式选任。总体来说，社会保险监管委员会的监管与医保机构监管的区分是比较明晰的，也是不可替代的。

存在较多争议的是社会保险行政部门。主要问题包括：归属权问题，医疗保险的监管权归属于社会保险行政部门还是医保机构，或者两家共同行使；相互关系问题，在医疗保险的监管上，行政部门与医保机构的相互关系如何，隶属关系、配合关系还是监管关系；相互衔接问题，行政部门与医保机构如何协调配合。

1. 医疗保险监管之目的。这是分析上述问题首先要确定的。通识认为，其根本目的是为了保障医疗保险事业的良性运行。这一说法没有错，但因其过于泛化对于具体的制度架构意义不大。人力资源和社会保障部《关于进一步加强基本医疗保险医疗服务监管的意见》（人社部发〔2014〕54号）将其概括为"加强医疗保险医疗服务监管，更好地保障参保人员权益，维护医疗保险基金安全"，比较具体且明确，规范性更强。结合监管对象来说，就是通过对医疗服务供需双方的管控与制约，保障被保险人的权益，维护基金安全。但仅就供需双方来说，显然是不够的；作为医疗保险的管理主体，医保机构职能的实现是实现对医疗服务供需双方管控与制约的关键。从实践来看，医保机构的不作为、未善尽管理主体职责、乱作为乃至以权谋私，已经成为影响医保制度根本目的实现的重要因素。因此从监管对象角度分析，医疗保险监管有两个具体目的：一是管控与制约供需双方；二是对医保机构实施监管，以督促其实施有效监管。

2. 监管权的归属与实施。本人认为，医疗保险的监管权应当由医保机构与行政部门分别实施，形成制约关系，才能解决监管不足与过度监管而产生的低效与制掣问题。

有观点认为，根据《社会保险法》第79条、第87条、第88条"社会保险行政部门对社会保险基金的收支、管理和投资运营情况进行监督检查，发现存在问题的，应当提出整改建议，依法作出处理决定或者向有关行政部门提出处理建议""社会保险经办机构以及医疗机构、药品经营单位等社会保险服务机构以欺诈、伪造证明材料或者其他手段骗取社会保险基金支出的，由社会保险行政部门责令退回骗取的社会保险金，处骗取金额二倍以上五倍以下的罚款；属于社会保险服务机构的，解除服务协议；直接负责的主管人员和其他直接责任人员有执业资格的，依法吊销其执业资格""以欺诈、伪造证明材料或者其他手段骗取社会保险待遇的，由社会保险行政部门责令退回骗取的社会保险金，处骗取金额二倍以上五倍以下的罚款"等规定，因此医保的监管权尤其是行政处罚权应由社会保险行政部门实施，不能由经办机构即医保机构实施。

（1）不应将医保的监管（权）理解为单纯的行政处罚（权）。行政处罚属于行政制裁，行政处罚权仅仅是行政权的一种。如《社会保险法》第 86 条"用人单位未按时足额缴纳社会保险费的，由社会保险费征收机构责令限期缴纳或者补足，并自欠缴之日起，按日加收万分之五的滞纳金"的规定就属于行政强制执行的方式。在我国，社会保险费征收机构即包括社保（医保）机构。将监管权等同于行政处罚权，并由此得出医保机构不享有行政监管权，不符合客观事实。

（2）社会保险行政部门在现实中就是指人社厅（局），但在具体实施行政处罚时，需要具体的人即执法人员来实施，而执法人员必然要隶属于具体的内设机构（如处、科，大队等）。即便规定由社会保险行政部门实施，法律的规定也仅仅是以行政部门名义实施，由行政部门承担法律后果，而并未限定具体执法人员的具体隶属机构。从这个意义上来说，执法人员隶属于社保机构、劳动保障监察机构或其他具体机构，都是符合法律规定的。

从我国现实看，实施医保监管的主要有四类具体机构：医保或社保机构；劳动保障监察机构；基金监督处（科）；专门监管机构。在以行政部门名义进行执法活动时，多数是由前两个机构的工作人员具体实施的。这至少可以表明，医保机构的工作人员可以具体实施行政执法行为。

（3）从行政法规定与理论来看，医保机构不仅可以行使一般的行政管理权，而且可以行使行政处罚权与行政强制权。《行政处罚法》第 17 条规定："法律、法规授权的具有管理公共事务职能的组织可以在法定授权范围内实施行政处罚。"第 18 条还规定，行政机关依照法律、法规或者规章的规定，可以在其法定权限内委托依法成立的管理公共事务的事业组织实施行政处罚。《行政强制法》第 70 条规定："法律、行政法规授权的具有管理公共事务职能的组织在法定授权范围内，以自己的名义实施行政强制，适用本法有关行政机关的规定。"换言之，就立法理论来说，并不必然排除管理公共事务的事业单位——医保机构行使包括行政处罚、行政强制在内的行政权。允许行政主体对违约相对人采取行政上的制裁措施，这种责任的基础不是契约责任，而是根据行政管理的需要为保障契约义务的履行赋予相对人的法定责任。[①] 我们需要根据医保监管的理论基础分析医保机构与社会保险行政部门的监管权之区分。

《社会保险法》将诸多行政处罚等权力授予社会保险行政部门而非社保机构。立法者认为，社会保险经办机构是事业单位，没有行政处罚权，因此应由社会保险行政部门作出行政处罚决定。[②]

本书认为，仅仅因为医保机构属于事业单位而排斥其行政执法权，法律基础并不充足。《行政处罚法》、《行政许可法》、《行政强制法》这三大行政基本法均规定，法律、行政法规可以授权具有管理公共事务职能的组织在法定授权范围内，以自己的名义实施行政处罚、行政许可和行政强制。虽然这三大基本行政权通常是由行政机关实施，但并不意味着只能由行政机关而不能由作为事业单位的医保机构实施，应当根据社会保险事业的特殊性对行政权力进行更合理的配置。

①医保机构的监管具有不可替代性，即使将部分行政执法权赋予行政机关，也不能完全取代医保机构的监管。仅以医疗保险付费来说，既然是由医保机构付费，那么医保机构必然要对医疗服务行为的详情进行审查，并在确定医疗机构存在违法、不合理医疗行为时予以拒付，进而确定医疗机构的等级以及是否续订医保契约等。即便由行政机关行使行政处罚权，也不可能由行政机关代替医保机构审查、拒付、考评、续约，否则医保机构就没有了存在的必要，而由行政机关取代医保机构，实际又导致行政执法权的统一。

②医保机构享有部分监管权，行政机关享有部分执法权、处罚权，不仅会导致权力的重复行使，也会导致权力的扯皮，从而导致权力的滥用与低效。由于医疗服务行为的每一个环节都处于医保机构的监管之下，而且医保机构也有更多的人力和物力实施监管，因此医保机构更容易发现医疗机构的违法违规行为；行政机关则通常不具备这样的技术、人力条件，如果在行政机关配置与医保机构同样的技术、人力，显然又滥用财政资源，因而是不可能的。这一状况将导致行政机关在实施行政处罚时的两难境地：如果以医保机构确定的事实作

---

① 余凌云：《行政契约法》，中国人民大学出版社 2006 年版，第 95 页。

② 尹蔚民：《中华人民共和国社会保险法释义》，中国劳动社会保障出版社 2010 年版，第 297 页。

为处罚依据，由行政机关处罚的必要性则大幅下降；如果自己重新进行调查处理，这在相当程度上意味着浪费巨大的资源重复调查。

在分别行使具有同质性的权力时，医保机构更倾向于关注基金的平衡以及服务质量的提高，监管与执法仅仅是手段，因此会斟酌使用手段以促进目的的更好实现。而平衡基金与提高医疗服务质量并非行政机关实施行政处罚的目的，行政机关会更多地基于法律法规自身的规定而对医疗机构实施处罚。医保机构的监管与行政机关的处罚在目的上的不尽一致，在中国的国情下，更容易导致相互间的排斥与扯皮，不利于实现医疗保险制度的根本目的。

③在确定行政权力的归属及行使时，应着重考虑对权力的限制与制约，即应基于有效限制与制约权力的基础上再配置行政权力；如果优先考虑行政权力的配置，而没有预先设置权力的藩篱，必然会导致权力的失范与恣意，从而侵害相对人权益，损害制度的良性运转。医（诊疗机构）、保（保险人，即医保机构）、患（患者，即被保险人）博弈是世界范围内医疗保险的难题。因此对医保监管是非常必要的。同样，如果将医保机构（即医疗保险的管理主体）的部分监管职能划归行政机关，行政机关同样会发生这样的问题。在对"两定机构"实行行政许可的体制下，普遍的权力寻租的现象足以说明此点。而行政机关对医疗机构的直接监管权，缺乏有效的制约机制，不利于遏制权力交易，在根本上将影响医保制度的良性运转。

本书认为，社会保险行政部门不适合享有对医疗机构的直接的日常监管权，包括对医保机构的行政处罚等执法权。鉴于医疗保险监管的日常性、普遍性、海量性与专业性，仅仅依靠一般的行政及司法监察难以进行有效管制，需要设置专门的监管机构对医保监管进行再监管，这一专门的监管机构就可以确定为社会保险行政部门。社会保险行政部门的首要监管对象应是医保机构，对医疗机构享有间接的监管权，如果初步确定医保机构及其监管、处罚等存在违法或不合理之处，则可据此对医疗机构等相关单位或个人进行调查、询问，如果确定医保机构与相对人存在合谋违反医保制度之行为，则在处理医保机构的同时，可以对医疗机构及其相关人员进行处理与处罚。这样，既保证了医保监管权的统一，避免了扯皮、推诿等低效现象，又有助于实现权力的分立与制衡，有助于实现医保监管的有效性与良性运转。

3. 对独立性医保监管机构的评析。国内普遍采用的监管模式是由医保（社保）机构内设部门（如稽核处、科，监管部，监管中心，均不具有独立主体地位）实施具体医保监管职能的，在实施行政处罚时，仍以人力资源和社会保障厅（局）名义实施，具体由劳动保障监察、社保机构或基金监督机构执行，并以前两者为主。唯上海市与天津市设立了医疗保险监督检查所，专司医疗保险监督检查，由医疗保险监督检查部门对供需双方的医疗服务及就医配药行为的合法性、合理性进行监督管理和检查，依据相关法律法规规章和文件规定，对违法、违规行为提出处理建议的行政执法行为。[①] 医疗保险监督检查所与医保机构属于平行单位，均为人社局下属二级机构。

独立监管机构的优点：（1）编制易于申请，人员力量更为强大，因而拥有更强的监管力量；（2）行政执法权的行使专门化，也更加专业化；（3）与医保机构分权，形成一定的制约关系。缺点：上述排斥医保机构执法权所导致的问题在此种模式下都会出现。此外，在我国国情下，监管机构的独立必然导致独立监管机构与医保机构的矛盾，例如，医保机构要求拒付和退回已付基金，监管机构则坚持进行处罚；在医疗机构评级上的矛盾；监管过程中的矛盾。在独立监管模式中，监管机构对医保机构的监管基本上没有，实质上属于平行监管机构；对医保机构和监管机构的监管，仍然是比较缺乏的，而且在这种模式中，不可能再设置监管机构对该独立监管机构进行监管。因此本书认为，从行政权力的运行和控制角度而言，独立监管模式是不适宜的，主体应当并入医保机构，加强医保机构的监管，并由其统一行使监管权；部分力量并入社会保险行政部门，由其（基金监督处、科）实施以医保机构为主要对象的行政监督权，并行使主要针对医保机构的行政执法权。行政契约在运用过程中，亦应避免可能产生之弊端：（1）监督不易，使第三者权益保障不周；（2）公权力行使之转嫁，或"出售公权力"，使公权力沦为商品，以换取人民之给付，致影响公权力之威信；（3）行政机关凭其优势使缔约相对之人民蒙受不利；（4）法定行为以契约扩张之，似有规避依法行政原则之适用。[②] 社会保险行政部门的基本职能之一应是监督医保契约的订立与履行，尽可能避免其弊端之产生。

四、医保契约中权利义务的配置

余凌云教授认为，在行政契约中必须赋予行政主体适度的主导性权利，包括对契约履行的指导与监督权、对不履行契约义务的相对人的直接强制执行权、直接解除契约权、对严重违约构成违法的相对人的行政制裁权，同时，相对人对行政主体也享有监督权。

2014 年 10 月 28 日，人力资源和社会保障部社会保险事业管理中心印发

[①] 陈兴：《上海市医疗保险监督的实践与探索》，上海科学技术出版社 2009 年版，第 12 页。

[②] 李震山：《行政法导论》，台北：三民书局股份有限公司 2011 年版，第 372 页。

了新的《基本医疗保险定点医疗机构医疗服务协议范本（试行）》（人社险中心函〔2014〕112号，以下简称范本），对医保契约的示范文本作了全新规定。本书以此为基础分析医保契约中权利义务的配置。

（一）医保机构的权力与义务

首先要考虑的一个问题是，医保机构在契约中所享有的究竟是权力还是权利。本书认为，具有权利的内涵，但主要应定性为权力。医保机构可以请求医疗机构履行相应的义务，在医疗机构不履行相应义务时，可以需求行政与司法救济，因此具有权利的性质；医保机构在医保契约中的权利是履行其行政管理职能的体现，在契约的履行中有较强的主导性与单方性，可以直接地、单方面决定契约的部分履行，因此更是一种行政权力，要考虑对相对人行政法上的救济。

1. 契约条款的统一与具体化。医疗服务的供给是市场化、多样化的，但就具体统筹区而言，医疗保险的基本规则如诊疗服务的一般要求、对医保医师的要求、结算方式等，很多方面是统一的。医保机构必须基于统一的医保规则确定具体的契约条款。同时，各个医疗机构的条件是有差异的，因此针对具体医疗机构的具体条款则又存在一定的差别。对于一份具体的契约条款而言，医保机构需要寻求统一与具体化的合理界限。

2. 执行与贯彻医保制度、政策要求。医保机构虽然是契约的一方当事人，但其同时是国家医保法律制度、政策的执行机构，必须"坚持法定职责必须为"，因此其必须将国家和上级部门对医保的最新规定和要求贯彻于医保契约和履行中，即契约条款并不能完全由医保机构与医疗机构自由协商确定，并不能仅仅体现双方当事人的意志自由。医保机构在医保契约中的权力与义务应当受到严格的约束。为了控制医保机构的自由裁量权，有效监督医保机构的契约权，对医保负有法定监管职责的社会保险行政部门、上级医保机构以及社会保险监督委员会应当对契约条款进行审查，并可以对签约医保机构进行质询。签约医保机构应贯彻并实施主管及监管部门的意见。

3. 指导与监督契约履行。这对于督促医疗机构履行契约义务，减少纠纷，使医保契约的执行向医保机构预期方向发展具有重大的意义。例如，医保机构应对医疗机构相关医务人员进行义务培训，以使医务人员全面、及时掌握医保政策及制度要求；完善医保医师库的内容与信息；对医疗机构对被保险人的服务，如对身份信息的核查，对知情权的保障以及其他便利性、舒适性设施的改进提出建议；对医疗机构诊疗信息系统及其与医保机构的联网进行指导等。

4. 考核评议权力与义务。医保机构对医疗机构实行分级评价和分级管理，并结合被保险人意见对医疗机构的诊疗服务进行全方位的考核评价体系，应建立考核评价标准、完善考核评价流程、借助市场力量实行自主考核与第三方评价相结合，评价结果与总额控制指标、费用预付比例、监管深度等挂钩。

5. 违约责任的追究。对于任何契约来说，违约责任的设定及其追究都是核心因素。可以说，没有违约责任也就没有权利的实现与义务的履行。范本对就医管理、药品和诊疗项目管理、医疗费用结算、信息管理作了比较明确的规定，但是，诸多义务性规定并没有相应的违约责任；多数违约责任的设定过于简单，无法发挥预防和制约违约的功能。违约责任具有财产性、补偿性和惩罚性。[①] 由于医疗服务具有海量性，医疗机构不可能对每一次医疗服务行为进行审查，因此其所发现的医疗机构不当增加医疗费用的行为，仅仅是部分行为，范本仅规定医保机构可拒付费用，不仅可能无法遏制医疗机构的不当行为，甚至可能鼓励医疗机构通过不当行为牟利。与国际上医疗保险平均 20% ~ 30% 的违规费用比例相比，我国这一监督处罚方法的效果不明显。诸如对医疗机构设定警告、追回违规费用、100—1000 元以下罚款的处罚，根本不足以遏制道德风险和逆向选择行为。[②] 因此，医保契约中应约定违约金，并且应使违约金具有遏制医保机构违法行为、不合理医疗服务行为的功能。此外，还应当赋予医保机构直接解除契约权。范本第 61 条规定，医疗机构违反相关行政处罚规定的，医保机构应当提请行政部门进行行政处罚。此规定并不全面。例如，医保机构暂停或取消医保医师的医保处方权，就属于行政制裁，因此医保机构应享有一定的行政制裁、强制执行权。未来，应当在进一步界分医保机构与社会保险行政部门权限的基础上，依法赋予医保机构相应的行政权力。

6. 付费义务。这是医保机构对医疗机构最主要的义务。根据范本及实践，应通过完善付费制度在保证医疗服务质量的前提下控制医疗费用的不合理增长。目前，主要采用以项目付费、总额付费、按病种付费、按人头付费、按定额付费等不同付费方式组合的综合付费制度，具体付费方式的采纳，差别化较大。在付费方式确定的基础上，医保机构应按约定及时足额付费。

7. 强制缔约义务。鉴于医疗保险的公共性以及保护平等竞争的原则要求，医保机构应当设定医保契约机构的基本标准即"门槛"，凡符合"门槛"之医疗机构，在其提出缔约要求时，医保机构应当将其纳入缔约范畴，进行缔约磋商。鉴于医保契约条款的复杂性，医保机构应仅负有强制磋商义务，而不应强制医保机构必须无条件地与医疗机构缔结医保契约。

---

① 崔建远：《合同法》，法律出版社 2010 年版，第 293 页。

② 钟洪亮：《进一步完善医保定点医疗机构监管机制研究》，载《管理现代化》2012年第 5 期。

（二）医疗机构的权利与义务

1. 医疗机构的主要权利。（1）获取医疗服务费用，也应当设置相应的违约金条款。在医保机构迟延支付医疗费用，不当拒付医疗费用时，可要求医保机构承担违约金责任。（2）主张医保机构承担违约或侵权责任的以损失赔偿为主的其他权利。医保机构因为不当监管等行为导致医疗机构及医务人员损失的，应当承担赔偿等法律责任。（3）要求医保机构提供培训等服务的权利。（4）监督与建议权。范本规定，医疗机构有权监督医保机构执行法律法规和履行职责的情况，投诉或举报医保机构工作人员的违法违规行为，向医保机构提出合理化建议。

2. 医疗机构的主要义务。（1）要求缔约的权利。医疗机构在符合医保机构的一般条件时，有要求医保机构提供缔约机会的权利。（2）提供合理、恰当的医疗服务。医疗机构的医疗服务应当符合行业职业要求，应当为被保险人提供便利并最大限度满足被保险人的医疗需求，在医疗费用方面还应符合医保契约设定的标准并遵守国家和地方关于医疗服务的特定要求。（3）对被保险人的审查与管理义务。医保机构替被保险人付费，但并不直接介入被保险人医疗需求的实现过程，医疗机构直接提供医疗服务是医保基金的"守门人"，医疗机构有可能也有义务对被保险人的身份和医疗需求给予合理审慎的审查与服务，并将相关情况及时告知医保等管理机构。（4）实施完善的信息管理，接受医保等监管部门的联网审查的义务。医保机构的日常监管越来越依赖于信息系统的智能审查，医保机构应当完善该系统并接受医保机构的实时审查。（5）宣传与告知义务。作为直接接触被保险人的医疗服务机构，医疗机构应承担相应的医保宣传、教育、告知等义务，普及医保及医疗卫生常识。

关于医疗机构的解除权问题。通常来说，即便是行政合同，相对人也享有单方解约权，尤其是在行政主体违约或违法的前提下，相对人可以单方解除行政合同。本书认为，在医保契约中，医疗机构原则上不享有单方解约权。医保契约并不单单涉及医疗机构与医保机构，而关涉医保患三方当事人，其订立与履行是以被保险人利益为核心的；由于被保险人具有不特定性及分散性，在医保机构单方解除契约的情形下，很难充分保障被保险人利益，因此基于公共利益属性，因限制医疗机构的单方解约权。同时，为了保护医疗机构的权益，对医疗机构因无法行使单方解约权所遭受到损失，应当给予合理的补偿。

五、医保契约的订立与履行

（一）医保契约的订立

合同订立，是指缔约人为意思表示并达成合意的状态。[1] 这在行政契约中同样成立。在私法契约中，合同的订立是通过要约与承诺两个基本要素达成的。《合同法》第 13 条规定："当事人订立合同，采取要约、承诺方式。"有观点认为，在行政契约中也同样如此。要约、承诺构成行政契约的两个意思表示。[2] 本书认为，对医保契约而言，虽然也存在一方希望与另一方订立合同，并向对方表明此意思表示，另一方也会有同意对方意思表示的意思表示，但直接适用要约、承诺理论并不合适。要约与承诺理论主要价值在于促进与保护交易的达成、快捷与安全，维护诚实信用原则，避免由于个别人的反悔、不诚信等行为而损害善意之对方当事人利益，损及整个社会的交易基础。而医保契约作为新生事物，尚不存在一般的交易规则，不存在对一般交易规则与交易惯例保护的必要；条款过于复杂，在很大程度上需要经过多轮复杂的谈判才能确定，作为医保契约主要内容，具体的医疗服务行为庞大而个别化，付费机制亦非常复杂，需要通过谈判达成多个补充协定而实施，这种复杂的意思表示不适合用传统的要约与承诺，除了最终的结论性意见，很难将其他的意思或诉求确定为要约或承诺；医保契约所涉及的交易额比较庞大，其计算与确定复杂且极具争议性，作为对价的医疗服务也极具个性、复杂性，在私法契约中普遍存在的非书面合同，在医保契约不应当适用，否则极容易产生法律争议且难以公断。

医保契约的订立过程是医保契约成立的动态过程，依赖于医保机构与医疗机构的谈判能力，同时与医疗保险的法律政策、医疗机构自身的状况密切相关。因此在提高统筹地医保机构与医疗机构谈判能力的同时，需要推进医疗机构自身的改革并健全激励机制，更好地完善医疗服务供给的评价标准、医疗费用结算标准与程序，为医保契约的订立提供坚实的基础。

（二）医保契约的成立

合同订立与合同成立不尽相同，合同成立是合同订立的组成部分，标志着合同的产生和存在；合同订立的含义更为广泛，不仅包括合同成立这个结果，还包括缔约各方接触和洽商的过程。[3]

---

[1]　崔建远：《合同法》，法律出版社 2010 年版，第 40 页。
[2]　蔺耀昌：《行政契约效力研究》，法律出版社 2010 年版，第 41 页。
[3]　崔建远：《合同法》，法律出版社 2010 年版，第 40 页。

医保契约的成立，应以签订书面医保契约为成立要件。就私法契约成立的一般要件来说，多认为具备缔约主体并就契约的主要条款达成合意。① 医保契约的成立也需要具备缔约主体与达成合意两个要件。有观点认为，除此二者外，行政契约之成立尚需具备缔约目的和书面形式两个要件。如果没有缔约目的即追求产生、变更或消灭权利义务的目的，就无法成立一个契约；当事人以书面形式缔结契约是法定的行政契约成立要件，除法律另有规定外。② 本书认为，合意即契约当事人意思表示之合致，根据法律理论，意思表示之构成包含了目的意思③，因此不应将缔约目的作为行政契约的独立成立要件。在医保契约中，书面医保契约之订立是合意之法律形式，两者是本质与形式之分，无合意即无书面形式，无书面形式也不能确定合意，两者是不可分离的，在已确定合意之要件下，不需要单独要求具备书面形式要件，这一要件也包含在合意之要求中。惟合意之判断不宜适用一般之要约承诺理论，应以医保机构与医疗机构负责人或其委托代理人在医保契约上签字并加盖单位公章作为基本判断准则。范本未约定契约的成立时间，属于遗漏，应予补充。如果具体的医保契约未约定成立时间的，应以最后签字、盖章的时间、地点作为医保契约的成立时间、地点。

关于一方与双方的实际履行能否确定医保契约成立的问题。《合同法》第36 条规定："法律、行政法规规定或者当事人约定采用书面形式订立合同，当事人未采用书面形式但一方已经履行主要义务，对方接受的，该合同成立。"第 37 条规定："采用合同书形式订立合同，在签字或者盖章之前，当事人一方已经履行主要义务，对方接受的，该合同成立。"这一规定模式不能当然适用于医保契约。医保契约虽然主要规范医保机构与医疗机构之间的权力（权利）义务关系，但不可避免地要涉及被保险人的权利与义务。一方面，即便不存在医保契约时，仍有可能发生被保险人在契约医疗机构就医并享受相应医保待遇的情形；另一方面，在医保机构与医疗机构洽谈期间，尤其是续约的时候，在前契约到期、后契约尚未订立时，也有可能发生被保险人在医疗机构就医之情形。基于医保契约采书面形式的同样理由，即便已经发生被保险人就医之情形，也不能认定相应医疗机构与医保机构已成立医保契约关系，惟保护被保险人利益因而亦需兼顾医疗机构利益之计，在此种情形下，可根据医保法律规则之要求，并参照通常医疗契约的约定，给予被保险人利益以适当保护并补

---

① 韩世远：《合同法总论》，法律出版社 2012 年版，第 75 页。

② 蔺耀昌：《行政契约效力研究》，法律出版社 2010 年版，第 40～41 页。

③ 马俊驹、余延满：《民法原论》，法律出版社 2007 年版，第 189 页。

偿医疗机构相应费用。

（三）医保契约的效力

合同的效力是指法律赋予依法成立的合同具有拘束当事人各方乃至第三人的强制力。[①] 私法合同的有效要件包括：当事人缔约时具有相应的缔约能力；意思表示真实；不违反法律、行政法规强制性规定，不损害社会公共利益。王泽鉴先生认为，法律的生效要件包括标的需可能、确定、适法、妥当。[②] 但仅仅标的没有问题并不能保证法律行为有效，如以合法行为掩盖非法目的。即法律行为的有效，不仅需要标的的合法与适当，而且要从行为目的、条件、方式等方面考察。[③]

法律行为需要同时具备成立要件和生效要件，才能发生一定的法律效果。[④] 虽然一般而言，医保契约的成立即意味着有效，但并不完全如此。如果医疗机构不具备相应的执业资格，通过贿赂等违法或不正当手段获取缔约机会等而订立医保契约，则会导致医保契约成立而不生效。

不少观点认为，合同不成立与合同无效的法律后果类似，如缔约过失责任既适用于契约未成立，也包括无效或经撤销的契约关系。[⑤] 这是很有道理的。但毕竟成立和有效的构成要件不同，将两者予以区分有助于我们更好地界定合同所处的法律状况，在发生争议时可以更好地从法律上应对。我们至少应该明白，医保契约的成立并不必然意味着其具有合法效力。尤其是监管机构有权力也有义务对医保契约本身进行审查。此外，标的履行不能在合同成立时就已发生构成合同无效，如果发生在合同成立之后则可能发生合同解除、违约责任等后果。[⑥] 如医疗机构违背亲自履行原则，将科室外包，根据其发生时间，会对医保契约的无效或解除发生影响。

医保契约的效力与有效期的关系。范本第 66 条约定了契约的有效期，那么在该有效期之前与之后，医保契约的效力如何？该有效期与契约的效力是什么关系？在实践中，合同的成立、有效、生效常常被相互混淆，合同成立和生效属于事实判断，合同有效则属于法律价值判断，"有效"和"生效"并不等

---

① 崔建远：《合同法》，法律出版社 2010 年版，第 40 页。

② 王泽鉴：《民法总则》，北京大学出版社 2009 年版，第 201 页。

③ 马俊驹、余延满：《民法原论》，法律出版社 2007 年版，第 188 页。

④ 王泽鉴：《民法总则》，北京大学出版社 2009 年版，第 203 页。

⑤ 黄立：《民法债编总论》，中国政法大学出版社 2002 年版，第 43 页。

⑥ 韩世远：《合同法总论》，法律出版社 2012 年版，第 151 页。

同。① 医保契约成立之后，符合生效要件，则契约生效，任何一方当事人不能随意单方变更或解除契约，契约的一般条款应得到遵守和履行，有效期条款也将确定的到来，任何一方在没有法律依据时不能阻止该期限的到来，否则即为违约；有效期条款主要指该合同或契约主要条款的实施期限，如预付费等要在有效期到来后才能支付，医疗服务的供给应在有效期到来后开始提供。医保契约有效期的约定不是意味着在该有效期到来之前该契约是无效的，仅仅限制了双方积极履行义务的实施时间。

医保契约的有效期与医疗服务的供给。医保契约在约定有效期时，如果前后契约间有效期不是连续的，如 2014 年的医保契约有效期为 2014 年 1 月 1 日至 2014 年 12 月 31 日，2015 年的有效期则为 2015 年 2 月 1 日至 2016 年 1 月 31 日，那么 2015 年 1 月医疗服务如何解决？在这一个月，很难禁止或要求被保险人完全不到该医疗机构就医，根据医疗服务关系的强制缔约原理，医疗机构也不太可能拒绝被保险人的就医。这一现象在医保契约终止或解除后同样存在。首先，要提前做好谈判、磋商工作，及时续订医保契约，并做好前后的衔接。凡是续订医保契约的，有效期应连续，避免发生"断期"现象。对于有效期的期限，不适合普遍采用较短的 1 年期，在确定医保机构拥有较强的单方解除权和单方变更权、补充权的前提下，宜采用较长期限，如 3—5 年，其次，及时通知与告知义务。医保契约终止或解除的，医保机构应及时以为社会公众所普遍知晓的方式履行公告义务，并对被保险人尤其是选择该医疗机构作为定点机构的被保险人，应履行通知与告知义务。终止或解除医保契约后的医疗机构也负有通知与告知义务，在被保险人到该医疗机构就医时，负有告知本医疗机构已不属于医保契约医疗机构的事实，这属于后契约义务范畴。医疗机构未履行此告知义务的，应承担相应的责任，如承担医保机构拒绝支付的部分医疗费用。最后，结算方式的衔接与处理。在最低限度上，医保机构应参照在非契约医疗机构发生医疗费用的支付方式予以结算；同时基于对被保险人的信赖保护，如被保险人无过错在非契约医疗机构发生的医疗费用，应当按照正常的医保待遇获得支付。

（四）医保契约的履行

1. 医保契约的公定力与执行力。除非有权机关宣告无效或予以撤销，否则行政契约一旦生效，即使其存在瑕疵存在效力争议，也应当推定其持续有效

---

① 吴庆宝：《最高人民法院专家法官阐释民商裁判疑难问题·合同裁判指导卷》，中国法制出版社 2011 年版，第 1 页。

并具有对世效力，行政契约也具有执行力。[①]这在医保契约中应同样适用。

2. 医保契约履行的原则。（1）亲自履行。医疗服务的人身依赖关系非常强，医保契约的订立与医疗机构的医疗水平、医疗质量是密切相关的，而医疗机构的医疗水平和医疗质量主要取决于医生的水平。因此，作为医保契约主要内容的医疗服务应当由医疗机构的医生亲自履行，不得外包或承包。长期或临时外聘医生其医疗水平至少在客观方面应高于本医疗机构一般医疗水平。（2）适当履行，又称全面履行。医保机构与医疗机构应当在严格遵守法律法规的基础上，遵循诚实信用原则，恪守职业道德，充分保护被保险人权益，全面、妥当地履行医疗服务的供给与医疗费用的给付等各项契约义务及附随义务。医保机构在督促医疗机构提供更为优质的医疗服务的同时，合理控制医疗费用的增长，医疗机构应当建立合理的激励机制，在提供优质医疗服务的同时，避免不合理的乃至违法的医疗费用支出。（3）情势变更原则。我国医疗保险制度仍处于持续的完善之中，新的制度会不断的实施，这一制度背景表明医保契约订立的制度基础会不断发生变化，并有可能导致原有契约条款无法实施或实施结果会显失公平；由于不可归责于双方当事人且不可预见的社会因素的变化，也有可能导致合同基础的丧失或动摇，继续维持原有条款效力会显失公平。在这种情况下应允许变更或解除医保契约。但如前所述，医保机构享有更优势的变更或解除权，而医疗机构的解除权则原则上不应支持。（4）医疗专家的辅助履行。与一般行政契约不同的是，在医保契约中，相对人专业方面更为专业和权威，对医疗服务争议的甄别与评判更有发言权，因此应充分尊重并依托相对人的专业能力辅助契约的履行，尤其是对医疗行为及医疗费用的合理性判断上。

3. 履行规则。（1）履行主体。医疗机构负责提供医疗服务，必须贯彻亲自履行原则。医疗费用支付，被保险人承担自付部分，医保机构承担统筹基金支付部分，在特定情形如补充医疗保险、大病保险下可以由商业保险机构依约定支付部分医疗费用。（2）履行标的即履行内容。医疗机构不得拒绝被保险人的就医要求，对医疗服务行为要根据相关法律法规、医保契约的专门要求、专业要求、被保险人的意见等进行评价，医保机构据以支付相应的对价。（3）履行地点。医疗服务的供给地点不仅包括契约医疗机构的一般工作场所，在特定情形下还包括其他相关医疗机构的工作场所，根据契约要求的出诊、会诊场所等。（4）履行期限。不仅包括医保契约的有效期，在该期限前后，医疗机构仍负有适当提供医疗服务的强制性义务。（5）履行费用。医疗机构提

① 蔺耀昌：《行政契约效力研究》，法律出版社2010年版，第85～94页。

供医疗服务的所有费用，除在合法、合理前提下应当由个人自付外，均应包含在医保机构确定的费用内，除非发生特定事由如因不可抗力而增加的医疗费用，不得在医保契约外向医保机构主张医疗费用。

4. 履行抗辩。（1）医疗机构能否以医保机构的违法、违约行为作为拒绝履行医保契约的抗辩。在私法契约乃至行政契约中，一方当事人的违约行为通常构成对方当事人拒绝履行契约的抗辩事由。而在医保契约中，基于对被保险人医疗权利也就是对被保险人生命健康的保护以及医生救死扶伤的天职，不应允许医疗机构拒绝为被保险人提供医疗服务。（2）不可抗力能否作为医保契约履行的抗辩。不可抗力是私法契约和行政契约终止履行的重要抗辩理由，基于同样的理由，即便发生不可抗力，医疗机构也不得拒绝履行医保契约，不得拒绝为被保险人提供医疗服务。但为了保护医疗机构的利益，在这些情形下，医保机构应当给予医疗机构合理而适当的补偿。

六、医保契约中被保险人权益的保护

医疗保险关系涉及医保患三方当事人，而医保契约的当事人为医保机构与医疗机构，被保险人并非医保契约的缔约主体，被保险人应否参与医保契约，在医保契约关系中扮演何种角色，是研究医保契约制度必须分析的问题。

（一）医保契约不能脱离被保险人

医保契约是手段而非目的，订立医保契约的根本目的不是为了医保机构的利益，而是为了被保险人的利益，即直接促进医疗机构更好地为被保险人服务以及通过控制不合理医疗费用维护医保基金的正当使用而间接保护被保险人利益，这也是医保机构存在的根本原因和必要性。与行政权力的行使应当为了公众利益，但如果不能将权力"关进笼子"，行政权力将会异化为侵害公众利益以维护个人及小集团的利益，医保机构作为独立法人，如果不能对医保机构包括缔约权在内的职权进行有效的制约和监督，很可能导致医保机构疏忽于甚至故意不更好考虑被保险人利益，以输送利益、谋取不正当收益。在实践中，多次发生的涉及定点医疗机构确定、医疗费用支付等违法贪腐事件正是这一现象的体现。而要有效监督、制约医保机构的履职行为，光靠自上而下或同级监督并不能完全奏效。"每个人都是自己利益的最好守护者"，被保险人参与医保契约的订立、履行、评价等有利于更好地保护其自身的权益。

1. 被保险人的参与有助于选择确定更合适的医疗机构。医疗机构定点许可取消之后，医保机构在订立契约医疗契约的过程中仍然需要选择医疗机构。在此选择医疗机构的过程中，除了对医疗费用的控制外，医疗服务的质量和水平也是重要的评价指标。而医疗服务的质量和水平，在很大程度上应由被保险人确定。医保机构代表政府购买医疗机构的服务，购买服务时唯一需要考虑的是值不值的问题。① 而作为接收医疗服务的主体，医疗服务究竟值不值，被保险人应当是最有发言权的。医疗机构的选择在本质上是医疗保险被保险人的选择。②

本书的基本观点是，被保险人不仅在医保契约医疗机构的确定中应有发言权，在非契约医疗机构的选择中同样有选择权。有观点认为，被保险人的自由选择权对医疗机构的竞争影响甚微，自由就医行为刺激了不同等级医疗机构的无序竞争，加剧了医患关系的不确定性，并没有降低医疗费用。③ 这是不准确的。基层医疗机构举步维艰的现状即实际反映了竞争的激烈：被保险人对基层医疗机构的"遗弃"导致其破产。因此，被保险人的选择对医疗机构生存和发展都是至关重要的。被保险人的自由选择在一定程度上确实助长了医疗费用的增长，这里既有医疗需求的正当释放，也有医疗需求的不当助长。④ 但即便被保险人的选择导致一定程度的不良后果，据此剥夺其选择权仍然是缺乏理论基础的。从根本上来说，降低医疗费用并非医疗保险的基本目的，即医保对医疗费用的控制应以医疗质量、医疗水平的保障为前提。而且即便要降低医疗费用，也不能因此剥夺被保险人的自由选择权。

对医疗机构的选择，其根本标准是为被保险人提供更好的医疗服务，被保险人对此应当享有一定的选择权，更多地体现被保险人的意志和选择更有利于判断何谓"对被保险人更好"。

2. 被保险人的参与有助于监督医疗服务行为和医保监管行为。在医疗消费关系中，医疗行为的主动权在医院和医生，对医疗机构医疗行为的监管，应以医院和医生为核心，其监管主体主要是医保机构。一方面，被保险人作为医疗行为的直接受体，其对医疗服务的质量要求相对于医保机构具有更强的动机，同时作为亲历者，也更有发言权与评价权。另一方面，被保险人作为独立的社会主体，其对于关涉其切身利益的医疗服务行为及医保监管行为的监督，是最基本也是最有效的社会监督方式。要言之，没有被保险人个体式的普遍的社会监督，就无法确保医保机构充分履行监管职责，对医疗服务行为的制约也

---

① 顾昕：《全民医疗保险与公立医院中的政府投入：德国经验的启示》，载《东岳论丛》2013 年第 2 期。

② 董文勇：《医疗费用控制法律与政策》，中国方正出版社 2011 年版，第 146 页。

③ 董文勇：《医疗费用控制法律与政策》，中国方正出版社 2011 年版，第 146～147 页。

④ 向春华：《东营：医保整合兼顾"前后左右"》，载《中国社会保障》2014 年第 12 期。

就较为有限。

（二）被保险人与医保契约当事人的法律关系

在确定医保契约的订立、履行、监督中不能脱离被保险人之后，分析被保险人的监督地位与具体的监督方式之前，作为这一问题的基础，需要确定医保机构、医疗机构与被保险人之间的关系。从理论上来说，这种关系可以定性为两种性质：一种是医保机构作为被保险人的法定受托人，以集体形式购买医药机构的服务，这是实践中普遍所持的观点；另一种是医疗机构作为医保机构的服务承包商，代表医保机构向被保险人提供服务。其功能上的根本区别在于，医疗机构的不当行为，由谁对被保险人承担法律责任，这种责任的基础是什么以及医保机构责任的大小。根据前者，被保险人与医保机构之间实质属于代理关系，医保机构作为代理人实施代理行为所产生的法律后果直接归属于被代理人，不当医疗服务的责任主体是医疗机构本身，医保机构仅负有代理职责，如果医保机构没有重大过失就不应承担法律责任，被保险人一般不能要求医保机构承担医疗机构的不当行为责任，而且被保险人作为委托人需要承担选任责任，当然这个选任是法定的，而非被保险人自由选择的。根据后者，医保机构对医保基金和医保事务的管理是法律、行政法规授予的职权，而非来源于被保险人的实际选任或拟制选择，医保机构与被保险人之间不存在委托代理关系，医保机构为履行法定职权需要向被保险人提供医疗服务，为此需要向社会购买医疗服务，医疗机构根据医保契约向被保险人提供医疗服务系履行医保契约，因此发生的履行不能、履行瑕疵、履行迟延等不当履行行为，均应由医保机构承担责任；在这个过程中被保险人可与医疗机构直接发生医疗服务关系，在直接的医疗服务关系中，医疗机构所发生的不当医疗行为，由医疗机构直接对患者承担法律责任，当然在很多情形下，医保契约中的医疗服务与直接医疗服务存在一定的重叠和交叉关系。可以将后者概括为法定权力（利）关系。被保险人与医保机构以及医保契约中医疗机构的关系，具有较大的理论与实践价值，并将导致不同的医保制度的构建。对这一问题，理论与实践均缺乏认识，尚无人对此进行研究，应引起理论界与实务界的重视。

本书主张采第二种观点。第一，医保机构的行政权力并非来自于参保人或被保险人的委托，而是来自于法律、行政法规的授予，法律、行政法规在授予该行政权力时，也没有征询或考虑参保人或被保险人的意志，缺乏委托代理关系的意思基础。第二，无论是缴费人还是被保险人虽然对医保基金的支出有监督权，但缺乏决定权，他们可以指出、投诉、举报医保基金的不当支付、使用、管理行为，但不能直接决定医保基金应如何使用，也不能指令医保机构执行，这与委托代理关系中代理人不得违背被代理人意愿的基本特征不相符合。

第三，适用委托代理关系，因不当医疗行为所产生的不当后果，除医疗机构外，需要由被保险人承担，而医保机构在一般情形下则不需要承担法律责任，这既不符合现实，也不符合医保制度的设立宗旨——化解被保险人的风险。因此，法定权力（利）关系更符合被保险人与医保机构、医疗机构之间的关系特征，更有利于保障被保险人的权益。

在法定权力（利）关系下，应合理界分医保机构的管理权与被保险人的监督权、参与权与建议权，明确各自的义务和责任。被保险人对医疗保险事务和医疗服务的监督权、参与权、建议权来源于公民所享有的宪法规定的监督权、对公共事务的监督与参与权、对自身医保权益保护的必要性。

（三）被保险人参与并监督医保契约的方式

就目前医保契约约定和医保监管实践来看，初步规定被保险人参与医保契约的方式主要有：（1）行使一般公民所享有的监督权，对医疗机构在履行医保契约过程中的违法违约行为当然享有举报投诉权。例如，《深圳市社会保险定点医疗机构医疗服务协议书》第13条规定：医疗机构应执行医疗物价公示制度，向参保人提供形式多样的价格和费用查询服务，在显要位置通过多种方式公布基本就诊流程，设置投诉箱、社保咨询电话等，将主要医疗服务项目和药品的计价单位、执行价格、定价文件依据以及单独收费的千元以上医用材料名称、生产厂家、计价单位、执行价格等向参保人公布。《河南省省直职工基本医疗保险、生育保险定点医疗机构医疗服务协议》第50条规定：医保机构根据医疗机构各项指标控制、投诉举报、实地监管等情况，确定病历审核范围及重点。《北京市基本医疗保险定点医疗机构2014年服务协议书》第7条规定：参保人员向各级医保机构投诉医疗机构违反基本医疗保险规定等方面问题的，医保机构要根据工作职能及时处理。（2）将被保险人对医疗机构的满意程度，作为确定医疗机构相应等级并与费用结算等挂钩的依据之一。范本第49条规定：医保机构应当根据本协议条款及参保人员满意度调查等，对医疗机构为参保人员提供的医疗服务及费用情况进行年度考核，考核结果与年终清算挂钩。《武汉市社会保险定点医疗机构医疗服务协议书》第40条规定：医保机构按照基本医疗保险政策规定建立定点医疗机构信用等级评定制度，实行信用等级管理，对严格执行医保政策及操作规定、参保人满意度高的，医保机构要给予表彰和鼓励。（3）医疗机构在医保范围外以及超过自付约定比例使用药品等，未告知被保险人并取得其本人或家属同意的，被保险人可拒付相应医疗费用。《成都市医疗保险定点医疗机构服务协议书》第24条规定：自费或部分支付项目的医疗费用须经患者或家属同意并签字。《北京市基本医疗保险定点医疗机构2014年服务协议书》第29条规定：由于未签自费协议而发生费用纠纷的，由医疗机构负责解决。《湖南省本级社会保险医疗服务协议》第11条规定：凡事前未签字或填写内容不全不准的费用，医保机构和参保人员均有权拒付。《深圳市社会保险定点医疗机构医疗服务协议书》第21条规定：未征得参保人或其家属同意并在自费告知书上签字确认而发生医疗费用纠纷的，由医疗机构支付相应金额。

这三种监督方式都有存在的必要性，应在医保契约的监管中普遍实施，同时进一步予以完善。方式一，被保险人基于其自身经历的医疗机构违法违约行为而投诉举报的，医保机构必须进行调查，确认事实存在的，必须依照法律、政策规定、医保契约进行处置，并告知被保险人；确认投诉举报事实不存在的，也应当告知被保险人。被保险人对医保机构的调查与处置结论有异议权，并有申请行政复议、提起行政诉讼的权利。方式二，必须明确被保险人的意见和评价，仅仅给予医疗机构表彰和鼓励是不够的，必须与医疗费用的结算乃至医保契约的解除、续约关联，才能发生实际的制约效果；应当明确被保险人的调查比例，以及被保险人评价意见对医疗费用结算、医保契约的解除、续约的作用比例。范本第49条第2款规定参保人员满意度可由医保机构委托第三方进行，被调查的参保人员人数，一般为住院参保人员或签约参保人员的一定比例。这种方式是可行的，但被调查的人员比例不能太低，至少应当达到50%以上，否则可能导致代表性不足；在门诊治疗的被保险人是否也应当纳入调查对象，值得考虑。调查期限不宜太短，可考虑半年期与一年期。在被保险人评价的影响力方面，可考虑：良好评价率高于90%的，可给予结算方面的优先待遇，如增加预付总额；良好评价率低于60%的，或者不满意率高于20%的，不再续约；良好评价率低于50%的，或者不满意率高于30%的，解除契约。方式三，对于超医保范围、超医保契约约定自付比例的医疗费用，医疗机构应明确、详细说明并必须由被保险人或其亲属书面确认；对其中数额较大且非属于一般医疗所必要者，应由被保险人或其亲属书面申请。

此外，还应当赋予被保险人程序参与权、听证权与申请听证权、修改建议权。（1）程序参与权。即在医保契约的缔结、履行、续约、解除等主要环节中，均应有一定数量的被保险人的参与。这可在相当程度上避免"暗箱操作"，使权力在阳光下运行。（2）听证权与申请听证权。对于被保险人意见比较集中的医疗机构的缔约、续约、解除，对于重大违法、违约行为的处理，具有直接利益关系的被保险人可以要求听证。要根本改革现在听证制度的"走过场"，对听证参与人要随机抽签，抽签过程需要监督，包括媒体监督、公证等。（3）修改建议权。被保险人有权对医保契约的条款提出修改建议，医保机构应当给予回馈和反映。

由于被保险人数目庞大，不可能在所有的监管方式、监管程序中让所有的被保险人参加，因此需要进行相应的限制。可考虑三个方面：一是，对于适合所有被保险人行使的权利，如一般的修改建议、投诉举报，每位被保险人均有权行使。二是，对于一些直接关涉被保险人个人权益的行为，如医疗机构超医保范围、超自付标准收费，存在医疗过错等，权益受害的被保险人有权要求医保机构介入处理，在对处理结果有异议时可寻求进一步的法律救济。三是，需要被保险人直接参与，但与具体的被保险人无直接利益关联，应通过一定的方式遴选。可以在所有被保险人中随机抽取，也可以在特定的被保险人群体如发生了大额医疗费用、长期住院的被保险人等中抽取。无论采取何种方式遴选，一定要注意选取对象的广泛性、随机性，不应指定个别人员作为被保险人代表。

（四）被保险人参与并监督医保契约的环节

目前，仅有零星医保契约规定被保险人参与医保契约的履行，这是远远不够的。从医保契约的订立流程环节看，被保险人均有参与之必要与可能。

1. 被保险人在医保契约诸阶段参与的必要性。医保契约的订立是对医疗机构的初始选择，续约是再次选择，履行则是被保险人获得医疗服务的核心过程，解除则是对医疗机构的扬弃，所有这些阶段都与被保险人最终享受医疗服务密切相关。被保险人只有全程参与这些阶段才能更有助于选择更合适的医疗机构，有助于监督医疗服务行为和医保监管行为。

2. 被保险人在医保契约诸阶段参与的可能性。（1）在医保契约的初始订立中，可以通过所处社区了解该医疗机构的状况，还应当对拟订立医保契约的医疗机构通过多种形式予以公示，被保险人可以通过投诉举报等方式参与对该医疗机构的意见表达，使医保机构能够更全面、真实、客观地了解和认识拟订医保契约医疗机构的实际状况。（2）在履行和续约阶段，应进一步引进在该医疗机构接受过诊疗服务的被保险人的评价，并将其总体评价率作为确定续约与否的重要因素。被保险人可以对每次诊疗服务提供评价性意见，包括总体评价与具体评价。目前不少医疗机构已经在推行这一做法，但仅仅是医疗机构自身的要求是不够的，医保机构应当推行这一制度，可设立独立的电子调查系统、引进第三方调查机构，尽可能对每一次诊疗行为特别是住院进行调查和统计，并将被保险人的评价作为付费等的主要评判依据，这可以对医疗服务行为形成较大的制约作用，遏制诸如"收红包"等不法、不当医疗服务行为。（3）在解约、处罚等环节，由于医疗机构通常存在医疗服务、医疗水平方面的严重问题乃至违法行为，对被保险人未来享受良好医疗服务的权益具有较大的影响，因此应当允许被保险人参与；特别是在对医疗机构进行听证的情形下，更应当允许被保险人参与。这种参与有两种形式：一是允许被保险人自由参与；二是由具有一定代表性的被保险人如社区代表等参与。为保障该程序的公正性，应当允许新闻媒体参与。

第七节　异地就医结算中的法律规则

异地就医是人员流动、医疗技术不均衡的必然要求，有其必然性与合理性，被保险人的异地就医权益是其基本医疗保险权利的重要内容，应当得到保护。但是，基于我国医疗技术极不均衡、医疗监管仍不健全、就医和医疗服务中存在较大的道德风险，异地就医如果不能得到较好的规范，将会损害医保基金的安全从而危及医保制度的可持续性，因此应限制被保险人的不合理需求，引导被保险人的一般医疗需求，遏制并追究异地就医中的违法行为。这是对异地就医进行法律规制的两大核心内容。

一、异地就医的独特性与必然性

对异地就医当下存在的问题是没有疑义的。争论在于，就未来或较长时间来说，异地就医是否还存在问题。异地就医所存在的问题是暂时性、阶段性的，还是长久性的，应对方案存在根本的不同。如果是暂时性、阶段性的，则可以通过突击性的短期工作予以解决，如果是长久的，则应当建立健全的制度与规则体系予以解决。基于我国基本医疗保险规则体系仍处于构建与完善的过程中这一现实背景，对于暂时性、阶段性问题可以不通过投入较大的立法方案予以解决。

不少研究认为，异地就医的问题是与统筹层次有关的，随着统筹层次的提高，特别是实现全国统筹时，这一问题就迎刃而解。解决异地就医问题的主要对策是，分阶段提高统筹层次，逐步实现全国统筹。[1] 在国家层面建立统一的医疗保险政策，最紧迫的工作是要统一全国医保"三个目录"的编码，也可以考虑建立全国异地就医即时结算基准目录。[2] 先建立市级统筹。这样逐步建

---

[1]　杨艳霞：《探析社会医疗保险制度中的异地就医问题》，载《贵州民族大学学报》2014 年第 3 期。

[2]　董曙辉：《实现异地就医即时结算关键路径选择》，载《中国医疗保险》2014 年第 4 期。

立省级统筹，最终实现全国统筹。[1] 远期目标应统一全国基本医疗保险的药品目录、诊疗目录和服务设施目录。[2] 从长远看，彻底解决异地就医问题，必须提高统筹层次，最终实现全国统一的医疗保险制度和政策，全国实行统一的费率、统一的待遇支付、统一的就医管理经办流程，异地就医问题就自然消亡了。[3]

这一看法是有道理的，异地就医的问题确实与统筹层次有关，在统筹区域内，异地就医的问题是不应该发生的，即"同城无异地"。问题在于，基本医疗保险能否实现全国统筹、是否有必要实现全国统筹。

从社会保险的发展规划来看，国家并无实行基本医疗保险全国统筹的计划和目标；而从主流社会保障研究来看，也没有主张基本医疗保险全国统筹的。从理论上来看，实行基本医疗保险全国统筹是没有必要的，也不可行。最核心的原因在于，我国经济社会发展水平很不平衡，诊疗技术水平的地区差异也非常大，由此决定医保基金的筹资水平与筹资能力以及医疗服务的供给能力和供给水平都存在很大差异，在这一现实前提下，实行全国统筹，统一全国基本医疗保险药品目录、诊疗项目、医疗服务设施标准以及各种支付标准，其门槛只能是极低的，这满足经济社会保障水平较差、筹资能力较弱、医疗服务水平较低的地区的需求，但对于其他地区，显然无法满足被保险人的需求。这一现实即便不是永久，也会极其漫长。换句话说，就全国范围来说，各地医保基金所能保障的药品目录、诊疗项目范围、医疗服务设施标准以及各种支付标准，在非常长久的时间里，是无法做到整齐划一的，这是基本医疗保险无法实现全国统筹的客观基础。

基本医疗保险也不具有基本养老保险那样需要全国统筹的特征。基本医疗保险权利实现的程度受制于本地医疗服务的供给，而不仅仅是财务问题；基本养老保险权利的实现完全受制于养老保险基金及财政的支持，通过全国统筹可以提供更平等的国民养老金。

对于基本医疗保险的全国统筹而言，可以说唯一的好处便是彻底解决异地就医问题。即使维持现状，异地就医所存在的问题（弊端）也小于推行全国

① 胡义芳：《从异地就医难看我国医疗保险统筹层次提高的必要性》，载《科技视界》2013 年第 36 期。

② 刘玮玮、贾洪波：《基本医疗保险中异地就医管理研究》，载《中国卫生经济》2011 年第 6 期。

③ 李妍、熊武：《云南省完善医疗保险异地就医服务管理的现实选择》，载《保险研究》2010 年第 5 期。

统筹所产生的问题。更何况，异地就医的问题并非不能解决。

总体来说，异地就医的存在是必然的，应当通过立法活动建立起立足长远，合理配置被保险人、医保经办机构与医疗机构之间的权利义务的异地就医医疗保险规则体系。基于这一理论分析，本书所指异地就医仅指跨省的异地就医，同一省份内，在实现省级统筹后，均不再存在异地就医。

二、保护与规制的必要性

因为异地就医中支付依据的不统一、直接即时结算的整体缺失以及报销比例的差别等，社会舆论及研究意见普遍认为被保险人权利没有得到充分保护，因而需要通过规则与政策的完善为被保险人提供更充分的保护，这是共识，不再赘述。

然而，为被保险人究竟应当提供保护至何种程度，则是必须考虑和分析的，对此研究并不充分。社会舆论更多片面倾向于对被保险人之保护而忽视对其需求或选择的限制。例如，在本地尤其是设区市级统筹区内，可以不对被保险人的医疗机构选择权进行限制，但是对统筹区外的医疗机构，是否也可不进行限制？异地就医与参保地就医的报销比例是否应存在差别？异地就医会加强异地大医院的强势地位，进一步削弱参保地中小医院的生存和发展空间。短期、临时的异地就医，特别是转诊的异地就医行为一般具有趋向更高级别的医院和利用更优质的医疗资源、由经济不发达地区流向经济发达地区、由医疗技术较落后地区流向医疗技术较先进地区的特征，如果毫无节制，会使参保地医保基金不堪重负，同时造成京沪和省城大医院人满为患，会对基本医疗保险和公共卫生公平可持续性形成冲击，不利于调整医疗资源不合理布局，加剧基层医院面临的生存困境。[1] 如果不讲定点和本地就医，全国 68 亿就医人次（2012 年总诊疗人次）都往京沪的大医院挤，最终结果将断送制度的可持续性。[2]

因此强调对被保险人的保护不能片面，要斟酌确定保护的限度，应引导被保险人合理、适度医疗，而不能诱导甚至强化被保险人过度医疗；要确定被保险人合理分担责任的边界，既要保证被保险人获得平等的医疗给付，也要贯彻风险共担的个人责任理念。虽然国家和社会均有扶危济困的法定义务，但个人更是自己权利最大的守护者，在我国以社会保险为主体的社会保障体系中，必须强调个人的缴费等实体义务与程序性，必须设定相关利益主体违背限制性规

---

① 赵歆妍：《有节制的方便异地就医》，载《中国医疗保险》2014 年第 7 期。
② 胡大洋：《异地就医管理误区与难点分析》，载《中国医疗保险》2014 年第 3 期。

定时的责任和义务并严格实施。

三、异地就医的类型化

（一）类型化的必要性

异地就医，是指基本医疗保险参保人员因异地工作、异地安置和异地转诊等原因在参保地之外的统筹地区就医的行为。[①] 异地就医的原因多样，不同的异地就医其需求点是不同的，保障的程度和必要性也是不同的，因此解决思路和解决的具体方案也是不同的。例如，对于因病情需要而产生的异地就医——转诊，应当采用较高的保障水平；而对于非病情需要而生产的异地就医，则不应采用较高的保障水平。

类型化的直接目的在于根据不同类型的异地就医确定不同的保障方案，根本目的则为在保障被保险人权益的同时限制不合理的医疗需求与医疗供给，促进基本医疗保险制度的良性与可持续发展。

（二）异地就医类型化基础

异地就医类型化的基础是指，对异地就医类型及不同保障方案进行区分的直接根据和基础，是类型化目的的具体展开。

第一，适用不同的结算方式。目前异地就医的结算方式主要包括通过互联网或设立办事处等方式实行点对点的阶段、通过交换平台进行结算、委托就医地经办机构结算以及由被保险人至参保地经办机构手工结算等。不同的异地就医类型对即时结算、结算地点等的要求是不一样的，需要适用不同的结算方式。

第二，保障被保险人的基本的、正当的医疗需求。根据《社会保险法》的规定，基本医疗保险应当提供基本的医疗服务。虽然并无明确的界定标准，但是至少参保地的医疗服务标准是一个可供比较的参数。如果被保险人到异地就医是为保障其健康和生命权利所必须的，那么基本医疗保险的给付标准就不应低于参保地水平。必须的含义包括：（1）因参保地医疗机构无法提供该类服务而不得不到异地就医；（2）因长期在异地工作无法返回参保地就医而不得不在异地就医；（3）在异地突发重大、紧急疾病，如不在异地进行抢救性治疗将有危及被保险人生命及健康之重大危险而不得不在异地进行抢救治疗。

第三，促进本地医疗机构的正常发展，促进医疗机构的正常竞争。医疗服务供给的基本事实是，被保险人的大部分医疗需求是在当地——县及县级医疗机构以下完成的，保障当地医疗机构的正常发展，是实现基本医疗保障的必然

---

① 汤晓莉、姚岚：《我国基本医疗保险可携带性现状分析》，载《中国卫生经济》2011 年第 1 期。

要求。对于基本医疗保险是否有促进本地医疗机构正常发展的功能，存在很多争议。很多意见认为，促进公立医疗机构的发展，是政府的职责，不应由基金医疗保险基金承担，该基金的唯一目的就是为被保险人提供尽可能优质的服务。政府应当承担公立医疗机构的经费、设施等投入，基本医疗保险的根本目的就是实现被保险人的医疗保障权利，这是没有错的；但是促进本地医疗机构的正常发展作为基本医疗保险的附带功能，是实现其根本目的的必然要求。即，全国 14 亿人的基本医疗供给，不可能主要依托京沪以及省城的大医院，只有本地医疗机构的正常发展，才能实现基本医疗服务的供给，才能实现被保险人的基本医疗保障权利；基本医疗保险在保障基本医疗服务供给、实现被保险人医疗保障权利的过程中，会客观上为基层医疗机构提供资金来源，因而会促进本地医疗机构的正常发展。基本医疗保险的根本目的和附随目的不是冲突的，而是相互促进的。在对异地就医类型化并赋予不同保障方案时，需要考虑对参保本地基本医疗机构的促进功能，至少不是弱化该类医疗机构的发展。

第四，缓解医疗服务秩序的恶化。我国医疗服务市场存在的主要问题是"到大医院看病难""自付费用贵"，而且"自付费用贵"多数也发生在大医院，在多数乡镇、社区医疗机构，医保范围外的药品、诊疗项目、医疗服务设施都是有限的，自付费用是有限的。受制于基层医疗机构的医疗技术水平等多种因素，人们倾向于寻求更高等级医疗机构的诊疗。异地就医如果没有适当的控制和约束，将会加剧这一不良发展趋势。这一状况的进一步恶化，将加剧医疗服务供给矛盾，并影响被保险人医保权利的实现。因此，确定不同类型的异地就医的保障方案，应当考虑缓解而非恶化这一趋势。

第五，不应危及医保基金的可持续性。诊疗与费用保障的总规律是，在同样或相近的保障水平下，人们就医会倾向于选择更高等级的医疗机构；在同样或相近的便利条件下，人们就医也会选择更高等级的医疗机构。因此随着交通的便捷，在异地就医中，如果医保对异地医疗机构开放越多、保障水平越高，医保基金的支出会越大、监管需求和难度也越大，对参保地医保基金可持续性的威胁也就越大。在确定异地就医类型与保障方案时需要考虑本地医保基金的保障能力，尤其是基于未来的长期收支平衡精算。

这些方面体现了保护的目的，亦体现了限制的目的，相互间需要平衡，总体的判断原则是，以保护为出发点和核心，但不能损害其他方面的价值和功能。

（三）异地就医的主要类型

根据不同的标准，对异地就医的类型可以作不同的划分。建议区分门诊和住院、短期和长期、工作和旅游以及退休安置等不同原因，对异地就医实行分类管理。① 区别对待不同的异地就医人群，实行差异化管理。门诊与住院、短期与长期、旅游、工作以及退休异地安置等应区别对待，工作原因和非工作原因，主动还是被动选择异地就医，在管理和待遇上也要区别对待，从而体现合理性和公平性。② 单纯考虑一种根据的分类，无法避免该分类的缺陷。（1）根据与工作的关联，可以分为工作原因的异地就医与非工作原因的异地就医。一般而言，因工作原因而产生的异地就医不是被保险人自愿选择的结果，因此不由被保险人承担不利后果，不应降低医疗保障水平、限制被保险人如同在参保地一样的医疗保险权利。但是，工作有长期、中期与短期之分，在异地就医的必要性并不相同，完全以工作区分未必恰当。（2）根据时间的长短，可以分为长期异地居住与短期异地居住而产生的异地就医。一般而言，长期异地居住者已经在异地形成相对稳定的社会关系，在异地就医更为方便和合理，因而更应当支持。但是，在异地长期居住，首先需要考虑的是，是否应该在异地参加基本医疗保险，是否需要转移基本医疗保险关系，是否需要采用异地就医的形式并非必然的。（3）根据诊疗的内容，可以分为门诊异地就医与住院异地就医。在异地住院因为具体原因的不同，并不一定需要特殊保护，也可能给予较低的待遇保障；而门诊是否需要到大医院就诊与病情也存在一定关联，对门诊也可能需要与住院实行一致的保障政策。（4）根据程序的差别，可以分为转诊的异地就医与未经转诊的异地就医。通常来说，转诊是主要因为治疗的必要，并且经过了医保机构的同意，因此待遇给付不应该限制。但是，未经转诊的突发疾病，也有同等对待的必要；转诊也需要根据本地是否能够提供相应的医疗服务而有所不同。这些分类都存在一定的问题，因此应综合各种因素进行考虑。

1. 退休后异地长期居住。根据人力资源和社会保障部《关于进一步做好基本医疗保险异地就医医疗费用结算工作的指导意见》（人社部发〔2014〕93号），目前优先解决的异地就医类型是异地安置退休人员的异地就医类型，该文件要求"2016 年，全面实现跨省异地安置退休人员住院医疗费用直接结算"。

异地安置的退休人员与一般退休人员的异地居住是不同的。国务院《关于工人退休、退职的暂行办法》（国发〔1978〕104 号）第 6 条规定：退休工

---

① 王虎峰：《全民医保制度下异地就医管理服务研究——欧盟跨国就医管理经验借鉴》，载《中共中央党校学报》2008 年第 12 期。

② 杨艳霞：《探析社会医疗保险制度中的异地就医问题》，载《贵州民族大学学报》2014 年第 3 期。

人易地安家的，一般由原工作单位一次发给 150 元的安家补助费；从大中城市到农村安家的，发给 300 元；退职工人异地安家的，可以发给相当于本人两个月标准工资的安家补助费。退休人员的异地安置具有历史性，主要针对当年服从国家调配政策而异地工作的人，例如，原籍上海，因为支援"三线"建设而迁至内地工作的人员，退休后回上海居住生活的。上海对此类人员还有一些特殊的福利待遇。而一般退休后异地居住的人员，不存在所谓"安置"的问题，也不存在补助的问题，属于自由迁徙的行为。人力资源和社会保障部《关于进一步做好基本医疗保险异地就医医疗费用结算工作的指导意见》规定：跨省异地安置退休人员是指离开参保统筹地区长期跨省异地居住，并根据户籍管理规定已取得居住地户籍的参保退休人员。以户籍作为区分社会保险权利的依据违背基本权利的属性，不符合社会保险的发展趋势。

就基本医疗保险关系而言，一般退休人员和退休后异地安置人员所履行的义务是相同的，在权利上区别对待并无合理依据。就管理技术而言，如果异地安置人员能实现即时结算，那么一般异地居住的退休人员当然也能实现，厚此薄彼也无道理。当然，即时结算仅仅是更为便利的结算手段，并不能完全解决异地就医的全部问题。因此，笔者主张，对异地安置的退休人员和一般异地居住的退休人员，参保地医保机构应当实行同样的权利义务。

对异地安置的退休人员采取一些特殊照顾，其实质是一种针对特殊对象的福利待遇，这种福利待遇不是由该人员的基本医疗保险关系本身提供，而是有特殊的供给主体，一是用人单位，二是原迁出地政府，原则上均与参保地医保机构无关。即，虽然参保地医保机构不能给予区别对待，但安置地政府可以给予特定福利待遇，如给予一定的医疗费补助。

包括异地安置在内的长期异地居住的退休人员，在异地长期居住，通常有其客观必要性，如和子女生活在一起，很少甚至根本不会返回原参保地，因此应当允许他们在居住地就医，并且不得降低他们的待遇标准，即应实行与参保地相同的待遇标准。

对于长期居住的确定，可参照民事法规定执行。最高人民法院《关于贯彻执行〈中华人民共和国民法通则〉若干问题的意见（试行）》第 9 条规定："公民离开住所地最后连续居住一年以上的地方，为经常居住地。但住医院治疗的除外。"最高人民法院《关于适用〈中华人民共和国民事诉讼法〉的解释》（法释〔2015〕5 号）第 4 条："公民的经常居住地是指公民离开住所地至起诉时已连续居住一年以上的地方，但公民住院就医的地方除外。"此判定标准可适用于社会保险领域经常居住地的判断。

2. 长期外派工作。随着企业等经济社会组织的发展壮大，外派工作将更为常见，外派劳动者在确定期限内难以返回派出地，或者返回派出地时间较短，在派出地就医存在不便，有在派驻地工作的现实必要性。考虑在基本医疗保险关系中，劳动者只要依法参加了基本医疗保险，均应获得当期的医保待遇保障。而且在绝大多数情形下，该参保时间仅限制在 6 个月以下，因此基于权利与义务对应的原则，应允许劳动者在派驻地参保，从而直接将外派劳动者纳入派驻地医疗保险体系，变异地为本地，彻底化解此类人员的异地就医问题。鉴于此类人员的医保费是由用人单位缴纳（包括个人部分的代扣代缴），宜采取与本地职工参保相同的条件，缴费超过 6 个月者均可享受医保待遇。

对长期外派人员采取本项对策需解决一个前提条件，即外派人员的用人单位注册地在派出地，如何在派驻地参保？可有三种解决方案：一是由派驻地相关单位代为缴纳社会保险费，类似于劳务派遣；二是由用人单位在派驻地设立分支机构并领取分支机构营业执照，允许并由该分支机构为派驻劳动者缴纳社会保险费；三是允许注册地在外地的用人单位在派驻地缴纳社会保险费，即允许一个用人单位同时在不同统筹区参保，但是在同一时期劳动者不能在不同统筹区参保。

3. 其他类型的长期异地居住。由于社会生活的多样化，被保险人基于生活、就业等各种原因离开原参保地异地居住的现象会不断增多。其中多数是没有稳定劳动关系的人员，因而无法采用第二种方案由用人单位在长期居住地办理参保手续。但此类人员已经在居住地居住较长时间，且希望在居住地继续长期居住，因而有在居住地就医并享受医保待遇的需求和客观性；对此种情形，再由其在原参保地继续参保，对在居住地就医实行异地结算，存在诸多不便；这种不便的产生是不合理的，其主要原因在于，以户籍限制公民的参保权利，使得公民无法在实际居住地参保并获得医疗保障。基于对公民基本医疗保险权利的保障，应当允许该类人员在居住地参保，并同时办理基本医疗保险关系的转移，变异地就医为本地就医。

该类人员在居住地参加职工医保，应按照职工参保要求处理，即参保时间超过 6 个月的，即可在居住地医保统筹享受医保待遇。

4. 突发疾病。突发疾病仅限于不能按照在异地长期居住人员医保待遇处置办法处置的人员。突发疾病如果不能得到及时、有效救治，会危及被保险人的健康乃至生命，因此对该救治行为应予充分保障。

5. 转诊。转诊通常限于参保地医疗机构无法提供更为有效的诊疗服务，而不得不转至外地医疗水平更高的医疗机构救治的情形。一般需要由参保地医疗机构出具转诊证明，并经医保机构批准方可转外治疗。转诊既有被保险人提出的，也有医疗机构提出的，都是由于参保地医疗水平的不足，为保护健康和生命而不得不寻求异地就医，因此该异地就医也应当给予充分保障。在办理了异地就医备案手续后发生的异地就医费用，在报销比例上应和在统筹地区发生医疗费用的报销比例大致相同。[①]

6. 一般短期居住外地发生的临时性异地就医。探亲、旅游、短期出差期间发生的一般性疾病，可以返回参保地治疗而未返回治疗的，不应支持和鼓励，符合程序的，适当降低医疗费用；不符合程序的，医保基金可不予支付。

四、结算方式

结算方式是目前异地就医产生的主要问题，也是社会关注度比较高的问题。

（一）按是否即时结算进行分类

在即时直接结算已成为统筹区医保结算主流方式的背景下，异地就医的即时直接结算成为首要关注的问题。即时结算必然是医保机构与医疗机构的直接结算，即时结算更突出了快捷性，因此应直接称之为即时结算。异地就医的结算方式，都与即时结算关联。

1. 即时结算。即由参保地医保机构直接与被保险人在异地就医的医疗机构直接结算。如果要实现完全的异地就医即时结算，最理想的状态是，每一个统筹区的医保机构均要与全国所有的医疗机构联网，并能够区别其他任何统筹区的医保支付依据，这比一个统筹区内即时结算的复杂性将呈几何级的增长，在相当长时间内根本无法实现。在目前的实践中，仅能实现参保地医保机构与其他统筹区个别医疗机构的联网即时结算，这一般被称为"点对点"模式。

从未来发展方向来看，即时结算将是主要的趋势。但是，鉴于这一方式对信息系统和统一结算依据等的高度依赖，普遍地、完全地实施这一方式，只能是未来的愿景。

2. 交换平台。指建设专门的数据交换与处理平台，各地的医保机构和医疗机构将异地就医人员的就医信息和资金通过该平台进行交换、传输和结算。需要专门的研发系统、维护及专人处理，运行初期需要较大规模投入，适应性磨合阶段大量工作要做，未来的信息顺畅有赖于及时的协同工作，对管理的要求很高。[②]

---

① 刘玮玮、贾洪波：《基本医疗保险中异地就医管理研究》，载《中国卫生经济》2011年第6期。

② 王虎峰、元瑾：《医保异地就医即时结算五大模式》，载《中国医院院长》2014年第20期。

基本医疗保险完全实现省级统筹以后，即时结算方式基本上等同于交换平台方式。而在完全实现省级统筹之前，交换平台具有优势。但鉴于目前统筹区数量仍然较多，交换平台是否能完全集纳所有统筹区的医保规则标准，仍是疑问。

3. 被保险人异地就医后提供全部就医资料到参保地经办机构办理结算手续。这是最传统的一种方式，也是目前仍然最为普遍的一种方式，也是社会认为异地就医最主要的问题所在。但是，在即时结算和交换平台方式均不能普遍实行的情形下，在相当长时期内将仍然要依赖这一方式。

4. 由参保地经办机构派驻异地为异地就医人员提供直接服务。主要适用于在异地就医人员较多的情形。这是由参保地经办机构提供手工报销服务方式的延伸，实际是将异地本地化。由于直接受制于人力的限制，这一方式只能局限于极其特殊的地区。而且，这一方式可以通过点对点即时结算方式替代。亦即，在不能对异地就医实行普遍的即时结算的状况下，参保地经办机构可以考虑与异地个别地区的个别医疗机构通过签订协议实行即时结算，从而在一定程度上满足被保险人异地就医的便利结算需求。

前两种属于即时结算，后两种则属于手工结算。

（二）按结算主体进行的分类

1. 参保地经办机构直接结算。前述 1、2、3 项结算方式均系由参保地经办机构进行结算。这一结算方式符合权利义务的规则要求，但如果规则不完善、程序不健全，则被保险人的基本医疗保险权利可能有被妨碍之虞。

2. 委托就异地经办机构结算。即由参保地经办机构委托就医地经办对被保险人在异地就医产生的医疗费用进行结算。委托就医地医保经办机构报销医疗费用，江苏省常州市实施这一结算方式解决了 24% 的异地安置在上海的参保人员的就医问题。[1] 这一方式的便捷性是很明显的。其缺陷主要在于：（1）增加了就医地经办机构的工作量，就医地经办机构一般具有排斥性；（2）由于就医地主要是经济社会条件更为优越、医疗水平更高，因此医疗费用更高，因而增加了参保地医保基金支出，会对参保地基金安全构成威胁；（3）就医地经办机构缺乏监管动力，容易造成监管失控，甚至滋生违法犯罪行为。异地住院病人按服务项目进行费用结算，容易出现过度检查和过度治疗行为。[2]

3. 第三方结算。交换平台方式属于第三方结算。

---

[1]　吴飞：《常州：异地就医结算多路并进》，载《中国社会保障》2013 年第 12 期。

[2]　杨艳萍：《异地就医不再为钱发愁——云南省职工医保异地就医联网结算运行分析》，载《天津社会保险》2014 年第 6 期。

（三）按结算程序进行的分类

邮递报销资料，审核后医保中心将报销款汇到参保人员的银行卡上。江苏省常州市依此方式解决了 10% 的省外异地安置人员的就医问题。[①] 这实际是手工结算的一种便利手段。

还有人提出分段结算的方案：各地区根据参保人在当地参加保险的时间按比例分别支付，这样既免除了资金转移的烦琐，又排除了权益不清的尴尬。[②] 这种看法显然不了解基本医疗保险待遇的计发规则。对于当期医保待遇，被保险人参保时间长短与医疗费报销支付比例并无关联，参保 10 年和参保 1 个月的当期待遇支付结果是相同的，不存在按参保时间支付待遇的前提。

就上述各种方式而言，虽然即时结算是未来发展方向，却非近期所能达致，除特殊、个别情形外，至少需在省级统筹完全实现后方有普遍施行的基础。较长时间内，制度层面更需解决的并非即时结算问题，而是结算的便捷性与监管问题。就被保险人角度而言，即便是手工结算或报销，如果能实现较便捷支付，一是能够免除在参保地和就医地之往返奔波之劳顿，二是能够较快速地报销医疗费用，如不用等到出院之后才能报销，在住院期间达到一定金额对被保险人及其家庭构成垫付压力时即可报销，则对被保险人基本医疗保险权利的实现并无太大妨碍。就医保机构而言，手工报销的弊端在于，对就医地医疗机构以及被保险人在异地就医医疗行为和付费行为的真实性监管的困难。但是，这一困难可以通过完善监管制度和规则设计在很大程度上予以疏解。因此在当下，更多应重视对手工结算制度的研究和完善。

五、结算标准

结算标准指结算的具体额度、比例，其实质上是与参保地就医是否需要实行区别对待。即在异地就医，是实行与参保地就医相同的待遇标准、较低的待遇标准还是较高的待遇标准。

从现实情况看，不用说待遇标准高于参保地，即便和参保地待遇标准相同，就会导致参保地就医行为向异地就医行为的流动，其直接后果一是导致基金支出规模非正常攀升，对基金安全造成不良影响；二是导致参保地医疗机构治疗量和收入规模的下降，进一步恶化医疗市场秩序。例如，2007 年之前，A县在省城只有 3 家定点医院，2007 年增加到 28 家，2011 年以后省城大部分三

[①] 吴飞：《常州：异地就医结算多路并进》，载《中国社会保障》2013 年第 12 期。

[②] 戴伟、龚勋、王森森、张亮：《医疗保险异地就医管理模式研究述评》，载《医院管理论坛》2009 年第 12 期。

级医院实现即时结算，异地就医 5% 自付比率取消，基本放开了参保人员赴省城就医的限制，参保人员不论大病小病，纷纷涌向省城就医；2004 年，参保人员赴省城就医人数占比 0.5%，2013 年达到 11.5%，职工医保基金的支出规模从 2006 年的 281.67 万元激增至 2013 年的 9753.13 万元。[①]

基本医疗保险对异地就医应秉持保护和规制的原则，而不应当鼓励。基于这一原则，对异地就医，应当在保护被保险人正当、合理的医疗保险权利的同时，对其不合理的医疗需求予以限制和约束。（1）对任何情况，参保地经办机构均不得实行比参保地就医更高的待遇标准。（2）对基于工作、生活、治疗之必需而发生之异地就医，应实行与参保地就医相同的待遇标准。主要包括转诊、在异地突发疾病、长期异地居住或工作的。（3）对其他类型的异地就医，应实行相对于参保地就医较低的待遇标准，该标准降低的幅度，应以能对被保险人异地就医产生一定的约束为限，如降低 10% 以上。（4）对转诊程序应严格限制，一般情形下必须办理转诊手续后才能转诊，否则医保基金不予支付"转诊"后的医疗费用；因病情危急，来不及按规定办理转诊手续的，必须在"转诊"后一定时间内如 7 日内补办。医保机构应当协同医疗机构建立便捷的、规范的转诊程序，如对医保机构可实行网上申请与网上审核，或委托具备一定条件的医疗机构审核；建立不合理转诊行为的审查和责任追究机制。

六、结算准据地

结算准据地指依据何地标准进行结算。

欧盟原则上将按照当事人所居住或逗留的国家的相关规定提供医疗保障服务，如同当事人在那个国家参加保险一样。与当事人实际医疗保险关系所属的国家相比，病人所享受的条件可能更好也可能更差。这样做的理由很容易理解，当地的医生和医疗机构不可能了解其他国家不同的法律细节。他们只能应用本国的相关法律，即使病人在其他成员国参加保险。[②]《关于进一步做好基本医疗保险异地就医医疗费用结算工作的指导意见》规定，跨省异地安置退休人员在居住地发生的住院医疗费用，原则上执行居住地规定的支付范围（包括药品目录、诊疗项目和医疗服务设施标准）。采用的是同一处置原则。异地就医原则上应该享受就医地的医保待遇，主要体现在统筹基金对药品、诊

---

① 何文炯、蒋可竟、朱云洲：《异地就医便捷化与医保基金风险——基于 A 县的分析》，载《中国医疗保险》2014 年第 12 期。

② 董克用、王丹：《欧盟社会保障制度国家间协调机制及其启示》，载《经济社会体制比较》2008 年第 4 期。

疗项目和医用材料的支付范围，这既体现待遇的公平，也有利于就医地医疗机构提供合理的服务，便于就医地经办机构进行监管。[①]

从可行性角度来说，就医地医生只能执行就医地的待遇支付范围。除了退休人员，其他异地就医人员均应按此执行；门诊治疗也应依此处置，但是无论门诊还是住院的支付标准，均应按参保地标准执行。

七、结算凭证

指具体依据什么材料进行结算。

目前，由于统筹区较多，各地医保机构结算或报销医保待遇所要求提供的具体材料、凭证并不完全相同，由此导致被保险人在结算或报销时的困难。如有的地方要求必须提供出院证明，否则不予报销。报销医疗费除了病历、诊断书、处方明细、检查结果等材料外，还必须提供出院证明，理由是如果没有出院就无法掌握参保人员的病史资料，因而也就无法确认报销的项目和额度。[②]

基于这一现状，有人提出，应当统一异地就医结算的具体依据，即设计全国异地就医的基本政策，对最低保障条件和保障待遇设定统一标准，规范报销办法。[③]

笔者认为，在不实行全国统筹、具体支付等标准允许地方作出特殊规定的背景下，统一全国的结算依据是不恰当的，法律基础亦不足。现行法律法规规定，地方拥有具体规定本地医保特定制度和规则，实质上赋予了地方一定程度的立法权，地方有权规定本地的具体结算依据，在全国强制统一标准，将会侵犯地方的立法权；地方基于本地的实际情况通过规定结算或报销的具体依据以实现对医疗机构的管控、对医保欺诈行为的监管等，具有一定的合理性，不切实际地要求全国范围内"一刀切"，可能不利于各地医保的良性发展。

地方基于监管等需要，可以就结算依据作出特别规定，但是，这一规定不应妨碍被保险人医保权利的实现。结算依据在不同的具体法律关系中，其功能与价值不同，应当采用不同的审查标准。对具体的结算或报销依据，应当根据不同的目的进行合理性审查。其中很重要的一点是，医保机构不能完全将自己的监管责任转嫁到被保险人身上。例如，住院费用应在患者未完全出院前定期

① 段政明：《异地就医管理的几点思考》，载《中国社会保障》2014 年第 4 期。

② 王克、刘益广：《异地就医，必须出院后报销危重病人被逼出院的医保难题》，载《中国经济周刊》2014 年第 13 期。

③ 杨艳霞：《探析社会医疗保险制度中的异地就医问题》，载《贵州民族大学学报》2014 年第 3 期。

审核报销，以减轻患者医疗费用负担。[①] 换言之，地方虽然可以就结算或报销依据、凭证作出特别规定，但是在针对被保险人异地就医费用进行报销时，是否一定要求必须具备某一凭证，否则不予报销，这一做法并不一定具有合理性，从而有可能遭遇法律风险。

八、结算程序

结算程序与结算方式有密切的关联，不同的结算方式具有不同的结算程序。这里分析两个问题。

第一，结算程序是否可以统一。有观点指出，统一结算手续标准，异地就医结算手续应该统一；统一技术标准，医疗和医保服务机构之间的信息传递需要全国通行的标准化表格，记录和处理患者的基本信息、缴费记录、医疗情况以及费用等，并在不同人群、相关机构中使用、互认。[②] 除了不同的结算方式有不同的结算程序外，如同结算依据或凭证一样，由于各个统筹区具体情况的差别，统一结算程序未必恰当。其实，统一结算程序并非目的本身，其目的在于便捷被保险人结算或报销医疗费用，因此如果通过完善现行结算程序便可实现这一目的，并不一定要追求统一的结算程序。

第二，应当以向被保险人提供更便捷的医保待遇给付为核心完善现行各种结算方式。一是在确定具体的异地就医的结算方式时，就要以便捷给付为首要的考虑因素；二是应通过网络等明确告知具体的结算程序和要求，并通过网络及 12333 咨询电话提供更具体的咨询服务，避免被保险人因为缺乏了解途径而贻误程序要求；三是在具体的结算过程中，对程序性问题应当甄别、总结和分析，确定哪些程序性要求是必须坚持的，哪些是可以替代或变换的，哪些是应当取消的，哪些是必须修改的，在更好地保护被保险人权利的同时，促进监管的实施。

九、异地就医监管与责任

（一）监管的必要性

异地就医趋向对高等级医疗机构的需求，并由此导致医疗费用的增加。异地就医人员对医疗机构级别的选择意愿，省级、地市级、县区级分别为

---

① 刘玮玮、贾洪波：《基本医疗保险中异地就医管理研究》，载《中国卫生经济》2011 年第 6 期。

② 王虎峰：《全民医保制度下异地就医管理服务研究——欧盟跨国就医管理经验借鉴》，载《中共中央党校学报》2008 年第 12 期。

56.32%、31.92%、17.13%；异地就医人数占职工医保参保人数的 2.7%，医疗费用占比则为 7.2%，除了因为住院而导致平均费用较高外，也因为异地就医监管困难造成医疗费用虚高。① 异地就医行为强化了医疗保险经办机构与医疗服务机构、医疗机构与患者之间的信息不对称，异地就医管理服务面临种种风险，为了避免效率损失，应对其加强监管。② 异地就医之所以成为欺诈骗保的频发地，不足 2% 的异地就医人次之所以滋生 30% 以上的欺诈骗保案件，关键就是监管缺失。③ 异地就医患者异地消费医疗资源、由参保地医保基金埋单，就诊过程中医院的诱导需求行为和患者的道德风险行为不受付费方监督，将导致参保地医保基金的流失和浪费，影响基金的可持续性。④

（二）监管的目的

一般认为，对异地就医的监管主要是防范异地就医中的欺诈骗保。这应当是异地就医监管的直接目的。

异地就医不能成为普遍的、主要的就医形式，对于不合理的异地就医需求，应当予以遏制。这涉及对基本医疗保险的基本理念的再认识。《社会保险法》强调"保基本"。对基本医疗保险来说，保基本所要求的医疗供给是何种水平？即主要应由何种医疗机构提供基本医疗服务？主要保障由谁提供医疗服务？毫无疑问，基于我国的现实，基本医疗服务的供给主体应当是县级（包括县级）以下医疗机构。对异地就医行为的监管不仅仅是防范欺诈骗保，同时也应当遏制不合理的异地就医需求。

（三）监管主体

异地就医的监管主体，从地域来看，就是参保地机构监管还是就医地机构监管的问题，两者都存在弊端。让参保地的经办机构监管就医地的医疗机构，不仅存在着时空距离远、力不从心的难题，而且还存在着管理体制不顺以及操作上的难题，让就医地的经办机构来监管异地就医，尽管体制顺，但又存在着监管成本由谁承担、监管力量不足等利益问题和实际问题。⑤ 在就医地对异地

---

① 李妍、熊武：《云南省完善医疗保险异地就医服务管理的现实选择》，载《保险研究》2010 年第 5 期。

② 王虎峰：《全民医保制度下异地就医管理服务研究——欧盟跨国就医管理经验借鉴》，载《中共中央党校学报》，2008 年第 12 期。

③ 胡大洋：《异地就医管理误区与难点分析》，载《中国医疗保险》2014 年第 3 期。

④ 胡大洋：《即时结算不是异地就医问题的治本之道》，载《中国医疗保险》2014 年第 7 期。

⑤ 林存斌：《异地就医结算办法及付费方式探索——基于海南省的实践》，载《中国医疗保险》2013 年第 4 期。

就医进行有效监督，能够提高整体的管理服务效率，降低基金支出和管理成本，减少社会的福利损失。[1] 以参保人员就医地实施监管为主，参保地承担协同责任，但是实践证明，没有经费来源和激励机制支持的委托协作，只能在医疗费用报销上有所作用，监管难有作为。[2]

虽然参保地机构监管与就医地机构监管均存在一定问题，但是从可行性来看，在以就医地支付范围作为异地就医准据地的前提下，就医地机构对支付范围的熟悉显然是参保地机构无法具备的；就监管手段来说，就医地机构更可能对就医地医疗机构实行智能监控，这是未来监管的趋势；从监管成本来看，由就医地机构监管时，是"一对多"，而由参保地机构监管时，是"多对多"，显然前者的监管成本更低。因此由就医地医保机构作为异地就医的主要监管主体是最具有可行性的。

（四）监管方式

第一，就医地医保机构的监管应主要以智能监控为主。智能监控是医保监控的发展方向，在推行智能监控的背景下，对协议医疗机构诊疗行为的监管只能是医疗机构所属地的医保机构，即就医地医保机构。参保人员在就医地就医后，就医地经办机构代表参保地经办机构按照就医地的管理要求，加强对定点医疗机构的管理。[3] 理想状态是，就医地医保机构在监控系统中单独列出异地就医分类，实施单独监管。但从实践角度来看，这并无必要。一方面，开发类似系统需要投入资金，实施单独监控也需要投入人力，增加了监控成本。另一方面，就医地医保机构对异地就医的监控，主要集中在支付范围以及其他违背医保政策的诊疗行为，与本地医保监控并无区别，对违反协议及违法行为的追究，可以不单独进行。即，就医地医疗机构的违规行为，对于重大的违法行为，如侵吞的医保基金，在进行个案处理时，确定为侵吞参保地医保基金的，向参保地医保基金返还，参保地医保机构可明示禁止被保险人再到该医疗机构就医，对于其他违规行为，可以纳入就医地医保协议中进行责任追究。

但是，参保地医保机构应将异地就医人员名单报备就医地医保机构，就医地医保机构在涉嫌违规人员名单中筛查出异地就医人员并通知参保地医保机构进行进一步的独立审查。

第二，参保地医保机构的监管应以审核、协调为主。零星窗口业务人员要

---

[1]　王虎峰：《全民医保制度下异地就医管理服务研究——欧盟跨国就医管理经验借鉴》，载《中共中央党校学报》2008年第12期。

[2]　胡大洋：《异地就医管理误区与难点分析》，载《中国医疗保险》2014年第3期。

[3]　段政明：《异地就医管理的几点思考》，载《中国社会保障》2014年第4期。

以手工形式录入异地就医的信息，审核异地就医所产生的费用，监督异地就医的骗保行为，必要时动用基本医疗保险经办机构的人员到统筹地区之外对异地就医行为取证等。[①] 参保地医保机构作为保险人承担待遇支付责任，应当对支付环节承担最后的把关责任。但是，要求其赴就医地进行调查，必然事倍功半，也根本无此能力。参保地医保机构的监管形式主要是对支付依据、凭证作最终的审核，并协调就医地医保机构及其他职能机构或社会主体进行核实。

第三，委托就医地医保机构或第三方进行调查、核实。仅仅依靠网络监控和书面审核，可以发现存在的问题，但无法确认违法行为的真实存在及其细节，无法固定证据，这些仍然需要实地调查。这些调查委托就医地的相关机构，如商业保险公司、律师事务所进行。但是，最为权威和便利者，莫如就医地医保机构。因为就医地医保机构对这些医疗机构更为熟悉，本身就存在一定的监管关系，并且通过智能监控等方式已经掌握一定的违法线索，由其进行进一步的调查、稽核，更为得心应手。问题在于，应当允许就医地医保机构作为另一医保关系的第三方机构承担参保地医保机构的受托调查机构，并可以从查实的违规追缴费用中提取一定比例的劳务费用用于调查。

第四，发展社会监督。将异地就医纳入社会监督的主要监督内容，通过各种途径和形式动员社会力量参与监督。

（五）监管责任

应当明确参保地医保机构是异地就医支付责任、监管责任的最终主体，受其委托所进行的行为均应作为代理由其承担法律责任。比较特殊的是，鉴于应将就医地医疗机构在异地就医中的违规行为纳入就医地协议管理范畴，因此就医地医保机构与医疗机构之间对异地就医也可能发生直接的法律关系，该责任内容及处置应当按适用医保契约制度的内容。

第八节 先行支付与代位求偿

一、商业保险中的代位求偿制度

代位求偿是指保险人在向被保险人进行保险赔偿后，取得了该被保险人享有的依法向负有民事赔偿责任的第三人追偿的权利，并依据此权利予以追偿的

[①] 刘玮玮、贾洪波：《基本医疗保险中异地就医管理研究》，载《中国卫生经济》2011 年第 6 期。

制度。一般认为是财产保险合同特有的法律制度。[1] 其核心仍然是损失补偿制度。代位求偿以损失补偿原则为理论基础，仅适用于以填补被保险人损失为目的的财产保险合同。代位原则的目的在于防止被保险人获得多重利益；另外，代位原则还可以使肇事者承担其因疏忽或过失所负的法律责任，防止肇事者逃避责任。[2] 保险人通过行使代位求偿权获得一定的赔偿给付，可以降低保险人保险赔付的负担，有利于整个行业的发展和社会整体保费水平的降低。[3]

代位求偿权的行使规则：（1）行使代位求偿权的名义。保险人以自己的名义还是被保险人的名义？根据《保险法》第 60 条规定，保险人应以自己的名义代位行使被保险人对第三者请求赔偿的权利。（2）代位求偿权行使的对象，即对第三人的限制，根据《保险法》第 62 条规定，除故意以外，不得对被保险人的亲属和雇员行使代位求偿权。（3）代位求偿权的范围，应以被保险人享有的赔偿请求权为限，且其追偿的货币金额不得超过其向被保险人实际赔付的保险金额。（4）代位求偿权的行使时间。保险人应在向被保险人履行赔付义务后才能行使代位求偿权。（5）被保险人的协助义务。被保险人应当向保险人提供必要的文件和所知道的有关情况。（6）代位求偿的时效与被保险人所享有的时效期间一致。

一般认为，代位求偿权的构成要件包括：（1）损害事故属于保险事故；（2）第三人引起保险事故的发生；（3）保险人向被保险人履行了赔偿义务；（4）被保险人享有向第三人的赔偿请求权。

妨碍代位及其效果。《保险法》第 61 条规定：保险事故发生后，保险人未赔偿保险金之前，被保险人放弃对第三者请求赔偿的权利的，保险人不承担赔偿保险金的责任。保险人向被保险人赔偿保险金后，被保险人未经保险人同意放弃对第三者请求赔偿的权利的，该行为无效。被保险人故意或者因重大过失致使保险人不能行使代位请求赔偿的权利的，保险人可以扣减或者要求返还相应的保险金。有观点认为，若被保险人只是部分放弃第三人的损害赔偿请求权，例如，与第三人达成和解而解除第三人的损害赔偿责任，保险人不能以此拒绝承担保险责任。[4] 这一观点值得探讨。如果被保险人放弃的赔偿请求权并不影响保险人的代位求偿权，那么这种放弃应该是有效的，问题是，这种情况恐怕并非《保险法》第 61 条的规范情形。

---

① 贾林青：《保险法》，中国人民大学出版社 2011 年版，第 177 页。
② 李玉泉：《保险法学：理论与实务》，高等教育出版社 2010 年版，第 84～225 页。
③ 刘宗荣：《保险法》，台北：三民书局 1995 年版，第 243 页。
④ 樊启荣：《保险法》，高等教育出版社 2010 年版，第 145 页。

二、人身保险中的代位求偿

《保险法》第 46 条规定：被保险人因第三者的行为而发生死亡、伤残或者疾病等保险事故的，保险人向被保险人或者受益人给付保险金后，不享有向第三者追偿的权利，但被保险人或者受益人仍有权向第三者请求赔偿。"我国保险法禁止保险代位规范适用于人身保险之各险别，不仅在立论基础上陷入了观念上的误区，而且在解释论及立法论上挂一漏万、漏洞百出，并非妥当。"①对于伤害保险中的医疗费用保险及疾病保险中的医疗费用保险，究竟能否行使保险代位权，素有争论，多数学者采用否定论。② 保险代位制度是否适用于医疗保险等具有补偿性质的人身保险，理论界争议极大，有待进一步研究。

笔者认为，人身保险的保险标的虽然都与人身有关联，但并不完全是人身本身，很多具体的保险标的仅仅是财产内容，符合适用代位求偿的目的，基于"任何人不得因违法行为而获利"的法治观念应当适用代位求偿权。

三、基本医疗保险的先行支付

《社会保险法》第 30 条规定："医疗费用依法应当由第三人负担，第三人不支付或者无法确定第三人的，由基本医疗保险基金先行支付。基本医疗保险基金先行支付后，有权向第三人追偿。"《社会保险基金先行支付暂行办法》（人力资源和社会保障部令第 15 号）第 2 条规定：参加基本医疗保险的职工或者居民由于第三人的侵权行为造成伤病的，其医疗费用应当由第三人按照确定的责任大小依法承担。超过第三人责任部分的医疗费用，由基本医疗保险基金按照国家规定支付。

（一）被保险人不能直接向医保机构主张医保待遇

在先行支付下，被保险人不能直接向医保机构主张医保待遇。这和商业保险中，被保险人可以选择直接向保险人主张赔付不同。这一模式值得商榷。人身伤害同时构成医疗保险事故与侵权损害，被保险人同时成立基本医疗保险待遇请求权与人身损害赔偿请求权，两者并无先后次序之分，基本医疗保险制度并无充分的理由拒绝支付，在权利竞合的情形下，先行使何种权利，应由权利人选择。当被保险人对保险人的补偿请求权和对第三人的赔偿请求权发生重合时，赋予被保险人自由选择权，以保障被保险人的损失得以充分补偿。至于如

---

① 樊启荣：《人身保险无保险代位规范适用质疑——我国保险法第 68 条规定之妥当性评析》，载《法学》2008 年第 1 期。

② 樊启荣：《保险法》，高等教育出版社 2010 年版，第 139 页。

何行使，由被保险人依情形决定，他人不得干涉。① 另外，社会保险的保障性应当更强，对于商业保险可直接支付的情形，社会保险更应当做好直接支付，否则社会保险的优越性会受到妨碍，其可及性尚不及商业保险，亦有损社会保险责任的体现。基本医疗保险之所以实际要求被保险先向侵权责任人主张赔付，主要是担心被保险人不积极向第三人索赔可能损害基金的安全，这种情况在商业保险中同样存在，应当通过完善代位求偿制度予以解决。因此，《社会保险法》应当借鉴《保险法》规定，在权利竞合时，被保险人可直接向医保机构主张待遇给付；医保机构支付待遇后，有向第三人追偿的权利。

（二）先行支付不限于第三人侵权

《社会保险基金先行支付暂行办法》将先行支付确定为第三人侵权显然是不周延的。除了侵权行为以外，违约行为、无因管理也可构成先行支付。不当得利和共同海损对财产利益有返还责任，不涉及人身伤害的结果，因此不发生先行支付。

（三）第三人不支付与无法确定第三人的界定

在现有法律规则下，如何界定第三人不支付与无法确定第三人的情形？《社会保险基金先行支付暂行办法》未作限制，那么第三人不予支付、无法找到第三人、不知第三人等均应发生先行支付责任。对于第三人不支付，只要第三人明示或默示不予支付，均可构成不支付。

（四）第三人责任的界定

先行支付只针对应由第三人承担支付责任的医疗费用，因此如何界定第三人责任是尤为重要的。其基本问题是，是否需要司法机关或仲裁机构的确定？相关行政职能机构是否有权利界定责任？医保机构自身能否界定责任？如果这些问题缺乏清晰的法律规制，很容易在实践中产生争议并可能成为寻租的空间。

在先行支付制度确立以后，代位求偿制度的确立和实施已成为当务之急。目前社会保险代位求偿制度过于简略，且存在不周延等诸多问题，理论研究亦非常缺乏，需要进一步予以明确。

从体系上来说，先行支付是代位求偿的基础和前提，代位求偿是先行支付的必然结果，结合未来发展，先行支付无需过多讨论，重点应落到代位求偿制度，即将先行支付放到代位求偿制度中进行研究和制度构建。

---

① 樊启荣：《保险法》，高等教育出版社 2010 年版，第 140 页。

四、基本医疗保险的代位求偿

（一）确立基本医疗保险代位求偿制度之必要

1. 确立基本医疗保险代位求偿制度是实现《社会保险法》的基本要求。《社会保险法》明确基本医疗保险基金先行支付后，有权向第三人追偿，但对如何追偿未作规定。确立基本医疗保险代位求偿制度的具体规则是贯彻这一立法的基本要求。

作为《社会保险法》的配套规章，《社会保险基金先行支付暂行办法》第12条规定：社会保险经办机构按照本办法第3条规定先行支付医疗费用后，有关部门确定了第三人责任的，应当要求第三人按照确定的责任大小依法偿还先行支付数额中的相应部分。第三人逾期不偿还的，社会保险经办机构应当依法向人民法院提起诉讼。该办法关于代位求偿的寥寥规定尚不足以确立代位求偿的制度内容，需要研究予以充实和完善。

2. 确立基本医疗保险代位求偿制度是推进先行制度、保护被保险人基本医疗保险权利的必然要求。先行支付的实行有利于更好地保障被保险人的基本医疗保险权利。在先行支付实行以后，必须确立代位求偿制度才能真正推进先行支付的实施。换句话说，如果没有代位求偿制度的保障，先行支付导致基金"有去无回"，无法实现可持续发展，极可能"有始无终"，这样会不利于对基本医疗保险权利的保护。

3. 确立基本医疗保险代位求偿制度是规范社会保险经办机构、被保险人、第三人权利义务，规范行政裁量和司法审查的基础。基本医疗保险基金的支付，不仅对实现具体被保险人权利有极大影响，而且如果制约不当，会滋生腐败，对不具体的被保险人权利造成潜在的影响。明确代位求偿的法律属性，明确各方当事人的具体权利义务，不仅能够更好地保护被保险人的权利，也会规范权力行使，对行政权力制约并实施司法审查提供依据。

（二）基本医疗保险代位求偿制度之目的

1. 基本医疗保险代位求偿制度的首要目的是保护基金安全，维护全体被保险人的基本医疗保险权利。"保险代位权之实施，其实质受惠者，并非保险人，而应属投保之大众。"[1] 这一判断是非常精确的，在社会保险法领域尤为如此。基本医疗保险基金并非归属于医疗机构，医保机构仅有管理权。基本医疗保险基金存续的唯一目的便是保障全体被保险人获得基本的医疗救治，保障其生命与健康权。根据国务院《关于建立城镇职工基本医疗保险制度的决定》

---

[1]　林群弼：《保险法论》，台北：三民书局2010年版，第260页。

（国发〔1998〕44 号），基本医疗保险基金实行"以收定支、收支平衡的原则"，因此基金的支出范围和基金平衡是实现这一目的的关键。对于应当由第三人承担的支付责任，医保基金支付后不能向第三人追偿，将会影响基金的平衡，会损及对被保险人的支付能力，不利于对被保险人医保权利的保护。

2. 维护公共利益和公序良俗。代位求偿是以被保险人不得双重求偿为前提的，被保险人不得同时全额行使医保请求权和损害赔偿请求权，实行代位求偿实即否定了被保险人双重求偿。而立法和理论为何要否定双重求偿？就本质来说，这是为了维护公共利益和公序良俗。任何人不得因违法行为而获利，这是一个基本的法治理念，是公平正义的基本要求。而对于第三人来说，其应当承担的法律责任不因医保机构给付而免除，亦为每个人均应为自己行为负责之公平正义要求。但要注意的是，如果因为权利人放弃追偿权而使被保险人获得双重利益，并不违反这一原理。这种情形在本质上与赠与并无差别，任何一个社会主体，只要不违反强制性法律规定，积极赠与其他主体利益或消极免除其他主体义务而致该主体利益增加，不仅合法而且正当。

3. 保护被保险人权利。实行代位求偿以医保机构已为给付为前提。在权利竞合的情形下，虽然被保险人享受选择行使请求权的权利，但由于医保基金的保障能力与第三人的赔付能力根本不可同日而语，因此被保险人通常会优先行使医保请求权，通过设置代位求偿制度保障医保请求权的实现是保护被保险人医保权利的必然要求。

4. 防止被保险人不当得利，追究和防止第三人逃避法律责任。保险法上代位权制度的目的在于防止被保险人因行使双倍请求权而不当得利。[①] 建立代位权制度，使被保险人对于第三人之损害赔偿请求权，于受领保险给付之范围内，移转于保险人，以避免加害之第三人脱免责任。[②]

不能将其中某一目的与其他目的割裂开来。各目的是相辅相成的，共同促成代位求偿制度的设立。

（三）基本医疗保险代位求偿制度之性质

对于保险法中代位求偿制度的性质，我国学者几乎一致认同法定债权转移理论，并认为保险立法上也是如此。[③] 但是，《保险法》第 60 条规定的保险人

---

① 江朝国：《保险法论文集（二）》，台北：瑞兴图书股份有限公司 1997 年版，第 396 页。

② 武亦文：《保险代位的制度构造研究》，法律出版社 2013 年版，第 24 页。

③ 李玉泉：《保险法学：理论与实务》，高等教育出版社 2010 年版，第 84 ~ 225 页；樊启荣：《保险法》，高等教育出版社 2010 年版，第 139 页。

"在赔偿金额范围内代位行使被保险人对第三者请求赔偿的权利"并未将其性质明确为法定债权转移。事实上，该项规定突出的是"代位"而非"转移"，相较于德国《保险契约法》第86条第1项规定"投保人对第三人有赔偿请求权的，一旦保险人填补其损害，该请求权转移予保险人"，从文义来看，我国《保险法》的规定更贴近权利代位而非权利转移的含义。

国务院1983年颁布的《财产保险合同条例》第19条规定："保险标的发生保险责任范围内的损失，应当由第三者负责赔偿的，投保方应当向第三者要求赔偿。如果投保方向保险方提出赔偿要求时，保险方可以按照保险合同规定，先予赔偿，但投保方必须将向第三者追偿的权利转让给保险方，并协助保险方向第三者追偿。"1992年《海商法》第252条规定："保险标的发生保险责任范围内的损失是由第三人造成的，被保险人向第三人赔偿的权利，自保险人支付赔偿之日起，相应转移给保险人。"这两款规定则将保险代位明确为权利转移。

笔者认为，"我国保险立法采法定债权转移理论较优"即主流观点是不妥当的，其主要问题是无法有效解决现实争议。

1. 债权转移理论无法合理解决被保险人的不当得利问题，加重了第三人负担，对第三人不公平。《保险法》对被保险人先于保险金支付而取得的第三人赔偿的扣减作了规定，而对第三人在保险金支付后取得第三人赔偿未作规定。在实践中，第三人隐瞒已经取得的保险金，而向第三人主张赔偿并获得给付的情形仍有发生。就民事法来说，对此种争议必须予以考虑。在债权转移理论下，被保险人对第三人在保险金份额内不再享有债权，不再享有请求权；如果其对第三人行使债权请求权并获得给付，属于不当得利，第三人只能要求被保险人予以返还，不能对抗保险人的主张；保险人基于已经转移的债权，仍可向第三人主张给付。如此，第三人因其同一法律行为仅承担一个法律责任，不仅要承担两次诉讼，而且可能承担经济上的损失，如对被保险人的不当得利无法返还。这对第三人是不公平的，也缺乏理论基础。第三人仅对被保险人负有赔偿责任，在通常情况下其无需也没有审查债权是否已经发展转移的义务，不管制度怎样设计，第三人只要对被保险人履行了赔偿义务，就不应再承担法律责任，保险人不能再对第三人要求赔偿，法定债权转移理论无法解决这一难题。而权利代位则可以有效解决这一问题。在权利代位理论下，保险人只是代被保险人行使赔偿请求权，如果第三人已经对被保险人作了赔偿，被保险人对第三人不再享有权利，保险人自然也不能代被保险人之位要求第三人赔偿。在这种情况下，保险人对被保险人没有支付保险金的法律义务，或者该义务已经不存在，可以不当得利要求被保险人返还。

2. 债权转移理论可能导致损害赔偿请求权的分割,对第三人不利,也不具有经济性。在损害赔偿请求权标的数额大于保险金额时,保险人在保险金数额内对第三人享有法定债权(转移的),同时被保险人在剩余损害赔偿数额内对第三人享受损害赔偿请求权,这必然导致在很多情况下对第三人的两个诉讼。这不仅在诉讼上是不经济的,对第三人也不公平。而在权利代位的情况下,这个问题则可以较好地解决。即,保险人只能代位向第三人行使请求权,在代位请求权和直接损害赔偿请求权同时存在,因为系争事实是一个,且代位请求权是代位行使损害赔偿请求权,两者是一个标的数额较大损害赔偿请求权的组成部分,因此应以一个案由处置,保险人与被保险人作为共同原告即可。对于第三人的赔偿,由保险人与被保险人进行分配。

债权转移理论主张者认为,在该理论下,保险代位之诉和损害赔偿之诉也可以合并处理,保险人完全可以和被保险人约定一并行使或分别行使。[①] 这在我国并不切合实际。保险代位之诉即便将其界定为损害赔偿,因其属于转移债权,具有独立性,因此与被保险人对第三人的损害赔偿请求权并非同一权利,将其合并处理,在诉讼上缺乏理论与法律依据;诉讼管辖权属于公权力,不是当事人约定可以改变的。

3. 权利代位在实践中不存在问题。债权转移理论主张者认为,在被保险人破产的情况下,债权转移理论可以成立,而程序代位理论则存在缺陷。在基本医疗保险中,被保险人为自然人,在我国尚不存在破产问题。从根本上来说,保险人提起代位之诉,虽系代被保险人之外,但其并非以被保险人名义提出,而系以自己的名义提出,并不需要征询被保险人的意见,其行使相对独立,但与被保险人具有非常密切的联系,而在被保险人死亡之后,其独立性仍然存在,仍可以针对第三人提出权利主张。在某种意义上,在被保险人死亡或破产(财产保险)时,保险人已经支付保险金的,其行使代位权之地位类似继承,区别在于,继承权是在享受权利的同时要履行义务,而代位权则是在履行义务之后才取得权利。

4. 权利代位之性质无需完全适用英美国家代位制度的内容。由于中外社会环境、法律制度和法治状况的差异性,在借鉴和移植国外法律制度的时候,如果完全照搬,基本上都是行不通的,一定要进行本土化的改造。保险代位,可以更多地吸收债权人代位权之特点和效果,而不必拘泥于国外的保险代位之内容。

(四)基本医疗保险代位求偿制度之适用范围

除职工基本医疗保险外,新农合、城镇居民基本医疗保险(合并之外一

---

① 武亦文:《保险代位的制度构造研究》,法律出版社 2013 年版,第 26 页。

般称为城乡居民医疗保险）是否适用先行支付及代位求偿制度，《社会保险法》未作明确规定，存在明显漏洞。对于三种医疗保障形式，《社会保险法》未规定先行支付及代位求偿适用于其中一种还是三种全部，而只是笼统地使用"基本医疗保险基金"，但又根本未指出"基本医疗保险基金"仅指职工基本医疗保险还是包括其他两种基金。从这一规定可见，《社会保险法》关于此问题规定违背基本立法常识，不是要清楚界定权利（权力）和义务，似乎故意采用含糊表述。

新农合和居民医保与职工医保在保障目的、基本模式上相似，《社会保险法》将三者放在一章中规范，显然暗含了三者都是基本医疗保险的意向，因此，代位求偿制度不仅应适用于职工医保，亦应扩展至新农合和居民医保。

（五）基本医疗保险代位求偿权之构成要件

1. 损害事故属于基本医疗保险保障范围。只有属于医保机构保障范围，包括伤病类型、发生原因、损害标的都属于基本医疗保险的保障范围，医保机构才承担保障责任，才有支付医保待遇的责任，才有代位求偿之可能。

2. 损害事故是由第三人行为引起。第三人行为不仅包括侵权行为，也包括违约行为以及无因管理。这三者均有可能涉及人身损害。其他如不当得利、共同海损，只涉及财产而不涉及人身问题，故不发生基本医疗保险代位求偿权。

3. 医保机构先行向被保险人支付了医保待遇。代位求偿权是建立在医保机构已经先行支付了医保待遇的基础上的，是履行了给付义务之后所取得的权利。如果医保机构尚未履行给付义务，就没有任何求偿权。

4. 被保险人享有向对第三人的医疗费用赔偿请求权。"代位"指的是代被保险人之位，其对象是第三人。只有被保险人对第三人享有医疗费用请求权，医保机构才能代位行使。如果被保险人本身无此权利，医保机构自然就无法"代位"。

5. 第三人不具有特殊身份。《保险法》第62条规定，除被保险人的家庭成员或者其组成人员故意造成本法第60条第1款规定的保险事故外，保险人不得对被保险人的家庭成员或者其组成人员行使代位请求赔偿的权利。《社会保险法》对此未作规定。从理论上来说，实施基本医疗保险的主要目的是保障被保险人的疾病获得及时而基本的救治，避免被保险人及其家庭因病陷入贫困。虽然从疾病救治的角度来说，基本医疗保险的保障对象是被保险人，但其实际保障功能却延及整个家庭。此外，从婚姻法和亲属法角度来说，近亲属特别是配偶与被保险人在法律上具有非常密切的联系，夫妻属于经济共同体，对被保险人的配偶追究经济责任，实质等同于追究被保险人的责任。因此，对于被保险人的配偶，得排除代位求偿权。对于其他近亲属，应当由立法作出严格限制，原则上应排除直系尊亲属和卑亲属。

（六）基本医疗保险代位求偿权之行使

1. 行使代位求偿权的主体。医保机构以自己的名义还是被保险人的名义行使代位请求权？根据《社会保险法》第 30 条第 2 款之规定，结合代位求偿权理论，医保机构应以自己的名义代位行使被保险人对第三者请求赔偿的权利。

2. 代位求偿权行使的对象，即对第三人的限制。对被保险人配偶及其他特定亲属不得行使代位求偿权。

3. 代位求偿权的范围，应以被保险人享有的医疗费用赔偿请求权为限，且其追偿的货币金额不得超过医保机构向被保险人实际支付的医疗费用。医保机构行使代位求偿权的范围不应包括其因支付被保险人医疗费用而支出的其他各种费用。

4. 代位求偿权的行使时间。医保机构应在向被保险人支付医疗费用后、在第三人向被保险人赔偿医疗费用之前才能行使代位求偿权。第三人向被保险人赔偿医疗费用之后，医保机构不能行使代位求偿权，只能要求被保险人返还相应的医疗费用。

5. 被保险人的协助义务。被保险人应当向医保机构提供必要的文件和所知道的有关情况。

6. 共同诉讼与诉讼第三人。在医保机构代位求偿权与被保险人损害赔偿请求权同时存在时，医保机构与被保险人应作为共同原告参加诉讼；一方起诉的，裁审机构应依据职权通知另一方作为共同原告参加诉讼。医保机构代位求偿权与被保险人损害赔偿请求权非同时存在时，一方起诉的，另一方应当作为第三人参加诉讼，裁审机构应依职权通知另一方作为第三人参加诉讼。

7. 代位求偿的时效与被保险人所享有的时效期间一致。

8. 医保机构不得放弃代位求偿权。在商业保险中，保险人可以弃权。而在社会保险中，医保机构不能弃权，这是其法定职责，且不是为了其自身利益，弃权属于违反法定职责。

（七）基本医疗保险代位求偿权之妨碍及其效果

被保险人不得妨碍医保机构所享有的代位求偿权，或者对该权利有妨碍之虞。

1. 被保险人在申领医保待遇时，不得隐瞒其对第三人享有损害赔偿请求权之事实。被保险人违反该规定导致医保机构无法实现或难以实现代位求偿权的，应当承担一定的法律责任，如进行罚款，列入失信记录。

2. 被保险人在申领医保待遇时，不得隐瞒其已经取得第三人赔偿之事实。

被保险人隐瞒该事实而领取医保待遇的，构成不当得利。

3. 被保险人拒不提供协助义务，或故意妨碍医保机构行使代位求偿权的，应当按照医保机构损失金额的一定倍数予以罚款，并列入失信记录。

4. 医保机构支付医疗费用后，被保险人不得放弃或部分放弃其对第三人的医疗费用损害赔偿请求权。

5. 医保机构支付医疗费用前，被保险人放弃或部分放弃其对第三人的医疗费用损害赔偿请求权的，属于效力待定行为。如其向医保机构主张医疗费用请求权，则该处分行为无效；如其不主张该权利的，该处分行为有效。

6. 《社会保险法》第 88 条规定："以欺诈、伪造证明材料或者其他手段骗取社会保险待遇的，由社会保险行政部门责令退回骗取的社会保险金，处骗取金额二倍以上五倍以下的罚款。"被保险人或第三人违反该规定，适用行政处罚，构成犯罪的，应追究刑事责任。

第九节　城乡医保制度整合中的法律问题[①]

关于城乡医保制度的整合问题，理论界使用更多的是"全民医保"一词。全民医保突出了目标，更具有宏观性，而城乡医保制度的整合则更多地涉及路径以及具体制度、规则的选择、取舍与融合，微观性更强。从法律角度来看，目标很重要，过程及其具体制度与规则的选择更需重视。

一、"全民医保"：全民医疗保险还是全民医疗保障

根据中共中央、国务院《关于深化医药卫生体制改革的意见》（中发〔2009〕6 号）所提出的"基本医疗保障制度全面覆盖城乡居民"，"全民医保"的基本含义是"人人享有基本的医疗保障"。然而，绝大多数分析，均未对此含义予以准确界定。相关讨论，对于"全民医保"的一些基本范畴，如"全民医保"是全民医疗保障还是全民医疗保险并未界定清楚。[②] 多数表述将其直接界定为"全民医疗保险"。如认为"基本医疗保障体系"由三个公立医疗保险所组成，即城镇职工基本医疗保险（以下简称"城镇职工医保"）、城镇居民基本医疗保险（以下简称"城镇居民医保"）和新型农村合作医疗（以

---

① 本部分的"医保"指职工基本医疗保险、城镇居民医疗保险、新农合，后两者整合后一般称为城乡居民医疗保险或城乡居民基本医疗保险。

② 杨红燕：《全民医保的国际经验及启示》，载《人口与经济》2008 年第 5 期。

下简称"新农合"），在此意义上，"全民医保"意味着"全民医疗保险"。①在全民医保的目标下，整合多种医疗保障制度，建立覆盖城乡全体居民的多层次全民医疗保险制度已成为大势所趋。② 另有观点认为，全民医保即全民医疗保障主要通过征收医疗保险费、建立医疗保险制度，并辅之以其他制度的方式提供医疗保障，即不仅仅指全民医疗保险。③ 这种不经意间的差别，表明不少学者研究的不严谨，有意无意中混淆了医疗保障与医疗保险的关系，正如很多时候将社会保险与社会保障混同一样。

医疗保险与医疗保障的区分是常识问题。中共中央、国务院《关于深化医药卫生体制改革的意见》所称"基本医疗保障制度全面覆盖城乡居民"中"基本医疗保障制度"的字面含义并无歧义；该文件进一步指出，城镇职工基本医疗保险、城镇居民基本医疗保险、新型农村合作医疗和城乡医疗救助共同组成基本医疗保障体系，分别覆盖城镇就业人口、城镇非就业人口、农村人口和城乡困难人群，并指出"完善城乡医疗救助制度，对困难人群参保及其难以负担的医疗费用提供补助，筑牢医疗保障底线"。所有这些都清楚无误地指出，指的是"全民医疗保障"而非"全民医疗保险"。

强调"全民医疗保障"而非"全民医疗保险"，不仅仅是对词义的"较真"，实际更涉及我国全民医保的发展目标和可行性路径问题，涉及我国社会保障体系的构建问题。

当片面强调用"全民医疗保险"保障公民的医疗需求、用"全民养老保险"保障公民的养老需求时，我们实际放弃了社会保障体系的基本理论与制度建构，摈弃了医疗救助、最低生活保障等生活救助的功能定位。这一错误理念的强调，将使目前本就羸弱的社会救助制度，进一步恶化，无法真正构建起社会保障制度。当完全用"全民医疗保险"替代"全民医疗保障"时，由于事实上的不能而导致制度模式与决策失误，最终损害基本医疗保险制度的可持续发展。最基本的事实是，基本医疗保险需要履行一定的缴费义务才能享受权利，当要求以基本医疗保险保障全体公民的医疗需求时，则既要求具有较高的待遇水平，否则医疗需求无法保障；又要求缴费水平极低，否则很多公民因为缴不起费而无法得到保障。这本身是一个悖论，因为较低的缴费水平必然无法承受较高的保障水平，除非有强大的外部资金的介入，如政府财政的巨额支

---

① 顾昕、朱恒鹏、余晖：《"全民免费医疗"是中国全民医保的发展方向吗？——神木模式系列研究报告之一》，载《中国市场》2011年第24期。

② 胡大洋：《全民医保目标下的制度选择》，载《中国卫生资源》2008年第4期。

③ 申曙光：《"全民医保"——我国医疗保障的发展之道》，载《群言》2012年第8期。

持。这实质导致全民免费医疗，正如绝大多数学者所主张，这在中国是行不通的，因而主张"全民医疗保险"的目标与结果之间存在矛盾。刻意追求低水平缴费、高水平保障，最终只能导致基本医疗保险制度的破产。

既然我们确立的是以社会保险为核心，包括社会救助作为重要组成部分的社会保障制度，我们就应当给予各项社会保障制度其应有的地位，发挥其应有的功能，各司其职。惟有如此，人人均能享有基本的医疗保障的终极目标才能真正实现。试图以基本医疗保险代替所有的医疗保障制度，则非基本医疗保险所能承受之重。

二、整合的必要性

我国现行的医疗保险体系，包括职工基本医疗保险、城镇居民基本医疗保险、新农合三项主要的社会医疗保险制度，部分地区还有农民工医保、灵活就业人员医保等。整合的必要性源于其弊端。城镇职工、居民基本医疗保险和新农合三大制度的保障程度和待遇水平差异明显，有损全民医疗服务利用的公平性与可及性。[1]"最为突出的表现是：制度碎片化严重，既有损效率，又有失公平"。[2] 城乡居民医保制度的分割客观上已经构成了实现医疗保险制度让人人公平普惠的最大制约因素。[3]"三分"格局的弊端凸显，突出表现为"三个重复"和"三个不利于"。"三个重复"：一是居民重复参保。二是财政重复补贴。三是重复建设经办机构和信息系统。"三个不利于"：一是不利于体现制度的公平性。二是不利于人力资源的流动。三是无法统筹规划制度的长远发展，无法统一掌控制度运行，无法科学评估保障绩效而不利于医疗保险制度的可持续发展。[4]

笔者想强调的是，对现行"三足鼎立"的医疗保险制度体系所存在的问题，还需要客观对待，应当深入剖析这些问题现象存在的各种原因，不分青红皂白一棍子全打在"三足鼎立"的医疗保险制度构架上，并不正确。

例如，认为公民权利受限制，参保机会不公平，同城公民，农民只能参加新农合，市民只能参加城镇居民医保。这是对实践的错误认识。几乎在所有地

① 邓大松、赵奕钧：《我国全民医保的构建逻辑与发展路径》，载《求索》2013 年第 12 期。
② 申曙光：《"全民医保"——我国医疗保障的发展之道》，载《群言》2012 年第 8 期。
③ 郑功成：《建设公平普惠的全民医保制度》，载《中国医疗保险》2013 年第 3 期。
④ 王东进：《城乡统筹是健全全民医保体系的第一要务》，载《中国医疗保险》2012 年第 6 期。

方，即使是农民，也可以按照灵活就业人员参加城镇居民医保或职工医保。而在沿海，农民参加职工医保是开放的，并不存在限制。退一步来说，即便真有限制，取消限制不就解决了吗？至于多数地方禁止非本地户籍人员以个人身份参加职工医保或城镇居民医保，这是因为户籍歧视。只要户籍歧视存在，即便整合成一个制度，这一参保权利依然不能解决。因此，三项制度体系本质上无关参保权利和享受待遇权利。

例如，认为不公平，主要是认为待遇不公平。但简单地认为待遇不公平是错误的，难道让一位年度缴费只有 400 元的公民（不管是城镇居民还是农村居民，包括个人缴费和财政、集体资助）与年度缴费 6000 元的单位职工享受同等待遇就公平吗？

例如，认为在医疗卫生方面，均等化的重点是提升农村的医疗保险公共服务水平，使之达到城镇医保的公共服务水平并实现共同发展。城乡居民医保政策整合后城乡之间卫生资源合理配置和城乡之间卫生资源的可及性和可得性差距的缩小才是公民"社保平权"的重要支撑。[①] 为什么一个制度就能实现服务的均等化，而多个制度就不能实行均等化呢？比如，新农合、城镇居民医保与职工医保均由一个机构管理，为什么三个制度的协议医疗机构、服务机构不可以同一呢？由此可见，服务的均等化、可及性在本质上亦与制度的多寡无关。同样的道理，重复参保、重复财政补贴、重复机构建设、重复的信息系统，在本质上均与基本医疗保险制度的多寡无关。

至于不利于人力资源的流动，笔者认为也不成立。比如欧盟，制度那么不同，对人力资源的流动有任何妨碍吗？可见，人力资源的流动，在本质上也与三个制度的体系无关。

至于不利于医疗保险制度的可持续发展，其本质在于没有统筹规划的问题，也与制度多寡无关。

"三足鼎立"的现实弊端当然是存在的，但我们应当区分，哪些是"三足鼎立"制度体系必然产生的，哪些仅仅是由于这些制度体系的不健全即"三足鼎立"制度具体规则设置的不足而产生的。笔者总体上认为，上述整合理由基本上难以成立并因此导致整合路径和模式的错误。

笔者认为，三个制度是否需要进行整合，据以判断的依据应当是：三个制度本身各自存在的必要性；三个制度无缝衔接的可行性；管理成本与其独立存在效益的比较。

---

① 洪韬、杨凤雷：《江浙四地城乡居民医疗保险制度整合研究》，载中国医疗保险研究会：《中国医疗保险理论研究与实践创新（2012 年卷）》，化学工业出版社 2013 年版，第 164 页。

1. 在必要性方面，居民医保与新农合最主要的区别是参保对象的不同，在核心特征——缴费与待遇模式上则大同小异，即均为个人缴费与财政资助相结合，实行定额缴费；没有个人账户；不存在预期权益即退休后不缴费直接享受医保待遇。两者参保对象以农村户籍与城镇户籍为区分因素，违背现代法治的平等精神。户籍不应当成为限制居民社会保障权利的因素。因此对居民医保与新农合来说，最重要的就是废止户籍作为参保的条件或因素，这也是比较容易做到的。而在缴费与待遇上的差别，如筹资标准与基金支付比例，支付范围，管理方式等主要是量的差别，而非质的区分，从技术上来说，是可以调整趋同的，但实际因为要考虑个人的承受能力，因而具有相当难度。撇开技术调整的难度，仅就主体来讲，两者当然可以归并为一项制度。

居民医保与新农合与职工医保，其区别不仅仅在于对象的不同，更在于其核心特征——缴费与待遇模式上的根本差别。职工医保由个人与用人单位共同缴纳，缴费的绝对数额很高；有个人账户；退休人员可享受免费医疗保障。至少在目前的背景下，两者难以融合。

因此从必要性角度来说，新农合与居民医保有整合的必要性；而职工医保与新农合、居民医保则没有整合的必要性。下文还会在整合模式中对职工医保整合的不当作进一步分析。

2. 从制度衔接的可能性角度来看，居民医保与新农合由于核心特征的一致性，衔接是比较容易的；而职工医保与这两者由于核心特征的本质差异，因而衔接比较困难。

3. 在管理成本上，主要制度的趋同性、管理机构的统一性、管理程序与标准的一致性、管理手段的同一性可以大幅度降低成本的投入；而在完全实现制度整合后，虽然直接的管理成本更为降低，但如果存在比较严重的外部性，如不够公平、矛盾较多，则表明制度效益较低，与降低的成本相比，未必是恰当的。

基于这些分析，笔者认为，虽然推进城乡医保制度整合是中央深化医改的既定方针，它符合医疗保险制度的客观规律，具有不可逆转性，[①] 但我们对整合的原因应进行更有针对性的研究，这对我们选择制度整合的路径、模式，以及整合后的具体制度规则的确定具有更为重要的意义。

三、整合路径："全民医保"还是"全民免费医疗"

总体来说，选择"全民医保"还是"全民免费医疗"，已经达成共识。尽

---

① 郑功成：《从整合城乡制度入手建设公平普惠的全民医保》，载《中国医疗保险》2013 年第 2 期。

管争议多多，但许多参与新医疗争论的专家毕竟达成了一项可贵的共识，即新医改的突破口在于医疗保障体制的健全，也就是实现人人享有基本的医疗保障，即"全民医疗保障"，简称"全民医保"。① 鉴于绝对的"全民免费医疗"并不存在，并考虑到现阶段的宏观社会经济背景，我国于 2009 年颁布的"新医改方案"最终摒弃了全民免费医疗的发展路线，选择了走向全民医保的战略方向。我们认为，这是结合多方经验与现实国情而做出的正确选择。首先，全民医保更加符合我国的财政现状，更容易把效率和公平有效地结合起来。它有利于在实现公平性的基础上，提高医疗效率，完善医疗服务质量，使医疗资源得到最有效的利用。全民医保更加适应各类人群多层次的医疗保障需求。② 全民医疗保障主体性制度选择方面，免费医疗与社会医疗保险模式之间，毫无疑问，我们要选择后者。③ 社会医疗保险成为发展中国家扩大医疗保障的重点政策选择。④

对于"全民免费医疗"在中国的不适，学者作了比较深入的分析。一般认为，英伦三岛、北欧、南欧、我国香港特区以及相当一部分发展中国家（一般为前英国殖民地）实行全民免费医疗或全民公费医疗，所有合法居民无须缴费，自动成为受益者。全民公费医疗如果能覆盖全体国民，其好处，尤其是公平性，自不待言。但是选择这一制度模式必将面临两大挑战：其一是医疗筹资必须主要来自政府的一般税收，对公共财政的压力较大，最终会转嫁到民众身上；其二是全民公费医疗如何在制度上强化对医疗服务供需双方的约束，防范来自双方的道德风险，从而确保其可持续性发展。实行全民公费医疗制度，就必须大幅度加大政府财政在公立医疗机构中的投入，其所需的新增投入至少要在政府财政卫生投入的现有水平上翻一番还不够。⑤ "从财政可承受性的角度来看，全民公费医疗之不可行，应该是毫无疑问的事情"。⑥ 参保人员参加社会医疗保险，不仅仅是缴纳一些钱的问题，还能培养一种公民的责任意

---

① 顾昕、朱恒鹏、余晖：《"全民免费医疗"是中国全民医保的发展方向吗？——神木模式系列研究报告之一》，载《中国市场》2011 年第 24 期。

② 申曙光：《"全民医保"——我国医疗保障的发展之道》，载《群言》2012 年第 8 期。

③ 杨红燕：《全民医保的国际经验及启示》，载《人口与经济》2008 年第 5 期。

④ 刘军强：《中国如何实现全民医保？——社会医疗保险制度发展的影响因素研究》，载《经济社会体制比较》2010 年第 2 期。

⑤ 顾昕：《全民免费医疗还是全民医疗保险——基于健康权保障的制度安排》，载《学习与探索》2011 年第 2 期。

⑥ 顾昕、朱恒鹏、余晖：《"全民免费医疗"是中国全民医保的发展方向吗？——神木模式系列研究报告之一》，载《中国市场》2011 年第 24 期。

识，即积极参保以保障人人有病能医是一种公民的社会责任。当然，在全民医疗保险体制下，低收入人群可能无力缴纳参保费，因此政府专门设立了城乡医疗救助制度，帮助贫困人群参加社会医疗保险。只要医药费用对某些人来说是免费的，那么这些人滥用医疗资源（所谓"道德风险"）的可能性必然存在，而且其概率不低。中国公费医疗体制的浪费是众所周知的，英国模式下全民公费医疗体制的效率不彰也是举世闻名的，原因就在于此。①

但是，在选择"全民医保"的主流意见中，实质上有部分人接受了"全民免费医疗"的理念，部分提出了"全民免费医疗"的政策建议。例如认为，同一个制度的参保人群缴费相同，待遇一致，没有考虑参保人员在缴费能力和缴费意愿方面的差异性，以致低收入参保群体反映缴费负担较重，而高收入参保群体反映待遇水平偏低。② 如提出基本待遇均等化，"医疗保险制度的整合，其中一个重要的目标就是逐渐缩小城乡居民的医保待遇差距，直到实现基本医保待遇统一"。③ 有意思的是，论者自己可能都未意识到这一点。这在研究中是需要关注和回应的。

基本待遇均等化与公共服务均等化的区别主要在于，前者主要强调对待遇即权利获得上的平等，而忽视甚至消解了对义务的要求；后者主要强调机会平等，强调每个人均应获得均等的公共服务，既包括权利的平等也包括义务的平等。在医疗保障中，仅强调享受待遇权利而忽视缴费义务，正是"全民免费医疗"的核心观念。

四、整合模式：一个制度还是两个制度

研究认为，统筹城乡医疗保险有三种模式：（1）实施统一的城乡居民医疗保险制度，待遇水平与缴费水平挂钩，即"一制多档"，由城乡居民自主选择。（2）保留城镇居民医疗保险和新农合两个不同的制度，但统一行政管理体制。（3）两项制度的行政管理体制暂不统一，先行整合经办资源、信息系统、业务流程等。④

---

① 顾昕：《"全民免费医疗"还是"全民医疗保险"》，载《中国社会保障》2009年第8期。

② 仇雨临、翟绍果：《城乡医疗保障制度统筹发展研究》，中国经济出版社2012年版，第60页。

③ 翟绍果、仇雨临：《基本医疗保险城乡统筹的实现路径》，载《中国社会保障》2014年第6期。

④ 中国医疗保险研究会：《城镇居民基本医疗保险门诊统筹研究报告》，载中国医疗保险研究会：《2013年年会材料中国医疗保险研究会研究报告汇编（2007—2012）》，化学工业出版社2013年版，第1页。

就城乡医保整合而言，首先应当是指制度的整合。如果制度仍保留现有状态，仅仅整合管理体制等，实际仅仅是管理和服务的改进与提升，并不属于真正的城乡医保统筹，也不符合十八届三中全会《中共中央关于全面深化改革若干重大问题的决定》提出的"整合城乡居民基本医疗保险制度"的要求。

（一）整合为一项制度

1.《东莞市社会基本医疗保险规定》（东莞市人民政府令第135号，自2013年10月1日起施行）规定建立社会基本医疗保险和补充医疗保险制度，本市行政区域内所有用人单位的在职人员、本市户籍的城乡居民及灵活就业人员都应当参加本市基本医疗保险；基本医疗保险实行"住院统筹"和"社区门诊统筹"相结合的形式；基本医疗保险费按"多方筹资，财政补贴"的原则，以上年度全市职工月平均工资为基数，按住院2%、社区门诊1%的费率建立全市基本医疗保险基金。（1）以职工身份参保的缴费费率，住院部分单位2%；社区门诊部分单位0.3%，个人0.5%，市、镇（街）财政补贴0.2%。灵活就业人员缴费标准参照职工缴费标准确定，其中单位缴费部分由个人缴纳。（2）以城乡居民身份参保的缴费费率，住院部分个人1%，市镇（街）财政补贴1%；门诊部分个人0.5%，市、镇（街）财政补贴0.5%。大中专学生及中小学生缴费标准参照城乡居民缴费标准确定，其中大中专学生缴费财政补贴部分由市财政承担，省属学校按省有关规定执行。该规定同时规定，以职工身份参加基本医疗保险的人员达到法定退休年龄并符合规定缴费年限时享受免费老年医疗保险；以城乡居民身份参加基本医疗保险的，尚不能享受老年免费医疗保险。

东莞、中山市基本医疗保险缴费费率（%）

	人员类别	单位缴费	个人缴费	财政补贴	合计
东莞	职工	2.3	0.5	0.2	3.0
	灵活就业人员		2.8	0.2	3.0
	城乡居民		1.5	1.5	3.0
中山	职工	2.0	0.5		2.5
	灵活就业人员		2.5		2.5
	城乡居民		1.5	0.5	2.0

东莞市虽然实行一项制度，但依其参保对象是否按职工身份参保的不同，而在个人缴费义务、财政补贴、老年免费医疗保险上存在重大差别，在一定意义上仍可认为其实施了两种具体制度即职工医保与城乡居民医保，只是两项具

体制度具有更多的共同性，尤其基金是共同的。总体来说，这一制度的探索具有积极意义，但其实施效果及可持续性，仍有待观察。

2.《中山市基本医疗保险办法》（中府〔2010〕52 号）规定，基本医疗保险费以上年度全市职工月平均工资为缴费基数，用人单位及参保人分别按以下比例逐月缴纳：（1）用人单位按缴费基数 2% 的比例缴纳，职工个人按缴费基数 0.5% 的比例缴纳；（2）以个人身份参保的本市户籍灵活就业人员，按缴费基数 2.5% 的比例缴纳；（3）除前两类人群之外的本市户籍城乡居民个人按缴费基数 1.5% 的比例缴纳，市、镇区两级财政再各按缴费基数的 0.5% 对当月参保缴费的本市户籍城乡居民进行补贴；（4）各类全日制高等学校和中等职业学校的非本市户籍学生个人按缴费基数 1.5% 的比例缴纳，并根据国家、省有关规定，按学校隶属关系，由同级政府财政按缴费基数 1.0% 给予补贴。纳入扶贫助学范围内的学生，由市扶贫助学基金对个人缴费部分补助 50%。

中山市与东莞市的主要差别在于，中山市对职工和灵活就业人员参保没有财政补贴；中山市基本医疗保险参保人员不能直接享受老年医疗保险，参保人达到退休年龄时，需逐月或一次性缴纳一定的社会医疗保险费才能享受医保待遇。

（二）整合为两项制度

即将居民医保与新农合整合为城乡居民医保（有的是以其中一项制度兼并另一项制度），职工医保仍独立存在。这是普遍采用的一种方式，如广州市人大常委会通过的《广州市社会医疗保险条例》（自 2014 年 1 月 1 日起施行）规定："本市社会医疗保险分为职工社会医疗保险和城乡居民社会医疗保险，按照缴费标准和待遇水平划分不同的档次。"广州市城乡居民社会医疗保险是由之前实施的新农合和居民医保整合而成，其具体的制度尚未出台。

职工医保与城乡居民医保的差别很大，并列运行模式下，无须对两者进行伤筋动骨的改动，比较适合改革的渐进式发展。

如前所述，究竟是一个制度、两个制度还是多个制度，其本身并无关公平性。虽然从效率和成本上来看，一个制度要比两个制度的管理成本更低，但这显然不是决定采用一个制度还是两个制度的主要原因。

（三）整合障碍：筹资水平差异

在笔者看来，新农合、居民医保、职工医保整合的根本障碍在于筹资水平的差异。多数学者所宣称的待遇的不平等仅仅是表象、是结果而非原因。事实上，只要筹资水平一致，待遇自然也就一致，例如灵活就业人员，按照企业职工的标准缴费，自然就享受与企业职工同等的标准。因此能否推进制度整合，如何推进制度整合，最关键的即是，怎么处理筹资标准的差异，其基础则是是否坚持权利与义务对应原则。东莞完全统一了职工医保和居民医保的筹资标准，中山市两者的筹资标准非常接近，从而得以整合为一项制度；中山市职工、灵活就业人员的筹资标准仍高于城乡居民，意味着职工、灵活就业人员仍要补贴城乡居民，这既没有法律依据，也没有理论依据。在实行两种制度的地方，则因筹资标准过大，而无法再进一步整合；而且就新农合与居民医保而言，这两项制度即因筹资标准过大而存在融合障碍。如广州市白云区，具体数据见广州市白云区新农合与居民医保筹资标准（单位：元）与报销封顶线对照表。广州市新农合是 2012 年 8 月移交给社会保险行政部门的，并拟进行制度整合。在该表中，2008、2009、2010 年新农合的筹资标准分别为 100、200、330 元，其待遇标准相应也很低。2011 年、2012 年广州市开始筹划将新农合移交社会保险行政部门，新农合筹资与待遇标准有较大幅度增加，见 2011 年、2012 年白云区新农合部分待遇标准表。广州市人社局因为计划在 2015 年合并新农合与居民医保，2014 年再次提高了新农合筹资标准与待遇标准。但根据广州市白云区新农合与居民医保筹资标准（单位：元）与报销封顶线对照表，新农合的筹资标准仍然仅仅达到学生（未成年人）的筹资标准。学生（未成年人）完全没有收入，成年农村居民的筹资标准向学生（未成年人）看齐，并不公平。即便如此，新农合的筹资标准仍未达到居民医保的筹资水平。如果最终将新农合与居民医保整合为完全一致的制度，意味着还要进一步提高农村居民的筹资标准。[①] 走向全民医保面临的第二项重大挑战，在于提高各项公立医疗保险的筹资水平和保障水平。到 2008 年，基本医疗保障体系的筹资总额还不到卫生总费用的 30%，城乡筹资水平的差距也很大。"新农合"的筹资水平必须大幅度提高，除了政府补贴水平提高外，农民参保者的缴费水平也应相应提高。[②]

[①] 降低居民医保的筹资标准已不可行。据广州市人社局工作人员介绍，广州市居民医保的现筹资标准是经过两年多的提议于 2013 年年中刚刚提高的，基本达到收支平衡；而在此之前，广州市居民医保基金难以实现收支平衡。这实际意味着，如果仅仅将新农合的待遇提高至居民医保标准，而筹资不相应提高，只能导致基金赤字，这种制度是无以为继的。肯定有人主张，增加政府补贴好了。这一解决方法可行吗？截至 2013 年 12 月，广州市居民医保参保人数为 265 万人，新农合人员 212 万人，即便按人均 320 元的补贴标准，财政补"入口"即超过 15 亿元。财政有多大的空间填补基金的赤字？

[②] 顾昕：《全民医保制度建设之难题》，载《中国医院院长》2011 年第 6 期。

广州市白云区新农合与居民医保筹资标准（单位：元）与报销封顶线对照表

年	新农合			居民医保						
	个人缴费	财政补贴	封顶线	学生（未成年人）		非从业人员		老人		封顶线
				个人缴费	财政补贴	个人缴费	财政补贴	个人缴费	财政补贴	
2008	37.5	62.5	2.5万							
2009	75	125	5万							
2010	330		8万							
2014	130	320	20万	120	320	600	320	800	1000	22.5万

资料来源：向春华：《统筹城乡医保的法制路径》，载《中国社会保障》2014年第5期。

2011、2012年白云区新农合部分待遇标准表

年	门诊	血透与肿瘤放（化）疗（门诊）	住院床位费	住院检查费（次）	心脏手术类	住院医药费用（镇级）	住院医药费用（区外定点）	每人每年住院报销限额
2011	每人每年最高100元	每人每年最高报销2万元	每人每天30元	最高500元	发票总金额的35%	报销比例75%	报销比例45%	10万元
2012	每人每年最高200元	每人每年最高报销3万元	每人每天35元	最高900元	发票总额的50%	报销比例80%	报销比例50%	15万元

资料来源：向春华：《统筹城乡医保的法制路径》，载《中国社会保障》2014年第5期。

同样具有可比性的是厦门市。厦门市实行城乡居民基本医疗保险后，也存在筹资标准逐步提高的问题。根据厦门市人社局、财政局《关于进一步提高城乡居民基本医疗保险待遇的通知》（厦人社〔2014〕87号），从2014年7月1日起，城乡居民基本医疗保险的筹资标准从原来的每人每年500元调整为550元，其中财政补助标准由原来的390元调整为430元，个人缴费由原来的110元调整为120元。

这样的财政补贴金额，在大陆多数地区根本无法达致。这也是一些已经实施城乡居民医保的地区采用"一制多档"的根本原因。众所周知，职工医保的筹资标准远高于此，如果说，统一城乡居民医保的筹资标准尚有可能达到，那么将城乡医保的筹资水平提高至医保筹资水平，这是根本无法实现的。

东莞市 2012 年职工月平均工资 2138 元，3% 的筹资比例，其中 2013 年月筹资额（含财政补贴）为 64.14 元，年度筹资额人均不足 770 元，仅略高于厦门市城乡居民基本医疗保险及广州市居民医保中学生（未成年人）的筹资额，如何能够实现原职工医保筹资水平下相应的待遇水平，是很大的疑问。

很多观点认为，城乡医保统筹最终可以完全实现单一制度。认为先通过不同层面的制度安排实现全面覆盖，解决"从无到有"的问题，再进行不同制度之间的整合，使不同制度框架下的保障水平由"多重标准"向"单一标准"转化，解决"从有到好"的问题，循序渐进地实现制度的统一。[1] 医疗保险制度的整合，其中一个重要的目标就是逐渐缩小城乡居民的医保待遇差距，直到实现医保待遇统一。[2] 也许这一天终会来临，但这一定是在中国的社会保障水平达到北欧国家的水平之时，只能作为梦想追求。我国区域经济发展不平衡，个人的缴费能力和政府的公共财政支撑能力具有一定的差异，在城市和农村、高收入和低收入的多元化公民组成结构中建立一个统一的全民医疗保险制度具有相当的难度。根据人群结构多样化的特点，通过设置不同保障水平的险种，体现制度的层次性和可选择性，使各类群体根据自身的承受能力选择缴费水平并享受到相应的保障待遇。[3]

（四）基本医疗保险与社会医疗保险

在非常久远的时间里，适合大陆医保体系的模式只能是"双元"格局，笔者主张分为基本医疗保险制度与社会医疗保险制度。考虑到市区居民和郊县农民潜在较大的收入差异，筹资分档也许是保障城乡居民参保权益和保障其自由选择权的较好的平衡举措。[4] 分档筹资的本质就是基本医疗保险与社会医疗保险的分立。

基本医疗保险制度即城乡居民基本医疗保险制度，社会医疗保险制度即职工医保。第一，从保障水平来说，前者低于后者。笔者主张，在用人单位承担

---

[1]　张亚林：《构建职工与城乡居民统一的全民医保——基于东莞市的实践》，载《中国医疗保险》2013 年第 6 期。

[2]　仇雨临、翟绍果：《城乡医疗保障制度统筹发展研究》，中国经济出版社 2012 年版，第 215 页。

[3]　胡大洋：《全民医保目标下的制度选择》，载《中国卫生资源》2008 年第 4 期。

[4]　洪韬、杨风雷：《江浙四地城乡居民医疗保险制度整合研究》，载中国医疗保险研究会：《中国医疗保险理论研究与实践创新（2012 年卷）》，化学工业出版社 2013 年版，第 160 页。

较大保障义务的前提下，职工的医疗保障水平不宜再限制于"基本"水平，而应当是较高水平。因此从保障水平来说，不适宜将社会医疗保险制度定位为基本医疗保险制度。第二，从缴费主体来说，基本医疗保险基金主要由个人缴费与财政补贴形成，集体资助是自愿性的，并不必然存在，其"社会性"并不强；而社会医疗保险的主要缴费义务人是用人单位，就个人而言，用人单位属于典型的社会主体，而从法律上来说，所有用人单位都有为其职工缴纳医保费的义务，因此，这种"社会性"比较普遍，称之为社会医疗保险符合事实。第三，就保障对象来说，城乡居民医保并未包括全部城乡居民，职工即排除在外；而职工医保并不仅仅限于职工，现阶段至少包括灵活就业人员，而且笔者主张，所有居民均可参加职工医保。因此城乡居民医保与职工医保均名不副实。而基本医疗保险制度与社会医疗保险制度则能比较准确地界定各自的保障对象，其保障对象并非按身份区分，而系依医疗保障需求区分。第四，城乡居民医疗保险制度仍旧突出了"城乡"，是以城乡的划分和存续为前提的，但随着社会的发展，城乡的界限已经不那么明确，城乡的分别也逐渐远离传统的理解；职工医保则以职工为主体，首先强调是对职工的保障，是职工的权利与福利。城乡居民医疗保险制度、职工医保的名称深刻传递着城乡二元结构和职工福利观的意识观念，也不符合现代医疗保险制度的发展理念。

五、权利义务对应、公平原则与筹资支付比

在城乡医保制度整合、统筹城乡医保发展中，主要的表象问题是待遇差距过大，而核心问题则是筹资标准问题，因为待遇标准是与筹资标准对应的，筹资标准低自然决定的待遇标准低。筹资标准之所以成为核心问题，则在于坚持权利义务对应原则。在城乡医保制度整合、统筹城乡医保发展中，主要有两种基本的思路，一种是弱化缴费义务与待遇享受权利相对应关系，在强调待遇平等甚至"待遇均等化"的同时，弱化甚至主张非缴费关联，即便缴费较低甚至完全不缴费，也主张享受较高乃至同等待遇；另一种思路则是，坚持待遇享受权利与履行缴费义务相对应，缴费较多则享受较高待遇，缴费较少则享受较低待遇。

持第一种思路者认为，根据差别原则，应补偿作为"最少受惠者"的农民，在城乡二元结构的背景下，农民作为一个群体在社会中处境最差，就有权要求得到更多的社会资源，无论这种补偿是否会导致社会总体效用的最大化。[①] 筹资机制的公平合理和责任分担，是促进全民医保持续发展和健康公平

---

① 朱俊生：《重塑全民医保制度的建构理念》，载《市场与人口分析》2006 年第 5 期。

的保障，无论缴费水平高低，人人享受相同水平的医疗保障和医疗服务，国民健康受益平等是国民健康保障的最终目标。[①] 健康是一项基本的人权，实现人人公平地享有健康需要基本待遇的均等化作为保障。基本待遇均等化能保障国民基本医疗服务需求，免除疾病恐惧，实现社会竞争的公平。[②] 从医疗费用分担角度看，医保费的缴纳以及医疗费用的支付只与参保者的支付能力有关，与其他因素无关，并且是累进的，使社会财富通过二次再分配实现从富人向穷人的转移，从而实现制度的筹资公平；从医疗服务利用角度看，基本医疗服务的提供应当主要与病人的基本医疗需求挂钩，以同时实现医疗服务利用的水平公平与垂直公平，即无论参加何种医保制度，无论病人个体的社会经济状况如何，只要具有相同的基本医疗保障需求，就能获得同等的基本医疗服务。[③]

持第二种思路者则认为，平均主义并不等于公平。社会公平的原则是多元的。多花钱就理应享受更高的待遇，这也是通行于世界各国的一个公平观。城镇职工医保和城乡合作医疗的参保者，缴费水平不一样，但是他们享受的待遇却基本上一样。如此一来，城镇职工医保的参保者很有可能感到不公平，或许会在未来想方设法逃避缴费，而他们的雇主们恐怕也是心同此理。在医疗保障水平上搞平均主义，很有可能损害高缴费公立医疗保险项目（亦即城镇职工医保）的筹资可持续性。如果现有的制度安排持续下去，在未来的若干年，很有可能城镇职工医保的参保者人数会减少（至少不会增加），而职工医保基金也会减少。政府的责任是确保医疗保障的"横向公平"和促进"纵向公平"。所谓"横向公平"，是指所有居民（无论是缴费多少，哪怕是因为贫困而免于缴费）均可享受均等化的基本医疗保障。问题在于，"横向公平"的确保不应该损害另一项公平原则（即"多付多得"）的落实。在基本的社会权利已经得到保障的基础之上，缴费较多者理应获得更高的福利权利。"纵向公平"是指政府提供公共财政的渠道，将更多的公共资源向弱势群体来倾斜。实际上，政府建立医疗救助制度，向弱势群体成员免费提供医疗保障，已经实现了"纵向公平"。问题在于，"纵向公平"的促进同样不应该损害其他公平

---

① 仇雨临、翟绍果：《完善全民医保筹资机制的理性思考》，载《中国医疗保险》2010 年第 5 期。

② 翟绍果、仇雨临：《基本医疗保险城乡统筹的实现路径》，载《中国社会保障》2014 年第 6 期。

③ 申曙光、彭浩然：《全民医保的实现路径——基于公平视角的思考》，载《中国人民大学学报》2009 年第 2 期。

原则的落实。① 在一些农村地区，征缴工作由村干部负责，几经上门催缴拿不到应收的医疗保险费时，便用村集体款垫缴，个人并未履行缴费义务，医疗保险制度的权利义务相结合原则被变相异化。整合城乡居民医保制度，首当其冲的会遇到现阶段城乡经济社会发展不平衡导致的缴费能力差距问题，农民缴多少，市民缴多少，这是一个绕不开的难题。一些未整合制度的地区呼吁减少个人缴费或者追求短期内的"免费医疗"政绩，既破坏了权利义务相结合的原则，也为这一制度的未来发展埋下了隐患。② 许多地方采取"一制多档"的参保形式，在坚持权利与义务对等的原则同时，彻底打破了城乡居民的身份界限，有利于实现公平正义。③

笔者坚持认为，权利与义务对应原则是社会保险法的基本原则，④ 在统筹城乡医疗保险制度中应当得到全面贯彻。

第一，社会保险权利与义务对应而不是对等，在保持激励和公平的同时，实现了互助共济与二次分配，在相当程度上保障了实质公平。例如，职工医保的缴费基数在社会平均工资的60%—300%之间，但统筹待遇相同，在保持激励性（主要通过个人账户发挥）的同时，在高收入人群与低收入人群之间分担了风险；居民医保、新农合实行财政补贴、集体资助，通过二次分配保障了城乡一般居民的基本医疗水平。

第二，确立正确的公平观。公平亦即平等，在不同的历史时期有不同的含义。就医疗保障而言，医保费缴多缴少、多缴还是不缴，待遇相同或近似，有多少人认为这是公平的？违背社会的基本常识、违背基本的民意要求的观点完全没有生长的空间。

第三，尊重国情和现实。完全忽视缴费差异，片面追求医疗需求的应保尽保，必然会走向免费医疗体系，这是众多发达国家皆未能实现的梦想，在中国这样一个有着14亿人口的发展中国家实行高福利、高水平的免费医疗，无异于痴人说梦。

第四，制度的可持续性。2012年度人力资源和社会保障事业发展统计公报显示，2012年末全国参加城镇基本医疗保险人数为53641万人（职工医保

① 顾昕：《"全民免费医疗"还是"全民医疗保险"》，载《中国社会保障》2009年第8期。
② 郑功成：《从整合城乡制度入手建设公平普惠的全民医保》，载《中国医疗保险》2013年第2期。
③ 王东进：《城乡统筹是健全全民医保体系的第一要务》，载《中国医疗保险》2012年第6期。
④ 向春华：《社会保险法原理》，中国检察出版社2011年版，第228页。

26486 万人，城镇居民医保 27156 万人），全年城镇基本医疗保险基金总收入 6939 亿元，支出 5544 亿元。[①] 根据 2012 年我国卫生和计划生育事业发展统计公报，截至 2012 年年底，全国参加新农合人口 8.05 亿人；2012 年度新农合筹资总额达 2484.7 亿元，人均筹资 308.5 元；全国新农合基金支出 2408.0 亿元。[②] 依此推算，城镇医保人均筹资 1293.6 元（实际职工医保要远高于居民医保），人均支出 1033.5 元。新农合人均支出 299.1 元。如果新农合的支出水平也达到 1033.5 元，则意味着要多支出 5911.9 亿元。如果全部按照职工医保的支出水平计算，那么三项制度的医疗费用支出额肯定超过 2 万亿元。意味着基金缺口超过 1 万亿元，再考虑医保待遇的提高所释放出的医疗需求，支出规模和缺口会更高，三项医保制度当年便会崩溃。

第五，保持激励性的必要。待遇的适当差异是保持缴费积极性所必要的，否则必然会产生"搭便车"效应，导致"劣币驱逐良币"，所有人都倾向于少缴费、不缴费，导致制度的不可持续。

第六，农民作为一个群体在社会中处境最差，就有权要求得到更多的社会资源。首先，这并不完全符合事实。就农村居民与城镇居民整体而言，农村居民不一定更差。其次，即便农村居民更差，也不是由职工和用人单位缴费对其实行补贴的理由。社会平均工资的 60% ~ 300% 实际认可了互助的界限和共识。如果认为与农民同等，那么也可以推出，10% 甚至更低的缴费基数也是公平的。这显然是自相矛盾。最后，对境况较差者给予更好保障，并非要给其非常好的甚至最好的保障。清华、北大对少数民族考生适当照顾是得当的，但是当别人要 600 分才能进，倾斜招生的考生 60 分甚至 6 分就可以进，这只是历史的笑话。同样，新农合的筹资仅有职工医保的 1/20，可以待遇却是 1/2，这已经是对农村居民的照顾和倾斜保护了。任何法律的倾斜都是有限度的，不能危及制度本身的存续。

第七，健康权与生命权并非实行所有权利平等的依据，而仅仅是某些根本的权利获得的基础。农村居民与城镇居民人身损害赔偿的区分就是这个道理，虽然生命权与健康权平等，但并不意味着死亡赔偿金应当相同。最简单的例子就是，在多数侵权责任中，受害人的过错应减低加害人的赔偿责任，生命权和健康权并非唯一的考虑因素，主观过错、客观因素、经济状况等都会发生影

---

① http：//www.mohrss.gov.cn/SYrlzyhshbzb/dongtaixinwen/shizhengyaowen/201305/t2013 0528_ 103939.htm.

② http：//www.moh.gov.cn/mohwsbwstjxxzx/s7967/201306/fe0b764da4f74b858eb55264572 eab92.shtml.

响。例如，杀害一名市民（考虑了职工的因素）与一名农民，如果其他因素相同，则凶手应当处以同样的刑罚如死刑。因为这只能考虑侵害行为的严重，对其他因素如受害人的高低贵贱无关；但是经济赔偿就不一样了，需要考虑经济收入的问题。事实上，所有的社会保险权利的根源都可以归结为生命权。但显然不能因为人的生命权是相同的，那么所有的人都应当获得相同的养老金待遇，不管其 30 年如一月均以 1 万元为基数缴费，还是一生中从未缴费过。

第八，树立底线保障观。即对公民应当维持其最低限度的生存，当底线保障受到威胁时，应以生存权保障为优先；而在底线之上，则要坚持权利与义务的对应。这就是我国所确定由社会保险与社会救助等共同组成社会保障体系的目的所在。

第九，关于制度内"无差异参保"的分析。有观点认为，全国各地基本都是实行"无差异参保"，即同一个制度的参保人群缴费相同、待遇一致，没有考虑参保人员在缴费能力和缴费意愿方面的差异性，以致低收入参保群体反映缴费负担较重，而高收入参保群体反映待遇水平偏低。[①] 该观点不符合事实。仅仅是新农合、城镇居民医保制度内参保一般无差异，特殊情形下仍是有差异的，即如果属于特困人员，可以完全由财政和集体组织承担个人缴费。当然在实践中可能并未完全做到，这是执行的问题而非规则自身的问题；职工医保是以本人工资为缴费基数的，从下限的社平工资 60% 至上限的社平工资的300%，差别非常大。对于新农合和城镇居民医保而言，筹资标准是一致的，但是个人缴费标准很低，主要缴费是财政补贴，低门槛已经充分考虑了低收入群体的缴费能力，而且相对于其缴费来说，待遇标准已经非常高了。

六、强制性参保的不能承受之重

在吹响全民医保号角的同时，关于强制参保的主张不断再现。在将全民医保定位为全民医疗保险时，强制性是必然产生的主张。因为自愿性显然无法实现全民医疗保险。就参保者而言，自愿性医疗保险会遭遇"逆向选择"（adverseselection），即参保人群有可能集中很多健康状况不佳的民众，从而使保险的风险分摊压力增大；就保险方而言，自愿性医疗保险会出现所谓"撇奶油"（creamskimming）的现象，即设法选择那些生病风险较低的人来参保，同时千方百计地把生病风险较高的人排除在外。在自愿性基础上兴办医疗保险，哪怕是保费低廉的公立医疗保险，亦即国家给予保费补贴，也总会有一些

[①] 仇雨临、翟绍果：《城乡医疗保障制度统筹发展研究》，中国经济出版社 2012 年版，第 60 页。

人愿意赌一把，不愿意参保。全民医疗保障不能单纯依赖于纯粹的自愿性医疗保险。国家用其合法的强制性，或者说政府主导，乃是推进并建立全民医保的一个必要前提。① 社会保险必须解决逆向选择问题，必须让最大多数人参加才能维持制度的可持续性。制度应具有一定的强制性，建立覆盖全民的基本医疗保险制度只有将制度的全覆盖和人群的全覆盖合二为一时才能真正体现制度的效应。② 中央政府要继续从政策层面上强制所有人群参与社会基本医疗保险。③ 国家应该从政策层面规定所有人群都要参加医疗保障制度，而不是任其自由选择。④ 政府可以立法强制要求每个人必须参保，也可以根据权利义务对等的原则要求不同经济水平的人参加待遇不同的制度。⑤

也有人认识到自愿参保的原则仍将长期保持。城镇居民医保是否应该始终维持自愿性参保的原则不变，这是一个值得讨论的问题。但在可预期的未来，自愿参保原则恐怕不会发生改变。⑥

从实践来看，有地方规定了除职工参保以外的强制性参保。如《东莞市社会基本医疗保险规定》（东莞市人民政府令第135号）第8条规定"本市户籍的城乡居民及灵活就业人员""按月领取本市养老待遇及失业保险待遇的人员""本市行政区域内各类全日制普通高等学校（包括民办高校）、科研院所、中等职业教育院校的非本市户籍全日制在校学生"应当参加本市基本医疗保险。

笔者认为，除了有稳定劳动关系的职工可以强制参保，该强制参保的责任是由用人单位来承担，而非直接由职工本人来承担的；其他各类人员，均无法也不能强制其参保，否则，要么这样的立法根本无法实施，要么就像曾经的计

① 顾昕、朱恒鹏、余晖：《"全民免费医疗"是中国全民医保的发展方向吗？——神木模式系列研究报告之一》，载《中国市场》2011年第24期。
② 尹爱田、井珊珊：《山东省统筹城乡医疗保险制度建设的目标研究》，载《山东社会科学》2012年第7期。
③ 邓大松、赵奕钧：《我国全民医保的构建逻辑与发展路径》，载《求索》2013年第12期。
④ 申曙光、彭浩然：《全民医保的实现路径——基于公平视角的思考》，载《中国人民大学学报》2009年第2期。
⑤ 王朝辉：《医保城乡统筹的政策设计和实施路径研究》，载中国医疗保险研究会：《中国医疗保险理论研究与实践创新（2012年卷）》，化学工业出版社2013年版，第428页。
⑥ 顾昕：《走向普遍覆盖：全民医疗保险面临的挑战》，载《东岳论丛》2010年第1期。

生工作那样，以限制和剥夺公民及其家庭成员的基本人权为前提，在法治理念已经取得巨大进步的今天，没有谁会同意这么做。① 只能通过引导性措施，如政府提高参保补贴水平，推进筹资水平的提高，从而提高保障水平，医保经办机构提高效率，改善服务，为参保者购买好医药服务②，从而吸引个人参保。这也是笔者坚持认为全民医保只能是"全民医疗保障"而非"全民医疗保险"的根本原因。

---

① 关于强制性的不当，详见向春华：《社会保险法原理》，中国检察出版社 2011 年版，第 8～11 页。
② 林枫：《管理型医疗：居民医保的可持续发展之路》，载《中国社会保障》2009 年第 3 期。

第十一章 工伤保险待遇请求权与规则

第一节 基本理论

一、定义及特征

工伤保险待遇请求权是指，被保险人及其受益人请求工伤保险经办机构、用人单位及其他特定主体给付工伤保险待遇或提供工伤保险服务的权利。当义务主体拒绝履行义务时，被保险人及其受益人可通过行政程序、司法程序寻求救济。

工伤保险待遇请求权的主体因具体工伤保险法律关系的不同而不同。根据工伤补偿的流程，工伤保险关系可划分为工伤认定关系、劳动能力鉴定关系、工伤保险待遇支付关系。工伤保险待遇请求权仅发生在工伤保险待遇支付关系中。一般的工伤保险待遇仅包括工伤医疗待遇及经济补偿待遇，不包括康复待遇。而事实上，工伤人员获得康复服务也是享受的一种待遇，因此本章所称工伤保险待遇包括工伤康复。在工伤保险待遇关系中，以工伤人员及其亲属为一方，可进一步划分为工伤人员及其亲属与工伤保险经办机构之间的法律关系，工伤人员及其亲属与用人单位之间的关系，工伤人员及其亲属与医疗机构、康复机构、辅助器具配置机构等工伤保险服务机构之间的法律关系。在这三种法律关系中，工伤保险经办机构、用人单位、医疗机构、康复机构、辅助器具配置机构等均为工伤保险待遇供给主体，其中，工伤保险经办机构、用人单位为直接供给主体，其他机构为辅助供给主体。

在工伤保险关系中，还存在医疗机构、康复机构、辅助器具配置机构等机构与工伤保险经办机构之间的法律关系，这些辅助机构依据约定或惯例向工伤人员提供服务后，有权要求工伤保险经办机构及时给付费用，存在工伤保险费用给付请求权。这种费用属于行政法范畴，是履行服务义务的对待给付，不属于工伤保险待遇。

在工伤保险关系中，在待遇的处置上，用人单位会与工伤保险经办机构、医疗机构、康复机构、辅助器具配置机构等机构发生工作联系。主要表现在，用人单位可替工伤人员申领待遇，经办机构也通常通过用人单位发放待遇，在这种工作联系中，用人单位处于代理人地位，没有自己独立的请求权；用人单位通常要替工伤人员办理医疗、康复等手续，甚至要替工伤人员垫付医疗费用，其法律地位属于行为辅助人，也缺乏独立的请求权。以医疗费缴纳为例，在目前的法律框架下，在已经参保的前提下，用人单位为工伤人员垫付医疗费不是其法定义务，而是道德义务。用人单位向医疗机构缴纳医疗费，是以工伤人员（患者）名义缴纳的，而不是以单位自己的名义。医疗机构是以接受患者名义缴费而接受该费用的。如果之后因医疗费用发生争议，医疗机构很难以自己的名义主张返还，而应当以工伤人员或其亲属的名义提出主张；如果工伤人员或其亲属拒绝主张的，用人单位可以不当得利要求工伤人员或其亲属返还。对于应由工伤人员或其亲属自行承担的医疗费用，用人单位"垫付"的，除非用人单位明确属于"垫付"，且工伤人员或其亲属同意的，否则不宜认定为垫付，工伤人员或其亲属可不予返还。对于用人单位来说，不管其是否有权利独立提出主张，该主张之对象均不属于待遇，用人单位不享有工伤保险待遇请求权。

在工伤保险待遇中，还涉及第三人支付问题。即在第三人不支付医疗费用，用人单位未参保且不支付工伤保险待遇时，工伤保险经办机构可先行支付。在先行支付后，工伤保险经办机构可以向第三人追偿。该追偿对象实际是工伤保险基金，因此工伤保险经办机构也不享有工伤保险待遇请求权。在与第三人争议中，工伤人员与第三人相互享有对对方的请求权，该请求权之基础或为侵权责任法或为合同法，皆属于民事法律范畴，故皆不属于工伤保险待遇请求权。

工伤保险待遇请求权的主要特征为：

第一，请求权权利主体为工伤人员或其亲属。之所以使用"工伤人员"而非"工伤职工"一词，因为，"人员"不限于"职工"，不具有职工身份的人员，如离职人员、退休人员、"老工伤"人员，都可以享有一定的工伤保险待遇请求权。工伤人员享有工伤保险待遇请求权自不待言，工伤人员的亲属在两种情形下享有工伤保险待遇请求权。一是，在工亡时，工亡待遇直接发放给工伤人员的亲属，其亲属享有直接的工伤保险待遇请求权；二是，工伤人员未及领取工伤保险待遇即去世，工伤人员的继承人根据继承权有权申领工伤保险待遇。在工亡待遇有明确支付对象，以及依照继承权享有工伤保险待遇时，其权利对象比较明确。而在工亡待遇无明确支付对象时，如何分配极为复杂。[①]
仅从诉权考虑，其分配顺位可按《继承法》规定确定，同一顺位之亲属应皆
享有诉权，即同一顺位之亲属皆享有工伤保险待遇请求权。

第二，请求权义务主体为工伤保险经办机构、医疗机构、康复机构、辅助
器具配置机构等机构。行使请求权所针对之义务主体主要为工伤保险经办机
构。如果是对法定的工伤保险待遇标准等发生争议，应以工伤保险经办机构为
请求对象，此时不宜以医疗机构、康复机构、辅助器具配置机构等机构（以
下简称服务机构）为请求对象。例如，对于是否符合工伤保险诊疗项目目录、
工伤保险药品目录、工伤保险住院服务标准，在直接结算时，虽然在表面上是
在医疗机构与工伤人员之间发生费用关系，但其实质仍然是工伤保险经办机构
与工伤人员的关系，对此争议，应以经办机构为请求对象。但是，工伤人员接
受服务机构的服务，不可避免地与服务机构之间产生法律关系，其与服务机构
之间的争议很难完全脱离工伤保险的法律规制。例如，在超标准配置辅助器具
中，工伤保险经办机构仅承担部分支付责任，对于应由工伤人员承担的部分以
及该部分责任的大小，不仅与经办机构存在勾连，与辅助器具配置机构同样存
在勾连。如果辅助器具配置机构没有尽到妥善的说明、告知义务，工伤人员可
要求该机构承担相应费用。在此请求中，无论是证明服务机构的照顾义务，还
是证明争议费用金额，都离不开经办机构，都需要经办机构的参与。因此工伤
人员对服务机构享有的请求权，不宜列为独立的民事上的请求权，而应纳入工
伤保险待遇请求权。

服务机构的类型是开放的。随着工伤预防、工伤康复尤其是职业康复的发
展，需要越来越多的社会机构通过购买服务的方式提供服务，参与到工伤保险
福利的供给中，都需要赋予工伤人员及其亲属请求权以保护其权利。

第三，请求权之权利对象为工伤人员或其亲属享有的工伤保险待遇或具有
福利性质的工伤保险服务。首先是作为工伤补偿的工伤保险待遇，如医疗待
遇、残疾待遇、工亡待遇等。其次是具有福利性质的工伤保险服务。社会福利
的目标，还在于促使社会成员的生活质量不断得到改善和提高，如满足社会成
员在教育、文化方面的需求等。[②] 工伤保险所提供的具有增进工伤人员物质生
活质量和精神生活质量的各种服务，皆得成为工伤保险请求权之标的。

[①]　向春华：《工伤理论与案例研究》，中国劳动社会保障出版社 2008 年版，第 163 ~
183 页。

[②]　郑功成：《社会保障学》，商务印书馆 2000 年版，第 21 页。

二、工伤保险待遇请求权之前提与基础

工伤保险待遇的存在是以工伤事实的确定为前提的。在我们现行法律框架下，工伤事实是通过工伤认定确定的。虽然有认为未来应当取消工伤认定制度，如主张直接将工伤救济纳入劳动争议的受案范围，工伤认定直接向劳动仲裁机构申请仲裁，在解决工伤待遇的同时，解决工伤认定问题。[①] 但无论是否取消工伤认定制度，工伤认定工作并不会消失，仍然需要类似的人力、物力来完成这一工作。无论如何，工伤事实的判断极为复杂，在工伤保险的"鼻祖"——德国，也同样存在极大的司法争议。例如，一个雇员在家门口受伤了（从楼梯上滚下来），究竟他是要去上班呢（就属于工伤），还是尚未准备上班而发生的意外（就不属于工伤），很难鉴别。[②]

按照现行法律框架，无工伤认定即无工伤保险待遇，当然也不会产生工伤保险待遇请求权。有一定特殊性的是"老工伤"人员的工伤保险待遇请求权。一般认为，地方实施工伤保险统筹以前发生的工伤都属于"老工伤"。很多"老工伤"是在《企业职工工伤保险试行办法》（劳社部发〔1996〕266号）文件实施之前发生的，没有严格的工伤认定。对于"老工伤"，只要按照相应政策确定属于"老工伤"，即可享受相应的工伤保险待遇，无须严格按照现行工伤保险规则要求执行。

有必要分析一下复转军人是否享有工伤保险待遇请求权。根据《工伤保险条例》第16条"职工原在军队服役，因战、因公负伤致残，已取得革命伤残军人证，到用人单位后旧伤复发的"规定，复转军人认定工伤需要具备三个条件：（1）原在军队系因战、因公负伤；（2）已取得革命伤残军人证；（3）到用人单位工作后旧伤复发。不具备其中一项条件，不应认定为工伤。而未认定为工伤，即不应享受工伤保险待遇。《军人抚恤优待条例》第34条规定：国家对1级至6级残疾军人的医疗费用按照规定予以保障，由所在医疗保险统筹地区社会保险经办机构单独列账管理。具体办法由国务院民政部门会同国务院人力资源和社会保障部门、财政部门规定。7级至10级残疾军人旧伤复发的医疗费用，已经参加工伤保险的，由工伤保险基金支付，未参加工伤保险，有工作的由工作单位解决，没有工作的由当地县级以上地方人民政府负责解决；7级至10级残疾军人旧伤复发以外的医疗费用，未参加医疗保险且

---

① 周湖勇：《工伤救济程序改革和完善》，载《青海社会科学》2009年第3期。

② 向春华：《在比较与借鉴中发展工伤保险制度》，载《中国社会保障》2010年第4期。

本人支付有困难的，由当地县级以上地方人民政府酌情给予补助。第 35 条规定：在国家机关、社会团体、企事业单位工作的残疾军人，享受与所在单位工伤人员同等的生活福利和医疗待遇。两个条例的规定是有差别的。《军人抚恤优待条例》第 35 条所规定的"医疗待遇"和第 34 条所规定的"医疗费用"是不同的，前者是疾病的医疗待遇，后者则是工伤复发的医疗费即工伤医疗费。由于一些机关、事业单位及特定企业对工伤人员的疾病医疗费用也有照顾，故该条例作了特别规定。《军人抚恤优待条例》所规定的残疾军人包括非因战、因公导致的残疾，也不要求必须认定为工伤才能享受工伤医疗待遇。由于该条例是针对复转残疾军人这一特殊群体的规定，相对于《工伤保险条例》属于特别法，故对复转残疾军人应当优先适用《军人抚恤优待条例》。即对工伤复发的医疗费，在企事业、机关团体工作的复转军人无须认定工伤就可享受，但主张其他工伤保险待遇，仍须认定工伤后才能享受。

工伤保险待遇请求权的基础权利是劳动者享有的工伤保险权利，具体而言是受领工伤保险待遇的权利。《社会保险法》对用人单位和工伤保险基金分别承担的工伤保险待遇项目作了明确规定。对于这些待遇项目，劳动者有权受领。受领工伤保险待遇的权利与支付工伤保险待遇、提供工伤保险服务的义务相对应。被保险人及其受益人有受领工伤保险待遇和接受工伤保险服务的权利，社保机构则有支付工伤保险待遇、相关机构有提供工伤保险服务的义务。社保机构及相关机构不能根据自己的自由意思确定待遇的支付及服务的提供。

受领工伤保险待遇的权利是一种具有物权性的权利，意味着对工伤保险待遇的接受、占有（持有）和管控。受领工伤保险待遇不仅意味着对工伤保险待遇的领取，还包括接受并进行占有（持有）、支配和处分，因其具有原始取得的特性，因而受领具有物权性。在一定意义上，权利人可以转让受领权。被保险人及其受益人只要具有受领工伤保险待遇的权利，在义务人未履行义务时，即享有工伤保险待遇请求权。接受工伤康复、辅助器具配置等服务，是基于工伤人员的人身属性赋予的，工伤人员可以支配和处置——接受服务还是不接受服务，但不能进行转让。

三、工伤保险待遇请求权之起点

通常来说，工伤保险待遇请求权之起点即工伤保险待遇发生时间，是清晰的。但在特定情形下仍不乏争议。特别是《工伤保险条例》第 17 条第 1 款规定，职工发生事故伤害或者按照职业病防治法规定被诊断、鉴定为职业病，所在单位应当自事故伤害发生之日或者被诊断、鉴定为职业病之日起 30 日内，向统筹地区社会保险行政部门提出工伤认定申请。遇有特殊情况，经报社会保险行政部门同意，申请时限可以适当延长。第 4 款规定：用人单位未在本条第 1 款规定的时限内提交工伤认定申请，在此期间发生符合本条例规定的工伤待遇等有关费用由该用人单位负担。对于一项具体的工伤保险待遇，如一次性工亡补助金来说，其确定的发生时间究竟是什么，关涉到用人单位是否应当承担这项待遇的问题。这里就实践包括司法实践中的几种争议情形予以分析。

（一）职业病待遇之一般发生时间

根据《工伤保险条例》规定，一次性伤残补助金、伤残津贴、供养亲属抚恤金等均以本人工资计算。而根据该条例第 64 条第 2 款规定，本人工资"是指工伤职工因工作遭受事故伤害或者患职业病前 12 个月平均月缴费工资"。因此遭受事故伤害或者患职业病的时间就非常关键了。事故伤害具有外在性，发生时间是固定的，比较容易确定。而职业病的罹患是渐进性的内在过程，外表难以精确界定。就客观而言，多数职业病实际是在已经患上之后，甚至过了较长时间之后，才进行职业病诊断鉴定的。但就主观而言，除了职业病诊断鉴定结论，任何人均无法判断一个人是否已经患上职业病了。换句话说，在职业病渐进性的发展过程中，唯一能够确定职业病的，只能是职业病诊断鉴定结论。因此职业病的发生时间为职业病诊断鉴定结论作出之时。应从此时起算职业病工伤的相关待遇。

（二）一次性伤残补助金、一次性工亡补助金、工伤医疗费用之发生时间

有人认为，一次性伤残补助金是在伤残等级确定时发生的。这是非常荒谬的。首先，伤残等级鉴定的时间是不确定的、比较随意的，这就意味着一次性伤残补助金是完全不确定的、随意的，这完全违背了法律规则的确定性要求。法律是要求确定性的、整齐划一的，如果一个拟规制对象只能不确定、无法整齐划一的，就无法作为法定的标准。《工伤保险条例》第 21 条规定：职工发生工伤，经治疗伤情相对稳定后存在残疾、影响劳动能力的，应当进行劳动能力鉴定。"伤情相对稳定"本身就是一个不确定的、具有一定随意性的表述，基本上不可能将其精确到某一天。例如，骨折后究竟 90 天、100 天、110 天还是 120 天才叫"伤情相对稳定"？科学无法给出回答。其实"相对"一词已经给出了明确的意见。其次，"伤情相对稳定后"，应当进行劳动能力鉴定。但立法并未要求"后多久"应当进行劳动能力鉴定。在实践中，1 个月、1 年甚至多年都未尝不可。这其实和"伤情相对稳定"的表述是一致的。正因为无法准确界定何时"伤情相对稳定"，所以立法并未限制"后多久"应当进行鉴定。那么立法能否明确"后"的具体时间呢？显然不能。因为何时进行劳动能力鉴定受多种因素制约，而且进行劳动能力鉴定是工伤职工的一项权利，很难限制其必须进行鉴定的时间，是否进行鉴定、何时进行鉴定，决定权在工伤

职工手里。最后，如果根据劳动能力鉴定时间确定享受工伤保险待遇的标准，那么谁都会拖延进行劳动能力鉴定的时间，将导致由受益人决定其享受待遇的多寡，这不仅与法律常识相悖，亦有违公平原则。

同样的道理，由于工伤认定时间的不确定性、随意性，如果一次性工亡补助金在工伤认定时确定，也将导致工亡补助金的不确定性，并将在一定时间内由工伤职工自行确定，这违背法律常识，违背社会公平。

一次性伤残补助金是对伤残的补偿，伤残的事实是在受伤瞬间发生的，如果存在加重情形，那么加重的事实是在加重情形发生时产生的。一次性工亡补助金是对死亡的补偿，死亡的事实是在死亡瞬间发生的。工伤认定是对伤残事实和死亡事实的属性——工伤还是非工伤的确认。劳动能力鉴定是对伤残的程度的确认。工伤认定与劳动能力鉴定对事实本身并没有任何改变，对补偿的性质——对伤亡的补偿，也没有任何改变。由工伤认定或劳动能力鉴定确定补偿的起始点——补偿基数，是不恰当的，该基数只能在伤亡时确定。

工伤医疗费在医疗行为发生时发生，医疗行为未发生时不发生医疗费用。预付之医疗费仅为预付费，非实际发生之医疗费。在医疗行为结束后的欠费，则表明医疗费已经发生。

（三）伤残津贴发生时间

伤残津贴是对因伤残所致收入损失的替代。《工伤保险条例》对伤残津贴享受时间未作特别明确的规定。其第35条规定，1级至4级伤残的，按月支付伤残津贴，标准为：1级伤残为本人工资的90%，2级伤残为本人工资的85%，3级伤残为本人工资的80%，4级伤残为本人工资的75%。但未规定从何时发放。由于有伤残等级之后才能发放伤残津贴，因此伤残津贴事实上只能从伤残等级鉴定后的日或月始发。实践中多从次月起计发。笔者认为，从合理划分用人单位与工伤保险基金的责任角度，应从伤残等级鉴定结论作出的次日起由工伤保险基金计发伤残津贴。而从分散用人单位风险角度而言，则在鉴定结论作出的当月即由工伤保险基金计发全月伤残津贴同时免除用人单位支付原工资福利待遇的责任更妥。由于劳动能力鉴定机构与工伤保险经办机构存在比较密切的联系，为了更好地分散用人单位的支付责任，更好地确定工伤保险基金的支付责任，有必要进一步限制由用人单位支付工资待遇的时间。可以根据相应的伤残等级确定固定的用人单位支付工资时间，超出该时间，无论是否进行劳动能力鉴定，均由工伤保险基金支付伤残津贴。在实际操作中可采用补发制，即在劳动能力鉴定前，先由用人单位继续支付工资福利，待伤残等级确定后，由工伤保险基金通过用人单位补发伤残津贴，伤残津贴低于工资的，用人单位直接占有该伤残津贴；伤残津贴高于工资的，用人单位将差额支付给工伤职工。

5 级和 6 级伤残津贴，仅在用人单位无法安排适当工作岗位时发生。

（四）一次性伤残就业补助金与工伤医疗补助金发生时间

一次性伤残就业补助金与工伤医疗补助金均是在工伤职工终止或解除劳动关系时，为补偿其未来在就业方面的困难和工伤复发的医疗需求而给予的补偿。其发生条件为：5 级和 6 级工伤职工，经工伤职工本人提出，与用人单位解除或者终止劳动关系；7 级至 10 级工伤职工，劳动、聘用合同期满终止，或者职工本人提出解除劳动、聘用合同的，用人单位应支付一次性伤残就业补助金，工伤保险基金应支付一次性工伤医疗补助金。这两项待遇始于《工伤保险条例》规定。按照不溯及既往的一般法律适用原则，这两项待遇似乎不应适用于 2004 年 1 月 1 日以前发生的工伤。但鉴于这两项待遇所保障的事实皆发生于当下，即便是 2004 年 1 月 1 日以前发生的工伤，如果在现在解除或终止劳动合同，其再就业与工伤医疗权益亦有保障之必要，故也应享受这两项待遇。

有两种情形需特别论述。一是根据《劳动合同法》第 44 条规定，因"劳动者开始依法享受基本养老保险待遇"而劳动合同终止的，工伤职工可否主张这两项待遇？笔者认为，此种情形之劳动合同终止，并不符合上述这两项待遇的发生条件，故不应享受这两项待遇。惟退休后旧伤复发者，仍可享受工伤医疗待遇。二是《劳动合同法》第 39 条规定，劳动者有"严重违反用人单位的规章制度的"，"严重失职，营私舞弊，给用人单位造成重大损害的"，"劳动者同时与其他用人单位建立劳动关系，对完成本单位的工作任务造成严重影响，或者经用人单位提出，拒不改正的"，"因本法第二十六条第一款第一项规定的情形致使劳动合同无效的"，"被依法追究刑事责任的"，用人单位可以解除劳动合同。此种情形下，工伤职工可否享受这两项待遇？笔者认为，用人单位在此类情形下行使单方解除权解除劳动合同，也不符合上述这两项待遇的发生条件，故不应享受这两项待遇。但为限制用人单位利用此类条款损害工伤职工利益，对于此类条款的适用，应采严格解释。例如，用人单位可能规定，劳动者旷工 3 天就构成"严重违反用人单位的规章制度的"，因时间过短，宜认定此类规章制度不公平。

（五）新旧法之适用

新法实施或修订，会新设待遇或提高待遇标准，常会因此发生争议。对此应遵循法不溯及既往之基本适用原则。但在两种情形下存在例外。

一种情形是，享受工伤保险待遇之事实发生于新法施行以后。典型者如一次性伤残就业补助金与工伤医疗补助金。

另一种情形是，基于立法自身的特别规定。即在立法规定可以溯及既往时，排除法不溯及既往原则之适用。亦即立法明确规定可以溯及既往。如原《工伤保险条例》第 64 条规定："本条例自 2004 年 1 月 1 日起施行。本条例施行前已受到事故伤害或者患职业病的职工尚未完成工伤认定的，按照本条例的规定执行。"国务院《关于修改〈工伤保险条例〉的决定》规定该《决定》自 2011 年 1 月 1 日起施行，"本条例施行后本决定施行前受到事故伤害或者患职业病的职工尚未完成工伤认定的，依照本决定的规定执行"。即该条例、决定施行前已经发生的工伤，但在该条例、决定施行时尚未完成工伤认定的，适用该条例、决定的全部规定。如 2010 年 12 月 20 日发生的工亡，2011 年 1 月 1 日被认定为工伤的，其亲属享受新条例规定的上一年度全国城镇居民人均可支配收入 20 倍的一次性工亡补助金。

四、工伤保险待遇请求权之排除

《社会保险法》第 42 条规定，工伤职工有：（1）丧失享受待遇条件的；（2）拒不接受劳动能力鉴定的；（3）拒绝治疗的，停止享受工伤保险待遇。具体情形在社会保险待遇排除事由中详细阐述。

需要说明的是，工伤职工或其亲属，虽然不具备这些条件，但是并不具备享受特定工伤保险待遇条件的，依然不能享受相应的工伤保险待遇。

五、工伤保险待遇请求权之时效

关于工伤保险待遇请求权之时效，原则上仍得适用 5 年诉讼时效期间。惟部分工伤保险待遇亦属于劳动权利内容，与劳动争议仲裁时效存在交叉。在适用劳动争议仲裁时效时，应适用其规定。例如，停工留薪期待遇为原工资福利待遇，此部分亦属于工资请求权，得适用劳动争议之 1 年仲裁时效，从劳动关系终止、劳动合同解除、终止时起算。

第二节　达到退休年龄后工伤构成

2010 年第六次全国人口普查显示，我国 60 岁及以上人口占比 13.26%。如果考虑女性一般退休年龄为 50 岁及 55 岁，那么超过退休年龄之人口数显然更为庞大。此部分人口之"再就业"亦不在少数，其因"再就业"之工作而受伤，能否认定为工伤，影响甚大，争议亦大。对于退休人员或达到退休年龄人员能否认定工伤问题，有 4 个问题需要厘清。第一，不应将现行法律制度体系下的法律适用问题与立法改进问题相混淆，否则将导致实然与应然不清；第二，不应将宪法上劳动权与劳动法上劳动权混淆，否则将导致请求权基础理解不清；第三，应准确提炼出部门法之立法目的，否则将导致具体法律规则适用不清；第四，对已经参加工伤保险之退休者构成工伤之法理应予明晰，否则将导致退休者工伤之构成要件不清。笔者以为，如果这些方面能够辨识清楚，争议将迎刃而解。

现行法律架构下之工伤构成，系以劳动关系为工伤构成之基础与前提而展开。即，在现行法律架构下，劳动关系为工伤构成之基础要件[①]，《工伤保险条例》调整的被侵害主体必须是《劳动法》调整的劳动关系主体[②]，工伤认定前提为存在劳动关系[③]。最高人民法院行政庭通过分析劳动关系之存在来论证超过退休年龄者工伤认定的合法性与合理性，实际上亦秉持此种意见。如时任最高人民法院行政庭副庭长杨临萍认为，"离退休人员与新工作单位之间签订的聘用合同符合用人单位与劳动者之间订立的劳动合同的要件"[④]；最高人民法院行政庭资深法官蔡小雪先生亦持此种意见[⑤]。如此，无劳动关系便无工伤，无劳动关系而认定工伤者，皆为违法。在实践中，司法判例均系从肯定与否定劳动关系入手确定构成工伤或不构成工伤。因而，退休劳动者能否享受工伤保险的问题，被转变为退休劳动者与所在工作单位是否存在劳动关系的问题。[⑥] 鉴于退休人员与达到退休年龄[⑦]人员存在重要区别，而诸多理论研究与司法实践均未予以区分，实为不妥，故笔者对两者予以区分。

---

① 向春华：《工伤理论与案例研究》，中国劳动社会保障出版社 2008 年版，第 41 页。

② 张福祥：《退休职工再工作受到人身伤害不适用〈工伤保险条例〉》，载《人民法院报》2006 年 8 月 7 日。

③ 张素伦：《退休返聘人员工伤问题的反思》，载《理论月刊》2010 年第 3 期。

④ 杨临萍：《工伤保险行政案件若干问题（上）》，载《法制日报》2008 年 3 月 23 日。

⑤ 蔡小雪：《超过法定退休年龄的进城务工农民可认定工伤》，载《人民司法》2011 年第 2 期。

⑥ 于欣华：《退休劳动者工伤保险法律问题研究》，载《甘肃政法学院学报》2013 年第 5 期。

⑦ 在讨论中，学者几乎都使用"法定退休年龄"一词。其实我国至今所有法律文件规定的退休年龄都是法定的，即便是"提前退休"，实际上仅仅是针对一般退休年龄的通俗说法，"提前退休"的年龄依然是法定的；以前的"病退"年龄也是法定的，而且《社会保险法》实施后，"病退"在该法意义上已不存在。因此，退休年龄一词之前无须加上"法定"两字。

一、达到退休年龄者发生职业伤害能否认定工伤之司法乱象

在下表中，前三个案例受害人均为退休人员①，后两个案例受害人均为达到退休年龄但没有享受基本养老保险待遇的人员，对于劳动关系是否成立，进而是否构成工伤，司法实践均存在相反意见。而在靖某诉江苏省淮安市楚州区劳动保障局工伤认定案中，与前两类案型存在本质差别，论者仍以申请人是否存在劳动关系为基础论述是否构成工伤，实为不当；其本质区别是，前两类案型均为受害人退休或达到退休年龄继续工作后，新发生职业伤害之工伤认定问题，而该案型则为劳动者退休后因退休前的职业伤害所发生之工伤认定问题。这三类案型皆可笼统地称为达到退休年龄或退休后工伤认定问题，但学界和司法界实际争执者仅为受害人退休或达到退休年龄继续工作后，新发生职业伤害之工伤认定问题。鉴于劳动者退休后因退休前的职业伤害所发生之工伤认定问题，亦有一定争议与完善之必要，且为研究之周延，故在本书之"下部"予以讨论。

主要内容	审判结论	判决时间	审判法院	来源
天津东洋精密铸造有限公司诉天津市劳动局。廉学谦 2001 年 12 月在其他单位退休，2000 年至原告处工作并于 2002 年 8 月 30 日签订聘用协议，2003 年 11 月诊断为职业病。被告认定为工伤	无劳动关系，不应受理申请	2005	天津高院	《退休职工再工作受到人身伤害不适用〈工伤保险条例〉》，载《人民法院报》2006 年 8 月 7 日
上海商业会计学校诉某区劳动保障局。陈某为退休人员，退休后受聘于上海商业会计学校，在学校里被撞倒，被告认定为工伤	存在劳动关系，属于工伤	2007	上海黄浦区法院	《上海首例退休人员工伤认定一审判决法院认定：返聘受伤属工伤》，载《人民法院报》2007 年 8 月 27 日

---

① 在本书中，退休人员等同"享受基本养老保险待遇"人员。在现实中，有部分退休人员并不能享受基本养老保险待遇，这部分人员不属于本书的"退休人员"；本书中的退休人员不包括享受城乡居民养老保险待遇的人员。

主要内容	审判结论	判决时间	审判法院	来源
东莞市裕元医院诉东莞市社会保障局。肖固威 2000 年 3 月退休，2001 年 3 月 31 日受聘于东莞裕元医院。2006 年 2 月 12 日肖固威工作时滑倒受伤。被告认定为工伤	存在劳动关系，属于工伤	2007	东莞市中级法院	《职工退休后被聘用也可享受工伤保险待遇》，载《人民司法·案例》2007 年第 20 期
靖某诉淮安市楚州区劳动保障局。靖某工作单位于 1964 年办石棉制品车间，后改为石棉制品厂。1984 年靖某退休，2006 年 6 月诊断为 III 期尘肺职业病。被告未受理工伤申请	应予认定工伤	2007	淮安市中级法院	《退休职工应有权享有工伤待遇》，载《人民司法·应用》2008 年第 5 期
李克英诉山东垦利县劳动保障局。原告丈夫系农民，生于 1942 年 9 月 15 日，2008 年 9 月 29 日在东营市龙翔石业有限责任公司任门卫，因交通事故死亡。被告未受理申请	存在劳动关系，属于工伤	2010	东营市中级法院	《超过法定退休年龄的进城务工农民可认定工伤》，载《人民司法》2011 年第 2 期
马某诉某区人力资源和社会保障局。马某出生于 1958 年 10 月 18 日，为环卫工，2010 年 8 月 18 日在工作时受伤死亡。某区人社局未受理工伤申请	无劳动关系，不应受理申请	2011	北京市通州区法院	《退休职工受伤害不能享受工伤保险待遇》，载《工会博览》2012 年 5 月上旬刊

如果进一步考察超过退休年龄者发生职业伤害能否认定工伤之基础事实——其劳动关系是否成立，司法实践同样存在混乱。"法院对于已达法定退休年龄的人与用人单位之间的关系定性，标准不一，结论各异。"[1]

---

① 腾威：《论超过法定退休年龄继续工作之法律关系性质》，载杨立新、刘德权、黄常青：《劳动争议与社会保险纠纷司法对策》，人民法院出版社 2011 年版，第 35 页。

二、社会保险行政部门之意见

从社会保险行政部门所颁布的规范性法律文件来看，绝大部分规定离退休人员新发生的职业伤害不构成工伤；部分文件及绝大部分实际操作认为达到退休年龄者（包括享受基本养老保险待遇者）不构成工伤；仅极个别地区认为离退休人员新发生职业伤害构成工伤。

（一）绝大多数地方规定，对此类情形不予受理或不适用工伤保险政策

（1）《北京市实施〈工伤保险条例〉办法》（北京市人民政府令第 140号）第 21 条规定，受伤害人员是用人单位聘用的离退休人员或者超过法定退休年龄的，不予受理其工伤认定申请。

（2）《厦门市实施〈工伤保险条例〉规定》（厦门市人民政府令第 113号）第 19 条规定：属于用人单位聘用的离退休人员的，工伤认定申请不予受理。

（3）《河南省工伤保险条例》第 2 条第 3 款规定：本条例所称职工，是指与用人单位存在劳动关系（包括事实劳动关系）的各种用工形式、各种用工期限的城乡劳动者；但用人单位聘用的离退休人员除外。

（4）天津市劳动保障局《关于工伤保险若干问题的解决意见》（津劳局〔2004〕1 号）第 14 条规定：退休人员返聘后，在工作中受伤，不适用工伤保险政策。

（5）重庆市劳动保障局《关于贯彻执行〈工伤保险条例〉有关问题处理意见的通知》（渝劳社办发〔2004〕211 号）第 17 条规定："用人单位聘用的离退休人员，实习的大中专院校、技工学校、职业高中学生不适用于《工伤保险条例》和《重庆市工伤保险实施暂行办法》。"

（6）《广东省工伤保险条例》第 65 条规定："劳动者达到法定退休年龄或者已经依法享受基本养老保险待遇的，不适用本条例。前款规定的劳动者受聘到用人单位工作期间，因工作原因受到人身伤害的，可以要求用人单位参照本条例规定的工伤保险待遇支付有关费用。双方对损害赔偿存在争议的，可以依法通过民事诉讼方式解决。"

（二）个别地方规定构成工伤

上海市劳动保障局、上海市医疗保险局《关于实施〈上海市工伤保险实施办法〉若干问题的通知》（沪劳保福发〔2004〕38 号）规定，上海市用人单位聘用的退休人员发生事故伤害的，其工伤认定、劳动能力鉴定按照《上海市工伤保险实施办法》的规定执行，工伤保险待遇参照《上海市工伤保险实施办法》的规定由聘用单位支付。

（三）个别地方对是否享受养老金区别对待

成都市劳动保障局在成劳社函〔2008〕77号文件中表示，今后该局在受理用人单位或职工申请工伤认定时，对所有员工（包括农民工和城镇职工）均以是否享受养老保险待遇作为工伤认定的前提条件，凡用人单位招用的员工未享受养老保险待遇，且符合《工伤保险条例》第14条、第15条规定的，均纳入工伤认定范畴。[①]

三、最高人民法院之相关司法文件

关于达到退休年龄后发生职业伤害能否认定工伤问题，最高人民法院已经颁布了三个司法文件。

（一）司法文件——参保之离退休人员适用《工伤保险条例》

最高人民法院行政审判庭《关于离退休人员与现工作单位之间是否构成劳动关系以及工作时间内受伤是否适用〈工伤保险条例〉问题的答复》（〔2007〕行他字第6号）规定："根据《工伤保险条例》（国务院第375号令）第二条、第六十一条等有关规定，离退休人员受聘于现工作单位，现工作单位已经为其缴纳了工伤保险费，其在受聘期间因工作受到事故伤害的，应当适用《工伤保险条例》的有关规定处理。"即最高人民法院认为，如果离退休人员已经参加了工伤保险，则如果符合工伤构成条件，应当认定为工伤。

该司法文件虽然规定离退休人员应当认定工伤，但实际是以其参加工伤保险为前提的。这是有道理的。离退休人员参加工伤保险有以下两种情形：

一是因明确的政策依据而参加工伤保险，这是具有合法性的。如上海市人社局《关于本市企业各类人才柔性延迟办理申领基本养老金手续的试行意见》（沪人社养发〔2010〕47号）规定，在延迟退休期间，企业及个人按规定缴纳基本养老保险费和工伤保险费，延迟期间发生工伤事故的，按照本市工伤保险有关规定享受相应工伤保险待遇。根据这一文件，超过退休年龄，但未实际领取基本养老金，用人单位同意个人延迟离退休的，应当继续缴纳工伤保险费。当然严格来说，这类人员并不属于离退休人员，尚不应适用该司法文件。对于这种情形，支付工伤保险费当然是明确的，但是否必须认定为工伤，并非完全没有问题。从工伤保险的基本理论来说，工伤保险待遇支付并不一定需要进行工伤认定，工伤认定制度是我国的一项法律制度。因此就这一基本理论来

---

① 饶红、陈惠：《成都蜀汉园林有限公司诉成都市劳动保障局劳动争议纠纷案》，载最高人民法院中国应用法学研究所：《人民法院案例选2010（4辑）》，人民法院出版社2011年版，第268页。

说，既然明确允许离退休人员参保，自然就应当支付其相应待遇，这是契约之基本效力。但允许参保，并不能直接解决工伤认定的合法性问题——如果行政相对人不属于合格主体，即便允许参保，也不能改变行政相对人不合格主体之性质。笔者认为，离退休人员不具有构成工伤之主体资格，因此即使其已经参保，也不适宜进行工伤认定，虽然这在本质上不应影响工伤保险待遇之享受。在这一过程中，当事人之间更接近纯粹的保险关系——保险人收取特定之被保险人保费，并允诺在保险事故发生时给付保险金。工伤认定因其存在合法性问题而"隐退"，在理论上并非不能成立。

二是错误办理了参保或缴费手续而致其参保，这违背现行法律规定，不具有合法性。但基于信赖保护原则，行政主体的这一违法行为所产生的后果不应影响相对人之信赖利益。亦即便参保错误，但相对人仍得享受该参保利益——在发生工伤事故时获得相应的工伤保险待遇。同样基于上述理由，虽然行政主体应当支付相应工伤保险待遇，但此并不能改变相对人工伤构成之主体不合格之地位，故不宜进行工伤认定，当然这不影响相对人享受相应的待遇。

(二) 司法文件——超过退休年龄之农民工应当进行工伤认定

最高人民法院行政审判庭《关于超过法定退休年龄的进城务工农民因工伤亡的，应否适用〈工伤保险条例〉请示的答复》(〔2010〕行他字第10号)规定："用人单位聘用的超过法定退休年龄的务工农民，在工作时间内、因工作原因伤亡的，应当适用《工伤保险条例》的有关规定进行工伤认定。"首先应当明确，户籍在劳动关系、工伤认定上不具有区别性功能，根据"法律面前人人平等"的宪法原则，对于用人单位聘用的超过法定退休年龄的务工非农民，即城镇居民也应当适用同样的司法文件。因此这一司法文件体现出来的法律适用精神或原则应当是，超过法定退休年龄者符合工伤构成的实体条件，均应当进行工伤认定。

这一司法文件没有区分超过退休年龄与享受基本养老保险待遇两者的不同，也未明确指出享受基本养老保险待遇者如果符合工伤实体条件者也应当进行工伤认定。从文义解释来说，超过退休年龄的当然包括享受基本养老保险待遇者，因此按逻辑应当推论出其认为享受基本养老保险待遇者如果符合工伤实体条件者应当进行工伤认定。但在具体确定这一内容时，其解释并不清晰。例如，一方面起草人认为"劳动者领取基本养老金之日，劳动合同的法律效力依法被消灭，未领取基本养老金的，劳动合同的法律效力依然存在"，"倘若劳动者没有办理有关退休手续继续上班时，就不能认为其与企业已经终止了劳动关系，仍应视为企业与劳动者的劳动合同关系存在"。按此表述，起草人似乎认为领取基本养老金者，劳动合同终止，劳动关系不再存在，因而也就不存在认定工伤的问题。另一方面，其又认为，劳动主体一方是用人单位，另一方是劳动者；双方之间是管理与被管理的关系，这种关系属于劳动关系。而这一判定也适用于领取基本养老金者。似乎又认为领取基本养老金者可以认定工伤。另外，起草人还引述了中共中央办公厅、国务院办公厅《转发〈中央组织部、中央宣传部、中央统战部、人事部、科技部、劳动保障部、解放军总政治部、中国科协关于进一步发挥离退休专业技术人员作用的意见〉的通知》（中办发〔2005〕9号）规定："离退休专业技术人员受聘工作期间，因工作发生职业伤害的，应由聘用单位参照工伤保险的相关待遇标准妥善处理；因工作发生职业伤害与聘用单位发生争议的，可通过民事诉讼处理；与聘用单位之间因履行聘用合同发生争议的，可通过人事或劳动争议仲裁渠道解决。"但未对该文含义作进一步解释，只是直接表明〔2007〕行他字第6号系参照该文件制定。[①] 对比中办发〔2005〕9号与〔2007〕行他字第6号两个文件，应推知起草人主张领取基本养老金者可以认定工伤。

（三）司法文件——最高人民法院行政庭〔2012〕行他字第13号

最高人民法院行政庭〔2012〕行他字第13号关于超过法定退休年龄的进城务工农民在工作时间内因工伤亡的，能否认定工伤的答复，明确规定了用人单位聘用的超过法定退休年龄的务工农民，在工作时间内，因工作原因伤亡的，应当适用《工伤保险条例》的相关规定进行工伤认定。

四、退休人员劳动关系之存否与工伤构成之论争

（一）认为可建立劳动关系并认定工伤及其理由[②]

其理由（以下称肯定理由）主要有如下几个方面：

1. 认为原劳动部《关于实行劳动合同制度若干问题的通知》（劳部发〔1996〕354号）等文件已确认离退休人员可以与用人单位建立劳动关系。该文件第13条规定："已享受养老保险待遇的离退休人员被再次聘用时，用人单位应与其签订书面协议，明确聘用期内的工作内容、报酬、医疗、劳保待遇等权利和义务。"该文件未将超过法定退休年龄的劳动者排除在劳动法调整的

---

① 蔡小雪：《超过法定退休年龄的进城务工农民可认定工伤》，载《人民司法》2011年第2期。

② 多数研究并未区分退休人员与达到退休年龄者之不同，而后者实际上包括前者。因此本部分所引述支持退休人员可与用人单位建立劳动关系之观点，很多实为支持达到退休年龄者可与用人单位建立劳动关系之观点。鉴于离休人员及退职人员，其与用人单位可否建立劳动关系之性质与退休人员相同，故无须再行论述。

范围之外，故其亦应属于劳动法所调整的对象。① 其中，有的还认为，中共中央办公厅、国务院办公厅《转发〈中央组织部、中央宣传部、中央统战部、人事部、科技部、劳动保障部、解放军总政治部、中国科协关于进一步发挥离退休专业技术人员作用的意见〉的通知》（中办发〔2005〕9 号）规定"离退休专业技术人员受聘工作期间，因工作发生职业伤害的，应由聘用单位参照工伤保险的相关待遇标准妥善处理；因工作发生职业伤害与聘用单位发生争议的，可通过民事诉讼处理；与聘用单位之间因履行聘用合同发生争议的，可通过人事或劳动争议仲裁渠道解决。有条件的聘用单位在符合有关规定的情况下，可为聘请的离退休专业技术人员购买聘期内的人身意外伤害保险"，实际也是肯定离退休人员遭受职业伤害可以认定工伤。国务院法制办《对〈关于重新进入劳动生产领域的离退休人员能否享受工伤保险待遇的请示〉的复函》（国法秘函〔2005〕310 号）认为"关于离退休人员重新就业后发生工伤如何处理的问题，现行法律、行政法规没有明确规定"，应当参照中办发〔2005〕9 号文件执行，也持同样看法。

2. 认为《劳动法》及有关法律、法规对法定劳动年龄上限并未作出明确规定，将退休年龄等同于法定劳动年龄，以超过退休年龄为由，就否认其与企业之间存在劳动法律关系是不正确的，不利于保护劳动者的合法权益，凡符合劳动法律关系基本要素的，即应该认定为个人与企业之间存在劳动关系，而不应该以是否享受养老保险待遇为标准。②

3. 认为我国劳动法律法规均没有禁止用人单位招用超过 60 周岁的男性，因此用人单位招用 60 周岁以上的男性工作，只要符合劳动关系的实质条件，就属于劳动关系。即符合原劳动部《关于贯彻执行〈中华人民共和国劳动法〉若干问题的意见》（劳部发〔1995〕309 号）第 2 条"事实上已成为企业、个体经济组织的成员，并为其提供有偿劳动"之规定。既然法律未禁止企事业单位及个体工商户招聘已超过法定退休年龄的劳动者，因此用人单位聘用已到退休年龄的劳动者的行为就不属于违法行为，用人单位与超过法定退休年龄的

---

① 杨临萍：《工伤保险行政案件若干问题（上）》，载《法制日报》2008 年 3 月 23 日；蔡小雪：《超过法定退休年龄的进城务工农民可认定工伤》，载《人民司法》2011 年第 2 期；刘丽：《超过法定退休年龄劳动者工伤待遇之立法分析》，载《今日中国论坛》2012 年第 12 期；覃琪瑶：《浅析退休返聘人员的工伤救济》，载《法制博览》2013 年第 4 期；程春华、徐珍：《职工退休后被聘用也可享受工伤保险待遇》，载《人民司法·案例》2007 年第 20 期。

② 杨临萍：《工伤保险行政案件若干问题（上）》，载《法制日报》2008 年 3 月 23 日；王涛、李培志：《超过法定退休年龄的工伤认定》，载《中国劳动》2007 年第 3 期。

劳动者所签订的劳动合同就不属于无效合同的范围。"法律没有禁止的行为,行政相对人实施了此类行为都不属于违法行为,这是行政法中的一项基本原则。"论者因此认为该行为应受劳动法调整,即双方可以建立劳动关系,在工作中所遭受之伤害应当认定工伤。①

2、3 两点肯定理由是有区别的,理由 2 是针对肯定意见多将退休年龄等同于劳动年龄而否定达到退休年龄后劳动者之主体资格的观点来反驳的,而理由 3 是从"法未禁止皆可为"的原理来论证的。

4. 认为退休人员与用人单位之间的法律关系符合劳动关系的法律特征,因而从劳动关系的实质要素出发,退休人员与用人单位之间的法律关系应属于劳动关系。该观点主要认为,劳动关系的法律特征主要包括:(1)劳动关系的主体一方是用人单位,另一方必然是劳动者;(2)在劳动关系中双方的法律地位不平等,用人单位处于管理者的地位,劳动者处于被管理者的地位,他们之间的关系是管理与被管理的关系;(3)用人单位给劳动者提供基本的劳动条件;(4)用人单位向劳动者支付工资性劳动报酬。退休人员与用人单位之间的关系符合这些特征,符合劳动保障部《关于确立劳动关系有关事项的通知》(劳社部发〔2005〕12 号)规定的"用人单位依法制定的各项劳动规章制度适用于劳动者,劳动者受用人单位的劳动管理,从事用人单位安排的有报酬的劳动","劳动者提供的劳动是用人单位业务的组成部分",双方之间就建立了劳动关系,应适用劳动法。② 其实质是认为,不论民事主体在资格身份上是否符合法律规定的要件,只要其符合劳动关系的实质性判断标准,即人身从属性,就不应该否定彼此之间的劳动关系性质。③

5. 认为退休人员仍然具有从劳动权(就业权),应受劳动法保护。劳动权是宪法规定的基本权利,退休人员同样应当享有这一权利。达到一定年龄的劳动者可以享受退休的权利,但退休并未剥夺劳动者劳动的权利,对退休人员劳

---

① 蔡小雪:《超过法定退休年龄的进城务工农民可认定工伤》,载《人民司法》2011年第 2 期。

② 程春华、徐珍:《职工退休后被聘用也可享受工伤保险待遇》,载《人民司法·案例》2007 年第 20 期;蔡小雪:《超过法定退休年龄的进城务工农民可认定工伤》,载《人民司法》2011 年第 2 期;刘丽:《超过法定退休年龄劳动者工伤待遇之立法分析》,载《今日中国论坛》2012 年第 12 期。

③ 腾威:《论超过法定退休年龄继续工作之法律关系性质》,载杨立新、刘德权、黄常青:《劳动争议与社会保险纠纷司法对策》,人民法院出版社 2011 年版,第 37 页。

动权利予以保护符合立法精神，有利于保护劳动者的合法权益。① 劳动权是宪法赋予公民的获得有酬职业劳动的基本权利，不能因其是离退休人员就否认其劳动者的身份。从保护弱势群体和保障工伤保险立法的目的来看，应该将退休返聘人员纳入工伤保险的范畴。②

6. 认为劳动法与工伤保险的立法目的是保护弱势群体权利，从该目的出发，应将退休人员与用人单位的关系纳入劳动法与工伤保险保障范围。从保护弱势群体和工伤保险立法目的来看，不应绝对将退休受聘人员排斥在工伤保险政策之外，劳动合同的终止不等于劳动关系终止。③

7. 另有论者认为，《劳动合同法》第 44 条规定"劳动者开始依法享受基本养老保险待遇的，劳动合同终止"，该条款仅仅意味着劳动者在开始依法享受基本养老保险待遇时劳动合同终止，即终止仅仅在"开始"的瞬间发生。而在之后，如果用人单位雇佣了该人员符合劳动关系的内容，或者与其签订了劳动合同，则双方依然构成劳动关系（劳动合同关系），该人员所受伤害仍应当认定为工伤。④

（二）认为不存在劳动关系且不能认定工伤之理由

其理由（以下称否定理由）主要有如下几个方面：

1. 认为原劳动部《关于实行劳动合同制度若干问题的通知》（劳部发〔1996〕354 号）等文件已确认离退休人员不可以与用人单位建立劳动关系。其指出已经享受养老保险待遇的离退休劳动者与其单位之间所签订的协议不再是劳动合同，从字面可以推定退休劳动者与单位之间没有劳动关系。原劳动部办公厅《对〈关于实行劳动合同制度若干问题的请示〉的复函》（劳办发〔1997〕88 号），中共中央办公厅、国务院办公厅《转发〈中央组织部、中央宣传部、中央统战部、人事部、科技部、劳动保障部、解放军总政治部、中国科协关于进一步发挥离退休专业技术人员作用的意见〉的通知》，国务院法制办《对〈关于重新进入劳动生产领域的离退休人员能否享受工伤保险待遇的

---

① 程春华、徐珍：《职工退休后被聘用也可享受工伤保险待遇》，载《人民司法·案例》2007 年第 20 期。

② 张小霞：《浅析退休返聘人员的工伤问题》，载《法制与社会》2009 年第 1 期；张素伦：《退休返聘人员工伤问题的反思》，载《理论月刊》2010 年第 3 期。

③ 张素伦：《退休返聘人员工伤问题的反思》，载《理论月刊》2010 年第 3 期；张小霞：《浅析退休返聘人员的工伤问题》，载《法制与社会》2009 年第 1 期。

④ 最高人民法院行政庭法官在相关研讨会上表达之意见。

请示〉的复函》都否定了退休劳动者与单位之间存在劳动关系。①

显然，关于这几个文件解读，该观点与前述持肯定理由的观点正截然相反。

2. 认为劳动者存在主体资格即劳动年龄——退休年龄之限制，达到退休年龄后劳动者不具备建立劳动关系之主体资格。劳动立法中所称劳动者具有年龄限制，即退休年龄，劳动者达到法定退休年龄，缺失劳动关系中劳动者主体资格之主体要件。②

否定理由 2 直接与肯定理由 2 对立，并间接否定肯定理由 3、4。

3. 认为根据《劳动合同法》、《劳动合同法实施条例》之规定，达到退休年龄者即不能与单位建立劳动关系。《劳动合同法》第 44 条规定，"劳动者开始依法享受基本养老保险待遇的"，劳动合同终止。《劳动合同法实施条例》第 21 条规定："劳动者达到法定退休年龄的，劳动合同终止。"根据《劳动合同法》及其《实施条例》，只要劳动者满足依法享受基本养老保险待遇，或达到法定退休年龄中的任何一种情形，都属于法定终止劳动合同的情形。③

4. 认为根据劳动争议司法解释，退休人员与用人单位之间不能建立劳动关系。即最高人民法院《关于审理劳动争议案件适用法律若干问题的解释（三）》（法释〔2010〕12 号）第 7 条规定："用人单位与其招用的已经依法享受养老保险待遇或领取退休金的人员发生用工争议，向人民法院提起诉讼的，人民法院应当按劳务关系处理。"

5. 认为劳动法之所以将退休退职人员在法律上看作是丧失劳动者资格的人群，在于保持劳动法与社会保障法的相互衔接。一个既享有社会保障法给予的退休退职待遇和社会保障，又仍然享有劳动者的相关保护与保障，就等于享有了不同法律体系的双重保障。这对于那些未退休退职的劳动者，是不公平的。从立法角度说，劳动法律关系与社会保障法律关系是完全不同的两个法律关系体系，如果允许同一个劳动者同时适用这种双重法律关系的话，不仅在立

① 于欣华：《退休劳动者工伤保险法律问题研究》，载《甘肃政法学院学报》2013 年第 5 期。

② 林岩峰、商榷：《也谈超过法定退休年龄能否认定工伤》，载《中国劳动》2012 年第 1 期；李元龙：《再谈超过法定退休年龄能否认定工伤》，载《中国劳动》2011 年第 10 期；源海律师事务所：《返聘退休船员的工伤保险赔付问题》，载《天津航海》2009 年第 3 期。

③ 陈新：《农民工超过法定退休年龄受到事故伤害是否应当认定工伤》，载《中国劳动》2013 年第 7 期；李元龙：《再谈超过法定退休年龄能否认定工伤》，载《中国劳动》2011 年第 10 期。

法上是不严肃的，在司法实践中也会产生难以解决的矛盾。[①]

6. 其他理由还包括：（1）达到法定退休年龄后，用人单位无法定义务为劳动者办理工伤保险，客观上也无法办理，由用人单位承担工伤风险不公平、不合理。（2）根据《社会保险法》与《工伤保险条例》规定，达到退休年龄后不再享受工伤保险待遇，因此达到退休年龄符合领取基本养老金的人员就不再享受工伤待遇。（3）达到退休年龄后受职业伤害被认定为工伤将引发大面积社会矛盾，即认定存在劳动关系而导致劳动法普遍适用存在极其矛盾的后果。[②]

对比分析，对于肯定理由的5、6、7，否定理由未予反驳；对于肯定理由4、5，否定理由未予反驳。

关于否定理由6，（1）关于无法参加工伤保险问题。即便无法参保是现实，那么基于用人单位的自由选择权，即其可以自由选择退休人员还是一般劳动者，如果其明知选择退休人员存在用工风险——无法通过参加工伤保险而分散风险，而选择之，即应为选择之后果承担法律责任，这是公平的。而对于未到退休年龄之劳动者整体概括而言，用人单位无选择权，只要雇人，基本上就必须雇佣这些人员，如果不允许其参保，对用人单位才是不公平的。而且，这个问题可以通过制度完善如工伤保险制度的改进或者采用意外伤害保险模式，来分散用人单位之风险。（2）无论是达到退休年龄还是已经退休，依据《社会保险法》及《工伤保险条例》，均可以享受一定的工伤保险待遇。此否定理由对法律规则认识不足。（3）这样的直接规定是成立的，劳动争议主流司法实践均否认此类劳动关系，由此导致最高人民法院层面的不谐调，自然会产生严重社会后果。

（三）认为不存在劳动关系但发生职业伤害应当认定为工伤

该观点认为，退休返聘人员与用人单位之间的关系虽然不是劳动关系，但在用人单位因工负伤应该认定为工伤。其理由为：（1）返聘人员的弱势地位不因其取得社会养老救济而消除，保护弱势群体的利益，恰恰是劳动法的价值所在，返聘人员不因其退休而丧失劳动的权利，丧失成为一名劳动者而对国家和人民做贡献的资格，退休之后休息与否是他们自由选择的权利，而不应将此作为降减其权益的借口。（2）将返聘人员纳入工伤保险，符合工伤保险制度全覆盖的发展趋势。（3）返聘人员权益得不到救济，将影响用人单位对高技

---

① 秦国荣：《劳动权保障与〈劳动法〉的修改》，人民出版社2012年版，第32页。

② 林岩峰、商榷：《也谈超过法定退休年龄能否认定工伤》，载《中国劳动》2012年第1期。

术返聘人员的需求。①

不管其理由是否成立，在目前法律框架体系下，在承认劳动关系为工伤保险之基础要件的前提下，以所谓弱势群体保护等理由抛弃法律之适用条件，是完全与法治要求背离的。其观点之意义实际在于立法之改进问题，而非法律适用问题。

（四）认为达到退休年龄但未享受基本养老保险待遇者可以建立劳动关系并构成工伤；否则没有劳动关系亦不构成工伤

未领取养老金的劳动者与未达到退休年龄的劳动者并无本质差别，其至由于年老力衰，这些人在体力和劳动技能上弱于年轻劳动者，竞争力更弱，更需要保障。②《劳动法》立法本意更倾向于维护弱势群体的权益，农民工及老龄劳动者，超出退休年龄，但只要没有享受到退休待遇，就应认定其为劳动者，其与单位之间就能形成劳动合同关系，发生工伤就应依法获得确认并享受到相关待遇。③

在退休人员这个主体范围下，不存在本问题；在达到退休年龄这个主体范围下，笔者支持这一观点，并在下文详述。

在论争最为激烈的肯定理由与否定理由中，实际存在一些更为基础的理论与观念问题，双方对此未能达成共识。如果对这些理论前提不能取得较为一致的意见，那么争论或将永无止境。基础问题之辨明，有助于论争之化解。

五、基础问题之辨明

（一）职工是否包括离退休人员

由于《社会保险法》就工伤保险问题及《工伤保险条例》均采用了"职工"一词，因此，如果退休人员属于职工范畴，将间接确定退休人员可与用人单位建立劳动关系，属于工伤保险保障对象。

一些人认为职工包括退休人员，即分为在职职工与退休职工。论者认为，日常用语中有在职职工和退休职工之称谓，广义上的职工显然既包括退休职工，又包括在职职工，《工伤保险条例》的职工应作广义理解，并以退休职工

---

① 覃琪瑶：《浅析退休返聘人员的工伤救济》，载《法制博览》2013 年第 4 期。
② 向春华：《工伤理论与案例研究》，中国劳动社会保障出版社 2008 年版，第 62 页。
③ 刘丽：《超过法定退休年龄劳动者工伤待遇之立法分析》，载《今日中国论坛》2012 年第 12 期。

可以申请工伤认定作为例证。[①]　我国法律、法规并不排斥离退休或超过法定退休年龄继续工作的劳动者享受工伤保险待遇，离退休人员或超过法定退休年龄继续工作的劳动者属于《工伤保险条例》所称职工的范畴。[②]

这一认识是错误的。

第一，在人力资源和社会保障系统，对于享受基本养老保险待遇的人员，通识认为应采用"退休人员"一词，严格来说，"退休职工"一词是错误的。

第二，从概念上分析，职工指的是在职的、尚未退休的人员，是与退休人员相对应的一个概念。职工，在国家或地区劳动计划控制的指标范围内，由全民所有制和城镇集体企业、事业单位、国家机关、人民团体及附属机构招收的从事生产的各类人员，职工不包括：离退休人员、退职人员。[③]　退休指"职工因年老或因公致残等而离开工作岗位，按期领取生活费用"。[④]　退休是指职工因年老或因工致残，因病致残完全丧失劳动能力退出原工作岗位，做退休安置，给予一定物质保障的制度。[⑤]　职工可以定义为，由用人单位所录用（雇佣）并在用人单位管理下从事劳动以获取工资收入的法定范围内的劳动者，退休人员属于我国的广义劳动者而不属于劳动法意义上的职工。[⑥]

第三，国家统计局关于职工的指标解释：职工，指在国有经济、城镇集体经济、联营经济、股份制经济、外商和港、澳、台投资经济、其他经济单位及其附属机构工作，并由其支付工资的各类人员，不包括返聘的离退休人员、民办教师、在国有经济单位工作的外方人员和港、澳、台人员。[⑦]

第四，从《社会保险法》的整体规定看，职工显然不包括退休人员。《社会保险法》第 10 条规定："职工应当参加基本养老保险，由用人单位和职工

---

① 孙国庭、杨明辉：《退休职工应有权享有工伤待遇》，载《人民司法·应用》2008年第 5 期。

② 王涛、李培志：《超过法定退休年龄的工伤认定》，载《中国劳动》2007 年第 3期。

③ 屈祖荫、陈平：《中国职工社会保险实用手册》，辽宁人民出版社 1992 年版，第536 页。

④ 中国社会科学院语言研究所词典编辑室：《现代汉语词典》，商务印书馆 2005 年版，第 1387 页。

⑤ 屈祖荫、陈平：《中国职工社会保险实用手册》，辽宁人民出版社 1992 年版，第446 页。

⑥ 王全兴：《劳动法》，法律出版社 2008 年版，第 78 页。

⑦ http：//www.stats.gov.cn/tjzd/tjzbjs/t20020327_ 14287.htm，2013 年 9 月 18 日访问。

共同缴纳基本养老保险费。"第 23 条规定："职工应当参加职工基本医疗保险，由用人单位和职工按照国家规定共同缴纳基本医疗保险费。"第 44 条规定："职工应当参加失业保险，由用人单位和职工按照国家规定共同缴纳失业保险费。"第 53 条规定："职工应当参加生育保险，由用人单位按照国家规定缴纳生育保险费，职工不缴纳生育保险费。"而用人单位无法给退休人员缴纳各项社会保险费，是常识问题。因此，《社会保险法》所采用的"职工"一词显然不包括离退休人员。

（二）退休人员是否享有劳动权（就业权）

劳动权（就业权）是肯定理由之重要内容，而否定理由仅个别涉及，但未展开。如认为，劳动者达到法定退休年龄，并不丧失劳动权，但其与用人单位之间的劳动不属于劳动法上之劳动。①

劳动权应该存在两个法律层面的内涵，一是宪法层面的，二是劳动法层面的。不同法律的适用自有其不同的条件，人身权利是宪法保护的更为基本的权利，但这并不意味着所有的人身权利都必须受《保险法》保护。宪法层面的劳动权属于人的基本权利，只要是公民皆可享有，在一定意义上，即便不是公民，也仍然可能享有劳动权，但不意味着一定受《劳动法》《社会保险法》保护。例如，外国公民乃至无国籍人，没有我国的就业证，在我国"工作"不受我国劳动法保护，但不能否认其劳动之自然属性，亦不意味着其此项劳动不享有任何权利。② 劳动法层面的劳动权是指受劳动法保护的劳动权，虽然其属于宪法规定的劳动基本权的一部分，但并非劳动基本权的全部内容。受宪法保护不一定受劳动法保护，不受劳动法保护并不意味着不受宪法和其他法律的保护，两者有着非常不同的法律适用条件。例如，以前农村学校会组织孩子"帮助"农户摘一天棉花（绝大部分未满 16 周岁，满 16 周岁者通常上高中，没有如此闲暇时间），既培养了孩子的劳动精神，体验了劳动的艰苦，又会获得一定的报酬，当然对孩子们的健康也没有任何损害而与"童工"没有关联。这样的劳动虽然不受劳动法保护，但却受到宪法和其他法律的保护。同样的道理，退休人员的劳动权利不受劳动法保护，但仍然受到宪法及其他法律（主要是民事法律）的保护，以宪法上的劳动权利来论证退休人员的劳动属于劳

---

① 林岩峰、商榷：《也谈超过法定退休年龄能否认定工伤》，载《中国劳动》2012 年第 1 期。

② 《宪法》第 42 条规定，劳动既是权利也是义务。这是有商榷余地的。按照这一规定，如果公民不履行法定义务，可以强制其实施。那么，一个公民如果不愿劳动，而愿意隐居深山老林，法律如何强制其劳动？法律不应该也不能强制其劳动。

动法保护范畴，缺乏法律基础。

事实上，退休人员的劳动权不受劳动法保护，是各国的一致做法。各国均未将退休人员之"就业"纳入政府主要工作任务，无须立法对其予以特别保护。其最基本的表现即为，即便没有任何正当理由，退休人员求职时，用人单位也可以不予录用；政府不会将退休人员的就业保障纳入法律政策范畴，退休人员不属于失业人口统计范畴。在我国，同样如此。劳动保障部办公厅《关于落实再就业政策考核指标几个具体问题的函》（劳社厅函〔2003〕227号）规定，就业人员指在法定劳动年龄内（男16—60周岁，女16—55周岁）从事一定的社会经济活动，并取得合法劳动报酬或经济收入的人员。

就劳动法上的劳动权或就业权来说，理论界基本持一致意见，即认为退休人员不具有享有该权利的主体资格，即就业资格。就业资格即国家所确认的公民有权实现就业的资格，必备条件包括：在法定劳动年龄范围（始于最低就业年龄，止于退休年龄）内，并且具有劳动能力，不具备此条件，当然无就业资格。[①] 我国劳动法上规定的就业资格包括：在法定劳动年龄范围以内，我国最低就业年龄为16周岁，最高就业年龄为法定退休年龄；劳动法上的失业，是指具有就业资格的公民未能实现就业的状态，其法律特征包括：失业者具有就业资格即在法定就业年龄内，有劳动能力且有就业愿望。[②] 劳动就业的主体是指具有劳动权利能力和劳动行为能力的公民，或是在法定劳动年龄内，并且具有劳动能力的公民。[③] 就业是指，公民在法定劳动年龄内（男16—60周岁，女16—55周岁），从事一定的社会经济活动，并取得合法劳动报酬或经济收入的活动；失业人员是指在法定劳动年龄内，有工作能力无业且要求就业而未能就业的人员。[④] 就业是指具有劳动能力的公民在法定劳动年龄内自愿从事有一定劳动报酬或经营收入的社会劳动。[⑤] 各国劳动法律都对劳动者就业最低年龄和就业最高年龄作了严格规定，只有在法律规定的年龄段内，劳动者才具备就业的条件，否则便不能就业。[⑥]

关于劳动法上的劳动权与就业权之关系，虽然其内涵不尽相同，但具有共

---

① 王全兴：《劳动法》，法律出版社2008年版，第338页。

② 常凯：《劳动法》，高等教育出版社2011年版，第196～197页。

③ 林嘉：《劳动法与社会保障法》，法律出版社2011年版，第64页。

④ 王天玉：《工作权研究》，中国政法大学出版社2011年版，第24页。

⑤ 关怀：《劳动法》，中国人民大学出版社2001年版，第102页。

⑥ 关怀、林嘉：《劳动法》，中国人民大学出版社2012年版，第45页；贾俊玲：《劳动法学》，北京大学出版社2013年版，第26页；郭捷：《劳动法与社会保障法》，法律出版社2011年版，第104页。

同的本质基础，比较而言，就业权是更为基础性的一般权利，而劳动权更为具体：劳动权更多涉及特定主体之间的权利，而就业权则更涉及国家、社会与公民之关系。可以确定，没有就业权，便不应享受具体之劳动权。因此根据上述研究，退休人员不享有劳动法上之就业权，也不享有劳动法上之劳动权，自无悬念。

（三）劳动年龄是否等同于退休年龄

肯定理由认为我国劳动法未规定劳动年龄，退休年龄不同于劳动年龄，因而无论是达到退休年龄还是享受基本养老保险待遇，均不能因此否定劳动者建立劳动关系的主体资格。而否定理由则相反。

论者一般认为退休年龄即劳动年龄的上限。根据相关国际公约和各国劳动法的相关规定，法律上的劳动者有着严格的年龄条件限制，一般是指 16 周岁以上，未达到依法退休退职年龄的有完全民事行为能力或限制行为能力的自然人。① 劳动年龄的上限即为退休年龄，我国规定，男性为 60 周岁，女性为 55 周岁。② 劳动年龄是法律确认每一个人享有劳动权利能力的基本标志，关于劳动年龄的界限，我国规定，男性为 16—60 周岁，女性为 16—55 周岁。劳动年龄的上限即为退休年龄，退休年龄并不是标志着劳动行为能力的实际丧失，只是意味着在法律上该公民丧失去了劳动能力，从此应退出劳动领域。③

无可置疑的是，我国劳动法并未明确规定劳动年龄，也未规定退休年龄即为劳动年龄，因此肯定理由并非没有道理。那么，在理论上能否将退休年龄确定为劳动年龄呢？或者说，在理论上，达到退休年龄，劳动者是否就不具有建立劳动关系的主体资格。④ 对于这个问题，学者意见比较含混。

例如，林嘉教授主编论著指出，从劳动者的法定就业起始，至其退休或者因其他原因丧失劳动能力为止，劳动法称为劳动者的"法定劳动年龄"（或称"劳动年龄"）。⑤ 其与关怀教授联合主编论著更明确指出，只有达到一定年龄的公民才能被赋予劳动的资格，而具备了劳动资格的劳动者本身也就具备了实

① 秦国荣：《劳动权保障与〈劳动法〉的修改》，人民出版社 2012 年版，第 28 页。
② 郭捷：《劳动法与社会保障法》，法律出版社 2011 年版，第 104 页。
③ 徐智华：《劳动法与社会保障法》，北京大学出版社 2012 年版，第 282 页。
④ 我国几乎所有的学者都采用劳动法律关系概念，并在劳动法律关系的主体中阐述劳动权利能力与劳动行为能力问题。笔者认为，这是学者完全与实践背离的理论抽象，在我国所有的司法判例中，均不存在劳动法律关系之说，学者所论之劳动法律关系，即为劳动关系。生搬硬套地借用法理学及民法学理论，对真正有价值的劳动法理论构建无任何益处。
⑤ 林嘉：《劳动法与社会保障法》，法律出版社 2011 年版，第 64 页。

际的劳动能力，这种资格和能力一直延续到劳动者退出劳动开始领取养老金，劳动者开始享受养老保险待遇后就不再具有劳动权利能力和劳动行为能力，即退休人员就不再是劳动法上的主体之一。[①] 而包括这两位学者主编之多数论著在讨论劳动法上劳动者之主体资格时，并未涉及劳动年龄，对于公民的劳动权利能力和劳动行为能力，一般认为是从年满 16 周岁开始，但在论述劳动权利能力和劳动行为能力时，多未涉及终止时间，亦未提劳动年龄的上限问题。[②]

王全兴教授在前引论著中指出超过法定劳动年龄范围（始于最低就业年龄，止于退休年龄）者无就业资格，并认为退休人员不是劳动法意义上的职工即劳动主体，却又认为退休年龄不能认为是推定劳动行为能力完全丧失的年龄，按我国现行劳动法规的规定，达到退休年龄的公民，只应推定为限制劳动行为能力人，仍允许其从事不妨碍老年人身体健康的劳动。[③]

对于将退休年龄作为劳动年龄上限的理由，黎建飞教授指出，劳动年龄的法定化表明一国公民劳动年龄的存续是由法律规定的，法定期限来临，就意味着劳动年龄的终了。一个超过法定劳动年龄的人如同一个未到法定劳动年龄的人，不应当再从事劳动法意义上的劳动，更不能如同一个正常的劳动者那样享受全部的劳动权利。[④]

笔者认为，在我国劳动法中不存在劳动年龄规定，不适宜也没有必要设置固定的劳动年龄。即便是学者一致认同的下限，其实际也是可变的，如体操运动员。而对于退休年龄，一方面，我国实际存在多种退休年龄，以女性而言，存在 45 周岁（特殊工种等）、50 周岁（工人）、55 周岁（干部或职员）等；另一方面，弹性退休制将是历史趋势，退休年龄的意义将逐步退缩乃至消失，取而代之则为享受养老保险待遇之年龄。无论就劳动者法律意义上的劳动能力、行为能力，还是自然意义上的劳动能力、行为能力，年龄本身并非关键，关键者为法律保护之目的。即不合劳动法保护之特定目的者，皆不应纳入劳动法保护之特定范围。即应从劳动法之目的剖析达到退休年龄未退休人员与退休人员是否适用劳动法。

---

① 关怀、林嘉：《劳动与社会保障法学》，法律出版社 2011 年版，第 42 页。

② 关怀、林嘉：《劳动法》，中国人民大学出版社 2012 年版，第 56 页；关怀、林嘉：《劳动法与社会保障法》，法律出版社 2011 年版，第 63～64 页；贾俊玲：《劳动法学》，北京大学出版社 2013 年版，第 26 页；黎建飞：《劳动与社会保障法教程》，中国人民大学出版社 2013 年版，第 48 页；郭捷：《劳动法与社会保障法》，法律出版社 2011 年版，第 85 页；郭捷：《劳动法学》，中国政法大学出版社 2011 年版，第 63 页。

③ 王全兴：《劳动法》，法律出版社 2008 年版，第 82 页。

④ 黎建飞：《劳动与社会保障法教程》，中国人民大学出版社 2013 年版，第 48 页。

（四）《劳动合同法》与《劳动合同法实施条例》之理解及其效力、地位

毫无疑问，《劳动合同法》第44条"劳动者开始依法享受基本养老保险待遇劳动合同终止"之规定与《劳动合同法实施条例》第21条"劳动者达到法定退休年龄的，劳动合同终止"之规定是存在冲突的。但同样没有疑问的是，至少对于退休人员，两者是一致的。《劳动合同法》是我国处理劳动关系争议的基本法，确定劳动关系之有无不能违背《劳动合同法》，否则皆为违法，即便是以规范性法律文件或司法解释的名义作出。

（五）劳动争议司法解释之效力及其地位

最高人民法院《关于审理劳动争议案件适用法律若干问题的解释（三）》已经确定退休人员不能与用人单位建立劳动关系，这一规定符合《劳动合同法》，且具有合理性，应当成为我国司法机关审理此类争议的准绳。在《劳动合同法》及该司法解释实施以后，与此相反的做法是违背法治原则的，应当予以纠正。

我国对此问题的司法实践状况是，各地法院对退休人员与用人单位发生的用人纠纷的处理方式，绝大多数相关部门按劳务关系处理，少数部门按劳动关系处理。对此问题最高法院认为，如果将退休人员再纳入"职业劳动者"的范围，并与其他劳动者一样予以保护，必然产生逻辑悖论。如果劳动者与用人单位之间的劳动关系终止后，再次与另一单位建立劳动关系，就会造成一个劳动关系终止的同时，成为另一个劳动关系建立的开始。这在法律上是有障碍的。劳动者享受基本养老保险待遇离休或退休，虽然法律上不禁止其再就业，但其已不是劳动法意义上的劳动者，从主体身份而言也不是劳动法意义上所说的劳动者，其不可能也不应该享受《劳动法》中所规定的全部权利。这一意见主要是由最高人民法院民一庭提出的。

对于劳动关系的判断，按照我国目前司法机关职权的划分，主要是民事审判庭的职能。而在最高人民法院已经通过司法解释明确了退休人员不能与用人单位建立劳动关系，且这一规定具有合理性的前提下，最高人民法院行政庭试图推翻这一解释，不仅有"外行"之嫌，还有"越权"之嫌。

（六）劳动法与工伤保险法之立法目的

劳动法的保护目的具有多样性，而最为重要者应是对工资报酬的保护，这是由生存权之基本权利决定的。劳动合同不是传统意义上的关于给付和对等给付的债权合同，相反它是一种带有很强人身色彩的，关系到雇员生存基础的法律关系，因此无论如何应该被寄予希望给予生存和社会保护。[①] 劳动报酬是劳

---

① ［德］W. 杜茨：《劳动法》，张国文译，法律出版2005年版，第4期。

动者生存与发展的物质基础，获得公平合理的劳动报酬，是劳动者与雇主缔结劳动关系的首要目的和动机。① 作为劳动法的基本概念之一，工资是全部劳动关系核心之核心。② 就业为民生之本，在任何一个现代国家，促进就业都应当是政府在社会保障领域的首要任务。而之所以将就业放在首位，即是要保障劳动者获得工资报酬，以保证本人及其家庭的基本生活。劳动法的首要目的在于实现劳动者的就业权以获得稳定的收入来源，从而保障其本人与家庭的生存与发展。享受基本养老保险待遇的人员，其已经获得较为充足的收入来源，因而无须对劳动报酬予以特别保护；也正由于退休人员已经有比较充足的生活保障，其对于工作岗位的获取远没有未退休人员那么急迫，大部分退休人员并未"再就业"就足以证明此点；同样由于退休人员的生活已经获得保障，其对"再就业"具有比较充足的自主性与选择权，与用人单位的谈判处于比较优势的地位，通常能够达成实质平等的协议，因而也无须劳动法对其缔约与解约保护等施以特别保护。

对于工伤保险来说，其目的亦在于使劳动者获得基本生活保障与积极的医疗救治。职灾补偿是对受到"与工作有关伤害"之受雇人，提供及时有效之薪资利益、医疗照顾及劳动力重建措施的制度。使受雇人及受其扶养之家属不致陷入贫困之境，造成社会问题，其宗旨在维护劳动者及其家属的生存权，并保存或重建个人及社会的劳动力。③ 《工伤保险条例》第 1 条规定工伤保险的立法目的为"保障因工作遭受事故伤害或者患职业病的职工获得医疗救治和经济补偿，促进工伤预防和职业康复，分散用人单位的工伤风险"，亦在于此。

六、退休人员劳动关系与工伤构成之否认④

对于退休人员能否建立劳动关系问题，劳动争议仲裁与司法审判实践均给出了截然否定的意见，此问题几无争议。这里进一步对前述肯定意见中的几个错误认识予以分析。

（一）规范性文件：离退休人员与用人单位不存在劳动关系

原劳动部《关于实行劳动合同制度若干问题的通知》（劳部发〔1996〕

---

① 常凯：《劳动法》，高等教育出版社 2011 年版，第 132 页。

② 黄越钦：《劳动法新论》，中国政法大学出版 2003 年版，第 209 页。

③ 黄越钦、王惠玲、张其恒：《职灾补偿论——中美英德日五国比较》，五南图书出版公司 1995 年版，第 178 页。

④ 此处退休人员不包括已经参加了工伤保险的退休人员。

354 号）第 13 条规定："已享受养老保险待遇的离退休人员被再次聘用时，用人单位应与其签订书面协议，明确聘用期内的工作内容、报酬、医疗、劳保待遇等权利和义务。"原劳动部办公厅《对〈关于实行劳动合同制度若干问题的请示〉的复函》（劳办发〔1997〕88 号）也规定：离退休人员聘用协议的解除不能依据《劳动法》第 28 条执行。这些规定是很明确而不应当存在争议的，正因为离退休人员与用人单位之间不存在劳动关系，不能适用劳动法予以规范，双方之间的权利义务没有强制法直接确定，因此需要由双方约定。

国务院法制办《对〈关于重新进入劳动生产领域的离退休人员能否享受工伤保险待遇的请示〉的复函》（国法秘函〔2005〕310 号）规定："关于离退休人员重新就业后发生工伤如何处理的问题，现行法律、行政法规没有明确规定。"我们认为，应当参照中共中央办公厅国务院办公厅《转发〈中央组织部、中央宣传部、中央统战部、人事部、科技部、劳动保障部、解放军总政治部、中国科协关于进一步发挥离退休专业技术人员作用的意见〉的通知》（中办发〔2005〕9 号）的规定办理。该通知规定："离退休专业技术人员受聘工作期间，因工作发生职业伤害的，应由聘用单位参照工伤保险的相关待遇标准妥善处理；因工作发生职业伤害与聘用单位发生争议的，可通过民事诉讼处理；与聘用单位之间因履行聘用合同发生争议的，可通过人事或劳动争议仲裁渠道解决。有条件的聘用单位在符合有关规定的情况下，可为聘请的离退休专业技术人员购买聘期内的人身意外伤害保险。"该复函的规定是前后矛盾的，一方面，其规定离退休人员的职业伤害"参照工伤保险的相关待遇标准妥善处理"而不是直接按照工伤保险规定处理，即意味着不能直接认定工伤并享受工伤保险待遇，又规定职业伤害争议可通过民事诉讼处理，而不是要求通过人事或劳动争议程序处理，其基础只能是离退休人员与用人单位之间不存在劳动关系。另一方面，该复函又规定聘用合同争议可通过人事或劳动争议仲裁渠道解决，而这通常又是以劳动（人事）关系的存在为基础的。可合理的解释为，虽然其基础关系并非劳动关系，但该复函试图强制规定适用劳动人事争议处理程序。更为重要的，该复函建议购买意外伤害保险对职业伤害予以保障，显然认识到工伤保险对离退休人员不是强制适用的。该复函与工伤保险、劳动关系的基本要求和理论不相符合。

（二）劳动法理论：离退休人员与用人单位不存在劳动关系

笔者认为，前述论述已足以支持这一论点。这里再进一步对肯定论者的几个观点予以反驳。

1. 前述关于劳动关系与劳务关系的区分是不准确的，甚至完全不能成立。（1）劳动关系的主体一方是用人单位，另一方必然是劳动者。劳务关系同样如此。(2)用人单位与劳动者之间是管理与被管理的关系。这在劳务关系中也一定程度上存在。(3)用人单位给劳动者提供基本的劳动条件；这在劳务关系中多不存在，但也不完全如此。(4)用人单位向劳动者支付工资性劳动报酬。这不是区分的原因，而是区分的结果。实质上，劳务关系与劳动关系中，管理与被管理的深度是不太相同的，更为关键者乃是人身依附属性的不同，即劳动关系中，劳动者对用人单位具有较强的依附性（又称指令权），例如确为工作所需要，劳动关系之劳动者应符合用人单位之加班安排，否则用人单位可按违纪处理；而劳务关系中，除非有约定，否则劳动者可以不接受用人单位加班之要求，用人单位无权利追究劳动者不接受加班安排之责任。如前所述，从劳动法的立法目的和退休人员的经济基础来看，退休人员对用人单位的依赖是非常弱的，用人单位无法像对职工那样指令退休人员，退休人员与用人单位之间的关系符合劳务关系的本质特征。

2. "法律没有禁止的行为，行政相对人实施了此类行为都不属于违法行为，这是行政法中的一项基本原则。"这个说法是成立的。但是这和达到法定退休年龄在用人单位工作应受劳动法调整并可以认定工伤没有因果关系，甚至可以说风马牛不相及。这一原则仅仅是说，既然不属于违法行为，那么行政主体就不应追究该行为的法律责任。但这绝不意味着该行为应当受到特定行政法律的保护和干预。请注意这里的"特定"两字，这很重要。这强调行政法律规范仅仅是某一方面的，而不可能是规范全社会所有行为的。例如，法律并不禁止夫妻、恋人之间接吻，那么夫妻、恋人之间接吻当然都不属于违法行为，那么夫妻、恋人一方因为另一方不同意接吻，能要求警察介入吗？显然是不能的。这一基本原则仅仅表明，在夫妻、恋人之间不管是接吻还是不接吻，只要没有使用违法行为，警察等公权力就不能介入，更不能追究行为人的责任，但并不意味着该行为本身就应当受到特定公权力的保护。如果要接受特定公权力的保护，或者说特定公权力要介入，仅仅行为不违法乃至行为合法是不够的，必须符合法定的公权力介入的条件。基于完全相同的逻辑推理，仅仅因为达到法定退休年龄在用人单位工作没有为法律所禁止，就推定该劳动应当受到劳动法的调整即介入保护，而完全不顾该劳动是否符合劳动法介入保护的条件，是非常不恰当的。例如，法律也没有禁止外国人、完全丧失行为能力的人在用人单位劳动，那就能推论出该外国人、完全丧失行为能力的人的劳动都应当受到我国劳动法的调整即保护？这样推导出来的结论是难以成立的。劳动法没有禁止的行为，不一定就受到劳动法的保护；用人单位聘用已到退休年龄的劳动者的行为不属于违法行为，不代表用人单位与超过法定退休年龄的劳动者所签订的劳动合同就属于有效合同，只有符合劳动合同的有效条件，才是有效的，而是否领取基本养老金就是法定的主体资格条件。

3.《工伤保险条例》第 2 条虽未明确将超过法定退休年龄的劳动者排除在工伤保险条例的范围之外，但不能因此得出"超过退休年龄的劳动者与用人单位所签订的劳动合同不属于无效合同的范围，在此期间发生的工伤事故，仍应属于工伤保险条例调整的范围"之结论。如前所述，根据劳动法理论与主要实践，领取养老金者不属于用人单位之职工，与用人单位之间不存在劳动关系，不具有签订合法劳动合同的适格主体条件，自然无法适用该条例。

4. 认为"劳动者开始依法享受基本养老保险待遇的"不具有阻止之后用人单位与个人建立劳动关系的作用，这一观点是匪夷所思的。（1）"劳动者开始依法享受基本养老保险待遇"劳动合同即终止，而在劳动者持续享受基本养老保险待遇时，劳动合同却不终止，不符合一般人常识理解。一方面两种情形基本是一致的，基于同样情形为同样处置的法治原则，前一种情形劳动合同终止，那么后一种情形劳动合同也应当终止；另一方面，随着养老金的持续上调，退休时间越长的人员其获得的养老保障越高，基于"举轻以明重"的原则，持续"退休"期间更应该终止劳动合同。（2）从词义分析，"劳动者开始依法享受基本养老保险待遇"并不仅仅指开始享受待遇的那一瞬间，而是一个持续的过程，包括从应该依法享受基本养老保险待遇到实际享受基本养老保险待遇。进一步说，"依法享受基本养老保险待遇"应包括在"开始依法享受基本养老保险待遇"中，或者说，"依法享受基本养老保险待遇"不能说不是"开始依法享受基本养老保险待遇"。由此，"依法享受基本养老保险待遇"也就是持续享受基本养老保险待遇期间，劳动合同均应终止。（3）劳动合同是劳动关系的载体，劳动合同的终止仅仅是表面形式，其实质是劳动关系的终止。"劳动者开始依法享受基本养老保险待遇"实质上终止的是劳动关系，即用人单位和个人之见的一种特殊的法律状态。这一特殊的法律状态因为特殊的法律事实而终止以后，在这一法律事实依然存在的前提下，不可能予以恢复，不管当事人之间是否存在所谓的"劳动合同"。（4）从法律目的解释看，持续享受基本养老保险待遇时劳动合同同样应予终止。从立法目的看，为什么"劳动者开始依法享受基本养老保险待遇"劳动合同应终止？因为这时劳动者已经获得很好的保障，无须再受到劳动法的特别保护。毫无疑问，持续享受基本养老保险待遇的事实状态与开始依法享受基本养老保险待遇相比均有过之而无不及，这一立法终止的理由，同样存在于持续享受基本养老保险待遇期间。（5）从劳动法的宗旨看，已经享受基本养老保险待遇者，不应当获得劳动法的保护，不在劳动法的适用范围内。退休后被返聘的劳动者自然不存在与用人单位订立劳动合同的情形，法律更不从劳动法视角保障他们的权益，如解雇保护制度，各国皆不可能对这类人员予以保护。[①] 我国台湾地区"劳动法"规定得更为明确："劳动契约依社会法之原因终了——退休"。[②] 虽然我国劳动法并未限制劳动者就业年限的上限，无论是达到法定退休年龄还是领取基本养老保险待遇，也不意味着其实际上没有劳动能力，现实中参与劳动者仍众。但作为劳动关系之当事人，个人一方必须具有适格主体，其资格条件之一便是没有享受基本养老保险待遇。《劳动合同法》第44条规定的劳动合同终止情形包括劳动者开始依法享受基本养老保险待遇，由此可以推定退休人员不属于劳动法上之劳动者。[③] 劳动者退休而致劳动契约终止被认定为法定事由之一，目前并无争论。[④] （6）在劳动关系的确定上，应当适用最高人民法院《关于审理劳动争议案件适用法律若干问题的解释（三）》（法释〔2010〕12号）。其解释理由已经明确，如果将退休人员再纳入"职业劳动者"的范围，并与其他劳动者一样予以保护，必然产生逻辑悖论。

无论从实践还是理论来看，退休人员与用人单位之间均不具有劳动关系，在通常情形下其因工作所遭受之伤害不属于工伤。

享受基本养老保险待遇者应包括机关事业单位之退休者——领取退休金（退休工资）。

退休人员之职业伤害不应认定工伤，应排除两种情形：因退休前之职业病接触史而在退休后被诊断鉴定为职业病者；因退休前之伤害而在退休后始被发现者。此两者之职业伤害实际均形成于领取养老金前，仅因客观特性而显现于退休之后，与退休之后新发生之职业伤害性质不同。

享受新型农村社会养老保险待遇，是否能终止劳动合同？其关键在于，享受新农保待遇，是否属于享受基本养老保险待遇？从两个社会保险项目的性质看，新农保尚不属于基本养老保险，一般而言，其待遇亦明显低于基本养老保险待遇，尚不足以保障基本生活，因而不宜终止劳动合同，其工伤问题可依照达到退休年龄未退休者处理。

七、达到退休年龄未退休者之劳动关系与工伤之肯定

超过退休年龄未退休者（以下简称超龄者）因职业活动遭受伤害能否认

---

① 郑尚元：《劳动合同法的制度与理念》，中国政法大学出版2008年版，第332～333页。

② 黄越钦：《劳动法新论》，中国政法大学出版2003年版，第147页。

③ 郑尚元：《劳动合同法的制度与理念》，中国政法大学出版2008年版，第68页。

④ 郑尚元：《劳动合同法的制度与理念》，中国政法大学出版2008年版，第317页。

定工伤，关键在于其能否与用人单位建立劳动关系。这个问题在《劳动合同法》颁行以后，应该是比较明确的。《劳动合同法》第 44 条采用"依法享受基本养老保险待遇"终止劳动合同的表述，明显未包括超龄者，亦即超龄并非劳动合同终止的事由。而《劳动合同法实施条例》规定则不同。其第 21 条规定："劳动者达到法定退休年龄的，劳动合同终止。"司法实践对此处理不一。如上海市高级人民法院《关于适用〈劳动合同法〉若干问题的意见》（沪高法〔2009〕73 号）对于如何看待"退休年龄"和"依法享受基本养老保险待遇"作为终止劳动合同的依据的关系的问题，其规定："《劳动合同法》第44 条规定，劳动者开始依法享受基本养老保险待遇的劳动合同终止，而《劳动合同法实施条例》第 21 条规定，劳动者达到退休年龄的劳动合同终止。用人单位依据前述规定，均可以终止劳动合同。"但这一看法并未得到主流法律意见的认可。如立法者即认为，如果劳动者达到了退休年龄，但并没有依法享受基本养老保险待遇的，除国家另有规定的外，其劳动合同并不终止。①

应当说，《劳动合同法》的规定更具有合理性。为什么劳动者达到退休年龄但未退休（领取基本养老金）劳动合同不能终止，亦即其仍要受到劳动法的保护？这是由劳动法的目的所决定的。劳动者虽然达到退休年龄，但因为客观原因不能退休并领取基本养老金，仍然依赖劳动报酬保障其本人与家庭的基本生活，劳动法保护的目的依然存在，依然有适用劳动法对其保障的必要，或者说劳动法对其保障的基础并未消失。以男性满 60 周岁而论，如果他没有养老金收入，而且必须依靠自己的劳动来保障生存，与未满 60 周岁相比，反而更应该得到保护。因此仅仅达到退休年龄这一因素不能终止劳动合同，从而使其丧失劳动法的保护。

依据主观因素的不同，劳动者已经达到了退休年龄，但未领取基本养老保险待遇可区分为两种情形：一种是因为不符合领取基本养老金的条件等客观原因导致不能领取基本养老金，个人主观上想领取而未能领取；另一种是行为人符合领取基本养老保险金条件，但其不愿办理退休手续而未领取基本养老金的，个人主观上能领取而不领取。这两种情形下，劳动者与用人单位的用人关系均不能认定为劳务关系，而应认定为劳动关系，属于《劳动法》调整范围。笔者认为，这一看法并不完全正确，对于能够退休并享受基本养老保险金而不予办理退休并申领基本养老金的，应当与"已经依法享受养老保险待遇或领取退休金的人员"同等对待，其与用人单位之间应成立劳务关系。劳动者可以享受基本养老保险待遇并由此应当免除用人单位继续承担劳动法的义务，而

---

① 信春鹰：《中华人民共和国劳动合同法释义》，法律出版社 2007 年版，第 168 页。

劳动者拒绝行使此项权利的，不能要求用人单位继续承担劳动法义务。《劳动合同法》规定的"开始依法享受基本养老保险待遇"应当理解为"应当依法享受基本养老保险待遇"。单纯从法定退休年龄来判断劳动者是否可以继续工作或再被聘用而限制已达法定退休年龄人的劳动权利，不仅是不科学的，也是不合理的。①

在劳动关系成立的基础上，超龄者的职业伤害符合《工伤保险条例》其他构成条件的，工伤成立。

八、参加工伤保险之退休人员工伤构成及其理论基础

最高人民法院行政审判庭《关于离退休人员与现工作单位之间是否构成劳动关系以及工作时间内受伤是否适用〈工伤保险条例〉问题的答复》规定："离退休人员受聘于现工作单位，现工作单位已经为其缴纳了工伤保险费，其在受聘期间因工作受到事故伤害的，应当适用《工伤保险条例》的有关规定处理。"其解释意见认为："受聘单位为离退休人员缴纳了工伤保险费，社保机构没有拒绝而予以接受，当离退休人员与现工作单位形成劳动关系表象并在工作期间发生工伤，理当享受工伤保险待遇。"② 然而究竟依据何理当享受工伤保险待遇，最高人民法院行政庭受制于劳动关系之桎梏，仍因循守旧地通过论述劳动关系之成立为其提供理论基础，自然难以成立。参加工伤保险之退休人员与未参保退休人员同样不能再建立劳动关系，其工伤构成与劳动无关，而另有其理论基础。

参加工伤保险之退休人员遭遇职业伤害构成工伤，其理论基础为信赖保护原则。如果以现代社会中私人对行政的依存性为前提的话，则必须承认存在着应该保护相对人及有关私人的信赖的情况。③ 依法治国原则重视人民权利之维护、法秩序之安定及诚实信用原则之遵守，而人民对公权力行使结果所生之合理信赖，法律自应予以适当保障，此系信赖保护之法理基础。所谓信赖保护原则，系当人民因为信赖行政机关之处分、决定或解释函令之有效存在，并根据该等处分、决定或解释函令而就具体生活关系或经济活动为安排时，此一人民因信赖所形成之利益，即应受到法律保护；换言之，人民因相信既存之法秩

---

① 腾威：《论超过法定退休年龄继续工作之法律关系性质》，载杨立新、刘德权、黄常青：《劳动争议与社会保险纠纷司法对策》，人民法院出版社2011年版，第37页。

② 杨临萍：《工伤保险行政案件若干问题（上）》，载《法制日报》2008年3月23日。

③ ［日］盐野宏：《行政法总论》，杨建顺译，北京大学出版社2008年版，第114页。

序，而安排其生活或处置其财产，则不能因嗣后法规之制定或修正，而使其遭受不能预见之损害，以保护人民之既得权益①，并维护法之安定性与因此人民对其职确信②。所谓信赖保护原则，系从传统法理中之诚实信用原则、法律安定性原则以及基本权利保障（人格权、财产权等）原则等，综合演化而成。③

信赖保护原则之观念，最早可见于德国 20 世纪 50 年代之法院判决，在该国行政法上之适用，于 1976 年联邦行政程序法第 48 条及第 49 条有关行政处分之撤销及废止之规定后，已被普遍接受。④ 我国台湾地区"行政程序法"第 8 条作了明文规定。

信赖保护原则对于参加工伤保险之退休人员工伤构成的作用，具体分析为：第一，社保机构同意并接受退休人员参保缴费，在发生工伤事实后，即应当支付工伤保险待遇，这是诚信原则的基本要求。第二，社保机构对参保缴费具有行政决定权，其接受退休人员参保缴费后，对相应用人单位及退休人员均发生法律约束力，这是行政权力公信力的重要体现。嗣后如自行推翻此约束力，将损害行政权的公信力，也不利于维护由行政权力的公信力所维持的法秩序。第三，基于对社保机构对参保缴费具有行政决定权的信任，相对人从事进一步的法律行为，例如继续在用人单位工作，嗣后如推翻参保的法律效力，将导致相对人受损害。而此种损害系因社保机构行为及过错所致，非因相对人过错所致，由相对人承担损害赔偿责任，既无法律基础，亦不公平。故此，只要参加了工伤保险，即应予认定工伤。

对信赖保护原则适用之构成要件，一般认为有三：

1. 信赖基础——产生信赖之行政行为。如无可资产生信赖之行政行为，自无适用信赖保护原则之可能。信赖基础可分为两种：（1）抽象信赖基础，如法律、法规命令、行政规则等；（2）具体信赖基础，如行政处分等。⑤ 纵非授益处分，救济期间告知，亦产生信赖保护。⑥ 在本文主题下，社保机构接收退休人员参保缴费的行为属于具体信赖基础。

2. 信赖表现。信赖表现，系指基于对公权力的信任而积极为财产上的支

---

① 黄俊杰：《行政法》，台北：三民书局股份有限公司 2010 年版，第 53 页。

② 陈慈阳：《行政法总论：基本原理、行政程序及行政行为》，台北：台湾神州图书出版社 2005 年版，第 154 页。

③ 李震山：《行政法导论》，台北：三民书局股份有限公司 2011 年版，第 298 页。

④ 台湾行政法学会：《行政法争议问题研究（上）》，台北：五南图书出版公司 2000 年版，第 120 页。

⑤ 黄俊杰：《行政法》，台北：三民书局股份有限公司 2010 年版，第 54 页。

⑥ 李震山：《行政法导论》，台北：三民书局股份有限公司 2011 年版，第 298 页。

出或针对该公权力行为采取其他相对应的行为，使其在法律上的地位产生重大转变，其间有客观上之因果关系者。① 主张信赖保护原则者，原则上，须该人客观上具体表现其因信赖而生之实体法上利益受损害。信赖保护之标的，必以受处分人实体法上之"利益"为限。② 就退休人员获取工伤保险待遇而言，一方面其应存在参保及履行劳动义务之供给行为，另一方面，其应因劳动义务之供给行为而遭受工作伤害。前一事实系因对公权力信任而为相应行为，后一事实表明其实体利益受到损害。

3. 信赖值得保护：人民之信赖系基于善意。我国台湾地区"行政程序法"规定，不值得保护之信赖或值得保护信赖之排除包括：（1）以欺诈、胁迫或贿赂方法，使行政机关作成行政处分者。（2）对重要事项提供不正确资料或为不完全陈述，致使行政机关依该资料或陈述而作成行政处分者。（3）明知行政处分违法或因重大过失而不知者。在一般情形下，退休人员参加工伤保险是由于社保机构工作人员过失所致，且目前尚无明确法律规定其不能参保，因此退休人员不可能"明知行政处分违法或因重大过失而不知"，不具有值得保护信赖之排除情形，应适用信赖保护原则。

退休人员因参保而应享受工伤保险待遇，仍需明确两个问题：（1）其因信赖保护而认定工伤并享受工伤保险待遇，仅适用于社保机构。信赖保护原则是针对行政主体而适用的，对用人单位并不适用。用人单位是否应当承担相应责任，应基于退休人员与用人单位之间的约定或用人单位的单方承诺。如用人单位无明确支付相关工伤保险待遇的意思表示，退休人员无法律依据提出此类主张。（2）参保退休人员虽能认定为工伤，但能否享受全部工伤保险待遇，值得商榷。由于信赖保护的标的是相对人所遭受的利益损失，如果相对人并未遭受利益损失，自然不能要求行政主体承担支付责任。例如，退休人员有养老金收入，工伤事实的发生不会导致其收入全部或部分损失，因此对于伤残津贴，应当采用"补差"而"双重"支付方式，即伤残津贴高于养老金的，由工伤保险基金补足差额；伤残津贴等于或低于养老金的，不再支付伤残津贴。其具体项目及处置原则需要进一步分析。

---

① 李惠宗：《行政法要义》，台北：五南图书出版公司2002年版，第130页。
② 黄俊杰：《行政法》，台北：三民书局股份有限公司2010年版，第55页。

第三节 退休人员职业伤害保障路径——立法视角

在立法视角下分析退休人员职业伤害保障主要解决三个问题：退休人员是否需要职业伤害保障；采取何种立法路径解决退休人员的职业伤害保障需求；退休人员职业伤害保障项目如何设置。

一、退休人员职业伤害保障需求及其实现意义

从客观现实看，退休人员在面临职业风险时，仍然存在保障需求。具体包括四个方面：（1）医疗保障需求。退休人员可以或应当获得基本医疗保险（包括城镇居民医疗保险、新农合）的保障，其所遭受的职业伤害，多数属于该医疗保障范畴，个别属于第三人负担的或由第三人负担或可先行支付纳入基本医疗保险保障范畴，即其医疗保障需求中的主体部分可以通过基本医疗保险予以保障。但按照基本医疗保险制度要求，需要个人承担部分费用。个人对自付部分医疗费用仍然存在保障需求。（2）护理保障需求。退休人员在遭受职业伤害需要住院治疗，或者需要长期护理的，存在护理保障需求。（3）收入保障需求。退休人员虽然有养老金收入，但伤害的发生仍然会增加其支出，同时基于理性人的本性，其也希望获得更多的收入来源。（4）康复服务。退休人员在职业伤害中造成残疾、有康复价值的，存在康复需求。

但退休人员这四方面的保障需求，与一般职工的工伤需求是完全不同的。根据《社会保险法》规定，应当由工伤保险基金支付的医疗费用，基本医疗保险基金不予支付。亦即，除了工伤保险，职工所遭受的职业伤害无法获得有效的医疗保障，退休人员职业伤害的医疗保障需求比职工也低很多。在收入方面，如果没有工伤保险，一些职工几乎很难获得收入保障，如单位倒闭破产、老板"跑路"，退休人员的收入保障需求更多是"锦上添花"，而对职工则是"雪中送炭"。护理保障不仅仅是退休人员遭受职业伤害时需要的，所有的非工伤人员均有此需求。由于笔者主张，应当建立护理保障项目，适用于所有公民，在该制度体系下，退休人员的护理需求无须通过工伤保险实现。在康复保障方面，退休人员不存在职业康复的价值选择，而这恰恰是职工的主要康复目标。由此分析可以得出，退休人员虽然存在职业伤害保障需求，但与职工相比，存在重大差别。退休人员职业伤害保障需求，与其说是对职业伤害的保障需求，毋宁说是对意外风险的保障需求，而且是对意外风险的更高层次的保障需求。

满足退休人员职业伤害保障需求，可以使退休人员获得更好的医疗保障服务，维持更高的生活水平和生活质量，有利于促进个人的身心健康、家庭的和谐稳定、社会的安定。

二、退休人员职业伤害保障内容

通过分析退休人员职业伤害的保障需求以及能够为其提供的保障内容，可以进一步明确应对其适用何种保障路径。

毫无疑问，即使假定采用工伤保险保障模式时，某些工伤保险待遇也是退休人员所不应当享受的。退休人员发生工伤事故后，应领受除伤残津贴、一次性伤残就业补助金和工伤医疗补助金之外的待遇。[1] 这是很有道理的。

退休人员遭受职业伤害时应当获得的保障内容包括：

1. 补充医疗保障。即在基本医疗保险保障范围外，对个人自付部分进行进一步的保障。

2. 现金补偿。包括一次性的现金补偿，如伤残补助金、死亡补助金；定期的现金补偿，如伤残津贴与养老金的差额。

3. 护理保障。包括住院期间的护理保障与日常生活中的护理保障。

4. 遗属保障。类似项目为工伤保险中的供养亲属抚恤金、养老保险中的遗属津贴。

5. 康复治疗与训练。包括治疗期的康复与日常康复，非职业康复。

从社会保险与商业保险的界分来看，第一项无法纳入社会保险，可以纳入商业保险。第二项，就一次性的现金补偿来说，工伤保险与商业保险均可实现；就定期现金补偿来说，商业保险更为合适。在工伤保险模式下，退休人员的伤残津贴的计算，以及与养老金差额的调整，都较为烦琐，且存在公平性难题。商业保险采用定额结算，通常一次性支付，简便易行。而在本质上，退休人员日常生活有养老金收入，其伤害补偿无须一定采用定期补偿模式，这和职工工伤存在本质差别。第三项，应当纳入社会保险而不宜纳入商业保险保障。但不仅遭受职业伤害的退休人员，而是所有的退休人员，以及其他没有工伤保险保障的所有病残人员，都需要护理保障。长期护理保险在我国将会是一个非常具有发展潜力的保险产品，我国的护理保险市场会逐步发展并完善，应把医疗保险和护理保险法制化。[2] 建立并不断完善老年护理保险制度，进一步缓解

---

① 于欣华：《退休劳动者工伤保险法律问题研究》，载《甘肃政法学院学报》2013 年第 5 期。

② 刘源、赵晶晶：《德国的医疗保险和护理保险》，载《保险研究》2008 年第 3 期。

由于经济和社会的发展以及老龄化社会带来的新的社会压力显得越发迫切和重要。① 国家应当通过建立护理保险制度彻底解决这一问题。第四项，既可以通过工伤保险实现，也可以通过养老保险实现（目前已经属于养老保险的保障范围，只是其标准低于工伤保险标准）。商业保险也能促成该目标。第五项，所有的病患，只要有康复价值者，都应当进行康复治疗，此项费用除工伤保险支付外，均应纳入基本医疗保险支付范围；对于残疾人员，包括退休人员因职业伤害产生残疾的，均应当纳入残疾人康复保障体系。即从整个社会的康复事业的发展来看，没有必要单独保障退休人员因职业伤害产生的康复需求。

就此五项保障内容来说，没有一项必须通过工伤保险制度才能实现，相反，多数无法或不应当通过工伤保险制度实现。

三、退休人员职业伤害保障制度路径

按照前述最高人民法院的意见，其潜在逻辑认为退休人员的职业伤害应当通过工伤保险制度予以保障，且享受全部工伤保险待遇。

另一种意见认为，退休人员应当参加工伤保险，但应领受除伤残津贴、一次性伤残就业补助金和工伤医疗补助金之外的待遇。②

笔者主张，应当在健全我国社会保障制度的同时，通过建立强制性雇佣保险制度解决退休人员的职业伤害保障问题，不宜通过工伤保险制度解决。

第一，退休人员的职业伤害风险虽然属于职业风险，但这并不意味着一定要适用工伤保险制度。国际劳工组织1964年工伤事故公约允许将特定职业人员排除在工伤保险制度之外。

我国《军人保险法》建立了军人伤亡保险，适用于军人因战、因公死亡、致残以及因病致残。我国对服刑犯人实行劳动改造，其在劳动过程中也面临职业风险，对其也不宜适用工伤保险制度。笔者认为，仅仅从职业伤害风险角度考虑应当适用工伤保险并非足够，而应当进一步考量工伤保险制度的目的和宗旨以及特定人群的职业风险保障特点。

第二，从工伤保险制度的目的与宗旨来看，该制度不适合退休人员。《工伤保险条例》第1条规定工伤保险的立法目的为"保障因工作遭受事故伤害或者患职业病的职工获得医疗救治和经济补偿，促进工伤预防和职业康复，分

---

① 黎建飞、侯海军：《构建我国老年护理保险制度研究》，载《保险研究》2009年第3期。

② 于欣华：《退休劳动者工伤保险法律问题研究》，载《甘肃政法学院学报》2013年第5期。

散用人单位的工伤风险"。这里的经济补偿主要是指基本生活的经济保障。由于退休人员的基本生活有养老保险保障，基本医疗需求有基本医疗保险保障，因此从工伤保险设立目的来看，退休人员并不在其保障范围，其待遇体系无法满足退休人员的保障需求。

第三，从退休人员的职业伤害保障范围来看，工伤保险制度基本上无法胜任。对于应属于其他社会保障项目的，不能因为其他社会保障项目尚未建立，就"一股脑"硬塞入工伤保险，这会导致工伤保险制度的错位，损害工伤保险制度的良性发展，阻碍我国社会保障体系的完善。

第四，应当进一步完善我国社会保障制度体系，科学界定工伤保险与其他社会保险、其他社会保障制度各自的保障范围。不能"头痛医头、脚痛医脚"，应当将退休人员的职业伤害保障需求与退休人员非职业的伤害等保障需求、全体人民的相应保障需求统筹考量，通过科学化的保障制度体系予以平衡保障。

第五，在无须社会保险保障，商业保险更能发挥效用的地方，应当充分发挥商业保险的保障功能。保险是一种经济补偿制度。[1] 退休人员职业伤害产生的经济方面的直接需求，包括一定的经济补偿、补充医疗，正是商业保险所擅长而不一定需要社会保险的项目，更适合采用商业保险模式。

采用商业保险而非工伤保险模式的另一大优势是，商业保险是契约性的，其保障项目比较单一，且能够协商约定；而工伤保险的保障项目则是由多种项目组成的一体性保障制度，项目的多寡无法协商。从前述退休人员职业伤害保障范围的内容来看，商业保险模式更为适合。

第六，采用强制雇佣保险模式，只要用人单位雇佣退休人员，即强制用人单位缴纳一定的保险费，退休人员在雇佣期间因保险事故（可包含保险期间职业伤害以外的其他意外伤害和疾病）的发生而导致的人身伤害即可获得一定的经济补偿、补充医疗，退休人员的利益没有损失，事实上将发挥比工伤保险更强的保障功能。

---

[1] 中国大百科全书编辑部：《中国大百科全书·法学》，中国大百科全书出版社 2006 年版，第 10 页。

第四节　退休后认定职业病工伤
相关待遇之确定规则

退休后认定工伤，主要是职业病。在理论上也涉及事故伤害，如在职时遭受事故伤害，当时未发现伤害后果，退休后才确诊伤害后果，此亦可能成立工伤，其工伤成立后所涉及的工伤待遇问题与职业病基本相同。本节仅针对退休后因职业病所致工伤而发生的工伤保险待遇标准问题进行分析。

人社部《关于执行〈工伤保险条例〉若干问题的意见》（人社部发〔2013〕34 号）对退休人员被认定为职业病工伤后的待遇作了一定规定：符合领取一次性伤残补助金条件的，按就高原则以本人退休前 12 个月平均月缴费工资或者确诊职业病前 12 个月的月平均养老金为基数计发；职业病诊断证明书（或职业病诊断鉴定书）中明确的用人单位，在该职工从业期间依法为其缴纳工伤保险费的，按《工伤保险条例》的规定，分别由工伤保险基金和用人单位支付工伤保险待遇；未依法为该职工缴纳工伤保险费的，由用人单位按照《工伤保险条例》规定的相关项目和标准支付待遇。该文件对一次性伤残补助金的计发基数作了规定，而其他待遇仍缺乏明确规定。

一、退休后职业病认定工伤的必然性

由于职业病致害因素的潜伏性，很多有职业危害接触史的人员是在达到退休年龄以后才显露职业伤害的，因而只有这个时候才能够诊断或鉴定为职业病，并进一步认定为工伤。

虽然就个体来说，职业病（职业危害的显现）并非都是在达到退休年龄后才诊断鉴定出的，但就整个职业病群体来说，自接触职业危害因素后至生命的终结，职业危害的显现可能发生在其中的任何一个时间点上，其中必然会有相当多的人显现在达到退休年龄之后。这是常识性认识。亦即在退休前有职业危害接触史，而在退休之后才被诊断为职业病并被认定为工伤是具有必然性的。

需注意的是，退休后认定工伤时，工伤人员与用人单位之间已经没有劳动关系或人事关系，但此时拟确认的工伤并不是退休以后发生的，而是在退休之前劳动关系存续期间造成的，只不过结果发生在退休之后，可以也应当进行工伤确认。

二、职业病工伤之工伤发生时间为职业病诊断鉴定之日

工伤的发生时间决定着准据法的适用（如适用新条例还是旧条例）、待遇标准的选择（如 2011 年 1 月 1 日 0 点 1 分发生的工伤，适用的是 2010 年的工资标准；如果是 2010 年 12 月 31 日 23 点 59 分发生的工伤，就应当适用 2009 年的工资标准），可以说在时间上失之毫厘，待遇上就差之千里。

职业病之职业危害的发生，并非在职业病诊断鉴定出的这一天形成的，而是在过去相当长的时间里形成和发展的。而且，有的职业危害因素已经显现出来，如果早些做职业病诊断就能早些确诊，但由于忽略等种种原因，事实上更晚些才诊断为职业病。对于前者，在诊断之前，科学尚无法确定其究竟哪一天可以算职业病；对于后者，虽然科学可以早一点诊断其为职业病，但是历史无法倒流，在没有选择科学这样做时，法律上无法确定在职业病诊断前的哪一天可以算作职业病已经发生。唯一的选择只能是职业病诊断或鉴定之日，只能以该日作为职业病工伤之准确发生时间，并选择相应的法律法规和政策依据，确定具体的工伤待遇。

三、退休人员诊断为工伤后应当享受相应待遇

劳动者退休后被认定为工伤，其待遇享受是否与退休前认定的工伤一致？

根据《工伤保险条例》，只要被认定为工伤，除了具备第 42 条规定的"丧失享受待遇条件的"、"拒不接受劳动能力鉴定的"、"拒绝治疗的"情形外，就应当享受相应的工伤保险待遇。但此类情形的一个重大特征是，工伤人员已经退休并享受养老金。养老金作为工资的替代性收入，与伤残津贴作为工资的替代性收入，两者的本质是相同的，都是对基本生活的保障。因此退休人员是否享受伤残津贴，应当如何享受伤残津贴是需要研究的。

1. 伤残津贴。虽然伤残津贴和养老金都是对工资的替代，但两者的标准是不同的。伤残津贴的替代率可达 90%，而养老金的理论替代率一般只有60%，因此通常来说，伤残津贴应当高于养老金。在一般情形下，已经享受养老金的人员仍然可以享受一定的伤残津贴。但由于养老金是与缴费年限关联的，如果缴费年限长，养老金也可能高于伤残津贴。因此享受养老金人员并不必然享受一定的伤残津贴。对退休人员的伤残津贴应当进行合理的设置，高于养老金的，由工伤保险基金"补差"。

2. 伤残补助金。这是对残疾的补偿，包括对残疾导致损失的补偿，对因残疾增加的开支的补偿，也包含一定的对精神损害的填补，和工资收入没有必然的内在联系，因而与养老金也没有直接关系。退休人员可以享受该项待遇。

人社部发〔2013〕34 号对此作了明确规定。

3. 工亡补助金。《社会保险法》第 17 条规定："参加基本养老保险的个人，因病或者非因工死亡的，其遗属可以领取丧葬补助金和抚恤金。"由于因工死亡与非因工死亡是完全不同的性质，一旦定性为因工死亡就不可能再定性为非因工死亡，因此工亡待遇和非工亡待遇不应同时享受。符合工亡条件时，退休人员的亲属可以享受一次性工亡补助金。

4. 供养亲属抚恤金。退休人员符合工亡的情况下，其供养亲属符合享受条件的可以享受供养亲属抚恤金。享受条件主要与其本人情况有关，与工亡人员是否退休是否享受养老金没有直接关系。

四、"本人工资"之计发模式不适用于退休人员

《工伤保险条例》对于一次性伤残补助金、伤残津贴、供养亲属抚恤金均采以本人工资作为计发基数。关于一次性伤残补助金，规定为：一级伤残为 27 个月的本人工资，二级伤残为 25 个月的本人工资，三级伤残为 23 个月的本人工资，四级伤残为 21 个月的本人工资，五级伤残为 18 个月的本人工资，六级伤残为 16 个月的本人工资，七级伤残为 13 个月的本人工资，八级伤残为 11 个月的本人工资，九级伤残为 9 个月的本人工资，十级伤残为 7 个月的本人工资。关于伤残津贴，规定为：一级伤残为本人工资的 90%，二级伤残为本人工资的 85%，三级伤残为本人工资的 80%，四级伤残为本人工资的 75%。供养亲属抚恤金按照职工本人工资的一定比例发给由因工死亡职工生前提供主要生活来源、无劳动能力的亲属。标准为：配偶每月 40%，其他亲属每人每月 30%，孤寡老人或者孤儿每人每月在上述标准的基础上增加 10%。核定的各供养亲属的抚恤金之和不应高于因工死亡职工生前的工资。

《工伤保险条例》第 64 条规定："本条例所称本人工资，是指工伤职工因工作遭受事故伤害或者患职业病前 12 个月平均月缴费工资。本人工资高于统筹地区职工平均工资 300% 的，按照统筹地区职工平均工资的 300% 计算；本人工资低于统筹地区职工平均工资 60% 的，按照统筹地区职工平均工资的 60% 计算。"

很明显，对于已经退休的人员来说，他们享受的是养老金而非工资，更不存在缴费工资，以缴费工资作为待遇计发基数的模式对退休人员无法适用，由此导致法律"空白"。人社部发〔2013〕34 号文件解决一次性伤残补助金的计发基数，但未解决其他待遇基数。且其规定的一次性伤残补助金计发基数仍值得探讨。

五、以"统筹地区职工前 12 个月平均缴费工资"作为计发基数的可行性

对于退休人员认定为工伤后相关待遇的计发基数，存在不同认识。

1. 以退休前 12 个月平均工资标准作为计发基数明显不当，既不合法也不合理。（1）《工伤保险条例》明确规定本人工资是指工伤职工因工作遭受事故伤害或者患职业病前 12 个月平均月缴费工资。这里的"前"是与事故伤害或职业病相连的，而非指以前的任何 12 个月。（2）退休前的工资因退休时间而不具有现实意义，尤其是退休时间已经很长的如 10 年甚至 20 年，已经不能作为收入（待遇基数）的评判标准。

2. 以养老金作为计发基数。养老金是退休人员的基本生活保障，是工资收入的有效替代，能够替代退休人员当前的收入水平，且国家经常进行调整，与经济社会的发展保持相应的发展态势，在一定意义上，确实可以作为相关工伤待遇的计发基数。

但以养老金作为计发基数，存在两个缺陷：（1）在理论上，养老金本身只占工资收入的一定比例，以养老金作为工伤待遇如伤残津贴的计发基数，计算后的工伤待遇只占养老金的一定比例，而通常情况下伤残津贴应当高于养老金；相应的工伤待遇占工资收入的比例更低。（2）很多人没有养老金收入，以养老金作为计发基数仍然无法确定这部分人在达到退休年龄后相应的工伤待遇。如果对领取养老金人员设置一个标准，对没有领取养老金的人员再新设一个标准，不利于制度的统一性。

由此，34 号文规定的上述两个计发基数都不是恰当的选择。

3. 职业病诊断鉴定前 12 个月社会平均工资（统筹地区上年度职工月平均工资）。这个基数具有确定性，可适用于有养老金收入的人员，也可适用于没有养老金收入的人员，并且标准相对较高，有利于保护此类人员的利益。此外，在工伤保险待遇体系中，已有护理费和丧葬补助金采用这一标准。具有一定的合理性。但笔者认为，这个标准与工伤待遇的关联性较远，与一般情形下同类待遇的确定模式也不相同，并不是最恰当的标准。而且，简单地以"上年度职工月平均工资"作为标准，在公平性上也存在一定的问题。例如，一个是 2011 年 1 月 1 日诊断的职业病，另一个是 2011 年 12 月 31 日诊断的职业病，诊断时间相差 1 年，而待遇标准完全一致，并不恰当。

4. 职业病诊断鉴定前统筹地区职工前 12 个月平均缴费工资。笔者认为，确定此类人员工伤待遇计发基数，需要考虑两个因素：（1）标准是确定存在的，不因个人的特殊情况而无法适用。这可以保证标准的客观性、统一性和可

适用性。（2）与工伤保险基金的征缴和支出具有一定的关联性，尤其是与正常情况下工伤保险待遇的支出标准具有一定的对应性。此类人员作为享受工伤保险待遇的主体具有一定的特殊性，但是其待遇种类并无特殊性，应当服从于工伤保险待遇的一般规律性。基于此，笔者认为，宜以职业病诊断鉴定前12个月统筹地区职工平均缴费工资作为基数。这个数字根据计算机系统统计缴费工资状况确定，即以实际缴费工资为基础，可直接采用该数字，也可以参考其他因素做一定进位或缩减。这样做主要是考虑未来可能存在的缴费基数的更改问题，这样即便将来某些企业因少缴未缴工伤保险费并责令改正而导致平均缴费工资变化，也不致受到影响。该基数是以缴费工资即通常的相同支出状况而确定的，更具有可比性和公平性；与缴费即基金收入存在密切关联，平均缴费工资越高，基金收得越多，相应待遇就高，反之则低，与基金平衡相适应，更具有合理性。

第五节　一次性工伤医疗补助金的标准与存废

一次性工伤医疗补助金是解除或终止劳动关系时的一项重要的工伤保险待遇。《社会保险法》和新的《工伤保险条例》均将此项待遇纳入工伤保险基金支付，对于进一步保障工伤职工的权益，减轻用人单位的负担，发挥工伤保险的保障功能具有积极的意义。

但该项待遇，其标准和存在的必要性均值得进一步探讨。改进和完善工伤职工的后续医疗保障问题，有利于建立健全工伤保险待遇体系。

一、存在问题：地区差异过大

《工伤保险条例》第36条、第37条规定，职工因工致残被鉴定为5—10级伤残的，法定情形下解除或者终止劳动关系，由工伤保险基金支付一次性工伤医疗补助金，"具体标准由省、自治区、直辖市人民政府规定"。由省级政府制定该标准直接导致标准之间差异过大。

一是各省份之间差异过大。如对于5级伤残的职业病，江苏可高达111.7个月（18周岁受伤，预期生存寿命75周岁，$1.4 \times 57 \times 1.4$），而新疆只有11个月，差距10倍；对于10级伤残，少的只有1个月，多的达16个月，差距达16倍。二是各等级之间差异过大，如江苏，5级伤残的职业病111.7个月比10级伤残的职业病15.96个月多了95.74个月（仍以18周岁受伤，预期生存寿命75岁计算，10级伤残的职业病为$0.2 \times 57 \times 1.4 = 15.96$），前者是后者的 7 倍。河北省也达到 5.5 倍（44÷8）。而新疆仅相差 5 个月，不到 2 倍。三是等级之间的衔接也不平衡。如河北省，5、6 级之间相差 6 个月，7—10 级的级差也是 6 个月，而 6 级与 7 级之间则相差 12 个月；山西省 6 级与 7 级相差 9 个月，而其他级别的级差则为 3 个月；浙江省 6 级与 7 级相差 15 个月，而 5 级与 6 级间相差 5 个月，7—9 级的级差为 3 个月，9 级与 10 级的级差为 2 个月。

从理论上来说，一次性工伤医疗补助金标准的确定应当是经验性的，即以相应级别的工伤人员历年工伤医疗费支出数额，再考虑医疗费的增长幅度确定。由于我国工伤保险实施的时间还比较短，经验是相对缺乏的，因为没有足够长的工伤医疗费支付年份。即使有支出的十年左右时间，主管部门在确定该项待遇时，也很少是基于这十年左右时间的工伤医疗费支付数额确定的。因此总体来说，该标准的确定是不科学的，缺乏经验基础。

当一次性工伤医疗补助金由用人单位支付时，其标准设置还需要考虑用人单位的承受能力，因此不可能定得较高。从可行性角度来看，该标准只能是就低不就高，越是经济欠发达地区，越是如此。但从目前各省标准来看，却并非如此，经济发达的广东、上海、北京、天津的标准反而较低，河北、山西、黑龙江的标准反而较高。

在一次性工伤医疗补助金由用人单位支付时，各地区标准差异过大的不良后果尚不容易显现。人们即便有意见直接针对的也是用人单位，虽然该标准是政府主管部门制定的，但支付主体毕竟是用人单位。而在一次性工伤医疗补助金改由工伤保险基金支付时，地区间标准差异过大就容易引发矛盾。例如，同样是 10 级伤残，为什么其他省可以拿到 15、16 个月的补助金，而自己只能拿到 1 个月的补助金呢？由于标准合理性、科学性的不足，政府部门很难给出有说服力的答复。在改由基金支付此项待遇后，地区间差异过大会影响工伤保险的形象，影响工伤保险事业的良性发展。不应当给公众留下工伤保险待遇的确定是率性而为的印象。

地区间差异过大问题的症结主要在于国家主管部门没有进行协调和统一。国家应当至少给出一个指导意见，限制各级别的上限和下限，这样差异就不会过大。在该项待遇仍存在的前提下，全国需不需要统一该项待遇标准，是值得探讨的。

一次性工伤医疗补助金标准表　单位：统筹地区上年度职工月平均工资的月数

	五级	六级	七级	八级	九级	十级	备注
京	15	12.5	10	7.5	5	2.5	距法定退休年龄不足五年，每少一年递减20%，最高扣除额不超过90%。达到退休年龄或办理退休手续的，不享受。
津	15	12.5	10	7.5	5	2.5	领取一次性工伤医疗补助金后旧伤复发，工伤治疗费用超过工伤医疗补助金和伤残就业补助金50%以上的部分，从工伤保险基金中支付。
冀	44	38	26	20	14	8	距法定退休年龄不足五年，每少一年递减20%；距法定退休年龄不足一年的，按10%支付。
晋	36	33	24	21	18	15	距法定退休年龄不足五年，每少一年递减10%，达到退休年龄或办理退休手续的，不享受。
内蒙古	24	21	15	12	18	12	
辽	16	14	12	10	8	6	距法定退休年龄不足五年，每少一年减发1月。
吉	16	14	12	10	8	6	
黑	30	25	20	15	10	5	距法定退休年龄不足五年，每少一年递减20%；距法定退休年龄不足一年的，按10%支付。达到退休年龄或办理退休手续的，不享受。
沪	15	12.5	10	7.5	5	2.5	因工伤人员退休或者死亡使劳动关系终止的，不享受。不再享受医疗、住院伙食费交通费、辅助器具配置、护理待遇。
苏	1.4×预期生存年数	1.2×预期生存年数	1×预期生存年数	0.8×预期生存年数	0.4×预期生存年数	0.2×预期生存年数	患职业病的工伤职工，一次性工伤医疗补助金在上述标准的基础上增发40%。

续表

	五级	六级	七级	八级	九级	十级	备注
浙	30	25	10	7	4	2	距法定退休年龄不足五年，每少一年递减20%；到达退休年龄办理退休手续的，不享受。
皖	20	15	10	8	6	4	办理退休手续的，不享受。
闽	1.4×预期生存年数	1.2×预期生存年数	0.8×预期生存年数	0.6×预期生存年数	0.4×预期生存年数	0.3×预期生存年数	设置了下限；患职业病的，增发30%。
赣	40	34	28	22	16	10	距法定退休年龄不足10年，每少一年递减10%，不足1年按1年计算。
鲁	20	18	16	14	12	10	患职业病的，增发50%。距法定退休年龄不足五年，每少一年递减20%，不足1年支付10%；达到退休年龄的，不享受。
豫	16	14	12	10	8	6	距法定退休年龄不足五年，每少一年递减20%，不足1年支付10%；办理退休手续的，不享受。工伤医疗费仍由工伤保险基金支付。
鄂	18	16	14	12	10	8	
湘	24	18	15	10	8	6	距法定退休年龄不足五年，每少一年递减20%，不超过90%；达到退休年龄或办理退休手续的，不享受。
粤	10	8	6	4	2	1	1级15，2级14，3级13，4级12。
桂	18	16	14	12	10	8	
新疆	11	10	9	8	7	6	距法定退休年龄不足五年，每少一年递减20%；距法定退休年龄不足一年的，按10%支付。办理退休手续的，不享受。

二、欠缺公平性、保障性和协调性

除了地区差异过大以外，此项工伤保险待遇的设置还存在不少缺陷。

（一）公平性问题

公平性要求同样事实尽可能同样对待，工伤医疗补助金的支出应当与工伤医疗费的需求和支出相适应，即工伤医疗需求大、工伤医疗费支出多的工伤职工应当获得较多的医疗补助金，反之则应当获得较少甚至没有工伤医疗补助金。目前的一次性工伤医疗补助金仅仅与伤残等级挂钩，个别地方考虑了一般事故伤害和职业病的不同，与真实的医疗需求和医疗费支出几乎不具有关联性，由此导致不存在工伤旧伤复发的人员可能获得大笔工伤医疗补助金，这实际上是获利了，而因旧伤复发需要大笔工伤医疗费的工伤职工可能仅仅获得了数额很少的工伤医疗补助金。

地区之间的待遇差距过大，级别之间的待遇差距过大，尤其是个别级别之间的待遇差距过大也不符合公平性要求。

（二）保障性问题

保障性问题，即该项待遇能否真正保障工伤职工旧伤复发得到及时且充分的救治。因旧伤复发需要大笔工伤医疗费的工伤职工仅仅获得了数额很少甚至完全没有获得工伤医疗补助金的，就产生了该项待遇保障不足的问题。一次性工伤医疗补助金的设置，既存在保障不足，又存在过度保障。

一般来说，工伤职工与用人单位解除或终止劳动合同并享受了一次性工伤医疗补助金，双方劳动关系终结，工伤保险关系亦终结。即无论是用人单位还是工伤保险基金支付一次性工伤医疗补助金后，工伤职工与用人单位和工伤保险经办机构之间的工伤保险关系应该就终止了，之后相互之间不应再发生法律上的关联。工伤职工即便没有旧伤复发，用人单位或工伤保险经办机构也不能要求其退还该项待遇；反之，工伤职工旧伤复发产生的医疗费超过该项待遇，也不能要求"补充"支付。在上表中，仅天津市规定：领取一次性工伤医疗补助金后旧伤复发，工伤治疗费用超过工伤医疗补助金和伤残就业补助金50%以上的部分，从工伤保险基金中支付。在其他省份，按照一般原则不应再动用工伤保险基金支付终结了工伤保险关系的工伤人员的医疗费。

如果旧伤复发后的治疗费与一次性工伤医疗补助金基本持平或相差无几，通常不会发生争议；而一旦复发治疗费远远超过一次性工伤医疗补助金，争议自然难免。例如，某工伤职工实际获得的一次性工伤医疗补助金只有 1.5 万元，而其旧伤复发的治疗费则达 5 万余元，两者相去甚远，如果绝对不允许该职工再主张治疗费，对其并不公平，也不符合工伤保险保障工伤职工及时治疗及基本生活的宗旨。工伤职工在解除或终止劳动合同时领取的一次性工伤待遇是个"死数"，无法准确与社会的发展、各项待遇的提高、物价的上涨、不确定的旧伤复发因素相联系。

此外，一次性工伤医疗补助金通常仅仅考虑了工伤医疗费的支出，而没有考虑辅助器具配置问题。上海市明确规定享受了一次性工伤医疗补助金的人员不再享受医疗、住院伙食费交通费、辅助器具配置、护理待遇。其他省份虽然没有明确对此作出规定，但由于享受该项待遇后工伤保险关系终结，所以在理论上也不能享受辅助器具配置等待遇。一旦在未来工伤职工残情发展需要配置辅助器具，需要享受护理的，该项待遇的保障性不足问题将更为突出。这在本质上也是不公平的。

在实践中，已有类似请求得到了法院的支持。固定数额的一次性工伤医疗补助金因保障不足和公平性欠缺已经受到了司法的挑战，而且在可以预见的将来，此类挑战将会越来越多，最终将会导致一次性工伤医疗补助金只能多发（旧伤不复发或复发后医疗费少于或等于医疗补助金）而不能少发，有演变为福利而保障之虞。

（三）与其他保障项目的协调性不足

《工伤保险条例》第38条规定，工伤职工工伤复发，确认需要治疗的，享受本条例第30条、第32条和第33条规定的工伤待遇。即工伤医疗、辅助器具配置和停工留薪期待遇。该条并未指明适用于退休人员。但毫无疑问，退休人员也存在旧伤复发的可能，因此也需要享受工伤医疗待遇、辅助器具配置待遇和停工留薪期待遇（这对于退休人员具有一定的特殊性）。

首先，该项待遇没有考虑与养老和医疗保险制度的衔接和协调。从上述表格可以看出，很多省份规定，工伤职工一旦退休并享受基本养老金，即不得享受一次性工伤医疗补助金。那么退休人员旧伤复发所需治疗费如何解决？仅河南省明确规定，工伤医疗费仍由工伤保险基金支付。其他省份并未对此问题作出规定。只有两个解决方案：一是纳入基本医疗保险制度，由基本医疗保险基金支付相应待遇。但是（1）基本医疗保险只支付部分费用，还有起付线的限制，还占用了属于参保人个人财产的个人账户。而工伤旧伤复发本不应由个人承担符合工伤保险支付标准的医疗费用。（2）《社会保险法》第30条规定，"应当从工伤保险基金中支付的"医疗费用不纳入基本医疗保险基金支付范围。因此从法律上来说基本医疗保险基金也应当拒付工伤旧伤复发医疗费。二是继续由工伤保险基金支付。这是最合理的，但由于多数省份未作此规定，工伤保险经办机构很可能拒绝支付，而在事实上由医疗保险基金支付。

很多地方如北京，达到退休年龄即便没有办理退休手续或确定不能办理退休手续，也不能享受该项待遇，这些人同时既不能享受养老金，也不能享受医保待遇，更是非常不公平。

享受了一次性工伤医疗补助金的工伤人员因旧伤复发死亡，属于非因工死亡吗？其亲属能否享受丧葬补助金和抚恤金？

其次，没有考虑与工伤保险相应制度衔接和协调。（1）如果退休人员工伤旧伤复发医疗费继续纳入工伤保险基金支付，而在届临退休时解除或终止劳动关系享受一次性工伤医疗补助金而不能在退休后纳入工伤保险基金继续享受工伤医疗待遇，两者在达到退休年龄后的工伤医疗处置不一致，是不合理的。（2）一次性工伤医疗补助金的设置与辅助器具配置、护理费等缺乏衔接。（3）现在国家也作出了将"老工伤"纳入工伤统筹范围的规定，但通常并不包括领取一次性工伤待遇与用人单位解除劳动关系的工伤。"老工伤"政策一定排斥享受了一次性工伤医疗补助金的人员吗？不无疑问。

（四）催发道德风险，瓦解劳动关系的稳定性

随着社平工资的增长，该项待遇越来越高，很多工伤职工为获取该项待遇而与用人单位故意解除劳动合同。这在工伤职工临近退休时特别普遍。可以说，临近退休的工伤职工，只有傻瓜才选择不解除劳动合同，稍有一点理智的人，均会选择"解除"劳动合同，哪怕仅仅是与用人单位"合谋解除"即用人单位无须承担一次性伤残就业补助金——既可能约定用人单位无须承担，也可能仅仅是"表面解除"，工伤职工获得一次性工伤医疗补助金后再"恢复"工作。因此对于很多人来说，这成了一项固定待遇，而非应对不确定风险的不确定待遇；目的是为保障劳动关系的不稳定而产生的利益需求，结果却成了劳动关系更加不稳定的重要甚至决定性因素。

（五）基金安全问题

对工伤保险基金造成较大伤害，甚至威胁基金安全。在沿海地区，由于解除劳动合同以获取该项待遇的普遍性，以及待遇金额较大，已经成为工伤保险基金较大的支出项目，对基金安全形成不合理的威胁。

三、一次性工伤医疗补助金的立法基础已经丧失

设立一次性工伤医疗补助金的基础主要有两个。一是现实基础，即未参加工伤保险时的工伤医疗费及旧伤复发的工伤医疗费由用人单位支付，由于主观（用人单位不想支付）和客观（因经营恶化乃至破产而无法或不能支付）原因导致支付困难，有的根本无法获得保障。即便单位可以支付，有的也要工伤职工先行支付后由用人单位报销，而个人难以承担先行支付的重担。二是理论基础，即认为劳动关系和工伤保险关系是"捆绑"式的，两者不能分离。

首先，在理论上，至少在工伤保险关系成立之后，其与劳动关系并非不可分离。工伤保险关系包括工伤缴费关系和工伤保险待遇享受关系，两者并非须臾不能分离的。一方面，在建立了工伤保险基金先行支付制度以后，缴费与待遇享受是可以分离的。另一方面，根据保险理论，在劳动者参保并发生工伤之后，工伤保险基金即应当承担保险责任，而与缴费主体之后是否继续缴费并没有关联。工伤职工或其亲属在享受工伤保险待遇之后，除非具备《工伤保险条例》第 42 条规定的"丧失享受待遇条件的"、"拒不接受劳动能力鉴定的"、"拒绝治疗的"情形，待遇支付主体不能停止支付工伤保险待遇。

其次，在确立了工伤保险基金先行支付制度后，工伤医疗费及工伤旧伤复发的医疗费不能得到有效保障的问题已经不存在。从法律上来说，工伤医疗费可以获得充分保障。

四、结论：取消一次性工伤医疗补助金

笔者认为，只要一次性工伤医疗补助金是确定数额的，而非根据真正的、现实的医疗需求支付，无论待遇标准和具体数额如何调整，都无法从根本上解决其公平性和保障性不足的缺陷，也不符合工伤保险的立法目的。

工伤保险的立法目的是"为了保障因工作遭受事故伤害或者患职业病的职工获得医疗救治和经济补偿，促进工伤预防和职业康复，分散用人单位的工伤风险"。更准确地说，其目的之一是，使工伤职工终身能够获得及时、充分的医疗救治和康复。一次性工伤医疗补助金显然无法实现这一目的性要求。和其他法律制度一样，工伤保险也并非要使工伤职工获得收益，一次性工伤医疗补助金却在相当程度上违背了这一基本伦理要求。在工伤保险基金先行支付制度确立以后，只有且应当由工伤保险基金终身保障工伤职工的医疗和康复需求，才能达致前述立法目的。

与这一变革相适应，应当建立更为便捷有效的工伤医疗费直接结算制度，才能更好地达致上述立法目的。

第六节　个体工商户主之工伤保险权利

《工伤保险条例》第 2 条规定：中华人民共和国境内的企业、事业单位、社会团体、民办非企业单位、基金会、律师事务所、会计师事务所等组织和有雇工的个体工商户（以下称用人单位）应当依照本条例规定参加工伤保险，为本单位全部职工或者雇工（以下称职工）缴纳工伤保险费。中华人民共和

国境内的企业、事业单位、社会团体、民办非企业单位、基金会、律师事务所、会计师事务所等组织的职工和个体工商户的雇工，均有依照本条例的规定享受工伤保险待遇的权利。按照这一规定，个体户的雇工属于强制参保对象。与雇工有所差别的是，个体户的户主即雇主不属于条例规定的强制参保对象。那么，雇主能否参加工伤保险并享受工伤保险待遇？

条例规定雇工享受工伤保险权利，而未规定雇主可以享受工伤保险权利。因此在没有具体规定之前，雇主是不能申请工伤认定的。事实上，在没有参加工伤保险的情况下，雇主申请工伤认定是没有意义的，因为结果就是自己埋单。

条例之所以没有规定雇主必须参加工伤保险，并将个体户参加工伤保险的具体步骤和实施办法授权地方规定，实际是考虑到我国各地工伤保险管理水平、对个体户的监管力度参差不齐，个体经济的发展状况、本地工伤保险基金状况、财政实力很不平衡，由地方权衡处置比较合适。

实践中对于个体工商户主的工伤保险问题，有三种做法。

第一种，强制规定雇主应当参加工伤保险。如《威海市个体工商户工伤保险试行办法》则规定，有雇工的个体工商户应当参加工伤保险，为全部员工（含雇主）缴纳工伤保险费。另外，一些地方规定，只要参加基本养老保险和基本医疗保险，就必须参加工伤保险，这样个体户主自然也被纳入工伤保险统筹。

第二种，规定个体工商户主可自愿参加工伤保险。如新疆维吾尔自治区《实施〈工伤保险条例〉办法》规定，有雇工的个体户应当参加工伤保险，为雇工缴纳工伤保险费，雇主可以参加工伤保险，也可以不参加。

第三种，对雇主是否参加工伤保险未作规定。在实际操作中则予以否定。

针对上述立法和实践状况，本节主要分析三个问题。

一、能否强制个体工商户主参保

在《工伤保险条例》未作明确规定的情况下，能否强制雇主参加工伤保险？强制参保是以强制责任为基础的。如果强制雇主参保，则意味着，如果雇主未参保，雇主需要承担法律责任。目前，就一般缴费义务而言，如果用人单位未履行法定义务，需要承担滞纳金乃至罚款责任，这涉及《行政处罚法》的适用。由于对雇主参保及其法律责任没有法律及行政法规的支持，对雇主未参保行为实施行政处罚缺乏法律依据，因此在事实上很难强制雇主参保。从法律基础来看，强制雇主参保缺乏基础。

在《社会保险法》《工伤保险条例》等法律法规没有规定的前提下，笔者主张不宜强制雇主参加工伤保险。

但从立法角度而言，雇主同样存在职业伤害风险，同样需要予以保障。考虑到未来需要建立灵活就业人员工伤保险制度，而个体户雇主通常纳入灵活就业人员范畴，因此宜在灵活就业人员工伤保险制度的整体框架下解决个体户雇主的工伤保险保障问题。

二、个体工商户主可否自愿参保

雇主不参加工伤保险，发生工伤事故，后果自己承担，并不涉及其他人的利益，因此不强制其参加工伤保险，未尝不可。但是，雇主的工作一样有风险，有的甚至比雇工的风险还高，他们有参加工伤保险的需求，而且让他们参加工伤保险，也符合工伤保险"保障因工作遭受事故伤害或者患职业病的职工获得医疗救治和经济补偿""分散用人单位的工伤风险"的立法精神，因此在雇主愿意参保的情况下，应当允许他们参保。

一些地方担心，如果允许雇主自愿参保，由于难以确定其是不是真的发生了工伤，将导致"骗保"发生。某位雇主也许是去看亲戚途中受伤的，却"谎称"是因工外出，很难查实。这种情况确实可能发生，不仅雇主可能发生这些情况，雇工也一样可以发生。应当通过更详细的调查、程序性等制度设计工作防止骗保的发生，而不是"一刀切"，干脆禁止他们参加工伤保险。

三、个体工商户主参保的特殊性

个体工商户主参保的特殊性主要体现在费率的特殊性。个体户主特别是没有雇工的个体户主，基本上不存在每月固定发放的工资，按工资确定费率的模式不宜适用。《部分行业企业工伤保险费缴纳办法》规定，商贸、餐饮、住宿、美容美发、洗浴以及文体娱乐等小型服务企业以及有雇工的个体工商户，可以按照营业面积的大小核定应参保人数，按照所在统筹地区上一年度职工月平均工资的一定比例和相应的费率，计算缴纳工伤保险费；也可以按照营业额的一定比例计算缴纳工伤保险费。宜将这一缴费模式扩展至全部个体户。而且，按照这一模式缴费时，应当确定参保对象包括雇主在内。

第七节　超目录费用承担主体之确定

工伤保险中的医疗、康复、辅助器具配置均实行目录管理，即相应待遇支付必须符合规定的目录。

有观点认为，超过目录（即《工伤保险条例》规定的药品目录、诊疗项目目录、住院服务标准）产生的医疗费用，应由用人单位承担。其争取职工利益的出发点是好的，但对工伤保险的法律原则与制度均存在错误理解，亦缺乏法律依据。

任何权利主张，都要有明确的法律依据，无法律即无权利。在用人单位已经参加工伤保险的情况下，没有法律强制规定用人单位应支付工伤职工的医疗费用（不管是不是超目录），工伤职工无权向用人单位提出此项要求（用人单位有规章制度规定的除外）。

下面进一步从法理的角度分析这一问题，即分析上述法律现状是否合理。

举一个简单的例子即可明了。如果一个轻伤的职工在正常情况下花 1 万元即可治愈（这 1 万元全部属于工伤保险基金报销范畴），他却花了 50 万元的"天价"医疗费。这个"天价"医疗费可能是这么出来的：一般病床是 30 元/天，该职工却住 800 元/天的高级套间；一般治疗使用几十元/支药剂，他却使用进口的最昂贵的药剂；只要做一两次 CT 检查即可，他却做了几十次 PET（正电子发射断层扫描装置，不属目录范围）等昂贵的检查项目，仅检查费就达 20 多万元。这样的"天价"费用，可以要求用人单位支付吗？任何一个国家的法律都不可能、也不应当强制要求工伤保险机构、医保机构或用人单位来支付这些费用。这一点，毫无疑问，也是任何一个有理性的公民所认同的。

对于抢救期间的合理治疗费用，根据工伤保险相关规定，即使超出目录范围，也是由基金支付，也应当由基金支付。

工伤保险的精神是"保障因工作遭受事故伤害或者患职业病的职工获得医疗救治和经济补偿"，"分散用人单位的工伤风险"。具体分析这一精神内涵：一方面，"医疗救治"绝不意味着滥用医疗资源、过度医疗，工伤治疗费的控制与约束恰恰是工伤保险管理工作的重要内容，首要的控制方法就是实行目录管理。另一方面，保护职工"医疗救治和经济补偿"绝不是工伤保险的唯一目的，"分散用人单位的工伤风险"也非常重要。

工伤保险是一种替代责任，即将原由用人单位承担的风险，通过保险的方式，转由工伤保险基金承担。用人单位的责任仅仅是支付保费，而不再承担已经转移的风险，如治疗责任、养老责任。如果既要付保费，又要自己承担职工的治疗、养老责任，为什么要实行工伤保险呢？谁还愿意参加工伤保险呢？

退一步说，即使没有实行工伤保险，仍然实行的是雇主责任（工伤保险是由雇主的侵权责任发展而来的），雇主对于医疗费的承担也不是无限制的。有法定标准的，必须依据法定标准；无法定标准的，必须是合理的（一般的或通常的）治疗支出。在任何时候，除非有雇主的承诺，否则不能要求雇主承担高标准甚至是最高标准的医疗支出。作为前身的雇主责任都必然存在医疗支出限制，作为它的替代责任的工伤保险，又岂能不对医疗支出进行限制？

这种错误，本质源于对工伤"无过失责任"的错误理解。首先，将这一原则表述为"无过错责任"是错误的。"过错"包括"故意"，而"故意"导致的伤害（如自残、自杀）都不能认定为工伤。"无过错"即不考虑过错，意味着"故意"导致的伤害也应当认定为工伤。一字之差，却谬以千里。其次，根据《工伤保险条例》的规定，"无过失责任"仅适用于工伤认定。在我国，工伤补偿是由三个法律程序（也是三种法律制度）构成的：工伤认定、劳动能力鉴定、工伤补偿。"无过失责任"是指，不管劳动者对伤害的发生有没有过失，只要符合条例规定的条件，就应当认定为工伤。在后两个法律程序中不存在适用"无过失责任"问题。

从工伤保险的发展，我们或许更能理解这一点。工伤保险（有的国家叫工人赔偿，不同于一般的侵权法制度）的诞生，有两个很重要的理论：一是原因的管理理论，即认为雇主及其管理人员而不是劳动者，可以更好地控制事故的发生，因此工伤应由雇主承担；二是统计或精算理论，即统计学显示，工业活动必然会产生事故，因此应将损害从劳动者那里转由雇主承担。在雇主责任确立以后，工伤保险也就逐渐登上了历史舞台。工伤保险的这一发展历史告诉我们，从劳动者自己承担责任到雇主责任，再到工伤保险责任，最根本的，是责任主体的改变；而责任的范围，如医疗费的支出，只存在调整的问题，而不可能没有限制。

为工伤职工及其家庭提供基本生存保障，填补其因工伤事故导致的损失（医疗费支出也是一种损失），使其免于贫困和艰难，这是我国现阶段工伤保险制度的精神和宗旨。而不是要让工伤职工享受超级医疗待遇。"精神"和"宗旨"不是虚的，是有实实在在的理论、伦理观念、法律意识支撑的。如果不对理论、伦理观念、法律意识有所了解，却径直使用"精神"和"宗旨"作为评价标准，错漏自然就在所难免。

第八节　工伤保险权利保险的限制

一、工伤保护有限度

工伤是受到法律的强制性保护的。根据《劳动合同法》、《工伤保险条例》等法律规定，根据不同的伤残等级，工伤职工享有医疗救治权、停工留薪期待遇、配置辅助器具、一次性伤残补助金、护理费、用人单位不能单方解除劳动合同等权利。

一些工伤人员便错误地认为，只要是工伤，无论自己怎么样，都会受到法律的保护。这种错误看法可能会给工伤职工带来无法弥补的损失。

能劳动而拒绝劳动。除伤残等级为一至四级的工伤人员，在法律上不具有劳动能力（在事实上可能仍具有一定的劳动能力），五至十级的工伤人员仍具有部分或大部分劳动能力，仍可以从事相应的劳动。个别工伤人员自恃"工伤"，在用人单位合理调整工作岗位的情况下，以需要"继续治疗""休息"，"干不了用人单位安排的工作"为由，仍不愿提供劳动。这一现象，既与本人的思想意识有关，如想"不劳而获"，也与目前的制度设计有一定的关联。

如五、六级的工伤职工，用人单位"难以安排工作的，由用人单位按月发给伤残津贴，标准为：五级伤残为本人工资的70%，六级伤残为本人工资的60%"，在不工作的情况下有明确的预期收入。而在"由用人单位安排适当工作"时，可能导致工资降低，当"适当工作"的工资低于原工资标准的70%、60%时，相应等级的工伤职工当然会选择不工作了：因为不工作时享受的伤残津贴标准要高于工作时的工资。逆向选择是不可避免的。关于这一点，原《企业职工工伤保险试行办法》（劳部发〔1996〕266号）就相对比较合理："因伤残造成本人工资降低时，由所在单位发给在职伤残补助金，标准为工资降低部分的百分之九十，本人技能提高而晋升工资时，在职伤残补助金予以保留。"《工伤保险条例》取消这一规定，可能是考虑到原规定对用人单位的责任过大，因而需要平衡。如工伤职工原从事技术工作，月薪有6000元，后因工伤定为五级伤残，只能看看大门、收收邮件，只能拿1000元左右的月薪。如果他拒绝工作，则可以每月获得4200元的伤残津贴。而按照办法的规定，月薪则不得低于5500元。

除了要对制度本身进行完善，以增强工作对工伤职工的吸引力外，在现阶段，能劳动而拒绝劳动，可能会导致对工伤职工不利的后果。当用人单位能证明工伤职工"能工作而拒绝工作"时，可以依据合法的规章制度，单方解除与工伤职工的劳动合同，而无须承担任何法律责任。《劳动合同法》规定，劳动者"严重违反用人单位的规章制度的"，用人单位可以解除劳动合同，且劳动者不能要求用人单位给予经济补偿。同时，这种情形也不属于《工伤保险条例》第34条、第35条规定的"经工伤职工本人提出，该职工可以与用人单位解除或者终止劳动关系""劳动合同期满终止，或者职工本人提出解除劳动合同的"情形，工伤职工不能要求"由用人单位支付一次性工伤医疗补助金和伤残就业补助金"。

被依法追究刑事责任。工伤职工因犯罪被追究刑事责任，用人单位也可以依据《劳动合同法》第 39 条的规定，单方解除劳动合同。劳动者同样不能向用人单位主张解除劳动合同的经济补偿、一次性工伤医疗补助金和伤残就业补助金。

"过度医疗""过度检查"可能要自己埋单。对于事故伤害，如交通事故、烧伤等，医院通常会问，"有没有保险""是不是工伤""有没有参加工伤保险"？一旦基本确定属于工伤，又参加了工伤保险，医院就"喜出望外"了，这意味着"摇钱树"来了。为什么？这时，只要属于药品目录范围（抢救期间可以突破）、诊疗项目范围，治疗费用没有法定标准限制。一些地区的特定种类的工伤治疗费动辄几百万元。由于都是工伤保险"埋单"，工伤职工对控制这种费用没有积极性，主要由工伤保险机构通过工伤医疗协议管理进行控制。

但如果工伤职工以为只要参加了工伤保险，不管什么治疗、检查费用，都不用自己承担，那就错了。工伤职工同意超标准用药、检查等支出，在工伤保险拒付、用人单位不同意承担的情况下，只能由自己"埋单"。任何权利都是有限度的，超出了限度，就是滥用，就得自己承担法律责任。

二、权利不得滥用

在所有的权利中，最重要的莫过于生命权。可即便是生命权，也不是没有限制的。一个人不能为了保护自己的生命，而伤害他人的生命。如受歹徒威胁而杀死他人（不杀他人，自己就要被处死），依然构成胁从犯，属于犯罪并要承担刑事责任。

自由权也是非常重要的，但不能因为享有自由权，就可以随意跑到别人家里去。

绝大部分工伤并不危及生命，绝大部分工伤治疗仅仅涉及谁来付钱的问题，其重要性远不及生命权、自由权，又岂能不受限制、听凭个别工伤人员恣意妄为呢？

滥用权利"是以一种法律不许可的不正当方式行使权利的行为，尽管滥用的表现形式是多种多样的，但都是违背权利存在的目的"。

工伤保险是一种替代责任。工伤权利的行使必须是正当的，如确实旧伤复发，需要停工治疗；手指在工伤中损害了，不能再从事用手指操作的工作等。如果 1 万元可以治愈的工伤，非得花上 10 万元，另外 9 万元的支出就是不正当的。

从工伤保险的发展，我们或许更能理解这一点。工伤保险（有的国家叫工人赔偿，不同于一般的侵权法制度）是从雇主的侵权责任发展而来的，最初，必须在雇主对事故的发生具有过错的情况下，才能由雇主承担赔偿责任，责任的范围也是有限制的，而不是无限的。事实上，在法律上没有一种责任是没有限制的。工伤保险的诞生，有两个很重要的理论。一个是原因的管理理论，即认为雇主及其管理人员而不是劳动者，可以更好地控制事故的发生，因此工伤应由雇主承担；二是统计或精算理论，即统计学显示，工业活动必然会产生事故，因此应将损害从劳动者那里转由雇主承担，而不再考虑是谁的过错导致事故发生的，这样工伤保险也就逐渐登上了历史舞台。工伤保险的这一发展历史告诉我们，从劳动者自己承担责任到雇主责任，再到工伤保险责任，最根本的，是责任主体的改变；而责任的范围，如医疗费的支出，工资收入的损失，只存在调整的问题，而不可能没有限制。

在任何社会，为自己行为负责，都是法律和道德的底线。如果可以任由自己行为，后果却要由别人承担，这个社会根本无法存续。工伤人员超过合理的限度，滥用权利，只能由自己承担后果。

如何确定工伤权利的限度，一方面要看工伤的具体规定，另一方面要了解工伤保险的宗旨，还要正确处理这两者之间的关系。

三、工伤保险宗旨及适用

很多人认为，工伤保险的宗旨和精神是"以人为本，倾向于保护工伤职工"。表面上看，这似乎很对。但一深究，就发现问题了。比如，按照标准是十级伤残，那定为九级不正是"倾向于保护工伤职工"吗？那定为八级甚至是一级呢？如果这样的话，那《工伤保险条例》根本就无法实施了。

工伤保险的宗旨体现在《工伤保险条例》第1条，"保障因工作遭受事故伤害或者患职业病的职工获得医疗救治和经济补偿"，"分散用人单位的工伤风险"。根据立法者的意见、学术研究的揭示，该宗旨至少包含两方面的含义："医疗救治和经济补偿"是基本的，而不是过高的、奢侈的，绝不是亿万富豪所享受的那种医疗和生活待遇；保护职工"医疗救治和经济补偿"绝不是工伤保险的唯一宗旨，"分散用人单位的工伤风险"也非常重要。

为工伤职工及其家庭提供基本生存保障，填补其因工伤事故导致的损失（医疗费支出也是一种损失），使其免于贫困和艰难，这是我国现阶段工伤保险制度的精神和宗旨。而不是要让工伤职工享受超级医疗及生活待遇。"精神"和"宗旨"不是虚的，是有实实在在的理论、伦理观念、法律意识支撑的。如果不对理论、伦理观念、法律意识有所了解，却径直使用"精神"和"宗旨"作为评价标准，错漏自然就在所难免。

在适用上，如果《工伤保险条例》有明确规定的，应当适用该规定，此时并无工伤保险宗旨适用的余地。宗旨主要在两个方面发挥作用：法律规定不明确时，"填补漏洞"；法律规定有缺陷时，指导立法的修改与完善。

第十二章　失业保险待遇请求权与规则

第一节　基础理论

一、定义

失业保险待遇请求权是指，被保险人及其他受益人请求失业保险经办机构、用人单位及其他特定主体给付失业保险待遇或提供与失业保险有关的教育、培训、就业介绍、就业促进等服务的权利。当义务主体拒绝履行义务时，被保险人及其他受益人可通过行政程序、司法程序寻求救济。

失业保险待遇请求权的标的不仅仅是失业保险金，还可能包括其他货币形式体现的给付，以及通过服务实现的行为给付。"要积极探索由单纯的保障生活机制向促进就业、预防失业机制转化，努力构建保障生活、促进就业、预防失业三位一体的失业保险体系。"① 从单纯的、消极的生活保障到综合性的、积极的稳定就业、促进就业，失业保险的目的和功能已经发生显著的变化。伴随这一发展，被保险人或受益人的权利内容也得到了相当大的扩展，从其性质上来说，凡是可以给被保险人或受益人带来利益的给付，不管是货币、实物、还是服务，被保险人或受益人均有相应请求权，均得请求义务主体为相应行为。

失业保险待遇请求权行使的条件包括：（1）权利主体为被保险人及其他受益人。被保险人享有此请求权自无疑义；受益人包括承继被保险人权益之人、用人单位以及培训、职业介绍等提供服务的机构。（2）权利人享有现实的获取失业保险待遇及相关服务的权利。（3）义务人尚未履行或拒绝履行失业保险待遇给付义务，或者履行有瑕疵。

---

① 朱国宝：《构建保生活促就业防失业的失业保险制度》，载中国就业促进会：《失业保险文集》，中国劳动社会保障出版社 2015 年版，第 97 页。

二、请求权行使之主体

失业保险待遇请求权是被保险人及其他受益人所享有的权利。但在具体案例中，被保险人及理论上的其他受益人能否现实地行使权利，则仍存在诸多限制条件。

首先，最密切关联的是失业人员。失业人员是指在国家规定的劳动年龄内有劳动能力，目前无工作并以某种方式正在寻找工作的人员。[①] 失业保险首先保障的是失业人员，在这个意义上可以说"失业保险保障的前提是受保者丧失劳动机会"[②]，但是，在现代失业保险制度中，有失业可能之被保险人也可以获得失业保险之保障，因此不能将失业保险待遇请求权行使主体简单确定为失业人员。

即使在失业人员中，也不都能享受失业保险待遇请求权。一方面，我国官方失业统计采用登记制，只有进行了失业登记的失业人员才有可能享受失业保险待遇。《就业服务与就业管理规定》（劳动保障部令第 28 号）第 63 条规定："在法定劳动年龄内，有劳动能力，有就业要求，处于无业状态的城镇常住人员，可以到公共就业服务机构进行失业登记。其中，没有就业经历的城镇户籍人员，在户籍所在地登记；农村进城务工人员和其他非本地户籍人员在常住地稳定就业满 6 个月的，失业后可以在常住地登记。"对于一些失业保险待遇而言，只有登记失业人员才能享受，才能享有相应的请求权。另一方面，从失业的原因来看，有因为失业人员自身原因而失业的，有因为用人单位原因而失业的，失业原因的不同，对失业人员权益的影响存在差别。由于失业保险待遇包括失业保险金以及其他生活保障项目和服务，对失业原因的要求存在差别，因此，根据请求内容的不同，能够享有请求权的失业人员也存在差别。

其次，用人单位并非失业保险一般意义上的被保险人，主要是作为投保人而参与失业保险的，但鉴于其在稳定就业、促进就业中的关键地位，通过一定的鼓励或限制措施制约用人单位的解除权、促进用人单位维持雇佣稳定、吸收更多劳动者具有重要意义。我国在近些年出台了多项稳岗援企措施，给予用人单位相应补贴，用人单位对这些待遇享受请求权。

最后，培训、职业介绍等社会机构，承担对失业人员的培训、职业介绍等工作，也属于失业保险体系的一部分，其在依约定或法定职责履行义务后，有

---

① 信长星：《失业保险》，中国劳动社会保障出版社 2011 年版，第 2 页。

② 王静敏、马秀颖：《当代中国失业保险问题实证研究》，吉林人民出版社 2009 年版，第 40 页。

获得相应给付的权利，因而也享受相应的请求权。对此类主体需注意两类问题：一是不仅失业保险与就业具有相关性，在我国，就业工作本就是一专项工作，两者存在交叉。培训、职介机构不仅承担失业保险的相关工作，也直接承担就业促进等工作，其所享有的失业保险给付请求权，仅针对其在失业保险中所履行的义务。二是某些由财政资金承担运营的公共职业介绍机构等，其履行的义务系法定职责，在此种情形下，其即便为失业保险提供了服务，也不享有对应的给付请求权。

三、请求权之种类与内容

根据《失业保险条例》，失业保险待遇包括：（1）失业保险金；（2）领取失业保险金期间的医疗补助金；（3）领取失业保险金期间死亡的失业人员的丧葬补助金和其供养的配偶、直系亲属的抚恤金；（4）领取失业保险金期间接受职业培训、职业介绍的补贴。《社会保险法》将领取失业保险金期间的医疗补助金调整为失业人员领取失业保险金期间参加职工基本医疗保险的费用。除了国家层面，在地方，失业保险待遇的种类有所扩展。例如，《广东省失业保险条例》规定，失业人员领取失业保险金期间可以享受求职补贴、小额担保贷款贴息、职业技能鉴定补贴，用人单位招用失业人员等可以享受岗位补贴，高技能人才公共实训基地设备购置可以享受经费补助。因此，失业保险待遇种类的确定，不能仅仅依据国家层面的法律法规，而要结合地方性法规和政策。依据待遇种类的不同，失业保险待遇请求权也可划分为不同种类。不同请求权具有基本的共同特征，但是具体的行使条件是不同的，在实践中应予以区分。基于不同的待遇内容所形成的不同请求权，其具体的内容和适用，在下文具体待遇规则分析。

有意见认为，具有领取失业保险金资格，并且正在领取失业保险金期间，才能享受其他社会保险待遇。[①] 这主要适用于失业保险金，对一些失业保险待遇并不适用。例如，求职补贴、小额担保贷款贴息、职业介绍并不仅仅适用于领取失业保险金人员，职业（创业）培训业有扩展的趋势。究其根源，现代失业保险虽然在生活保障方面主要适用于符合特定条件的失业人员，但是在雇佣稳定和就业促进方面已经大幅扩展，其意图在于更广泛地实现就业、实现人力资源的个体与社会价值，因此只要是失业人员，均有适用之可能。

在符合法定条件时，请求权人可以请求义务人为失业保险待遇给付；因为义务人未履行相应义务导致权利人无法实现权利的，义务人因此对权利人承担

---

① 　信长星：《失业保险》，中国劳动社会保障出版社 2011 年版，第 48 页。

损害赔偿责任。根据请求权人直接主张的是失业保险待遇还是替代失业保险待遇的损害赔偿，可以分为失业保险待遇请求和损害赔偿请求权。从立法角度而言，需要合理界分失业保险待遇请求权与损害赔偿请求权的边界，赋予不同请求权不同的功能和责任；从司法的角度，在立法已经确定了损害赔偿请求权的前提下，请求权的错误选择将有败诉风险，将导致维权成本增加和社会资源的浪费。

从现有法律法规的规定来看，失业保险待遇损害赔偿请求权主要包括：用人单位未依法缴纳失业保险费导致劳动者无法享受失业保险待遇时的损害赔偿；用人单位未依法为劳动者出具离职证明、协助办理失业保险登记等时产生的损害赔偿责任。从失业保险体系来看，这两种损害并不都适宜采用损害赔偿请求权予以救济，还有许多应当采用损害赔偿请求权予以救济的则未规定。

（一）用人单位未缴费时的责任与损害赔偿请求权

在构成劳动关系的前提下，用人单位负有为劳动者缴纳失业保险等社保费的强制义务，劳动者如需以参保缴费作为享受失业保险待遇作为前提条件，则用人单位违反该义务将导致劳动者无法享受失业保险待遇，由此可能产生损害赔偿责任。

1. 未缴费是否一定要实行损害赔偿救济。用人单位未缴纳失业保险费的，一般规定由用人单位承担损害赔偿责任。如《广西壮族自治区失业保险办法》（广西壮族自治区人民政府令第 5 号）第 36 条规定：单位不按规定参加失业保险和缴纳失业保险费、不按本办法第 13 条规定履行有关责任，致使职工失业后不能享受失业保险待遇或影响其重新就业的，应当承担赔偿损失责任。赔偿标准为失业人员应当领取失业保险金或者一次性生活补助的 2 倍。如果地方未作具体规定的，失业人员可以根据《民法通则》第 106 条关于"公民、法人违反合同或者不履行其他义务的，应当承担民事责任"的规定，结合《失业保险条例》等法规、政策，要求用人单位赔偿。

但是笔者主张，社会保险法与民法存在重大差别，完全适用民法规定并不一定合适。在用人单位未缴纳失业保险费时，如果可以补缴，在补缴后如果仍然可以领取失业保险待遇的，不应由用人单位承担赔偿责任。不适宜"一刀切"地规定即便补缴后也不能享受失业保险待遇。

对于与失业保险金关联的医疗保险待遇、一次性丧葬补助金和抚恤金等，也应秉持同样原则，即在用人单位补缴失业保险费后，应当进一步区分具体情形，明确哪些待遇应由失业保险基金支付，哪些待遇不能由失业保险基金支付。只有确定不能由失业保险基金支付的待遇，才由违法主体承担损害赔偿责任。

2. 不以缴费为前提的待遇，不能向用人单位主张损害赔偿。由于在失业保险中，并非所有的待遇都与缴费为前提。对于这些待遇而言，权利人没有享受权利与用人单位未履行缴费义务没有因果关系，权利人不能要求用人单位赔偿。

（二）用人单位未履行协助等义务时产生的损害赔偿责任

《社会保险法》第 50 条规定："用人单位应当及时为失业人员出具终止或者解除劳动关系的证明，并将失业人员的名单自终止或者解除劳动关系之日起 15 日内告知社会保险经办机构。"第 85 条规定："用人单位拒不出具终止或者解除劳动关系证明的，依照《劳动合同法》的规定处理。"《劳动合同法》第 50 条规定："用人单位应当在解除或者终止劳动合同时出具解除或者终止劳动合同的证明，并在十五日内为劳动者办理档案和社会保险关系转移手续。"第 89 条规定："用人单位违反本法规定未向劳动者出具解除或者终止劳动合同的书面证明，由劳动行政部门责令改正；给劳动者造成损害的，应当承担赔偿责任。"在解除或终止劳动合同的情形下，劳动者享受失业保险金及相关待遇需要进行失业登记、证明非因个人原因不当终结劳动关系，在此情形下，用人单位负有协助义务，根据上述规定，具体包括：出具终止或者解除劳动合同证明；向社保机构告知终止或解决劳动合同的事实；办理档案和社保关系转移手续。用人单位违背此义务，导致劳动者损失的，对劳动者承担损害赔偿责任。如《陕西省〈失业保险条例〉实施办法》（陕西省人民政府令第 140 号修订）第 19 条第 4 项规定："由于单位过失致使失业人员无法办理失业登记的，其失业保险待遇，由单位按照规定的标准和期限支付。"

在法定的这三种义务具有非常密切的关联性。出具终止或者解除劳动合同证明后，劳动者可以持该证明向社保机构申报，那么是否还要强制用人单位再次向社保机构告知终止或解决劳动合同的事实？劳动合同解除或终止后，用人单位必须向社保机构作减员手续，即将该员工从用人单位缴费人员中取消，其实质含义即表明该员工不再是该单位职工，否则用人单位仍需缴费（社保机构通过银行系统直接从用人单位账户扣款，用人单位如果不作减员，社保机构划款自然就包括该员工），用人单位在减员之后，还需要再行告知终止或解除劳动合同事实吗？而且用人单位只需申报减员，无须再作其他转移社保关系手续，因此并不存在 15 日内为劳动者办理社会保险关系转移手续的事实。笔者认为，在劳动者申请失业保险待遇中，用人单位的基本协助义务只有两项，一是出具解除、终止劳动合同（劳动关系）证明；二是办理减员手续。用人单位未履行此项义务致劳动者损害的，应承担赔偿责任。

第一，用人单位承担此类损害赔偿责任，需损害归因于用人单位的过错所致。劳动者未能享受失业保险待遇非因用人单位过错，不能要求用人单位赔偿。

第二，用人单位的义务不履行确实产生了损害，两者间有因果关系。劳动者未能享受待遇与此无关的，不能要求赔偿。

第三，用人单位违反此义务，除了可能导致失业保险待遇赔偿外，还可能导致其他赔偿，如到后续单位的就业和年假问题。这属于不同的请求权，不应混淆。

档案转移涉及另一问题，虽然目前很多地方仍规定以档案转移作为享受失业保险待遇的前提条件，但这并不符合失业保险待遇申领实体与程序要求，也不符合发展趋势，应予取消。

（三）用人单位等对待遇支付主体是否享受损害赔偿请求权

用人单位、培训等机构在一定条件下有获得失业保险待遇给付的权利。对于应当支付的待遇，待遇支付主体拒绝支付的，权利人有权要求待遇支付主体继续支付，并可要求承担由此产生的其他合理费用。但这属于继续履行范畴，其中可能发生的损害赔偿并非请求标的主体，不是前述作为待遇替代的损害赔偿，两种"损害赔偿"不可同日而语。

四、请求权基础

失业保险待遇请求权基础有两个方面较为特殊：一是国家层面的规范性法律文件。就业形势的发展并非一成不变。因应就业工作需求和失业保险基金现状，适时调整和扩大失业保险基金支出范围是近些年失业保险发展的趋势之一。这种调整和扩张主要是通过国务院和人社部的文件来实现的。例如，人社部、财政部《关于调整失业保险费率有关问题的通知》（人社部发〔2015〕24号）对费率的调整即为一例。这一方式有其必要性和现实性，但其不足也很明显。如，该文件要求将失业保险费率由3%降至2%，并规定单位和个人缴费的具体比例由各省、自治区、直辖市人民政府确定。而实际上，不少地方的费率早已低于2%，因而其对费率降低的推动意义有限。在修订《失业保险条例》的过程中，应当尽可能提高条例的前瞻性和规范性，提高法律法规的权威性。二是地方性法规和规范性法律文件。《社会保险法》对失业保险待遇的规范明显不足，其范围尚不及在其12年之前颁布的《失业保险条例》。近些年国家层面出台的扩大失业保险基金支出范围、稳企援岗等政策中，最终也均需要地方再通过具体的规范性文件设定具体的支出范围、标准和条件。虽然修订后的《立法法》没有赋予较大的市社会保障方面的地方立法权，但在较长期限内，地方在确定失业保险具体待遇项目和标准上仍有相当的立法权和裁量权，作为赋权性的社会行政行为，只要没有上位法的禁止，应当认为是合法的和有效的。

五、请求权排除与待遇停止

《社会保险法》第51条规定了停止享受失业保险待遇的情形包括：（1）重新就业的；（2）应征服兵役的；（3）移居境外的；（4）享受基本养老保险待遇的；（5）无正当理由，拒不接受当地人民政府指定部门或者机构介绍的适当工作或者提供的培训的。从类型来看，基本涵盖了国外类似的多数情形，但部分内容仍值得商榷。

第一，停止领取失业保险金和其他失业保险待遇的情形不尽相同。该条款规定，失业人员停止领取失业保险金，同时停止享受其他失业保险待遇。将失业保险金和其他失业保险待遇完全捆绑是不恰当的。

第二，有的情形仍需研究。例如，被追究刑事责任的服刑人员，其虽然也处于"失业"状态，乃至其与用人单位解除、终止劳动合同也非出于其"自愿"，但是，这种失业并没有导致其经济上基本生活的困难，也不存在就业促进和再就业问题，继续向其支付失业保险金或提供职业培训也不具备现实可能性。对于移居境外，是否仅指取得外国国籍及永久居留权？如果其返回国内居住，是否依然不能享受失业保险金及其他失业保险待遇？

第三，享受基本养老保险待遇，是否包括城乡居民养老保险。在国内多数地方，城乡居民养老保险待遇尚不足以提供基本生活保障，与（职工）基本养老保险差距极大。领取基本养老金后停发失业保险待遇具有合理性，但领取城乡居民养老保险待遇后也停发失业保险待遇则值得商榷。同时需要注意的是，目前国内城乡居民养老保险待遇的地区差异也较大，对于待遇标准已经较高的地区，如何考虑与失业保险待遇的衔接或排除，更要慎重处置。

第四，达到退休年龄后能否享受失业保险待遇。鉴于《社会保险法》仅规定享受基本养老保险待遇的不得领取失业保险金等，那么达到法定退休年龄但没有领取基本养老金或不能领取基本养老金的，似乎仍然可以享受失业保险待遇。即便可以继续领取失业保险金，那么其他职业培训等就业促进待遇是否也可以享受，其和20岁或30岁的失业人员有无差别，在社会保障制度上是否应当同等保护，值得研究。笔者倾向于主张，达到法定退休年龄，或者统一设定的年龄如60周岁（以最迟的基本养老金正常领取年龄为限）后，如果缺乏其他基本生活来源，失业保险金可以继续提供，领取失业保险金期间可以继续享受医保待遇，但其他与就业相关的失业保险待遇则不宜继续提供，即应使此类人员退出政策性就业促进渠道。

第五，停止享受失业保险金待遇是暂时还是长久的。《社会保险法》未明确停止享受失业保险待遇的时间。如，无正当理由，第一次拒不接受工作介绍或培训的，在本次期间均不能享受失业保险待遇，第二次或第三次接受行不行？工作介绍和职业培训是持续性的，和劳动合同的解除是不同的，不适宜"一次定终身"。

第六，排除待遇和停止享受待遇的联系与区别。严格来说，待遇的排除和停止享受是有区别的，待遇的排除是指不符合享受待遇条件，自始不能享受待遇；而停止享受是指开始符合待遇享受条件，嗣后因不符合待遇享受条件而不能继续享受。排除待遇的情形不存在待遇恢复的问题，而停止享受待遇则存在待遇恢复的问题，两者应予区分。

第二节 被保险人之范围

失业保险的被保险人范围可分为广义和狭义。广义的被保险人是指享受全部失业保险待遇或单独某项失业保险待遇的人，广义的被保险人不一定参加或不能参加失业保险；狭义的被保险人是指能够享受全部失业保险待遇的人，狭义的被保险人能够参加失业保险。狭义的被保险人是本来意义上的被保险人，以失业保险金为主体请求权。随着现代失业保险保障功能的拓展，失业保险被赋予促进就业的积极功能，其保障范围也在传统被保险人范围之外有所扩展，包括有潜在失业风险的职业人员，不享受失业保险金请求权但有就业之需求与价值的人员等。

一、按组织类型对参保对象的界定

由于只有参加了失业保险的人员才能享受主要的失业保险待遇，因此参保对象是界定被保险人的主要方式。《社会保险法》规定"职工应当参加失业保险"，并将失业保险待遇的享受对象界定为失业人员。对于何谓职工以及职工的具体类型，该法未作规定。我国各地的地方性的法规或政府规章，均以参保人员所属单位的类型作为界定参保对象的依据。

《北京市失业保险规定》第2条规定："本市行政区域内的城镇企业、事业单位和城镇企业、事业单位职工按照本规定缴纳失业保险费。"

《天津市失业保险条例》第2条规定，该市行政区域内的下列用人单位及其职工应当按照本条例的规定参加失业保险，缴纳失业保险费：（1）各类企业及其职工；（2）事业单位及其职工；（3）社会团体、民办非企业单位及其专职工作人员；（4）法律、法规规定的其他单位和人员。该条例还明确指出，职工不包括参照公务员法管理的人员。

《上海市失业保险办法》第2条规定失业保险的参保范围为："本市行政区域内的城镇企业、国家机关、事业单位、社会团体和经市人民政府批准的其他单位及其在职职工。"

《广东省失业保险条例》第2条规定该省行政区域内下列单位和人员应当参加失业保险：（1）企业、非参照公务员法管理的事业单位和社会团体、民办非企业单位、基金会、律师事务所、会计师事务所等组织及其职工；（2）与劳动者建立劳动关系的国家机关、参照公务员法管理的事业单位和社会团体及与其建立劳动关系的劳动者；（3）有非军籍职工的军队、武警部队所属用人单位及其非军籍职工；（4）有雇工的个体经济组织及其雇工；（5）法律、法规、规章规定的其他单位和人员。

《江苏省失业保险规定》第2条规定其适用范围为本省行政区域内的下列单位和人员：（1）各类企业、民办非企业单位和与之形成劳动关系的人员；（2）个体经济组织及其雇工；（3）国家机关、事业单位、社会团体和与之建立劳动合同关系的人员；（4）法律、法规规定应当参加失业保险的其他单位和人员。

第一，上述各地规定均以机关、事业单位、企业、社会团体、民办非企业单位等作为基本分类。这种分类系采用列举式规范，容易发生遗漏。例如，居民委员会和村民委员会及其工作人员是否属于参保对象和被保险人，即存在争议。第二，比较繁杂。从法律关系来看，上述规范对象均以劳动关系为主，包括公务员、参公管理事业单位以外的人事关系，因此以法律关系作为规范对象更为简洁和周延。第三，上述有的规定还将企业限制为城镇企业，显然已经很落后了。城镇企业是与乡镇企业对应的，早已不符合我国企业注册形态，也不符合《社会保险法》的规定。第四，上述地方规定均将参保对象限制为本行政区域内的单位及其职工。问题是，在本地有分支机构算不算？从派遣人员的社会保险问题来看，应允许其在实际工作地而非用人单位注册地参保缴费。由于在缴费状态下，权利的享受与缴费义务的履行直接相关，而非基于其在本地居住的事实享受待遇，因此没有必要严格限制。当然从缴费的基本条件来看，由于个人无法缴费，必须由合法组织缴费，在本地完全不具备主体资格的组织自然无法为其雇员缴费。

从理论上来说，所有的参保个人均属于被保险人，均有享受失业保险待遇的可能。当然其实际上能否享受待遇，则需要进一步符合享受待遇的条件。

二、失业人员的界定

登记失业人员是享受失业保险待遇的主体。各地对登记失业人员范围的界定不尽相同，比较有代表性的是《江苏省就业和失业登记管理暂行办法》（苏劳社〔2009〕6 号）。该办法第 16 条规定的失业登记人员范围包括：（1）年满 16 周岁，从各类学校毕业、肄业的；（2）从企业、国家机关、事业单位等各类用人单位失业的；（3）个体工商户业主、私营企业和民办非企业业主停产、破产停止经营的；（4）承包土地被征用，符合规定条件的；（5）农村低收入家庭有转移就业要求的本地农村户籍劳动力；（6）军人退出现役且未纳入国家统一安置的，以及随军家属未安置就业的；（7）刑满释放、假释、监外执行或解除劳动教养的；（8）非本地户籍人员在本省常住地稳定就业满 6 个月后失业的；（9）其他符合失业登记的情况。

《就业服务与就业管理规定》（劳动保障部令第 28 号）第 64 条规定，劳动者进行失业登记时，须持本人身份证件和证明原身份的有关证明；有单位就业经历的，还须持与原单位终止、解除劳动关系或者解聘的证明；登记失业人员凭登记证享受公共就业服务和就业扶持政策；其中符合条件的，按规定申领失业保险金；登记失业人员应当定期向公共就业服务机构报告就业失业状况，积极求职，参加公共就业服务机构安排的就业培训。

很明显，登记失业人员的范围远远超过可参保人员范围，并不以曾经存在稳定就业或参加失业保险为限。从整个社会的就业工作来看，这么做是恰当的。但从失业保险角度来说，向此类人员给付失业保险待遇是否恰当，就值得研究了。失业保险不应当局限于对被保险人失业后的生活保障、就业技能提升、再就业，但是否应当扩展至所有自然状态的失业人员，即任何当下没有就业的人员，是必须厘清的。在我国，失业保险并非雇佣保险，其与就业工作关系密切，但毕竟不属于同一保障体系，两者所承担功能与保障对象并不相同，上述失业人员概念更多适用于就业保障体系，而不完全适用于失业保险。在就业和失业保险的分野中，需要明确各自保障的范围和对象，可以相互配合，但不宜完全重叠，也不要截然分立。

三、以雇佣关系为核心的被保险人界定

（一）国外失业保险被保险人范围

德国强制性失业保险 I 要求所有职工参加，包括所有雇员、义务兵、学徒、在学校参加培训教育的人、家庭手工业、海员、领取医疗保险金的人；但政府官员、法官、职业军人、神职人员、临时工作的人、假期打工的大中学

生、65 岁以上的人、失去工作能力的人、长期失业的人、进修的外国人等；周工作时间低于 18 小时的人员以及月收入低于平均收入 1/7 养老者也无须缴纳失业保险费；自 2006 年 1 月 2 日，在家照顾家人的人、自由职业者、到德国以外国家或地区工作的人，可以自愿参加德国失业保险金 I。①

法国失业保险涉及所有在私人企业工作的雇员，没有被雇用的劳动人口不包括在内，公共部门中只有一小部分能够受益此项保险。②

瑞典基本失业津贴的覆盖范围为年满 20 岁、非工会会员、收益期满但仍未工作的失业者、64 岁以上的雇员、家庭劳动者以及不符合就业条件的其他人员；与收入关联的失业保险津贴覆盖了年龄在 65 岁以下并且参加工会的雇员及自营劳动者。③

日本一般雇佣劳动者的单位，均适用雇佣保险；农林、畜牧、水产等行业劳动者经常不足 5 人的个体经营单位，为任意适用单位。前述被雇佣劳动者，除适用除外的人员，皆应作为被保险人。"被雇佣"是指有雇佣关系，并在企业主的指挥监督下提供劳动，作为其报酬获取薪水的人。以承包或委任关系提供劳动的人通常不能称为"被雇佣"。判断有无雇佣关系，不能被合同的形式或名称所局限，要综合考虑包括工作场所、企业主是否提供器材在内的业务活动的实际情况以及报酬或津贴的形态等各种因素。在日本还有三种特殊类型的被保险人：（1）高龄继续被保险人，是指在同一个企业主的适用单位中，从达到 65 岁之日的前一日直到 65 岁以后一直被雇佣的人。（2）短期雇佣特例被保险人。包括：①季节性被雇佣的人；②短期就职雇佣（指作为被保险人被同一个企业主连续雇佣的期间不满 1 年的雇佣成为其常态）的人。（3）日工被保险人。除了这三种以外的被保险人称为一般被保险人，一周劳动时间在 30 小时以上；其中短时间劳动被保险人（兼职被保险人）一周劳动时间为 20—30 小时的人。④

日本不能成为被保险人的除外人员包括：（1）65 岁后被雇佣的人（短期雇佣特例和日工除外）；（2）短时间劳动者，即以季节性受雇佣和就职短期的雇佣（日工除外）；（3）日工劳动者，但不属于日工被保险人；（4）受到预定在 4 个月以内进行的季节性事业雇佣的人；（5）船员保险的被保

---

① 姚玲珍：《德国社会保障制度》，上海人民出版社 2011 年版，第 264 页。

② 白澎、叶正欣、王硕：《法国社会保障制度》，上海人民出版社 2012 年版，第 315 页。

③ 栗芳：《瑞典社会保障制度》，上海人民出版社 2010 年版，第 193 页。

④ 宋健敏：《日本社会保障制度》，上海人民出版社 2012 年版，第 315～316 页。

险人；（6）受国家、都道府县、市町村及其他与此相当的企业雇佣，在离职时应该得到的各种支付（退休津贴等）的内容超过雇佣保险中的求职者给付及求职促进给付的内容的人。法人代表、审计员、董事（除非拥有公司职员身份、劳动者的性质很强），作为临时副业被雇佣的人不成为被保险人。[①]

加拿大，女性雇员在分娩后一段时间内可获失业保险收益，雇员在生病期间也能享受这种待遇。[②]

（二）我国宜以雇佣关系为核心界定被保险人范围

从我国的现状来看，失业保险关系是以参保缴费为前提的。劳动者参加了失业保险并缴费，就可能享受全部的失业保险待遇；用人单位参加了失业保险并缴费，就可能享受针对单位的全部失业保险待遇，其中的劳动者也可能间接享受到部分失业保险待遇。应参保而未参保者，劳动者可以要求补缴失业保险费，并主张相应的失业保险待遇；不能主张待遇的，可以主张失业保险待遇赔偿请求权。从未参加过失业保险的人员，不适宜作为失业保险的被保险人，其就业促进应完全由就业保障体系解决。曾经参加过失业保险的，可以在其权益终结前（主要依据待遇享受期限确定）作为被保险人赋予其对应的失业保险权益。

现行狭义的失业保险被保险人是以劳动关系为基础和前提的，考虑失业保险主要是保障就业的稳定性以及失业人员的生活保障与再就业，其就业的具体形态并非核心内容，而且将灵活就业人员纳入失业保险保障范围是历史趋势，因此可以率先在失业保险领域以雇佣关系为参保基础，不再拘泥于是否属于劳动关系；对于与其他社会保险险种，在法律关系相同时可以同时参保缴费，而在法律关系不同时，则可以单独缴纳失业保险费。

四、劳动能力的限制

就自然属性来说，并非每一位自然人都可以成为失业保险的保障对象，即被保险人。作为失业保险的被保险人，行为人必须具有劳动能力。劳动能力是一个法律概念，它不同于自然状态中的实际的劳动能力。自然状态的劳动能力

---

① 宋健敏：《日本社会保障制度》，上海人民出版社 2012 年版，第 316～317 页。
② 李元春：《国外失业保险的历史与改革路径》，中国财政经济出版社 2011 年版，第100 页。

可以指"人所具有的能运用于劳动过程的体力和脑力的总和"。① 作为法律概念的劳动能力，是指能够产生劳动权利和劳动义务的体力和脑力活动能力。作为法律概念的劳动能力与一般劳动能力的主要区别在于，在劳动能力支配下所提供的劳动，会产生劳动权利与劳务义务，如可要求依法及约定支付劳动报酬，要求保障劳动条件，同时接受雇主的指示并按照雇主的要求提供。作为一种社会经济活动，劳动对个体及其家庭的意义重大；作为法律行为，劳动不仅关系到个体和雇主的权利和义务，对个体的健康和公共利益也有重要影响，因此现代国家均对劳动者劳动能力作了限制性规定。

第一，劳动能力首先涉及劳动年龄，有最低劳动年龄和最高劳动年龄。各国通常都对领取失业保险津贴的最低年龄进行了限制。最低就业年龄，亦称劳动行为能力起始年龄，我国规定为 16 周岁。除特殊行业，我国禁止用人单位招用 16 周岁以下人员。即除体育、艺术等特殊行业外，16 周岁以下的人不得就业，因此不能作为失业保险的被保险人。《就业服务与就业管理规定》第 63 条规定失业登记的一般条件为"在法定劳动年龄内，有劳动能力，有就业要求，处于无业状态的城镇常住人员"。一些法律规范也明确就业必须在"法定劳动年龄内"。如《江苏省就业和失业登记管理暂行办法》（苏劳社〔2009〕6 号）第 42 条规定："本暂行办法所称就业，是指劳动者在法定劳动年龄内，以各种方式从事一定的社会经济活动，并取得合法劳动报酬或者经营收入的行为。"劳动行为能力的起始年龄为 16 周岁，此无争议。而对于劳动年龄的上限则存在争议。关于就业方面的法规通常将劳动年龄的上限确定为法定退休年龄。反对意见则认为，公民达到法定退休年龄，或者已经享受基本养老金，并不代表其没有劳动能力，因此劳动年龄没有上限限制。

这一认识是错误的。如前所述，劳动能力是法律概念，并不意味着行为人在事实上不具有实际劳动的能力。公民享受基本养老金，其基本生活已经获得保障，劳动法对普通劳动及其对价——劳动报酬的特殊保护目的不复存在，因此总体而言，其劳动已无劳动法保护之必要。正是在这一意义上，多数国家并不对享受基本养老金的退休人员的劳动提供特殊的、强制性的法律保护。因此，即便国内法没有对劳动年龄的上限予以明确，但是对退休人员劳动不提供劳动法特别是劳动基准法的保护这一事实，已表明享受基本养老金的年龄即为劳动年龄的上限，亦即劳动能力的年龄上限。当然，如果法律对此有特别规定的，则应当适用特别规定。

---

① 向春华、刘伟：《劳动能力鉴定理论与实务》，中国劳动社会保障出版社 2008 年版，第 5 页。

第二，完全丧失劳动能力者。完全丧失劳动能力包括两种情形：精神障碍和生理机能丧失。就其原因来看，可以分为因工伤导致的完全丧失劳动能力和因疾病导致的完全丧失劳动能力。完全丧失劳动能力者，通常不能建立劳动关系；非完全丧失劳动能力者，仍可以建立劳动关系。[①] 相应地，完全丧失劳动能力者不能成为失业保险的被保险人。在此意义上，伤残等级为一级至四级的工伤职工，虽然其与用人单位基于法律的强制性规定仍保留劳动关系，但用人单位和个人均不应缴纳失业保险费。

五、几类特殊人员能否作为被保险人

（一）公务员与参公管理事业单位编制人员

上述地方规范均规定公务员和参公管理事业单位的编制人员不参加失业保险，因而不能作为失业保险的被保险人。国外也有类似规定。此种模式的主要原因在于，公务员的就业比较稳定，既不存在到期终止雇佣合同的问题，通常也不存在国家机关提前解除雇佣合同的问题。这在国内尤为明显。而在公务员存在过错的情况下，即便国家机关解除劳动合同，公务员也不能享受失业保险待遇。笔者认为，公务员和参公管理事业单位编制人员应当参加失业保险，前述理由并不完全成立。

第一，随着公务员制度的改革，特别是聘用制公务员制度的施行，未来会有越来越多的公务员在机关和企业、自由职业之间的自由流动，机关事业单位与公务员、事业编制人员解除终止聘用合同的现象也会越来越常见，需要失业保险制度为其提供保障。

第二，随着灰色待遇等的取消，公务员管理愈加规范，也会有越来越多的公务员主动离开。这种情形虽然不能享受失业保险待遇，但仍可能享受诸如职业培训、再就业服务等待遇。公务员因为违法犯罪或一般过错而被辞退，因缺乏社会技能而难以就业的现象也需予以关注，这种情形仍符合给予职业培训、再就业服务等待遇的要求，失业保险制度对该类群体中的部分人员仍具有适用价值。其有权利和其他公民一样同等享受失业保险权利。

第三，作为一项社会保险，失业保险的重要功能之一便是在全社会对失业风险进行共济和分担。如同社会中其他终身缴费但从未享受过失业保险待遇的人员一样，为了体现对社会风险的共济和分担，公务员和参公事业单位编制人员也有参加失业保险的义务，这一义务是基于社会化的共同责任而产生的。

第四，根据国际劳工组织 1988 年《关于促进就业和失业保护的公约》的

---

① 向春华：《工伤理论与案例研究》，中国劳动社会保障出版社 2008 年版，第 51 页。

规定，公务员也应当纳入失业保险保障体系。

第五，《社会保险法》所规定的职工，从整体解释方法来看，是包括公务员在内的。即除了明确排除之外，如该法第 10 条规定，应包括公务员在内。

（二）实习生

根据国际劳工组织 1988 年《关于促进就业和失业保护的公约》，学徒应该纳入失业保险保障范围。在我国《劳动法》和《劳动合同法》的框架下，没有学徒工这一类型。在一般情形下，学徒工仍与用人单位存在劳动关系，仅因是否属于全日制用工而在社会保险上有所不同。

在我国的法律框架下，需要考虑的是实习生的失业保险问题。我国劳动法实践和理论一般认为，尚未毕业的学生在用人单位实习的，与用人单位不存在劳动关系，不适用劳动法规定的权利和义务。由此，实习生也不存在缴纳包括失业保险在内的社会保险费的问题。确实，用人单位与实习生解除或终止实习关系，只要实习生仍属于在校生，其不能认为存在失业问题，如果生活有困难，应通过与其他在校生相同的保障制度予以保障，而不应通过失业保险制度保障；其也不能认为存在再就业问题，如果其就业存在问题，也应当与其他在校生一样接受包括职业培训等就业促进措施，并不需要通过失业保险制度予以保障。换句话说，在失业保险所能实现的功能上，实习生与在校生更具有质的统一性，而与一般职工存在很大差异，因此应与在校生适用同样的保障制度，而非与一般职工适用同样的保障制度。

（三）退休人员

瑞典和日本的退休人员可以享受失业津贴，这主要和瑞典、日本的劳动力状况存在特殊性相关。即瑞典和日本的劳动力比较短缺，因此希望通过激励性措施使更多已经获得较好的类似保障但仍有实际劳动能力的人员继续或重新加入劳动力市场，为社会生产提供人力资源。

但在我国并不存在这一状况。虽然近些年劳动力趋紧，而且我国也已进入老年化社会，"招工难"的问题在局部地区不时显现。另一个众所周知的事实是，随着《劳动合同法》的实施，劳动执法的加强，用工成本也在逐年上升。但总体来说，相对于资本要素，我国劳动力成本仍然较低。以农民工来说，即便有的行业如建筑工程，月收入较高，但这实际是以超强劳动强度、超长劳动时间为代价的，法定标准工时内工资水平仍然较低，个人因社会平均工资较高而导致本人工资"被提高"的现象同时存在。至 2015 年基本养老金"十一连调"之后，退休人员的基本养老金水平已经不低，在一些地区甚至与在职职工工资出现"倒挂"，在我国，就收入替代或收入保障来说，更需要给予保障的不是退休人员，而是在职特别劳动年龄阶段的失业人员。

在较好收入保障的基础上，退休人员没有"养家糊口"的法律义务，法律虽不禁止其继续或再次加入劳动力市场，但就国家宏观政策而言，国家已无义务提高其劳动能力、促进其就业。因此，笔者原则上认为，退休人员不应纳入我国失业保险保障体系。但有两种情况应予特别处理：一是养老保险待遇尚不能保障其基本生活的，主要是城乡居民养老保险待遇，如果被保险人符合享受失业保险待遇的其他条件的，应可以继续享受；二是，经有权机关批准，延迟退休，或者未来实行弹性退休制度而尚未退休并领取基本养老金的，符合享受事业保险待遇条件的，应有权享受。江苏省人社厅《关于对超过法定退休年龄人员是否给予社会保险补贴问题的答复意见》（苏人社函〔2011〕395号）指出，对超过法定退休年龄又后延缴费且曾经被认定为就业困难对象并享受社会保险补贴的人员，不得给予社会保险补贴；为了鼓励和支持这部分超过法定退休年龄而又后延缴费的参保人员，特别是有一部分曾经属于就业援助的就业困难人员，可多渠道筹集资金通过财政补贴、社会助保等形式，帮助他们妥善解决社会保险后延缴费问题。笔者认为这是不妥的。虽然达到现行退休年龄或者在弹性退休制度下达到最低退休年龄，但行为人并未实际退休的，其并不属于退休人员，其社会实际地位与普通劳动者并无不同，其对劳动法的需求同样存在，故应纳入劳动力范畴，有享受失业待遇包括社会保险补贴的权利。

（四）农村户籍人员

对于存在雇主的农村户籍人员即农民工的失业保险，我国向来存在限制性规定。如天津市人社局《关于实施〈天津市失业保险条例〉有关问题的通知》（津人社局发〔2015〕5号）规定对参加失业保险的农民工发放一次性生活补助，按照农民合同制工人失业保险参保年限，每满1年领取1个月，最多不超过12个月，发放标准为失业保险金最高标准的60%。此类规定导致两种权益损失：一是失业保险金领取标准降低、领取期限较短；二是不能享受社会保险补贴等其他失业保险待遇。同时也可能不当"增进"农民工的失业保险金：较早实现就业的农民工本不应领取12个月的生活补助（失业保险金）多领取了失业保险金。

也有开始完全实行相同的失业保险制度的，如上海市人社局《关于本市农村户籍人员参加失业保险有关问题的通知》（沪人社就发〔2015〕17号）规定：本市行政区域内的用人单位招用本市农村户籍人员，单位和个人按照与用人单位招用城镇户籍人员相同的缴费比例缴纳失业保险费；本市法定劳动年龄段内，有劳动能力，有就业要求的农村户籍劳动者，失业后可到户籍或居住所在地的街道、乡镇就业服务机构进行失业登记；本市农村户籍人员失业登记后，与城镇登记失业人员享受同等的失业保险待遇。

笔者认为，上海市的规定更符合立法和法治发展的要求，更为可取。但是，一方面，上海市规范仍区分本地户籍与外地户籍，仍然存在户籍歧视，是不恰当的；另一方面，考虑外地农民工的流动性以及转移接续的障碍，可以允许外地户籍农民工实行一次性结算，结算标准可参考天津市规定，即不超过12 个月的失业保险金，同时规定不得超过用人单位和个人共同缴纳的失业保险费总额。这样，究竟是适用同等待遇还是特殊待遇，由被保险人自由选择，不能认为损害了其权益。

（五）灵活就业人员

灵活就业是相对于传统稳定就业或正规部门就业而言。根据我国现行失业保险法律制度框架，灵活就业人员通常不能成为失业保险的被保险人。《社会保险法》规定用人单位及其职工应当参加失业保险并缴费。但根据我国劳动法理论和实践，"职工"一词意味着与用人单位具有劳动关系或人事关系。而灵活就业人员很难成为用人单位的"职工"，甚至根本没有用人单位。《就业服务与就业管理规定》第 63 条规定：农村进城务工人员和其他非本地户籍人员在常住地稳定就业满 6 个月的，失业后可以在常住地登记。按照反向解释，农民工或外地户籍人员非稳定就业或稳定就业未满 6 个月的，不能成为登记失业人员。实践中也有对此作扩大解释的，如《江苏省就业和失业登记管理暂行办法》（苏劳社〔2009〕6 号）第 42 条第 2 款规定："本办法所称稳定就业满 6 个月的非本地户籍人员，是指在本地居住，失业前在本地被用人单位招用满 6 个月且参加社会保险，或以从事个体经营、灵活就业形式在本地连续就业满 6 个月，并进行了就业登记的非本地户籍人员。"按照江苏省这一规定，灵活就业人员可以纳入就业登记或失业登记人员范围，从而可以享受一定范围的失业保险待遇，可以成为失业保险的广义被保险人。但其能否参加失业保险，仍无明确规定，因此不一定能够成为狭义的被保险人。

从理论上说，失业保险制度是为那些遭遇失业风险、收入暂时中断的失业者提供的一种收入保障，因此它的覆盖范围应包括社会经济活动中所有劳动者，因为在社会经济活动中每一个劳动者都有可能成为失业者。但在失业保险制度建立的初期，覆盖范围仅限于"正规部门"的劳动者，而把在"非正规部门"就业的劳动者排除在外。[①] 在迈向"人人享受基本社会保障"的今天，在灵活就业成为越来越普遍的全球发展趋势的背景下，灵活就业人员失业期间

---

① 王静敏、马秀颖：《当代中国失业保险问题实证研究》，吉林人民出版社 2009 年版，第 41 页。

的生活保障，灵活就业人员职业技能的提高、就业指导、就业促进均应当得到保障。相对于有稳定雇主的人员而言，灵活就业人员无论是在职期间还是失业之后，基本不可能得到或根本没有雇主方面的支持，其保障之必要性有过之而无不及。而从可行性角度来看，可先从有雇佣关系之灵活就业人员由雇佣双方自愿参加失业保险起步，逐步过渡到雇佣双方强制参保，最后再将非雇佣之灵活就业人员自愿纳入失业保险体系。但由于灵活就业人员在就业监控方面无法像普通劳动关系那样，因此在待遇支付体系方面可以作一些特殊考虑，或者实行更为宽松的支付条件，当降低待遇标准；或者实行同样的支付标准，但实行更为严格的监管措施，其中特别重要的是，建立和完善诚信体系，严格骗取社会保险待遇的责任追究，使被保险人不能、不敢骗取失业保险金及其他待遇。

（六）非全日制用工人员

根据《劳动合同法》第 68 条规定，非全日制用工，是指以小时计酬为主，劳动者在同一用人单位一般平均每日工作时间不超过四小时，每周工作时间累计不超过二十四小时的用工形式。非全日制用工与灵活就业具有相似性和交叉性。我国一般认为，非全日制用工属于灵活就业的一种形式。但从国外的规定来看，在一定意义上，我国《劳动合同法》规定的非全日制用工仍属于稳定就业。折中来看，非全日制用工属于具有一定稳定性的灵活就业。

非全日制用工人员与用人单位存在劳动关系，但用人单位一般没有为其强制缴纳社会保险费的义务。由于非全日制用工不但存在雇主，而且双方存在劳动关系，是灵活就业中比较规范的一种，因此应先行将此种用工类型纳入失业保险保障范围。可以强制规定其参加失业保险和工伤保险，这两个项目的保费都比较低，雇主与劳动者（工伤保险个人无须缴费）承受能力都比较强，因而具有更强的可行性。

（七）自雇人员

自雇人员即独立的劳动者，其通常划归于灵活就业人员范畴。鉴于失业保险应以雇佣关系为核心，加之监管的复杂性，自雇类灵活就业应作为远景之失业保险狭义被保险人，且应以自愿为原则。在近期，自雇人员不适宜参加失业保险并缴费，但可以作为广义被保险人享受技能培训、职业介绍、创业等待遇，当然，这需要区分就业的专项促进工作和失业保险的职业促进。

（八）劳务关系中的劳动者

我国比较严格地区分劳动关系与劳务关系。在一般劳动关系中，用人单位和劳动者均需参加社会保险，而劳务关系中双方是不应参加社会保险的，因此劳动者与相对方之间的法律关系性质直接决定着劳动者是否能够参加失业等社会保险并享受全部失业保险待遇。

劳务关系与劳动关系的主要区别在于：一是主体上，劳动关系中劳动者相对方必须具有用人资格，包括法人资格或个体工商户，自然人不能成为用人单位。因此，在自然人之间发生的劳务的供给和接受，构成劳务关系而不能成为劳动关系。二是内容上，劳动关系中劳动者要接受相对方的管理和指令，在劳动全过程接受相对方的管理、制约和监控；而劳务关系中劳动者通常不接受相对方对过程的管理，只负责提供劳务结果。总体上，劳动关系中用人单位的管理比较深入而劳务关系中劳务接受方的管理比较松散。当然，在管理深浅的临界点上，存在界分难题。在日本，以承包或委任关系提供劳动的人通常不能称为"被雇佣"，不能纳入失业保险。

笔者认为，基于"人人享有社会保障"的理念，应当尽可能将劳动者纳入失业保险体系，尽可能接受全面的失业保险保护，在劳动者和相对方符合劳动关系主体资格时，将用人单位和劳动者纳入失业保险体系，并不存在实施上的障碍，在失业保险中无须严格遵循劳动关系的限制要求。发包——承包、聘任——委任中均有希望相对方提供劳务和服务之含义，并非全无"雇佣"之含义。将此类劳务关系之双方纳入失业保险范围，符合社会保障的发展趋势和要求，符合失业保险的保障功能，在实施上并无特别之难题。惟应斟酌者，应采强制参保还是自愿参保，可循序渐进，先自愿后强制。

对于自然人间劳务关系，实质属于有雇主之灵活就业范畴，可循自愿原则将双方纳入。然因存在管控难题，在监管上须特设防范措施予以规制。

（九）法定代表人与董事等

日本法认为，除非拥有公司职员身份、劳动者的性质很强，否则法人代表、董事等不能作为被保险人。

在我国，无论是《劳动法》、《劳动合同法》还是《社会保险法》等法律法规，对于企业法定代表人、董事等人员是否应参加社会保险均未作明确规范。仔细推敲，劳动保障领域这三部基本法律的规定似是而非、矛盾而又饶有趣味。《劳动法》第2条规定，我国境内的企业、个体经济组织（用人单位）和与之形成劳动关系的劳动者，适用该法；第3条规定，劳动者享有取得劳动报酬、享受社会保险和福利的权利。《劳动合同法》第1条规定该法的立法目的之一是"保护劳动者的合法权益"；第2条规定，我国境内的企业、个体经济组织、民办非企业单位等组织（用人单位）与劳动者建立劳动关系，订立、履行、变更、解除或者终止劳动合同，适用该法。这两部法律的规定相似性较高。一般认为，法定代表人代表用人单位与劳动者签订劳动合同，这样才能较好保护"劳动者的合法权益"，而且通常，法定代表人并不存在与用人单位签订劳动合同的问题，因为法定代表人作为用人单位的机关，其本身即代表着用人单位，由此表明，法定代表人并非处于与用人单位相对的"劳动者"之列，并不享有强制性的劳动报酬、社会保险等权利。董事作为股东及股东代表，实际也代表着用人单位一方，也不属于与用人单位相对的劳动者一方。《社会保险法》第2条规定：国家建立失业保险等社会保险制度，保障公民在失业等情况下依法从国家和社会获得物质帮助的权利；第4条规定：我国境内的用人单位和个人依法缴纳社会保险费，有权查询缴费记录、个人权益记录，要求社会保险经办机构提供社会保险咨询等相关服务。《社会保险法》第2条是从公民权角度规范的，从这个意义上说，法定代表人和董事作为公民，有参加失业保险并享受失业保险待遇的权利；其第4条，对用人单位的相对方采用"个人"这一通俗表述，因其无专业含义，从文义理解，法定代表人和董事属于"个人"当无疑。但是，《社会保险法》在表述各险种的参保对象时，又均使用"职工"这一传统的即劳动者的表述，实令人无以适从。

从实践来看，企业通常会给法定代表人和董事办理参保手续并缴费，社保机构也予以接受。显然，实践并未拘泥于理论上的困惑和法条上的含糊与矛盾。

笔者认为，我国社会保险制度并非福利制度，而是贯彻权利与义务相适应原则的制度，除特殊情形外，任何公民享受社会保险待遇，均应以义务的履行为前提；在履行义务之后，即应当享受同等权利，不应因个人身份、地位等因素而限制其社会保险基本权。从实际需要看，虽然法定代表人和董事通常属于资本所有者，其抵御社会风险的能力比较强，但在市场变幻莫测的社会中，这样的风险并非完全不存在，其并非完全没有保障之需求。允许其参加社会保险，不仅有助于他们防范可能遭遇的社会风险，也有助于更好地发挥社会保险的共济功能。因此，法定代表人和董事均有权要求参加失业保险，履行相应义务并主张相应权利。但如果他们拒绝参加，则不应强制。

第三节　失业保险金

一、失业保险金标准

（一）我国现行失业保险金的标准

1. 多数介于城市居民最低生活保障标准和最低工资之间。《社会保险法》第47条仅规定，失业保险金的标准不得低于城市居民最低生活保障标准，具体由省、自治区、直辖市人民政府确定。各地实际确定的失业保险金在最低生活保障标准与最低工资标准之间。如《北京市失业保险规定》第 19 条规定：失业保险金发放标准为本市最低工资标准的 70% ~ 90%。《天津市失业保险条例》第 18 条规定：失业保险金的标准，由市人民政府按照高于城市居民最低生活保障标准和低于本市最低工资标准的水平确定。《上海市失业保险办法》第 13 条第 2 款规定：失业保险金标准应当低于本市当年最低工资标准、高于本市当年城镇居民最低生活保障标准。按照这种模式，失业保险金与缴费标准即缴费的多与少没有关联。

2. 个别按平均替代率（平均缴费基数的一定比例）确定。《江苏省失业保险规定》第 23 条规定：失业保险金的标准，按照失业人员失业前 12 个月月平均缴费基数的 40% ~ 50% 确定；最高不得超过当地最低工资标准，最低不得低于当地城市居民最低生活保障标准的 1.3 倍。按照这种模式，平均缴费越高，失业保险金标准越高，但与个人及其用人单位的缴费标准关联较弱（被平均）。

3. 失业保险金标准与缴费年限长短的关联性。

（1）缴费时间越长，失业保险金标准越高。《北京市失业保险规定》第 19 条规定：①累计缴费时间不满 5 年的，按最低工资标准的 70% 发放；②累计缴费时间满 5 年不满 10 年的，按最低工资标准的 75% 发放；③累计缴费时间满 10 年不满 15 年的，按最低工资标准的 80% 发放；④累计缴费时间满 15 年不满 20 年的，按最低工资标准的 85% 发放；⑤累计缴费时间满 20 年以上的，按最低工资标准的 90% 发放。《上海市失业保险办法》第 13 条规定：失业人员第 1 个月至第 12 个月领取的失业保险金标准，根据其缴纳失业保险费的年限确定。《江苏省失业保险规定》第 23 条规定：失业保险金的标准，①缴费不满 10 年的，按照失业人员失业前 12 个月月平均缴费基数的 40% 确定；②缴费满 10 年不满 20 年的，按照失业人员失业前 12 个月月平均缴费基数的 45% 确定；③缴费 20 年以上的，按照失业人员失业前 12 个月月平均缴费基数的 50% 确定。

（2）两者无关联，失业保险金标准固定。如天津市人社局《关于提高我市失业保险金标准的通知》（津人社局发〔2014〕60 号）规定，领取期限处于第 1 个月至第 12 个月的，失业保险金月发放标准为 880 元。《广东省失业保险条例》第 19 条规定：失业保险金由社会保险经办机构按照失业保险关系所在地级以上市最低工资标准的 80% 按月计发。

4. 失业保险金标准与待遇领取时间的关联性。

（1）领取期限越长，失业保险金标准越低。北京市规定，从第 13 个月起，失业保险金一律按最低工资标准的 70% 发放。上海市规定，第 13 个月至第 24 个月领取的失业保险金标准，为其第 1 个月至第 12 个月领取标准的

80%。这两种模式对比，北京市第 13 个月至第 24 个月的失业保险金是固定的，而上海市该段时间失业保险金仍然是有变化的，与缴费年限有关联。

（2）两者无关联，失业保险金标准固定。

5. 失业保险金标准与年龄关联性。根据上海市人社局《关于调整本市失业保险金支付标准的通知》（沪人社局发〔2015〕11 号），年龄越大，失业保险金标准越高。而大多数地方，失业保险金标准与年龄无关。

沪人社就发〔2015〕11 号确定的失业保险金标准

累计缴费年限	失业人员年龄	第 1—12 个月支付标准（元/月）	第 13—24 个月支付标准（元/月）	延长领取支付标准（元/月）
满 1 年不满 10 年	<35 岁	1255	1004	—
	≥35 岁	1310	1048	838
满 10 年不满 25 年	<45 岁			
	≥45 岁	1360	1088	870
25 年以上	不论年龄			

（二）失业保险金标准国际经验

1. 大多数国家的失业保险金给付标准是以失业者在失业前的工资收入为依据的，为失业之前工资收入的一定比率，称之为失业保险金替代率。[1] 通常，发达国家失业保险金替代率为 50% ~ 60%，发展中国家一般为 40% ~ 50%。[2] 瑞典自愿失业保险津贴取决于雇员失业前的工资，不超过工资的 80%，有上限和下限。[3] 德国失业保险金 I 的支付额度可以达到税后收入的 67%。[4] 法国失业保险收益的替代率为失业前收入的 57% ~ 75%。[5] 智利的失业保险很有特点，其失业保险待遇由个人储蓄账户和共同基金两部分组成，个人账户替代率为 37% ~ 22%，共同基金的替代率从 50% ~ 30%。[6] 英国求职者

---

① 王静敏、马秀颖：《当代中国失业保险问题实证研究》，吉林人民出版社 2009 年版，第 47 页。

② 吕学静：《社会保障国际比较》，首都经济贸易大学出版社 2007 年版，第 193 页。

③ 栗芳：《瑞典社会保障制度》，上海人民出版社 2010 年版，第 199 页；李元春：《国外失业保险的历史与改革路径》，中国财政经济出版社 2011 年版，第 73 ~ 74 页。

④ 姚玲珍：《德国社会保障制度》，上海人民出版社 2011 年版，第 266 页。

⑤ 李元春：《国外失业保险的历史与改革路径》，中国财政经济出版社 2011 年版，第 96 页。

⑥ 李曜、史丹丹：《智利社会保障制度》，上海人民出版社 2010 年版，第 202 ~ 203 页。

津贴替代率较低,单身的仅为 10% 左右,双失业家庭在 2009 年也仅有 17.2%,更偏向社会救助制度而非社会保险制度,但还可以领取其他社会保障福利。① 国际劳工组织 1952 年《社会保障最低标准公约》(第 102 号)规定失业津贴的替代率一般为 45%。在全失业的情况下,津贴应以定期支付形式提供,其计算方式应使受益人的收入损失得到部分和过渡性补偿,同时避免造成对工作和创造就业的阻碍作用。建议在过去收入的 40% 以上。当津贴以受保护人所缴纳的或以其名义所缴纳的费用,或以其过去的收入为依据时,其数额应当不低于过去收入的 50%;当此种津贴不以所缴纳的费用或过去的收入为依据时,其数额应当不低于法定最低工资或普通工人工资的 50%,或按照基本生活费用的最低额确定,以高者为准。②

2. 失业保险金标准的影响因素。

德国失业保险金 I 支付标准根据失业者失业前每月的税后工资的高低、失业者失业前缴纳保险费的数额和持续时间确定,支付额度与是否有孩子也有关系,独身,领取税后收入的 60%;如果至少有一个 18 岁以下的孩子,则享受税后收入的 67%。而失业保险金 II 主要根据社会最低生活水平和失业者所需要负担的家庭成员数量确定。③

瑞典,雇员从失业保险基金获得的津贴金额取决于:(1)工作的时间;(2)平均收入(与收入关联的失业保险);(3)每周能够和愿意工作的时间;(4)每周失业的时间。失业保险的目的是在失业者非自愿失业时补偿其一定的收入损失。基本失业保险津贴与平均工作时间成比例,为全职工作者提供固定的津贴,不考虑其原工资水平。对非全职工作者或工作时间少于 12 个月者,津贴水平按比例减少。在收益期的头 200 天里,津贴水平为原工资的 80%,在剩余的收益期里减少至 70%。自愿失业保险津贴无年龄限制。领取养老金者,为工资的 65%。④

英国是欧共体国家中唯一一个实施失业津贴与失业者历史收入不挂钩政策的国家。英国求职者津贴的金额主要取决于领取者的年龄,与其历史缴费期限、缴费基数没有关系,不论其原来的工作收入是多少,均领取同等数量的津贴,实行统一标准的失业补贴,其背后遵守的是贝弗里奇原则,即把社会保障

---

① 郑春荣:《英国社会保障制度》,上海人民出版社 2012 年版,第 226~228 页。

② [荷] 弗朗斯·彭宁斯:《软法与硬法之间:国际社会保障标准对国内法的影响》,王锋译,商务印书馆 2012 年版,第 270~356 页。

③ 姚玲珍:《德国社会保障制度》,上海人民出版社 2011 年版,第 254~266 页。

④ 栗芳:《瑞典社会保障制度》,上海人民出版社 2010 年版,第 198~199 页。

制度看作是避免出现贫困的最后保障。失业保险补贴的领取直接与失业人员在原单位收入多少挂钩，体现了俾斯麦原则，津贴水平高于统一补贴水平，但是，失业金的替代率高容易造成"失业陷阱"，使得失业者几乎没有寻找工作的欲望。[①]

智利，个人账户替代率从 37% ~ 22%，支取次数增加而替代率下降；共同基金的替代率从第 1 个月到第 5 月分别为 50%、45%、40%、35%、30%。[②]

3. 失业保险金的结构和体系。瑞典设立了两种失业收益：一种是收入相关的失业保险收益，享受者必须满足成员资格条件，且至少有 12 个月的成员历史。另一种与收入无关[③]，法国除了失业保险收益外，不符合领取失业保险收益的失业者可以发给福利性失业救助。在按规定期限领取完与失业前的工资收入挂钩的失业保险收益之后，领取固定数额的失业补贴。[④] 德国也有失业保险金 I 和 II。

4. 失业保险金是否免征个人所得税。德国的失业保险金免征个人所得税。瑞典失业保险津贴要纳税。英国缴费型求职者津贴要缴纳个人所得税，而家计调查型求职者津贴免征个人所得税。[⑤]

5. 失业保险待遇与用人单位补偿的关系。智利的失业保险很有特点，其失业保险待遇由个人储蓄账户和共同基金两部分组成。前者由员工工资的固定比率存入，员工自己 0.6% + 雇主 1.6%；后者由公司出资 0.8% + 及政府直接出资 900 万美元构成。临时合同工只有个人账户 3% 的工资。智利失业保险体系的另一个重要特征是，员工被解雇时，雇主可以将其应该向员工强制性或自愿支付的解雇费用抵扣掉雇主向员工个人储蓄账户的出资，失业保险和解雇费的相互替代，减少了失业保险体系对雇主雇佣成本的冲击。[⑥]

---

① 郑春荣：《英国社会保障制度》，上海人民出版社 2012 年版，第 212 ~ 229 页。

② 李曜、史丹丹：《智利社会保障制度》，上海人民出版社 2010 年版，第 202 ~ 203 页。

③ 李元春：《国外失业保险的历史与改革路径》，中国财政经济出版社 2011 年版，第 86 页。

④ 李元春：《国外失业保险的历史与改革路径》，中国财政经济出版社 2011 年版，第 96 页。

⑤ 郑春荣：《英国社会保障制度》，上海人民出版社 2012 年版，第 222 页。

⑥ 李曜、史丹丹：《智利社会保障制度》，上海人民出版社 2010 年版，第 199 ~ 207 页。

（三）分析与结论

1. 国外经验结合我国实际情况来看，我国失业保险金的标准偏低，应当适当提高失业保险金标准。第一，根据《城市居民最低生活保障条例》，最低生活保障标准是"保障城市居民基本生活"。"低保"属于社会救助制度。失业保险待遇的给付标准要考虑到失业人员及其家庭的基本生活保障。[①] 以"低保"标准考量失业保险金水平是不恰当的，这样的待遇水平，维持被保险人个人生活或许还有一定的可能性，但是进一步保障被保险人家庭，实力又不及。一般而言，最低工资标准就是考虑劳动者及其家庭的最基本生活水平而设置的。因此从被保险人及其家庭的基本生活来看，最少也应当以最低工资标准作为保障基点。第二，失业保险金是对被保险人收入丧失的替代，通过对收入的替代来保障被保险人在失业期间的基本生活。根据《社会保险法》第 3 条规定，社会保险制度坚持"保基本"的方针，这里的基本适用于基本养老、基本医疗、工伤、失业和生育 5 大险种。以基本养老金对比，基本养老金属于保基本，那么显然，失业保险金就无法达到保基本的水平。从此角度来看，失业保险金即便可以不向基本养老金"看齐"，但是也需要参照基本养老金的基本保障功能。以此对比，我国的失业保险金水平显然过低。第三，失业保险费是以本人工资作为缴费基数的，根据权利与义务对应的基本原则，失业保险待遇也应当考虑本人缴费工资。从这个意义上说，《江苏省失业保险规定》以失业人员失业前 12 个月月平均缴费基数作为失业保险金的计发基数更具合理性。换言之，即便以最低工资标准作为失业保险金计发基数也是不恰当的，这也是保险模式的基本功能之一。第四，失业保险金不仅要维持被保险人及其家庭在一定期限内的基本生活，还要发挥保障被保险人求职等功能，即便存在公共就业介绍等，个人仍需要承担一定的就职成本，如交通费、餐费等。过低的待遇水平难以发挥有效的保障作用。目前，实践中失业保险金领取率较低，与待遇水平较低是有密切关联的。第五，为了防范"养懒人"，失业保险金水平不宜过高。但相比于国外动辄 50% 以上的替代率，我国失业保险金水平不是过高而是过低，适当提高失业保险金水平，例如按照本人失业前 12 个月平均缴费工资的 50% ~60% 支付失业保险金，是否会产生"养懒人"效应，可以研究。但考虑这样的保障水平（由于缴费工资通常低于实际工资）远低于实际收入水平，以及仅相当于国外保障水平的下限，其逆激励效应应该不高甚至不存在。

2. 失业保险金标准的缴费关联性总体缺失，激励性严重不足，应当贯彻

---

① 信长星：《失业保险》，中国劳动社会保障出版社 2011 年版，第 49 页。

权利义务相对应的基本原则,在一定程度上实现"多缴多得",对缴费基数较高、缴费年限较长者,适当提高失业保险金标准。虽然个别地区的失业保险金标准考虑了缴费时间和领取待遇时间的长短,但总体来说,我国失业保险金的给付标准与失业前的工资水平没有任何关系,也不与失业持续时间的长短相关联,这与大部分发达国家的相关规定大相径庭。

我国主管部门承认,统一的待遇标准是不公平的。其认为,失业保险待遇的给付标准应与失业人员失业前的工作年限、缴费年限和原工资收入相联系,使其符合权利与义务相联系的原则;失业保险待遇标准对所有失业人员一律平等,对劳动者个人来说,无法体现每个人对社会和对失业保险制度所作出的贡献。[1] 失业保险金的给付水平既不能完全以当事人或其雇主为其缴纳的失业保险费的数量为依据,也不能只考虑当事人的基本生活需要。对失业保险金水平的规定,一般以使当事人的收入损失得到一定的补偿,同时又不对再就业产生阻碍为原则。[2] 失业保险金的给付标准首先依赖于一个国家的社会经济发展水平和人们的生活水平,其次失业者的就业期和参加保险期的长短、失业之前的工资收入水平、年龄以及家庭情况等也会对给付标准产生影响。给付标准基本上有三种:第一种是将失业保险金与失业者在失业之前的工资收入挂钩;第二种是国家以社会的平均工资或最低工资标准的一定比例为依据,对失业者发放固定数额的失业保险金;第三种是将这两种方式结合起来计算失业保险金。不论采取何种方式,给付标准都应当有最高额和最低额的限制,明确失业保险金保障的是失业者的基本生活并对失业与就业作出区分。[3]

失业保险作为社会保险的一种,其采取的保险的运行机制,保险给付必须在一定程度上与缴费关联;根据权利与义务对应的社会保险法基本原则,权利的多少虽然不与履行义务的多少呈严格的对应关系,但两者应当有正相关关系,这样才能体现激励机制,鼓励大家多缴社会保险费。无论从立法角度还是行政的适用上,由于都未能较好地贯彻这一原则,就全国范围来说,无论是用人单位还是个人,参保积极性都不太高。如果制度本身的吸引力、激励性不够,要从根本上改变这一现状是非常困难的。

3. 没有合理界分失业保险金与低保等保障制度不同的保障功能,没有形成体系化、科学化的社会保障体系。国外失业保障的基本机构之一是,区分与

---

① 信长星:《失业保险》,中国劳动社会保障出版社2011年版,第49~50页。

② 杨伟民:《失业保险》,中国人民大学出版社2000年版,第55页。

③ 王静敏、马秀颖:《当代中国失业保险问题实证研究》,吉林人民出版社2009年版,第47页。

收入（缴费）关联的失业保险待遇，以及与收入（缴费）无关联的失业保险待遇，前者待遇水平较高，领取期限较短，属于社会保险保障；后者待遇水平较低，领取期限较长，与实际经济状况关联，属于社会救助制度。我国社会保险和社会救助的制度分隔过大，分由不同的部门管理和操作，缺乏整体的协调和统筹，这在失业保障中同样如此。一方面，失业保险金标准与低保标准过于接近，其优越于社会救助制度的价值没有得到充分显现；另一方面，两者没有衔接制度接口，均各行其是，不像一些国家，失业保险金领取期限终结后未实现就业的，可以直接领取救助性质的待遇。我国在推进失业保障制度的改革过程中，应当注意区分以缴费或过去收入为依据确定待遇水平的失业保险金，与更多考虑底线公平、保障最基本生活而不考虑缴费和收入水平的社会救助制度，给予两项制度更好的衔接。如，对于参加失业保险制度，但是缴费不满1年就失业的劳动者，可以由失业保险基金给予一定的生活补助，与失业保险金有明确的区分。

此外，还可以适当考虑失业保险的保障与用人单位保障的关系。发展中国家可以根据自己的国情，将基本的收入保护机制的不同方式（如解雇费、失业保险储蓄账户、公共工作项目或社会保险等）按照不同的程度结合在一起，形成一个更好的收入保护机制。[1] 需要考虑在用人单位已经履行了失业保险缴费的前提下，用人单位是否还需要承担解雇费用，或者在多大程度上继续承担解雇费用。

4. 失业保险金标准应与供养人挂钩。我国目前的失业保险金标准是确定的，且与家庭状况无关。而无论是从立法目的还是实际状况，被保险人享受失业保险金需要用于保障受其供养的亲属的基本生活，如未成年子女、缺乏生活来源的父母及其他亲属，完全不考虑这一状况是不合理的。应当设定不同档次的失业保险金标准，根据被保险人有无被供养人以及多寡予以适用。

二、失业保险金享受期限

（一）我国规定

《社会保险法》第46条规定：失业人员失业前用人单位和本人累计缴费满1年不足5年的，领取失业保险金的期限最长为12个月；累计缴费满5年不足10年的，领取失业保险金的期限最长为18个月；累计缴费10年以上的，领取失业保险金的期限最长为24个月。一些地方规定有所不同，如《天津市失业保险条例》第19条对缴费年限在5年以下作了进一步区分：失业前累计

---

[1] 李曜、史丹丹：《智利社会保障制度》，上海人民出版社2010年版，第213页。

缴费满 1 年不满 3 年的，领取失业保险金的期限最长为 6 个月；失业前累计缴费满 3 年不满 5 年的，领取失业保险金的期限最长为 12 个月。还有的地方规定完全不同，如《广东省失业保险条例》第 17 条规定：失业人员缴费时间 1 至 4 年的，每满 1 年，失业保险金领取期限为 1 个月；4 年以上的，超过 4 年的部分，每满半年，失业保险金领取期限增加 1 个月。失业保险金领取期限最长为 24 个月。

（二）国外规定

法国 2006 年 1 月 1 日之后，最长的补偿期限为 36 个月。[①] 瑞典的基本失业保险和自愿失业保险的收益期通常都为 300 天，每周支付 5 天。如果在 300 天的收益期内要抚养 18 岁以下的小孩，期限将延长 150 天；如果失业者符合新的工作条件，可以进入一个新的收益期。[②] 英国缴费型求职者津贴最长时期是 26 周（182 天），求职者在 26 周以后仍不能找到工作，可以转为申领家计调查型求职者津贴，后者给付期限没有限制。[③] 德国失业保险金 II 没有期限限制，失业保险金 I 的支付期限与缴费时间长短、年龄关系密切，具体见下表：

累计最短缴费时间（月）	失业者的年龄（岁）	失业保险金领取最长时间（月）
12		6
16		8
20		10
24		12
30	50	15
36	55	18
48	58	24

资料来源：Federal Ministryof Laborand Social Affairs，"Social Securityat Glance 2008—Basic Security Benefitfor Job—seekers"，2008. 转载自姚玲珍：《德国社会保障制度》，上海人民出版社 2011 年版，第 266 页。

（三）分析与结论

国外失业保险金的领取期限的长短与失业者缴纳失业保险税（费）的年

---

① 白澎、叶正欣、王硕：《法国社会保障制度》，上海人民出版社 2012 年版，第 316 页。

② 栗芳：《瑞典社会保障制度》，上海人民出版社 2010 年版，第 198 页。

③ 郑春荣：《英国社会保障制度》，上海人民出版社 2012 年版，第 222 页。

限、失业者的年龄和就业年限有关。一般而言，就业年限越长、年龄越大、缴纳的失业保险税（费）相对较多的失业者，享受的失业保险待遇期限相应较长。[①]

第一，我国失业保险金可领取期限主要与缴费年限长短有关，但比较而言，档次过少，直接导致即便缴费年限差异较大，失业保险金可领取期限仍然相同，缴费的激励性较弱，即《社会保险法》关于失业保险金领取期限的设置更强调均等而非激励。《广东省失业保险条例》实际设置了 14 档期限，其激励性更强。但是否有必要设置如此多的档次也值得考虑。笔者认为，失业保险金应在激励性和保障性之间求得平衡，既要考虑鼓励多缴费、持续缴费以便获取更长期限的失业保险金，也要适当顾及对基本保障的强调，缴费 2 年或 3 年的，可领取期限相同。同时适当提高领取最长期限的累计缴费年限。《社会保险法》规定累计缴费 10 年以上的，最长可领取期限为 24 个月。这意味着很多劳动者缴费时间再长，失业保险待遇也不可能增长。将累计缴费年限提高到 15 年以上，其激励性会得到增强。

第二，失业保险金最长可领取期限。我国规定失业保险金最长可领取期限为 24 个月。比较而言，在失业保险待遇中，该期限是比较长的，但如果考虑包括作为社会救助的失业救助津贴，该期限并不算长。考虑这一状况及社会保障待遇的稳定预期，现有失业保险金可领取最长期限宜保留，但应当提高待遇标准，同时可考虑在该期限届满后非因其主观因素仍未实现就业的，可继续发放一定数额的救助性质的失业津贴。

第三，分阶段待遇标准，即随着领取期限的增加，失业保险金待遇逐步下降。国内很多地方都有类似规定。如《北京市失业保险规定》第 19 条规定：从第 13 个月起，失业保险金一律按最低工资标准的 70% 发放。天津市人社局《关于提高我市失业保险金标准的通知》（津人社局发〔2014〕60 号）规定，领取期限第 1 个月至第 12 个月的，失业保险金月发放标准为 880 元；领取期限处于第 13 个月至第 24 个月的，失业保险金月发放标准为 840 元。《上海市失业保险办法》第 13 条规定：失业人员第 1 个月至第 12 个月领取的失业保险金标准，根据其缴纳失业保险费的年限确定；第 13 个月至第 24 个月领取的失业保险金标准，为其第 1 个月至第 12 个月领取标准的 80%。随着被保险人领取失业保险金期限的增加，逐步降低其失业保险金待遇，有助于督促其尽快实现就业，这一思路应予支持。目前多数地方根据最长可领取期限，划分为前

[①] 王静敏、马秀颖：《当代中国失业保险问题实证研究》，吉林人民出版社 2009 年版，第 48 页。

12 个月与后 12 个月两档，梯次过少，激励性也较弱。为提高激励性，可以 6 个月甚至 3 个月作为失业保险金标准降低梯次，从而对失业人员积极寻找工作、重新就业形成更强压力。结合失业保险金标准的提高，可以维持现有较长期限失业保险金标准，如第 19 个月至第 24 个月的失业保险金标准不变，分梯次提高前 18 个月的失业保险金标准。

第四，与失业者的年龄关系。国外失业保险金的标准和期限不少与失业者的年龄有关，年龄越大，失业保险金标准越高、领取期限越长。《上海市失业保险办法》第 22 条规定：失业人员在领取失业保险金期满后，非本人主观原因确实不能重新就业，且距法定退休年龄不足 2 年或者因特殊原因确需放宽的，可以申请继续领取失业保险金至其法定退休年龄；继续领取的失业保险金标准为其第 13 个月至第 24 个月领取标准的 80%，但不得低于本市当年城镇居民最低生活保障标准。临近退休的失业人员，其就业难度相对增大，在进一步降低待遇（更接近低保）的基础上延长其失业保险金领取年限，具有合理性。但对于因年龄较大而增加失业保险金标准，在国内恐不可取。对于临近退休人员，其生活成本并不比年轻者高，提高其失业保险金标准的理由并不充足。

第五，与失业者就业年限关系。国外多数国家领取失业保险金期限与失业者就业年限有关联，就业年限越多，领取期限越长。这和失业保险促进就业的功能是有密切关系的。我国失业保险金领取期限与失业保险费缴费年限有关联（有失业保险缴费必然属于就业）因而与就业年限有间接关联，但与一般就业年限无直接关联。从我国现实状况看，不适宜直接采用与就业年限关联。在国外，法治状况较好，少缴、不缴社会保险费的状况很少见，有就业而无缴费通常是无须或不应缴费，而我国应缴未缴社会保险费状况很普遍，采用就业年限而非缴费年限不利于促进缴费；国外就业登记或申报制度比较健全，没有缴费的约束，劳动者是否就业能够比较容易确定，而在我国，除了社会保险的申报相对普遍外，一般就业特别是灵活就业，政府机构很难获取数据，如以就业年限而非缴费年限作为确定领取失业保险金的期限，很难控制虚假欺骗等现象。

第六，《社会保险法》的规定可否突破。很多地方的失业保险规定，突破了《社会保险法》的规定，这种状况应否支持？此种规定是否有效？笔者认为，《社会保险法》的规定过于原则，也没有充分应对实践需要的准备，如果严格遵循《社会保险法》的规定，失业保险事业将很难发展。在此现实背景下，基于现实需要，通过地方性法规或地方政府规章对失业保险制度实施改革性发展是必要的，只要不违背《社会保险法》的强制性规定和原则精神，应当是有效的。

三、失业保险金享受资格

各国都对享受失业保险的资格作了详细规定，通过一套恰当和完整的标准对失业者进行审核和监督，努力防止或减弱出现欺骗失业保险金的道德风险。[①]

（一）我国失业保险金享受资格

《社会保险法》第45条规定，失业人员从失业保险基金中领取失业保险金的条件是：（1）失业前用人单位和本人已经缴纳失业保险费满一年的；（2）非因本人意愿中断就业的；（3）已经进行失业登记，并有求职要求的。第一和第三个条件比较好掌握，对于何谓"非因本人意愿中断就业"则需要进一步解释。

《天津市失业保险条例》第14条、《广东省失业保险条例》第16条规定，"非因本人意愿中断就业"包括下列情形：

（1）依照《劳动合同法》第44条第1项（劳动合同期满的）、第4项（用人单位被依法宣告破产的）、第5项（用人单位被吊销营业执照、责令关闭、撤销或者用人单位决定提前解散的）规定终止劳动合同的。

（2）由用人单位依照《劳动合同法》第39条（包括劳动者存在的6种情形：①在试用期间被证明不符合录用条件的；②严重违反用人单位的规章制度的；③严重失职，营私舞弊，给用人单位造成重大损害的；④劳动者同时与其他用人单位建立劳动关系，对完成本单位的工作任务造成严重影响，或者经用人单位提出，拒不改正的；⑤以欺诈、胁迫的手段或者乘人之危，使对方在违背真实意思的情况下订立或者变更劳动合同致使劳动合同无效的；⑥被依法追究刑事责任的），第40条（包括了3种情形：①劳动者患病或者非因工负伤，在规定的医疗期满后不能从事原工作，也不能从事由用人单位另行安排的工作的；②劳动者不能胜任工作，经过培训或者调整工作岗位，仍不能胜任工作的；③劳动合同订立时所依据的客观情况发生重大变化，致使劳动合同无法履行，经用人单位与劳动者协商，未能就变更劳动合同内容达成协议的），第41条（包括4种情形：①依照企业破产法规定进行重整的；②生产经营发生严重困难的；③企业转产、重大技术革新或者经营方式调整，经变更劳动合同后，仍需裁减人员的；④其他因劳动合同订立时所依据的客观经济情况发生重大变化，致使劳动合同无法履行的）规定解除劳动合同的。

---

① 王静敏、马秀颖：《当代中国失业保险问题实证研究》，吉林人民出版社2009年版，第47页。

（3）用人单位依照《劳动合同法》第36条规定向劳动者提出解除劳动合同并与劳动者协商一致解除劳动合同的。

（4）由用人单位提出解除聘用合同或者被用人单位辞退、除名、开除的。

（5）劳动者本人依照《劳动合同法》第38条规定解除劳动合同的。

（6）法律、法规、规章规定的其他情形。

在《社会保险法》之前，曾经还规定有其他条件。如《上海市失业保险办法》第10条规定的领取失业保险金条件还包括：在法定劳动年龄内；具有本市城镇常住户口。要求领取失业保险金人员必须具有本市城镇常住户口就其合法性来说已经不足，该规定违背了平等原则，属于户籍歧视，而且《社会保险法》更强调缴费义务与享受权利之间的因果联系。关于劳动年龄，既然已经参保，自然符合起始劳动年龄；失业登记排除了退休人员或超过法定退休年龄的人员，因此无须重复强调这一条件。

（二）国外失业保险金享受资格

德国失业保险金Ⅰ的给付，一般同时要求：（1）在收到雇主解雇通知后的3个月内，到当地就业办公室亲自登记；（2）参加失业保险，在申请的最近2年内累计缴费12个月，季节性行业最近2年内累计缴费6个月；（3）申请者处于失业；（4）有意愿、有能力，并积极配合寻找工作，接受职业介绍所的工作推荐和就业办公室安排的职业培训。如果因为个人原因自动离职、拒绝培训，将减少保险金或延迟发放（最长12周）。有可能取消给付资格的情形包括：（1）申请人因为某些原因失去了就业机会，但依然和雇主保持劳动关系时。（2）申请人开始失业时，在享受休假补贴的期间不能领取失业保险金。（3）申请人不能同时享受两种或两种以上具有工资替代性的社会保险金，如职业培训补助金、残疾人职业赔偿救济金、医疗保险金、护理保险金、工伤保险金、生育保险金、孕产保护法规定的特殊补助、提前退休金以及其他法律规定的社会保险金。申请人如果享受其中任何一种，失业保险金资格都被取消。申请人因为自身原因造成故意失业，将进入"失业保险的封闭期"（6—12周），期间不能领取失业保险金Ⅰ。具体原因包括：因为违反劳动合同的规定被解雇；没有充足理由自己解除劳动合同；为了被解雇，雇员明知故犯导致失业；拒绝职业介绍所介绍的符合个人特长和职业兴趣的合适工作；没有合理理由中断劳工局安排的职业培训；由于自身原因造成被培训单位除名；无正当理由拖延接受培训或者职业介绍。①

美国各州要求享受失业保险的人员"有工作能力并处于可就业状态"，但

① 姚玲珍：《德国社会保障制度》，上海人民出版社2011年版，第265~266页。

各州对于"可就业状态"的解释并不相同，有的认为指可以从事任何工作，有的却认为只可以从事"适当的"工作，或从事类似于失业者在失业前的工作，此外，对地域差异、怀孕、残疾等特殊因素的界定也不尽相同。①

在加拿大，未能找到合适的工作，或因生病及照料子女而没能参加工作者，仍可以享受失业保险待遇。②

瑞典申请享受基本失业保险津贴必须满足基本条件、工作或学生条件。基本条件包括：（1）完全或部分失业；（2）失业前每天最少工作 3 个小时，每周工作不少于 17 个小时；（3）当有合适的工作机会时，准备接受这些工作；（4）已在公共就业服务机构进行失业登记；（5）积极寻找合适的工作；（6）申请者自愿与就业服务机构合作，共同制定个人行动计划。合适的工作包括：工作带来的福利与集体协议下雇员可获得的津贴水平保持一致；在法律和集体协议的允许下采取了行动，使得工作场所避免了劳资纠纷的发生；工作场所的其他条件必须满足关于预防疾病和意外事故的工作环境立法。工作条件要求：在失业前的 12 个月内，失业者必须至少在 6 个月内，每月至少工作 70 小时，如果因为疾病或者双亲趋势等原因无法工作时，12 个月的期限可以延长；或者在连续 6 个月内累计工作 450 个小时，且每月工作不少于 45 小时。求职者必须年满 20 岁。享受与收入关联的失业保险津贴，要求参加失业保险基金满 1 年。自愿离职、不当操行、介入劳资纠纷或拒绝接受给其介绍的合适工作而造成的失业者，不能享受或削减津贴。自营劳动者被看成是失业，必须至少临时停止他们的商业活动，通常这意味着自营劳动者必须转让公司及公司所有的资产，并注销公司。瑞典规定，自愿离职，在失业期最长能够享受 45 天的津贴；被雇主解雇，在失业期最长可享受 60 天的津贴。瑞典，在失业期接受教育，通常不可以获得失业津贴，在一些特定情形下，学习期间也可以得到失业津贴。③

英国的求职者津贴分两种。（1）缴费型求职者津贴。①年满 18 周岁且居住于英国；②已失业或每周工作时数未满 16 小时，不是全日制学生；③离职前 2 年中至少缴纳过一年的第一类型国民保险税；④与特别就业中心签订求职者协议，必须有工作能力、工作意愿且积极寻找工作。拒绝签订该协议或无法

---

① 李元春：《国外失业保险的历史与改革路径》，中国财政经济出版社 2011 年版，第 70 页。

② 李元春：《国外失业保险的历史与改革路径》，中国财政经济出版社 2011 年版，第 99 页。

③ 粟芳：《瑞典社会保障制度》，上海人民出版社 2010 年版，第 195～197 页。

履行协议，政府将终止发放津贴。（2）家计调查型求职者津贴。不符合缴费型求职者津贴申请条件，且资产额（指任何能带来收入的资产，包括银行储蓄、房地产和土地等，不包括个人居住所需要的房屋及个人物品）低于16000英镑的失业者可申请。在英国，有的人找到非全日制工作，但每周工作不超过16小时，仍具有领取求职者津贴资格，但属于就业而非失业人员。超过退休年龄者可以申请养老金补贴。16—18周岁、非全日制在校学生通常不能申请求职者津贴，特殊情形可以：申请者被逼离开其父母居住；如果未能申请求职者津贴，将会陷入严重困境；申请者是一对伴侣中的一方，并且负责照顾子女。英国规定，领取求职津贴者在一定期限届满后，如果不努力寻找工作或者不接受就业中心推荐的工作的，则停发其本人的求职津贴。一个人被证明失去工作能力后，须3年接受一次身体检查，如果查明已经恢复工作能力，将被列入失业者名单领取较低的求职津贴，这样既防止了某些人有了工作能力但借故不工作，也能促使康复者积极学习新技能，重新走进劳动力市场。①

智利失业保险覆盖了所有超过18周岁、在私人部门工作并领取薪水的员工。18周岁以下或是自雇人员或是家政服务员被排除在外。排除18周岁以下的人员是防止青少年产生退学的动机，排除家政服务员是因为他们有独立的失业保险体系，公务员因为其面临的失业风险较低从而被排除在外。临时员工被纳入。智利签订临时性合同的员工连续缴费满6个月才有资格在失业时获取个人账户资金，可以在失业的第一个月获得全部缴费；签订长期合同的员工在连续缴费12个月后才有资格在失业时获取个人账户资金，可以在5个月内获得累计所有缴费。非因自己过错而被解雇的员工才有权利获得共同基金中的给付，已经向共同基金连续缴费超过12个月的，共同基金提供最低失业保险金。②

日本领取基本津贴的条件：（1）已经离职或失业；（2）离职前是具有一定资格期间的被保险人，即原则上离职日的前一年中作为被保险人的期间超过6个月；（3）亲自到公共职业安定所提交求职申请；（4）提交失业认定申报书和领取资格证。日本《雇佣保险法》第4条第3项规定，"失业"是指"被保险者处于离职状态，虽然具备劳动能力和意愿，但无法就职的状态"。认定因素：（1）被保险人已经离职。包括解雇、合同期满、任意退休、双方同意下解约、达到年龄退休等任意理由。单给付日数根据离职的理由而不同。如果

① 郑春荣：《英国社会保障制度》，上海人民出版社2012年版，第220~225页。
② 李曜、史丹丹：《智利社会保障制度》，上海人民出版社2010年版，第199~202页。

企业主与劳动者共谋杜撰离职理由并因而成功领取给付，称之为"非法领取"，需负法律责任。解雇决定有争议时可以先行给付，已经支付的津贴在对解雇的裁决正式下来后可能被部分或全部退回。（2）拥有劳动的意愿，劳动者必须前往职业安定所登记"求职申请"。①

日本详细规定了限制失业给付的三类事由：

1. 由于拒绝职业介绍等的给付限制，从拒绝日起算，1个月内不支付基本津贴。但有下列五种情形时，不实行给付限制。（1）所介绍的职业或指示其接受的公共职业训练等的行业以领取资格人的能力而言被认定为不恰当时。①如向身体虚弱、老年人、少年或不适合重体力劳动的女性等介绍重体力劳动的业务时；②向身体残疾人介绍了其所能从事的业务以外的一般业务；③介绍了体质上不适合的业务（如向丰满的人介绍了高温作业等）；将需要专业知识、经验、技能或熟练度的工作介绍给没有相应能力的人；介绍了从当事人的学历、工作经历来看不适合的业务。（2）为了就职或接受公共职业训练等需要改变现在的住所或长期住址，然而这一变更有困难时。如迁入地区找住宅困难；由于家里的情况与抚养的家人分居有困难，或由于变更住所或地址而遭受现有收入的中断或减少等损失。（3）就职公司的薪金与同一地区的同类业务及同程度的技能所能得到的一般薪金水平相比过低。该工作单位的薪金与该地区同类业务中从事同一行业、拥有相同程度的经验、年龄相仿的人，不足其80%；净收入低于基本津贴额的100%。（4）被介绍到正在发生罢工、怠工、封锁工厂等劳动争议的企业。（5）其他正当理由，如被介绍到劳动条件明显不符合法律规定的企业，被介绍到2个月以上不支付薪金的企业，被介绍到劳动时间及其他劳动条件恶劣的企业等。②

2. 由于离职理由的给付限制。在1个月以上3个月内不支付基本津贴。（1）被保险人由于应当归咎于自己的重大理由而被解雇。故意或重大过失的行为并带来重大的结果或影响。①由于违反刑法或与职务相关的法律受到处罚而被解雇；②由于故意或重大过失破坏了企业的设备或器具而被解雇；③由于故意或重大过失使企业丧失信用，或带来损害而被解雇；④由于违反劳动合同或基于劳动标准法的就业规则而被解雇；⑤由于泄露企业机密而被解雇；⑥冒充企业主的名义，获得或企图获得利益而被解雇；⑦由于谎称经历等而被解雇。（2）没有正当理由地根据自己的便利辞职的情况。正当理由是指从企业的状况、被保险人的健康状态、家庭情况及其他方面来看，客观上认可其辞职

① 宋健敏：《日本社会保障制度》，上海人民出版社2012年版，第318~319页。
② 宋健敏：《日本社会保障制度》，上海人民出版社2012年版，第334~335页。

是不得已而为之的，而被保险人的主观情况没有被考虑在内。这一限制基于认为，对自己恣意地造成失业状态的人也在其失业后支付基本津贴是不适当的。由于正当理由而辞职的情况包括：①由于体力不足、身心障碍、疾病、负伤、视力减退、听力减退等辞职；②由于结婚而搬迁住所，或由于育儿利用保育所等保育设施、委托亲属保育，而无法或有困难到企业上班时辞职；③因要抚养年老的父母而不得不辞职等由于家庭情况的突变辞职；④因无法继续与配偶或应当抚养的亲人的分居生活而辞职；⑤受命调动或前往无法通勤或通勤有明显困难的企业而不得不与配偶或应当抚养的同居的亲人分居而辞职；⑥录用条件和实际的工作条件有显著差异而辞职；⑦因支付的薪金不足应当支付的薪金的2/3的月份持续2个月以上而辞职；⑧薪金过低或预计要低于过去（前6个月）的85%而辞职；⑨被上司或同事故意排挤，或遭受明显冷遇，以及性骚扰等就业环境明显受损的言行而辞职；⑩退休；此外还包括申请破产、开始破产协议手续，由于雇佣者的责任而停业3个月以上时辞职，违背了自己的意愿的、不得不搬到通勤困难的地方的住所或长期住址而辞职，因企业主的事业内容违反了法律而辞职。①

3. 不正当领取。对于以虚假或其他不正当的行为获取或意图获取求职者给付或就职促进给付的人，从其获取或意图获取这些给付之日起，便不支付基本津贴以及就职促进给付。然而有不得已的理由，如领取者家计显著贫困，社会普遍观念上认为不得已的必要支出所迫的场合，进行不正当行为的动机有不得已的理由等。②

（三）分析和结论

失业者属于劳动者范畴，享受失业保险金必须是非自愿失业，无正当理由自动辞职，或是因为不正当行为等自身原因被辞退的劳动者不能享受失业保险金。③

1. 因为劳动者具备《劳动合同法》第39条规定的"严重违反用人单位的规章制度""严重失职，营私舞弊，给用人单位造成重大损害""劳动者同时与其他用人单位建立劳动关系，对完成本单位的工作任务造成严重影响，或者经用人单位提出，拒不改正""以欺诈、胁迫的手段或者乘人之危，使对方在违背真实意思的情况下订立或者变更劳动合同致使劳动合同无效""被依法追

---

① 宋健敏：《日本社会保障制度》，上海人民出版社2012年版，第335~336页。

② 宋健敏：《日本社会保障制度》，上海人民出版社2012年版，第334~337页。

③ 王静敏、马秀颖：《当代中国失业保险问题实证研究》，吉林人民出版社2009年版，第46页。

究刑事责任"等而被用人单位解除劳动合同，劳动者因此而失业的不属于"非因本人意愿中断就业"，不应当享受失业保险金。对这类禁止发放失业保险金事由多数国家持共同认识；从理论上来说，如果因为违反规章制度等仍可以享受失业保险金，则意味着只要劳动合同解除均可以享受失业保险金，"因本人意愿中断就业"的情形将不复存在，原因很简单，当个人希望辞职时，为了获取失业保险金，故意违反规章制度就成为"非因本人意愿中断就业"，则失业保险金享受资格的核心条件将被瓦解，这是违背法理的。

在这方面，日本法规定非常值得借鉴。在劳动者由于故意或重大过失使企业丧失信用或带来损害、泄露企业机密、冒充企业主的名义获得或企图获得利益、谎称经历等而被雇主解雇的，均不能享受失业保险金。这些内容不仅是作为诚实守信的劳动者应当遵循的基本道德，也是社会的基本道德，防范和杜绝这些现象是社会、用人单位和个人共同的职责。失业保险金作为高于社会救助的保险类保障项目，对于劳动者自愿选择——故意亦属于自愿选择或由于重大过失而实施的这些行为，应当坚定地说"不"。实施的途径，既可以直接通过失业保险法律规则予以明晰，也可以通过在用人单位的规章制度中作为用人单位单方解除劳动合同的事由予以规范。

我国台湾地区"就业保险法"第11条规定，被保险人因定期契约届满离职，逾1个月未能就业，且离职前1年内契约期间合计满6个月以上，视为非自愿离职，准用请领保险给付相关规定。笔者认为，根据我国《劳动合同法》，劳动合同期限届满，用人单位提供原劳动合同规定条件而劳动者不愿接受，导致双方劳动关系终止的，属于劳动者自行离职，用人单位不承担补偿责任。因此定期契约届满，被保险人不同意在原条件及之上续约的，不得享受失业保险金；用人单位不同意续约的，被保险人可以享受失业保险金。

2. 我国规定享受失业保险金的条件之一是"已经进行失业登记，并有求职要求的"，而国外还有规定"失业人员有意愿、有能力工作"，后者的规定更为精确。劳动者在失业并进行失业登记后，即便有求职要求——工作意愿，还必须要求有工作能力。如果劳动者患病或丧失劳动能力，则在法律上无工作之资格，不宜继续享受失业保险金。失业保险金的目的不仅是要保障失业者在失业阶段的基本生活，同时要促进其再就业，无工作能力者无法实现这一目的。除非无工作能力时间很短，例如3个月以内，可以继续享受失业保险金以外，应当设置保障疾病无工作能力者基本生活的疾病津贴。因病残而丧失劳动能力者，其失业期间的生活成本要高于一般失业者，从这一角度来看，失业保险金无法给其提供相对充分的保障水平，而且，失业保险金的领取期限是有限的，即便通过失业保险金给病残者提供生活保障，那么在失业保险金领取期限届满后，病残者的基本生活仍无法获得较好的保障。《社会保险法》规定了病残津贴，由基本养老保险基金支付，但是，该病残津贴主要是针对因残疾而完全丧失劳动能力者，是长期性甚至终身的，对于主要因为疾病或轻度残疾而造成的期限相对较短的丧失劳动能力者，现有制度尚不能提供保障。因此，将来需要全面考虑基本养老保险、医疗保险和失业保险对病残者基本生活需求的保障并协调各个保障项目的制度设计。

3. 对求职要求是否进行进一步的明确和限制？求职要求是主观的，需要通过客观行为来表征，包括具体的求职行为，接受职业规划、职业培训和职业介绍等。我国地方规定一般是通过不得拒绝职业介绍等规定来限制的。如《上海市失业保险办法》规定，无正当理由三次拒绝就业服务机构提供适当的就业机会的，停发失业保险金；《广东省失业保险条例》规定，无正当理由累计三次拒不接受当地人民政府指定部门或者机构介绍的适当工作或者提供的培训的，停发失业保险金。这种明确是比较恰当的。问题是，没有考虑失业者的客观因素，而且，作为待遇停发事由和享受待遇资格的"求职要求"，具有共同性，如果劳动者因为自身的客观原因导致其无法求职的，例如，劳动者由于"地域差异、怀孕、残疾等特殊因素"无法求职的，仍可以享受失业保险金。因此结合上一点，将"有求职要求"修改为"有意愿、有能力工作并且积极配合求职"更为妥当。

4. 劳动者非因《劳动合同法》第38条用人单位有"未按照劳动合同约定提供劳动保护或者劳动条件"、"未及时足额支付劳动报酬"等情形而解除或终止劳动合同的，属于自愿辞职，被界定为"因本人意愿中断就业"，因而不具有享受失业保险金资格。"因本人意愿"表明此种失业是劳动者自愿选择的结果，因而立法认为不属于失业保险金保护范畴。然而，虽然本质上都是基于个人自由意志的选择，但对各种具体情形个人的意志能力却是存在差别的，一种是积极的、主动的追求，另一种是消极的、被动的、不得已而作出的选择。对于前者，失业的结果是个人乐于见到、希望达到的，对于后者，失业的结果则并非个人所乐见，是个人基于某种更大不利"两害相较取其轻"而不得不接受的现实。例如，为了照料子女、父母等近亲属而不得不辞职。对于这种辞职，个人的选择自由是受到限制的，其本意是愿意保持就业状态的，因此，给予此类人员失业保险金待遇符合失业保险的立法目的。宜借鉴日本法对于有正当理由而辞职的情况给付失业保险金的规定。

在继续给付失业保险金方面也同样如此。如果劳动者不接受职业介绍或培训有正当理由，如因体质、年龄、性别等原因无法接受介绍的重体力劳动的。我国立法规定有"正当理由"的，可以继续享受失业保险金。但对于何谓

"正当理由"尚无具体规定，对此亦可借鉴上述日本法规定。

5. 灵活就业、非全日制用工能否继续享受失业保险金？从国外经验来说，灵活就业、非全日制用工达到一定工作时间就不能继续享受失业保险金或者相应降低失业保险金。从我国的现实来看，很难完全做到这点，可以根据不同的情况实行不同的保障方案。

（1）如果可以参加失业保险并缴费的，不应当继续享受失业保险金。缴费就意味着劳动者处于就业而非失业状态，不可享受失业保险金。

（2）以实质性的灵活就业享受社会保险补贴等待遇的，不仅表明其处于就业状态，而且表明其已经享受了主要的失业保险待遇，生活已经获得了一定程度的保障，这种就业与失业保险的保障具有密切关系，因此也不应再给付或全额给付失业保险金。但是，在实践中，不少人失业后虽然是以灵活就业人员的名义享受社会保险补贴，但其实并没有以灵活就业方式实现就业，缺乏劳动收入来源，对此类人员应当支付失业保险金。社会保险补贴应主要是根据失业人员的经济、技能状况决定是否给付，以实际需要为前提，不应以是否稳定就业或灵活就业作为基本条件。从经济境况来说，无工作、完全无劳动收入者更需要社会保险补贴。应当把完全无劳动收入者剔除出灵活就业人员范畴。

（3）以一定的收入为标准，确定灵活就业人员是否享受及享受多少失业保险金。失业保险金的基本功能是保障被保险人在失业期间的基本生活并促使其尽快实现再就业，如果失业人员在失业期间劳动收入越少，则其对失业保险金的需求越高；反之则越低。因此，以失业人员劳动收入的多寡相应确定失业保险金的份额是失业保险制度的内在要求。从事非全日制工作，只要每周工作时间不超过 18 小时，且所有收入加上失业保险金不超过原税后收入的 80%，视同失业状态，可继续领取保险金。[①] 笔者认为，不宜以工作时间来界定是否符合享受失业保险待遇。可以最低生活保障标准、最低工资标准作为分界线，低于最低生活保障标准的，可以全额享受失业保险金；在最低生活保障标准和最低工资标准之间的，可以享受 1/2 的失业保险金；在最低工资标准以上的，不享受失业保险金。

（4）以是否就业及劳动收入的多寡确定是否享受及享受多少失业保险金，会导致很多被保险人隐瞒灵活就业的事实以及劳动收入以获取失业保险金，需要健全防范和惩戒机制。例如，建立社会信用体系，欺诈、不诚信行为将导致社会信用丧失；对欺诈、不诚信行为严格追究行政和刑事责任；对欺诈、不诚信行为，设立禁领失业保险金期限。

---

① 姚玲珍：《德国社会保障制度》，上海人民出版社 2011 年版，第 267 页。

6. 培训与教育。很多国家规定，在失业期间接受职业培训和职业教育的，享受失业保险金，或者要求在享受失业保险金期间必须接受职业培训和教育。《社会保险法》第51条也规定，无正当理由，拒不接受当地人民政府指定部门或者机构介绍的适当工作或者提供的培训的，停发失业保险金。这是可取的，是实施积极的失业保险政策所要求的，应当坚持。

这种培训通常是指短期的、有针对性的技能培训；很多地方还规定，劳动者直接或通过职业技能培训后通过职业技能鉴定的，还将获得相应的补贴，这有助于帮助劳动者获得标准化、社会认可度更高的专业技能，更加有助于其实现就业以及实现更好地就业。那么，失业人员在失业期间考取专业技术学校如技工学校、技师学院、高等职业学校、普通高校，是否还可以享受失业保险金？

笔者认为，作为学历教育的职业教育与社会技能培训的本质功能是一致的，我国《职业教育法》即规定，本法适用于各级各类职业学校教育和各种形式的职业培训，目的是"发展职业教育，提高劳动者素质"。比较而言，学历职业教育不仅能系统地培训劳动者的专业技能，还提高了劳动者的学历水平和文化素养，其重要性比之社会培训有过之而无不及，基于保护权利"举轻以明重"的原则，失业人员接受学历职业教育也应当纳入失业保险金给付范围。在给付期限上，是否严格遵循现有失业保险金给付期限，需要考虑。笔者认为，原则上失业保险金的给付应当一致；可以参照职业技能鉴定津贴措施，对于接受学历职业教育者给予一次性或定期的培训津贴。

对于普通高等教育，由于其并非以技能教育为主要发展方向，笔者认为，原则上不应纳入失业保险待遇支付范围。但如果失业人员在普通高校实际接受的是职业技能教育，则应等同于职业教育，可享受失业保险待遇的同等保障。

7. 退休。在一些国家退休人员仍可以享受全额或部分失业保险金，这与其劳动力不足有密切关联。在我国则不存在这一问题，因此，无论是现行法还是未来，享受基本养老金人员均不应享受或不再享受失业保险金。

但是，享受城乡居民养老保险待遇的，因其待遇尚不足以保障其基本生活，因此应继续发放失业保险金；但鉴于该养老待遇属于社会保障范围，且与失业保险金具有同样的生活保障功能，因此不宜重复享受，可以扣除养老待遇后发放剩余失业保险金。

内退是我国国有企业劳动关系的一种特殊形态，内退人员与用人单位仍存在劳动关系，并享受内退生活费，其已经获得了基本生活保障，因此不应享受失业保险金。

8. 不得同时享受两种或两种以上具有工资替代性的社会保险金。基于社会保险的唯一性原则，被保险人已经享受其他工资替代性的、保障生活的社会保险待遇时，不得或不得全额享受失业保险金。

9. 解雇原因有争议时失业保险金的处置。解雇理由直接决定着被保险人是否有资格享受失业保险金。在解雇原因有争议时，被保险人能否享受失业保险金是不确定的。对此有两种解决方案：一是等待争议终结时根据确定的解雇原因确定是否发放失业保险金；二是先行发放失业保险金，待争议终结时根据确定的解雇原因确定被保险人是否有资格保有失业保险金。笔者认为，如果被保险人认为系用人单位辞退因而主张享受失业保险金，失业保险经办机构宜先发放失业保险金，这样有助于保障被保险人在失业及争议解决期间的基本生活。待争议结束后，如果确定是由被保险人自身原因而终止或解除劳动合同，不符合享受失业保险金的，由被保险人退还其已经领取的失业保险金。

10. 失业保险金与其他待遇的享受资格是不相同的，因此要区分不同的待遇种类。《社会保险法》规定：失业人员在领取失业保险金期间，可以按照本办法的规定同时享受其他失业保险待遇。将其他失业保险待遇与失业保险金待遇"捆绑"，只有享受失业保险金待遇才能享受其他失业保险待遇，是不恰当的，不符合失业保险的发展趋势。宜规定，其他失业保险待遇享受依据各自的条件确定。

四、起算时间、发放时间和等待期

《社会保险法》第 50 条第 3 款规定，"失业保险金领取期限自办理失业登记之日起计算"。根据《社会保险法》规定，享受失业保险金的资格条件要求进行失业登记，未进行失业登记的不具有享受失业保险金的资格，被保险人办理失业登记后即具有领取失业保险金的资格，因此自当日开始计算失业保险金有一定道理。各地也遵从了这一规定，同时多地进一步明确了失业保险金首次发放的时间，为办理失业登记的次月。如天津市人社局《关于实施〈天津市失业保险条例〉有关问题的通知》（津人社局发〔2015〕5 号）规定，失业人员应在解除或者终止劳动关系 60 日内办理失业登记和失业保险金申领手续，失业保险金于办理申领手续次月发放；失业保险金自办理失业登记之日起计发，失业登记月份至申领失业保险金月份间的失业保险金和相关待遇，在首次发放时一并补发。《上海市失业保险办法》第 14 条规定，失业人员在办理失业保险金申领手续后，可以自审核确认其具备条件的次月起领取失业保险金，但领取失业保险金的起始时间应当自办理失业保险金申领手续之日起计算。

由于办理失业登记的时间通常为失业之后的 60 日内，这意味着，失业人员即便之后符合失业保险金享受条件，在 60 日内也无法享受失业保险金。拒绝支付最长达 60 日的失业保险金，与失业保险金保障失业人员基本生活的目的不相符合。

国外多设置失业保险金领取的等待期。国际劳工组织 1988 年《关于促进就业和失业保护的公约》规定，如果成员国的立法规定，在全失业的情况下，只有在等待期满后才能开始支付津贴时，这一等待期不得超过 7 天；每次失业的等待期不得超过 7 天；对季节性工人，等待期可按他们的工作情况加以调整。瑞典的等待期为 7 天。[①] 英国等待期 3 天。[②] 很多国家延长了领取失业保险金的等待时间，在一些国家，失业者即使完全符合享受失业保险金的条件，在失业后至领取失业保险金前都必须经过一个等待期。原先各国设定等待期主要是为了减少短期申请者和管理成本，一般为 3—7 天。[③]

《社会保险法》没有规定等待期，但是，其规定从失业登记之日计发失业保险金的实际效果等同于等待期，只是该等待期的时间不统一——因被保险人办理失业登记时间的不同而不同，而且其实际等待时间多远超 7 天。失业登记是确认被保险人具备失业保险金领取条件，并不必然意味着只能从此时起计发失业保险金，可以向前追溯至被保险人符合享受失业保险金的实质条件时。笔者认为，宜借鉴等待期规定，将失业保险金起算时点设置为失业 7 天后的次日，待被保险人进行失业登记后确定。

五、失业保险金申领期限及其性质

失业保险金的申领期限，指被保险人符合享受失业保险金条件时，应在多长时间内申请领取。

《社会保险法》并未规定失业保险金申领期限。《失业保险金申领发放办法》（劳动保障部令第 8 号）第 6 条规定："失业人员应在终止或者解除劳动合同之日起 60 日内到受理其单位失业保险业务的经办机构申领失业保险金。"天津市人社局《关于实施〈天津市失业保险条例〉有关问题的通知》（津人社局发〔2015〕5 号）规定，失业人员应在解除或者终止劳动关系 60 日内办理失业登记和失业保险金申领手续，失业保险金于办理申领手续次月发放。天津市人社局《关于失业人员申领失业保险待遇有关问题的通知》（津人社局发〔2014〕27 号）规定，职工因与用人单位发生劳动争议，不能按照规定时间办

---

① 栗芳：《瑞典社会保障制度》，上海人民出版社 2010 年版，第 198 页。

② 郑春荣：《英国社会保障制度》，上海人民出版社 2012 年版，第 222 页。

③ 王静敏、马秀颖：《当代中国失业保险问题实证研究》，吉林人民出版社 2009 年版，第 89 页。

理失业保险金资格审核和申领手续的，可自劳动人事争议仲裁文书或司法机关裁判文书生效之日起 60 日内，办理失业保险金资格审核和申领手续。对于此种期限的性质，相关立法未作规定。由此，在终止或者解除劳动合同之日起 60 日以后，失业人员可否申领失业保险金？对此有不同意见。①

第一种意见认为，不能申领失业保险金。主要理由包括：第一，《失业保险金申领发放办法》系部门规章，具有法律效力。根据《宪法》第 90 条、《立法法》第 71 条规定，部门规章是国务院各部门、各委员会、审计署等根据法律和行政法规的规定和国务院的决定，在本部门的权限范围内制定和发布的调整本部门范围内的行政管理关系的，并不得与宪法、法律和行政法规相抵触的规范性文件。《失业保险金申领发放办法》是原劳动保障部为执行《失业保险条例》而制定。原劳动保障部有规章制定权限，且未与上位法《失业保险条例》相抵触，该规章具有法律效力。第二，《失业保险金申领办法》没有与《社会保险法》的规定相冲突或抵触。《社会保险法》由全国人大常委会制定，并于 2011 年 7 月 1 日开始施行。无论是法律层级还是制定时间先后，《社会保险法》均应优先于《失业保险金申领发放办法》。但对比法条，《社会保险法》第 45 条规定的失业保险金领取条件与《失业保险条例》第 14 条的规定一致，满足三个条件的可以领取失业保险金。同时，根据《社会保险法》第 50 条第 2 款之规定：失业人员应当持本单位为其出具的终止或者解除劳动关系的证明，及时到指定的公共就业服务机构办理失业登记。这里要求失业人员应当"及时"办理失业登记，而部门规章规定的申领期限 60 日，也体现了《社会保险法》立法中的"及时"性的要求。由此可见，《失业保险金申领发放办法》第 6 条规定的 60 日申领时限并未与《社会保险法》的规定相冲突或抵触。第三，超过法定期限未办理失业登记的，不符合领取失业保险金的条件，不能领取失业保险金。根据《社会保险法》第 45 条及《失业保险条例》第 14 条的规定，失业人员超过法定的时限没有办理失业登记的，不符合领取失业保险金要求同时具备的三个条件，不能领取失业保险金。第四，60 日期限类似民法中的除斥期间，期限届满失业人员丧失申领失业保险金的实体权利。除斥期间一般是不变的期间，不因任何事由中止、中断、延长，权利人在规定的时限内不行使权利，其实体权利便发生消灭。《失业保险金申领发放办法》规定"失业人员应在终止或者解除劳动合同之日起 60 日内到受理其单位失业保险业务的经办机构申领失业保险金"，该 60 日可以视为除斥期间，失业人员没有申领失业保险金，视为放弃自己的权利，超过 60 日以后就不能再申领了。

---

① 《失业保险金申领时限》，载《中国社会保障》2012 年第 8 期。

该意见认为，《社会保险法》第 50 条规定"用人单位应当及时为失业人员出具终止或者解除劳动关系的证明"，"失业人员应当……及时到指定的公共就业服务机构办理失业登记"。这里着重强调了"两个及时"的问题。从国家的法律、法规、规章来看，规定了用人单位、失业人员的权利、义务，如果不按规定的程序、时间去办，对于用人单位来说就是失职，对于失业人员来说就是自动放弃。社会保险各个险种待遇的享受，除了必须具备必要的条件外，一个最显著的特点，就是"时间性强"。如果终止或者解除劳动合同 60 日以后还能领取失业金，那么，超过 90 日、半年、1 年的，或者更长时间的又怎样去处理呢？况且每年的失业金都在调整，社会保险机构也不能无限期的等下去，月报表、季报表、年报表怎么上报呀？既然法规、规章作出了规定，就应该按照这个规定去执行，不然就失去了法规、规章的严肃性。在下岗失业人员中，隐性就业的人员并不在少数，从表面上看，有的职工确实是这个单位的失业人员，但有不少失业人员已是大款了。发放失业金的目的是保证失业人员在失业期间的基本生活，这些失业人员已经就业了，若超过 60 日的时限还能领取失业金，也就失去了失业金的意义。即使没有超过 60 日的申领期的，只要是再就业的，也应该停发失业金，把有限的资金用在最需要的地方，这才是发放失业金的本意。此外，从管理上讲，这样可以避免因没有明确的时限规定而导致失业人员与失业保险经办机构发生争议的现象。失业人员准时登记和领取，也便于经办机构的管理，同时也可以及时准确掌握失业人员的动态情况，便于政府及时出台相关的社会保障和促进就业的政策措施。

第二种意见认为，仍可申领失业保险金。主要理由是：第一，合理保护权益的需要。《失业保险金申领发放办法》第 6 条的规定可以视为一般性的申领规定。例外的情况则不应适用，比如，失业者无端被解除合同又无人告知可以享受失业保险金，也不知道失业保险金申领时效的规定，失业 3 个月之后才知道自己可以享受失业保险金，此时，在核实情况之后，经过一定审批程序是可以申请补领的。这也是对劳动者权益的保护和对弱者的救济。第二，要符合"三个有利于"原则。一是有利于就业和创业。比如失业者正在学习技能培训，准备为就业增加一技之能；或正在筹备办个小企业、小公司，忙得有点头绪的时候才发现失业 4 个月了，被告知自己有一笔失业保险金没有申领，这个时候失业保险机构若能补发失业保险金无疑是雪中送炭。二是有利于失业者的贫困救济原则。失业保险金的主要功能之一，就是对劳动者失业期间的生活救济保障，以期下个就业岗位的重来，对于处于贫困线标准的失业者来说，失业期间的任何生活费来源都是宝贵的，失业保险机构对于这类对象更应法外施恩，网开一面，主动施救。三是有利于社会稳定原则。把大量的、不知情的、逾期不能申领的失业者排除在失业保险金的发放范围之外，无疑为这个社会埋下隐患，孕育了不稳定因素。失业保险机构征缴了失业保险费，发放少了，积累上去了，但民心下来了，不利于失业保险事业的健康发展。第三，要符合现代服务型行政的理念。失业保险机构要主动服务、配合用人单位告知失业者主动申领失业保险金。建立人性化申领机制和申领制度，尽最大努力让每一个符合条件的失业者能够享受到失业保障救济，充分发挥失业保险各项功能。第四，《社会保险法》的法律效力高于《失业保险金申领发放办法》，后者只是部门规章。《社会保险法》与《失业保险金申领发放办法》在期限的规定上并不一致，如用人单位向社保经办机构告知失业人员名单，前者规定是 15 日，后者规定是 7 日。《社会保险法》对失业保险金申领期限并未作出规定，因此劳动者在终止或者解除劳动合同之日起 60 日以后，符合享受失业保险金实体条件的，仍然可以申领。

第三种意见认为，应当根据具体情况进一步判断。失业人员缴纳了失业保险费，符合领取失业保险金条件，就有领取的法定权利，非因法定原因不能剥夺。根据《社会保险法》与《失业保险申领发放办法》，申领失业保险金一般流程是：用人单位与劳动者终止或解除劳动关系并为其出具终止或者解除劳动关系的证明，用人单位将失业人员的名单自终止或者解除劳动关系之日起 15 日内告知社会保险经办机构，失业人员在终止或者解除劳动合同之日起 60 日内到经办机构申领失业保险金。在这个流程中，有三个行为、三个时间期限。这三个时间期限的起算点是相同的，都以解除或终止劳动关系（劳动合同）之日为计算起点。最后一个行为以前两个行为为前提，前两个行为能否顺利实施，直接关系到失业人员最终能否申领失业保险金。换句话说，劳动者超过60 日未能申领失业保险金，并不一定是劳动者的责任，如果由此产生的责任（不能享受失业保险金）完全由劳动者承担，并不公平。因此需要具体问题具体分析。如果是用人单位因各种原因，比如说与失业人员存在矛盾故意拖延不办理，未在规定的期限内做好前两个行为，导致失业人员实际上不可能在 60日内去申领失业保险金，那么，在提交相应证据证明的情况下，即使过了 60日的申领期限，经办机构仍应给失业人员办理申领手续。如果用人单位已经按时履行了义务，失业人员因自身原因，过了 60 日，还未去经办机构申领失业保险金，应视为失业人员从程序上放弃了本次领取失业保险金的权利。但领取失业保险金的实体权利并未丧失，下次失业的时候，本次应当领取而未领取的期限可以合并计算。

笔者认为，《社会保险法》未明确规定失业保险金申领期限，《失业保险金申领发放办法》并非根据《社会保险法》制定，因此很难认定该办法规定的 60 日期限体现了《社会保险法》的精神。从立法层面，需要根据《社会保险法》修订《失业保险金申领发放办法》，在此过程中应考虑 60 日申领期限是否合理，如合理则继续坚持，如不合理则修改；该期限不可变也是不合适的，需要考虑不可抗力等因素，在特殊情形下应允许中止、中断和延长。就期限的长短来说，笔者主张将失业保险金申领期限（即办理失业登记的最长时限）确定为 2 年。理由如下：第一，我国失业保险金最长领取期限为 24 个月，因此在 24 个月（即 2 年）内，被保险人有享受失业保险金实体权利的可能性，因该对此权利予以充分尊重和保护。而在超过最长领取期限后，被保险人本已不能继续享受，故也不宜对其申领权予以保护。第二，在已经参保的前提下，对于被保险人失业期间的生活应当尽可能予以保障。但随着时间的推移，该项保障的急迫性也越来越弱。在 2 年以后不再予以保护，具有较强的合理性。第三，其他社会保险待遇请求享受期限多为 5 年，失业保险金权利享受期限仅确定为几个月，有失偏颇，而 2 年期限则有一定的协调性。

六、失业保险金的申领程序和条件

失业保险金的申领基本程序包括：（1）用人单位出具终止或解除劳动关系证明；（2）用人单位将终止或解除劳动关系的事实告知社保机构；（3）个人办理失业登记；（4）个人申请领取失业保险金；（5）社保机构对申请资格进行审核确认；（6）通知领取或拒绝支付；（7）争议处理。

对于用人单位出具终止或解除劳动关系证明的要求，《社会保险法》和《劳动合同法》规定不尽一致。《社会保险法》第 50 条规定："用人单位应当及时为失业人员出具终止或者解除劳动关系的证明。"《劳动合同法》第 50 条规定："用人单位应当在解除或者终止劳动合同时出具解除或者终止劳动合同的证明。"从时间上来说，用人单位与劳动者在终止或解除劳动合同时，用人单位即应出具相关"证明"；但从实践来看，用人单位在终止或解除劳动合同后出具也未尝不可，除了可能产生的损害赔偿责任外，立法未对此义务履行时间特别限定。对于"证明"的形式，一般直接标明"证明"，但是，终止或解除劳动合同"通知""协议"实质上也表明了同样的内容，应可以起到证明的作用。如果用人单位完全未履行此项义务，根据《劳动合同法》第 89 条规定"用人单位违反本法规定未向劳动者出具解除或者终止劳动合同的书面证明，由劳动行政部门责令改正；给劳动者造成损害的，应当承担赔偿责任"，劳动者可要求用人单位承担包括失业保险金在内的损害赔偿责任。

对于用人单位对终止或解除劳动合同的通知义务，《社会保险法》第 50 条要求用人单位"将失业人员的名单自终止或者解除劳动关系之日起十五日内告知社会保险经办机构"，《劳动合同法》第 50 条则规定"在十五日内为劳动者办理档案和社会保险关系转移手续"。笔者认为，虽然在目的和具体内容上两者存在差别，但存在共同点，鉴于在终止或解除劳动合同后，用人单位均要办理社会保险关系转移手续，而该手续的办理实即表明用人单位与劳动者已经终止或解除劳动合同，因此应以该手续的办理为主，无须强制用人单位再行通知社保机构终止或解除劳动合同的事实。社保机构内容应实行信息联网和共享，失业保险经办机构应及时获得被保险人终止或解除劳动合同的信息，并不一定需要用人单位或个人专门告知，社保机构负有管理和提示与照顾义务；由于社保机构内部信息的流通而导致失业保险经办未能及时获知此项信息的，不应归咎于被保险人或用人单位。两法都规定了 15 日的时限要求，但未规定用人单位未遵守该时限要求需直接承担的法律责任。

在前两个程序中均涉及用人单位未依法履职的责任问题，《劳动合同法》第 89 条仅规定用人单位的证明责任问题。对于违背告知义务的责任，有地方规则注意到这一问题。如天津市人社局《关于失业人员申领失业保险待遇有关问题的通知》（津人社局发〔2014〕27 号）规定，用人单位违反相关规定，未及时将失业人员名单告知社会保险经办机构，造成失业人员失业保险权益受损的，应由用人单位依法承担相应责任。但对于究竟应承担什么责任，亦未明确。未来立法对此应予明确。用人单位对告知时限的违背，乃至完全未履行告知义务，并不必然导致被保险人不能获得失业保险金。在失业保险金申领期限内，被保险人只要能够证明终止或解除劳动合同的事实，或者社保机构获知该事实，被保险人仍应可以申领失业保险金。

个人申请领取失业保险金与办理失业登记宜确定为一个程序，一方面减轻程序的复杂性，方便被保险人；另一方面，并无必要分设为两个程序。被保险人申领失业保险金，要求其同时办理失业登记即可；被保险人办理失业登记，经办机构询问其确定意见后同时为其办理失业保险金领取手续。

对于领取资格审核结果的通知，如果是拒绝支付，则应当采用书面告知方式，直接送达或邮寄送达。同意支付的，则可以电话、短信、邮件等方式通知。

七、暂停和终止发放失业保险金的事由

《社会保险法》第 51 条规定了对失业人员停止发放失业保险金的情形，包括五种：（1）重新就业的；（2）应征服兵役的；（3）移居境外的；（4）享受基本养老保险待遇的；（5）无正当理由，拒不接受当地人民政府指定部门或者机构介绍的适当工作或者提供的培训的。

除此之外，地方性法规或政府规章还规定一些其他事由。

1. 判刑收监执行与劳动教养。这是《失业保险条例》所明确的停止发放失业保险金的事由之一。《北京市失业保险规定》第 14 条规定，失业人员"被判刑收监执行或者被劳动教养的"，停止领取失业保险金。天津市人社局《关于实施〈天津市失业保险条例〉有关问题的通知》（津人社局发〔2015〕5 号），失业人员被判刑缓期执行或监外执行的，可以领取失业保险金；失业人员在领取失业保险金期间被判刑收监执行或者被强制隔离戒毒的，暂停领取失业保险金。刑满释放的，失业人员可继续领取失业保险金。《上海市失业保险办法》第 15 条、《广东省失业保险条例》第 28 条有同样规定。《社会保险法》在立法时未将此类情形纳入，表明了《社会保险法》对将此作为停发事由的否定态度。即便如《广东省失业保险条例》、津人社局发〔2015〕5 号文件系在《社会保险法》实施以后颁行，但因其与《社会保险法》相冲突，应属于默示废止，不应适用。在失业人员已经领取失业保险金的前提下，失业保险经办机构停止继续支付待遇，必须有明确的法律依据。由于《社会保险法》未将刑事羁押和服刑作为停发失业保险金的情形之一，失业保险经办机构应当继续支付。但在实践中，不论是在《社会保险法》之前还是之后颁布的规定，仍在普遍适用中。

但从理论上来说，这一问题确实值得研究。服刑人员有基本保障，无须通过失业保险予以保障。《监狱法》第 8 条规定："国家保障监狱改造罪犯所需经费。监狱的人民警察经费、罪犯改造经费、罪犯生活经费、狱政设施经费及其他专项经费，列入国家预算。"罪犯的生活经费保障也属于社会保障的范畴，其功能与社会保险生活项目的功能相同，根据不得重复享受相同性质的社会保障项目这一原则，服刑人员也不应继续领取失业保险金。而且服刑人员缺失人身自由，继续向其支付失业保险金并不符合失业保险促进就业的立法目的。劳动教养因其法律依据已经废止，自不存在适用问题。

除服刑——包括拘役、有期徒刑和无期徒刑、死缓外，拘留——包括行政拘留、刑事拘留和司法拘留，逮捕之后的刑事羁押，因为在限制人身自由方面均与服刑具有形式上的相似性，在此期间无法通过培训提升其职业技能，无法实现促进就业的立法目的，因此均应暂停发放失业保险金。

2. 强制戒毒。天津市人社局《关于实施〈天津市失业保险条例〉有关问题的通知》（津人社局发〔2015〕5 号）规定，失业人员被强制隔离戒毒的，暂停发放失业保险金。《广东省失业保险条例》第 28 条有同样规定。被强制戒毒人员，在人身自由的丧失上与服刑等亦有相似性，基于促进就业的立法目的考量，也应列为暂停发放失业保险金事由。

3. 入学。《上海市失业保险办法》第 15 条规定，失业人员考入全日制中等以上学校学习的，暂停领取失业保险金。大中专学生如果生活贫困，有助学补助等保障项目。但是，相对于通过短期、针对性职业培训提升职业技能从而促进失业人员再就业而言，失业人员考取大中专学校，接受系统的文化知识、专业技能学校，有助于从根本上提升其素养和技能，通常能实现更好的职业前景，其意义更甚于短期的、临时性职能培训。因此，继续给付失业保险金符合失业保险的立法目的。

4. 达到法定退休年龄。《上海市失业保险办法》第 16 条规定，失业人员到达法定退休年龄的，停止领取失业保险金。领取基本养老金人员不存在政策性促进就业的问题，也不存在基本生活保障的问题。而仅仅达到法定退休年龄并未领取基本养老金的人员，与此完全不同，因此应仍可以继续享受失业保险金。

5. 累计 3 次拒绝接受工作介绍或培训的。《广东省失业保险条例》第 28 条规定，失业人员在领取失业保险金期间"无正当理由，累计 3 次拒不接受当地人民政府指定部门或者机构介绍的适当工作或者提供的培训的"，停止领取失业保险金。《江苏省失业保险规定》第 28 条规定，失业人员在领取失业保险金期间"无正当理由，累计 3 次拒绝接受当地公共就业服务机构介绍的适当工作或者提供的培训的"，停止领取失业保险金。此规定明确了停发失业保险金所要求的失业人员拒绝的次数，相对于《社会保险法》原规定，更能够清楚表明失业人员在拒绝接受职业培训、职业介绍和工作安排上的"故意"，因而在此种情形下停发失业保险金更为正当。但是，此类规定仍然没有考虑失业人员以及职业培训、职业介绍以及工作安排的客观情况，对于何为"正当理由"缺乏明确规定，主要应当通过行政解释和司法解释予以进一步明晰。

6. 不可抗力。《江苏省失业保险规定》第 28 条规定，失业人员在领取失业保险金期间因不可抗力等原因中断领取失业保险金、暂停享受其他失业保险待遇的，中断原因消失后，可以恢复领取应当领取而尚未领取的失业保险金并且享受其他失业保险待遇。失业人员由于不可抗力而无法实际领取或占有失业保险金时，并非其不需要失业保险金的保障，也并不能阻止经办机构的支付义务。在不可抗力发生期间停发失业保险金，在不可抗力消失以后继续发放，会导致失业人员两种不利益：一是，如在不停发的情形失业人员已领取完毕，在延后继续发放时可能因为未来就业无法继续领取失业保险金而导致部分失业保险金损失；二是，失业人员只能按月获取部分失业保险金，而在不停发时失业保险人员已经获取累计的甚至是全部的失业保险金，后者通常对失业人员更为有利。再考虑目前发放失业保险金主要采用银行卡支付，失业人员客观上是否领取并不影响社保机构的支付义务，即便因为不可抗力致使社保机构或银行系统无法正常支付失业保险金，该责任也应归属于社保机构，不应影响失业保险的权利。因此不可抗力不应成为失业保险金停发事由。

停止发放、暂停发放或中断发放。《社会保险法》并未区分停发与暂停发放或中断发放的；一些地方规范对此作了区分。从字义来看，两者是有区别的。从实质来说，如果规定停发后可以恢复发放，则两者即无区别。从现实来看，失业保险金既存在停发、不予恢复的情形，如就业，再次失业后是重新计发而非恢复发放尚未发放完的失业保险金，也存在暂停发放、可能需要恢复继续发放的情形，如开始无正当理由不接受职业介绍，嗣后又接受的情形。可通过两种立法形式对《社会保险法》原有条款进行完善。一种方式是将停发事由和暂停发放事由分开规定；另一种方式是统一规定为停发事由，然后在第二款规定其中几项在停发事由消失后恢复发放。

失业保险金与其他失业保险待遇是否必须"同进同出"，即要么都享受，要么一个都没有。《社会保险法》及各地规定对此均一般性限定为"同进同出"。笔者认为由于其他失业保险待遇具有一定的特殊性，不宜实施同一标准。如，在失业保险金发放结束后，失业人员仍应有权接受职业培训和职业介绍等。因此更为可行的立法方式是，在各项失业保险待遇中明确规定各自的期限、条件。

第四节 其他失业保险补贴

一、我国现有规范

《社会保险法》在失业保险金外实际仅规定了两种补贴，即第48条规定的基本医疗保险费补贴和第49条规定的死亡补贴，包括一次性丧葬补助金和抚恤金。从实践来看，《社会保险法》的此类规定基本形同虚设。各地规定了多项其他失业保险补贴，远远超过了《社会保险法》规定，在实践对其他失业保险补贴的确定和支付均适用地方规范。其他主要失业保险补贴项目如下：

1. 社会保险补贴。多数地方均规定了此项失业保险津贴。但根据地方规定，此项补贴并不完全针对失业人员。如《天津市失业保险条例》第12条规定，对工作时间、岗位、收入不固定的灵活就业人员的社会保险补贴。天津市人社局《关于调整领取失业保险金人员实现自谋职业灵活就业享受社会保险补贴有关问题的通知》（津人社局发〔2014〕87号）规定失业人员、就业困难人员在领取失业保险金期间实现灵活就业，符合享受社会保险补贴条件的，经本人申请，可享受社会保险补贴。

广东省人社厅《关于印发广东省进一步扩大失业保险基金支出范围试点方案的通知》（粤人社发〔2009〕77号）对社会保险津贴的发放作为具体规定。适用对象包括领取失业保险金期间实现灵活就业的失业人员、实现灵活就业的就业困难人员、招用领取失业保险金期间的失业人员、就业困难人员并依法参加本省失业保险的用人单位；标准为，对符合条件人员实现灵活就业后申报就业并以个人身份缴纳社会保险费的，按照国家和省规定的险种及应缴费额计算，用人单位的社会保险补贴标准按单位实际为符合条件人员缴纳的养老、失业、医疗、工伤、生育保险5项保险费之和计算，补贴期限最长不超过6个月。

社会保险补贴并不一定仅仅适用于失业人员，特别是领取失业保险金人员，这是失业保险积极的就业促进功能的体现。但是毫无疑问，对非失业保险金领取人员的社会保险补贴，只是失业保险的"辅业"，鉴于领取失业保险金人员在社会保险续保上的难度，失业保险应当为其提供社会保险补贴，补贴期限与失业保险金领取期限相同。《社会保险法》以及几乎所有的地方政策均设定了基本医疗保险缴费补贴，个别地方还有生育保险缴费补贴，这与社会保险补贴是什么关系？笔者认为，应当统一设定社会保险补贴项目，在个人缴费时涵盖养老、医疗保险，提供一定程度的生育保障；在单位缴费时，则涵盖五险。作为社会保险补贴的险种，最为主要的是基本养老保险和基本医疗保险。德国法规定，失业者在享受失业保险或失业救济期间，自动享受医疗和护理康复保险金，但接受治疗的医院必须是公立的，应付的医疗保险金由劳工局承担；如果失业前已经缴纳养老保险金，则失业期间由劳工局继续代其缴纳养老保险费。[①]《社会保险法》应当明确将社会保险补贴作为领取失业保险金人员享受的其他待遇之一。而在失业保险金领取期限届满后，是否继续发放社会保险津贴，以及其他何种人员可以享受社会保险补贴，则要看是否具备其他设定条件。

2. 生育保险费补贴。天津市规定失业人员参加生育保险的费用由失业保险基金承担，《上海市失业保险办法》第17条设定了生育补助金待遇，规定失业人员在领取失业保险金期间生育，符合国家计划生育规定的，可以申请领取3个月生育补助金，标准与其领取的失业保险金标准相同。

---

① 姚玲珍：《德国社会保障制度》，上海人民出版社2011年版，第267页。

为领取失业保险金人员提供生育保障是有道理的，但由于有的失业人员是以个人身份缴费，因此并不能参加生育保险，仅规定提供生育保险缴费补贴是不周延的。宜借鉴上海市的规定，在不能获得生育保险缴费补贴时，可以申请生育补助金；同时通过医保提供一定的生育医疗费保障。

3. 岗位补贴。北京、天津均规定失业保险基金可提供岗位补贴。广东省人社厅《关于印发广东省进一步扩大失业保险基金支出范围试点方案的通知》（粤人社发〔2009〕77号）明确了：（1）岗位补贴的适用对象，即招用领取失业保险金期间失业人员、就业困难人员并依法参加本省失业保险的用人单位。（2）标准。由各试点市参照当地失业保险金标准确定，补贴期限最长不超过6个月。（3）同类禁止。同一单位不得同时享受社会保险补贴和岗位补贴。

根据广东省的规定，岗位补贴和社会保险补贴存在较大差别，前者单纯补单位，后者既补单位也补个人；前者适用范围比较自由，可用于支付工资，而后者只限于缴纳社会保险费；前者期限较短，而后者期限较长。在社会保险补贴确定的情况下，岗位补贴究竟要达致何种目的？是否能与社会保险补贴明确区分？笔者认为这并不明确，社会保险补贴的意义更大，在设定社会保险补贴项目的前提下，无须再设置岗位补贴项目。

4. 稳岗补贴。广东省人社厅、财政厅、发改委、经信委《关于失业保险支持企业稳定岗位的实施意见》（粤人社发〔2015〕54号）规定了稳岗补贴，即企业在兼并重组、化解产能过剩以及淘汰落后产能期间，按该企业及其职工上年度实际缴纳失业保险费总额的50%给予稳岗补贴，主要用于职工生活补助、缴纳社会保险费、转岗培训、技能提升培训等相关支出。江苏省人社厅、财政厅、发改委、经信委《关于失业保险支持企业稳定岗位有关问题的实施意见》（苏人社发〔2015〕15号）也规定，符合政策范围和基本条件的企业，在兼并重组、化解产能过剩以及淘汰落后产能期间，按该企业及其职工上年度实际缴纳失业保险费总额的50%给予稳岗补贴，享受在岗、转岗技能提升培训补贴的，可选择其中一项政策执行，不得重复享受；适用范围与广东相同。

根据上述规定，稳岗补贴是针对特定企业、特定情形而设定的待遇项目，有其必要性。相对于社会保险补贴的普遍适用性，为了进一步稳定特定情形下的就业，又其存在的独立价值。因此笔者认为这一特定待遇项目是可以设立的，可以与社会保险补贴重复享受。

5. 职业介绍补贴、职业培训补贴、职业技能鉴定补贴等国家规定的支出项目。根据广东省人社厅《关于印发广东省进一步扩大失业保险基金支出范围试点方案的通知》（粤人社发〔2009〕77号），职业介绍补贴的适用对象为本省户籍的城镇登记失业人员和农村转移就业劳动力。根据《广东省失业人员职业介绍和职业培训补贴办法》（粤府〔2002〕38号），适用对象免费获得职业介绍机构的职业指导和职业介绍服务，职介机构享受适当补贴，补贴标准可以根据失业人员与用人单位签订劳动合同期限的长短划分档次，但每成功介绍一名失业人员就业的补贴标准应不低于当地上年度职工月平均工资的20%。

根据广东省人社厅《关于印发广东省进一步扩大失业保险基金支出范围试点方案的通知》（粤人社发〔2009〕77号），职业（创业）培训补贴的适用对象为本省户籍的城镇登记失业人员和农村转移就业劳动力。根据《广东省失业人员职业介绍和职业培训补贴办法》（粤府〔2002〕38号），失业人员在领取失业保险金期间，可自主选择培训项目，在当地劳动保障行政部门核准的职业培训机构参加一期减免费的职业培训，培训期最长不超过6个月。定点培训机构的具体补贴办法，凡由劳动保障行政部门认定为再就业困难的失业人员，培训费用100%补贴；非特困失业人员，经考核合格的按培训费用80%的标准补贴，考核不合格的按培训费用50%的标准补贴，其余部分由本人自付。原则上，每项每期培训补贴额不超过所在地上年度职工月平均工资水平；对劳动力市场紧缺工种的培训补贴，可适当提高，但不得超过所在地上年度职工月平均工资的130%。

根据《广东省失业保险条例》第12条、广东省人社厅《关于印发广东省进一步扩大失业保险基金支出范围试点方案的通知》（粤人社发〔2009〕77号）等规定，职业技能鉴定补贴的适用对象为参加广东省内人力资源和社会保障（劳动保障、劳动、社会保障）部门组织的职业技能鉴定，并取得相应级别的国家职业资格证书（含专项职业能力证书、高新技术考试合格证书）的本省户籍城镇登记失业人员、参加本省失业保险的在职劳动者和本省户籍的农村转移就业劳动力；符合条件人员一年最多享受一次职业技能鉴定补贴。

上述规定可以借鉴。但将适用对象仅适用具有本省户籍人员是不当的，基于权利与义务对应原则，只要参加失业保险或有领取失业保险金资格者均可适用。

6. 对失业人员进行公共培训实训的设施设备费用补贴。如广东省人社厅《关于印发广东省进一步扩大失业保险基金支出范围试点方案的通知》（粤人社发〔2009〕77号）规定，高技能人才公共实训基地设备购置经费补助，可纳入失业保险基金支付范围，该项支出原则上不超过扩大失业保险基金支出范围总支出的50%。《江苏省失业保险规定》第14条还将公共就业服务基层平台信息网络建设、公共实训基地能力建设支出纳入失业保险基金支出范围。还有规定将劳动和社会保障信息化建设经费补助纳入。

笔者认为，这些项目不宜纳入失业保险基金支出范围。就业的主体是市场，能够为失业人员以及其他人员提供职业培训的，也应主要是市场主体。由此注定对失业等人员进行培训上，政府应以购买服务为主，不宜直接进行投资。如果这一判断成立，那么如果失业保险基金对公共培训机构的设施设备进行补贴，一方面会混淆失业保险和职业教育的功能定位，另一方面也会造成不平等局面，导致纯粹的市场主体对类似待遇的诉求，不利于培育培训机构的竞争性。

而公共就业服务平台网络以及劳动保障信息化建设，更是远远突破了失业人员的范畴，而拓展至整个社会的就业乃至其他社会保障工作，不适当地扩展了失业保险的功能，混淆了失业保险的社会功能与政府责任，也是不恰当的。

7. 求职补贴。《广东省失业保险条例》第 20 条规定，失业人员在领取失业保险金期间可以领取求职补贴，标准为本人失业前 12 个月平均缴费工资的 15%，不足 12 个月的，按照实际月数的平均缴费工资计算，领取期限最长不超过 6 个月。求职补贴随失业保险金按月发放。失业人员在领取失业保险金期间达到法定退休年龄的，从次月开始，不再发放求职补贴。

北京市人社局、教育委员会、财政局《关于做好普通高等学校毕业生求职补贴发放工作的通知》（京人社毕发〔2013〕179 号）规定，在毕业年度内（即取得毕业证书年度的 1 月 1 日至 12 月 31 日，下同）有就业意愿并积极求职的享受城乡居民最低生活保障家庭的北京地区各普通高等学校、各研究生培养单位高校毕业生可申请享受求职补贴。

对于未享受失业保险金者，如果有求职意愿和行动但尚未实现就业的，可以发放求职补贴，既促进其就业，也对其生活给予一定的保障。但在已经享受失业保险金的前提下，再发放求职补贴的意义何在？更为本质的问题是，求职补贴与失业保险金究竟有无不同？笔者认为，我国失业保险金兼具保障基本生活和促进求职的双重功能，以有求职意愿和求职行动为享受的必要条件，具有求职补贴的性质，没有必要另行设定求职补贴。但由于我国失业保险金标准普遍偏低，与制度目的的实现仍存在一定的差距，因此应考虑适当提高失业保险金。

8. 失业补助金。《上海市失业保险办法》第 20 条规定了失业补助金待遇项目。规定失业人员不具备领取失业保险金条件，但有特定情形的，可以向户籍所在地的就业服务机构申请领取 1—6 个月的失业补助金。特定情形包括：（1）符合享受失业保险金其他条件，只是连续缴纳失业保险费年限不满 1 年，生活确有特殊困难的；（2）领取失业保险金期满，因患严重疾病短期内难以就业或者因其他原因造成生活确有特殊困难的；（3）已缴纳失业保险费的单位招用的本市农村农民合同制工人，连续工作满 1 年，劳动合同期满未续订或者提前解除劳动合同，且返回农村后暂无劳动收入、生活确有特殊困难的。失业补助金的标准为本市当年城镇居民最低生活保障标准。失业人员在领取失业补助金期间生育或者患病的，可以比照相关规定，享受生育、医疗待遇。该办法还规定，缴纳失业保险费年限长、年龄大的失业人员除申请领取失业保险金外，也可以同时申请领取失业补助金，失业补助金的标准最高不得超过本市当年最低工资标准的 25%。

《北京市失业保险规定》第 22 条规定："用人单位招用的农民合同制工人，劳动合同期满未续订或者提前解除劳动合同的，由社会保险经办机构根据用人单位为其连续缴费的时间，对其支付一次性生活补助，每满 1 年发给 1 个月生活补助，最长不得超过 12 个月。其标准由市劳动保障行政部门会同财政部门提出，报市人民政府批准并公布后执行。"

总体来说，上述规定具有积极意义。在不能享受失业保险金时，不少失业人员处于非常困难境地，仍然需要获得救助，但此时不仅没有任何失业方面的经济保障，而且因为失业保险金与其他待遇的"捆绑"连其他待遇亦不能获得，存在保障缺失。失业补助金填补了这一空白。但是失业补助金与失业保险金不应重复享受，基于失业保险金偏低的现实应当提高失业保险金标准，而不应通过重复享受来间接提供失业保险金标准，这对于其他不能重复享受的人员是不公平的，也不符合失业保险金设置的目的。

9. 扶持生产资金（一次性结算）。《上海市失业保险办法》第 21 条规定，失业人员在领取失业保险金期间获准开办私营企业、从事个体经营或者自行组织就业的，凭营业执照或者其他有效证明文件，可以一次性领取其剩余期限的失业保险金，作为扶持生产资金。《广东省失业保险条例》第 22 条规定，失业人员在失业保险金领取期限未满前重新就业，就业后签订一年以上劳动合同并参加失业保险满 3 个月的，可以向原失业保险金领取地社会保险经办机构申请一次性领取已经核定而尚未领取期限一半的失业保险金，不足 1 个月的部分按照 1 个月计算，并相应计算为领取期限。剩余的尚未领取期限与再次失业时的领取期限合并计算；第 23 条规定，失业人员在失业保险金领取期限未满前开办企业、民办非企业单位或者从事个体经营的，凭营业执照或者登记证书及纳税证明，可以向原失业保险金领取地社会保险经办机构申请一次性领取，已经核定而尚未领取期限的失业保险金，并相应计算为领取期限。天津市人社局《关于调整领取失业保险金人员实现自谋职业灵活就业享受社会保险补贴有关问题的通知》（津人社局发〔2014〕87 号）规定，失业人员在领取失业保险金期间实现自谋职业，可一次性领取不超过 12 个月的失业保险金，待达到享受月数的次月，符合享受社会保险补贴条件的，经本人申请，可享受社会保险补贴；就业困难人员在领取失业保险金期间实现灵活就业，可一次性领取不超过 12 个月的失业保险金。

这实际上属于失业保险金的一次性结算，是鼓励失业人员尽快就业的一种举措，有其积极意义。问题在于，如果失业人员就业后可领取全部期限的失业保险金，那么失业保险金的领取期限在相当程度上实际变成了固定金额的待遇，不仅瓦解了失业保险金继续享有和发放的条件，而且也消解了失业保险金领取资格：既然失业后就业可以领取全部失业保险金，那么为了新的就业而终止或解除原劳动合同（非因本人意愿中断就业）为何不能享受失业保险金？促进失业人员尽快实现就业，应更多地通过梯次的失业保险金这一措施；如果要一次性给予一定的"奖励资金"，也只能占尚未领取失业保险金的小部分，不能是全部。

10. 小额担保贷款贴息。广东省人社厅《关于印发广东省进一步扩大失业保险基金支出范围试点方案的通知》（粤人社发〔2009〕77 号）规定，领取失业保险金期间的失业人员、就业困难人员可享受小额担保贴息，标准按照财政部、人民银行有关规定执行。其他地方也有类似规定。小额担保贷款适用于自谋职业、自主创业或合伙经营，对于促进失业人员、就业困难人员就业具有较好作用，由失业保险基金给予贴息支持是可行的。惟应注意者，实践中不排除有个别人员并未将小额担保贷款用于就业或创业，而是用于生活乃至挥霍，对于此种情形的贴息应予追回；同时应完善小额担保贷款的管理，遏制不诚信等行为。

11. 创业投资引导基金、创业见习（实训）生活补助。《江苏省失业保险规定》第 14 条规定了这一待遇项目。鉴于失业保险待遇是保障基本生活并在此基础上促进包括创业在内的就业，无论如何，失业保险基金所能给予的额度是很有限的，给予生活补助是可以的，但给予创业投资基金并不妥当。如果创业投资基金较少，可以通过小额担保贷款实现；如果金额较大，则应委之市场，毫无疑问，风投的市场化远比政府亲自"操刀"更能掌控风险、引领创业成长。因此，失业保险基金不应介入创业投资基金，但可以提供见习、实训（培训）期间的生活补助，但不能与失业保险金重复享受，可以在失业保险金领取期满后发放，也可以在适用对象不符合领取失业保险金时发放。

二、失业保险的二元范式

德国失业保障采用了二元结构：与缴费关联的失业保险金 I，无关缴费的失业救济金 II。失业救济金 II 是失业保险制度的重要补充，目的是使那些有能力、有意愿工作的失业者在无权或不能继续享受失业保险金的时候，得到经济救助，从而有足够的收入维系自己和家人必要的生活开支；还承担失业者的医疗、护理、养老等保险金，地方政府提供住处、供暖、心理辅导、戒毒、儿童救济等一系列的社会救助服务，由单纯的经济补助，扩展为经济、教育、心理、子女培养、职业培训等全方位一体化的服务型保障体系。（1）保障对象。所有15—64岁，有工作意愿和能力，但无法用收入和资产维系自己和家人基本生活的个人及其家属都有资格得到失业救济金Ⅱ和配套的社会救助服务，包括15—25岁需要通过救济金维持自己的生活，并期望完成学业或者实习培训的年轻人，或者存在生理、心理、精神缺陷，无法工作的人，或者因为照顾三岁以下的孩子和瘫痪的家人而不得不放弃工作的人等，只要是"有理由"的失业，都可以根据经济困难的程度，申请得到失业救济金Ⅱ。（2）资金筹集。由联邦政府和地方政府提供资金。（3）支付条件。①失业者；②失业登记；③提出申请；④有意愿、积极地接受职业介绍和职业培训；⑤无权享受失业保险金；⑥没有足够维持生活的经济来源。申请人应如实报告家庭总收入；失业者可以从事临时工作，但超过一定额度的要扣减。（4）支付标准。一般足以支付个人食品、日常生活、住宿、取暖、水电、交通等生活开支，同时还会包括作为单亲父母供养25岁以下子女的开支及配偶或伴侣的必要支出。[1]

还有其他不少国家采取了二元失业保障结构。如，法国失业补偿由失业保险和社会互助制度组成；[2] 瑞典失业保险制度包括基本失业保险和与收入关联的失业保险；[3] 日本为了解决由于长期失业而导致的"社会性排斥"问题，通过提供住宿、免费职业培训并在接受培训期间支付生活保障、实施"一对一专人咨询"项目等；[4] 智利采用了个人账户与共同基金相结合的形式，在个人账户不足以支持取出计划时，在符合一定条件时，由共同基金（由政府出资）提供最低的失业保险金。[5]

二元范式的失业保障体系在基于权利与义务对应原则给被保险人提供较好保障的前提下，亦给予不符合享受失业保险金条件的其他被保险人一定程度的生活保障，这对于保障失业人员的基本生活是很必要的。虽然我国个别地区如

---

① 姚玲珍：《德国社会保障制度》，上海人民出版社2011年版，第267～269页。

② 白澎、叶正欣、王硕：《法国社会保障制度》，上海人民出版社2012年版，第314～317页。

③ 栗芳：《瑞典社会保障制度》，上海人民出版社2010年版，第193页。

④ 宋健敏：《日本社会保障制度》，上海人民出版社2012年版，第340页。

⑤ 李曜、史丹丹：《智利社会保障制度》，上海人民出版社2010年版，第202页。

北京和上海规定了失业救助或生活补助，但就全国总体来看，是欠缺这一保障项目的。《社会救助暂行办法》（国务院令第 649 号）第 42 条规定，国家对最低生活保障家庭中有劳动能力并处于失业状态的成员，通过贷款贴息、社会保险补贴、岗位补贴、培训补贴、费用减免、公益性岗位安置等办法，给予就业救助。该办法并未提供生活保障，而且即便是这些待遇，也仍然是原有失业保险制度所已涵盖的。实际上，我国现行失业保险金标准更多地类似于失业救济金，而未能达到失业保险金的功能。鉴于我国失业保险金领取的最长期限较长，可以考虑较大幅度提高前 12 个月的待遇标准，并设置更多的降幅梯次；也可以另外设置失业救济金或失业津贴，如果失业人员接受培训、积极寻找工作，则继续给予一定的生活保障，其标准应高于最低生活保障标准。

三、失业保险津贴的体系化

从多数国家的其他失业保障项目来看，种类较多。就我国现实来看，纳入《社会保险法》范畴的项目种类虽然较少，但各地实际规定的项目种类并不少，只是比较缺乏体系化，较为杂乱，保障目的比较混乱，保障效果不佳。

根据是否达到规定的缴费时间，区分失业保险金和失业救济金或失业补助金。

根据是否为生活保障，区分生活保障津贴，包括失业保险金，失业救济金或失业补助金，稳岗补贴，生活补助以及其他生活津贴；非生活保障津贴，包括社会保险补贴，生育补贴，职业介绍补贴、职业培训补贴、职业技能鉴定补贴，小额担保贷款贴息等。

根据补贴期限的长短，可以分为长期津贴，如失业保险金、失业救济金或失业补助金、长期抚恤待遇；短期津贴，如稳岗补贴。德国法有短期津贴，适用于：①工作时间大幅度缩短；②收入减少或没有收入；③雇主和雇员已经协商同意通过短期津贴弥补雇员收入的损失；④雇主或者工会已经向就业办公室报告了缩短雇员工作时间的原因和情况。以降低的收入为基数，乘以一定比例，至少有一个孩子的可以拿到 67% 的比例。德国还规定有季节性停工的短期津贴。在一些特殊的行业或职业，如建筑施工业、园艺业、庭园设计师会因为德国漫长寒冷的冬季，雇员无法工作而处于暂时性失业状态。为了降低雇主保留雇员职位的用工成本，就业办会在每年 12 月 1 日到第二年 3 月 31 日，给从事这些职业的雇员发放季节性停工的短期津贴。计算方法同上，由雇主与就业办共同承担。[1] 这些待遇项目是比较有价值的，但是，要考虑是否适合我国

---

① 姚玲珍：《德国社会保障制度》，上海人民出版社 2011 年版，第 270 页。

目前的经济社会发展阶段，择机设定。

第五节　资金筹资

《社会保险法》未对失业保险基金的来源作出明确的规定。《失业保险条例》第 5 条规定，失业保险基金构成包括：（1）城镇企事业单位、城镇企事业单位职工缴纳的失业保险费；（2）失业保险基金的利息；（3）财政补贴；（4）依法纳入失业保险基金的其他资金。但实际上，失业保险基金的来源主要是个人和用人单位的缴费，并没有日常的财政资金进入失业保险基金。

在国外，由个人、雇主和政府三方承担筹资责任是普遍形式。世界上第一个强制推行的《失业保险法》（1911，英国）规定，失业保险费由三方分担：雇主、受雇工人、政府（为前两者之和的 1/3）。[①] 瑞典失业保险由基本失业保险和与收入关联的失业保险组成。分别通过税收和会员费融资，由政府、雇主和雇员三方负担。会员费一般为工资的 5%，2008 年雇主参加的国家基本失业保险的缴费率为工资总额的 4.45%。2007 年 59% 的失业津贴来自会员费。[②]德国失业保险金 I 的基金主要来源于个人和雇主缴费，当存在收支不平衡时，政府提供贷款或者补贴；失业保险金 II 则完全来源于政府财政。[③] 智利失业保险个人账户来源于个人缴费，共同基金则由雇主及政府出资。[④] 美国绝大多数州的失业保险税对雇主而非雇员征收，只有 3 个州也对雇员征收。[⑤]

根据《2014 年度人力资源和社会保障事业发展统计公报》，2014 年全年失业保险基金收入 1380 亿元，比上年增长 7.1%，支出 615 亿元，比上年增长 15.6%。年末失业保险基金累计结存 4451 亿元。[⑥] 在支出尚不及收入的一半，累计结存已足够 6 年使用的情形下，从总体来看，在较长时间内维持现有筹资格局是可行的，但需要进行局部调整。人社部、财政部《关于调整失业保险

---

① 李元春：《国外失业保险的历史与改革路径》，中国财政经济出版社 2011 年版，第 79 页。

② 栗芳：《瑞典社会保障制度》，上海人民出版社 2010 年版，第 194 页。

③ 姚玲珍：《德国社会保障制度》，上海人民出版社 2011 年版，第 264 ~ 268 页。

④ 李曜、史丹丹：《智利社会保障制度》，上海人民出版社 2010 年版，第 199 页。

⑤ 李元春：《国外失业保险的历史与改革路径》，中国财政经济出版社 2011 年版，第 72 页。

⑥ http://politics.people.com.cn/n/2015/0528/c1001 - 27071609 - 2. html，2015 年 8 月 9 日访问。

费率有关问题的通知》（人社部发〔2015〕24 号）规定，从 2015 年 3 月 1 日起，失业保险费率暂由现行条例规定的 3% 降至 2%，单位和个人缴费的具体比例由各省、自治区、直辖市人民政府确定。这有利于减轻用人单位的负担，但实际上在很多地区，特别是在东部沿海地区，失业保险费率早已降至 2% 以下。鉴于个人与雇主合计 2% 的费率并不高，进一步降低费率的意义不大，更为重要的是应当提高失业保险金标准，尽快完善其他失业保险待遇项目，由于这对中西部地区失业保险基金存在压力，在中央转移支付项目中，应当考虑对中西部地区失业保险基金的支持。同时，统筹就业专项经费，合理界分与失业保险的保障边际。

第六节　职业教育与培训

失业保险有两大基本目的。通过向被保险人及其特定亲属提供经济和物质、服务支持，保障被保险人及其家庭的基本生活；通过职业指导、职业介绍、职业培训等形式帮助失业者提高其文化素质和劳动技能，促进其再就业以及更好地择业。从失业者个人层面来看，失业保险的目标主要是通过对非自愿失业者提供物质帮助，使他们在失业期间的基本生活得以维持，从而为他们再就业提供缓冲期，使他们有时间寻找新的工作，同时还为失业者提供就业培训和指导，通过帮助失业者提高劳动技能促使他们尽快实现再就业。从社会经济层面来看，失业保险的目标主要是通过保障尽可能多的失业者在失业期间的基本生活，维持社会安定、缩小劳动者之间收入差距，同时保证劳动力的合理流动，促进劳动力资源的合理配置，促进经济发展。[1] 实施积极的就业政策，促进失业人员技能提升、尽快实现再就业已成为现代各国优先的政策目标。在新的市场经济背景下，仅仅保障失业者的基本生活是不够的，必须提高劳动者自身素质，提高他们的就业素质。[2] 而职业教育和培训则在其中扮演了核心的角色。

德国有 1/3 的大工业企业和近 2/3 的手工业企业自己办职业学校，有 95% 以上的青年受过免费职业培训。1991 年，德国失业保险费用的支出约为

---

① 王静敏、马秀颖：《当代中国失业保险问题实证研究》，吉林人民出版社 2009 年版，第 40 ~ 41 页。

② 马伟：《人口城乡结构变动背景下中国失业保险制度研究》，西安交通大学出版社 2013 年版，第 106 页。

700 亿马克，其中失业保险金只有 270 亿马克，而用于职业培训的费用和创造新的就业岗位的费用达到 380 亿马克。[1] 1992 年以来，瑞典政府设立了"工作寿命发展"项目，服务范围从教育扶助一直延伸到社区工作，受益者可以获得一份培训津贴，数额与失业保险金相等。[2] 法国，失业人员重返就业岗位和失业补偿制度必须在"再就业援助计划"下得到规范，所有求职者都要签署该协议，该计划伴随着一对一面谈（强制性），确定了该人的相关职业类型、职业教育建议以及职业方向。[3]

日本《雇佣保险法》不仅在失业给付中有就职促进给付、教育训练给付、雇佣继续给付，而且专门实施了雇佣安定事业和能力开发事业。雇佣安定事业对伴随经济波动、产业构造变化等社会经济形势波动而不得不缩小经营活动甚至停业，但能进行教育训练或产业转型的企业主实行雇佣调整辅助金的支付；能力开发事业对从事能力开发事业企业主等进行的职业训练的辅助、援助，还包括对制定或实施育儿、护理休假者返回职场计划的企业主支付奖金等各类事业。[4]

在我国，以《就业促进法》和《职业教育法》为基础，大量规章和规范性法律文件组成的职业促进法规体系。《就业促进法》第五章对职业教育和培训作了专门规定。第 49 条也规定，地方各级人民政府鼓励和支持开展就业培训，帮助失业人员提高职业技能，增强其就业能力和创业能力。失业人员参加就业培训的，按照有关规定享受政府培训补贴。《职业教育法》第 14 条规定：职业培训包括从业前培训、转业培训、学徒培训、在岗培训、转岗培训及其他职业性培训，可以根据实际情况分为初级、中级、高级职业培训。职业培训分别由相应的职业培训机构、职业学校实施。其他学校或者教育机构可以根据办学能力，开展面向社会的、多种形式的职业培训。整体来看，我国职业教育的体系已经初步形成，其经费来源有明确的渠道和途径。但是，职业培训的经费来源尚没有明确的渠道。除了用人单位推行的培训之外，就是个人的自主行为，尚缺乏来自国家和社会的普遍支持。

近些年，随着扩大失业保险基金适用范围，教育培训开始纳入失业保险基

---

[1] 吕学静：《各国失业保险与再就业》，经济管理出版社 2000 年版，第 71 页。

[2] 李元春：《国外失业保险的历史与改革路径》，中国财政经济出版社 2011 年版，第 86 页。

[3] 白澎、叶正欣、王硕：《法国社会保障制度》，上海人民出版社 2012 年版，第 315 页。

[4] 宋健敏：《日本社会保障制度》，上海人民出版社 2012 年版，第 338 页。

金的支付范围，这是好的趋势。但主要有三个方面的问题，未来需要予以完善。

第一，失业保险基金承担的教育培训的范围。如前述广东省由失业保险基金支付的职业培训补贴，将农村劳动力的转移培训也纳入进来，明显超出了失业保险的保障范围。《就业促进法》和《职业教育法》均有职业培训的规范，如何与失业保险的职业培训区分开来，各自承担起本应承担的责任。失业保险应当以失业、有失业风险的被保险人为保障对象。本非失业保险的被保险人，如农村代转移的劳动力，其职业培训和教育，不应由失业保险基金承担。

第二，失业保险基金承担教育培训费用的标准、期限和具体条件。前述广东省对培训费用的支付标准作了规定，并规定原则上不超过6个月。在中央层面是否需要规定一定的参照标准，还是完全由地方自行确定？本人认为，中央应该给出计发标准，可以是多个，由地方进行选择。

第三，失业保险基金承担的教育培训与其他失业保险待遇的关系。例如，在接受教育培训期间可否享受失业保险金或生活补助？可以将接受教育培训作为失业人员享受补助的情形之一。作为学历教育的职业教育与社会技能培训的本质功能是一致的，我国《职业教育法》即规定，本法适用于各级各类职业学校教育和各种形式的职业培训，目的是"发展职业教育，提高劳动者素质"。比较而言，学历职业教育不仅能系统地培训劳动者的专业技能，还提高了劳动者的学历水平和文化素养，其重要性比之社会培训有过之而无不及，基于保护权利"举轻以明重"的原则，失业人员接受学历职业教育也应当纳入失业保险金给付范围。在给付期限上，是否严格遵循现有失业保险金给付期限，需要考虑。笔者认为，原则上失业保险金的给付应当一致；可以参照职业技能鉴定津贴措施，对于接受学历职业教育者给予一次性或定期的培训津贴。

第七节　失业保险与就业政策

在一定意义上，可以将失业保险纳入就业政策范围，现代失业保险的目的和积极的就业政策的目标是相同的。提供高效优质的就业服务，帮助失业人员尽快实现再就业，是失业保险和就业服务的共同任务。[1] 失业保险不仅通过教育培训、职业介绍、生活保障等措施促进个人再就业，而且可以通过直接干预雇主的雇佣方式、雇佣成本实现就业的稳定和提升。德国《基本法》认为，

---

[1]　信长星：《失业保险》，中国劳动社会保障出版社2011年版，第2页。

就业是每个劳动者的基本权益，社会有义务帮助每个有意愿就业的劳动者获得自己劳动的机会，体面而有尊严地生活，失业保险基金对于增加就业机会、减少失业的雇主或自主创业者给予政策优惠和贷款优惠。[①]

从具体的改革措施看，各国都力图强化失业保险制度促进就业的功能，目的是"激活"失业者，促进其尽快重回劳动力市场。世界各国失业保险制度发展的基本趋势是，改变以往消极被动地向失业者提供收入补偿的传统保障模式，代之以积极的失业保护政策，强调对劳动者的失业保护不仅仅表现在向他们提供足够的经济补偿上，重要的是帮助他们提高自我保障能力，在劳动力市场上提高自身的竞争能力。从单纯为失业者提供生活费发展到同时提供技能培训和就业服务，以激励和促进失业者尽快就业，变消极保障为积极的促进再就业。[②]

日本、加拿大于1974年、1996年对失业保险制度进行了改革，分别更名为"雇用保险法"和"就业保险法"，韩国在1993年推出失业保险制度伊始就称为"就业保险法"。防止失业是就业保险的第一道防线。[③] 日本于1974年将《失业保险法》改名为《雇佣保险法》，以预防失业、改善雇佣状态、增加雇佣机会、开发和提高劳动者职业能力为核心。[④]

日本雇佣保险法在充分发挥雇佣保险促进就业方面有很多值得我们学习的经验。例如，在保险项目的设置上有利于就业促进。（1）就业补贴，针对以一年以下非常用雇佣形式就业进行的补贴，支付条件包括：基本津贴的支付剩余日数为规定给付日数的1/3以上，且45天以上；7天等待期过后立即就业；不是被离职前的企业主（包括关联企业主）再次雇佣，支付标准相当于基本津贴日额的30%。（2）再就业补贴。领取资格人就职于安定的职业后，可以享受再就业补贴，目的是促进早期就业，抑制在全部用完基本津贴的规定给付日数之前不去就业的行为。给付条件包括：基本津贴的支付剩余日数为规定给付日数的1/3以上，且45天以上；就职于确实会连续雇佣超过1年的职业；不是被离职前的企业主再次雇佣；等待期间过后就职，标准按30%计算。（3）常用就职准备补贴。身体残疾者及其他劳动省令中认定的就职困难者，

---

① 姚玲珍：《德国社会保障制度》，上海人民出版社2011年版，第244～252页。

② 王静敏、马秀颖：《当代中国失业保险问题实证研究》，吉林人民出版社2009年版，第89页。

③ 马伟：《人口城乡结构变动背景下中国失业保险制度研究》，西安交通大学出版社2013年版，第108页。

④ 宋健敏：《日本社会保障制度》，上海人民出版社2012年版，第311～314页。

通过公共职业安定所介绍就职于安定工作时的补贴。要求在公共职业安定所介绍的单位就职；确认将有 1 年以上的雇佣期限；非就职于以前被雇佣的单位。（4）搬迁费。领取资格人为了就职于安定所介绍的工作，或为了接受安定所所长指示的公共职业训练等而变更住所或长期住址时，所获得的铁路费、船费、车费、搬迁费和到达后的补贴。（5）广域求职活动费，根据安定所所长的介绍在广范围的地区进行求职活动时所需的费用，包括铁路费、船费、车费、住宿费。①

日本还强调失业预防措施，如为应对人口构造的急剧老龄化以及女性广泛就业的社会经济形势而设置继续雇佣给付，针对对象主要是高龄就业者、为了生育或亲属居家护理而暂时离开职业的人，包括高龄继续雇佣补贴、育儿停职给付、护理停职给付等。

国外建立失业保险激励机制首先是对失业者的激励。如，日本补助失业人员提前就业即在法定享受失业保险给付期限内，因其提前找到了工作而向其支付部分尚未支付的失业保险金。为鼓励失业者尽快实现再就业，规定失业者在其津贴领取期结束前 100 天或还剩一半时间就找到持续一年以上的工作，可领取 30—120 天的再就业补助。其次是对雇主的激励。鼓励企业招聘失业人员是国际上促进就业方面通用的做法。如法国在 1994 年实施就业合作补贴，把失业保险资金拿出一部分给招聘失业人员的雇主，即每招聘一名失业人员给予一定的优惠，包括免费为职工培训，减免社保费等（失业保险费）。②

德国就业促进体系包括四个层面的内容：（1）职业咨询和就业指导，即通过咨询介绍为求职者进行合理的职业规划，并提供职业信息，服务的对象不仅仅包括失业者，还包括即将就业的年轻人、即将选择职业教育或高等教育的中学生。（2）职业技能培训，即通过求职和面试技巧培训、初级技能培训、中高级技能培训、技能测试等手段提高不同就业水平和就业要求的求职者的就业机会。（3）失业防范措施，即通过鼓励自主创业、限制企业裁员、政府主动购买新就业机会等手段，减少失业率，提高就业机会。（4）残疾人与老年人就业保障措施，即在就业市场上，给予特殊人群特殊的经济资助，提供特殊的技能培训、信息咨询等服务。就业促进保障的资金来源于保险基金（除缴费外，包括划拨以及其他收入）。③

---

① 宋健敏：《日本社会保障制度》，上海人民出版社 2012 年版，第 330～331 页。

② 马伟：《人口城乡结构变动背景下中国失业保险制度研究》，西安交通大学出版社 2013 年版，第 105 页。

③ 姚玲珍《德国社会保障制度》，上海人民出版社 2011 年版，第 254～255 页。

德国对处于特殊处境下的一些特殊行业的雇员发放"开工不足补助金"，抑制这些行业的失业率上升，如钢铁工业、无烟煤矿业、汽车及飞机制造业，当经济不景气，企业开工不足，工人工时减少，工资下降时发放。依据具体开工不足的工时缺口发放，同一企业最多发放 6 个月，多次累积不能超过 24 个月。使雇员能利用工闲接受各种转业培训，适应新兴行业的用工要求，重新择业和就业。限制裁员，并需要至少提前 3 个月通知员工，大规模裁员，应提前通知政府，并设置一个解雇期（4 周到 7 个月），便于政府介入和救助。实行最低工资与政府补助的组合薪水。①

瑞典失业保险的目标定位在支持失业者实现再就业方面，其主要特征是"就业第一"，而不是"失业收益第一"。② 20 世纪瑞典社会民主党执政之后，对失业人员由发放补贴为主转为以培训和促进就业为主。③

1998 年 1 月，英国政府出台了"青少年就业新方案"，旨在为 18—24 岁的所有领取求职者津贴或享受国民保险费视同缴费政策长达 6 个月以上的青年人提供支持。第一阶段（就业入门计划），参加者获得数额与求职者津贴相同的津贴，但必须参加 4 个月的就业入门计划，由专人提供求职协助、就业辅导和指引，积极寻找工作或参加短期技能培训。第二阶段（就业新方案计划），参加者在第一阶段结束后未能实现就业，便必须参加四项工作中的一项：（1）从事受政府资助的工作，6 个月，雇主每周可以得到 60 英镑的工资补贴，另外可以得到 750 英镑的培训费用补助；（2）接受全职教育及职业培训，最长 12 个月，可以享受与求职者津贴相当的政府补贴；（3）为志愿者组织工作，最长 6 个月，工资不低于求职者津贴，并有 400 英镑的补贴；（4）从事政府提供的环保工作，享受一定水平的工资待遇。第三阶段，（后续援助计划），协助参加者寻找工作。2000 年，英国在 15 个失业重灾区，经开放竞标评定出非政府组织或私人团体，委托这些团体协助求职者提升技能和择业求职。政府将求职者的失业津贴转至该受委托团体，该团体与受助人共同开设一个个人工作账户，在灵活运用账户资金的条件下，共商未来半年的求职行动计划和工作目标。受托团体要一直支付求职者的津贴，直至求职者成功就业；如果求职者越早就业，受托团体则可以保留余款，兼可获得政府发放的就业奖

---

① 姚玲珍：《德国社会保障制度》，上海人民出版社 2011 年版，第 275 ~ 276 页。
② 李元春：《国外失业保险的历史与改革路径》，中国财政经济出版社 2011 年版，第 85 页。
③ 栗芳：《瑞典社会保障制度》，上海人民出版社 2010 年版，第 191 页。

励金。①

我国政府也越来越重视就业工作，并在发挥失业保险促进就业功能方面作了很多的试点和开拓，但总体来说仍处于探索阶段。首先，政府与社会在就业促进方面的职责区分，政府既有管得太多太深的问题，又有服务不到位的状况。这当然是与我国经济发展的状况密切关联的。比如，对于降费率的问题，2015年已经宣布降低工伤、失业、生育保险费用，这对于减轻企业负担，稳定企业雇佣状况是有益的，但因其金额较少，作用有限。如果在全国层面不能普遍降低，那么是否可以允许地方灵活处置？其次，对失业保险和就业工作的功能定位和界分，仍不够明晰。失业保险属于社会保险的一种，需要考虑与其他社会保险险种的协调与衔接，但其更应当是就业工作的重要组成部分，除了失业保险，就业促进还有哪些政策措施能否与之形成一个体系化的就业促进网络，有资金的支持，有信息的支持，有技术的支持，有能力的改进，是否可以将失业保险改为雇佣保险，从更宏观的视角改革失业保险制度。最后，失业保险待遇的项目设置，仍然没有进行系统的科学研究，在促进就业方面的功能有限。

第八节　失业保险费率浮动

失业保险基金主要来源于失业保险缴费，失业保险费率是保障基金安全的重要因素。我国实行基本统一的失业保险费率，《失业保险条例》规定用人单位和个人合计费率为 3%，2015 年人社部和财政部将此调整为 2%。但实际上，不少地方已经低于 2%。但是，将失业保险费率的功能仅仅确定为保证基金的供给，显然过于狭隘。既然失业保险的目的之一是要防范失业、促进就业、稳定雇佣关系，那么就应当充分利用失业保险费率这一工具。实行浮动费率，就是根据企业解雇员工的数量决定其缴纳失业保险费的比例。这样，一方面有利于鼓励用人单位减少裁员；另一方面也有利于增加企业参加失业保险的积极性。②

在美国，企业对失业保险的纳税义务是由它所解雇的工人所获得的失业保险收益的量来决定的，从而诱导雇主稳定生产以及雇佣工人的人数，组织失业

---

① 郑春荣：《英国社会保障制度》，上海人民出版社 2012 年版，第 215～217 页。

② 刘燕斌：《改革失业保险制度势在必行》，载中国就业促进会：《失业保险文集》，中国劳动社会保障出版社 2015 年版，第 29 页。

的发生，减少他们的税率，并在此基础上实行浮动税率。① 社会保障法案的失业保险条款鼓励各州在保险方案中将雇主的费用与雇主的解雇行为联系起来，这样可以产生防止失业的财政激励，建立起雇佣稳定化与雇佣成本降低的联系。威斯康辛州在 1932 年就开始推行这样的失业项目，每个雇主都建立起公司专属的备用金账户，失业救济金就从中支付。因此，公司的解雇行为就决定了公司的失业成本。②

　　费率的增加或减少，直接导致缴费的多寡，直接影响用人单位解雇劳动者的成本，对其解雇行为具有较强的制约作用。在修订《失业保险条例》时应当采行浮动费率制度。相关部门主要担心在实行浮动费率制度后，执行比较复杂，在信息技术没有普及之前，存在实际的操作困难。笔者认为，在初期，费率的浮动因素可以仅仅根据年度用人单位终止或解除劳动关系享受失业保险金人数与本年度参加失业保险人数的比例。这个因素比较容易确定，没有操作上的困难，未来可以再确定如劳动争议发生率、失业保险缴费的违法行为等因素。由于失业保险仍很难实行全国完全统一的费率，宜仅规定上限，具体费率政策需要由各省（自治区、直辖市）确定，因此，未来《失业保险条例》可以仅就浮动费率制度作原则性规定，而授权各省份具体确定。

　　有观点认为，失业保险不仅应当实行浮动费率制度，还应当实行行业差别费率制度。目前实行的统一的失业保险征缴费率，忽视了行业之间、企业之间的差异，对于较稳定的行业来说不够公平，完善失业保险费率机制应充分考虑不同行业、企业之间的差异性，从公平角度出发，为了提高用人单位的缴费积极性，引入行业差别费率制。③ 笔者认为，失业保险实行行业差别费率是不恰当的。工伤保险之所以要实行行业差别费率，是因为工伤事故的发生与行业特点存在必然联系，有一定的客观性，例如采矿作业的事故风险肯定要高于办公室行政人员；而解雇行为即便存在客观因素如经营状况恶化但归根结底是主观行为，用人单位通常都存在解雇与否的选择自由。因此，无论是采矿行业还是一般行政管理，不存在谁的解雇风险一定更高的问题。行业差别费率不适用于失业保险。

　　① 李元春：《国外失业保险的历史与改革路径》，中国财政经济出版社 2011 年版，第 73～74 页。

　　② ［美］约翰·法比安·维特：《事故共和国——残疾的工人、贫穷的寡妇与美国法的重构》，田雷译，上海三联书店 2008 年版，第 340～341 页。

　　③ 王尚清：《完善失业保险制度应妥善处理的几个问题》，载中国就业促进会：《失业保险文集》，中国劳动社会保障出版社 2015 年版，第 109 页。

第十三章　生育保险待遇请求权与规则

一、定义

生育保险待遇请求权是指，被保险人及其受益人请求生育保险经办机构、用人单位及其他特定主体给付生育保险待遇或提供生育保险服务的权利。当义务主体拒绝履行义务时，被保险人及其受益人可通过行政程序、司法程序寻求救济。

生育保险待遇请求权行使的条件包括：（1）权利主体为被保险人及利益相关人。被保险人享有此请求权自无疑义；利益相关人包括，被保险人之合法继承人、用人单位。关于是否适用指定继承问题，即被保险人能否指定继承人获得此项待遇，笔者认为是可以的。生育保险待遇系被保险人应当获得的待遇，应认为属于被保险人生前个人所有的财产，可以由被保险人通过遗嘱等方式指定继承。根据我国社会保险法相关规定，用人单位负有先行支付产假工资等义务，并在支付产假工资后取得相应之生育津贴。在用人单位承担先行支付义务后，在其支付范围内可取得相应生育津贴给付请求权。关于社保机构、用人单位以外的其他提供生育保险服务的机构，如医疗机构，在其履行保障义务后，在社保机构拒绝支付相应待遇时，可否享有生育保险待遇（医疗费用）给付请求权？笔者认为，医疗机构等无此项请求权。医疗机构与社保机构之间的权利义务，是由社保机构与医疗机构之间的定点协议确定的，受行政契约法规制，医疗机构向社保机构主张医疗费用之给付，不属于生育保险待遇之给付，而系契约上债务之履行。（2）权利人享有现实的获取并占有生育保险待遇的权利。依据现行有效且合法之法律规定，权利人有享受即获得并占有生育保险待遇的权利。（3）义务人尚未履行生育保险待遇给付义务。义务人已履行此项义务，权利人自无给付请求权。

二、生育保险待遇请求权之前提与基础

生育保险待遇请求权的基础权利是劳动者享有的生育保险权利。《社会保险法》对人民生育保险权利作了一定规定。对于这些待遇项目，劳动者有权受领。受领生育保险待遇的权利与支付生育保险待遇、提供生育保险服务的义

务相对应。被保险人及其受益人有受领生育保险待遇和接受生育保险服务的权利，社保机构及用人单位则有支付生育保险待遇、相关机构有提供生育保险服务的义务。社保机构及相关机构不能根据自己的自由意思确定待遇的支付及服务的提供。

生育保险待遇请求权之基础为生育保险法律制度。从法律渊源角度来说，包括《宪法》、《社会保险法》、《妇女权益保障法》、《女职工劳动保护特别规定》和相关法律、行政法规、地方性法规、规章以及我国参加的国际条约。尤需说明者，作为主要法律基础的《社会保险法》以及人社部正在制定中的《生育保险办法》对生育保险的规定仍比较原则，很多实施性的规范需要统筹地区制定。而由于统筹地区比较分散，且存在大量已有规定，在《社会保险法》实施以后，不仅存在法规清理问题，而且需要进行合法性审查。基于给付行政之特色，如下位法规范属于授权性规范，且对相对人义务之设置不违背现行法规范，应赋予其法律约束力，得作为请求权基础。

三、生育保险待遇请求权之特别问题

根据《社会保险法》规定，权利人享有生育医疗费用请求权和生育津贴请求权。有一些地方至今尚未建立生育津贴制度，职工生育，事实上未享受生育津贴，仍由用人单位支付产假工资。如《西安市职工生育保险暂行办法》（市政发〔2006〕6号）第15条规定："女职工按规定享受产假及职工施行计划生育手术按规定享受休假期间，工资由用人单位正常发放。"对此种状况，权利人得否主张生育津贴？谁得为权利人？

《社会保险法》规定，生育津贴按照职工所在用人单位上年度职工月平均工资计发。但在实践中，一些地方的生育津贴并未执行这一标准，由此必然产生实际发生的生育津贴多于或少于《社会保险法》规定标准的情形。在此种情形下，权利人能否提出相应主张？如何提出主张？

上述两类问题为生育保险待遇请求权之特别问题。

（一）未支付生育津贴

笔者认为，不予支付生育津贴违背了上位法规定，侵犯了职工与用人单位的生育保险权利，职工及用人单位均可提出权利主张。关于生育津贴的规定是明晰的、具体的。《社会保险法》明确规定生育保险待遇包括生育津贴，生育津贴按照职工所在用人单位上年度职工月平均工资计发。《女职工劳动保护特别规定》第7条对产假作了明确规定。第8条规定："女职工产假期间的生育津贴，对已经参加生育保险的，按照用人单位上年度职工月平均工资的标准由生育保险基金支付。"《企业职工生育保险试行办法》（劳部发〔1994〕504

号）第 5 条规定："女职工生育按照法律、法规的规定享受产假。产假期间的生育津贴按照本企业上年度职工月平均工资计发，由生育保险基金支付。"在陕西地区，《陕西省职工生育保险暂行办法》（陕劳社发〔2001〕185 号）规定："女职工产假期间的工资改为生育津贴，生育津贴根据《陕西省计划生育条例》规定的产假期限，按照本人当年社会保险个人缴费基数，由生育保险基金全额计发。"这些规则虽然不完全一致，如陕西省规定生育津贴按照本人当年社会保险个人缴费基数计算，与"用人单位上年度职工月平均工资"不完全相同，但无论是按陕西省规定，还是按《女职工劳动保护特别规定》等法律规则，相对人均可直接依据这些法律规则行使生育津贴给付请求权。地方的生育保险政策不得对抗《社会保险法》、《女职工劳动保护特别规定》等法律行政法规，生育保险经办机构依地方政策对抗相对人生育津贴给付请求权应认为无法律依据。

关于谁得主张此项请求权，首要者为被保险人即生育职工。被保险人为生育津贴的直接享有者，其当然有权利主张此项请求权。这些地方政策规定，由用人单位在产假期间继续支付原工资。由此产生的问题是，用人单位支付产假工资后，是否享有此项请求权？在此种情形下，用人单位的法律地位相当于债务的法定替代履行人。则用人单位在依法律规定替代履行债务即清偿债权后，得在其清偿债务范围内，取得对相应生育津贴之给付请求权。赋予用人单位生育津贴之给付代位请求权，亦符合效率原则。如果不允许用人单位享有此代位请求权，则意味着需先由被保险人向社保机构主张请求权；在被保险人获得此项待遇后，再由用人单位向被保险人主张在生育津贴范围内的产假工资请求权，法律程序冗长而复杂，有违效率原则。

（二）生育津贴标准不一致

除了《社会保险法》所规定的"用人单位上年度职工月平均工资"这一标准外，地方施行的生育保险标准至少有四种：（1）按本人上年度职工月平均工资计发。如《甘肃省企业职工生育保险试行办法》（甘劳发〔1997〕233 号）规定，生育津贴按本人上年度月平均工资计发。（2）按本人生育前 12 个月生育保险缴费基数计发。如《四川省城镇职工生育保险办法（试行）》（川劳社发〔2007〕3 号）规定，生育津贴按照本人生育前 12 个月生育保险缴费基数除以 365 再乘以法律法规规定的产假天数计算。生育津贴由社会保险经办机构支付给用人单位，用人单位应按照法律法规的规定保障女职工的产假待遇。（3）按本人当月的缴费基数计发。如《北京市企业职工生育保险规定》规定，生育津贴按照女职工本人生育当月的缴费基数除以 30 再乘以产假天数计算。生育津贴为女职工产假期间的工资，生育津贴低于本人工资标准的，差额部分由企业补足。（4）以本人前一个月的缴费工资计发。如《山西省城镇职工生育保险办法》生育津贴按照女职工本人生育（流产）前一个月的缴费工资除以 30 再乘以本办法规定的产假天数计发，低于本人工资标准的，由用人单位补足。

在《女职工劳动保护特别规定》实施之前，国家层面的标准规定时《企业职工生育保险试行办法》。该办法为"试行"，允许地方出台相应的政策文件；而且该办法的效力层次较低，并不强于地方的政府规章，更弱于地方性法规。而在《女职工劳动保护特别规定》实施之后，尤其是《社会保险法》实施以后，法律和行政法规均已设立了生育津贴的强制性标准。在此之后，社会保险经办机构仍然适用地方标准以低于《社会保险法》和《女职工劳动保护特别规定》规定的标准支付生育津贴，是不合法的。权利人依照法律和行政法规之规定，要求补足与地方标准之差额，具有请求权基础，应当得到支持。

四、生育保险待遇请求权之排除

生育保险待遇请求权排除之事由系指行为人妊娠或生育，表面上符合享受生育保险待遇的条件，但依据法律规定排除行为人享有生育保险待遇的事由，其实质是阻却行为人的生育保险权。狭义之生育保险待遇请求权之排除事由则指阻却行为人实体上的生育保险权之外的事由，如时效。本节仅指实体上的排除事由。一般认为包括，违反婚姻法、人口与计划生育法的，因自杀、自残、斗殴、酗酒、吸毒和其他违法犯罪行为造成妊娠终止的，因医疗事故或交通事故等责任事故造成终止妊娠的，计划内怀孕而因非医学需要或无规定情形自行终止妊娠的，在国外或者我国香港、澳门特别行政区以及台我国湾地区分娩的，未经批准在异地医疗机构或在本市非生育保险定点医疗机构就医的，超出基本医疗保险和生育保险药品、诊疗和服务设施规定范围的等。违反婚姻法、人口与计划生育法的情形后文单独分析。

其他情形能否作为排除生育保险待遇请求权之事由，可参照《社会保险法》第 30 条分析。该条规定，不纳入基本医疗保险基金支付范围的医疗费用包括：应当从工伤保险基金中支付的；应当由第三人负担的；应当由公共卫生负担的；在境外就医的。《社会保险法》第 37 条规定了排除工伤事由，包括：故意犯罪；醉酒或者吸毒；自残或者自杀。亦应作为分析之基础。具体分述如下。

1. 自杀、自残。工伤强调伤害与工作之间的因果关系，自杀与自残排除了伤害与工作之间的因果关系，因而伤害不属于工伤，故此两点应作为工伤排除事由。基本医疗保险虽本系对自然人所遭受之疾病、意外风险提供保障，但其本质则是对人的生存权的保障。即便在自杀与自残的状况下，其医疗仍然需要予以保障；即便其主观上存在应予谴责或否定的因素，与生存权对比，这也是微不足道的。因此，此两项不应成为基本医疗保险的排除事由，生育保险亦然。

2. 斗殴。斗殴非法律概念，其所产生之伤害后果的属性亦相当复杂，在本质上需划分为自己责任与第三人责任，因而不应将"斗殴"作为基本医疗保险及生育保险的排除事由。

3. 酗酒（醉酒）、吸毒。醉酒与吸毒为排除工伤事由。就危害性而言，此二者并不比自杀与自残更为严重，因此也不应作为基本医疗保险及生育保险的排除事由。其理论基础同样为生存权保障原则。

4. 其他违法犯罪行为。最典型者为故意犯罪。故意犯罪亦是工伤排除事由。基于生存权保障原则，通常又称为人道主义原则，即便是犯罪人，其所遭受之伤害或罹患疾病，仍需给予救治。不能以疾病、伤害之拒绝治疗代替刑罚，或者因为要实施刑罚而拒绝对其疾病、伤害予以救治，这是人类文明的体现。在刑事责任，对孕妇及产妇办有特殊保护，如无危害社会等情形，应实行取保候审等，因此违法犯罪行为不宜阻止生育保险之保障。

5. 计划内怀孕而因非医学需要或无规定情形自行终止妊娠的。即因个人主观原因终止妊娠。对本人而言，此类似于自残。通常对个人来说，除了肢体上的痛苦，其对个人造成的精神伤害要甚于自残。应与自残同样对待，应纳入基本医疗保险或生育保险基金保障范围。

6. 未经批准在异地医疗机构或在本市非生育保险定点医疗机构就医的。生育保险实行与其他社会保险同样的协议制度，即由协议医疗卫生机构提供服务。非紧急情形下，在非协议医疗机构发生的费用不得纳入基金支付范围，尚不发生排除事由问题。这一情形的发生，系被保险人选择的结果，即应认为其通过自主选择放弃了生育保险待遇的享受资格，与生存权保障原则不相冲突。

7. 超出基本医疗保险和生育保险药品、诊疗和服务设施规定范围的。这也是生育保险的基本要求。与第6种情形一致，也不发生排除事由问题。

8. 商业保险。存在商业保险与生育保险的重复保障问题。在"社保待遇与相关待遇的重合"一章中，笔者主张，应当优先适用社会保险，在社会保险已经支付的范围内，免除商业保险相应的支付责任，同时商业保险退还相应保费。严格贯彻此规则，则避免了重复保障问题，自不会产生排除事由问题。但在特定情形下，商业保险可能会在社会保险之前支付生育费用。那么，（1）被保险人能否受领该给付，或者说保险人在给付保险金后，能否以被保险人应获得社会保险给付为由，主张被保险人获得商业保险金为不当得利，并据此主张不当得利返还请求权？笔者认为：①保险人支付保险金是依据保险合同，被保险人受领保险金并非没有法律依据，不宜确定为不当得利。②在社会保险与商业保险重复保险的情形下，之所以实行社会保险优先，是基于对社会保险的强制性与商业保险的自愿性的对比，并非否定商业保险合同的有效性。在社会保险优先给付后，在相应额度内免除商业保险的给付义务，也非基于保险合同的无效，而是基于损失补偿这一基本原理。③保险人未主张被保险人应先行主张社会保险给付，而径行支付商业保险金，宜认定为保险人主动放弃社会保险优先支付利益。因为在法律明确由社会保险优先支付，商业保险人在明知该法律规定时，仍然优先支付商业保险金，表明其主观上并不想主张社会保险优先支付。（2）在被保险人可以受领商业保险给付时，在其实际受领之后，基于损失补偿原则，受领商业保险金是否构成排除事由。即被保险人受领商业保险金后，在此额度支付范围内，免除社会保险支付责任。

9. 第三人责任。《社会保险法》将此作为基本医疗保险的排除事由，其理论基础是，社会保险是对被保险伤害的保障，其实质是对被保险人所承担责任的保障，而非对第三人支付责任的保障；社会保险的存在，不能免除第三人的赔偿责任，这是由第三人所承担的赔偿责任的性质和功能所确定的。这一理论基础对生育保险同样有适用的合理性。在第三人应承担对被保险人的赔偿责任时，生育保险免除相应责任。第三人赔偿责任构成生育保险的排除事由。同时，也应当确定生育保险先行支付与追偿制度，即在第三人不予支付时，生育保险基金应当先行支付待遇，并取得对第三人相应的追偿权。

10. 境外分娩。即在国外或者在我国香港、澳门特别行政区以及台湾地区分娩的。笔者认为，宜采用限额支付原则，即在大陆法定额度内，生育保险基金承担支付责任；超过此额度，生育保险不承担支付责任。即属于有限度的排除事由。

五、生育保险待遇请求权之时效

关于生育保险待遇请求权之时效，即权利人得自权利发生后多长时间内主张该权利，才能得到法律支持，亦缺少规定。《广东省职工生育保险规定》规定：（1）生育医疗费，应当在女职工妊娠至生育或者终止妊娠前申办；（2）生育津贴、一次性分娩营养补助费和异地就医的生育医疗费，应当在女职工生育或者终止妊娠后 1 年内申办；（3）计划生育手术费用，应当在手术前申办；（4）男职工假期津贴，应当在其配偶生育后 1 年内申办。逾期申办的，社会保险经办机构不予受理。

在生育前申办生育医疗费支付手续，主要是为办理直接结算，不应以此作为被保险人享受生育医疗费的必备前提。被保险人符合享受生育医疗费的实体条件，参加生育保险并符合规定的缴费要求，生育医疗费用符合规定，即有权利要求生育保险基金支付生育医疗费。被保险人生育前未申办相关手续，其生育医疗费用需自行垫付，其后期报销亦存在一定的麻烦，例如需要审核其单据，需要提供相关证明材料，较之直接支付，手续烦琐，颇费周折，常人断不会如此舍简求繁。但在特殊或个别情形下，被保险人这样做了，不能因此而剥夺其享受生育医疗费权利。对此，宜采行与其他生育保险待遇同样的时效期间。

生育保险待遇请求权之时效期间究设为 1 年还是 5 年，抑或其他时间，需要深入研究。笔者主张生育保险待遇请求权仍得适用 5 年诉讼时效期间。主要理由为：（1）生育津贴虽然具有工资的替代功能，但本质为社会保险待遇，而非工资。应按社会保险待遇的诉讼时效期间而不宜按工资仲裁时效期间确定。（2）在支付生育津贴时，仍存在工资差额请求权，而后者必然适用 1 年时效。那么，生育津贴与工资差额请求权采用同一时效期间，具有一定的合理性。但是，生育津贴是由社保机构发放，权益记录明确，支付能力也不存在问题，这都是由用人单位支付工资时所不具备的，也是实行较长期间时效的基础。因此，对用人单位的工资与生育津贴差额主张适用 1 年时效，并不妨碍对生育津贴的权利主张适用 5 年时效。（3）生育医疗费作为社会保险待遇，同样适用 5 年时效期间，并无不妥。

六、被保险人之范围

《社会保险法》第 54 条规定："用人单位已经缴纳生育保险费的，其职工享受生育保险待遇；职工未就业配偶按照国家规定享受生育医疗费用待遇。"根据这一规定，生育保险的被保险人有两种：一种是享受完全待遇的被保险人，即参保之女职工；另一种是享受部分待遇的被保险人，即参保男职工未就业的配偶。该法突破了《企业职工生育保险试行办法》（劳部发〔1994〕504号）将生育保险仅限于女职工的保障范围，具有进步意义，但仍具有一定的局限性。该法及人社部公布的《生育保险办法（征求意见稿）》对男性的生育责任缺乏足够的重视，[1] 对男性和灵活就业女性构成了制度性歧视。[2]

---

[1] 蒋永萍：《社会性别视角下的生育保险制度改革与完善》，载《妇女研究论丛》2013 年第 1 期。

[2] 刘明辉：《对立法进行性别影响评估的实践》，载《中华女子学院学报》2013 年第 3 期。

（一）灵活就业女性之生育保险

目前，我国灵活就业女性的生育保障主要是通过新农合和城乡居民医疗保险制度实现的。《关于妥善解决城镇居民生育医疗费用的通知》（人社厅发〔2009〕97号）规定："城镇居民基本医疗保险参保人员住院分娩发生的符合规定的医疗费用纳入城镇居民基本医疗保险基金支付范围。开展门诊统筹的地区，可将参保居民符合规定的产前检查费用纳入基金支付范围。"天津市从2011年12月起，参加基本医疗保险的灵活就业人员个人无须另行缴纳生育保险费，其计划生育手术费用由生育保险基金支付。但非参加生育保险之女性，即便有城居保或新农合的一定保障，相比生育保险而言，待遇仍然很低。如《马鞍山市居民生育保险暂行办法》居民生育保险资金主要支付以下项目：（1）妊娠期间所必需的门诊常规检查费用；（2）分娩期间所必需的检查费、接生费、手术费、住院床位费和药费；（3）分娩期间新生儿所必需的常规诊疗费和药费；（4）分娩期间生育并发症费用；（5）计划内生育发生的流产、引产费用。其第7条规定，居民生育保险资金暂不支付居民生育津贴和居民计划生育手术费用。参保居民发生的生育基本医疗费用，资金分别按一级及以下医疗机构80%、二级医疗机构70%、三级医疗机构60%的比例支付。其中，不符合临床手术指征的剖宫产，发生的基本医疗费用个人先承担20%，剩余部分资金再按本规定比例支付。在北京市，职工生育保险，产前检查费用为1400元；自然分娩，一级、二级、三级医院分别为3000元、2900元、2700元；人工助产，一至三级医院分别为3300元、3200元、3000元；剖腹产，一至三级医院分别为4400元、4200元、3800元。但根据北京市"一老一小制度"，3000元限额之下，按居民基本医疗保险制度报销，需减去起付线1300元（第一次住院），余下数额才能按70%报销，实际享受医疗费待遇仅为1190元即（3000－1300）×70%。《广州市城镇居民基本医疗保险试行办法》第20条规定，享受产前门诊检查医疗待遇的参保人员，从本市生育保险指定的社会保险定点医疗机构中选定1家就医。产前门诊检查相关医疗费用，居民医疗保险基金按50%的标准支付，基金支付限额为每孕次720元/人，限额内按实际发生医疗费用支付。参保人员发生的基本医疗费用，市医疗保险经办机构与社会保险定点医疗机构按医疗服务项目结算。

城居保和新农合，由于其筹资水平较低，且该筹资非基于生育保障，根据权利与义务对应之基本原则，其对于生育的保障水平低于生育保险，乃其应有之义。而根据《社会保险法》规定，灵活就业人员均可参加基本养老保险与基本医疗保险，而此所谓"灵活就业人员"，其实即为其他适龄人员。由此提出的问题是，灵活就业人员，乃至所有其他适龄人员（成年人），在其自愿交付等额生育保险费用时，是否均可参加生育保险并享受同等生育保险待遇？

1952 年《生育保护公约》（第 103 号）规定，该公约适用于受雇于工业企业以及从事非工业和农业职业的妇女，包括在家工作的挣工资妇女。2000 年《生育保护公约》（第 183 号）规定，该公约适用于所有的受雇妇女，包括从事非正式形式的从属性工作的妇女。[1]

在英国，如果孕妇最近已停止工作待产，而又不符合资格获得由雇主发出的法定产假工资（Statutory Maternity Pay），那么她可能获得生育津贴（Maternity Allowance）。在婴儿出生的前 66 周中，申请人至少有 26 周是受雇佣就业或自我雇佣的，自我雇佣者要缴纳国民保险税，因此要核定申请人的缴费记录。[2]

2011 年 1 月 1 日，澳大利亚带薪育儿假计划正式实施，符合要求的父母将享受政府资助的 18 周带薪育儿假期，按国家最低工资标准计薪，该计划覆盖了澳大利亚各类工作和就业人员，包括从事全职、非全职、临时工、季节工、合同工和自雇者等，均有资格享受该福利计划。不能同时享受该计划与育儿奖励金，没有带薪育儿假申请资格的只要符合相关条件仍可继续享受现有的各类家庭津贴，如婴儿奖励。[3]

德国，自由职业者、农场主、农场雇员、公务员、申请失业保险金的失业产妇，如果享受医疗保险，也可以根据医疗保险金的享受标准获得相应的生育保险金。从事任何工作或者无工作的妇女，都可以通过雇主或者自愿缴纳医疗保险费而享受生育保险金。[4]

在西班牙，生育津贴规则同样适用于受到针对独立从业人员的特定制度保护的人员。[5]

笔者认为，适龄人员，包括非灵活就业人员均得自愿参加生育保险，在自行缴纳生育保险费后，均可同等享受生育保险待遇。立法者应当戒除僵化的职工个人不缴生育保险费的惯性思维，允许灵活就业人员自愿参加生育保险，自主缴纳本应由雇主承担的生育保险费，赋予灵活就业人员自愿参加生育保险的

---

[1] ［荷］弗朗斯·彭宁斯：《软法与硬法之间：国际社会保障标准对国内法的影响》，王锋译，商务印书馆 2012 年版，第 293 页、第 363 页。

[2] 郑春荣：《英国社会保障制度》，上海人民出版社 2012 年版，第 259 页。

[3] 杨翠迎、郭光芝：《澳大利亚社会保障制度》，上海人民出版社 2012 年版，第 217 ~ 218 页。

[4] 姚玲珍：《德国社会保障制度》，上海人民出版社 2011 年版，第 343 ~ 344 页。

[5] ［荷］弗朗斯·彭宁斯：《软法与硬法之间：国际社会保障标准对国内法的影响》，王锋译，商务印书馆 2012 年版，第 93 页。

权利。① 第一，这是社会保险基本权的必然要求。作为基本权的必然要求，每个存在生育需求的公民，都应当有权利参加生育保险。参加包括生育保险在内的社会保险，除非因其特性而无法令所有人可享受者如失业保险外，是每一位公民的权利。第二，这是贯彻权利与义务对应的社会保险法基本原则的要求。享受法定的社会保险权利，通常应履行相应的社会保险义务；履行相应的社会保险义务，应享受相应的社会保险权利。此权利义务应由法律明确规定，且应具有正当性基础。非依法定程序，任何组织和个人不得剥夺或限制公民的这一权利义务。第三，这是公民平等权的必然体现。为何职工可以参加生育保险并享受相应的生育保险待遇，而非职工则不能？非职工与职工在职业上的差别，不足以对其相同的生育保障需求采取不同的法律规则，否则违背平等权原则。第四，这是实现人人享受社会保障的必然路径。我国已经确定到 2020 年实现人人享有社会保障的战略目标。"人人享受社会保障"，不仅意味着人人享有一定的社会保障，而且意味着人人享有平等的、具有妥当性的社会保障。职工享受生育保险，而非职工则只能享受"打折"的"生育保险"，这不能认为也是实现了"人人享有社会保障"。从职工的生育保险迈向公民的生育社会保险，是实现人人享有社会保障的应有之义。

（二）父亲之生育保障——产假津贴

我国生育保险的另一大缺陷是，没有对父亲提供生育保障，与国际趋势、男女平等原则以及家庭保护理念不相符合。

英国有法定父亲陪产假津贴制度（Statutory Paternity Pay，简称 SPP）和法定收养婴儿产假津贴制度（Statutory Adoption Pay，简称 SAP）。这两项制度都要求雇主在雇员的陪产假（或收养婴儿产假）期间发放法定的最低津贴。雇主可以从政府那里取回他们付出的法定陪产假（或收养婴儿产假）津贴。享有 SPP 和 SAP 的资格，雇员必须：（1）需要负责或预期需要负责养育该名孩子。（2）是该婴儿的亲生父亲，或者是婴儿母亲的丈夫或伴侣；是婴儿的收养者或婴儿收养者的丈夫、伴侣等。SPP 的假期为两周，SAP 为 39 周。2010年 8 月 24 日，英国首相卡梅伦的妻子萨曼莎（Samantha Gwendoline Cameron）产下一名女婴，随后卡梅伦首相宣布休 2 周的带薪产假，成为英国第一个任期内休产假的首相。2010 年 4 月 6 日起，英国政府出台了额外法定父亲陪产假制度，最长期限为 26 周，如果申请人的伴侣重回工作，额外父亲陪产假可以选择在婴儿出生（或收养）以后 20 周至一年的任何时间开始，主要目的是使

---

① 刘明辉：《对立法进行性别影响评估的实践》，载《中华女子学院学报》2013 年第3 期。

照看婴儿的方式更为灵活，在婴儿母亲较快回到工作以后，父亲可以在养育孩子方面发挥更大作用，能为双职工在分担育儿责任时提供更多选择。①

澳大利亚，符合要求的父母将享受政府资助的 18 周带薪育儿假期。②

德国，1986 年政府出台了夫妻双方都可以享用的"育儿假"，将育儿的义务扩展到男性，从法律上要求父亲和母亲负有同等的责任，也有权利享有同等的政策照顾。③ 德国联邦父母津贴（Federal Parental Benefit）2007 年 1 月 1 日正式实施，针对所有 2007 年 1 月 1 日以后出生的，年龄不超过 14 个月的孩子的父母给予的看护津贴，以弥补父母因照看新生儿而减少的家庭收入。其申领条件是：（1）父母在德国有固定的、长期居住的住所；（2）孩子年龄不超过 14 个月，且一直由父母照看和抚养；（3）父母因为照看孩子，每周工作时间不超过 30 个小时，或处于失业。如果父母患有严重疾病、残疾或者死亡，第二或者第三顺序的亲属（如有血缘关系的兄弟姐妹、舅舅叔叔、阿姨姑姑、祖父母和外祖父母、曾祖父母和外曾祖父母等）都可以申请父母津贴，只要他们履行了父母的看护职责。④

在我国，《广东省职工生育保险规定》规定，已参保的男职工按规定享受的看护假假期津贴，以所属统筹地区上年度在岗职工月平均工资为基数，按规定的假期时间计发。有 14 个地方规定，在给予女方晚育假的同时，给予男方一定期限的护理假，一般为 7—10 天。⑤ 但我国绝大多数地区均无类似规定。《社会保险法》、《女职工劳动保护特别规定》、《生育保险办法（草案）》均无此项待遇规定。

对父亲实施生育保障——支付产假津贴，有利于平衡用人单位对男女职工的负担，促进父亲履行对子女和家庭的照顾义务，促进对婴儿更好的保护和照顾，有利于家庭和睦。我国立法应当引进这一制度，可采用强制与自愿相结合的原则。即，一方面规定父亲一定期限的强制"产假"——照护假，如 10 日或 15 日；另一方面，再规定父亲可自愿享受一定的产假。自愿父亲假可采用与母亲共享制，即由母亲所享受的产假，其中一定时间可转由父亲享受，父亲享受后，母亲则不再享受。无论是强制父亲假还是自愿父亲假，均可获得由生

---

① 郑春荣：《英国社会保障制度》，上海人民出版社 2012 年版，第 256～259 页。

② 杨翠迎、郭光芝：《澳大利亚社会保障制度》，上海人民出版社 2012 年版，第 217 页。

③ 姚玲珍：《德国社会保障制度》，上海人民出版社 2011 年版，第 327～328 页。

④ 姚玲珍：《德国社会保障制度》，上海人民出版社 2011 年版，第 340 页。

⑤ 尹蔚民：《中华人民共和国社会保险法释义》，中国劳动社会保障出版社 2010 年版，第 207 页。

育保险支付的津贴。

同时，为鼓励用人单位的积极性，对父亲休假期间，用人单位临时雇佣替代性人员，给予一定的替代工人津贴。

（三）参保人之配偶

《社会保险法》第54条规定，职工未就业配偶按照国家规定享受生育医疗费用待遇。这一规定实际来源于地方实践。如《山东省企业职工生育保险规定》第15条规定，参加生育保险男职工的配偶无工作单位，其生育符合计划生育政策规定的，按照当地规定的生育医疗费标准的50%享受生育补助金。《四川省城镇职工生育保险办法（试行）》（川劳社发〔2007〕3号）规定，参加生育保险的男职工，其配偶属非城镇户籍人口或城镇无业人员且未参加生育保险、符合计划生育规定生育的，按照本条规定标准的50%从生育保险基金中给予一次性生育医疗费补助，由社会保险经办机构通过用人单位支付。《甘肃省企业职工生育保险试行办法》（甘劳发〔1997〕233号）规定，生育津贴按本人上年度月平均工资计发。企业职工配偶女方，属待业或没有固定收入，产假期间，可享受半费生育保险。《西安市职工生育保险待遇支付管理暂行办法》（市政发〔2006〕6号）第6条规定，参加生育保险男职工的配偶属未参加生育保险的非城镇职工，按女职工生育医疗费限额补贴标准按照该办法规定的50%由生育保险基金给予一次性补贴。

第一，参保人之配偶是否只能享受一半的生育医疗费用或其他部分待遇？笔者认为这是不妥的。既然男女职工均同等参加生育保险，缴纳了同样的生育保险费，不管本人还是配偶均有同样的生育保障需求。虽然男性职工参加生育保险的首要目的不是保障其配偶的生育需求，但是，如果其配偶的生育需求都无法得到保障，又如何动员其参保以分担保障女性参保职工生育待遇所需要的费用，"一屋不扫何以扫天下"？则男职工参加生育保险缺乏伦理基础，动力不足。赋予男职工配偶之较好的生育保障，有利于激发其参保积极性，有利于贯彻权利与义务对应原则。即对于男职工来说，缴纳同样的费用应有权利获得同样的保障；在其自身因自然规律而不能享受生育待遇的情形下，使与其属于共同经济体的配偶获得同样的保障，也应认为是其权利的充分实现。

第二，职工未就业配偶如果未参加城乡居民医疗保险，有观点认为，生育医疗费用从生育保险基金支付，其待遇水平应与城乡居民生育保障待遇相衔接。[①] 这实际还是主张待遇"打折"。如上所述，在男职工已经参保的情况下，如其配偶无生育保障，应与其他女性参保人员享受同等待遇，而不应"打

---

① 张柯：《把职工配偶纳入生育保险》，载《中国社会保障》2013年第2期。

折"。由于生育保险待遇高于城居保与新农合的生育待遇，因此可能导致质疑，参加城居保或新农合，待遇反而降低了，男性生育保险参保人员的配偶因此可能拒绝参加城居保和新农合，这是不合理的。

解决这一问题，可采用"补差"制：由于已经参加了城居保或新农合，故应优先享受此两种社会保险的生育待遇；由于配偶均已参加了生育保险，故参保配偶均得享受生育保险之保障额度；两种生育保障同属于社会保险项目，基于唯一性原则不得重复享受，故在生育保险额度内，由生育保险基金补足生育保险与城居保或新农合生育保障的差额。

第三，属于应参保而未参保者，其生育保险待遇如何解决？女性职工本应参保，在参保后即无须再由其配偶所属生育保险基金支付待遇。由于女性职工应参保而未参保，导致其本人不能直接从生育保险获得保障，仍需通过其配偶获得保障。对此情形，可实行先行支付和追偿制度，即由其配偶所属生育保险基金支付生育保险待遇，再由管理该基金之生育保险机构向未履行缴费义务之用人单位追偿。

第四，关于"未就业"之含义。《社会保险法》第54条未对"未就业"作出定义性规范。何谓"未就业"，含义不明。就一般认识而言，非全日制用工等灵活就业均包括在内。笔者认为，就业可分为三个维度：（1）广义，个人从事任何有收入之工作或活动皆为就业；（2）中义，有劳动关系或雇佣关系以及自雇者为就业；（3）狭义，有劳动关系或雇佣关系存在始为就业。分析三个维度的生育保险均存在一定难题。如自雇无营业执照者、灵活就业人员，如将其作为就业从而将其排除出职工未就业配偶享受生育保险待遇的范围，而同时又不允许其参加生育保险因而无法直接享受生育保险，殊为不公。采用"未就业"一词至少存在两大弊端：（1）即便有一定就业，也不意味着应当参加生育保险并获得生育保险保障，如仅凭该等就业就将其排除出生育保险保障范畴，对其并不公平。（2）该等灵活就业难以证明。如果参保人配偶以未就业主张享受生育保险待遇，社保机构要否定其主张，必须证明其存在就业，而类似灵活就业，外人很难证明。这实际表明以就业作为排除参保人配偶享受生育保险待遇事由存在实施困难。

笔者认为，宜以未参保作为参保人配偶享受生育保险待遇的条件：（1）职工参加了生育保险，其配偶只要自己未参保即可以参保职工配偶身份享受生育保险待遇，无须对配偶为何未参加生育保险再行核实。（2）配偶如系应参保而未参保，可通过先行支付与追偿权制度解决，这样既不影响生育保险权利的实现，又不会从根本上影响生育保险基金的可持续发展，而且不会因为证明的困难导致法律制度的虚化。

（四）收养婴儿者

我国生育保险制度未涵盖收养婴儿者，这是不正当的。虽然从自然状态看有较大差别，但从法律地位看，收养婴儿与亲生婴儿并无不同，都属于子女的一种概念。婴儿的收养，尤其是孤儿的收养，对于其健康成长是至关重要的，是任何国家都应当支持与鼓励的事业。在我国，收养婴儿不能享受与生养婴儿同等的假期与福利，必然会限制甚至阻碍收养婴儿事业的发展，这对于孤儿等具有特定情形的婴儿是极其不利的。在前引各国父亲假制度中，均对收养婴儿一视同仁。我国生育保险制度应当对合法收养婴儿者给予同等保护。

（五）新生儿之保障

有观点认为，新生儿医疗保障应列入生育保险。在缺乏必要保障制度的前提下，将新生儿发生的医疗费用纳入生育保险支付，有利于对婴儿的生存与保障。但是，这并不符合我们社会保险中的生育保险的保障目的。新生儿的医疗费用不属于生育费用，而应属于医疗保险的保障范畴。另外，如果将新生儿的医疗费用纳入生育保险基金支付，会产生与医疗保险划分的困难，即在什么年龄段属于生育保险保障，在什么年龄段属于医疗保险保障，界限很难确定。在我国已经确定的城镇职工基本医疗保险、城镇居民医疗保险与新农合（有的地方将此合并为城乡居民医疗保险）的制度框架下，已经实现了对全体居民医疗保障的全覆盖，新生儿的医疗需求完全可以也应当通过城乡居民医疗保险等制度予以保障，无须列为生育保险保障范围。鉴于新生儿的特殊情形，应允许在新生儿出生后一段时间内缴费，只要在该时间段内缴费，则新生儿自出生时发生的医疗费用均应纳入医保基金支付范围。

（六）断保者应否享受

有人认为，妇女在失业期间生育更需要社会辅助，只要她曾参加过生育保险，就应当有权享受生育保险待遇。[1] 根据权利与义务对应原则，未参加生育保险者，除特定情形外，不能享受生育保险待遇。根据同样的原则，断保者在断保期间与未参保者并无不同，同样不应享受生育保险待遇。此外，如果允许断保者享受生育保险，则意味着只要缴费 1 个月或者 1 年，在任何时候发生符合规定的待遇均应纳入生育保险基金支付，则必然会鼓励断保，其结果将导致生育保险基金的不可持续，这显然与法律的基本精神相违背。

鉴于断保者曾经参加过生育保险，可允许其补缴社保费，在其补缴社保费后，可以享受生育保险待遇。

---

① 张飞霞、史安玲：《浅析我国生育保险制度》，载《知识经济》2012 年第 1 期。

（七）失业人员

天津市人社局、财政局《关于扩大城镇职工生育保险制度覆盖范围有关问题的通知》（津人社局发〔2011〕90号）规定，将领取失业保险金人员的生育保障纳入生育保险制度，所需缴纳的生育保险费从失业保险基金中列支，领取失业保险金人员享受与参加生育保险女性职工相同的生育保险待遇。这是有积极价值的，值得《社会保险法》借鉴。

（八）其他特定人群

天津市人社局、财政局《关于扩大城镇职工生育保险制度覆盖范围有关问题的通知》（津人社局发〔2011〕90号）规定，进入退出企业职工托管中心的职工，发生的产前检查费、生育医疗费以及实施计划生育手术发生的医疗费用，按照生育保险有关规定报销；参加职工基本医疗保险的各类退休人员，发生的计划生育手术费和治疗计划生育手术并发症的医疗费用，按照生育保险规定的标准和程序，由生育保险基金支付。这些与地方特定政策关联，可以通过地方规范性法律文件予以规范。

七、生育保险之保障范围

《社会保险法》第54条第2款："生育保险待遇包括生育医疗费用和生育津贴。"根据第55条，生育医疗费用包括：（1）生育的医疗费用；（2）计划生育的医疗费用；（3）法律、法规规定的其他项目费用。该法规通常是狭义，即仅指行政法规与地方性法规。

（一）生育医疗费费用

生育医疗费用没有起付线，原则上符合药品目录、诊疗项目目录的都可以由生育保险基金支付。但为了控制医疗机构"过度消费"问题，各地多采用限额支付、定额支付、按项目支付以及据实支付等不同政策。

（二）围产保健费用

妊娠期间所必需的门诊常规检查费用，俗称为围产保健费用，通常纳入我国生育医疗费用支付范畴。如《企业职工生育保险试行办法》（劳部发〔1994〕504号）即规定："女职工生育的检查费、接生费、手术费、住院费和药费由生育保险基金支付。"地方政策也明确将此纳入生育保险基金支付范围。但《社会保险法》并未明确。解释者认为，根据《社会保险法》关于生育的医疗费用纳入生育保险基金支付范围的规定，在门诊进行的产前检查的医疗费用都可以由生育保险基金支付。① 围产保健费用并非都是医疗费用，并不属于一般医疗费用的范畴。围产保健费用对于保障母婴健康、实现优生优育是非常必要的，应通过对《社会保险法》生育医疗费用的扩大解释或法律、行政法规的专门规定，明确将围产保健费用纳入生育保险基金支付。

（三）生育津贴

《社会保险法》第 56 条第 2 款规定："生育津贴按照职工所在用人单位上年度职工月平均工资计发。"

1. "用人单位上年度职工月平均工资"的确定。职工月平均工资与缴费基数的关系。职工工资与缴费基数既有联系又有区别。缴费基数应当为职工实际工资，但由于用人单位偷逃缴费等原因，缴费基数往往低于实际工资。生育保险基金支付生育津贴，只能以用人单位申报缴费的月工资基数计发，而不能以用人单位的实际工资（即应然状态的缴费基数）计发。原因有二：一是贯彻权利与义务相适应原则，生育津贴数额与缴费数额成正比；二是确定用人单位的实际工资存在相当难度，如果以实际工资计发生育津贴，难以操作。天津市人力资源社会保障局《关于调整城镇职工生育保险津贴计发标准的通知》规定，用人单位上年度职工月平均工资即女职工生育或终止妊娠当月，其所在用人单位职工人均缴纳生育保险费的基数，很是准确。

2. 生育津贴的支付期限。《社会保险法》第 56 条规定，女职工生育享受产假，可以按照国家规定享受生育津贴。《女职工劳动保护特别规定》第 8 条规定：女职工产假期间的生育津贴，对已经参加生育保险的，按照用人单位上年度职工月平均工资的标准由生育保险基金支付；对未参加生育保险的，按照女职工产假前工资的标准由用人单位支付。《企业职工生育保险试行办法》（劳部发〔1994〕504 号）第 5 条规定：女职工生育按照法律、法规的规定享受产假。产假期间的生育津贴按照本企业上年度职工月平均工资计发，由生育保险基金支付。这些规定虽未明确产假为生育津贴的支付期限，但均肯定产假期间享受生育津贴。考虑生育津贴时产假工资的替代，系对职工因生育而导致的收入损失的补偿，而在产假之后，生育职工通常即恢复工作，不再享受产假工资，也不应当再享受生育津贴。因此实践中以产假时间或计划生育手术休假时间作为生育津贴支付期限，这是很合理的，应对此予以明确。就全国来看，《女职工劳动保护特别规定》明确规定了产假时间。其第 7 条规定，女职工生育享受 98 天产假，其中产前可以休假 15 天；难产的，增加产假 15 天；生育

---

① 尹蔚民：《中华人民共和国社会保险法释义》，中国劳动社会保障出版社 2010 年版，第 203 页。

多胞胎的，每多生育 1 个婴儿，增加产假 15 天。女职工怀孕未满 4 个月流产的，享受 15 天产假；怀孕满 4 个月流产的，享受 42 天产假。

问题在于，由地方性法规、行政规章等规范性法律文件所给予的"奖励假"是否应支付生育津贴？晚育假的法律依据主要是《人口与计划生育法》，该法第 25 条规定，公民晚婚晚育，可以获得延长婚假、生育假的奖励或者其他福利待遇。解释者认为，《社会保险法》所规定的产假包括晚育假。[1] 依此推论，晚育假可以享受生育津贴。多数地方规定晚育假 10—30 天，有些地方规定增加 45—90 天，最长的是西藏，规定增加 9 个月。[2] 一些地方还规定，领取独生子女证的，还可以享受一定的产假。所有这些奖励性的产假是否都应享受生育津贴？

笔者认为，地方规定的此类奖励性产假具有合法性，被保险人享受此类产假同样应享受生育津贴。应当将计划生育奖励假期工资等纳入生育津贴支付范围。[3]

3. 日生育津贴如何计算。以产假时间或计划生育手术休假时间作为生育津贴支付期限，意味着生育津贴最终要按日支付，则涉及日生育津贴的计算问题。天津市日生育津贴计算方式为：月平均工资÷30.4 天（365÷12）。以月平均工资（缴费基数）除以月平均天数计算日生育津贴是比较得当的。

（四）营养费

一些地方还规定生育保险待遇包括营养费。如广州市人社局《关于实施职工生育保险有关问题的通知》（穗人社函〔2011〕43 号）即规定了一次性分娩营养补助费，女职工生育顺产按本市上年度在岗职工月平均工资 25% 计发，难产或多胞胎按 50% 计发。女职工怀孕满七个月，发生死胎、死产和早产不成活，按顺产待遇享受一次性分娩营养补助费。

在国外也有类似规定，如英国孕妇健康补助金（Health in Pregnancy Grant，简称 HiPG）是政府给予孕妇的一次性补助。2007 年 9 月，英国政府规定了孕妇健康补助金制度，规定从 2009 年 4 月 6 日起，不管她已经生了多少个孩子，所有怀孕 25 周的孕妇都能得到 190 英镑的营养补助金，而且还有机

① 尹蔚民：《中华人民共和国社会保险法释义》，中国劳动社会保障出版社 2010 年版，第 206～207 页。

② 尹蔚民：《中华人民共和国社会保险法释义》，中国劳动社会保障出版社 2010 年版，第 206～207 页。

③ 刘明辉：《对立法进行性别影响评估的实践》，载《中华女子学院学报》2013 年第 3 期。

会接受专业人员传授如何维持怀孕期间均衡饮食的营养咨询。其目的在于加强孕妇的营养，改善新生儿的健康水平。[1]

如果仅仅从收入补偿理论来说，营养费不宜列入生育保险待遇项目，因为营养费的支付，将导致补偿标准超过收入标准。但从保障母婴健康，尤其是不发达地区的母婴健康角度来说，支付营养费是有必要的。

（五）替换工人津贴

对雇佣女性就业人员到达一定比例以及继续雇佣产后女性从业人员的用人单位，补偿一定的产后女工培训费用和产假期间替换工人费用，以充分发挥生育保险制度减少女性就业障碍、促进女性就业的制度功能。[2] 设立替换工人津贴有利于进一步分担用人单位负担、稳定孕产妇就业。

八、生育津贴与产假期工资的竞合

本人认为，此竞合之处置应采补差模式，即生育津贴高于本人工资时，应享受生育津贴，用人单位不得克扣；生育津贴低于本人工资时，劳动者在享受生育津贴后，仍得就与工资之差额向雇主主张请求权。"本人工资"之计算，应采与生育津贴计算之同样期间。详见本书第五章。

九、生育保险之等待期

生育保险等待期系指，被保险人享受生育保险待遇需缴纳的生育保险费期限，在地方政策中仍较为常见，有规定为 6 个月的，也有规定为 12 个月的。设立等待期主要是为了防止逆向选择——怀孕后才参加生育保险以及道德风险——并不属于用人单位职工而作为"职工"参保享受生育保险待遇，实际并不在用人单位工作。笔者认为，以职工身份参加生育保险者，不宜设定等待期；而以个人身份参加生育保险者，或者参加新农合、城镇居民医疗保险享受生育保障者，宜设定一定的等待期。

（一）职工参保不宜设定等待期

逆向选择——怀孕后才参加生育保险及生育后不再参加生育保险，这会导致生育保险基金产生风险。但这是以被保险人应参保而未参保、用人单位违反法定缴费义务为前提的，应当且可以通过追究用人单位违法责任予以解决。在被保险人怀孕享受生育保险待遇时，社保机构可以抽查或普查其所在用人单位

---

① 郑春荣：《英国社会保障制度》，上海人民出版社 2012 年版，第 260 页。

② 蒋永萍：《社会性别视角下的生育保险制度改革与完善》，载《妇女研究论丛》2013 年第 1 期。

缴费状况，甚至可以建立少缴、逃缴社会保险费违法举报奖励制度，通过建立少缴、逃缴社会保险费刑事责任制度彻底解决用人单位未依法缴纳社会保险费问题。

对于实际并不属于职工，并未在用人单位工作亦未在用人单位领取报酬，而以用人单位职工身份缴纳短期生育保险费获取生育保险待遇的行为，本质上属于诈骗行为，可以通过追究刑事责任、建立违法举报奖励制度等予以遏制。不宜因为此类违法风险的存在即阻却被保险人享受生育保险待遇的权利。

（二）个人参保应设定等待期

以个人名义参加生育保险或新农合、城镇居民基本医疗保险，由于属于自愿性质，如果不设定等待期，将必然导致被保险人选择逆向参保，即法律不仅缺乏遏制此种选择的措施，且在事实上鼓励此种不正当行为，这和法律的基本功能——遏制违法行为，是背道而驰的，亦必然导致基金的不可持续，既不科学，亦不合理。故应设置一定期限的等待期。

十、生育保险与计划生育政策之关联

在实践中，所有地方政策皆规定享受生育保险待遇必须以生育之合法性——符合计划生育政策为前提。[①] 包括在《社会保险法》实施以后，地方据此对规范性法律文件进行修改时仍旧坚持了传统做法，如天津市。而就生育保险法律规则的主要渊源《社会保险法》、《女职工劳动保护特别规定》、《企业职工生育保险试行办法》等来看，对此点未作明确规定。《社会保险法》第54条规定："用人单位已经缴纳生育保险费的，其职工享受生育保险待遇；职工未就业配偶按照国家规定享受生育医疗费用待遇。所需资金从生育保险基金中支付。"此条未要求职工享受生育保险待遇需符合计划生育政策。第56条规定，女职工生育享受产假等，可以按照国家规定享受生育津贴。此处存在一定疑义，即享受生育津贴需按照"国家规定"，至于还需按照什么样的"国家规定"，此条未作规定。

《女职工劳动保护特别规定》第7条规定，女职工生育享受98天产假，其中产前可以休假15天；难产的，增加产假15天；生育多胞胎的，每多生育1个婴儿，增加产假15天。女职工怀孕未满4个月流产的，享受15天产假；怀孕满4个月流产的，享受42天产假。此条并未规定"生育"需以符合计划

---

① "二胎"政策的准确界定是：坚持计划生育的基本国策，完善人口发展战略，全面实施一对夫妇可生育两个孩子政策。因此，"二胎"政策并不意味着计划生育政策的取消，后者对生育保险的影响仍是现实存在的。

生育政策为前提。从该规定的整体内容来看，似乎并不要求怀孕和生育需以符合计划生育为前提。例如，其第 6 条第 2 款规定"对怀孕 7 个月以上的女职工，用人单位不得延长劳动时间或者安排夜班劳动，并应当在劳动时间内安排一定的休息时间"。基于人道主义精神，即使不符合计划生育政策，对于 7 个月以上的孕妇，也不允许强制引产。那么，对于不符合计划生育政策怀孕 7 个月以上的孕妇，《女职工劳动保护特别规定》第 6 条第 2 款规定不应适用吗？笔者认为同样应予适用。即便不符合计划生育政策，难道可以要求孕妇在分娩后 98 天内上班，否则便可以算作旷工吗？应该是不可以的。

《妇女权益保障法》第 27 条规定："任何单位不得因结婚、怀孕、产假、哺乳等情形，降低女职工的工资。"退一步来说，即便享受产假需以符合计划生育政策为前提，那么"哺乳"显然是一个生理和自然行为，即使生育不符合计划生育政策，其哺乳亦属于此处的"哺乳"，故应适用该条规定。

笔者认为，对包括怀孕、哺乳期女性进行特殊保护，对生育所产生的检查保健、医疗费用、孕产期生活予以保障，是基本权利的应有之义。不能因为生育不符合政策，就可以置母婴生命与健康不顾，这既不符合基本权利保障的要求，也有违现代文明的基本精神。笔者主张，应当将计划生育政策与生育保障制度分开，让它们各自履行自己的职责，如果生育是非法的，可以对行为人实施行政处分、处罚，但不能剥夺母婴获得社会保障的权利。如果孩子不是自己生的，但属于婚配伴侣或者同居伴侣的亲生，满足支付条件的"父亲"或者"母亲"可以申请父母津贴。[①] 适时将非婚怀孕、非婚生育的参保人员纳入生育保险待遇范围。[②]

---

①　姚玲珍：《德国社会保障制度》，上海人民出版社 2011 年版，第 340 页。

②　杨文玉：《试析当前职工生育保险工作中的不足及解决措施》，载《企业研究》2013 年第 22 期。

第十四章 社会保险权利侵害的法律救济规则

国家建立社会保险制度的最终目的是要实现公民的社会保险权利。"有权利，必有救济"，没有救济即没有权利。从社会保险权利实现的过程来看，社会保险权利至少在四个环节上可能遭受侵害，因而有救济之必要：实施特定社会保险制度，参加社会保险统筹之争议，简称统筹争议；在特定社会保险制度下是否应当缴纳社会保险费，以及如何缴纳、缴纳多少社会保险费的争议，简称缴费争议；社会保险待遇争议；未能参加并获得相应社会保险待遇时的赔偿争议。

第一节 统筹争议的法律救济

公民社会保险权的实现首先依赖于其能够参加社会保险统筹。如果连统筹都不能纳入，则可能根本无法享受社会保险待遇，也可能导致公民或用人单位承担损失。

实施社会保险统筹，是社会保险行政部门和社会保险经办机构的主要职责之一。《社会保险法》第7条规定：国务院社会保险行政部门负责全国的社会保险管理工作，国务院其他有关部门在各自的职责范围内负责有关的社会保险工作；县级以上地方人民政府社会保险行政部门负责本行政区域的社会保险管理工作，县级以上地方人民政府其他有关部门在各自的职责范围内负责有关的社会保险工作。第8条规定：社会保险经办机构提供社会保险服务，负责社会保险登记、个人权益记录、社会保险待遇支付等工作。毫无疑问，无论是社会保险行政部门负责的社会保险管理工作，还是社会保险经办机构负责的社会保险服务工作，其实施的都是具体的行政职能，都是行政法上的主体，总体上来说都具有可诉性，根据现行法律体系，都应当纳入行政复议法和行政诉讼法范畴。

实施某项社会保险统筹，根据实际的决定主体，可分为两种类型：一是根据上位法规定，地方已经负有实施某项社会保险的法定义务。如对于双重乃至多重劳动关系人员，其各个用人单位都应当为其缴纳工伤保险费，其各个用人单位所在地的工伤保险经办机构都应当将其纳入工伤保险统筹范围。二是上位法并未明确规定要实施某项社会保险。如新农保和居民养老保险，无论是中央政府还是地方政府可能都没有明确的时间表。

前一种类型是参加社会保险统筹之争议，其可诉性比较明确。根据法律、行政法规、部门规章及具有法律约束力的政策性法律文件的规定，可以通过行政复议和行政诉讼寻求法律救济。后一种类型是要实施特定的社会保险制度，笔者认为可以区分两种情形：中央政府已经有相应的规定，主要责任在于地方政府的实施，其责任主体应归于省级地方政府，可以省级政府为被诉主体通过行政复议和行政方式寻求法律救济。在目前状况下，中央政府没有相应规定，不宜赋予法律救济权。

第二节　缴费（补缴）争议的法律救济

缴费争议就是在特定社会保险制度下是否应当缴纳社会保险费，以及如何缴纳、缴纳多少社会保险费的争议，包括社保费缴费争议，包括劳动者与用人单位之间的缴费争议，用人单位与社保费征缴机构之间的争议，公民与社保费征缴机构之间的争议。从法律救济的程序而言，后两种都适用行政争议处理程序解决，相对简单，目前问题主要集中在第一种类型。本书仅对第一种缴费争议进行剖析。

用人单位依法为职工缴纳社会保险费，是用人单位的强制性法定义务，是职工享受社会保险待遇的基本前提。此类缴费争议对于用人单位是否应当缴费，缴费长短（始与终）和缴费多少发生的争议，劳动仲裁诉讼、劳动监察、社保稽核是职工维护社保权利的三大途径。

一、仲裁诉讼渐行渐远

《劳动争议调解仲裁法》自 2008 年 5 月 1 日起施行，其第 2 条规定：用人单位与劳动者发生的"社会保险"争议，适用本法。《社会保险法》即将于 2011 年 7 月 1 日起施行，其第 83 条第 3 款规定："个人与所在用人单位发生社会保险争议的，可以依法申请调解、仲裁，提起诉讼。用人单位侵害个人社会保险权益的，个人也可以要求社会保险行政部门或者社会保险费征收机构依法处理。"从字面上看，劳动者要求用人单位补缴社会保险费，当然属于个人与所在用人单位发生的社会保险争议，属于劳动争议范畴，属于劳动仲裁和民事诉讼管辖范围。但由于此类裁决和判决执行困难，法院和仲裁纷纷退却了。最高人民法院《关于审理劳动争议案件适用法律若干问题的解释（三）》自2010年9月14日起施行。其第1条规定："劳动者以用人单位未为其办理社会保险手续，且社会保险经办机构不能补办导致其无法享受社会保险待遇为由，要求用人单位赔偿损失而发生争议的，人民法院应予受理。"根据法律解释的一般理论，该条款同时意味着：用人单位未为劳动者办理社会保险手续，社会保险经办机构可以补办的，劳动者因此与用人单位发生争议的，法院不予受理。该司法解释施行后，原先仍受理劳动者与用人单位补缴社保费争议的法院，开始全面撤退，不再受理。在这种情形下，劳动仲裁再受理此类案件将没有任何实质意义：仲裁裁决后，用人单位不服起诉至法院，法院不予受理，仲裁裁决完全是"无用功"。由此导致仲裁机构也纷纷不再受理此类争议。

为什么虽然法律规定劳资中的缴费争议属于劳动争议范畴，而法院和劳动仲裁却退避三舍不愿"接手"呢？最主要的问题发生在执行上。无论是劳动仲裁还是随后的民事诉讼，裁决与判决都是针对用人单位和劳动者裁判的，对社保机构不具有直接的约束力。但只要社保不同意补缴，这种判决就难以执行，法院最多只能做社保机构的工作，如果最终不能与社保机构达成一致，这种判决就会不了了之，既然裁判无法解决问题，那不如不予介入了。另外，劳动监察和社保稽核也负责对用人单位未缴、少缴社保费行为的查处，劳动仲裁和法院认为，劳动部门对社会保险规则的掌握更为娴熟，这两种机构和程序可以纠正用人单位的相关违法行为，保护劳动者的社会保险权利。

那么劳动仲裁和随后的民事诉讼应不应该管辖此类争议呢？我们先看两个案例。①

孙某某诉长清一中劳动争议案

孙某某，1978年9月经山东省肥城县劳动局和教育局批准，被山东省肥城县一中聘用为合同制工人，在食堂从事炊事工作。这一干就是30多年。孙某某至今保留最早的一份合同签订于1979年4月1日。这份盖着"肥城县革命委员会文教局"、"山东省肥城县第一中学"、"长清县城关人民公社南关大队革命委员会"三个红章的合同，标明期限为6个月，每月工资37.5元。

1986年长清一中的领导到肥城一中参观学习时，了解到孙某某的情况，要求调其到长清一中工作。肥城一中经研究，同意了长清一中的要求。1986

---

① 该两案参见向春华：《社保费补缴：仲裁诉讼"前途"未卜》，载《中国社会保障》2011年第5期。

年 3 月，孙某某到长清一中工作。1988 年 11 月，肥城县教育局、肥城县一中作出了上述证明。长清一中原校长牛某某、赵某某、陈某某，原后勤主任王某某、刘某某等人也证实了这一情况。

争议发生在进入 21 世纪之后。此时 1952 年 6 月 19 日出生的孙某某已经 50 多岁，户籍性质也早已由农业变为非农业，并落户于长清一中。如何解决养老问题，成为他不得不面对的问题。由于从当时开始缴费，至其满退休年龄已不足 15 年，无法享受长期养老金，而在是否可以向过去补缴的问题，学校与社保机构均不同意。2006 年 7 月，孙某某向长清区劳动争议仲裁委员会申请仲裁，要求长清一中为其补缴自参加工作至今的养老保险费、失业保险费，但一直未被受理。

经过长期不间断地向有关部门反映，2011 年 1 月 25 日，在长清区劳动争议仲裁委员会主持下，孙某某与长清一中达成调解协议：由长清一中依照法律规定为其补缴 1996 年 1 月至 2010 年 12 月养老保险费。其后，孙某某依据该调解书，要求长清区社会劳动保险事业处为其办理补缴事宜。2011 年 3 月，长清区社保处经研究认为，虽然根据现行有关政策，其从 1996 年起补缴养老保险费不符合规定，但本着尊重仲裁调解书的原则，同意其从 1996 年 1 月起补缴，养老保险费补缴总额为 80670.4 元。此时学校又表示无力承担该费用，要求孙某某先行垫付全部费用，之后学校再酌情补助。鉴于自己离退休时间只有 1 年多了，为了获得养老保障，孙某某东凑西借咬着牙支付了 8 万余元补缴费用。

如果仅从补缴得以实现的角度来看，劳动仲裁程序对于孙某某补缴费争议的解决功不可没，而且在事实上是唯一可能的救济程序。由于缺乏明晰的补缴规定，社保机构对于此类具有历史性的遗留问题，不敢介入，社保稽核更无从谈起；由于无法断定长清一中从何时应当承担强制缴费的法定义务，劳动监察也不敢轻易介入，否则可能遭致地方行政权力的强烈干预，该程序很难启动。劳动仲裁是具有准司法性质的程序，处于居中调处的地位，可以从《劳动法》等角度指明用人单位的不当之处，易于从法律和道义上说服用人单位承担补缴费责任。而劳动仲裁一旦作出法律文书（包括裁决书和调解书），具有法律效力，社保机构根据其结论同意补缴，也可以规避补缴不当的法律、审计等风险。对于此类同意补缴难、不同意补缴更难的问题，劳动仲裁或许是各方都可以接受的一种程序。

孙某甲诉叶县国税局劳动争议案

孙某甲，河南省叶县人，1948 年 6 月 15 日出生。1977 年，孙某甲到叶县龚店市场管理委员会（现工商所）工作，1987 年到叶县税务局龚店税务所工作，1993 年到叶县税务局劳动服务公司工作，1994 年国税局和地税局分家，孙某甲被分到叶县国税局工作。1995 年 5 月，叶县国税局下发文件任命其为劳动服务公司副经理，主持工作。此后，叶县国税局劳动服务公司曾更名为"叶县鑫盛服务公司"，后又改回原名。2004 年 10 月劳动服务公司解散，孙某甲未再领取工资，双方也没有正式解除劳动关系。

由于经济补偿和社会保险没有着落，在经过行政申诉等程序解决无果后，2006 年 9 月 9 日，孙某甲向叶县劳动争议仲裁委员会申请仲裁，仲裁委以超过时效未予受理。孙某甲随后向叶县人民法院提起民事诉讼，要求补缴社会保险费等。法院经审理认定，孙某甲与叶县国税局之间形成事实劳动关系。2007 年 7 月 13 日，叶县法院一审判决：国税局为其补缴养老、医疗和失业保险费；国税局补发其 2004 年 10 月至 2006 年 9 月工资 14400 元；国税局支付其经济补偿金 18000 元。叶县国税局不服一审判决，上诉至平顶山市中级人民法院。2008 年 4 月 28 日，平顶山市中级法院作出民事调解书，调解终结此案：叶县国税局一次性支付孙某甲 7 万元，双方在劳动关系存续期间和解除劳动关系后，无其他任何争议。叶县国税局同时允许其以劳动服务公司名义办理补缴社会保险费手续，单位应出费用包含于一次性支付费用中。

在此案审理过程中及审结后，孙某甲就补缴养老保险费事宜多次找叶县社保局，双方争议主要集中在是否可以补缴 2002 年 4 月以前的养老保险费。早在 2002 年 5 月，劳动服务公司曾为孙某甲等人缴纳过一个月的养老保险费；2004 年 9 月，劳动服务公司为孙某甲缴纳了 2002 年 6 月至 2003 年 6 月的养老保险费。叶县社保局因此仅同意补缴此后的养老保险费。但从此时缴费至退休年龄，仅 6 年多，距离享受基本养老金的时限相去甚远。孙某甲坚持认为他在此之前的工作年限也应当缴费，同意承担全部补缴费用，并拿出法院判决书作为主张依据。

经过多年持之不懈的努力，2010 年 12 月底，叶县社保局最终同意其以劳动服务公司名义补缴自 1987 年 1 月起的养老保险费。累计缴费总额为39690.77 元。经叶县劳动人事社会保障局审批，从 2011 年 2 月起，孙某甲享受月养老金 1164.87 元。此时，孙某甲已超过 62 周岁。在孙某甲的案件中，虽然一审法院的判决并未生效，但其所显示出来的法院意见显然不能为社保机构当然接受，这也是孙某甲后来补缴问题长期不能妥善解决的根源所在。这种分歧，是否显示了仲裁民事诉讼程序在解决劳动者补缴社保费争议上的乏力与不足？

由于无法准确界定补缴时间、补缴程序和补缴数额，裁决或判决（包括调解书）通常只笼统写上"用人单位依法为劳动者补缴社会保险费"，有的即便写上了补缴的起始时间，如果社保机构不列明具体金额也仍然无法强制执行。而社保机构的工作人员则表示，很多案件涉及历史遗留问题，如机关事业单位的非编制职工、企业单位的长期"临时工"，他们可以自什么时候补缴、补缴基数和比例如何确定、要不要收滞纳金，国家都没有明确规定，由于很多地方养老保险基金都收不抵支，多纳入一个退休人员进入统筹，缴费年限增加而多发养老金，就意味着地方财政要多承担一份责任，因而不敢"开口子"，即便法院判决了也是如此。

确实，在目前，劳动仲裁和民事诉讼在裁判社保费争议后存在执行难题，并非不能解决。这一难题并非这一程序所应当具有的，而是由于目前部门以自己利益为重，公正性与协调性不够所导致的。仲裁和民事诉讼能否管辖补缴社保费争议，并非问题的重点，核心是司法部门与职能机构之间的配合和协调，配合和协调得好，问题都可以得到很好的解决；反之，不论管还是不管，问题都不能得到很好的解决。在强调依法经办的背景下，法院的判决原则上应当执行，如果社保机构认为判决不妥，可以通过正当程序向法院反映；法院在判决前最好能征询经办机构的意见，并根据经办机构的意见对补缴时间、金额等作出明确判决，执行也就不成问题了。即便是"用人单位依法为劳动者补缴社会保险费"的笼统裁判也并非真的不能执行，社保机构可以在基金不受损失的前提下，给出不同的补缴方案，由法院决定采纳何种方案，并执行相应的具体金额。

其次，劳动者通过仲裁和民事诉讼程序解决与用人单位之间的补缴社会保险费争议，是法律明确赋予的权利，司法解释和其他规范性文件都没有剥夺劳动者的这一救济权利。再次，虽然社会保险行政、经办机构可以处理补缴费问题，劳动者不服可以通过行政复议和行政诉讼程序寻求救济，但这种救济程序属于"民告官"，更为敏感，劳动者胜诉的概率更低，劳动者寻求这种救济程序的很少。劳动争议案件远远多于行政诉讼案件的现实也表明，劳动者更适合选择劳动仲裁和民事诉讼程序。以孙某某一案为例，如果直接要求社会保险行政、经办机构处理，然后通过行政复议、行政诉讼方式解决，基本上不可能解决。此外，劳动者的诉求通常不仅仅是补缴社会保险费，还涉及其他争议，劳动者原本可以在一个法律程序中解决全部争议，在堵塞了仲裁和民事诉讼的救济程序后，劳动者就要通过多个法律程序解决其问题，不利于保护劳动者的权利。

劳动仲裁和民事诉讼拒绝受理社保缴费争议，根源在于社保费补缴规则的不明。孙某某和孙某甲的补缴难题都涉及从何时补的问题。如果不能有很好的补缴政策，劳动仲裁和民事诉讼不受理此类争议，只不过是逃避了矛盾而已，无论是劳动监察处理还是社保稽核、征缴，都不可能妥善解决补缴争议。解决补缴争议，必须考虑两个问题：一是利益问题。总的来说补缴的钱少，而领取的养老金多，容易产生"滥补"。二是保障问题。像20世纪80年代的"临时工"，尤其是农村户籍的，按照当时的政策规定他们没有养老保障。现在要不要考虑他们这部分"历史工龄"的保障问题？

补缴费金额的确定是另一大难题。孙某甲累计缴费总额为39690.77元，孙某某补缴费已达81971.1元，而且可以预计前者的养老金要高于后者。前者原则上是按照历史上实际缴费确定，同时征收利息；后者则原则上均以补缴费时（2010年）的缴费基数和比例确定，即补缴1996年的养老保险费也按2010年标准确定。

如果补缴费对象、年限、标准、金额、滞纳金等都能够明确，不管是仲裁、诉讼、社保机构、劳动监察机构处理的结果都是一样的，那么谁来处理，或者说谁可以处理，都未尝不可。但即便补缴规则不那么明晰，也不意味着劳动仲裁和民事诉讼就不能受理并处理缴费争议。事实上，即便劳动仲裁和民事诉讼不管，行政诉讼也是无法推辞的。在缴费争议尤其是补缴费争议过大，社保部门的意见无法得到劳资双方的认同，必然要寻求行政诉讼救济程序。作为一个负责任的法院，仍然无法逃避对补费规则的实质审查与判断。因此就目前的法律架构而言，笔者的意见是坚定的：劳动仲裁和民事诉讼应当受理并处理缴费争议。

从长远来看，可以通过独立的社会保障争议处理机制解决社会保障争议。

二、劳动监察与稽核的分工与合作

社会保险的劳动监察一般由社会保险行政部门内设的劳动监察机构以社会保险行政部门的名义实施，其法律依据是《劳动保障监察条例》；社会保险的稽核由社会保险经办机构实施，其法律依据是《社会保险稽核办法》。

《社会保险法》第63条规定："用人单位未按时足额缴纳社会保险费的，由社会保险费征收机构责令其限期缴纳或者补足。"第77条规定："县级以上人民政府社会保险行政部门应当加强对用人单位和个人遵守社会保险法律、法规情况的监督检查。"由于我国目前社会保险费的征收实行双轨制，有税务部门征收和社保经办机构征收两种形式，因此根据《社会保险法》第63条的规定，"责令其限期缴纳或者补足"既可能由税务部门作出，也可能由社保经办机构作出。而根据《社会保险法》第77条的规定，社会保险行政部门负责对用人单位遵守社保法包括缴费情况进行监督检查，在其内部既可以由劳动监察机构实施，也可以由社保经办机构实施。而具体对劳动者而言，一旦劳动者认为用人单位未依法为自己缴纳社会保险费时，根据《社会保险法》第83条的规定，"个人也可以要求社会保险行政部门或者社会保险费征收机构依法处理"。《社会保险法》的规定并不明晰，例如第83条规定的"依法处理"，这里的"法"显然不是《社会保险法》，因为《社会保险法》并未规定具体如何处理，仅仅依据《社会保险法》事实上将无法处理。那么谁来制定这里的"法"（规章等）就非常值得推敲了。如果由国务院制定行政法规，那也没有疑问；作为主管机构，人社部应当是有制定规章及其他规范性文件的权力，问题是，国税总局可以制定这里的"法"吗？与人社部的规定不一致甚至冲突该怎么办？以下这些问题是需要厘清的。

1. 劳动监察机构和社保经办机构是否当然具有对用人单位社会保险违法行为调查与处理的一般职能？如果赋予它们调查处理权，是基于职权还是授权？笔者认为，应当是授权。即便在《社会保险法》之前，劳动监察机构行使对用人单位社会保险违法行为调查处理也是受社会保险行政部门委托并以其名义作出。《社会保险法》第77条只赋予社会保险行政部门的检查权，至于在其内部由何具体部门实施，《社会保险法》未作规定，应由社会保险行政部门自行确定。因而从这一角度来说，在《社会保险法》时代，劳动保障监察机构或社会保险经办机构并不当然具有此项权力。

2. 社会保险行政部门是否可以授权劳动监察机构和社保经办机构分别行使上述权力，还是授权单一机构行使上述权力？从形式上看，双重授权是可以的，尤其是在社保征缴时，即便仅单独授权给劳动保障监察机构，也会形成事实上的双重执法。笔者主张，社会保险行政部门应将对用人单位社会保险违法行为检查处理权授予社会保险经办机构实施。（1）在社保征缴时，执法主体统一，避免多头执法、重复执法。（2）社保机构承担着社会保险经办业务，即便是由其他机构如劳动保障监察机构行使执法权，最终的业务处理也需由社保机构承担。执法权与业务处理权的分离容易造成业务脱节，影响工作效率，例如劳动监察部门认为应当收取滞纳金，而社保机构不同意收取。执法权与业务处理权的合一，可以较好地提高工作效率。（3）执法权与业务处理权的合一，也有利于为劳动者和用人单位提供更为便捷的服务。相对人无须在不同机构之间奔波与扯皮。（4）由于劳动者在要求纠正用人单位的社会保险违法行为时，往往还有其他的诉求，如主张加班费、未签订劳动合同的双倍工资、解除劳动合同的补偿金，这些违法行为只能由劳动保障监察机构处置。当对用人单位社会保险违法行为的处置权力授予社保机构时，同样会发生劳动者需要向不同机构投诉举报、多头执法等问题。笔者认为，人社部门乃至更大范围的政府部门，应当建立行政受理（处理）中心，程序上统一，不加重劳动者与用人单位的负担。例如，当劳动者投诉或举报既涉及社保问题，也涉及其他用工问题，应由同一人员受理、告知，如果社保机构和监察机构都需要对用人单位进行检查，应当实施共同检查，尽可能不让劳动者和用人单位"多跑腿"，不对用人单位进行重复检查和执法。通过内部协调和资源配置，这一目标是可以实现的。（5）与征缴机构执法权的分立与合一。从动机来说，扩面及征缴率提高的结果对税务机关来说激励性并不大。虽然基数增大后其相应可提取费用总额也会增加，但其作为公务机关，该费用不能直接体现为机关公务员的工资福利，而且随着管理的透明化，其福利待遇会受到更为密切的社会关注。在经济利益的动机弱化以后，既没有政治压力（社保搞得好与坏不会对其升迁造成影响），也缺少社会压力（社保制度搞得不好，待遇水平低，公众不会找税务机关说事，只会找社保机构），即便赋权给税务机关，税务机构使用该权力的正当需求也并不会很高。而社保机构要承担确保待遇按时足额发放的政治与法律责任，对基金收支风险承担着直接责任，其有更为强烈的动机适用该权力以保证实现应缴尽缴。因此笔者主张，应当明确将此项权力授予社保机构，"用人单位未按时足额缴纳社会保险费的"，"由社会保险经办机构责令其限期缴纳或者补足"。

3. 在《社会保险法》现行规则下，在税务征缴的情形下，社保经办机构是否还具有上述权力？应当视社会保险行政部门的授权而定。即社会保险行政部门如果没有依据第 77 条的规定，将检查监督权力授予社保机构，则社保机构没有此种权力。笔者建议，基于上述理由，应当将此权力授予社保机构。税务征缴机构具有的相同权力，应当与社保机构协调行使，一方面，投诉举报行为应由社保机构行使；另一方面，税务机构和社保机构的主动检查行为应当避免多头执法。

4. 税务稽查如何监督？从职能划分及对《社会保险法》第 63 条、第 77 条仔细分析，很难确定税务机构可以受理投诉举报行为，在这种情形下，如果税务机关怠于行使《社会保险法》第 63 条规定的职权，除了用人单位之外（作为获益者用人单位自然不会诉诸争议），谁来监督税务机关的行为？鉴于其管理体制，其上级主管部门很难有效监督。那么与此最密切相关者——劳动者与社保机构能否诉诸法律程序寻求监督？笔者认为这是必需的，否则《社会保险法》第 63 条的规定将大打折扣。即劳动者及社保机构可以要求税务征缴机构公布征缴详细情况，包括各单位、具体人员、缴费基数、社保项目、责令其限期缴纳或者补足的详细情况等，税务征缴不予告知，或者相对人认为其未依法征缴或处理的，可以申请行政复议或提起行政诉讼。

5. 税务稽查与社保稽查的冲突处置。在现行体制下，如果社会保险行政部门将相关检查处置权力授予社保机构，就与税务征缴机构的处置权存在交叉。笔者希望两机构能协调行使该权力，但实践中难免不发生冲突，如税务机关认为不需要处理或应这么处理，而社保机构则认为需要处理或应那么处理，应如何解决此类冲突？简单而言，两个机构下达了不同的处理决定书，用人单位应当执行哪一个决定？相对人应当依据哪个决定寻求法律救济？笔者认为，应当确定社保稽查的优先性，即以社保机构的决定为准，与社保机构的处理决定相冲突的税务机关处理决定不发生效力。社保费的征缴与税的征缴在本质上有很大差别。纳税义务并不对应相当的权利，不会因为没纳税或少纳税就不能享受警察服务；社保费的缴纳是与权利相对应的，除特定情形外，两者呈正相当关系。因此在考虑缴费问题时，是不能脱离对社保权利的考量的，这是税务征缴机构所无法做到的。基于社会保险权利本位的基本考量，对社保违法行为的处置，只能以社保机构的处置为优先；从法律救济的角度来说，当以社保机构的处置为评判标准时，其相对人尤其是受害人是比较明确的，法律救济的依据也更为充分。

6. 在本质上应当统一由社保征缴，实施单一的社保稽查制。鉴于在我国，费改税在相当长的时期内是不适合的。只要征收的还是社会保险费，由社保征缴就是适当的。本书对该问题不作进一步阐述。

总的来说，需要解决两方面的问题，社保征缴与税务征缴分野下的稽查权限；社保征缴的稽查权与劳动保障监察权限的分离与整合。

对于第一个问题，由于我国并非实行社会保障税，即便是税务征缴，它也不属于税务争议，由税负机构实施稽查权限存在缺乏权力基础、激励不足、机构重复等本质缺陷，是不妥的。对于第二个问题，鉴于在相当长时间内，劳动方面的违法问题仍很普遍，社保稽查（主要是缴费方面的争议）任务也很繁重，在行政救济程序方面实行独立的稽查制度有着深厚的现实基础；从长远来看，未来社保争议主要集中在待遇争议（行政救济程序也会主要在待遇裁决上发挥作用），稽查功能（针对缴费）减弱，及行政权力的主动约束缩减，可以整合两者的稽查权。

其整体行政救济程序和司法审查的救济保障皆有重新设计之必要。

第三节　待遇争议的法律救济

对于应获得的社会保险待遇争议，根据我国社会保险待遇的支付主体的不同，区分为劳动争议与行政争议，法律救济程序因而不同。

一、劳动争议

对于用人单位对劳动者承担的社会保险待遇，因之发生的争议按照劳动争议处理程序处理，虽有调解程序，但其既非强制，亦因调解主体的公正性、制约力限制而受限，绝大多数争议并未经过调解程序，在劳资双方协商无效后，往往直接诉诸劳动争议仲裁或民事诉讼程序。

依法由用人单位承担的社会保险待遇有两种：一种是法定由用人单位承担的费用，如用人单位与工伤职工解除劳动合同时的一次性伤残就业补助金；另一种是用人单位未纳入社保时承担的社保支付责任，如地方未实施生育保险，用人单位应当承担的生育保险待遇支付责任（用人单位并不存在违法行为）。用人单位应当纳入社保，因违法未参加社保而应承担本应由社保支付的责任，应列入赔偿责任范畴。

二、行政争议

受益人与社会保险经办机构就社会保险待遇的支付所发生的争议目前适用行政争议程序处理。目前争议的主要类型是待遇的有无。如工伤认定争议、工伤保险待遇与民事侵权责任的竞合。

少数争议涉及待遇多寡。如基本养老保险中视同缴费年限长短争议。

目前社会保险待遇争议的救济程序主要存在以下问题：

1. 劳动争议处理时间过长。虽然《劳动争议调解仲裁法》对劳动仲裁的处理时间作了较为严格的限制，第 29 条规定，收到仲裁申请之日起 5 日内，认为符合受理条件的，应当受理，并通知申请人；第 43 条规定，应当自劳动争议仲裁委员会受理仲裁申请之日起 45 日内结束。案情复杂需要延期的，经劳动争议仲裁委员会主任批准，可以延期并书面通知当事人，但是延长期限不得超过 15 日。该法还规定了"一裁终局"制度。但在实践中，仲裁时间绝大多数远远超过该时间，"一裁终局"的案件占比太少。同时由于劳动仲裁人员的素质较低（很多属于"临时工"，流动性较大，专业性不够），与法官相比，其准入条件、后期培训和约束均需提高，在保障公正和准确裁决上，仍存在不足，尚不足以有效保障参保人或受益人的权益。

2. 行政复议尤其是行政诉讼，司法人员对社会保险待遇的标准、享受条件等具体规定很陌生（相当程度上归于缺乏具体的实体规则），难以为权利人提供有效的法律保护。例如，养老保险中视同缴费年限的计算，因牵涉连续工龄的确定，多由历史上若干政策文件规定，行政法官知之甚少，很难作出准确判断。加上我国法治状况，法院与行政机关之间千丝万缕的连续，导致"民告官"胜诉前景不荣乐观。

3. 法庭间、法院间、地区间处理结果分离。由于实体等问题，法官的自由裁量权是比较大的。由于我国不实行判例制度，虽然近些年最高法院在推行裁判文书公开方面做了大量工作，但公开的文书只有极少数，像行政诉讼的裁判文书，劳动争议案件的裁判文书，公开者就更少了。由此导致按照劳动争议处理（民庭）和按照行政争议处理（行政庭）之间、各地法院之间的裁判，差异性较大，影响了法律权威，不利于对社会保险受益人的权利保障。

4. 大量争议处于"蛰伏"状况，有的尚难以行使救济权利。整体来看，如养老金计算的多寡、基本医疗保险基金的支付范围（自付范围）、失业保险金的享受等很多参保人及受益人并不清楚，存在不少疑问，很多并没有诉诸法院。但这并不意味着争议已得到化解。实际上行政系统的解释并未得到认可，只不过由于种种原因，相对人并未行使诉权。这既不利于实现社会保险权利，也不利于制度和工作机制的改进，对疏解社会压力也是有害无利。

第四节 赔偿争议的法律救济

社会保险方面的赔偿争议是指，负有社会保险相关责任的主体，未依法履行法定及约定义务，导致相对人利益损失，所应承担的赔偿责任争议。赔偿责任主要是法定责任。在不违反法定责任的前提下，笔者认为，民事主体可以就社保义务进行约定，如用人单位可以规定（实为约定），职工工伤，除依法享受伤残津贴外，用人单位另行支付一定的伤残津贴，以保障其待遇水平。

因赔偿义务主体的不同，划分为两种：一种是用人单位未依法履行法定及约定义务，导致劳动者利益损失，所应承担的赔偿责任争议；另一种是行政主体用人单位未依法履行法定及约定义务，导致劳动者利益损失，所应承担的赔偿责任争议。

一、雇主赔偿

此类争议目前仍适用劳动争议——民事诉讼程序解决，与劳动者与用人单位之间的社会保险待遇争议相同。待遇支付的实体标准也无不同。如，用人单位没有依法参加基本医疗保险，导致生病职工无法享受医保待遇，用人单位承担的赔偿责任通常也以医保支付的限额确定。

值得考虑的是，后者是合法的待遇争议，用人单位并无过错；而前者则是用人单位存在违法行为，用人单位存在故意过错，其所承担的赔偿责任是否与没有过错时的责任范围一致？在目前，法院处理此类案件，均须征询医保机构的意见，而至少用人单位对此应负举证责任（劳动者个人无法从医保机构确定支付范围，在参保时该责任由用人单位承担，那么在用人单位违法未参保时，用人单位反而不承担此项责任而转由法院承担，殊为不当）。

二、行政赔偿

行政赔偿是指社会保险费征缴机构、社会保险行政部门和社会保险经办机构未依法履行法定职责，导致参保人、受益人损失而应承担的赔偿责任。

社会保险的行政赔偿主要涉及财产损害赔偿。其法律依据包括：《国家赔偿法》第4条规定，行政有关机关及其工作人员在行使行政职权时"违法对财产采取查封、扣押、冻结等行政强制措施的"、"造成财产损害的其他违法行为"，应承担行政赔偿责任。《社会保险法》第92条规定："社会保险行政部门和其他有关行政部门、社会保险经办机构、社会保险费征收机构及其工作人员泄露用人单位和个人信息的，对直接负责的主管人员和其他直接责任人员依法给予处分；给用人单位或者个人造成损失的，应当承担赔偿责任。"《劳动合同法》第95条规定："劳动行政部门和其他有关主管部门及其工作人员玩忽职守、不履行法定职责，或者违法行使职权，给劳动者或者用人单位造成损害的，应当承担赔偿责任。"

在基本医疗保险、工伤保险、生育保险中，都涉及协议管理。协议管理的实质是通过行政契约界定社保机构与医疗服务供给方的权利义务，违反协议，应当按照协议约定进行赔偿。

目前，此类赔偿案件极少，就公开材料所见，尚无这样的赔偿案例。然而在实践中，上述机构未依法履行职责，怠于履行职责并导致公民社会保险权益受损的情形时有发生，现有的法律救济程序难以提供有效救济。

第五节　社会保险权救济之消灭时效

一、社会保险权救济消灭时效设置之必要

消灭时效是民法中的一项重要制度。"权利行使应受时间上的限制，其主要情形有三：一为消灭时效；二为除斥期间；三为权利失效。"[1] "诉讼时效，

---

① 王泽鉴：《民法总则》，中国政法大学出版社2001年版，第515页。

又称消灭时效，是指权利人在法定期间内不行使权利即丧失请求法院依诉讼程序强制义务人履行义务的权利的法律制度。"① 消灭时效的客体为请求权，请求权指特定人得向特定人请求一定行为的权利。凡债权请求权，无论其发生原因及请求权内容为何，均为消灭时效的客体，包括契约履行请求权、债务不履行损害赔偿请求权、缔约上过失损害赔偿请求权、不当得利请求权，及侵权行为损害赔偿请求权等。物上请求权，已登记不动产所有人的物上请求权不罹于消灭时效，其他物权请求权及占有人的物上请求权的适用消灭时效。请求权基于纯粹身份关系而生者，不适用消灭时效的规定；非纯粹身份关系，如夫妻间的损害请求权，具财产权的性质，仍有消灭时效的适用。以人格权为内容的请求权，为维护人格利益所必要，不因时效而消灭；但人格权被侵害而生的损害赔偿请求权，则有消灭时效的适用。②

其重大功能在于，"因法定期间的经过而使原权利人丧失权利，使长期存在得到事实状态合法化，有利于稳定社会经济秩序"，"稳定法律秩序"。③ 消灭时效也在于保护债务人，避免为答辩"太老"的请求权所生的举证困难问题；也给予懒于行使权利人有效的压力，尤其是对于日常生活行为的短期消灭时效，可促使当事人基于经济利益，迅速加以处理。④

消灭时效具有制度性的功能，除民事外，原则上亦适用于公法领域。⑤ 消灭时效的功能对社会保险法域依然适用。比较而言，在社会保险法领域更为重要。一些社会保险待遇与社会保险缴费之间的因果联系链条很长，待遇的持续与变更时间较长，最典型者如基本养老保险，其养老金可由几十年前的缴费形成，退休之后养老金可延续和变更（提高待遇）几十年。如果没有时效制度，则意味着要对几十年之前的缴费和养老金重新确定，并据此重新计发养老金，在制度转型和形成期，这几乎是无法完成的工作。即便将来制度完善、管理规范、所有调整等档案资料完全可查，要完成这一工作也要耗费无数的时间和精力，而只要有任何意外因素如档案灭失，这项工作即无法完成。此外，在几十年的社会发展过程中，"物是人非事事休"，如用人单位倒闭破产、档案灭失、证人无从寻找，要再现历史真实，也是一项无法完成的任务。

社会保险法主要属于公法，多数规范属于行政法，亦有适用消灭时效制度

---

① 马俊驹、余延满：《民法原论》，法律出版社 2007 年版，第 244~245 页。
② 王泽鉴：《民法概要》，中国政法大学出版社 2003 年版，第 145~146 页。
③ 梁慧星：《民法总论》，法律出版社 2007 年版，第 238 页。
④ 黄立：《民法总则》，中国政法大学出版社 2002 年版，第 452 页。
⑤ 王泽鉴：《民法总则》，中国政法大学出版社 2001 年版，第 517 页。

之必要。"如同主观私权利，主观公权利也可以分为支配权、请求权和形成权。"① 德国法学认为，行政法上的损害赔偿适用消灭时效制度。职务赔偿请求权时效是从受害人得知损害和赔偿义务人之日起 3 年。认定起算点的关键在于致害原因，使期间开始进行的认识内容是：有关公务员的行为违法并且具有过错，可能构成导致损害赔偿的违反职务行为。赔偿请求权的生效因对构成违反职务行为的行政行为提起撤销之诉、职责之诉或者继续确认之诉而中断。鉴于行政复议与行政诉讼之间的密切联系，自申请复议时起时效中断。赔偿义务人和关系人就损害赔偿请求进行协商的，时效中止。② 对韩国所谓疾病、负伤性社会风险的社会保险，国民年金，雇佣伤害保险待遇给付，异议或审查请求申请应自处分之日起 90 日内，以文件的形式进行，如有正当理由不能在规定期间内进行异议申请时，可以不遵照其规定。③

《社会保险法》未规定社会保险权救济的消灭时效，并不意味着实践中没有或将来不会设置这一制度，实为制度缺陷，应尽快补救，以挽混乱之实践。

社会保险权救济的消灭时效仅适用于请求权。从三个大的分类来看，缴费（补缴）争议、待遇支付争议、待遇赔偿争议都涉及时效，其具体适用和时限要求都不尽相同。

二、缴费争议的消灭时效（追究时效）

（一）时效有没有

目前关于社保费补缴时效问题，存在着截然对立的观点，在实践中比较"混沌"。

否定者认为补缴社保费不存在时效问题，对于用人单位任何时候未缴、少缴社保费的违法行为，公民均可向社保机构投诉、举报，社保机构均可进行查处并要求用人单位补缴。其法律依据主要是《社会保险费征缴暂行条例》。该条例于 1999 年 1 月 22 日公布施行。其第 13 条规定：缴费单位未按规定缴纳和代扣代缴社会保险费的，由劳动保险行政部门或者税务机关责令限期缴纳；逾期仍不缴纳的，除补缴欠缴数额外，从欠缴之日起，按日加收千分之二的滞纳金。该条款并未规定过了若干年，就不能责令用人单位限期缴纳，因而任何

① ［德］汉斯·J.沃尔夫、奥托·巴霍夫、罗尔夫·施托贝尔：《行政法（第一卷）》，商务印书馆 2002 年版，第 503 页。

② ［德］汉斯·J.沃尔夫、奥托·巴霍夫、罗尔夫·施托贝尔：《行政法（第二卷）》，商务印书馆 2002 年版，第 371～372 页。

③ 金东熙：《行政法 II》，中国人民大学出版社 2008 年版，第 254～269 页。

时候都可以要求用人单位限期缴纳。

肯定者则主张存在时效问题。其法律依据主要是《劳动保障监察条例》。该条例自 2004 年 12 月 1 日起施行。其第 20 条规定：违反劳动保障法律、法规或者规章的行为在 2 年内未被劳动保障行政部门发现，也未被举报、投诉的，劳动保障行政部门不再查处；前款规定的期限，自违反劳动保障法律、法规或者规章的行为发生之日起计算；违反劳动保障法律、法规或者规章的行为有连续或者继续状态的，自行为终了之日起计算。用人单位未依法缴纳社保费当然属于违反劳动保障法律、法规或者规章的行为，因此应适用该条款规定的 2 年时效。此外，《社会保险行政争议处理办法》自 2001 年 5 月 27 日实施。其第 10 条规定：经办机构作出具体行政行为时，未告知申请人有权申请行政复议或者行政复议申请期限的；行政复议申请期限从申请人知道行政复议权或者行政复议申请期限之日起计算，但最长不得超过 2 年。由此，用人单位未依法缴纳社保费，同时也就是经办机构未及时征缴稽核其应缴纳的社保费（不作为具体行政行为），相对人只能在 2 年内申请行政复议，要求经办机构处理；超过 2 年，如果经办机构不处理，相对人将丧失救济权利。因而这实际上也是对缴费时效的规定。《行政处罚法》第 29 条规定："违法行为在二年内未被发现的，不再给予行政处罚。法律另有规定的除外。前款规定的期限，从违法行为发生之日起计算；违法行为有连续或者继续状态的，从行为终了之日起计算。"实为异曲同工之规。

在实践中，对于社保费补缴问题，社保机构通常主张不存在时效，而劳动保障监察机构则采纳时效主张。为了能够适用时效规则规避一些补缴难题，社保机构可能会把有关案件移交给劳动保障监察机构处理。例如，退休人员在退休多年后要求用人单位补缴社会保险费，即便可以要求用人单位补缴，已经发放的养老金也很难调整，劳动保障监察机构可以适用 2 年时效不受理此类投诉举报。

同样的问题，在一个机构这里没有时效，在另一个机构那里却有时效，不符合法治的要求，也有损社会保险事业的形象。

《社会保险法》没有涉及时效问题，其实体规定将加深社保费补缴执法困难。在以前，对于用人单位未缴、少缴社保费的行为，通常只是要求其如实补缴，外加数额较少的罚款或利息，滞纳金很少征收。《社会保险法》第 86 条规定：用人单位未按时足额缴纳社会保险费的，由社会保险费征收机构责令限期缴纳或者补足，并自欠缴之日起，按日加收万分之五的滞纳金。其与《社会保险费征缴暂行条例》的显著区别在于：前者滞纳金"自欠缴之日起"征收，没有免除条款；后者则是"逾期仍不缴纳的"才征收滞纳金。在《社会保险法》实施以后，违法的不缴或少缴社保费行为，都应当征收滞纳金，是否应当有时效限制，是值得深思的。

（二）时效该不该设

反对设定要求用人单位补缴社保费时效的理由主要有：缴纳社保费是用人单位的强制性法定义务，设立补缴时效实际上就是免除了用人单位的缴费义务，这有鼓励用人单位违法行为的嫌疑。缴纳社保费是公民享受社保待遇的基本前提，缴费越多、缴费时间越长越能增进公民的社保待遇；免除了用人单位的补缴义务，将会严重损害劳动者的社保利益，与保护劳动者权利的要求背道而驰。免除了用人单位的补缴义务，还将导致基金损失，一方面会加重财政负担，另一方面也会间接影响参保人利益。

上述理由并不足以否认时效之必要。

首先，强制性义务与时效无关。最具强制性的义务莫过于不得侵犯他人生命，违反该义务（杀人）的也会受到时效保护。在所有追究违反强制性义务行为的法律责任时，都存在时效限制，违反社会保险法律规范的行为没有例外的理由。

其次，因超过时效而免除用人单位的补缴义务，确实可能损害参保人利益。但是，通常情形下导致这种损害发生的主要原因在参保人自身，如果其积极主张权利通常不会产生这种损害。"每个人都是自己利益的最大守护者"，如果自己都可以漠视之，怎么能期待别人来保护呢？另外，不设定时效，对劳动者不一定有利。违法时间越长，用人单位的责任越大，其逃避责任的动机越强，很可能导致社保费根本无法补缴（如企业破产、转移财产）；执法机构也可能因执行的困难而不了了之，如对退休人员补缴社保费的处置。

再次，只要考察一下目前的补缴状况，就会发现设立时效制度并不一定导致基金损失。如果是这样的话，应该积极让公民补缴才是，尤其是补缴的时间越长越好。但现实却是，尽可能限制补缴的时间，越往前补越受控制，这实际和时效的结果相似。

最后，最为重要的是，时效制度作为一项法律制度，法学上公认其具有稳定社会关系、促进社会有序发展、节约社会资源的价值。违法行为过去越久、追究成本越高、耗费资源越多、追究的社会意义越小。如 55 岁时要求查处 25 岁到 35 岁那一段少缴的费用，单位可能变了很多家，工资基数等早已忘却，如何去查？如果不设立时效，不查就是违法的；查，花费无数精力恐怕也搞不清楚是怎么回事。

以工资和社保缴费相比，工资首先是保障劳动者本人及其家庭当下的生活，社保缴费保障的是未来的预期利益，无论怎样，工资的重要性都不比社保缴费的重要性低。根据我国法律规定，劳动者主张工资的时效为 1 年。劳动者主张社会保险权利又为什么不应当设立时效呢？

时效通常是以权利人知道或应当知道其权利被侵害时起算。而要权利人知道或应当知道其权利被侵害，首先必须让其了解和掌握权利状况。作为一名企业职工，单位究竟有没有缴费，他从来就不知道，又怎么去积极主张权利呢？我们不能以其没有去某个特定社保中心查询，而推定其应当知道自己的权利状况，否则对该职工是不太公平的。要解决这个问题，需要建立便捷的参保信息通知、查询和确认服务。当职工可以极其方便地获取自己的参保信息，而对用人单位未缴少缴行为放任纵容，时效才应当对他的维权要求说"不"。

（三）时效该怎么设

是不是所有的社保费补缴都要受时效限制？回答应该是否定的。只有涉及违反社保缴费规定的补缴行为，才应当受时效限制，即时效仅存在于对责任的追究。如果是自愿补缴费，应当不受时效限制。例如，实施新农保允许临近享受养老金的人员一次性补缴若干年社保费；将来实施居民养老保险也同样如此。类似政策性补缴都不宜设置时效。

是否允许抛弃时效利益？时效制度使得违法行为人无须承担一定的法律责任，因而也是一种利益。在存在时效时，权利人无法要求用人单位补缴社保费，相关部门也无法查处，那么违法行为人主动要求补缴是否可以？总体来说这种做法有利而无害，应当允许。但补缴应当依法进行，该收的滞纳金一定要收，以避免"逆向选择"。

时效的起算点应当严格限制。除了权利人知道或应当知道其权利受侵害外，还应当包括未缴或少缴费行为连续的，应当从违法行为结束时起算；也可以考虑从劳动关系终止时起算。既要考虑促进权利人积极主张权利，又要考虑用人单位在社保缴费义务上的主动性，还要考虑作为权利人的职工在劳动关系中的隶属性和受约束性。

时效的长短与变更。劳动争议的仲裁时效是 1 年，时效制度应当尽可能统一，劳动保障监察的时效是 2 年，行政处罚的时效也是 2 年，那么处理社会保险违法行为的时效也宜定为 2 年。时效起算点应从权利人知道或者应当知道自己的权利被侵害之日起算。

可以引进最长时效制度，如设定为 20 年。即用人单位 20 年以前未缴或少缴了社保费，权利人一直也不知道该事实（2 年的普通时效尚未起算），那么 20 年后也不能要求补缴了。

具备不可抗力等因素时，允许时效中止、中断和延长。

历史问题历史对待。由于历史上用人单位的缴费责任不是非常严格，有很多客观因素，如事业单位缺乏财政拨款而无力缴费，是否一概适用时效制度免除相关责任要慎重。对于历史上的未缴、少缴社保费行为，原则上适用时效制度；但体制等客观原因未依法缴纳社保费的，不适用时效制度。

三、待遇争议的消灭时效

目前关于社会保险待遇请求权尚无具体消灭时效规定。虽然从广义上来说，公民与用人单位之间的社保争议属于劳动争议范畴，似可适用劳动争议的仲裁时效（1年），但无可置疑的是，社保待遇争议很多并非发生于公民与用人单位之间，后者自无消灭时效规则可供适用。在本质上，两种争议性质相同，仅责任主体有所差别而已。

笔者主张，社会保险待遇请求权的消灭时效，应从被保险人或受益人知道或应当知道其权益被侵害之日起计算，期间为5年。由于失业保险的目的在于对短期失业风险的保障，因此其时效宜设定为2年。从权利被侵害之日起超过30年的，法律不予保护。

第一，社会保险待遇争议的前提是，权利人认为用人单位或社保机构未支付或少支付其社保待遇。若其主张属实，则用人单位及社保机构便一直处于侵害其权利的状态，亦即侵权行为处于连续状态。但如权利人任由这种状态持续，怠于行使权利，基于社会利益的考量，法律再无对其保护之必要。

第二，与《保险法》规定相同。《保险法》第26条规定："人寿保险的被保险人或者受益人向保险人请求给付保险金的诉讼时效期间为五年，自其知道或者应当知道保险事故发生之日起计算。"社会保险与商业保险的性质迥异，但商业保险的人寿保险金与社会保险待遇在事实上极为相似，其保障功能有共通之处，请求权之消灭时效宜采相同原则。

第三，适用时效中止、中断、延长规定。

第四，社会保险重点在于长期（定期）待遇，在具体适用中因一次性待遇与长期待遇而有区别，这也是社会保险与商业保险的重要区别之所在。一次性待遇可因时效经过而完全丧失胜诉权。而长期待遇丧失的仅是超过时效的那部分待遇。例如，某人员自2012年7月退休，应享受养老金2000元/月，社保机构仅按1800元/月支付，2020年1月才发现该错误，那么其可以要求补发2015年1月以后少发的部分养老金，之前的则因时效经过而不受法律保护。

第五，社保机构的告知义务。对于应由社保机构支付的社会保险待遇，社保机构应向待遇享受人告知享受待遇的权利。社保机构的告知时间为权利人知道或应当知道其权益被侵害之日。社保机构无法直接或以邮寄等方式通知权利人的，可以公告告知。

社保机构受国家和公民之托，通过法律授权其行使社会保险经办职能，以保护公民社会保险权利实现为宗旨，应对被保险人或受益人恪尽职守。在被保险人或受益人符合享受社会保险待遇时，社保机构有通知义务，这是实现被保险人或受益人社会保险权利的重要前提。此外，与被保险人或收益人相比，社保机构应属于专家级管理机构，其对于社会保险权利的构成、实现及相关法律后果远比被保险人或收益人清楚。在两者关系，社保机构处于优势地位，且控制着全部参保信息，应承担比被保险人或收益人更多的法律义务。

第六，用人单位承担的社会保险待遇支付义务，应采用与劳动争议仲裁时效相同的设置。因为社会保险待遇很多是对工资收入的替代性保障，是为了保障被保险人或受益人的基本生活，与工资收入具有某种程度的相似性。在某种意义上，社会保险待遇对劳动者的重要性要重于工资。因为社会保险待遇保障的是基本需求，而工资中只有最低工资才是保障最低生活需求的。根据《劳动争议调解仲裁法》，劳动争议的仲裁时效为1年，劳动关系存续期间因拖欠劳动报酬发生争议的，劳动者申请仲裁不受1年的仲裁时效期间的限制；但是，劳动关系终止的，应当自劳动关系终止之日起1年内提出。鉴于该法规定的基本时效期间仅为1年，不利于劳动者权利保护；且作为劳动债权，工资请求权的重要性比一般债权有过之而无不及，后者的消灭时效为2年，前者却只有1年，殊为不当。应当将基本时效期间统一调整为2年。

用人单位承担社会保险待遇支付责任的时效期间设定为2年，与社保机构承担责任时效期间设定为5年，虽不一致，但具有合理性。用人单位有作为雇主而对雇员之照顾与保护义务，但他们的利益通常处于对立状态，不能要求用人单位放弃自己的利益而专门保护劳动者利益，对劳动者利益的倾向性保护要与保护用人单位利益平衡。社保机构的责任即在于实现公民的社会保险权利，其自身利益应完全服从于其保护职责，因此社保机构所应承担的责任应更为苛刻。

第七，超过消灭时效期间，当事人自愿履行的，不受诉讼消灭时效限制。社保机构所享受的时效利益则不能放弃。社保机构的行为属于行使公权力的行为，其任何具体行政行为皆应有法律依据。一旦法律设定了时效制度，被保险人或受益人的权利主张超过消灭时效期间，社保机构放弃时效利益，再予支付，没有法律依据，法理之理由亦不充足。

四、赔偿争议的消灭时效

社保争议中赔偿争议的消灭时效宜设定为2年。

相关法例：（1）《国家赔偿法》第39条规定：赔偿请求人请求国家赔偿

的时效为 2 年，自其知道或者应当知道国家机关及其工作人员行使职权时的行为侵犯其人身权、财产权之日起计算，但被羁押等限制人身自由期间不计算在内。在申请行政复议或者提起行政诉讼时一并提出赔偿请求的，适用行政复议法、行政诉讼法有关时效的规定。赔偿请求人在赔偿请求时效的最后 6 个月内，因不可抗力或者其他障碍不能行使请求权的，时效中止。从中止时效的原因消除之日起，赔偿请求时效期间继续计算。（2）依据《民法通则》，民事损害赔偿的消灭时效也是 2 年。

该时效期间与用人单位的社会保险待遇支付消灭时效期间相同，而不同于社保机构的社会保险待遇支付消灭时效期间。赔偿责任不仅仅是对社保待遇损失的赔偿，还包括其他损失赔偿，因此完全适用社保待遇支付中的时效期间并不恰当。而与一般赔偿争议的消灭时效期间更具可比性。

在劳动关系存续中，不适用该时效，在劳动关系终止时起算。"该赔偿请求在劳动关系存续期间不受一年时效的限制。"[1] 理由前述。

第六节　国外社会保险争议处理程序

一、德国[2]

德国是社会保险发展的鼻祖，对很多国家社会保险制度的形成与发展产生了深远影响。其处理社会保险争议的法律程序——独立的社会法院司法体系，有其独特之处，值得关注。

（一）社会法院专门管辖

在德国设立社会法院之前，在社会保险领域，有关被保险人行使给付请求权的法律纠纷，是由政府下属的保险管理机构裁决。根据德国《基本法》第92 条的规定，德国于 1954 年 1 月 1 日设立联邦社会法院。各州也分别设立了州社会法院和地方社会法院。在具体的准据法上，德国颁布了《社会法院法》，规定了诉讼途径、管辖范围、法官职位以及一般程序、法律救济手段、

---

① 王忠、何锐：《社保损失赔偿时效之界定》，载《中国社会保障》2011 年第 7 期。

② 主要参见邵建东：《德国司法制度》，厦门大学出版社 2010 年版，第 466～478 页；姚玲珍：《德国社会保障制度》，上海人民出版社 2011 年版，第 378～382 页；程延园、Barbara Darimont：《中德社会保障保障争议处理制度比较研究》，载《北京行政学院学报》2005 年第 2 期；周贤奇：《德国劳动、社会保障制度及有关争议案件的处理》，载《中外法学》1998 年第 4 期。

再审程序等程序内容。社会保障争议主要由社会法院管辖。

社会法院主要管辖的争议类型包括：法定养老保险、法定工伤保险、法定医疗保险、失业保险、社会护理保险、艺术家社会保险、对求职者的基本保障、社会救济，健康损害时的社会补偿如战争受害者和士兵抚恤、疫苗损害、其他国家转移支付行为，如教育津贴、父母津贴、未成年人津贴等。

社会法院管辖的案件属于公法争议。需要区分社会法院的管辖范围与劳动法院、行政法院的区别。只有在以下两种情况下，雇员与雇主之间的争议才由社会法院管辖：一是雇主对其无疾病保险义务的雇员自愿参加疾病保险时给予补贴的义务；二是雇主在雇佣关系结束时为使雇员获得失业保险而开具工作证明的义务。这些争议之所以由社会法院管辖，是因为它们是基于公法规定的义务而发生的争议，这些争议不同于社会保障行政机构行使职权范围内与当事人之间发生的争议（比如在社会救济问题上发生的争议），后者纯粹是行使职权的行政争议，不由特别的社会法院裁判，而由一般行政法院裁判。德国将社会保险争议纳入社会法院而非行政法院管辖，究其原因，是德国社会保险经办机构由雇员、雇主和政府三方组成，它毕竟不同于行政机关行使职权的行为。①

（二）法官的职业化与社会化

联邦社会法院（最高法院）、州社会法院（上诉法院）、地方社会法院（初审法院）的法官均由职业法官和名誉法官组成。

联邦社会法院（最高法院）的职业法官由联邦法官选举委员会选举产生，实行终身制。联邦法官选举委员会由各州的 16 名司法部长和联邦议会派出的 16 名成员组成。

州社会法院（上诉法院）、地方社会法院（初审法院）的职业法官由各州的司法部长任命，实行终身制。

名誉法官由各州政府或受委托的机构根据提名聘用，任期为 4 年，提名名单由工会、雇主协会、医疗保险机构医生联合会、医疗保险机构和残疾人协会根据各名誉法官所从事的审判业务领域而确定。②

德国社会争议处理制度的特色是法律保护的高度专业化，充分考虑了社会保障争议的复杂性、技术性和专业性。非职业法官制度，确保了审判法官对一方当事人权益和问题的充分理解，兼顾了社会争议的专业特点，同时也缓解了

---

① 程延园、Barbara Darimont：《中德社会保障保障争议处理制度比较研究》，载《北京行政学院学报》2005 年第 2 期。

② 周贤奇：《德国劳动、社会保障制度及有关争议案件的处理》，载《中外法学》1998 年第 4 期。

职业法官不足的压力，使社会法院拥有一支高素质的法官队伍。[1]

（三）三审制

初审由地方社会法院负责。全德共设地方社会法院 86 个，它们负责管辖本辖区内社会保障方面的争议案件。其法庭由 1 名职业法官（担任首席法官即审判长）和 2 名名誉法官组成。

上诉审由州社会法院（上诉法院）负责。每个州都设立一家州社会法院，若干个州可以共同设立一家州社会法院。州社会法院的法庭由 3 名职业法官（其中 1 人担任首席法官即审判长）和 2 名名誉法官组成，州社会法院也要对法律事实进行审理。

在初审和上诉审中，当事人既可以自己出庭，也可以委托代理人出庭。

复审（法律审）由联邦社会法院（最高法院）负责。它只负责对案件的法律适用进行审查，不对案件的事实认定进行审查。其所属法庭由 3 名职业法官（其中 1 人担任首席法官即审判长）和 2 名名誉法官组成；遇有特殊案件，可组成大法庭审理，大法庭由联邦社会法院首席法官、6 名职业法官、4 名名誉法官组成。目前联邦社会法院有 14 个审判庭，负责处理一个或若干个社会法实体领域的问题。在复审中，当事人必须委托诉讼代理人。

联邦社会法院承担的根本任务是确保德国社会法领域司法的统一性，并推动该领域的法律发展。因此，立法机关对提起第三审上诉作出了限制。联邦社会法院受理第三审必须符合：第一，州社会法院的上诉判决中准予提起第三审上诉；第二，地方社会法院的判决中准予提起第三审上诉；第三，州社会法院不准上诉，联邦社会法院作出准予上诉之裁定。准予第三审上诉必须具备：第一，争议案件具有基础性意义，即案件产生了有待澄清的法律问题，且法律问题具有超越个案的普遍意义；第二，下级法院的判决偏离了联邦社会法院、诸联邦最高法院联合审判庭或联邦宪法法院的裁判；第三，当事人声称法院裁判中存在程序错误，而且该错误直接影响到了案件的结果。[2]

（四）公务员的赔偿诉讼

社会保险经办机构与被保险人之间就待遇支付发生的争议由社会法管辖，社会保障行政机构行使职权与相对人发生的争议由行政法院管辖，因公务员过错履行职务而产生的损害赔偿，则由普通法管辖。

德国《基本法》第 34 条（职务义务损害所形成的责任）规定："如果某

---

[1] 程延园、Barbara Darimont：《中德社会保障保障争议处理制度比较研究》，载《北京行政学院学报》2005 年第 2 期。

[2] 邵建东：《德国司法制度》，厦门大学出版社 2010 年版，第 47 页。

人在执行委托其执行的公共职务时，违反了其相对于第三方所负有的职务义务的话，那么原则上由国家或其所服务的团体负责。如系故意或重大过失，则保留对其进行追偿。损害赔偿的请求权和追偿不可被排除在普通法院的法律途径之外。"[1]《德国民法典》第839条（违反职务上的义务时的责任）规定："（1）公务员故意或有过失地违反其对第三人所负的职务上的义务的，必须向该第三人赔偿因此而发生的损害。公务员只有过失的，仅在受害人不能以其他方式获得赔偿时，才能向该公务员请求赔偿。（2）公务员在判决诉讼事务时违反其职务上的义务的，仅在义务违反属于犯罪行为时，才就因此而发生的损害负责任。前句的规定，不适用于以违反义务的方式拒绝或拖延执行职务的情形。（3）受害人故意或过失地怠于使用法律上的手段避开损害的，不发生赔偿义务。"[2]

二、法国

法国的社会保险改革已经成为影响政治稳定的重要因素，举世关注。

作为一个社会保险体系和法治体系都比较健全的国家，法国的社会保险争议处理机制也很值得借鉴。

法国司法体系分普通法院和行政法院两个系统。社会保险争议原则上按普通法院程序处理，在基层设立了社会保险法院（社会保障事务法院，属于特别民事法院）。

（一）技术性诉讼法院[3]

法国对社会保险区分普通法律问题与技术性问题，前者由社会保险法庭（社会保障事务法院）管辖，后者由技术性诉讼法院管辖。普通法律问题主要指在社会保险受益人与社会保险机构之间所发生的普通法律问题。技术性诉讼司法机构主要管辖涉及医疗问题的纠纷，主要是那些涉及由医疗保险、养老保险、工伤保险等机构认定的，由于工作原因导致的残疾、残废和丧失工作能力的情形是否存在和程度轻重问题的纠纷。

1. 残疾诉讼法院（无劳动能力诉讼法庭、无劳动能力及工伤法庭，初审法院），又叫地区性技术委员会，其主要管辖与残疾状况相关的诉讼。该法院

---

[1] 刘飞：《德国公法权利救济制度》，北京大学出版社2009年版，第140页。

[2] 陈卫佐：《德国民法典》，法律出版社2006年版，第310～311页。

[3] 主要参见［法］洛伊克卡迪耶：《法国民事司法》，艺宁译，中国政法大学出版社2010年版，第96～97页、第650～651页；金邦贵：《法国司法制度》，法律出版社2008年版，第155～157页。

在地区社会和卫生事业指导委员会（或其他职能相同的机构）的辖区内设立。其负责人由一位政府官员（即地区社会和卫生事业指导委员会主任或其他职能相同的机构的负责人）担任。其成员由法官（行政性或司法性法官）、政府官员、雇员或独立职业从业者代表、雇主代表和医生共同组成。目前全国共有26个，法庭由1名职业法官、4名陪审员组成，其中2名陪审员代表受雇人，另外2名代表雇主和自由职业者。

当事人应在相关社会保障机构作出决定之后的2个月内向法院起诉，否则起诉权消灭。在调解委员会进行调解时，起诉时效中断。在调解委员会作出调解决定的情况下，起诉时效自调解决定送达当事人时重新起算；调解委员会未作出调解决定时，起诉时效自决定作出期限届满1个月后重新起算。当事人应当以附回执挂号信的方式向法院起诉，该挂号信应当载明起诉人指定的随审医生的姓名，并附有社会保障机构所作决定的副本。

在收到当事人挂号信后的8日内，书记员应当通知作为被告的社会保障机构向法庭提交书面意见。随后书记员以平信方式在庭审前至少8日传唤各方当事人，并通知法庭相关人员。

判决应当公开作出，并附具理由。当事人对残疾诉讼法院作出的判决不服，可以在判决送达后的1个月内上诉至国家残疾诉讼法院。

2. 国家残疾诉讼法院（国家无劳动能力诉讼法院、国家无劳动能力与工伤保险定价法院，全国唯一的社会保险技术问题上诉法院），又叫国家性技术委员会，是特别二审司法机构。法庭对案件只进行书面审理。法院没有义务就诉讼的进程通知当事人，也没有义务听取当事人的意见，必须充分考虑当事人的抗辩权。其作出的判决为终审判决，但当事人仍然可以将案件上诉到最高法院。

（二）社会保障普通法律问题诉讼程序①

1. 社会保险法庭（社会保障事务法院），初审法院。

在1958年以前，法国由两级委员会负责审理与社会保障事务相关的诉讼。一审委员会负责一审，大区上诉委员会负责二审，最高法院（普通法院）负责法律复核审。1958年，撤销大区上诉委员会，上诉案件由普通上诉法院社会法庭审理。在1985年的法令中，一审委员会被更名为社会保险法庭（社会保障事务法院）。

---

① 主要参见［法］洛伊克卡迪耶：《法国民事司法》，艺宁译，中国政法大学出版社2010年版，第96～97页、第650～651页；金邦贵：《法国司法制度》，法律出版社2008年版，第155～157页。

社会保障事务法院管辖的社会保障事务诉讼是指在社会保障机构与社会保障参保人之间发生的诉讼，这类诉讼既可能产生在参保人本人与社会保障机构之间（例如与社会保障的参保和赔付相关的诉讼），也可能产生在社保受益人与社会保障机构之间（例如有关医疗保险支付与赔付的诉讼）。

目前法国共有 116 个社会保险法庭。1996 年，全国社会保险法庭共受理 114513 起案件，共作出 116675 项判决，平均每个法庭作出 1051 项判决。

法庭由大审法院的一名职业法官（由上诉法院院长指定，任期 3 年）主持，与两名陪审员（一名代表雇主，一名代表雇员），由上诉法院院长在征得社会保险法庭庭长同意后，从行政部门提供的由工会组织编制的名单中选任。

（1）前置程序。只有在社会保障机构内设的调解委员会未能说服当事人的情况下，诉讼程序才能启动。

（2）当事人可以向法庭书记员当面提交诉状，也可以寄送挂号信的方式起诉。

（3）一般来说，社会保险法庭不收取诉讼费用，但法律对诉讼费用或起诉权的滥用有特别规定的除外。

（4）法庭可以调取相关信息，可以采取补充性预审措施（调查和咨询）。

（5）在审理医学类案件时，为了查明工伤事故受害者或职业病患者的身体状况，或为了明确相关专业术语的含义，法庭可以采取专家鉴定措施。鉴定专家由当事人的主治医师和社会保障机构的顾问医师以协议的方式共同指定，鉴定专家作出的鉴定必须附有理由。

（6）在案件标的不超过 25000 法郎的情况下，法庭作出的是"一审终审"判决；超过 25000 法郎为可上诉判决。但是审理某些与当事人的职业健康状况有关的案件时，即便标的超过 25000 法郎，也是终审判决。标的额在起诉时尚未确定的案件，为可上诉判决。

（7）社会保险法庭以"一审终审"方式作出判决时，当事人可以直接向最高法院上诉。

2. 普通上诉法院。普通上诉法院设有社会法庭，负责对社会保险法庭上诉案件的审理。对上诉裁判不服，可以向最高法院上诉。

3. 1938 年，法国最高法院增设社会法庭，负责审理社会保险等类型案件。

三、英国

英国的社会保障体系建立较早，与其完善的法治状况相适应，社会保障争议解决机制经过较长时间的历史发展，具有很多值得借鉴的地方。

（一）普通法、行政裁判所与行政专员

要了解英国的社会保障争议处理程序，必须了解其相关的司法和争议解决机制。普通法、行政裁判所与行政专员是了解英国社会保障争议处理程序必须掌握的三个内容。

1. 普通法。英国作为普通法的典型代表，不像大陆法系设置行政法庭（法院）和刑事法庭（法院），原则上来说，所有法律争议都可以由普通法院管辖。在英国人心目中，普通法院是公民的自由和权利最可靠的保障，是防止行政机关专横，维持英国法治原则最有力的工具，对行政法院持不信任态度，行政诉讼和民事诉讼、刑事诉讼一样由普通法院管辖。[①] 从理论上来说，英国的最高法院——上议院对社会保障争议享有管辖权。

在社会保障领域，最早发生的工伤争议只能依普通法程序处理。"至1897年劳动者职灾补偿法出现之前，职业灾害发生时，乃依据普通法处理。"[②] "这不仅花费时间、代价昂贵，而且使法庭系统难以处理数目如此之大的案件。根据早期的社会保障立法，引入了其他非以法庭为基础的上诉机制。"[③] 这种机制就是行政裁判所（Administrative Tribunals）简称裁判所（Tribunal）。

2. 行政裁判所。行政裁判所是指在一般法院以外，由法律规定设立用以解决行政上的争端，以及公民相互间某些和社会政策密切联系的争端的特别机构而言。行政裁判所的优点包括：具有行政上必要的专门知识，程序简便，灵活性强，办案迅速、费用低廉，符合社会立法需要。[④] "一战以后裁判所得到迅速发展的一个重要原因，是其相对于法院来说具有经济、便捷的优点，行政裁判所虽然也实行一般两造对抗，但不像法院那样必须遵守严格的诉讼程序规则，还可以根据不同性质的案件制定不同的规则。"[⑤] 如国民保险地方裁判所（National Insurancelocal Tribunal）、养老金上诉裁判所（The Pension Appeal Tribunals）。2001年，社会保障上诉服务裁判体系由超过140个设在不同地点的行政裁判所组成，负责审理有关社会保障福利、儿童抚养、伤害赔偿等方面的上诉案件。[⑥]

[①] 王名扬：《英国行政法》，北京大学出版社2007年第3期。

[②] 黄越钦、王惠玲、张其恒：《职灾补偿论——中美英德日五国比较》，台北：五南图书出版公司1995年版，第53页。

[③] ［英］内维尔·哈里斯：《社会保障法》，李西霞、李凌译，北京大学出版社2006年版，第224页。

[④] 王名扬：《英国行政法》，北京大学出版社2007年版，第103～106页。

[⑤] 李洪雷：《英国行政复议制度初论》，载《环球法律评论》2004年春季号。

[⑥] 张越：《英国行政法》，中国政法大学出版社2004年版，第13页。

　　行政裁判所仍然属于行政体系内的审查，而非司法审查，但其裁决结果与普通法院判决的法律效力并无不同。对行政裁判所的一个质疑是，作为行政体系内的审查，它能否对行政决定进行公正评判？英国普通法判决作出了肯定的回应。在一个地方政府职员退休金案例中，原告认为地方政府和卫生部是退休金的供款人，他们受理申诉是作为自己的法官，违反自然公正程序。上诉法院认为地方政府和卫生部行使没有其他机关可以行使的法定职权，不违反自然公正程序。①

　　根据英国1998年《社会保障法》，上诉法庭（上诉裁判所）的院长（有译为主席）及成员均由司法大臣任命，其运行并不受国务大臣（虽然国务大臣可以任命行政职员）或社会保障部的约束和干预，其管理体制、行政治理模式、社会监督的发达等决定了行政裁判所的裁决的客观公正性。

　　3. 行政专员（行政监察专员、议会行政监察专员）。行政监察专员制度（Ombudsman）是在很多国家或地区实行的对不良行政（Maladministration）在法律救济手段以外所采取的非法律的救济手段（Non-Legalremedy），或称法外的救济手段（Extra-Legalremedy）。行政监察专员1809年首先出现于瑞典，原来是指专员（Commissioner）、诉苦官（Complaintsofficer）或鸣不平的人（Grievanceman）。其作用不仅在于使个体的受害人得到补救，而且通过对当事人申诉的调查，发现个别行政管理不良的情况，来促进一般行政管理的改良，从而提高行政效率。由于该制度的存在，行政人员感到自己的行为随时有被调查的可能，这种心理状态就可成为提高行政效率的一种基础。②

　　根据1995年《养老金法》（Pensions Act 1995）设立了养老金专员（The Pensions Ombudsman）。根据1998年《社会保障法》，社会保障专员主要由英王任命，司法大臣可以任命副专员。一般来说，这种专员不完全同于议会行政监察专员。当事人对上诉法庭的裁决不服，可以法律错误为由向社会保障专员上诉。

　　4. "上诉"的特定含义。本节中的"上诉"不同于我国司法语境中的上诉。在我国大陆司法语境中，上诉专指当事人对法院所作的尚未发生法律效力的一审判决、裁定或决定，在法定期限内，依法声明不服，提请上一级法院重新审判的活动，是二审程序的启动基础。而在本节中，"上诉"不仅包括向普通法院的诉求，更包括向裁判所、社会保障专员的诉求，因此其更准确的理解是"申诉"，只不过"上诉"（Appeal）更适合其语境。

---

①　王名扬：《英国行政法》，北京大学出版社2007年版，第119页。
②　王名扬：《英国行政法》，北京大学出版社2007年版，第193页。

5. Tribunal：裁判所与法庭。Tribunal 更准确的说法应当是裁判所，由于其本身即有法庭的含义，Appealtribunal 翻译成上诉裁判所是不妥当的，因为很容易将其理解为负责"二审"的裁判所，而在普通法系中，普通法院有上诉法院（负责对初审不服的再审），却没有在这个意义上的上诉裁判所。Appealtribunal 在汉语中应理解为向裁判所的申诉，但这种理解显然无法概况出 Unifiedappeal Tribunals 的含义。因此笔者使用了上诉法庭的表述。无论如何，这里的法庭绝不同于我国大陆的法院，它只是行政体系中一种相对独立的救济程序。

（二）缴费争议的救济程序

根据英国 1999 年《社会保险供款法（功能转移）》，社会保险费的征缴由社会保险机构转移给税务部门。雇主和雇员对有关缴费争议，可以向税务上诉专员上诉。①

如果当事人对裁决不服，可以申请进行司法审查。

（三）待遇争议的救济程序

1. 提出申请。一般情况下，申请人只有提出申请才有资格享受待遇。申请人必须按要求填写书面申请表。如对上述申请表没有异议，其收到之日则视为提出申请之时。②

2. 决定与修改。根据 1998 年《社会保障法》，国务大臣（包括以其名义行使职权的代表）享有广泛的社会保障待遇决定权，包括求职者津贴、收入补贴、家庭津贴、残疾人工作津贴、儿童津贴以及《缴费与津贴法》所规定津贴和社会基金支付项目等。

在限定的时间内，国务大臣可以在限定的时间内或针对特定案件及情况，对决定进行修改。修改的发起，可以是基于申请人的要求，也可以基于国务大臣的主动决定。在申请人就其申请获得一项决定或获得一项新的决定时，他将有 1 个月的时间（被称为异议期）来申请修改该决定。不需要提出任何正式的理由，申请人只需要行使其权利，请求有关机构对该决定进行审查。③ 修改后的决定的效力原则上自最初的决定作出时生效。可以通过条例确定修改特定案件和情况决定的程序，以及对修改决定的生效时间进行限定。在上诉机构对

---

① Social Security Contributions（Transferof Functions, etc.）Act 1999, s. 11.
② 刘黎明、刘庚华：《英国的社会保障争议处理程序》，载《中国社会保障》2006 年第 3 期。
③ ［英］内维尔·哈里斯等：《社会保障法》，李西霞、李凌译，北京大学出版社 2006 年版，第 236 页。

原决定作出决定前，修改决定的作出将导致原决定失效。

3. 向统一上诉法庭的上诉。根据英国 1998 年社会保障法，原先存在的社会保障上诉法庭、残疾人上诉法庭、医疗上诉法庭、儿童补贴上诉法庭、疫苗损害上诉法庭的职能全部转移给统一上诉法庭。[①] "但是在实践中的情况永远可能是：法庭成员继续被限制在他们能够听审的那些案件，因为要求他们具备听审所有案件所必需的丰富知识是不可行的。"[②]

统一上诉法庭院长。在和苏格兰检察总长商议后，由司法大臣任命上诉法庭院长。院长必须具备 10 年的职业资格，在苏格兰必须具备 10 年的出庭律师资格。院长实行任期制；院长的退休年龄是 70 岁，经过批准可延长至 75 岁；经和苏格兰检察总长协商，司法大臣可以无能力或不当行为为由免除院长职务。

统一上诉法庭成员。上诉法庭成员由司法大臣任命，他们是司法大臣经过商议后（在医疗案件中和首席医疗官协商）认为适合任职的人。上诉法庭成员的数量，任职的期限和条件，由司法大臣在征得国务大臣同意后决定。他们会因无能或不当行为而被司法大臣解职。

上诉法庭的组成。上诉法庭可以由一个、两个或三个成员组成，成员必须具备普遍的执业资格（在苏格兰地区必须是律师）。在成员超过一个人时，院长任命一位审判长，审理结果根据多数票决定。法庭在处理特别疑难的问题时，可以寻求专家帮助。[③] 当他认为对上诉法庭和院长适合的时候，国务大臣可以任命上诉法庭的官员及雇员。

4. 向社会保障专员的上诉。对上诉法庭的裁决如果认为在法律上错误，可以向社会保障专员上诉。"如果存在法律错误，或各方当事人认同法庭适用法律错误，针对法庭的判决提起的上诉可由主席裁量决定，移交另一个法庭进行复审。"[④] 如果上诉法庭的院长（主席）不允许上诉，只要得到社会保障专员的许可，也可以继续上诉。

社会保障专员由英王任命，首席社会保障专员和其他社会保障专员必须具备 10 年一般职业资格（在苏格兰必须是有 10 年经历的出庭律师）。司法大臣

---

① SSA 1998, S. 4.

② ［英］内维尔·哈里斯等：《社会保障法》，李西霞、李凌译，北京大学出版社 2006 年版，第 236 页。

③ SSA 1998, S. 7.

④ ［英］内维尔·哈里斯等：《社会保障法》，李西霞、李凌译，北京大学出版社 2006 年版，第 242 页

如果认为可以促进社会保障专员的业务工作，也可以任命社会保障专员（通常被认为是副专员），拟任者必须具备 10 年一般职业资格（在苏格兰必须是有 10 年经历的出庭律师）或者在北爱尔兰最高法院或律师协会有 10 年经历。

专员们的工资及其他薪酬，以及参加专员负责的调查和听证程序的其他人员的工资和其他薪酬，由司法大臣（在苏格兰是国务大臣）支付。

社会保障专员可以工作至 70 岁退休，经过批准可以工作至 75 岁。司法大臣可以无能或不当行为为由免除社会保障专员职务。

5. 向普通上诉法院上诉。

不服社会保障专员的裁决，法律问题可以直接向上诉法院上诉[①]，即依普通法律进行司法审查。向普通法院上诉，必须经过社会保障专员许可（在特定案件中专员根据条例的规定选择许可），如果社会保障专员不同意上诉，那么必须得到适当法院的许可。社会保障专员有义务指明适当的法院。

四、美国

美国作为普通法法系的代表，其社会保障争议处理程序与英国有类似之处，但也不完全相同。

美国社会保障体系比较复杂，大致可分为养老保险、医疗照顾、工伤保险和失业保险。其争议解决程序不完全相同。本书主要以养老保险（即老年、幸存者和残疾保险，Old Age, Survivorand Disability Insurance, OASDI）为例讨论其救济程序。其他社会保障项目救济程序的区别主要是行政裁决程序的主体和具体程序的差别，司法救济基本上是相同的，主要由普通法提供救济（有联邦法院和州法院管辖之分）。属于联邦事务或跨州界的，由联邦法院管辖，如 OASDI 争议、社会保障税争议。而就业和工伤保险由州提供，受州法管辖，则由州法院管辖。联邦法院由联邦地方法院（全美 90 多个）、联邦巡回上诉法院和联邦最高法院三级法院组成。州法院系统原则上也是由三级法院组成，只是其初级法院的名称异常复杂。

（一）缴税争议

美国实行社会保障税，由雇主和雇员共同缴纳工薪税作为获取养老金的条件。工薪税的缴纳适用联邦保险供款法案，由美国国税局（Internal Revenue Service, IRS, 又译国内收入署、国内税收署）负责。其争议首先由国税局处理。在国税局得不到处理的争议可交由联邦法院系统处理，即从联邦地方法院

---

① 王名扬：《英国行政法》，北京大学出版社 2007 年版，第 113 页。

到联邦巡回上诉法院再到最高法院。① 由于美国联邦最高法院每个审判季只能审理七八十件案件，因此实际上最高法院审理的可能性微乎其微（理论上可以向其上诉，但由最高法院通过特定的法律程序筛选其受理的案件，即选择权在最高法院）。

在 Quality Stores, Inc. v. United States② 一案中，涉及雇主在破产时支付给雇员的一次性遣散费是否适用联邦保险供款法案（Federal Insurance Contributions Act，FICA，即是否缴纳社会保障税的问题）。根据此前的判例，雇主支付给雇员的非一次性的具有额外失业补偿性质的遣散费是不适用该法案的。Quality Stores 在破产时向雇员支付一次性遣散费扣留了相应的社会保障税，并承担了公司应承担的部分。随后，Quality Stores 要求国税局返还税款，遭到拒绝。破产法院支持了 Quality Stores 的意见。国税局不服，上诉至密西根西区联邦地方法院（破产法院属于联邦司法机构，原则上所有的破产案件都由破产法院管辖。当事人对破产法院的裁定不服，可以向联邦地方法院起诉，也可以直接向联邦巡回上诉法院的破产法庭上诉，多数选择前者。仍不服，则继续向联邦巡回上诉法院上诉）。联邦地方法院认定该遣散费不属于联邦保险供款法案中的"工资"，因此不适用该法案。国税局又上诉至联邦第六巡回上诉法院。

（二）待遇争议

1. 行政程序。争议的行政解决程序包括：重新考虑；行政法官主持的听证；向申诉（上诉）委员会（Appesls Council）申诉。申诉委员会隶属于社会保障署下设的残疾评定与审查办公室（The Officeof Disability Adjudicationand Review，ODAR）。ODAR 的前身是听证和上诉办公室（Office of Hearingsand Appeals，OHA）。

残疾评定与审查办公室专门处理涉及老年、遗属及残疾待遇有关的争议。其总部设在弗吉尼亚州的 Falls Church，包括 10 个地区办公室、154 个听证会办公室、5 个全国听证中心、7 个卫星听证办公室和 2 个全国案件救助中心。③

重新考虑与初次申请的程序相同；当事人不服，可启动由行政法官主持的听证会；当事人仍不服，可向申诉委员会申诉。④ 当事人仍不满意的，向联邦地方法院起诉。

2. 司法程序。普通法司法体系提供全面的法律救济。

---

① 胡务：《美国社会养老保险的争议处理》，载《中国社会保障》2011 年第 5 期。

② No. 1：09 – cv – 44（W. D. Michigan，Feb. 23，2010）.

③ 胡务：《美国社会养老保险的争议处理》，载《中国社会保障》2011 年第 5 期。

④ 宋华琳：《美国的社会保障申诉委员会制度》，载《环球法律评论》2004 年春季号。

五、总结

总体说来，上述社会保险争议救济程序有这么几个特点：

第一，充分强调行政救济，充分保障行政救济的公正性。从英美救济程序中足可见此。相较于司法救济，行政救济至少有两个优势：业务更熟；效率更高。由此亦可产生两大缺陷：法律知识不足；公正性不足（偏私）。克服前者，主要是要保障裁判人员同时具有较高法律休养，或者由法官主持；克服后者，主要是使裁判人员脱离社会保险行政机构，并具有较高的责任（如直接对元首或国会负责）。

第二，司法救济的专业性，审级可达致最高法院。德国采用专门法院；法国在基层采专门法院，上诉和最高审采专门庭；英美法虽未设专门法，但因其法律传统，专业性也不容置疑。审级高可充分保障审理结果的公正性。

第三，强调法治的统一。行政救济采用中央直接管辖（分支机构亦隶属于中央部门），司法救济由最高法院保障，加上其法治完全，受行政机构干涉极少甚至完全不受干涉，由此使得其处理结果在法律框架下实现统一与一致。确保了法律的权威，使社会保障制度得以顺利运转，实现了公民的社会保障权利。

第七节　社会保险争议法律救济程序的独立化

一、统一与独立的法律救济程序的必要性

我国现行社会保险争议救济程序采民事与行政两分法，无法为权利实现提供有效法律保护。除了两者管辖庞杂，导致"杂而不专"，基础不足外，还存在三大重要原因：（1）法院系统因行政系统而设，根本无法脱离行政权力的影响与干涉，在确保处理结果公正性上"先天不足"。（2）因司法权威等各种因素影响，民事程序很难处理社会保险争议，处理结果难以执行。将社会保险争议纳入劳动争议处理不利于社会保险法律执行，模糊社会保险与劳动法边界，误导社会保险执法；增大社会保险执行的风险和难度；影响社会保险金发放。[1] 行政司法程序亦有此问题，难以对社会保险争议提供及时有效的保护。

---

① 林嘉、张世诚：《社会保险立法研究》，中国劳动社会保障出版社 2011 年版，第 351~352 页。

（3）横向与纵向管辖权限分离，难以保证裁审结果的统一与一致，不仅不利于确立法律权威，甚至损害了法律权威，不利于对社会保险权程序保障。

没有救济的权利就不能称其为权利，没有有效救济的权利，就无法有效实现社会保险福祉价值。对于一个福利国家提供的福利而言，能否就这些福利的提供过程中所产生的问题提起申诉或者上诉，以及由谁、如何来解决这些申诉案件，这些都是上诉体制方面的问题，而正是这些问题，恰恰是体现福利国家的本质属性的一个重要的指标。没有严密的、切实可行的、福利享受者可以有效依靠的上诉体制，就没有真正意义上的福利国家。①

应当在总结我国国情的基础上，借鉴成熟国家的有益经验，建立适合我国特点的社会保险争议法律救济体系。"诸如多少国家资源应投入社会保障的管理中，应给予决定着多大的独立性，应该由谁来监督决定的标准，如何处理上诉，这些都是政治问题。因此，并没有唯一的答案与政府在其他领域的政策一样，如何解决这些问题取决于政治、社会及经济力量。"② 有学者建议我国在行政部门设立社会保障委员会，负责社会保障的法律政策实施、解释、争议处理监督等，针对社会保险人对社会保障委员会处理不服的，由社会法院负责审理。③ 这是有道理的，但是将裁判员与运动员的职能集于一身，这是违背基本法理的。无论是何种形式的机构，如果其要专司社会保险争议裁判职能，就应当与法律实施、解释乃至监督职能分离，而只负有准司法审查的功能。

1. 充分发挥行政救济程序功能。我国社会保险制度已经覆盖全部人群，大多数人已经参加社会保险，各社会保险项目（包括新农合）的累计参加人员已达 20 亿人次左右，享受待遇每年也近上亿人次，争议的规模（尤其是潜在规模）庞大。如果多数要依赖法院才能够解决争议，只有充分发挥行政救济程序的功能，在行政争议程序中化解多数争议，才有可能解决未来的讼累问题。取消现行的社会保险行政复议体系，在全国范围内建立社会保障裁判委员会，专司对社会保险及其他社会保障争议的处置。

2. 设立专门的社会保障法庭。原则上取消劳动争议程序和行政司法程序对社会保险争议的管辖权，统一设立社会保障法庭专司管辖社会保险争议及其他社会保障争议。

---

① 张越：《英国行政法》，中国政法大学出版社 2004 年版，第 614 页。

② ［英］内维尔·哈里斯等：《社会保障法》，李西霞、李凌译，北京大学出版社 2006 年版，第 243 页。

③ 林嘉、张世诚：《社会保险立法研究》，中国劳动社会保障出版社 2011 年版，第 353 页。

3. 设立专业的、统一的、相对独立的裁审体系。

（1）专业性。设置专业法庭后，法院的专业性能得到较好保障。我国社会保障争议案件近些年来呈逐渐增多之趋势，应借鉴国外普遍实行的专门法院审判方式，在人民法院设立社会保障法庭。可以借鉴国外社会保障审判组织的构成方式，吸收社会保障领域的专家参与审理，有助于解决专业性、技术性问题。[①] 社会保障裁判委员会的成员由社会保险行政、经办机构工作人员、学者、法官、律师等选任，实行专任与兼任相结合的制度。

（2）统一性。从最基层的社会保障裁判委员会到最高人民法院，在法律程序上应当相通，即社会保险争议案件可由最高人民法院进行法律审，虽然不是强制性法律规定，但最高人民法院每年应当审理若干起社会保险争议案件，对案件的选择权由最高人民法院行使。

（3）独立性。社会保障裁判委员会和社会保障法庭，原则上不按行政区划设置，从体系上保障其独立性；强化人大对社会保障裁判委员会和社会保障法庭法官的选任监督职能，从人事上保障其独立性；其办公经费等由中央财政直接支付或转移支付，从财务上保障其独立性。

4. 制定社会保险争议专门程序法。修改法院法，制定专门的社会保障裁判程序法，专门适用于社会保障裁判委员会和社会保障法庭裁判活动。

二、行政救济程序的设置

取消现行社会保险行政复议程序，原则上取消劳动争议仲裁委员会对社会保险争议的管辖权，设立社会保障裁判委员会，统一行使对社会保障争议的管辖权。

（一）组织结构和管辖

1. 设立全国社会保障裁判委员会，首席裁判官由全国人大常委会任命，其他裁判官由全国人大常委会或国务院任命。裁判官必须具备 10 年以上的法律工作经历，5 年以上社会保障工作经历，具备司法职业资格。裁判庭至少由 5 名裁判官组成。

全国社会保障裁判委员会只负责法律审，主要受理不服上诉裁判委员会的裁决，也可直接受理不服地方裁判委员会的裁决，受理决定权由全国社会保障裁判委员会行使。

全国社会保障裁判委员会不受理，或对其裁决不服，可向地方社会保障法

---

① 张姝：《对我国社会保障争议解决机制的理论反思》，载《当代法学》2009 年第 6 期。

庭起诉。

2. 社会保障上诉裁判委员会，首席裁判官由国务院任命，必须具备 10 年以上的法律工作经历，5 年以上社会保障工作经历，具备司法职业资格。其他裁判官由中央业务主管部门如人力资源和社会保障部任命，必须具备 10 年以上的法律工作经历，5 年以上社会保障工作经历。裁判庭至少由 5 名裁判官组成，首席裁判官必须具备司法职业资格。

上诉裁判委员会受理不服地方裁判委员会的裁决，对其裁决或不予受理决定不服，可向全国社会保障裁判委员会上诉。

上诉裁判委员会不一定按省设立，每个省级单位可设 2—3 家，可以实行流动裁判。

3. 社会保障地方裁判委员会。首席裁判官由省级人大常委会任命，必须具备 10 年以上的法律工作经历，5 年以上社会保障工作经历，具备司法职业资格。其他裁判官由省级政府任命，必须具备 10 年以上的法律工作经历，5 年以上社会保障工作经历。裁判庭至少由 3 名裁判官组成。

地方裁判委员会可以按 3—4 个县域设置一家。

对地方裁判委员会裁决或不予受理决定不服的，可以向上诉裁判委员会上诉，也可以直接向全国社会保障裁判委员会上诉。

4. 兼任裁判官。三级裁判委员会均需聘请兼任裁判官，兼任裁判官由社会保障业务部门和工会组织选列，由裁判委员会临时抽签决定，每个仲裁庭（每案）各选 1 人。

（二）经费保障

地方裁判委员会的经费等，由省级政府负责，中央补助；上诉裁判委员会和全国裁判委员会的经费等，由中央财政负责。辅助人员的费用保障同样由中央财政负责。

三、司法救济程序的设置

（一）组织机构与管辖

1. 最高人民法院设立社会保障庭，负责审理对上诉社会保障法庭判决或不予受理决定不服的法律审。虽然不是强制性法律规定，但应当成为惯例，最高人民法院每年应当审理若干起社会保险争议案件，对案件的选择权由最高人民法院行使。社会保障庭法官任职资格与其他法官相同，但其审判庭的组成不得少于 5 名法官。

2. 上诉社会保障法庭，设立于高级人民法院内。高级人民法院根据管辖地域、人口和争议的多少，可以设立若干社会保障法庭负责上诉审。上诉社会保障法庭的法官宜由全国人大常委会任命。其审判庭的组成不得少于 5 名法官。

对上诉社会保障法庭的判决不服，在程序上可以向最高人民法院上诉。

3. 地方社会保障法庭，可设立于各中级人民法院内。根据管辖地域、人口和争议的多少，在一个中级法院辖区可设立多个地方社会保障法庭，但不能每个县域设立一个。地方社会保障法庭的法官宜由省级人大常委会任命。其审判庭的组成不得少于 3 名法官。

4. 兼任法官。地方社会保障法庭和上诉社会保障法庭在组成审判庭时应选聘兼任法官。每个审判庭的兼任法官为 2 人，不得来源于同一行业，不得来源于本行政区域。兼任法官由行政部门、经办机构、工会、社会团体等推荐，由专门机构确定名单后，临时抽签选择。

（二）经费保障

地方社会保障法庭的法官由省级财政负责，中央财政补助，其他法官由中央财政负责。法院辅助人员的费用保障同法官一致。

参考文献

一、著作类

1. 白澎、叶正欣、王硕：《法国社会保障制度》，上海人民出版社 2012 年版。

2. 常凯：《劳动法》，高等教育出版社 2011 年版。

3. 陈慈阳：《行政法总论：基本原理、行政程序及行政行为》，台湾神州图书出版社 2005 年版。

4. 陈卫佐：《德国民法典》，法律出版社 2006 年版。

5. 陈欣：《保险法》，北京大学出版社 2010 年版。

6. 陈新民：《宪法基本权利之基本理论》，元照出版有限公司 1999 年版。

7. 陈新民：《德国公法学基础理论》，山东人民出版社 2001 年版。

8. 陈新民：《行政法学总论》，三民书局股份有限公司 2005 年版。

9. 陈兴：《上海市医疗保险监督的实践与探索》，上海科学技术出版社 2009 年版。

10. 仇雨临、翟绍果：《城乡医疗保障制度统筹发展研究》，中国经济出版社 2012 年版。

11. 崔建远：《合同法》，法律出版社 2010 年版。

12. 崔卓兰：《行政法与行政诉讼法》，人民出版社 2010 年版。

13. 罗豪才、毕洪海：《行政法的新视野》，商务印书馆 2011 年版。

14. 董文勇：《社会法与卫生法新论》，中国方正出版社 2011 年版。

15. 董文勇：《医疗费用控制法律与政策》，中国方正出版社 2011 年版。

16. 樊启荣：《保险法》，高等教育出版社 2010 年版。

17. 樊启荣：《保险法》，北京大学出版社 2011 年版。

18. 关保英：《行政法与行政诉讼法：理论·实务·案例》，中国政法大学出版社 2011 年版。

19. 傅廷中：《保险法论》，清华大学出版社 2011 年版。

20. 关怀：《劳动法》，中国人民大学出版社 2001 年版。

21. 关怀、林嘉：《劳动与社会保障法学》，法律出版社 2011 年版。

22. 关怀、林嘉：《劳动法》，中国人民大学出版社 2012 年版。

23. 郭捷：《劳动法学》，中国政法大学出版社 2011 年版。

24. 韩世远：《合同法总论》，法律出版社 2012 年版。

25. 侯文若、孔泾源：《社会保险》，中国人民大学出版社 2008 年版。

26. 胡建淼：《行政法学》，法律出版社 2010 年版。

27. 黄俊杰：《行政程序法》，元照出版有限公司 2008 年版。

28. 黄俊杰：《行政法》，三民书局股份有限公司 2010 年版。

29. 黄越钦、王惠玲、张其恒：《职灾补偿论——中美英德日五国比较》，五南图书出版公司 1995 年版。

30. 黄越钦：《劳动法新论》，中国政法大学出版 2003 年版。

31. 贾俊玲：《劳动法学》，北京大学出版社 2013 年版。

32. 贾林青：《保险法》，中国人民大学出版社 2011 年版。

33. 金东熙：《行政法 II》，中国人民大学出版社 2008 年版。

34. 金邦贵：《法国司法制度》，法律出版社 2008 年版。

35. 江朝国：《保险法论文集（二）》，瑞兴图书股份有限公司 1997 年版。

36. 江朝国：《保险法基础理论》，中国政法大学出版社 2002 年版。

37. 姜明安：《行政法与行政诉讼法》，北京大学出版社 2011 年版。

38. 江国华：《中国行政法（总论）》，武汉大学出版社 2012 年版。

39. 柯木兴：《社会保险》，台北中国社会保险学会 2001 年版。

40. 劳动保障部社会保险研究所：《贝弗里奇报告——社会保险和相关服务》，中国劳动社会保障出版社 2004 年版。

41. 栗芳：《瑞典社会保障制度》，上海人民出版社 2010 年版。

42. 李惠宗：《行政法要义》，五南图书出版公司 2002 年版。

43. 黎建飞：《劳动与社会保障法教程》，中国人民大学出版社 2013 年版。

44. 李曜、史丹丹：《智利社会保障制度》，上海人民出版社 2010 年版。

45. 李玉泉：《保险法学：理论与实务》，高等教育出版社 2010 年版。

46. 李元春：《国外失业保险的历史与改革路径》，中国财政经济出版社 2011 年版。

47. 李震山：《行政法导论》，三民书局股份有限公司 2011 年版。

48. 梁慧星：《民法总论》，法律出版社 2007 年版。

49. 林嘉：《社会保障法的理念、实践与创新》，中国人民大学出版社 2002 年版。

50. 林嘉：《劳动法与社会保障法》，法律出版社 2011 年版。

51. 林嘉、张世诚：《社会保险立法研究》，中国劳动社会保障出版社

2011 年版。

　　52. 林群弼：《保险法论》，三民书局 2010 年版。

　　53. 蔺耀昌：《行政契约效力研究》，法律出版社 2010 年版。

　　54. 林义等：《统筹城乡社会保障制度建设研究》，会科学文献出版 2013 年版。

　　55. 刘飞：《德国公法权利救济制度》，北京大学出版社 2009 年版。

　　56. 刘福元：《行政参与的度量衡：开放式行政的规则治理》，法律出版社 2012 年版。

　　57. 刘宗荣：《保险法》，三民书局 1995 年版。

　　58. 吕学静：《各国失业保险与再就业》，经济管理出版社 2000 年版。

　　59. 吕学静：《社会保障国际比较》，首都经济贸易大学出版社 2007 年版。

　　60. 马怀德：《行政法与行政诉讼法》，中国政法大学出版社 2012 年版。

　　61. 马俊驹、余延满：《民法原论》，法律出版社 2007 年版。

　　62. 马伟：《人口城乡结构变动背景下中国失业保险制度研究》，西安交通大学出版社 2013 年版。

　　63. 莫于川：《行政法与行政诉讼法》，中国人民大学出版社 2012 年版。

　　64. 秦国荣：《劳动权保障与〈劳动法〉的修改》，人民出版社 2012 年版。

　　65. 邱聪智：《新订民法债编通则（下）》，中国人民大学出版社 2004 年版。

　　66. 邵建东：《德国司法制度》，厦门大学出版社 2010 年版。

　　67. 沈政雄：《社会保障给付之行政法学分析——给付行政法论之再开发》，元照出版有限公司 2011 年版。

　　68. 史尚宽：《债法总论》，中国政法大学出版 2000 年版。

　　69. 宋健敏：《日本社会保障制度》，上海人民出版社 2012 年版。

　　70. 孙森焱：《民法债篇总论（下）》，法律出版社 2006 年版。

　　71. 孙笑侠：《法律对行政的控制——现代行政法的法理解释》，山东人民出版社 1999 年版。

　　72. 汤德宗：《行政程序法论》，元照出版有限公司 2005 年版。

　　73. 王伯琦：《民法总则》，正中书局 1979 年版。

　　74. 王敬波等：《欧盟行政法研究》，法律出版社 2013 年版。

　　75. 王利明、崔建远：《合同法新论·总则》，中国政法大学出版社 2000 年版。

　　76. 王名扬：《法国行政法》，中国政法大学出版社 1998 年版。

　　77. 王名扬：《美国行政法》，中国法制出版社 2005 年版。

78. 王名扬：《英国行政法》，北京大学出版社 2007 年版。

79. 王天玉：《工作权研究》，中国政法大学出版社 2011 年版。

80. 王全兴：《劳动法》，法律出版社 2008 年版。

81. 王静敏、马秀颖：《当代中国失业保险问题实证研究》，吉林人民出版社 2009 年版。

82. 王泽鉴：《民法概要》，中国政法大学出版社 2003 年版。

83. 王泽鉴：《民法总则》，北京大学出版社 2009 年版。

84. 翁岳生：《行政法（上、下册）》，中国法制出版社 2000 年版。

85. 吴庆宝：《最高人民法院专家法官阐释民商裁判疑难问题·合同裁判指导卷》，中国法制出版社 2011 年版。

86. 武亦文：《保险代位的制度构造研究》，法律出版社 2013 年版。

87. 向春华：《工伤理论与案例研究》，中国劳动社会保障出版社 2008 年版。

88. 向春华、刘伟：《劳动能力鉴定理论与实务》，中国劳动社会保障出版社 2008 年版。

89. 向春华：《社会保险法原理》，中国检察出版社 2011 年版。

90. 香伶：《养老社会保险与收入再分配》，社会科学文献出版 2008 年版。

91. 信长星：《失业保险》，中国劳动社会保障出版社 2011 年版。

92. 信春鹰：《中华人民共和国劳动合同法释义》，法律出版社 2007 年版。

93. 熊文钊：《现代行政法原理》，法律出版社 2000 年版。

94. 徐智华：《劳动法与社会保障法》，北京大学出版社 2012 年版。

95. 杨翠迎、郭光芝：《澳大利亚社会保障制度》，上海人民出版社 2012 年版。

96. 杨海坤、章志远：《中国行政法基本理论研究》，北京大学出版社 2004 年版。

97. 杨解君：《行政责任问题研究》，北京大学 2005 年版。

98. 杨立新：《请求权与民事裁判应用》，法律出版社 2011 年版。

99. 杨临宏：《行政法：原理与制度》，云南大学出版社 2010 年版。

100. 杨建顺：《比较行政法——给付行政的法原理及实证性研究》，中国人民大学出版社 2008 年版。

101. 杨建顺：《行政法总论》，中国人民大学出版社 2012 年版。

102. 杨伟民：《失业保险》，中国人民大学出版社 2000 年版。

103. 姚玲珍：《德国社会保障制度》，上海人民出版社 2011 年版。

104. 叶必丰：《行政法与行政诉讼法》，中国人民大学出版社 2011 年版。

105. 应松年：《当代中国行政法（上、下卷）》，中国方正出版社 2005 年版。

106. 应松年：《行政法与行政诉讼法》，中国政法大学出版社 2011 年版。

107. 余凌云：《行政契约法》，中国人民大学出版社 2006 年版。

108. 喻少如：《行政给付制度研究》，人民出版社 2011 年版。

109. 张文显：《法理学》，法律出版社 2007 年版。

110. 张新宝：《侵权责任法立法研究》，中国人民大学出版社 2009 年版。

111. 赵曼等：《农村社会保障制度研究》，经济科学出版 2012 年版。

112. 郑功成：《社会保障学》，商务印书馆 2000 年版。

113. 郑尚元：《劳动合同法的制度与理念》，中国政法大学出版 2008 年版。

114. 郑尚元：《劳动法与社会保障法前沿问题》，清华大学出版社 2011 年版。

115. 曾世雄：《损害赔偿法原理》，中国政法大学出版社 2001 年版。

116. 郑春荣：《英国社会保障制度》，上海人民出版社 2012 年版。

117. 郑功成：《社会保障学》，商务印书馆 2000 年版。

118. 郑玉波：《民法债编总论》，中国政法大学出版社 2004 年版。

119. 钟秉正：《社会保险法论》，三民书局股份有限公司 2005 年版。

120. 朱新力、金伟峰、唐明良：《行政法学》，清华大学出版社 2005 年版。

二、译著类

1. ［德］奥托·迈耶：《德国行政法》，刘飞译，商务印书馆 2002 年版。

2. ［日］大须贺明：《生存权论》，林浩译，法律出版社 2001 年版。

3. ［德］迪特尔·梅迪库斯：《请求权基础》，陈卫佐、田士永、王洪亮、张双根译，法律出版社 2012 年版。

4. ［德］格奥格·耶利内克：《主观公法权利体系》，曾韬、赵天书译，中国政法大学出版社 2012 年版。

5. ［法］洛伊克卡迪耶：《法国民事司法》，艺宁译，中国政法大学出版社 2010 年版。

6. ［荷］弗朗斯·彭宁斯：《软法与硬法之间：国际社会保障标准对国内法的影响》，王锋译，商务印书馆 2012 年版。

7. ［德］汉斯·J. 沃尔夫、奥托·巴霍夫、罗尔夫·施托贝尔：《行政法（第一卷）》，商务印书馆 2002 年版。

8. ［德］汉斯·J. 沃尔夫、奥托·巴霍夫、罗尔夫·施托贝尔：《行政法（第二卷）》，商务印书馆 2002 年版。

9. ［德］卡尔·拉伦兹：《德国民法通论（上）》，王晓晔等译，法律出版社 2003 年版。

10. ［美］罗尔斯：《正义论》，何怀宏等译，中国社会科学出版社 1988 年版。

11. ［德］M. P. 赛夫：《德国行政法——普通法的分析》，周伟译，山东人民出版社 2006 年版。

12. ［奥］曼弗雷德·诺瓦克：《民权公约评注》，毕小青等译，生活·读书·新知三联书店 2003 年版。

13. ［日］南博方：《日本行政法》，杨建顺、周作彩译，中国人民大学出版社 1988 年版。

14. ［日］南博方：《行政法》，杨建顺译，中国人民大学出版社 2009 年版。

15. ［日］南博方：《日本行政法 2 版》，杨建顺译，中国人民大学出版社 2009 年版。

16. ［英］内维尔·哈里斯：《社会保障法》，李西霞、李凌译，北京大学出版社 2006 年版。

17. ［日］桑原洋子：《日本社会福利法制概率》，韩君玲、邹文星译，商务印书馆 2010 年版。

18. ［德］W. 杜茨：《劳动法》，张国文译，法律出版社 2005 年版。

19. ［美］威廉·韦德：《行政法》，中国大百科全书出版社 1997 年版。

20. ［日］盐野宏：《行政法总论》，杨建顺译，北京大学出版社 2008 年版。

21. ［美］约翰·法比安·维特：《事故共和国——残疾的工人、贫穷的寡妇与美国法的重构》，田雷译，上海三联书店 2008 年版。

22. ［英］以赛亚·伯林：《自由及其背叛》，赵国新译，凤凰出版传媒集团、译林出版社 2005 年版。

三、论文类

1. 李仁淼：《立法不作为与违宪审查》，载《月旦法学教室别册·公法学篇》，元照出版有限公司 2011 年版。

2. 李震山：《行政提供资讯——以基因改造食品之资讯为例》，载《月旦法学教室·公法学篇》，元照出版有限公司 2002 年版。

3. 李惠宗：《主观公权利、法律上利益与反射利益之区别》，载台湾行政法学会：《行政法争议问题研究（上）》。

4. 蔡滨、柏雪、殷群、王俊华：《基本医疗保险重复参保现象研究》，载《中国卫生经济》2012 年第 4 期。

5. 蔡小雪：《超过法定退休年龄的进城务工农民可认定工伤》，载《人民司法》2011 年第 2 期。

6. 陈定伟等：《美国、德国医疗保险服务协议相关法律问题及对中国的启示》，载《中国医院》2012 年第 1 期。

7. 陈新：《农民工超过法定退休年龄受到事故伤害是否应当认定工伤》，载《中国劳动》2013 年第 7 期。

8. 程苏华等：《基本医疗保险服务协议的调查分析》，载《中国医院》2012 年第 1 期。

9. 程延园、Barbara Darimont：《中德社会保障保障争议处理制度比较研究》，载《北京行政学院学报》2005 年第 2 期。

10. 程春华、徐珍：《职工退休后被聘用也可享受工伤保险待遇》，载《人民司法·案例》2007 年第 20 期。

11. 仇雨临、翟绍果：《完善全民医保筹资机制的理性思考》，载《中国医疗保险》2010 年第 5 期。

12. 邓大松、赵奕钧：《我国全民医保的构建逻辑与发展路径》，载《求索》2013 年第 12 期。

13. 董克用、王丹：《欧盟社会保障制度国家间协调机制及其启示》，载《经济社会体制比较》2008 年第 4 期。

14. 董曙辉：《实现异地就医即时结算关键路径选择》，载《中国医疗保险》2014 年第 4 期。

15. 段政明：《异地就医管理的几点思考》，载《中国社会保障》2014 年第 4 期。

16. 樊启荣：《人身保险无保险代位规范适用质疑——我国保险法，第 68 条规定之妥当性评析》，载《法学》2008 年第 1 期。

17. 顾爱平：《论行政许可的设定》，载《学海》2003 年第 5 期。

18. 顾昕：《全民免费医疗还是全民医疗保险——基于健康权保障的制度安排》，载《学习与探索》2011 年第 2 期。

19. 顾昕：《全民医疗保险与公立医院中的政府投入：德国经验的启示》，载《东岳论丛》2013 年第 2 期。

20. 何文炯、蒋可竟、朱云洲：《异地就医便捷化与医保基金风险——基于 A 县的分析》，载《中国医疗保险》2014 年第 12 期。

21. 胡大洋：《异地就医管理误区与难点分析》，载《中国医疗保险》2014 年第 3 期。

22. 胡敏洁：《论社会权的可裁判性》，载《法律科学》2006 年第 5 期。

23. 胡乃军：《欧洲医疗保健和长期护理的公共支出与个人负担》，载《中国社会保障》2014 年第 2 期。

24. 胡务：《美国社会养老保险的争议处理》，载《中国社会保障》2011 年第 5 期。

25. 睢素利：《关于基本医疗保险服务协议相关法律问题的探讨》，载《中国卫生法制》2012 年第 1 期。

26. 金可可：《论温德沙伊德的请求权概念》，载《比较法研究》2003 年第 3 期。

27. 李洪雷：《英国行政复议制度初论》，载《环球法律评论》2004 年春季号。

28. 李元起、郭庆珠：《行政相对人平等对待请求权初探》，载《法学家》2004 年第 6 期。

29. 宋华琳：《美国的社会保障申诉委员会制度》，载《环球法律评论》2004 年春季号。

30. 孙国庭、杨明辉：《退休职工应有权享有工伤待遇》，载《人民司法·应用》2008 年第 5 期。

31. 汤晓莉、姚岚：《我国基本医疗保险可携带性现状分析》，载《中国卫生经济》2011 年第 30 期。

32. 王锴：《行政法上请求权的体系及功能研究》，载《现代法学》2012 年第 5 期。

33. 王虎峰：《全民医保制度下异地就医管理服务研究——欧盟跨国就医管理经验借鉴》，载《中共中央党校学报》2008 年第 12 期。

34. 徐以祥：《行政法上请求权的理论构造》，载《法学研究》2010 年第 6 期。

35. 杨小君：《试论行政作为请求权》，载《北方法学》2009 年第 1 期。

36. 周贤奇：《德国劳动、社会保障制度及有关争议案件的处理》，载《中外法学》1998 年第 4 期。

37. 朱俊生：《重塑全民医保制度的建构理念》，载《市场与人口分析》2006 年第 5 期。

38. 王晓男：《论社会保障权》，长春理工大学 2008 年硕士学位论文。

39. 于海洋：《论社会保障权及其实现》，华东政法大学 2007 年硕士学位论文。

40. 胡威：《社会保障制度及其政治价值原则研究——以社会正义为视角》，吉林大学 2005 年博士学位论文。